DeRose

∴

QUANDO É PRECISO
SER FORTE
(AUTOBIOGRAFIA)

44ª. Edição
Com links para áudios e vídeos que ilustram e documentam alguns capítulos.

Sob o selo editorial
EGRÉGORA

Senhor Livreiro,

Sei o quanto o seu trabalho é importante e que esta é a sua especialidade. Por isso, gostaria de fazer um pedido fundamentado na minha especialidade: este livro não é sobre autoajuda, nem terapias e, muito menos, esoterismo. Não tem nada a ver com Educação Física nem com esportes.

Assim, agradeço se esta obra puder ser catalogada como **Biografia**.

Grato,

O Autor

As páginas deste livro foram impressas em papel reciclado. Embora seja mais caro que o papel comum, consideramos um esforço válido para preservar as árvores e o meio ambiente. Contamos com o seu apoio.

PERMISSÃO DO AUTOR PARA A TRANSCRIÇÃO E CITAÇÃO

Resguardados os direitos da Editora, o autor concede permissão de uso e transcrição de trechos desta obra, desde que seja obtida autorização por escrito e a fonte seja citada. A DeRose Editora se reserva o direito de não permitir que nenhuma parte desta obra seja reproduzida, copiada, transcrita ou mesmo transmitida por meios eletrônicos ou gravações, sem a devida permissão, por escrito, da referida editora. Os infratores serão punidos de acordo com a Lei nº 9.610/98.

Impresso no Brasil/*Printed in Brazil*

COMENDADOR
DeRose

Professor Doutor *Honoris Causa* pelo Complexo de Ensino Superior de Santa Catarina
Comendador pela Secretaria de Educação do Estado de São Paulo, Núcleo MMDC Caetano de Campos
Comendador pela Ordem do Mérito Farmacêutico Militar
Chanceler da Sociedade Brasileira de Heráldica e Humanística
Grã-Cruz Heróis do Fogo, pelo Corpo de Bombeiros do Estado de São Paulo
Membro do CONSEG – Conselho de Segurança dos Jardins e da Paulista
Membro da ADESG – Associação dos Diplomados da Escola Superior de Guerra
Laureado pelo Governo do Estado de São Paulo, OAB, Justiça Militar da União,
Polícia Militar, Polícia Técnico-Científica, Exército Brasileiro, Defesa Civil, ABFIP ONU etc.

QUANDO É PRECISO
SER FORTE

MEMÓRIAS DE QUEM VENCEU AS ADVERSIDADES
QUANDO TUDO PARECIA ESTAR CONTRA

https://www.facebook.com/professorderose
Al. Jaú, 2000 - São Paulo SP - tel. (11) 3081-9821

Paris – London – New York – Roma – Barcelona – Buenos Aires – Lisboa – Porto – Rio – São Paulo

© Copyright 1992: Mestre DeRose
© Copyright 2006: L.S.A. DeRose
Direitos desta edição reservados à DeROSE Editora.

Pedidos deste livro podem ser feitos para:
DeROSE Editora – Alameda Jaú, 2000 – CEP 01420-002, São Paulo, SP – Brasil
Ou para egregorabooks.com

Desejando adquiri-lo diretamente da editora, escreva para secretaria@metododerose.org ou telefone para (00 55 11) 3081-9821 ou 99976-0516.

A Editora não responde pelos conceitos emitidos pelo autor.

Produção editorial totalmente realizada em Word pelo autor (digitação, ilustrações, fotos, paginação etc.)
Capa: Carlos H. T. Bonafé
Foto da capa: Jeanine Padilha
Revisão da obra como um todo: Fernanda Neis
Criação dos hiperlinks: Daniel Cambria
Consultoria de comunicação: Alessandra Roldan
Book designer: DeRose
Produção gráfica: DeROSE Editora
Realização gráfica: Office
Fotografias: Rodolpho Pajuaba; Iazzetta, Ruben Andón e outros
Desenhos em pontilhismo: Levy Leonel
Revisão de português: Vênus Santos e Diana Raschelli
Revisão da diagramação desta edição: João Pedro Morais, Mariela Dossena,
Guilherme Povala, Cláudio Luis Saito Lelli, Vênus Santos e Alex Falke.

Impressão diretamente de arquivo em Word: Rettec Artes Gráficas
41ª edição em papel publicado em Portugal: 2011
44ª edição em papel publicado no Brasil: 2017

**DADOS INTERNACIONAIS DE CATALOGAÇÃO NA PUBLICAÇÃO (CIP)
(ELABORADO PELO AUTOR)**

DeRose, L.S.A., 1944 –
  Quando é Preciso Ser Forte
DeRose. – São Paulo :
  DeROSE Editora ; 2012.

Bibliografia

ISBN 978-85-62617-10-2

1. Yôga 2. DeRose 3. Corpo e mente 4. Autobiografia I. Título

CDD-296.092

IMPRESSO NO BRASIL / PRINTED IN BRAZIL

Por que este livro foi impresso em papel reciclado

Quando penso nos milhares de livros, jornais e revistas que são impressos todos os dias, muitos dos quais não têm a menor relevância e que vão para o lixo comum sem sequer poder ser reaproveitados, não posso deixar de imaginar a quantidade de árvores abatidas inutilmente.

Qualquer pessoa com um mínimo de consciência ambiental preocupa-se com a destruição das florestas para a produção de papel (ainda que elas tenham sido plantadas para esse fim). Mas não são só as árvores. Na produção industrial do papel, consome-se água, poluem-se os rios, suja-se o ar, gasta-se energia e contribui-se para o aquecimento global. O próprio solo, do qual são retiradas as árvores, deixa de receber de volta os elementos nutritivos que foram extraídos dele para o crescimento da madeira, agora retirada do seu local de origem e levada aos milhões de toneladas para as indústrias.

Reciclar é preciso. Trata-se de um indício seguro de civilidade e constitui a única saída para um planeta superpovoado, poluído e padecendo de uma crescente escassez de recursos naturais.

Por isso mesmo, deixa-nos perplexos que escritores inteligentes e bem-intencionados não tenham utilizado, até agora, o papel reciclado em seus livros. E não o utilizam porque, no presente momento em que publicamos esta obra, o reciclado é mais caro do que o papel comum.

Não importa se o custo de edição vai me sair mais caro. Meus leitores fazem parte de uma tribo engajada, responsável, com a consciência de que vale a pena um pequeno esforço de cada um em prol da proteção ambiental, em benefício de todos.

Temos a certeza de que outros autores e editoras seguirão o nosso exemplo e logo passarão a imprimir suas obras com papel reciclado, poupando milhares de árvores.

DeRose

O autor, realizando uma sessão de leitura dos seus livros no evento DeRose Culture, de Portugal, comemorativo ao *Golden Jubilee*, dos seus 50 anos de magistério, celebrado em 2010.

*Ser feliz é reconhecer que vale a pena viver apesar de todos os desafios,
incompreensões e períodos de crise.
Ser feliz é deixar de ser vítima dos problemas
e se tornar um autor da própria história.
É atravessar desertos fora de si,
mas ser capaz de encontrar um oásis no recôndito da sua alma.
É agradecer a Deus a cada manhã pelo milagre da vida.
Ser feliz é não ter medo dos próprios sentimentos.
É saber falar de si mesmo.
É ter coragem para ouvir um "não".
É ter segurança para receber uma crítica, mesmo que injusta.*

Augusto Cury

*Pedras no caminho?
Guardo todas. Um dia vou construir um castelo!*

Fernando Pessoa

DEDICO ESTE LIVRO À MINHA MULHER,
LÍVIA LICABÓ DEROSE,
QUE SOUBE APARECER
QUANDO MAIS EU PRECISAVA.

DeRose Method®, uma escola entre colunas!

Acima, a fachada de TriBeCa, uma das nossas escolas de New York, 55 Murray St.
A outra escola de Manhattan é no Village, 523 Ave. of the Americas.
E, nos States, mais uma, em Honolulu: 109 Maunakea Street Suite 207.

Índice Geral

Aos colegas e à comunidade em geral 13
Tradutore, traditore 15
Uma autobiografia sísmica 17
Resumo do que você vai encontrar neste livro 19
As Árvores e as Pedras 21
Onde se passa a história? 23
1944 – o começo de tudo 27
1944 a 1955 – Uma infância meio autista 31
1955 – comecei a praticar 33
1959/1960 – tornei-me não-carnívoro 43
1960 – Comecei a lecionar 47
O acaso me levou a ser instrutor 51
Ministrei a primeira aula 55
Era DeRose Method desde o início só não tinha esse nome 59
A revelação do SwáSthya 63
O que é uma codificação 69
Espiritualismo 71
Magia 81
Per fumum 87
Professores, Mestres e Gurus 95
O Ancião 101
Tantra 105
1964 – A primeira escola 117
Vinte anos de penúria 135
Cuidado: bolsistas! 147
1973 – Desisti de lecionar 155
Uma profissão com charme e glamour 167
Como surgiu o Curso de Formação de Instrutores 169
Começam as viagens pelo Brasil 179
A peregrinação 189
As viagens à Índia 193
A lenda do perfume Kámala 237
Dois sequestros no Oriente 241
A medalha com o ÔM 243
Nasce a Uni-Yôga 249
Introdução dos Cursos de Formação de Instrutores de Yôga nas Universidades Federais,
Estaduais e Católicas 263
O primeiro curso superior de Yôga do Brasil, foi organizado por nós 275
Histórias de alguns cursos 277
1978 – O primeiro Projeto de Lei para a regulamentação da profissão ... 287
"A yóga" ou "o Yôga"? 325
Contos pitorescos 341
1980 – A introdução do DeRose Method em Portugal 361
1987 – A introdução do DeRose Method na Argentina 373

2002 – A introdução do DeRose Method na Inglaterra, França, Espanha, Alemanha, Itália, Escócia, Suíça, Luxemburgo, Estados Unidos (incluindo o Havaí), Austrália, Chile, Finlândia, Indonésia.... 387

Meus filhos – 1967 a 1988 ... 395

Se meus filhos (eu disse filhos!) não se orgulham do pai há quem se orgulhe ... 405

Ganhei mais uma filha... 409

Um Anjo caiu na minha sopa ... 413

O coroamento de uma vida feliz... 419

Uma weimaraner vegetariana! ... 423

Como estamos hoje ... 429

Como está hoje o nosso crescimento ... 433

O grande defeito do brasileiro é que ele não tem coragem de defender ... 435

"Brasileiro não gosta de brasileiro"... 439

A missão do praticante... 443

Pondo os pingos nos iis ... 445

Quem nos faz oposição e por quê ... 453

The Rest is History... 465

Fábula sobre a Síndrome de Caim ... 473

Meu relacionamento hoje com os instrutores de outras vertentes... 475

Minha relação com a Imprensa ... 479

A História Oficial... 507

Como a Humanidade trata seus luminares ... 511

Do fundo da alma ... 523

2008 – A transição para o DeRose Method... 549

Três-vezes-três ações de civilidade por dia ... 559

Juramento do Método DeRose ... 563

A Empresa... 565

O status que o nome DeRose proporciona aos nossos alunos ... 588

Nosso símbolo, a flor de lis ... 590

A melhor batalha é aquela que não foi travada... 591

Comendas e honrarias ... 593

Histórico e trajetória do Comendador DeRose... 597

A Ordem da Jarreteira ... 634

Um abismo entre vaidade e contingência ... 635

Conheci o Rotary... 655

Meu encontro com a Monarquia... 659

Ingressei na ADESG ... 665

O valor de uma boa reputação... 669

A Ordem do Mérito das Índias Orientais ... 673

Eu tenho orgulho do Rio Ipiranga... 677

Que pena! Chegamos ao fim. ... 679

Fim é o início ao contrário. ... 681

Instrutores Credenciados ... 683

Como medida educativa e de esclarecimento, para que as pessoas entendam que o Yôga não é o Método DeRose e que o Método DeRose não é o Yôga, solicitamos que, na medida do possível, onde um dos dois for citado não se mencione o outro. A fundamentação das diferenças encontra-se no capítulo correspondente. No entanto, neste livro referimo-nos a um e a outro porque a obra é uma biografia que precisa relatar como foi a trajetória desde o início e como ocorreu (e porque ocorreu) a transição para o Método.

ÍNDICE DO LEITOR

Este índice é para ser utilizado pelo leitor, anotando as passagens que precisarão ser localizadas para referências posteriores.

ASSUNTOS QUE MAIS INTERESSARAM	PÁGINAS

Ao ler, sublinhe os trechos mais importantes para recordar ou que suscitem dúvidas, a fim de localizá-los com facilidade numa releitura.

Geraldine Chaplin, filha de Charles Chaplin, célebre atriz, com um livro do escritor DeRose, ao lado do companheiro Luís Lopes, de Portugal.

AOS COLEGAS E À COMUNIDADE EM GERAL

À guisa de prefácio da 40a. edição, de 2010, comemorativa pelos meus 50 anos de magistério.

> *"Deveríamos ter duas vidas:*
> *uma para ensaiar e outra para viver."*
> Vittorio Gassman

Esta edição foi reestruturada em 2010, ao raiar dos meus 66 anos de idade. Senti que o livro precisava ser praticamente reescrito pelas razões que vou expor neste preâmbulo. Retirei do livro qualquer frase que eu ou meus revisores identificássemos como potencialmente polêmica ou impertinente. A presente declaração é um exercício de humildade que, com a vida, estou aprendendo a cultivar. Espero ser bem-sucedido nessa dura empreitada para que tudo seja justo e perfeito.

Na primeira parte da minha existência tive que lutar bastante para me aprumar, como você vai constatar nas próximas páginas. Eu era muito moço. Comecei a lecionar há mais de meio século, aos 16 anos de idade e passei a maior parte da vida sendo considerado "muito jovem" para desempenhar este instrutorado e as funções a que me propunha. No afã de vencer as resistências, posso ter sido arrogante ou agressivo e talvez tenha ofendido alguém, involuntariamente.

Quero dedicar esta segunda parte da minha existência, os próximos 66 anos, para compensar e corrigir algum mal que eu eventualmente tenha feito. Só não erra quem não faz. Então, certamente errei muito. Pelos meus erros peço a sua indulgência. Se você me conceder uma segunda chance, eu a agarrarei com gratidão e procurarei retribuir da melhor forma possível. Mesmo nesta idade ainda estou disposto a aprender e melhorar. Que este seja o meu pedido de desculpas a você se no passado fui muito intolerante ou se cometi alguma outra falta.

Espero que, com as modificações feitas na obra, esta 40ª. edição seja do seu agrado. Mesmo com a "faxina" que fizemos, sem dúvida, restam muitas passagens que podem ser interpretadas como antipáticas ou ranzinzas. Se, apesar disso, algo aqui escrito ferir as susceptibilidades de alguém, estou aberto às críticas e sugestões para que a próxima edição seja ainda mais aprimorada. Aquele que tiver colaborado com suas críticas tornar-se-á meu parceiro para melhorar o livro e o nosso trabalho.

Obrigado pela compreensão.

DeRose
https://www.facebook.com/professorderose

"Não importa como você começa e sim como você termina."
Autor desconhecido

Vídeo: derose.co/entrevistaderose

Quando alguém escreve algo, queremos saber quem é essa pessoa, quais são os seus valores e a quê se propõe. A melhor forma de se conhecer um indivíduo é saber quais são as suas associações, que ambientes frequenta, quem são os seus amigos. Então, em respeito ao leitor, faço constar abaixo algumas das entidades a que sou associado.

As insígnias das nobilíssimas entidades abaixo não constam por ordem de importância e sim por ordem de afiliação.

TRADUTORE, TRADITORE

Tenho tido livros traduzidos para várias línguas. Enquanto vivo, consegui revisar meus livros que foram traduzidos para o inglês, francês, espanhol e italiano. Para outras línguas, não pude depurar os equívocos das traduções.

O trabalho ciclópico que foi supervisionar a tradução de alguns dos meus livros para o inglês e o francês me convenceu definitivamente de que se o autor não estivesse vivo quando sua obra fosse traduzida, ou se ele não compreendesse a língua para a qual estivesse sendo vertida, a fidelidade do texto seria digna do provérbio italiano "tradutore, traditore" (tradutor, traidor).

Isto explica a absurda quantidade de erros desatinados que contaminam quase todas as traduções dos livros atualmente publicados. É sabido que Theos Bernard, Mircea Éliade, Sivánanda, Iyengar, Van Lýsebeth e outros autores de filosofia hindu não conheciam português, espanhol etc., e não supervisionaram o trabalho dos tradutores – até porque vários deles já não estavam vivos na época da tradução.

Diversos dos meus livros foram vertidos, não por tradutores leigos na matéria, mas por instrutores do nosso Método, discípulos diretos do autor, que compreendem perfeitamente o idioma original do texto e cuja língua mater é a da tradução.

Apesar de todos esses fatores favoráveis, ao ler o resultado do trabalho costumo ficar perplexo. A quantidade de equívocos geralmente é enorme e muitas passagens afirmam o oposto do que eu havia escrito. Imagine-se o que fariam tradutores que não fossem instrutores da nossa disciplina, nem discípulos do autor; ou quando o autor não conhecer o idioma para o qual a obra estiver sendo traduzida; ou, ainda, casos em que os autores não supervisionem as traduções.

Presto estes esclarecimentos para que o leitor valorize o esforço conjunto do autor, tradutor e revisores no afã de que nossos livros tenham o mínimo possível de erros de tradução. Por outro lado, as traduções de Diana Raschelli para o espanhol são impecáveis, assim como as de Jonathan Sardas e as de Amélie Rimbault para o francês e as de John Chisenhall, Rob Langhammer e Tim Whiteside para o inglês.

Estamos conscientes de que algumas falhas deverão ter passado por nossos filtros. Estamos convencidos de que o leitor saberá compreender as dificuldades da tradução que escapam à boa vontade de todos os envolvidos nesse tipo de projeto. Assim sendo, solicitamos que colabore assinalando as eventuais discrepâncias e informando-as ao autor.

Pelos motivos mencionados, minha recomendação é a de que o leitor de outras línguas dê preferência a ler meus livros no original, assim como as obras de todos os demais escritores.

DeRose

O campeão Kelly Slater, o maior surfista profissional da história, praticando o nosso Método com Pedroca de Castro, em Florianópolis

Uma autobiografia sísmica
Texto original das edições anteriores

> *Neste meu ofício ou arte, exercido à noite, solitário,
> eu trabalho, não por gloria ou pão,
> mas pelo mero salário de teu coração mais raro.*
> Dylan Thomas

É inegável a necessidade de registrar e tornar pública a verdadeira história do surgimento desta revolução cultural que está ocorrendo nos albores do terceiro milênio. Essa revolução tem como proposta, uma volta às origens.

Como está sendo feito isso? Baseado em quê? Será um movimento autêntico ou equivocado? Isso tudo vou tentar esclarecer um pouco mais nesta obra.

Fui o epicentro involuntário do terremoto providencial que trouxe à superfície tesouros arqueológicos do período pré-clássico, de valor incalculável. Para que se compreenda esta proposta é preciso travar contato com a história legítima dos acontecimentos que lhe deram origem, ano após ano, *acaso* após *acaso*, mas sem a informação certamente distorcida dos rumores proliferados por pessoas que não chegaram a conhecer o nosso trabalho.

Portanto, urge esclarecermos tudo isso em vida, uma vez que as versões desencontradas foram muitas e inexatas. Elas surgiram justamente pela falta deste relato, apresentando, em primeira mão, a versão mais correta: a daquele que viveu os fatos e não as daqueles que *ouviram dizer*.

Não escrevi antes por ser muito jovem e não estar amadurecido o suficiente para relatar estes fatos, alguns deles chocantes, com uma abordagem despojada o bastante para dizer tudo sem orgulho nem modéstia, sem mágoas nem rancores, e imparcial, na medida do possível, para não deixar o emocional influenciar demais.

Agora, com quase 60 anos de magistério, 25 anos de viagens à Índia, mais de 30 livros publicados em vários países e milhares de instrutores formados por mim nas Universidades Federais, Estaduais e Católicas de vários Estados do Brasil, bem como na França, Inglaterra, Itália, Espanha, Portugal, Argentina, Estados Unidos e em outras nações, sinto-me apto a contar como isso tudo começou. E como creio que vai terminar.

Vídeo: derose.co/outorgaderose2
Vídeo: derose.co/outorga-comendador-sp

Instrutor Rafa Ramos (Rio de Janeiro – Brasil)
A maioria dos praticantes do Método DeRose é constituída por homens, engenheiros, advogados, empresários, atletas e estudantes.

Resumo do que você vai encontrar neste livro

Escrevi este livro pensando em você que está agora com um exemplar em suas mãos. Trate de gostar dele, pois deu um trabalhão e, além disso, estaremos juntos por um bom tempo durante a leitura!

Este livro deverá contribuir para a sua ilustração e cultura geral, uma vez que relata inúmeras experiências, viagens, encontros com homens notáveis e situações inauditas.

Se você gosta de crônicas, leia os capítulos *As Árvores e as Pedras*, *Uma viagem aos Himálayas* e *A lenda do perfume Kámala*. Se gosta de drama, leia *Espiritualismo*, *O princípio das incompreensões*, *Vinte anos de penúria*, e *Histórias de alguns cursos*. Se quer rir, leia *Como comecei a lecionar*, *Contos pitorescos* e o início do capítulo *O primeiro Projeto de Lei para a regulamentação da profissão*. Se quer filosofia, leia *Tantra*. Ocultismo, você encontra no capítulo *Magia* e na nota sobre *Egrégora*. Se deseja aventura, leia *As viagens à Índia* e *Dois sequestros no Oriente*. Perplexidade, você terá em *A História oficial* e *Como a Humanidade trata seus luminares*. Mas o ideal é ler os capítulos na ordem em que vão se sucedendo.

Uma coisa já posso esclarecer aqui mesmo. Este não é um livro didático. A ideia aqui é só conversar um pouco, descontraidamente, com meus amigos. Contar uns casos, registrar para a posteridade o trabalho já realizado, definir parâmetros para os que vão prosseguir com a nossa obra nas gerações futuras, quando eu já estiver morando no Oriente Eterno.

Se você não gostar de alguns trechos, não se acanhe: salte-os e continue a leitura mais adiante. Dobre a página que não for lida, para voltar a ela outro dia. Como este trabalho foi escrito para relatar a vida real do autor, com todas as suas nuances positivas e negativas, alguns leitores podem não ficar satisfeitos com essa característica da obra. Eles ficariam mais contentes se o autor dissesse que está sempre tudo bem, se pintasse tudo com a cor-de-rosa do mito. Adoraria que tivesse sido assim, mas, sinto muito, uma biografia tem que dizer a verdade, ainda que seja "a minha verdade".

Para abrandar a impressão eventualmente cáustica que tais passagens possam produzir, vou lhe ensinar um truque: quando alguma frase incomodar pela franqueza, lembre-se de que sou uma pessoa feliz e não tenho nada a reclamar da vida. Em nenhum momento houve amargura nem ressentimento ao relatar os fatos denunciados neste livro. Quem ouviu tais relatos pessoalmente do autor percebeu que tudo foi dito com humor ameno e até divertido, como acontece quando alguém conta a um amigo os percalços do passado e ambos se riem das situações embaraçosas. Contudo, as denúncias, é preciso fazê-las e repeti-las *ad nauseam*, para precaver-nos contra a ingenuidade endêmica, a qual poderia vulnerabilizar nossa obra.

Um hábito de quem viveu ensinando é dizer as coisas mais de uma vez. Aguente firme, pois vou repetir mesmo. Assuntos que tenham pouca importância vou redizer umas duas vezes. Os que tiverem maior importância, mais vezes. Só posso lhe prometer que farei o possível para repetir com abordagens diferentes.

Às vezes, ao escrever, excedo-me na eloquência. Por isso, quero deixar bem claro que não desejo convencê-lo de coisa alguma. Interprete minhas palavras apenas como dados adicionais para a sua informação. Não mude de opinião. Repudio o proselitismo: vou simplesmente expor meus pontos de vista. Se você sintonizar com eles, caminharemos juntos. Caso contrário, terá sido uma experiência a mais e separar-nos-emos enriquecidos. Tanto num caso quanto no outro, terei satisfação em receber um *feed-back* seu. Será uma maneira de sentir que valeram a pena as madrugadas que passei em claro, durante anos, escrevendo, revisando e polindo este livro para você.

Se, no final da leitura, houvermos nos identificado – que ótimo! – ambos teremos ganho um amigo do peito e um bom parceiro para esta festa que é a vida.

Bem, vire a página, que tem muito papel pela frente.

As Árvores e as Pedras

Era uma vez um menino cheio de ideias estranhas. Ele achava que o infinito era pequeno e que o eterno era curto. Conversava com as Árvores e com as Pedras, e se emocionava com elas, pela magnitude do que lhe contavam. Um dia as Árvores lhe disseram:

– Sabe? No nosso Universo, cada uma de nós cumpre o que lhe cabe, pela satisfação de fazer assim. Nenhuma de nós se exime da sua parte. Os humanos passam suas vidas a só fazer coisas que lhes resultem em conflitos, infelicidade e doença. Não fazem o que realmente gostariam. Caem no cativeiro da civilização, trabalham no que não gostam para ganhar a vida e perdem-na, em vão, ao nada fazer de bom. Por isso tornam-se rabugentos, envelhecem e morrem insatisfeitos. Procure você viver feliz como nós, pois alimentamo-nos, respiramos e reproduzimo-nos, de acordo com a Natureza. Assim, quando morremos, na verdade continuamos vivas em nossas sementes e crescemos de novo. Vá e ensine isso aos que, como você, podem ouvir nossas palavras. Fará muita gente feliz, livre da escravidão da hipocrisia.

O garoto ainda era pequeno para saber a extensão do que lhe propunham as Árvores, mas concordou em levar essa mensagem aos homens. Entretanto as Pedras, que até então tinham-se mantido muito quietas, começaram a falar e disseram coisas aterradoras!

Uma Pedra maior e coberta de musgo, o que lhe conferia um ar ancião e sacerdotal, tomou a frente das demais e falou fundo, ecoando dentro da sua alma:

– Não, você não deve cometer a imprudência de levar aos homens a mensagem das Árvores. Nós somos Pedras frias e friamente julgamos. Estamos aqui há mais tempo que elas e temos visto o transcorrer desta pequena História Universal dos humanos. Antes de você, muitos receberam essa mensagem e foram incumbidos, por elas, de recuperar a felicidade que os hominídeos perderam ao ignorar as leis naturais. Todos quantos tentaram ajudar a humanidade foram perseguidos, difamados e martirizados. Cada um conforme os costumes de sua época: crucificados em nome da justiça, queimados em praça pública em nome de Deus e tantos outros martírios pelos quais você mesmo já passou várias vezes e se esqueceu... Hoje, você pensa que não corre mais perigo e aceita tentar outra vez. Quanta falta de senso! Quando começar a dizer as coisas que as Árvores transmitiram, vão primeiro tentar comprá-lo. Se você não sucumbir ao tilintar dos trinta dinheiros, então precisará ser realmente um forte para permanecer de pé, pois passarão a agredi-lo de todas as formas.

Mas o menino respondeu prontamente. Tomou um ramo em uma das mãos e uma pedra na outra, e bradou:

— Este é meu cetro. E este, o meu orbe. Com o vosso reino elemental construirei nosso santuário e nele reunirei aqueles que forem capazes de ouvir e de compreender. As rochas manterão do lado de fora os ofensores e as toras aquecerão, do lado de dentro, os que reconhecerem o valor deste reencontro.

As Árvores e as Pedras emudeceram. Depois, as Árvores o ungiram com o orvalho sacudido pela brisa, e as Pedras depositaram em suas mãos o musgo primevo que lhes vestia, como que a abençoá-lo.

Nesse momento, os raios do Sol eram difusos por entre os ramos e a névoa da manhã. O menino olhou e compreendeu: se a luz fosse excessiva não ajudaria a enxergar, mas ofuscaria a percepção. Então, agradeceu aos ramos e à névoa. E mesmo às Pedras que o faziam tropeçar para torná-lo mais atento aos caminhos que percorria. E amou a todos... até os homens!

Se quiser escutar este texto na voz do autor, ele se encontra no CD **Mensagens**. Algumas das mensagens desse CD costumam estar disponíveis (sem custo) no nosso *site*.

ONDE SE PASSA A HISTÓRIA?

Antes de iniciar o relato das minhas vidas, preciso contextualizar onde se passa a história. Vivo em um subcontinente que não considero seja um simples país e sim um conglomerado de "nações" federadas sob uma única nacionalidade. Somos vinte e sete estados (um deles se denomina Distrito Federal), cada qual com a sua diferente etnia, religião, culinária e vertente linguística. Nas distintas combinações destas quatro variáveis, em proporções diversas, teceu-se uma vastíssima rede de culturas denominada Brasil.

Como o país, no passado, promoveu uma imagem equivocada de si mesmo, preciso esclarecer que nossa terra e nossa gente talvez sejam muito diferentes da percepção que o leitor acalenta, mesmo que seja meu conterrâneo!

Estes esclarecimentos também servirão para forrar a cultura de alguns povos que sistematicamente nos perguntam sobre cobras e macacos atravessando a Avenida Paulista. Ou que interpelam aquela paranaense, catarinense ou gaúcha, dizendo-lhe: "Você não tem cara de brasileira. Você é loira de olhos azuis!" Assim, para incrementar a cultura geral de muita gente pelo mundo afora, aqui vão algumas informações que provavelmente irão surpreender.

Nossa população corresponde a um terço de toda a população da América Maior[1], a qual conta com 33 países.

O nosso país sozinho ($8.514.876$ km^2) é maior que toda a União Europeia ($4.324.78$ km^2).

---

1 Denominamos **América Maior** àquela porção de terras e países que se estende pelas três Américas, desde a Patagônia, no extremo austral da América do Sul, passando por toda a América Central, até o México, na América do Norte. Mesmo assim, não consideramos adequado que nos chamem, genericamente, de "americanos". Creio que os argentinos, chilenos e todos os demais habitantes das Américas também preferem ser conhecidos pelo nome da sua nacionalidade. Da mesma forma, imagino que os estado-unidenses também não gostem de ser chamados genericamente de "americanos", pois essa denominação só se refere ao continente, que comporta 35 países. Seria como chamarmos aos nascidos na França, genericamente, de europeus e não de franceses.

O mapa do Brasil sobre o mapa de Europa, respeitadas as proporções.

Não se pode estereotipar o nosso povo, já que cada "nação" foi edificada a partir de imigrações muito diferentes. Não podemos, por exemplo, declarar que o povo aqui é branco, ou negro, ou oriental, ou aborígene. Cada estado tem preponderância de alguma dessas etnias ou de uma miscigenação particular. Também não podemos declarar que a população seja católica, ou protestante, ou judia, ou muçulmana, ou shintoísta, ou budista, ou espírita, ou que siga cultos afro. Cada cidade tem sua predominância. Para mencionar apenas alguns desses vinte e sete estados, podemos citar:

O estado do Rio Grande do Sul (281.748 km^2) tem território maior que a Inglaterra, Escócia, Gales e Irlanda do Norte juntos (U.K. = 244.820 km^2). A imigração foi principalmente alemã e italiana. Em algumas cidades, ainda é possível escutar os dialetos alemães (Hunsrückisch, Plattdeutsch) e italianos.

O estado de Santa Catarina (95.346 km^2) é maior que a Hungria (93.030 km^2). Nele, recebemos principalmente a imigração alemã e, até hoje, há cidades onde só se fala alemão, com exceção da capital, na qual a imigração foi principalmente açoriana. Também tivemos a presença italiana no sul do estado.

O estado do Paraná (199.709 km^2) tem território maior que a Grécia (131.990 km^2). A imigração foi principalmente alemã, holandesa, italiana, polonesa, ucraniana, japonesa e árabe.

O estado de São Paulo (248.808 km^2) tem território em que cabem mais de oito Bélgicas (30.528 km^2). A imigração majoritária foi a italiana. Depois, a japonesa. Em seguida, a "árabe" (libaneses, sírios e turcos). Tem uma população israelita bastante expressiva e que se dá muito bem com o segmento islâmico. Convivem lado a lado, fazem negócios entre si e ocorrem até casamentos entre suas famílias!

O estado do Rio de Janeiro (43.909 km^2) é maior que a Suíça (39.770 km^2). A imigração foi majoritariamente portuguesa, contudo, na serra instalaram-se finlandeses, suecos, suíços e alemães.

O estado da Bahia (567.692 km^2) sozinho englobaria facilmente a Inglaterra, Escócia, Irlanda, Grécia, Hungria, Bélgica, Suíça e Portugal. Tem uma presença preponderante da cultura africana na religião, na culinária, na língua e na etnia.

Os estados do Norte são alguns dos maiores. São fascinantes, um outro mundo. Essas regiões apresentam uma influência maior das culturas indígenas. No Nordeste tivemos invasões holandesas que deixaram muitos genes recessivos de olhinhos azuis que reaparecem aqui e ali; e também invasões francesas que resultaram no nome da capital São Luís, em homenagem ao Rei Luís IX, patrono da França, e ao rei francês da época (1612), Luís XIII.

No Sul e Sudeste as temperaturas no inverno podem chegar a alguns graus celsius abaixo de zero e em algumas cidades, como São Joaquim (SC), costuma nevar.

A Região Centro-Oeste abriga a nossa capital federal e Goiânia, duas cidades que foram projetadas com um planejamento estratégico.

Segundo o IBGE – Instituto Brasileiro de Geografia e Estatística, dez por cento dos brasileiros tem ao menos um antepassado alemão e 25 milhões são descendentes de italianos, sendo que a metade desse número vive no estado de São Paulo. No entanto, como um todo, fomos colonizados pelos portugueses, os quais nos concederam sua nobre língua que é a melhor língua literária do mundo. Oficialmente, falamos português. Coloquialmente, falamos brasileirês que possui uma sintaxe diferente da língua mater e um vocabulário bem diverso, com inumeráveis vocábulos agregados dos povos que para cá emigraram, mais os termos indígenas e africanos, o que tornou o brasileirês a língua de vocabulário mais vasto em uso hoje no mundo e de mais largo espectro fonético. No entanto, regionalmente, surgiram os dialetos simplificados do brasileirês, tais como o gauchês, o cariquês, o mineirês, o paulistês, o paulistanês etc. Fora esses dialetos do português, falam-se nesta terra, de acordo com dados do Censo de 2010, nada menos que 274 línguas!

As pronúncias do português (brasileirês) são tão diversas que, normalmente, um habitante do Sul ou do Sudeste não compreende o falar do Nordeste. Temos, por exemplo, três tipos de r: o r francês, produzido na garganta; o r

italiano, línguodental; e o r inglês (como em *wright*), articulado principalmente no interior de São Paulo e de Minas Gerais.

Com uma vastidão territorial como a que foi descrita, bem como com tantas línguas e dialetos, é impressionante que tenhamos preservado uma unidade federativa e uma identidade nacional.

Para completar esta contextualização, que aparência têm as nossas cidades? Bem, cada cidade tem sua personalidade própria, mas podemos afirmar que São Paulo é uma das mais sofisticadas, confortáveis e seguras
cidades do mundo (seguras, sim, pois em 73 anos de vida fui assaltado uma
única vez).

Se precisássemos comparar São Paulo com alguma cidade, essa seria New
York. São Paulo lembra um pouco Manhattan, só que é melhor. A gastronomia é deliciosamente variada e refinada. Aqui encontrei a mais apurada
qualidade de vida. Tanto que, depois de viajar o mundo todo, elegi esta capital para morar e como central internacional do nosso trabalho (atualmente, o
centro irradiador é New York). Só o fato de que ninguém pára tudo e fecha
para o almoço, como fazem em tantos países, já constitui um grande conforto. Além disso, a qualquer hora da madrugada encontramos bons restaurantes, livrarias e supermercados onde podemos fazer compras às duas, três ou
quatro da manhã. Muitas empresas funcionam 24 horas por dia.

A qualidade dos produtos e serviços, bem como a cortesia dos profissionais e dos empregados paulistas, é proverbial. A Polícia Militar é formada
por pessoas educadas e de boa índole. O atendimento hospitalar é superior
ao da maior parte dos países europeus. Ah! E os nossos chuveiros! É uma
delícia retornar da Europa e poder tomar uma ducha decente, com chuveiro
fixo na parede e muuuita água, sem o risco de que a água quente vá se acabar no meio do banho.

Então, pergunto eu, será que há crocodilos no Sena ou no Tâmisa?

1944 – O COMEÇO DE TUDO

As primeiras duas sincronicidades que marcaram minha vida ocorreram no dia do nascimento. Esta *persona* veio ao mundo no dia 18 de fevereiro, dia e mês do aniversário de Rámakrishna – um dos mais importantes filósofos hindus do século XIX – sob o signo de Aquarius, com ascendente Aquarius. Encarnei em 1944, cento e oito anos após o nascimento de Rámakrishna[2].

Tudo isso contribuiu para que os reencarnacionistas começassem a imaginar coisas. Nossa linhagem é de raiz Sámkhya, e mais, Niríshwara-Sámkhya. Portanto, pessoalmente, não concordo com

---

2 No Hinduísmo, o número 108 tem significado especial: o japamálá tem 108 contas, existem 108 tipos de Yôga etc. O número 1 representa o praticante; o oito, a prática (que é constituída por oito partes); e o zero é o círculo do Absoluto, Infinito.

Para quem gosta de malabarismos numerológicos, é interessante notar que o nove, número da Iniciação, marca presença na soma e redução dos números mencionados:

- ♥ dia 18 = 1+8 = 9;
- ♥ ano de 1944 = 1+9+4+4 = 18 ∴ 18 = 1+8 = 9;
- ♥ 108 anos = 1+0+8 = 9.

O número 18, que se reduz para 9, é citado na Bhagavad Gítá, na tradução de Roviralta Borrell: "O número de carros de um exército, segundo aqueles que conhecem a ciência dos cálculos, é de 21.870 (2+1+8+7+0 = 18 ∴ 1+8 = 9); o número de elefantes é idêntico; 109.350 (1+0+9+3+5+0 = 18 ∴ 1+8 = 9) é o número de soldados a pé; e 65.610 (6+5+6+1+0 = 18 ∴ 1+8 = 9) é o número de cavalos."

Já o número 9 aparece nos ciclos cósmicos do hinduísmo, a saber:

- ψ 1 maháyuga corresponde a 4.320.000 anos solares (4+3+2 = 9);
- ψ 71 maháyugas constituem o período de um manú e correspondem a 306.720.000 anos (3+0+6+7+2 = 18 ∴ 1+8 = 9);
- ψ 1000 maháyugas constituem um kalpa ou dia de Brahmá e correspondem a 4.320.000.000 anos (4+3+2 = 9).

Por mera coincidência, nossa Sede Histórica (a mais antiga ainda em uso), foi inaugurada no dia 27 de setembro de 1971 às 18 horas: dia 27 (2+7 = 9); mês de setembro (9); ano 1971 (1+9+7+1 = 18 ∴ 1+8 = 9); a soma do dia com o mês resulta 9; o dia com o ano resulta 9; o mês com o ano resulta 9; o dia com o mês com o ano resulta 9; e outra data que dê o mesmo resultado só ocorre a cada 9 anos!

interpretações místicas. Há, no entanto, ritmos cósmicos que os antigos conheciam e que a ciência ocidental ainda não estudou.

Acontece que as coincidências não pararam por aí. Meu pai, Orlando, era descendente da nobreza européia, razão pela qual usa-se o *D* maiúsculo no sobrenome *De Rose*[3]. Segundo uma fonte, consta que a família tem sua origem na França[4]. Durante a Revolução Francesa, devido às perseguições que a nobreza sofreu, teria sido obrigada a migrar para a Itália[5] e dali para outros países. O nome parece ter sido escrito, originalmente, em latim, *De Rosæ* e o símbolo dos DeRoses é, obviamente, a rosa heráldica. Meu pai, descendente de italianos, casou-se com a herdeira de uma família aristocrática, os Alvares, originários de Aveiro, Portugal, cujo símbolo era a cruz. Estava formado o símbolo da Rosacruz, o que deu margem a mais interpretações positivas.

Assim, se algumas pessoas vieram a fazer oposição ao nosso trabalho, outras me apoiaram muito mais do que merecia, por acreditarem que havia algum significado nessas sincronicidades.

---

3 Escreve-se com o *D* maiúsculo porque o nome foi registrado assim na certidão de nascimento. O sobrenome *De Rose* escreve-se separado na França e na Itália. Escreve-se junto nos Estados Unidos e Inglaterra, mas com o *D* e o *R* maiúsculos, como em *DeNiro*. No Brasil é opcional.

"Dans les divers articles consacrés au général De Gaulle, son nom est presque systématiquement orthographié avec un «d» minuscule: «de Gaulle» (voir L'Express du 9 novembre). Pourtant, le «De» n'est pas ici une particule témoignant d'une origine noble du nom. Il équivaut à un article en flamand, langue d'origine de ce nom. Cela lui vaut de s'écrire avec une majuscule. C'est également pour cette raison qu'il ne disparaît pas lorsque le nom est prononcé sans le prénom: on dit traditionnellement «Villepin», et non pas «de Villepin»; on n'a jamais dit «Gaulle», mais toujours «De Gaulle». Cette erreur très répandue est finalement excusable, mais elle mérite d'être signalée." M.-A. Lévy, Paris.

4 Historicamente, o possível ascendente mais antigo, que localizamos na França, foi Chevalier De Rose, que em 1720 (data corrigida) libertou os prisioneiros das masmorras em Marselha:

"A situação era abominável. Montanhas de cadáveres enchiam as ruas. Os administradores da cidade, Bispo Belsunce e Chevalier De Rose (que libertou os prisioneiros das masmorras para enterrar os mortos), compartilharam uma grande coragem e fizeram o que puderam, mas um terço ou até a metade da população pereceu. A Europa estava terrivelmente apavorada." (Fonte: Erwin H. Ackerknecht, Some high points of the medical history of Provence derose.co/chevalierderose)

5 Segundo outra fonte, a família teria migrado muito antes para a Itália. O instrutor do DeROSE Method em Roma, Carlo Mea, nos informou que *"existe uma pequena terra, a 18 km de Cosenza, chamada Rose, com 4500 habitantes, 'a qual recebeu o nome da nobre família De Rose que residiu até 1345 no castelo feudal que tem como brasão um leão rampante em campo azul circundado por cinco estrelas. Por descendência feminina, o feudo De Rose passou, depois, à família De Archis, oriunda de Nápoles...' [...] Num outro documento, sobre a terra Rose, foi encontrado 'Em 1199, o imperador Federico II declarou Riccardo I De Rose Barão Della Val di Cratti.'"*

Tais circunstâncias foram muito significativas para a formação do caráter em questão. Por outro lado, a educação recebida da família em que nascera contribuiu para criar uma falta de diálogo entre mim e o mundo exterior.

Desde a infância, como era de se esperar, surgiram alguns problemas de ajustamento cultural. No colégio, havia uma flagrante diferença de vocabulário entre o que aprendera no seio da família e a linguagem mais popular que escutava dos colegas e professores.

Esse fato acentuava a desagradável sensação de ser diferente. Somente depois dos trinta anos de idade, conheci um provérbio que diz: *diferente não é gente*. Lembrei-me da Revolução Francesa e de outras revoluções, e decidi ser gente, igual a todo o mundo. Simplifiquei o vocabulário, permiti-me alguns erros consagrados pelo uso coloquial e pronto: comecei a ser aceito por todos (bem, quase todos!). O mimetismo funcionara razoavelmente. Apesar de persistir, eventualmente, o estigma de *avis rara*, daí para a frente as coisas melhoraram bastante[6].

DeRose com dois anos de idade.

---

6 Até hoje, quanto mais inculta a pessoa, mais nos faz oposição. O repúdio é inversamente proporcional à cultura do observador. Pessoas menos intelectualizadas rejeitam sistematicamente as nossas propostas, por não compreendê-las.

A Divisa Heráldica

Divisa heráldica perfeita, verdadeira, inquirente, assumida e falante, acima, constituída de um escudo esquartelado por uma cruz chã de ouro, com uma rosa heráldica goles em ponto de honra, sendo a cruz sobre campo blau, substituindo o brasão de família. O escudo cobre parcialmente um facho goles, aceso com uma flama ouro. Na filactera prata, a legenda: DE ROSÆ SPIRITV PROVENIO. A representação das cores por símbolos foi sacrificada.

Vocabulário heráldico:

Divisa – emblema, insígnia ou distintivo.
Perfeita – é toda divisa que possui corpo e alma, isto é, uma representação iconográfica e uma legenda.
Verdadeira – usa-se essa expressão quando a divisa ou o brasão possui sentido metafísico.
Inquirente – é aquela que tem a finalidade de obrigar o observador a inquirir.
Assumida – é a divisa adotada pelo seu possuidor.
Falante – é quando o significado está evidente e cuja interpretação não se restringe à heráldica.
Esquartelado – dividido em quatro partes.
Cruz chã – é formada por uma pala e uma faixa. Pala é a barra vertical que divide o escudo de alto a baixo, ocupando o terço central. Faixa é a barra que atravessa o escudo no sentido da largura, ocupando o terço horizontal.
Goles – esmalte vermelho.
Blau – esmalte azul.
Ponto de honra – é o ponto central do escudo, a parte mais nobre.
Filactera (ou listel) – faixa ou fita de pergaminho onde se encontra escrita a legenda.

1944 A 1955 – UMA INFÂNCIA MEIO AUTISTA
O objetivo deste capítulo é o de evitar interpretações místicas a respeito de algumas passagens que serão expostas no transcorrer da narrativa deste livro.

Talvez isto seja a explicação de tudo. Quando criança, minha mãe superprotegeu seu primeiro rebento. Eu fui fragilizado pela redoma de proteção: não podia andar descalço, sem camisa, nem tomar sorvete, muito menos ir à praia ou brincar com outros meninos. Nunca soltei pipa, nunca brinquei de bola de gude, nem joguei futebol, nem qualquer outra brincadeira de moleque. Embora tivesse uma vida familiar feliz e plena de carinho, esse isolamento das demais crianças me induzia a uma vida reclusa. Com isso, na infância, não gostava de conversar. Não falava com ninguém. Passava horas e mais horas, durante anos, trancado no meu quarto de menino, desenhando, ouvindo música, lendo, escrevendo e explorando o meu mundo interior, já que o exterior me era inacessível. Era um quase-autista.

Hoje, sabe-se que alguns autistas estabelecem conexões, ainda não muito bem compreendidas, com alguma dimensão do conhecimento humano. Isso gerou o conceito do autista *savant*. Em francês, *savant* significa sábio. É uma deficiência mental, mas que, de alguma maneira, permite ao autista acessar conhecimentos que as pessoas normais não conseguem.

"Há ainda muito a ser esclarecido sobre a síndrome do *savant*. Os avanços das técnicas de imageamento cerebral, entretanto, vêm permitindo uma visão mais detalhada da condição, embora nenhuma teoria possa descrever exatamente como e por que ocorre a genialidade no savantista."[7]

---

7 http://pt.wikipedia.org/wiki/Savantismo

"Mais de um século, desde a descrição original de Down, especialistas vêm acumulando experimentos. Estudos realizados por Bernard Rimland, do Autism Research Institute (Instituto de Pesquisa do Autismo), em San Diego, Califórnia, vêm corroborar a tese de que algum dano no hemisfério esquerdo do cérebro faz com que o direito compense a perda. Rimland possui o maior banco de dados sobre autistas do mundo, com informações sobre 34 mil indivíduos. Ele observa que as habilidades presentes em autistas-prodígio são mais frequentemente associadas às funções do hemisfério direito."

Estes são alguns casos conhecidos com a síndrome do *savant*:

Leslie Lemke – Aos catorze anos de idade tocou, com perfeição, o Concerto nº 1 para piano de Tchaikovsky, depois de ouvi-lo uma única vez enquanto escutava um filme de televisão. Lemke jamais tinha tido aula de piano, é cego, mentalmente incapacitado e tem paralisia cerebral.

Kim Peek – memorizou mais de 12.000 livros. Descreveu os números de rodovias que vão para qualquer cidade, vilarejo ou condado dos EUA, códigos DDD, CEPs, estações de TV e as redes telefônicas que os servem. Identificava o dia da semana de uma determinada data em segundos. Era mentalmente incapacitado.

Alonzo Clemons – podia criar réplicas de cera perfeitas de qualquer animal, não importa quão brevemente o visse. Suas estátuas de bronze são vendidas por uma galeria em Aspen, Colorado, e lhe deram reputação nacional. Clemons era mentalmente incapacitado.

Daniel Tammet – tinha a capacidade de dizer os primeiros 22.514 dígitos de PI e aprender línguas rapidamente (falava 11 línguas). Tammet era considerado mentalmente incapacitado.

Ora, nenhum destes casos é considerado como fenômeno espiritual, nem interpretado com misticismo. Por quê, então, no meu caso, deveria ser preconceituosamente entendido como fenômeno místico por aceder a conhecimentos dos primórdios do hinduísmo? Isso é muito menos espetacular do que tocar um concerto de Tchaikovsky sem nunca ter aprendido piano ou memorizar os 22.514 primeiros dígitos de PI.

Este tema continuará no capítulo *O Ancião*.

1955 – COMECEI A PRATICAR

Comecei a praticar minhas técnicas muito antes de 1955. Mas, nessa época, conscientizei-me de algo que nós garotos sabíamos e que os adultos não sabiam mais. Não compreendia como podiam desconhecê-lo, pois também haviam sido pequenos. Para aumentar a perplexidade, observara que mesmo os outros meninos iam crescendo e "esquecendo".

Uma vez amadurecido, isso se tornou bem mais compreensível. Toda criança, como dádiva natural dos seus instintos, executa respiração abdominal e completa, senta-se em ásana, relaxa tão bem a ponto de fazer inveja, concentra-se melhor que os monges do Himálaya, entra em abstração dos sentidos externos com perfeição, brinca com mantras (vocalizações) e muitas têm percepções extrassensoriais. Obviamente, isso ainda não chega a ser um método formal, porém, havemos de convir, é um excelente começo![8]

Depois, a educação imposta pela sociedade, de fora para dentro, incute uma série de repressões que, na verdade, deseducam a pessoa, fazendo-a afastar-se de si mesma, da sua natureza e dos seus impulsos internos: numa palavra, apartando-a do Yôga natural com o qual todos nós contamos de forma incipiente ao nascer. Anos depois, os mais afortunados contratam um instrutor para lhes ensinar tudo outra vez!

---

[8] Não há nada de extraordinário em uma criança manifestar vocação espontânea a alguma atividade. Vamos comparar: imagine um menino que desde pequeno só corresse, não andasse. Os mais velhos o censurariam por não caminhar como os outros garotos, mas com o tempo ele se revelaria um campeão de corrida. Ou, outro, que dançasse o tempo todo, mesmo não tendo aprendido a dançar com ninguém. Um Billy Elliot ou uma Isadora Duncan. Ninguém interpretaria seus talentos sob a ótica do misticismo. Da mesma forma, a vocação do autor deve ser aceita como qualquer outra predisposição genética.

Sortudos mesmo são os que não esqueceram seu comportamento natural, instintivo, da infância. Descobri isso quando, lá pelos dez anos, notei que a maioria dos amiguinhos já tinha se deslembrado de quase tudo. Consegui, com certa dificuldade, encontrar alguns que ainda se recordavam e formamos uma confraria. Era coisa de criança, sem dúvida. Contudo, no meio, vinha muita coisa boa. Estudávamos arqueologia, história, química, astronomia, hipnose, ocultismo, ufologia e artes marciais. Como tínhamos todos em torno de dez aninhos, não conseguimos ir muito longe nesses estudos. Mas essa fase ajudou a galgar a próxima etapa.

Em função da literatura que debulhávamos na nossa confraria juvenil, tive acesso a informações rudimentares sobre a filosofia à qual iria dedicar toda a minha existência.

Quando li o primeiro livro sobre o assunto, de Vivekánanda, dei um suspiro e exclamei: "*Que alívio! Há mais alguém que pensa como eu!*" Logo depois, estudei a primeira obra de ásanas, da Mestra Mataji Indra Dêví. Trinta anos mais tarde, tive o privilégio de conhecê-la pessoalmente num congresso no Uruguay. Que emoção!

Como em 1960[9] eu havia recém completado dezesseis anos de idade, aquelas obras foram muito proveitosas, pois encontrei ali quase tudo o que praticava, com todas as explicações e até os nomes das técnicas. Algumas, sem saber que já existiam, rebatizara-as para meu uso com nomes tirados da imaginação. Muitos coincidiram. Finalmente, havia alguns procedimentos cuja confirmação não encontrei em nenhum livro e só vim a comprovar muito mais tarde, quando passei a ir anualmente à Índia.

No Brasil, ninguém os conhecia e não existia uma literatura confiável sobre o assunto. Por sorte, o primeiro livro que li fora do Swámi Vivekánanda, um dos poucos autores sérios traduzidos para a nossa língua. Mesmo assim, lamentavelmente, como a maioria dos escritores contemporâneos, ele oferecia uma interpretação sob o prisma do Vêdánta e do Brahmáchárya. Esses dois sistemas indianos foram

---

9 No mesmo ano, fui convidado a ministrar aulas, conforme relato mais adiante.

introduzidos no Yôga *a posteriori*, consequentemente, não têm afinidade de origem com ele[10].

O Brahmáchárya é a linha comportamental de características patriarcais, antissensoriais e repressoras. Isso não tem nada a ver com o Yôga original, pré-ariano, uma vez que o Brahmáchárya só foi introduzido milênios depois da criação daquele sistema, por ocasião da chegada à Índia dos áryas provenientes da Europa, cerca de 1500 a.C. (antes da era comum).

A versão Vêdánta-Brahmáchárya era a única que havia em 1960 na maior parte dos países do Ocidente. Assim, se quiséssemos estudar seriamente o Yôga, todos devíamos esforçar-nos por cumprir as restrições brahmácháryas[11]. Delas, a mais enfática é a abstinência sexual, bem como uma postura de severo autocontrole perante todas as coisas naturais da vida, do corpo e da emoção. A linhagem pré-clássica não nos exige isso, no entanto, levei uns bons duros anos até descobri-lo!

Quanto ao Vêdánta, esta é uma filosofia espiritualista que só foi relacionada com o Yôga, da forma como o conhecemos, mais tarde ainda, lá pelo século VIII d.C., portanto, muito recentemente. Antes, por exemplo, na época de Pátañjali, ele era de tendência fundamentalmente Sámkhya (naturalista). Em 1960, aqui no Ocidente não sabíamos disso, como não o sabe muita gente até hoje. Se, para progredir na via do autoconhecimento, era preciso aceitar os princípios vêdánta-brahmácháryas, então eu faria o melhor possível. Aí teve início minha fase espiritualista.

Comecei a frequentar várias fraternidades rosacruzes, lojas teosóficas, ordens iniciáticas, entidades de filosofia e tudo o que parecesse correlato. Em quase todas elas falava-se muito de Yôga. Então, pensei, ele deve ter mesmo alguma relação com estas coisas. Só que – e aí começa a confusão – algumas falavam muito bem dessa estrutura milenar e a colocavam lá nas alturas, atribuindo-lhe virtudes desmedidas. Outras, pelo contrário, atacavam-na, dizendo ser coisa do passado e do

---

10 Isto está documentado pormenorizadamente no meu livro **Tratado de Yôga**.

11 Utilizaremos inicial maiúscula quando nos referirmos ao sistema em si, e inicial minúscula quando tratar-se de algo referente a ele.

Oriente, que não serviria para o homem ocidental[12], ainda mais nesta etapa da sua evolução. Que poderia ser até perigoso[13]. Disparates!

Acontece que eu gostava do Yôga. E mais: ele havia brotado instintivamente dentro de mim desde quando me entendo por gente. Não iria abandoná-lo só pelo fato de alguns visionários tentarem assustar-me para vender o seu próprio peixe, pois iam logo acrescentando: "*Já esta nossa proposta é muito melhor, muito mais atual*..."

Pelo sim, pelo não, resolvi aprofundar-me na citada corrente oriental. A fim de não ser perturbado pelos amigos e familiares, pedi aos meus pais para estudar no colégio interno. Todos estranharam muito, pois isso constituía o terror de todo adolescente. Realmente, eu havia sido o único a ingressar no internato do Colégio Batista a pedido próprio. Começaram a pensar que "aquele menino" devia ser muito infeliz em casa. Precisei deixar bem claro que tinha uma ótima família, era feliz e bem ajustado. Só queria tranquilidade para pesquisar a minha opção cultural.

De fato, a partir daí, passei a estudar essa filosofia sete horas por dia e praticar outras sete. Em todos os períodos de estudo escolar trocava de livro e lia sobre o darshana hindu. Alguns professores notavam, mas preferiam fazer vista grossa e fingir que não percebiam, afinal, pelo menos esse aluno não estava perturbando a aula, o que já era um grande consolo para eles! Quanto aos que implicavam e proibiam minhas leituras, eu faltava sistematicamente às suas classes e ia para a floresta do colégio, ler e praticar.

---

12 Será que o ocidental é mesmo diferente do oriental? Será na anatomia e fisiologia? Sabemos que não. O mesmo alimento nutre tanto a um quanto ao outro. O mesmo veneno mata os dois. Então, será psicologicamente que somos diferentes? Também não. Não existe uma psicologia para ocidentais e outra para orientais! Afirmar que o Yôga não funciona para nós por ter sido criado no Oriente é tolice. Seria o mesmo que afirmar que Judô, Karatê, Kung-Fu não funcionam para europeus porque foram criados por orientais. Aliás, o papel, a seda, a bússola, a pólvora, o macarrão, o jogo de xadrez, a roda, a massagem, a acupuntura, a matemática, os algarismos "arábicos" (na verdade, índicos), o conceito do zero, a química, a astronomia, a medicina... tudo isso foi criado por orientais. Até o Cristianismo veio do Oriente! Devemos, então, supor que todas essas coisas não servem para nós? *"Quando vós nos ferís não sangramos nós? Quando nos divertis não rimos nós? Quando nos envenenais não morremos nós? Se somos como vós em todo o resto, nisto também seremos semelhantes."* **Shakespeare,** ***O Mercador de Veneza***, ato III cena 1.

13 O uso frequente da intimidação "isto é muito perigoso, aquilo é muito perigoso", denota uma personalidade psicótica. Tome cuidado com esse tipo de gente, pois costuma lançar mão daquele expediente para manipular as pessoas através do medo.

Aliás, o Yôga é mesmo incrível, pois, apesar disso tudo, obtive sempre ótimas notas e os colegas ainda tentavam me pedir ajuda nas provas. Atribuo a *performance* no aproveitamento intelectual aos exercícios de concentração e aos respiratórios que hiperventilavam, bombeando mais sangue oxigenado ao cérebro. Fora das aulas, em todos os períodos livres, aproveitava para treinar. Se não fosse possível fazer técnicas corporais, praticava respiratórios, meditação, mentalização, mantras, relaxamento, o que desse para exercitar.

Na verdade, não sei se o incremento proporcionado no rendimento intelectual foi positivo, pois passei a assimilar a matéria escolar com tanta facilidade que as aulas tornaram-se assaz enfadonhas e ficara difícil frequentá-las. Ao ouvir o blá-blá-blá dos professores, desdobrando-se para se fazerem compreender pelos demais alunos, e estes, apáticos, distraídos, sem a mínima concentração, sem saber nem mesmo o que estavam fazendo ali..., revoltava-me todo aquele primarismo, aquela abordagem maçante de assuntos tão simples. Dava-me ganas de protestar e retirar-me da classe. Não suportava ficar ali perdendo tempo, quando havia tantas coisas mais importantes para aprender, toda uma Natureza, todo um Universo a desvendar! Devíamos criar escolas especiais para jovens praticantes de Yôga, que têm um ritmo de aprendizado mais acelerado.

Com relação ao internato, como eu tinha ingressado por minha livre vontade, considerava-me desimpedido também para sair quando quisesse. No entanto, os inspetores não compartilhavam dessa opinião. Assim, quase toda noite, eu saía escalando as paredes do dormitório que ficava num segundo andar. Por sorte, as paredes tinham tijolos saltados como se fosse mesmo para facilitar a fuga de algum aluno mais afoito.

Foto da parede do internato do Colégio Batista, feita por Virgínia Langhammer, 54 anos depois, em 2014.

Depois de descer, era só atravessar a floresta (hoje, quase toda desmatada), driblar os cães de guarda, atravessar uma cerca de arame farpado, cruzar o riacho e pronto: estava na rua. Em pouco tempo fiquei tão experiente que quase podia fazer tudo de olhos fechados.

Para que tanta função? Para poder frequentar as aulas e os rituais daquelas fraternidades e ordens citadas mais atrás. Estava bem empolgado com tais coisas e não me permitia perder pontos no progresso iniciático por causa de faltas às reuniões. Anos mais tarde, depois de muitos sacrifícios e uma lealdade canina, descobri que se o que eu queria era o Yôga, tudo isso tinha sido uma grande perda de tempo e de energia.

Depois das reuniões nessas entidades, quando conseguia voltar, escalar parede acima e deitar na cama, já era tarde da noite e eu estava exausto. Contudo, não podia dormir sem fazer minhas práticas noturnas. Além disso, impondo-me uma disciplina espartana, na manhã seguinte eu precisava acordar mais cedo que os demais para ter condições de praticar as técnicas, antes que tocasse a sirene e aquela turba de garotos meio sonâmbulos entrasse no vestiário como uma manada, aos gritos e empurrões. Quando eles acordavam e iam disputar uma das torneiras, eu já estava pronto e descendo calmamente para o refeitório onde era servido o desjejum. Aí também podia me servir com toda a tranquilidade, conseguia mastigar bem e ainda tinha tempo para repetir as porções, se desejasse.

Nessa época, eu dormia muito pouco. Hoje, não sei como aguentava. Mas devo ir avisando aos entusiasmados que lerem este relato: o bom-senso recomenda entre sete e oito horas de sono todos os dias.

Depois do desjejum, vinha o período escolar no externato. Mais tarde, no internato, o almoço, horário de estudo, tempo livre, banho frio, jantar e outro horário de estudo. Meus colegas detestavam. Eu adorava.

Nas refeições, como já era não-carnívoro[14], costumava trocar minha cota de carne pela sobremesa de alguém. Havia até discussão para decidir quem teria o privilégio de fazer a permuta comigo. Talvez por isso, nunca ninguém tenha questionado o meu sistema alimentar. Se alguém encrencasse, perderia a possibilidade de negociar a minha porção de carne.

---

14 Mais adiante, vou descrever como me tornei não-carnívoro.

Por outro lado, talvez fosse respeito mesmo, pois jamais alguém fez gracejo com as minhas práticas. Embora muito discretas, acabavam sendo notadas. Esse respeito foi devido a um acaso. Logo no primeiro dia de internato, houve uma competição para medir forças e estabelecer hierarquia entre os alunos. Era uma espécie de trote, *The king of the hill*, que consistia em conquistar o domínio de uma rocha, derrubando quem estivesse lá em cima e, depois, não deixando mais ninguém subir.

Como o Yôga me deu um bom preparo físico, fiquei numa posição muito especial: empatei com outro aluno, tão grande que seu apelido era *Gigante*. Logo após, por coincidência, vi-me envolvido numa esgrima verbal com um veterano para defender um calouro menor, de quem já estavam abusando demais. Eu não sabia, mas esse veterano era considerado o chefão por ali. Como o enfrentei bem, a gurizada não quis nem saber de fazer troça com o sistema hindu que eu adotara.

Na ocasião em que intervim com o veterano, senti-me culpado, pois achava que quem seguisse o preceito da não-agressão devia ser passivo. Eu, como muita gente, confundia *passivo* com *pacífico*. Na verdade, o Yôga não propõe passividade e nem mesmo a calma[15]. Em todos os textos clássicos, o Yôga é só associado aos conceitos de poder, força, energia e dinamismo. Nenhuma escritura antiga de meu conhecimento declara que sua prática acalma. Ele combate o *stress* sim, porém, Karatê tam-

---

15 Na escritura Bhagavad Gítá, Krishna exorta o príncipe Arjuna a combater seus adversários, num momento em que ele hesitava por razões éticas. Séculos mais tarde, Rámakrishna reforça essa postura com a parábola da serpente.

Certa vez, os habitantes de uma aldeia indiana foram procurar um sábio yôgi para pedir seus conselhos:

– Mestre, nas imediações de nossas plantações vive uma cobra perigosíssima que a todos ataca indiscriminadamente, matando homens, mulheres, velhos e crianças sem piedade. Todos temos medo de ir para o campo trabalhar. Que devemos fazer?

O yôgi disse-lhes que voltassem para suas choupanas e que ele iria falar com a serpente. Na manhã seguinte, bem cedo, foi ter com ela. Não precisou procurar muito, porque o ofídio estava sempre por perto do vilarejo. Era uma majestosa naja, de respeitável tamanho. O sábio se aproximou sem temor, sentou-se perto dela e passou-lhe um belo sermão sobre ahimsa, o princípio ético de não-agressão. Certo de que sua ouvinte compreendera, levantou-se e partiu. Dali a alguns dias, foi procurado pela serpente:

– Mestre, o senhor me aconselhou a não atacar as pessoas e assim o fiz. Aos poucos os aldeões foram se convencendo de que eu não lhes oferecia perigo e passaram a me perseguir e agredir de todas as formas. Veja como estou toda machucada de pedradas.

Então, o yôgi retrucou:

– Minha filha. Aconselhei que não picasses, não proibi que silvasses.

bém o combate e nem por isso faz as pessoas ficarem calmas ou passivas. O princípio ético de não-agressão não implica em omissão ou covardia.

Nessa noite, o chefe de disciplina, Sr. Adalberto, chamou-me na frente de todos e me admoestou severamente.

– Aqui, não queremos galos de briga – disse ele –, mas como foi para defender o colega menor, desta vez você não vai ser punido.

Pelo contrário, recebi uma recompensa e tanto: passei a ser o *cabeceira*, que era quem tomava conta dos que se sentassem à sua mesa nas refeições e, mais tarde, tornei-me Auxiliar de Disciplina dos alunos do internato. Depois, seria nomeado pelo Prof. Barbosa[16] também para o externato, ganhando com isso diversas vantagens, além da motivação e da autoafirmação tão importantes naquela idade: passei a poder ir às aulas sem uniforme e a ganhar meus estudos como bolsista em troca desse trabalho.

Nessa época, recebi o apelido de Trovão, por causa da minha voz, mais forte que as dos demais devido aos respiratórios. Em relação aos colegas, isso era vantajoso, porém, criou-me problemas com o professor de francês, Tancredo, pois achava que o estava enfrentando quando respondia à chamada... e me punia repetidas vezes! Anos depois, no serviço militar, voltou a ser útil. Ganhei outra vez o mesmo apelido, pela mesma razão. Posteriormente, na vida profissional, isso me valeu ter muitos alunos locutores das grandes redes de TV, cantores pop, de rock e de ópera, bem como atores e políticos, todos querendo melhorar a voz. Foram meus alunos diretos na década de 1960 o virtuose Altamiro Carrilho e o grande Maestro Guerra Peixe que compôs a música do hino *Bandeira do Brasil* ("Fibra de Herói").

Nas solenidades militares do Exército Brasileiro, sempre que a Bandeira Nacional é deslocada para a frente da tropa e quando ela retorna ao seu lugar, a banda toca essa canção. Como, frequentemente, estou presente a esses eventos, fico emocionado. Cheio de orgulho, informo aos amigos que estiverem comigo que esse hino que estão escutando foi composto por um aluno meu, há mais de meio século!

---

16 Este homem salvou a minha vida, tanto quanto a prática da filosofia que eu professava e professo. Percebendo que minha energia poderia me encaminhar para a rebeldia, chamou-me e disse: "Percebo que você tem muita liderança. Não quer me ajudar a manter a disciplina?" Com isso, ele ganhou um aliado e eu, adolescente questionador, enquadrei-me no bom caminho. Entre outras coisas, ingressei na minha fase religiosa e passei a estudar a Bíblia.

FIBRA DE HERÓI (BANDEIRA DO BRASIL)
Para ouvir: derose.co/cancaofibradeheroi

Letra: Teófilo de Barros Filho
Música: Guerra Peixe

Se a Pátria querida
For envolvida pelo inimigo,
Na paz ou na guerra
Defende a terra contra o perigo.
Com ânimo forte,
Se for preciso, enfrenta a morte!
Afronta se lava
Com fibra de herói de gente brava.

Bandeira do Brasil,
Ninguém te manchará;
Teu povo varonil
Isso não consentirá.
Bandeira idolatrada,
Altiva a tremular
Onde a liberdade
É mais uma estrela a brilhar.

Nunca antes daquele ano de 1960 havia estudado, praticado ou me dedicado tanto a alguma coisa, como estava ocorrendo. Esse ano foi decisivo na minha vida. Mudou tudo. O corpo e a fisionomia modificaram-se tanto que, certa vez, encontrei-me com uma prima e ela não me reconheceu.

Antes de 1959 eu era, por constituição, muito franzino, pálido e doentinho. Havia contribuído para isso o fato de ter sido um menino superprotegido. As técnicas rudimentares que praticava espontaneamente quando criança não eram suficientes para me conferir energia física. No entanto, o que vinha praticando agora aos dezesseis anos de idade tinha muito mais intensidade. Nesse ano, cresci mais de dez centímetros, a musculatura tomou conformação atlética, passei a ir à praia e nadar bastante, o que contribuiu para a metamorfose geral. No início do ano letivo seguinte, foram meus colegas e professores que não me reconheceram. Daí para a frente, passei a ser o guia permanente de Educação Física em todas as turmas e, posteriormente, também no Exército. Sentia-me feliz e revigorado como nunca havia me sentido antes. Devo isso ao Yôga e a seu sistema alimentar.

Devo-lhe mais. O ensino institucional mostrou-se absolutamente prescindível quando, mais tarde, tornando-me professor dessa filosofia, angariei o respeito da sociedade, viajei pelo mundo várias vezes (continuo fazendo várias viagens por ano à Europa) e escrevi dezenas de livros publicados em vários países. Introduzi o curso de formação de instrutores em praticamente todas as Universidades Federais e Católicas do país, bem como outras no exterior, recebi o título de **Professor Doutor *Honoris Causa*** pelo Complexo de Ensino Superior de Santa Catarina, **Notório Saber** pela Faculdade Pitágoras (de Minas Gerais) e pelas Faculdades Integradas Coração de Jesus (de São Paulo), **Comendador** por várias entidades culturais e humanitárias. Não quero dizer com isso que os jovens não devam estudar. O estudo é essencial[17]. O que poderia ser questionado é a imprescindibilidade do canudo acadêmico para se ter sucesso, cultura e aceitação da comunidade.

Não tenho nada contra alguém cursar uma faculdade, desde que o tenha feito **antes** de se formar na nossa profissão. Temos muitos instrutores que são advogados, engenheiros, arquitetos, psicólogos, dentistas etc. Acho ótimo, porque já têm um bom nível cultural e já foram acostumados a ler e a prestar exames. Para eles, estudar ou fazer testes não é um bicho de sete cabeças e não constitui nenhuma espécie de ofensa como, às vezes, parece ser para outras pessoas com menor escolaridade. O que me aborrece profundamente é a falta de foco. O que não aprovo é que estejam na nossa profissão pensando em outra. Ou que sucumbam a um complexo de inferioridade que os induza a "fazer faculdade" quando já se formaram na nossa profissão em um curso de extensão universitária.

Eu censuro é fazer uma faculdade diferente da profissão que alguém já tiver escolhido e nela se formado, por exemplo, se já estiver formado Empreendedor do nosso Método e resolver cursar uma outra carreira. É o mesmo que já ser engenheiro e querer fazer odontologia. Algumas vezes, isso pode denotar uma personalidade insatisfeita, imatura e instável. Pode indicar alguém fadado ao fracasso em qualquer profissão.

---

[17] Para que não me interpretem mal, esclareço logo que valorizo muito à cultura. Recomendo aos meus estudantes tornarem-se pessoas mais cultas, mais lidas, mais viajadas, mais educadas, mais politizadas, que cultivem a civilidade e a cidadania.

1959/1960 – TORNEI-ME NÃO-CARNÍVORO[18]

Aos catorze anos de idade tomei uma série de iniciativas que mudaram o meu destino. Resolvi não ser mais filhinho de mamãe. Entre outras coisas encasquetei que homem tinha que comer carne. Dos catorze aos quinze anos de idade era só o que eu comia. Travava-se uma luta para minha mãe me convencer a provar os legumes e outras iguarias. Eu só comia carne e estava acabado. Ainda por cima, fazia questão de que a carne fosse mal passada e viesse sangrando! (Sim, todos temos um passado negro. Ou deveria dizer "um passado ensanguentado"?)

Por essa época, eu tinha um amigo chamado Wladimir, que não comia carne. Quando ele ia almoçar na nossa casa, eu explicava à minha mãe:

– Mãe, o Wlad não come carne.
– Por que? – me perguntava ela.
– Sei lá. Maluquice dele.

Sempre achei meio doideira do Wladimir não se alimentar direito, como qualquer pessoa normal. No entanto, um dia tivemos uma disputa, dessas de adolescente, e partimos para a briga. A essa altura eu já estava – aparentemente – muito mais forte que ele. Tinha desenvolvido físico atlético, começara a praticar lutas. E, apesar disso, quando Wlad me segurava num estrangulamento ou outro golpe era de uma força descomunal. Aquilo mexeu comigo. De onde meu amigo tirava tanto vigor? Guardei a experiência no meu arquivo de memórias e segui em frente.

Quando tinha dezesseis anos de idade, li, em um dos muitos livros que eu debulhava incessantemente, que uma pessoa civilizada, educada e sensível não deveria comer as carnes de animais mortos. Que uma

---

[18] Estou ciente de que o termo "não-carnívoro" não é academicamente correto, mas é melhor do que usar o péssimo rótulo de vegetariano, que só induz a barafunda nas tentativas de diálogo com as pessoas *comuns*.

pessoa inteligente deve procurar ter uma alimentação mais seletiva. Que, evitando as carnes de todos os tipos e cores, nosso corpo fica mais saudável e purificado, proporcionando condições para uma evolução interior muito mais rápida e efetiva. Não titubeei. Lembrei-me da força do Wladimir e decidi parar de comer carnes.

No entanto, era o mês de junho de 1960. Estava ocorrendo na minha rua uma festa junina que reunia a garotada de todas as casas e um dos prazeres dessas festas eram as comidinhas. E tudo grátis! Havia uma barraquinha de mini *hot-dogs*. Como despedida tracei quinze! Passados mais de cinquenta anos, não me lembro se havia sido só o pão com o molho ou se foi com salsicha e tudo. O fato é que essa teria sido a última vez. Dali para frente, tornara-me formalmente um yôgin sincero e verdadeiro, logo, sem devorar carnes mortas. Minha mãe entrou em pânico:

– Você vai ficar fraco. Vai ficar doente!

Mas eu não arredava pé da decisão. Então mamãe chamou o médico da família para uma consulta domiciliar, como era costume naquela época. O Doutor Rocha Freire olhou a minha língua, penetrou meus olhos com um feixe de luz, auscultou meus batimentos cardíacos, mediu minha pressão e pontificou:

– Se não voltar a comer carne, você morrerá em três meses.

Por essa época, eu já utilizava o conceito que veio a se tornar o Axioma Número Um do SwáSthya: "Não acredite". E eu não acreditei. Pouco tempo depois, eu fui ao enterro do médico e continuo muito vivo até hoje, meio século depois. Minha mãe sempre lamentava:

– Eu queria fazer uma comidinha gostosa para você, mas você não come nada...

E, por mais que eu explicasse que comia sim, de tudo, consumia agora muito mais variedades do que antes e apreciava uma profusão de pratos de forno e fogão, não adiantava. No conceito da mamãe (e de tantas outras pessoas!), eu "não comia nada". E, mesmo ela não podendo mais contar com a cumplicidade do médico que morrera, o estribilho prosseguia buzinando nos meus ouvidos:

– Você vai ficar fraco. Você vai ficar doente.

Sob todo esse esforço de me sugestionar negativamente, foi mesmo uma proeza eu não haver sido influenciado e não ter ficado de fato enfermo.

DeRose

Com o tempo, ela foi se acostumando, pois cada vez eu me tornava mais alto e mais forte, ultrapassando em muito os meus pais, tios e irmão mais velho que a essa altura estava na Academia Militar.

Mas não nos esqueçamos, nesse período, eu era *aborrecente*, com dezesseis, dezessete, dezoito anos de idade. Quando alguém questionava minha alimentação, eu respondia do alto da minha empáfia: "Não sou necrófago, não como cadáveres." Ou então: "Não sou papa-defunto." Ou, melhor ainda: "Não como comida de cachorro." (Eu não imaginava que mais tarde viria a ter uma cachorrona weimaraner vegetariana!) Obviamente, não recomendo a ninguém dar essas respostas mal-educadas.

Descobri, com o tempo, que as pessoas só implicam porque nós damos satisfação. Quem não gosta de comer jiló por acaso anda apregoando isso? Se alguém puser essa amaríssima solanácea no seu prato, quem não a aprecia simplesmente deixa-a de lado sem fazer alarde. Se puxarem assunto perguntando se a pessoa em questão não come jiló, ela, com naturalidade, responderá laconicamente e prosseguirá a conversa com outro tema.

O problema maior são os entes queridos que, estando mais próximos, invadem mais a nossa privacidade e não tocam no assunto uma só vez, *en passant*. Os íntimos voltam à carga outra e outra vez até entupir as medidas e acabam tirando do sério o desafortunado vegetariano. Nesse caso, observe o exemplo dos meninos de escola que experimentam ir chamando os colegas de qualquer coisa. Se algum dos apodos incomodar, esse é o apelido que vai pegar. Da mesma forma, se os familiares perceberem que você dá muita importância à opinião deles e que se irrita com a interferência sistemática à sua liberdade de opção, isso se transformará numa neurose obsessiva. Aproveitarão todas as oportunidades para lhe aplicar uma alfinetada. Contudo, se você não ligar a mínima e algumas vezes entrar na brincadeira, gracejando junto, todos vão considerá-lo uma pessoa equilibrada e bem resolvida. Depois, pararão de tocar no assunto, pois ele fica velho e acaba perdendo a graça.

Para mim, o fato de não ingerir carnes nunca trouxe dificuldade alguma de relacionamento. Estudei em colégio interno, pratiquei esportes, servi o exército na tropa, sempre fazendo muitos amigos. Incursionei por esse Brasil imenso dando cursos no interior de vários estados, depois viajei por outros países e jamais tive qualquer problema para me alimentar nem para cultivar as atividades sociais. Em alguns lugares o problema para comer era a diferença de paladar, mas não o fato de eu ser não-carnívoro.

Comida ruim não é vegetarianismo: é desinformação

É lamentável a mania de fazer comida ruim e marrom só para dizer que é saudável. Comida vegetariana não tem nada a ver com salada, nem com soja, nem ricota, tofú, algas, shoyu, missô. Nem mesmo com açúcar mascavo ou cereal integral. É claro que o cereal integral é melhor do que o refinado. Mas isso não tem nada a ver com comer carne ou não comê-la. As pessoas tendem a misturar as coisas[19]. É uma pena.

Na Índia, que é o berço do vegetarianismo e a maior nação vegetariana do mundo, não encontrei arroz integral. Essa foi minha pasmada constatação quando morei num mosteiro dos Himálayas. A comida não tinha nada de marrom, não era integral e não tinha gosto naturéba. Era colorida, aromática e temperadíssima!

Marinheiro de primeira viagem, meio garotão, fui consultar o dirigente do Shivánanda Ashram a esse respeito. Perguntei: "Como é que o Swámi Shivánanda escreveu em seus livros que devemos reduzir os temperos e a comida aqui é tão condimentada?" O dirigente respondeu, serenamente: "Tudo que é demais não é aconselhável." E eu fiquei com a minha dúvida pairando no ar. Só quando saí do mosteiro, viajei pelo país e fui comer nos restaurantes normais é que compreendi. A culinária indiana legítima é tão superlativamente condimentada, que o que eles chamam de reduzir os temperos seria elaborar uma comida um milhão de vezes mais temperada e ardida que a nossa pobre, insípida, gororoba ocidental.

No livro *Método de Boa Alimentação* abordo o tema da alimentação sem carnes, exponho a fundamentação antropológica que sustenta essa opção alimentar, forneço regras, dicas e receitas, além de relatar uma série de peripécias e curiosidades. Como tudo isso já está publicado noutra obra, neste capítulo vamos ficando por aqui.

[Em tempo: nossos alunos não precisam mudar sua alimentação.]

---

19 Evite declarar-se vegetariano. Essa é uma das "palavras mágicas" que quando você pronuncia o bom-senso desaparece, a comunicação trava e as pessoas não assimilam o que você estiver querendo dizer.

1960 – Comecei a lecionar

> *Aproxima-se do Grande Arquiteto*
> *que criou a escadaria,*
> *o Pedreiro que pisou o primeiro degrau.*
> DeRose

No final de 1960, eu ainda estava com 16 anos de idade quando comecei a dar classes de Yôga[20]. Isso foi bom, pois, dessa forma, nunca usei drogas, nunca fumei e nunca tomei bebida alcoólica como os demais jovens. Por outro lado, nem imaginava a encrenca em que estava me metendo. Encontrávamo-nos em meados do século passado! As pessoas não tinham cultura e, consequentemente, não sabiam o que era o Yôga (bem... não sabem, até hoje). Minha mãe, muito católica, pensava tratar-se de alguma religião ou seita; e o meu pai não se convencia de que era uma profissão bem remunerada, digna e promissora – melhor que a dele!

Não era só isso. Por aquela época, todos achavam que para ser um professor deste sistema era preciso ter cabelos brancos e eu era um simples adolescente. Comecei mal. Sem idade, sem padrinho e sem dinheiro eu estava dando o primeiro passo para que as pessoas não acreditassem em mim.

Contudo, o impulso para dedicar-me de corpo e alma a este *life style* era mais forte que eu. O Yôga fervilhava em minhas veias. Quando lia nos livros algum conceito, aquilo me era tão familiar que parecia não estar sendo assimilado pela primeira vez e sim apenas recordado.

---

20 **Nota da Editora:** Tendo começado a lecionar em 1960, hoje, DeRose é o mais antigo Preceptor desta filosofia ainda em atividade profissional no Brasil, com mais de meio século de magistério.

Quando aprendia algum termo sânscrito, ele me era perfeitamente íntimo, a pronúncia fluía como se fosse a minha própria língua e bastava lê-lo ou escutá-lo uma única vez para não o esquecer nunca mais. Quando executava alguma nova técnica, sentia uma facilidade tão grande que era como se sempre a tivesse praticado. Isso, para não mencionar os tantos procedimentos, conceitos e termos que eu já havia intuído antes de ler o primeiro livro desta filosofia indiana e que foram confirmados nos estudos posteriores.

Assim, superei todos os obstáculos e prossegui dedicando-me à minha grande vocação. Na época, eu era estudante, mas dava um jeito e só estudava os livros deste maravilhoso sistema durante o período escolar. Fora dele, lia mais ainda e praticava o tempo todo.

Um dia, recebi o convite para começar a dar classes gratuitamente numa ordem filosófica. Isso desencadeou meu pendor natural. Aí, começou um novo tipo de problemas, bem maiores do que os que eu enfrentava em casa, com a incompreensão dos pais.

Os praticantes, naquele tempo, eram pessoas de mais de cinquenta anos de idade. Eu, com dezesseis, certamente não convencia muita gente. Alguns ficavam cativados pela profundidade das técnicas que eu ensinava e pela seriedade que sempre marcou minhas atitudes. Esses extrapolavam a meu favor, declarando que eu devia ser a reencarnação de algum monge hindu (!). Mas constituíam uma minoria. Os outros diziam que esperavam um professor mais velho e me aplicavam interrogatórios para Gestapo nenhuma botar defeito – sobre que vertente era aquela, sobre as minhas fontes, se eu tinha ido à Índia, se eu me lembrava das vidas passadas *et reliqua*.

Com isso, fui logo ganhando mansos admiradores por um lado e ferozes críticos por outro. Os admiradores declaravam que um jovem daquela idade já saber tanto era sinal inequívoco de que não estava começando tal caminhada pela primeira vez nesta encarnação. Afirmavam que o fato de eu não estar levando uma vida leviana, não fumar, não beber e não me entregar às loucuras normais da idade, mas ser tão austero era, no mínimo, elogiável.

O outro time censurava com um azedume cujo motivo eu não compreendia. Dizia que eu era muito jovem e que deveria estar aprendendo e não ensinando naquela idade. Que eu estava sendo muito orgulhoso ao posar de professor. Quem eu pensava que era?

Nessa pouca idade já comecei a observar que os que defendem fazem-no com discrição e não aparecem, mas os que atacam, agem com virulência e todos os escutam.

No entanto, ainda tinha alguns anos de estudo escolar pela frente e, depois, o serviço militar que eu queria prestar. Então, não dei muita importância às críticas. Prossegui lendo e praticando o máximo de tempo, até que cheguei à programação diária de 7 horas de leituras, 7 horas de prática e 7 horas de sono. As outras três horas diárias para completar 24 h eram para as refeições. Isso, naquela idade, teve um efeito bombástico na minha aceleração evolutiva. Em pouco tempo, eu estava experimentando estados de consciência expandida e dos 16 aos 18 já havia escrito vários livros. Infelizmente, não tinham nenhum interesse para o público, a não ser um deles que mais tarde, no final da década de 1960, foi ampliado e publicado com o título **Prontuário de SwáSthya Yôga**, o qual posteriormente virou o **Tratado de Yôga**[21]. Ah! E um outro que só chegou a ser publicado mais de quarenta anos depois, em 2005, com o título **Sútras – Máximas de lucidez e êxtase**.

---

21 Pronuncie Yôga com ô fechado. Você vai ler inúmeras vezes essa palavra no decorrer deste livro. O tempo todo o autor escreveu, com **ô** fechado. Seria muito simpático da sua parte ler como propomos. Você ainda levaria como brinde a recompensa de se tornar uma das pessoas mais bem informadas, que aprenderam a pronunciar corretamente o nome dessa filosofia. Onde você encontrar a grafia "a yóga", vai notar que assim foi feito com bem humorada ironia, já que, no Brasil, entre o Yôga e a yóga há diferenças abissais, semelhantes às que existem entre História e estória, ou entre Física e Educação Física, embora muita gente diga que foi "fazer física" quando se referia à ginástica. Você vai encontrar todas as explanações no capítulo *"A yóga" ou "o Yôga"?* que trata da pronúncia e da grafia desse vocábulo. Em caso de dúvida sobre essa palavra e demais termos sânscritos utilizados no contexto, consulte o áudio **Sânscrito - Treinamento de Pronúncia**. Clique no link abaixo e espere carregar um áudio gravado na Índia por um professor hindu de sânscrito. Depois, clique no play de cada palavra.

derose.co/glossario-sanscrito

DeRose ArtCompany
Instrutor Lucio Pablo Martínez (Buenos Aires – Argentina)
Foto de Ruben Andon
Os praticantes do DeRose Method® são adultos jovens de ambos os sexos,
jovens empresários, desportistas, universitários e profissionais liberais.

O ACASO ME LEVOU A SER INSTRUTOR

*Regra áurea do magistério: dizer o óbvio
e ainda repetir três vezes.*
DeRose

Certa noite, ainda em 1960, enquanto esperávamos o início da reunião numa das fraternidades que frequentava, percebi que uma senhora de grau mais alto que o meu entregava, quase secretamente, um papelzinho a alguns membros da ordem e lhes segredava algo ao ouvido. Tratei de olhar para o outro lado, pois não queria ser indiscreto. Em dado momento, para surpresa minha, fui um dos escolhidos. Ela me entregou o papel e disse apressadamente: "Vá amanhã às 7 da noite a este endereço."

– Finalmente – pensei – vai acontecer alguma coisa para quebrar esta rotina de rituais sempre iguais para cada grau e de aulas que não ensinam nada que eu já não saiba. Deve ser alguma reunião muito especial, pois ela está escolhendo uns poucos.

Dali para frente, passei a observá-la detidamente. Ela estava contactando só os membros de grau mais elevado. Mas eu não tinha ainda nenhum grau elevado. Isso me lisonjeou sobremaneira...

No dia seguinte, como não tinha dinheiro nem para o ônibus, fui a pé. Não tendo também relógio, ia controlando a hora pelos relógios das padarias e lanchonetes. Num dado momento, vi que não ia dar tempo. Então, para não chegar atrasado num evento daquela magnitude, comecei a correr. E corri até o local do encontro. Cheguei suando, ofegante, mas pontual. Às sete da noite, lá estava eu, muito nervoso e entusiasmado com a reunião secreta na qual ia tomar parte. A anfitriã me recebeu, mandou sentar e pediu que esperasse pelos outros, pois ainda não havia chegado ninguém.

Uma hora depois, lá pelas oito, percebi que começou algum movimento na antessala. De repente, passou um dos anciãos da ordem, vestido de hindu. Dali a pouco, outro Iniciado, vestido de faraó. E outro, de árabe. E outro mais, de japonês...

– Deve ser uma prática eclética muito forte – pensei comigo mesmo.

Nisso, a senhora se dirigiu a mim e perguntou:

– Onde está o seu traje?

– Que traje? Não sei nem que tipo de ritual vai ser.

Ela riu.

– Ah! Eu me esqueci de dizer? Estamos dando uma festa à fantasia. Contávamos que você viesse de yôgin.

Parecia que o mundo tinha desabado sobre a minha cabeça. Que decepção! Eu não gostava de festas. Estava esperando um rito secreto. E, ainda por cima, ver aqueles hierofantes, verdadeiros baluartes de austeridade, todos fantasiados... e para minha perplexidade alguns tomando vinho! Afinal, as escolas orientalistas desaconselham veementemente a ingestão de álcool.

Minha vontade era sair dali correndo e nunca mais pôr os pés naquela ordem. Contudo, eu estava tão estarrecido que jazia imobilizado, em estado de choque.

Hoje, mais vivido, eu encararia de outra forma, com muita naturalidade. Acho que daria uma boa risada e entraria na festa. Sem tomar o álcool, é claro! Mas, lembre-se, eu carregava a rigidez vêdánta-brahmáchárya e, ademais, as ilusões dos meus 16 anos de idade.

Afinal, essa recepção trouxe uma consequência positiva. A dona da festa me convidou para fazer uma demonstração. Como bom intransigente que era, recusei, dogmatizando:

– Yôga não é para exibições.

Ela ficou aborrecida, com razão, e foi se queixar ao Grão-Mestre da ordem, que também estava presente. Este veio e me determinou:

– DeRose, faça a demonstração.

Ordem de Mestre não se discute. Muito menos de Grão-Mestre[22]. Principalmente deste, pois era meu ídolo. Só o fato dele falar comigo já me emocionava. Obedeci imediatamente e fiz uma demonstração simples. Quando terminei, ele me chamou num canto e confidenciou com um tom muito solene:

– Meu filho. Eu não sabia que você estava tão adiantado nessa disciplina. Você vai prestar um grande serviço à nossa fraternidade. Há algumas semanas convidei um certo professor para fazer uma palestra lá na nossa sede. Os irmãos da ordem gostaram das suas maneiras assaz espiritualizadas e pediram-lhe que ministrasse aulas na fraternidade. O professor em questão concordou e fez o preço. Cobrou caro. Não obstante, eles pagaram. O pilantra pegou o dinheiro e sumiu. Sabemos o endereço dele, porém não adianta, pois não temos nenhum recibo do valor pago.

Eu estava escandalizado, mas o Grão-Mestre prosseguiu:

– Agora veja o dilema. Não podemos dizer aos irmãos, simplesmente, que eles perderam o dinheiro e foram logrados por um professor apresentado por mim como um espiritualista[23] de boa reputação. Também

---

22 Grão-Mestre não é um grau acima do de Mestre. Trata-se de um cargo. O título de Grão-Mestre é conferido ao dirigente em ordens honoríficas ou de mérito. O Grão-Mestre é a máxima autoridade de uma ordem, tem poder quase absoluto. É usado para designar os líderes das Ordens de Cavalaria, Maçonaria, Ordens Militares, Ordens Religiosas etc.

23 Não confunda espiritualista com espírita. São conceitos distintos. *Espírita é o que tem por fundamento o conjunto de leis e princípios revelados pelos Espíritos Superiores, contidos nas obras de Allan Kardec que constitui a Codificação Espírita*". Por definição o espírita é também espiritualista, porém, alguns espiritualistas não-espíritas discordam. É Kardec quem afirma: "*Todo espírita é necessariamente espiritualista, sem que todos os espiritualistas sejam espíritas.*" Alguns combatem o espírita porque não concordam que os espíritos de pessoas mortas tenham mais sabedoria do que os das pessoas vivas. Muito menos aceitam a mediunidade, que consideram perigosa e prejudicial. No entanto, uma pessoa pode ser espírita como religião e não desenvolver a mediunidade. Formalmente, espiritualistas são todas aquelas escolas citadas no capítulo *Espiritualismo*. Este autor não é espiritualista nem espírita, mas não tem nada contra essas duas correntes. [As presentes definições só servem para alguns países. Noutros, utiliza-se nomenclatura diferente.]

não podemos assumir a responsabilidade e lhes devolver o dinheiro, pois nossa ordem não está em boa situação financeira.

E concluiu:

– Então, vamos declarar que, por motivo de força maior, o tal professor não poderá mais dar as aulas e você assume no lugar dele. Como você é membro da ordem, não vai cobrar nada e assim poderemos ressarci-los.

Foi o segundo choque da noite. Aliás, o segundo e o terceiro seguidos. Eu não podia imaginar que aquele professor de yóga, um ilibado espiritualista, com uma cara tão honesta e que falava de Deus o tempo todo, pudesse ser um vigarista. Depois, foi um choque ser convidado pelo Grão-Mestre para dar classes. E logo onde!

– Mestre, eu não conheço o suficiente para ensinar essa matéria. Nunca dei aula. Sou muito jovem...

Se ele deixasse, eu iria desfiar uma coleção de argumentos para convencê-lo a não me escolher, embora me sentisse honrado pela confiança.

– Esteja lá na próxima sexta-feira à noite.

Isso encerrava o assunto.

Foi assim, por um acaso do destino (ou terá sido do karma?) e graças àquele ilustre professor, que ficou com o dinheiro e não deu as aulas pelas quais havia sido pago, que comecei a lecionar e aqui estou hoje, mais de meio século depois, com a maior rede de escolas do Brasil, com dezenas de livros publicados em vários países, tendo introduzido o Yôga em quase todas as Universidades Federais e Pontifícias Universidades Católicas do país. Quase todos os instrutores que dão aulas hoje de diversas modalidades, passaram pelas minhas salas de aula. Se aquele ilustre professor, que não honrou o compromisso, soubesse que foi ele quem impulsionou a minha carreira!... Certamente teria ficado com um incurável ressentimento contra mim pelo resto da sua vida.

Ministrei a primeira aula

Muito preocupado em dar boa impressão, preparei um plano de aula minucioso, com as técnicas que praticava em casa, sozinho, já que por essa época eu ainda não havia tido um Preceptor em carne e osso[24].

Lá chegando, o Grão-Mestre da ordem apresentou-me à turma, justificou a substituição do professor e sentou-se junto para dar o exemplo, senão, todos se levantariam e iriam embora. Afinal, haviam pago para aprender com um autor conceituado e de idade, e não para receber ensinamentos daquele moleque inexperiente e imberbe que ali estava.

Naquelas circunstâncias, seria prudente demonstrar que não pretendia fazer-me passar pelo que não era, nem tomar o lugar de quem quer que fosse. Comecei minha aula mais ou menos assim:

– Vejo que os senhores são muito mais velhos que eu e alguns encontram-se em graus de iniciação mais elevados. Portanto, eu é que deveria estar sentado aí e algum dos senhores aqui no meu lugar. Mas, por ordem do Grão-Mestre, estou diante da turma e peço-lhes que me ajudem a cumprir esta missão, pois nunca dei aula antes.

Pelos sorrisos e acenos de simpatia, deduzi que gostaram da introdução. Agora vinha o mais difícil. Precisava ensinar algo que aqueles estudiosos apreciassem. Todos tinham muito mais teoria que eu. Por outro lado, querer impressioná-los com minha performance física seria um erro uma vez que eles não eram adeptos das técnicas corporais. Afinal, eram espiritualistas e diziam que "o importante é o espírito, e não o corpo". Além disso, o mais jovem ali tinha cerca de 60 anos e eles não me acompanhariam: rechaçariam o método. Era mesmo um abacaxi!

---

24 Mais tarde fui orientado por um estudioso de ocultismo a quem só chamávamos de Professor. Só quinze anos depois pude contar com um Mestre na Índia.

Devia enfrentar a situação. Então, deflagrei a aula. Praticamos mudrás, pújás, mantras, pránáyámas, kriyás, ásanas, yôganidrá e concluímos com meditação do terceiro grau.

Quando terminamos, percebi que deu certo. Estavam com um brilho de satisfação nos olhos, meio incrédulos, meio estupefatos. Comentaram que nunca tinham visto um método tão completo. Ficaram impressionados com o fato de encontrarem nessa simples primeira aula, ministrada por um gurizote, práticas iniciáticas[25] avançadas, transmitidas com tanta naturalidade, como se fosse a coisa mais trivial deste mundo. Questionaram sobre o meu grau de Iniciação e não entenderam como é que aquele fedelho podia conhecer tudo aquilo, estando no grau em que estava. Então, frisei que não introduzira na aula nada que fosse de outras escolas iniciáticas. Que essas práticas eram normais e que boa parte delas estava até nos livros relativamente elementares de Yôga que se encontravam nas livrarias comuns. Mas a parte do interrogatório que mais me marcou foi a que se seguiu:

Aluno A:

– Que tipo de Yôga você ministrou?

– Hatha.

– O que o leva a declarar que é Hatha?

– O fato de ter ásanas.

– O Rája Yôga também tem ásanas. E você aplicou meditação, que é do domínio do Rája. Não seria Rája Yôga?

– Não creio que eu esteja habilitado a lecionar Rája. Imagino que o que pratico seja Hatha, mas, até hoje, nunca tive um orientador em carne e osso que me mostrasse exatamente o que é ou como fazer.

Aluno B:

– Acontece que nós identificamos elementos de Rája, Bhakti, Jñána, Layá, Mantra e outros muito mais profundos e poderosos. Onde você aprendeu essas coisas?

---

25 O termo *iniciático* refere-se a Iniciação, cerimônia após a qual os Iniciados recebem ensinamentos secretos.

DeROSE 57

– Aprendi sozinho. Isto é, *ninguém está só*. Quero dizer é que foi brotando e fui fazendo. Depois busquei confirmação nos livros, mas ainda não encontrei todas as de que necessito. O que transmiti é aproximadamente o que pratico em casa desde criança[26].

– Você está querendo dizer que recebeu isto tudo por revelação espiritual?

– Não. Não quis dizer isso.

Aluno C:

– Meu filho, não fique aborrecido com as nossas perguntas. É que a sua aula foi tão forte e enriquecida com técnicas Iniciáticas de graus avançados, que nós mesmos levamos anos para vislumbrar! [...] De uma coisa não há dúvida: acabamos de travar contato com uma modalidade de Yôga superior. Aceite as nossas congratulações e conte com a nossa presença aqui todas as sextas-feiras.

Pelo tom da voz, ao menos esse último não estava sendo agressivo nem irônico. Parecia sincero. Apesar do sucesso, fiquei contrariado com o fato de não ter elementos para fundamentar o que estava ensinando. Antes disso nunca havia me preocupado em rotular meu método com este ou aquele nome.

A partir desse dia, cheguei à conclusão de que isso me seria cobrado. Sempre que fosse ensinar esta filosofia, seria exigido que eu soubesse fundamentá-la muito bem no imenso emaranhado de raízes, troncos e ramos. Através dos milênios de tradição, as diversas vertentes uniram-se ou afastaram-se, cruzaram-se ou entrelaçaram-se, formando uma espessa floresta, na qual o imprudente fica inexoravelmente perdido. Isso desencadeou em mim uma preocupação de documentar que tipo de Yôga era aquele. Essa inquietação durou anos. Certamente, foi uma experiência muito marcante.

O fato é que a partir daquele dia, em 1960, começaram a se referir ao que eu ensinava como "o Método do DeRose". Com o tempo, ocorreu uma contração para "Método DeROSE". No entanto, só quase cinquenta anos depois assumi DeROSE Method como marca registrada.

---

26 Eu recebia o conhecimento por via direta, mas não a considero espiritual. Não confunda isso com autodidatismo. Pouco tempo depois, em 1975, tive meus Mestres de carne e osso na Índia.

DeRose aos 20 (em 1964), quatro anos depois da primeira aula: a fisionomia denuncia um compenetrado yôgin sob inegável influência vêdánta-brahmáchárya.

Era DeRose Method desde o início
SÓ NÃO TINHA ESSE NOME

Se, por um lado, os Iniciados daquela entidade de estudos filosóficos reconheceram que eu ensinava um Yôga mais profundo, desde a minha primeira aula ministrada em 1960, as pessoas perceberam que aquilo era "outra coisa".

Sempre entendi que a proposta deveria incluir uma divisão comportamental que ocupasse 24 horas por dia na vida do praticante (na nossa profissão, não podemos declarar que estamos tomando whisky na *happy hour* porque estamos fora do horário de trabalho). No entanto, a visão consumista ocidental entendia que o Yôga era algo que se fizesse como academia.

Como eu nunca havia tido a oportunidade de frequentar regularmente nenhuma "academia", e não sabia como os ocidentais ensinavam a tal da "ióga", passei a compartilhar a minha maneira de praticar e de ver a sua filosofia comportamental. Mas aí, descobri que meu conteúdo não era identificado com a maneira *mórbida* (no sentido do italiano) de conduzir uma sessão.

Para que o público identificasse o que eu ensinava como sendo Yôga, eu precisaria usar um determinado tom de voz estereotipado, deveria dizer mansamente "cuidado", "muito beeem", "relaaaxe", assim como, repetir *ad nauseam* o estribilho "inspire, expire, inspire, expire"[27] e outras praxes ocidentais. Já que eu não aplicava o *mise-en-scène*,

---

27 Assista: derose.co/yoga-ocidental. Escute a indução da professora no ponto 1:06 do vídeo. Volte e escute de novo para entender bem a que nos referimos.

não reconheciam o que eu ensinava como sendo Yôga[28]. Mais uma coisa: todos diziam que "a ióga" acalmava. Eu afirmava que, ao contrário, energizava, pois esse era o seu efeito sobre mim mesmo. E documentava: "Nunca encontrei em nenhum texto clássico hindu a afirmação de que o Yôga acalma. Mas encontrei muitas passagens associando-o aos conceitos de força, poder e energia, inclusive nas Upanishadas, na Bhagavad Gítá e no Mahá Bhárata." Queriam que o Yôga fosse terapia. Eu contrapunha que era filosofia, afinal é assim que ele está classificado em todos os dicionários e enciclopédias do mundo. Queriam aulas para a terceira idade. Eu defendia que o Yôga era essencialmente para gente jovem e citava o médico hindu, Dr. Sivánanda, que afirmava a mesma coisa[29]. Diziam que Yôga era para mulheres, eu discordava e declarava que era para homens[30]. Todos chamavam os ásanas de "posturas". Eu as denominava posições. Todos traduziam seus nomes, apelidando-as "postura do palhacinho", "postura do aviãozinho", "postura do cachorrinho fazendo pipi".

Eu considerava aquilo ridículo e fake, já que não havia aviões na Índia antiga, tampouco palhacinhos, e entendia que dar aula assim não servia nem mesmo para crianças, só para quem tivesse QI de ostra. Introduzi a prática sob comando de terminologia sânscrita. Ninguém a conhecia, ninguém ensinava assim, e todos insistiam que eu deveria traduzir os termos, "porque estamos no Brasil". Eu respondia que, no mundo inteiro, os nomes dos golpes de Judô são em japonês; os do Kung-Fu, em chinês; os do Boxe, em inglês; as técnicas do Ballet, em francês; a nomenclatura da Música, em italiano; a do Direito, em latim... por que os termos do Yôga hindu deveriam ser traduzidos? Além de não serem esses, em português, os seus verdadeiros nomes,

---

28. No ponto 0:43 do vídeo acima, o repórter diz: "Mas os Old School Methods encontráveis lá (na Índia) seriam dificilmente reconhecíveis pelos meus amigos (os praticantes de Yôga do Ocidente).

29. "O Yôga exige plena vitalidade, energia e força. Portanto, o melhor período para a prática do Yôga é dos 20 aos 40 anos de idade. Os que são fortes e sãos, podem realizar práticas de Yôga, mesmo depois dos 50 anos de idade." (livro *Kundaliní Yôga*, Swami Sivánanda, Editorial Kier, Buenos Aires, pág. 81).

30 Mais uma vez, o vídeo: derose.co/yoga-ocidental. Observe que logo na primeira cena de Yôga na Índia, no tempo 0:57, só há homens na sala de classe. O Yôga é ensinado nas Forças Armadas.

eles ficariam somente compreensíveis aos brasileiros e lusófonos. Não seriam universais.

Em suma: as pessoas estavam acostumadas a que o Yôga tivesse uma cara e eu lhes mostrava outra. Não reconheceram o que eu ensinava como sendo Yôga e começaram a declarar que aquilo não era Yôga, era o "método do DeRose". Como essa denominação produzia um cacófato "dododе", logo a referência evoluiu para "Método DeRose".

Todo o mundo se referia assim ao meu trabalho e eu, instrutor adolescente, com 16, 17, 18, 19 anos de idade, me ofendia com essa denominação. Todos diziam que iam "ao DeRose" ou que praticavam "DeRose". Insisti durante QUARENTA ANOS: o nome do método é SwáSthya Yôga. O local é Uni-Yôga – União Nacional de Yôga (depois de 1994, passou a denominar-se Uni-Yôga – Universidade de Yôga).

Até que, em 2008, a Diretora de uma das nossas escolas de Paris me pediu para usar o meu nome. "Seu sobrenome é francês. Os franceses vão gostar." Passou a utilizar a marca Méthode DeRose.

Os resultados foram bem positivos em termos de qualidade do público que trazia. Logo essa marca atravessou o Canal da Mancha e se expandiu para a Inglaterra como DeRose Method®. Os excelentes resultados se repetiram. Dali, a marca foi para Itália, Espanha, Portugal e... acabou importada pelo Brasil.

É como a feijoada. Nós plantamos o feijão, colhemos e exportamos. Lá fora, o feijão é preparado, enlatado e exportado de volta para o Brasil. Importamos aquilo que originalmente já era nosso. "Ah! Mas agora é produto importado!"

E, assim, hoje os brasileiros dão muito mais importância ao DeRose Method®, porque ele foi importado da Europa. Quanta tolice!

62 — Quando é Preciso Ser Forte

Desenho em pontilhismo feito pelo artista Levi Leonel inspirado em uma foto de DeRose, de 1971.

A REVELAÇÃO DO SWÁSTHYA

Revelação: informação significativa que revela fato ou aspecto antes desconhecido do grande público. (Dicionário Houaiss)

> *Aquele que não sabe e não sabe que não sabe, é um tolo – evite-o!*
> *Aquele que não sabe e sabe que não sabe, é um estudioso – instrua-o!*
> *Aquele que sabe e não sabe que sabe, é um sonâmbulo – desperte-o!*
> *Aquele que sabe e sabe que sabe, é um sábio – siga-o!*
>
> Máxima hindu

O fato de começar a lecionar foi a grande alavanca que me catapultou a um sensível progresso. Dedicando-me integralmente a essa filosofia, não ocorria dispersão de energias nem de tempo com alguma outra profissão, a qual ocuparia os dias praticamente inteiros. Em geral, os praticantes só começam a se dedicar às técnicas depois que chegam do trabalho, tomam banho, jantam... e então, os diligentes aficionados, cansados e sonolentos, vão ler e tentar praticar alguma coisa. Outros, que optam por estudar pela manhã, antes do trabalho, à noite desmaiam de sono. E ainda têm uma esposa e filhos, a quem precisam dar atenção.

Nesse panorama, praticar como aluno é perfeitamente viável e até ajuda a driblar o cansaço, o *stress* e o sono. Contudo, tornar-se um estudioso em profundidade e um profissional competente, fica bem mais difícil.

Tive a sorte de estar na confortável posição de poder estudar e praticar o dia inteiro, a semana toda, o ano todo, sem ser dispersado, nem por uma outra profissão, nem pela família.

Além disso, tornando-me instrutor, passei a poder investir na compra de livros mais profundos e muito mais caros. Livros esses que os simples estudantes hesitavam em adquirir uma vez que, sendo para eles fonte de satisfação, mas não de renda, tratava-se de investimento sem retorno financeiro. Para o instrutor, ao contrário, o que gastar com livros, cursos, viagens, será tudo revertido em maior aprimoramento na qualidade do seu trabalho. Consequentemente, o investimento retorna de uma forma ou de outra.

Com bons livros e vivendo em estado de imersão total, pude mergulhar nos labirintos do inconsciente em longas viagens, cada vez mais remotas, para realizar um verdadeiro *garimpo arqueológico* diretamente nas origens arquetípicas do Yôga. As Iniciações que recebera eram um autêntico fio de Ariadne, com o qual consegui encontrar o caminho de volta. Meu Minotauro foi o Senhor do Umbral.

Algumas experiências eram aterrorizantes, contudo, a juventude me deu forças e intrepidez para superar todas as provas, e chegar aonde queria. Assim, pude testar até à exaustão um número formidável de técnicas. Como era de se esperar, a maioria das práticas mostrava-se inócua e só funcionava como placebo. Outro tanto era de recursos que produziam efeitos fortes demais e não ofereciam a mínima segurança ao praticante. Descobri, ainda, várias combinações explosivas de técnicas que poderiam ser úteis se praticadas em separado, mas tornavam-se violentíssimas se combinadas entre si. Tratei de excluir todas elas e sistematizei as que constatei serem eficazes e, ao mesmo tempo, seguras.

A partir de então, passei a praticar com ainda mais afinco e dedicação o que eu descreveria hoje como sendo um SwáSthya Yôga incipiente. Ele provou ser um excelente processo, pois comecei a colher resultados fortes, bem rápidos e com toda a segurança.

Hoje, isso tudo já está experienciado e codificado, mas quando era iniciante e procedia às pesquisas, enfrentando o desconhecido, tive algumas vivências que, acredito, se descrevê-las aqui poderão ser úteis aos que estão começando.

De qualquer forma, o primeiro e o mais importante de todos os conselhos que me permito dar ao leitor é o de procurar um instrutor autorizado a lecionar o SwáSthya Yôga, ou seja, um instrutor formado, com a revalidação anual atualizada e, principalmente, que tenha um Supervisor.

É necessário que o aspirante exerça um bom senso crítico para reconhecer tais atributos e não se deixar iludir por falsos mestres.

Todo praticante tem suas crises de desânimo ocasionadas pelos longos períodos de disciplina, sem que os resultados da dedicação apareçam.

Isso ocorreu também comigo. Questionava-me se aquelas práticas estariam certas, afinal eram horas e horas de exercícios, de dedicação exclusiva durante meses e anos...

Desde as primeiras práticas, colhi rápidos e intensos efeitos sobre o corpo, o stress, a saúde, a flexibilidade, a musculatura. No entanto, o importante eram os chakras, os siddhis, a kundaliní (pronuncie sempre com o i final longo) e o samádhi. E nessa área, não percebia nenhum progresso.

Na verdade, a evolução estava sendo processada aceleradamente dentro de mim, só que em fase de incubação. Mais tarde, descobri que quando o praticante não percebe seu progresso é sinal de que o ritmo do seu desenvolvimento está equilibrado e sendo metabolizável, ou seja, encontra-se dentro dos limites considerados seguros. Acontece que os iniciantes não sabem disso e querem notar picos de progresso palpável. Noutras palavras, aspiram por violentações energéticas que o organismo não metaboliza e resultam em arrancadas de aceleração brusca. Isso tem um custo e termina por onerar a saúde física e mental.

Tanto fiz que acabei conseguindo tomar um tranco. Só não me dei mal graças aos inúmeros dispositivos de segurança muito eficazes com que o Método cerca o praticante. Um deles faz com que as forças só sejam liberadas se o sistema nervoso e as nádís estiverem realmente purificados e desobstruídos. Para saber mais a respeito, consulte o capítulo Regras Gerais de Segurança no nosso livro *Tratado de Yôga.*

Certo dia, depois de um longo jejum, pus-me a praticar horas de japa com bíjá mantras, pránáyámas ritmados e longos kúmbhakas, reforçados com bandhas, kriyás, ásanas e pújás. Após três horas desse sádhana, pratiquei maithuna com a Shaktí por mais três horas[31]. Depois, outras duas horas de viparíta ashtánga sádhana, com padma sírshásana de uma hora[32]. Então senti um daqueles ápices de arrebatamento ener-

---

31 Embora ainda jovem, isto já foi no período em que havia assumido a corrente Dakshina-charatántrika.

32 Optei por descrever as técnicas cifrando-as com termos técnicos para minimizar a possibilidade de que o leitor leigo sinta-se tentado a experimentar a mesma prática. Desaconselho categoricamente esse tipo de experiência sem a autorização e supervisão direta de um Mestre qualificado. Essa é uma prática para a qual pouca gente está preparada e, sempre,

gético, síndrome de excesso.

Ao final de tantas horas com práticas tão fortes, acumulativamente com o que já vinha desenvolvendo durante anos, ocorreu o inevitável. Senti que algo estava acontecendo no períneo, como se um motor tivesse começado a funcionar lá dentro. Uma vibração muito forte tomou conta da região coccígea, com um ruído surdo que se irradiava pelos nervos até o ouvido interno, onde produzia interessantes efeitos sonoros, cuja procedência eu podia facilmente atribuir a este ou àquele plexo.

Em seguida, um calor intenso começou a se movimentar em ondulações ascendentes. Conforme os mudrás, bandhas, mantras e pránáyámas, eu podia manobrar a temperatura e o ritmo das ondulações, fazendo ainda com que o fenômeno se detivesse mais tempo em um chakra ou passasse logo ao seguinte. A cada padma, o som interno cambiava, tornando-se mais complexo à medida que subia na linha da coluna vertebral.

De repente, perdi o controle do fenômeno, como se ele fosse um orgasmo que você consegue dominar até determinado ponto, mas depois explode. E foi mesmo uma explosão de luz, felicidade e sabedoria. Tudo à minha volta era luz. Não envolvido em luz: simplesmente era luz. Uma luz de indescritível brilho e beleza, intensíssima, mas que não ofuscava. A sensação de felicidade extrapolava quaisquer parâmetros. Era uma satisfação absoluta, infindável. Um jorro de amor incondicionado brotou do fundo do meu ser, como se fosse um vulcão. E a sabedoria que me invadiu durante tal experiência, era cósmica, ilimitada. Num décimo de segundo compreendi tudo, instantaneamente. Compreendi a razão de ser de todas as coisas, a origem e o fim.

Faço questão de frisar: foram vivências como essa que aniquilaram com o meu misticismo assimilado na juventude, perpetrado por leituras equivocadas. Aqueles que declaram ter-se tornado místicos por causa,

---

quem pensa que está apto, não está! Se um discípulo nosso cometer a imprudência e a indisciplina de atirar-se atrevidamente a exercícios arriscados antes de ter reconhecidas condições de maturidade para tal, dispensamo-lo imediatamente e não ensinamos mais nada. A segurança e a seriedade são componentes técnicos importantes e indispensáveis no nosso sistema. Afinal, foi o fato de nenhum dos nossos discípulos ter corrido risco algum que manteve a boa reputação do método.

justamente, de experiências semelhantes, na verdade tiveram apenas vislumbres tão superficiais que acabaram gerando mistérios ao invés de dissolvê-los. É como a parábola do homem que encontrou a verdade[33].

No meu caso, dali resultaram os conceitos que me permitiram intensificar a sistematização do método. Naquele momento, tudo ficou claro. Todo o sistema começou a se ajustar sozinho, bastando para isso que fosse observado do alto e visto todo de uma só vez, como através de uma lente grande-angular. Era como observar de cima um labirinto. Bastava subir para uma dimensão diferente daquela, na qual nossas pobres mentes jazem agrilhoadas cá em baixo. Tudo era tão simples e tão lógico!

Vontade de sair daquela experiência, não tive nenhuma. Porém, depois de um enorme período, parecendo-me muitas horas de regozijo e aprendizado, senti que havia se esgotado o tempo e era preciso retornar ao estado de consciência de relação, no qual poderia conviver com os demais, trabalhar, alimentar meu corpo. Bastou cogitar em volver e imediatamente troquei de estado de consciência. Foi algo muito interessante, sentir-me perder a dimensão do infinito e cair, com a velocidade da luz, de todas as direções às quais havia me expandido! Passara a contrair minha consciência para um pequeno centro, infinitesimal, blindado por uma mente e por um corpo, numa localização determinada dentro daquele Universo que era todo meu e que era todo eu, apenas um instante atrás. Era o Púrusha cósmico, contraindo-se para tornar-se Púrusha individual.

Voltar à dimensão hominal não foi desagradável. A sensação de plenitude e felicidade extasiante permanecia. O curioso foi que tinham-se passado não as tantas horas que supunha, mas tempo algum! O relógio de parede à minha frente marcava a mesma hora. Portanto, para um

---

33 Um dia, um filósofo estava conversando com o Diabo quando passou um sábio com um saco cheio de verdades. Distraído, como os sábios em geral o são, não percebeu que caíra uma verdade. Um homem comum vinha passando e vendo aquela verdade ali caída, aproximou-se cautelosamente, examinou-a como quem teme ser mordido por ela e, após convencer-se de que não havia perigo, tomou-a em suas mãos, fitou-a longamente, extasiado e, então, saiu correndo e gritando: "Encontrei a verdade! Encontrei a verdade!" Diante disso, o filósofo virou-se para o Diabo e disse: "Agora você se deu mal. Aquele homem achou a verdade e todos vão saber que você não existe..." Mas, seguro de si, o Diabo retrucou: "Muito pelo contrário. Ele encontrou um pedaço da verdade. Com ela, vai fundar mais uma religião e eu vou ficar mais forte!"

observador externo, tudo ocorrera num lapso equivalente a um piscar de olhos e não teria chamado a atenção de ninguém.

A partir desse dia, foi como se eu tivesse descoberto o caminho da mina: não precisava mais dos mapas. Podia entrar e sair daquele estado sempre que quisesse, com facilidade.

> Depois de escrever, leio...
> Por que escrevi isto?
> Onde fui buscar isto?
> De onde me veio isto?
> Isto é melhor do que eu...
> Seremos nós neste mundo apenas canetas com tinta
> Com que alguém escreve a valer o que nós aqui traçamos?...
> Álvaro de Campos
> (heterônimo de Fernando Pessoa)

Perguntaram-me, certa vez: "Mas... por que logo um brasileiro?" Em primeiro lugar, **por que não**? Será este questionamento um resquício dos complexos de inferioridade da ex-colônia? Quem domina o Jiu-jitsu no mundo não são os japoneses e sim os brasileiros. O melhor boxeador peso galo de todos os tempos foi o vegetariano brasileiro Éder Jofre. O mesmo ocorreu com o *football*, difundido pelos ingleses, mas que teve por pentacampeões mundiais nada menos que os habitantes da Terra de Santa Cruz. Os vencedores da Fórmula Um foram, repetidamente, os brasileiros Emerson Fittipaldi e Ayrton Senna. E ninguém precisa ir à Índia para encontrar o melhor Yôga técnico do mundo.

O QUE É UMA CODIFICAÇÃO

Codificar: reunir numa só obra textos, documentos, extratos oriundos de diversas fontes; coligir, compilar. (Dicionário Houaiss)

Imagine que você ganhou como herança um armário muito antigo (no nosso caso, de cinco mil anos). De tanto admirá-lo, limpá-lo, mexer e remexer nele, acabou encontrando um painel que parecia esconder alguma coisa dentro. Depois de muito tempo, trabalho e esforço para não danificar essa preciosidade, finalmente você consegue abrir. Era uma gaveta esquecida e, por isso mesmo, lacrada pelo tempo. Lá dentro você contempla extasiado um tesouro arqueológico: ferramentas, pergaminhos, sinetes, esculturas! Uma inestimável contribuição cultural!

As ferramentas ainda funcionam, pois os utensílios antigos eram muito fortes, construídos com arte e feitos para durar. Os pergaminhos estão legíveis e contêm ensinamentos importantes sobre a origem e a utilização das ferramentas e dos sinetes, bem como sobre o significado histórico das esculturas. Tudo está intacto sim, mas tremendamente desarrumado, embaralhado e com a poeira dos séculos. Então, você apenas limpa cuidadosamente e arruma a gaveta. Pergaminhos aqui, ferramentas acolá, sinetes à esquerda, esculturas à direita. Depois você fecha de novo a gaveta, agora sempre disponível e organizada.

O que foi que você tirou da gaveta? O que acrescentou? Nada. Você apenas organizou, sistematizou, codificou.

Pois foi apenas isso que fizemos. O armário é o Yôga Antigo, cuja herança nos foi deixada pelos sábios ancestrais. A gaveta é um comprimento de onda peculiar no inconsciente coletivo. As ferramentas são as técnicas. Os pergaminhos são os ensinamentos dos sábios do passado, que nós jamais teríamos a petulância de querer alterar. Isto foi a sistematização do SwáSthya.

Por ter sido honesta e cuidadosa em não modificar, não adaptar, nem ocidentalizar coisa alguma, nossa codificação foi muito bem aceita pela maioria dos estudiosos. Hoje, esse método existe em vários países das Américas e da Europa. Se alguém não o conhecer pelo nome de SwáSthya Yôga, conhecerá seguramente pelo nome erudito e antigo: Dakshinacharatántrika-Niríshwarasámkhya Yôga.

Seu nome já denota as origens ancestrais uma vez que a linhagem mais antiga (pré-clássica, pré-ariana) era de fundamentação Tantra e Sámkhya. Compare estas informações com o quadro da *Cronologia Histórica* publicado originalmente no meu livro **Yôga Sútra de Pátañjali**, editado sob a chancela da Universidade de Yôga.

	CRONOLOGIA HISTÓRICA DO YÔGA				
DIVISÃO	YÔGA ANTIGO		YÔGA MODERNO		
TENDÊNCIA	Sámkhya		Vêdánta		
PERÍODO	Yôga Pré-Clássico	Yôga Clássico	Yôga Medieval		Yôga Contemporâneo
ÉPOCA	Mais de 5000 anos	séc. III a.C.	séc. VIII d.C.	séc. XI d.C.	Século XX
MENTOR	Shiva	Pátañjali	Shankara	Gôrakshanatha	Rámakrishna e Aurobindo
LITERATURA	Upanishad	Yôga Sútra	Vivêka Chudamani	Hatha Yôga	Vários livros
FASE	Proto-Histórica	Histórica			
FONTE	Shruti	Smriti			
POVO	Drávida	Árya			
LINHA	Tantra	Brahmáchárya			

Toda negação é uma confirmação de intensidade.
DeRose

Espiritualismo

Yôga é uma prece feita com o corpo.
DeRose, 1960

A fase espiritualista foi uma das mais marcantes na minha juventude. Como supúnhamos que o Yôga fosse uma coisa mística, espiritualista, dos 16 aos 30 anos de idade, lancei-me numa incansável pesquisa, uma *via crucis,* por todas as sociedades secretas, ordens iniciáticas, entidades filosóficas, antroposóficas, teosóficas, eubióticas, esotéricas, herméticas, ocultistas, gnósticas, rosicrucianas etc.

Entre algumas dessas denominações, as diferenças deveriam ser só semânticas, mas na verdade estabeleceram-se diametrais divergências de egrégora. No afã de obter progresso espiritual, procurei aceitar tudo, mesmo as divergências, e recolhi-me à minha insignificância de neófito. Adotei uma postura de mero observador, com o coração aberto para aprender e servir (*ellerni kaj servi*), sem intenção de julgar.

Hoje, estou convencido de que, para mim, não foi válido passar por essas escolas iniciáticas. Se tivesse dedicado estritamente ao Yôga todo o trabalho, estudo, práticas e despesas investidos nelas, dispersamente, durante tantos anos, seguramente teria progredido muito mais. Não é que sejam ruins. Eu gostava muito delas e guardo uma doce saudade daqueles tempos. Sinto uma profunda gratidão pelo carinho com que seus dirigentes e a maior parte dos membros me receberam em todas elas, apesar da minha pouca idade. Sou-lhes reconhecido até hoje por haverem confiado na minha capacidade e por terem me ajudado a galgar, em algumas delas, altos graus ao longo dos anos.

Porém, o fato é que perdi muito tempo. Dispersei, ao invés de concentrar a atenção no que me interessava. Conforme já havia sido advertido pôr vários mentores, estava na hora de me desligar de todas as ordens e me dedicar a um único caminho.

Não sou contra tais instituições, uma vez que acredito nas boas intenções da maioria delas e na sinceridade dos seus dirigentes, bem como na dos seus filiados. O que não se deve é misturar correntes. E isso acontece seguidamente. Sistemas distintos não devem ser mesclados, sob pena de um inevitável choque de egrégoras. O perdedor será fatalmente o indisciplinado que insistiu em ler, praticar e frequentar esta e aquela, com o pretexto sofismático de que "*tudo leva ao mesmo lugar*". Ledo engano. Não leva. E se levasse, então porque buscar noutras? Não seria mais justificável permanecer eticamente, lealmente, numa só?

Não se deve mestiçar Rosacruz com Teosofia, nem Teosofia com Antroposofia, nem Antroposofia com Eubiose. Nem qualquer uma destas com Yôga. Nem um tipo de Yôga com outro. Acredito no direito de opção e liberdade de escolha. Cada pessoa deve saber o que é melhor para si. Contudo, não deve misturar, pois o coquetel certamente explodirá na sua mão, ou melhor, na sua psiquê.

A indecisão, na maioria das vezes, é fruto da insegurança e da imaturidade. Não tendo a coragem de escolher, o estudante quer pegar tudo. Porém, quem tudo quer, tudo perde. É a mesma questão de lealdade, como se você fosse se comprometer afetivamente com duas ou mais pessoas ao mesmo tempo.

No entanto, naquela época eu ainda não sabia nada sobre egrégoras, nem estava consciente da ética que acabo de invocar. Assim, li toneladas de livros, os quais só serviram para confundir e informar mal; frequentei dezenas de ordens e fraternidades durante anos... Anos perdidos, esperando pelas grandes revelações prometidas e sistematicamente proteladas para quando se chegasse aos graus mais elevados.

Não obstante, em quase todas as ordens, ao chegar o tão ansiado momento de receber aqueles grandes segredos e as práticas mais avançadas, que decepção! Em muitas delas, eram, nada mais, nada menos, que os ensinamentos do Yôga sobre kundaliní, chakras, siddhis e os exercícios mais rudimentares para desenvolvê-los. O Yôga, porém, já me ensinara isso tudo muito antes, sem segredos nem mistérios. E eu havia sacrificado um tempo precioso, tomando-o do Yôga para investi-lo em uma profusão de filosofias iniciáticas, artes mágicas e ciências ocultas! Estas ensinavam muito menos e demoravam muito mais.

Quando concluí isso, escrevi no diário de estudos: *"Se despirmos o ocultismo dos seus ritos e paramentos, o que resta no fundo é o Yôga."* Nesse momento eu ainda não havia descoberto a respeito da incompatibilidade de egrégoras, que constitui risco muito mais sério.

Acabei permanecendo por mais de dez anos em algumas daquelas instituições, galgando todos os graus, aprendendo Cabala, Magia, Alquimia – mas o que buscava era o Yôga por trás dessas ciências. Então, restava-me travar contato mais íntimo com a literatura de Yôga e com os poucos yôgins da época.

Por sorte, não cheguei a ser aluno de nenhum professor do meu país, pois era estudante e me faltavam recursos. Convivia com todos naquele círculo fechado de pessoas que se dedicavam ao Yôga meio secretamente, contudo, tive a ventura de não ser influenciado por nenhum deles, já que a falta de identificação era recíproca. No capítulo *Contos Pitorescos* vou narrar as divertidas peripécias desse bando exótico. Por ora, gostaria de continuar relatando algumas das minhas experiências da fase espiritualista (aplico aqui este termo para me referir genericamente àquela constelação de correntes já citadas).

De todas as entidades que frequentava dedicadamente, a que mais me fascinava era a Rosacruz. Como eu gostava daquela gente! E eles de mim. Gostaram logo do meu sobrenome *DeRose*, que lembrava a denominação da fraternidade. Por isso, na iniciação, onde se recebe um nome místico, preferi dispensá-lo e usar o meu mesmo. Trata-se de uma cerimônia na qual morremos para a vida profana e nascemos de novo, com um outro nome. Escolhi o meu próprio para evitar pseudônimos. Por isso, hoje, só uso o DeRose. A outra pessoa, dona dos prénomes, morreu no dia dessa iniciação.

Logo os irmãos da ordem descobriram que o símbolo dos DeRoses, da minha família paterna, era a **rosa**, e o dos Alvares, da minha família materna, era a **cruz**, resultando como meu símbolo, o casamento dessas duas divisas heráldicas, ou seja: a **Rosacruz**! Isso me projetou bem para frente em mais de uma dessas fraternidades, o que foi enormemente vantajoso, pois pude ter logo contato com determinados ensinamentos para cujo acesso gastaria muitos anos mais, se não queimasse etapas.

Eu já estava amadurecendo interiormente e alcançando a emancipação. Chegou o momento em que só precisava de um pequeno empurrão para sair do misticismo e tornar-me livre-pensador. A gota d'água foi proporcionada pelas ocorrências que relatarei a seguir. Evidentemente não foram o motivo da minha conscientização, mas apenas seu estopim.

Fatos como estes que vou descrever acontecem na vida de todos nós. Quando passam, concluímos que não constituíram nenhuma tragédia, superamo-los e ficamos mais fortalecidos com a experiência. Chegamos até a achar graça de certas coisas.

Corria a década de sessenta. Continuei, por vários anos, ministrando Yôga naquela ordem filosófica mencionada anteriormente. Tempos depois, alguns irmãos da ordem armaram uma cilada para tirar do caminho alguém que, eles achavam, poderia ser conduzido à presidência da entidade. Isso não me interessava, mas os que estavam de olho no poder não podiam arriscar.

Eu era um apaixonado por aquilo lá. Ia às reuniões do meu grau e às de nível inferior, para estar sempre por perto. Comparecia também aos sábados para ajudar no que fosse necessário e participar de qualquer atividade extra. Ainda aparecia aos domingos, no ritual aberto ao público. Tudo isso sem contar minhas próprias aulas ministradas gratuitamente às sextas-feiras. Até no período em que servi o exército, aproveitava todas as folgas para ir trabalhar pela ordem. Mais tarde, quando montei minha escola de Yôga, ofereci gratuidade a todos os membros da fraternidade.

Um dia ultrapassei os limites. O diretor-de-aula pediu-me para rodar um esquema sinótico com algumas relações entre chakras, tattwas e outros princípios. Fiz o trabalho exatamente como ele pediu, mas quando ficou pronto achei muito incompleto, pois tinha apenas 28 comparações. Então, elaborei outro com umas 100.

Na data prevista, entreguei os dois a fim de que ele dispusesse de ambos como bem entendesse. Se não quisesse usar o mais completo por alguma razão plausível, como, por exemplo, a programação das aulas, seria compreensível. Qual não foi a minha surpresa quando ele recusou o mais extenso, alegando conter informações demais e muito *perigosas*, "que poderiam enlouquecer os irmãos que o estudassem".

– Não pode ser – retruquei – estas informações estão nos livros encontrados em qualquer livraria comum. Não há nada de secreto aqui. Se iniciados podem enlouquecer com estes meros dados profanos, que iniciação é essa?

Voltei para casa escandalizado. No impulso da indignação juvenil, passei a noite em claro, compilando outro quadro, agora muito maior, com cerca de 1000 comparações. E, abaixo, os nomes dos livros, especificando os números das páginas de onde as informações foram extraídas. Assim, ninguém poderia achar que estava transmitindo ensinamentos secretos e ficava provado que qualquer leigo podia entrar numa livraria e aprender aquilo. Não precisava gastar anos numa sociedade secreta para, ainda por cima, descobrir que o que está em livros populares é considerado mais profundo.

No dia seguinte, com o ímpeto atrevido da juventude, passei por cima da autoridade daquele diretor-de-aula e ofereci o **"*Esquema Sinótico das Relações Universais*"** diretamente ao Grão-Mestre. Este elogiou bastante o trabalho, pôs numa moldura e afixou-o numa parede do salão nobre, onde ficou por muitos anos[34].

Pronto. Havia cometido um erro bestial. Que ingenuidade! Agora tinha um inimigo dracúleo na cúpula da ordem. Eu não sabia, mas esse era o segundo. O primeiro fora o secretário. Bem mais antigo, ele

---

34 O *Esquema Sinótico das Relações Universais*, mais tarde, foi publicado como anexo na segunda edição do meu primeiro livro **Prontuário de SwáSthya Yôga**, 1974, Editora Eldorado.

achava que merecia ser o sucessor do Grão-Mestre. Como eu não alimentava essa intenção, nem tomei a precaução de tranquilizar os que sustentavam tais aspirações. Pelo contrário. Minhas atitudes os assustavam e, quanto mais dedicava-me a agradá-los, tanto mais os desagradava. Especialmente ao secretário, pois em função do seu trabalho profano, ele só conseguia dedicar algumas horas por dia aos interesses da ordem. Eu, em contrapartida, podia consagrar o tempo que bem entendesse, uma vez que trabalhava com Yôga e, naquela época, achávamos que fosse tudo a mesma coisa.

Um dia fui falar com ele, a fim de melhorar nossas relações. Ofereci-lhe um novo desenho com o símbolo da fraternidade, muito bem elaborado, para usar como e onde quisesse. Sugeri, quem sabe, para uma nova capa do boletim, pois a antiga, em uso, era meio feiúsca.

– Fui eu mesmo que a desenhei – disse-me, secamente. Puxa, tinha sido uma gafe macrocósmica!

Tentei consertar com uma prova de boa vontade e lealdade. Nossos rituais eram realizados num subterrâneo, com vestimentas talares de lã, dos pés à cabeça, incluindo calçados de lã e capuz de lã. No verão do Rio de Janeiro, isso era uma tortura. Tinha gente que passava mal e começava a faltar por causa do desconforto. Havia até um grupinho de dissidentes liderando um movimento para mudar o tecido para linho "porque Jesus usava linho". Enquanto isso, a banda conservadora contrapunha que não estava em discussão o tecido usado por Jesus ou Buddha. A lã era usada por razões Iniciáticas de isolamento nos rituais de Alta Magia e os fundadores da ordem, na Alemanha, haviam determinado o uso de lã! Estava formado o quiproquó.

Para tentar atenuar essa situação constrangedora, comuniquei ao secretário que queria doar dois aparelhos de ar condicionado para o templo subterrâneo.

Assim já era demais. Se concretizasse a doação, todos ficariam gratos e eu seria beneficiado politicamente. Ora, não tinha feito com essa intenção. Tratava-se apenas de um jovem ingênuo querendo agradar. Mas havia aplicado os meios inadequados. Que patetice! Agora era tarde. Tinha assinado a minha sentença. Em menos de vinte e quatro horas recebi uma carta suspendendo-me sumariamente por seis meses, assinada, não pelo Conselho ou Grão-Mestre, mas pelo secretário. Comuniquei-me imediatamente. Queria saber a razão.

Então, escrevi uma carta ao meu suposto protetor e autoridade máxima, o Grão-Mestre, solicitando uma audiência com o Conselho. Quanta ilusão! Eu não levara a sério os exemplos de Galileu Galilei, Giordano Bruno, Wilhelm Reich e tantos outros...

Marcaram uma data para a audiência. Pedi ao Grão-Mestre que estivesse presente, pois confiava nele. Mas ele não compareceu.

Foi tudo uma farsa. Quando viram que meus argumentos, já expostos na carta e agora desenvolvidos de viva-voz, eram muito fortes para serem ignorados, começaram a acrescentar novas acusações infundadas e tão loucamente absurdas que, se fosse hoje, mandá-los-ia às favas e iria embora. Porém, eu acalentava minhas ilusões. Achava que a verdade teria poder de absolvição. Acreditava serem todos os espiritualistas pessoas justas, honestas e honradas. Agasalhava a convicção de que ninguém podia ter nada contra mim naquele templo de amor e piedade cristã... Estava com a consciência tranquila e convencido de que devia lutar pelo direito e pela justiça.

No final, confirmaram a sanção: eu teria que cumprir a suspensão de seis meses. Terminada a penitência, poderia voltar. O secretário não gostou do desfecho. Ele havia tentado alterar a penalidade para expulsão e não conseguira.

Saí de lá desolado. Como puderam me acusar de tantas mentiras num lugar onde pregam a verdade? Foi um dos maiores sofrimentos da minha juventude. Qualquer prática espiritual que tentasse fazer, na intenção de que me ajudasse a superar o trauma, só piorava tudo. Curioso que, no fundo, eu não ficara ressentido com ninguém. Aceitara a experiência como uma prova Iniciática. Isso foi muito bom para mim. O Grão-Mestre continua morando no meu coração, assim como a maioria dos irmãos, pois não tomaram parte na Inquisição e nem souberam do ocorrido.

Há males que vêm para bem. Essas coisas todas contribuíram para estimular meu senso de crítica. Tive bastante tempo para pensar durante o período de afastamento.

Quando terminou a suspensão, não voltei. Um grupo de irmãos mais sinceros, inteirando-se do que acontecera, encabeçou um movimento para que eu retornasse. Mandaram-me chamar diversas vezes. Recusei amavelmente e preferi manter uma cordialidade distante. Às vezes, encontro algum membro da Fraternidade e nos abraçamos, conversamos alegremente e demonstramos que a amizade foi preservada.

Este relato não teria nenhuma importância se não houvesse servido como fator desencadeante das circunstâncias que, mais tarde, vieram a conspirar para impor algumas pedrinhas (rochedozinhos) no meu caminho.

Desligando-me das confrarias, fiquei só. Por um lado, foi ótimo, pois tornei-me independente, desatado, sem ninguém para podar ou censurar a evolução do meu Método. Por outro lado, também fiquei sem ninguém para me defender contra os que viessem a atacar o meu trabalho, afinal, eu estava com vinte e poucos anos, totalmente indefeso perante os demais professores que tinham todos mais de cinquenta e muitos contatos em círculos de poder. Não imaginava que ensinar uma coisa tão claramente saudável, construtiva e verdadeira, pudesse gerar tanta hostilidade.

Acontece que eu havia me apartado de toda uma faixa de público, a qual era exatamente a única, na época, onde o Yôga florescia. Portanto, eu já estava começando a carreira com muitos antagonistas e nenhum aliado. Em contrapartida, meus concorrentes não estavam sós. Política pura. Pena que não entendesse nada de política. Ainda hoje, não entendo.

Assim sendo, não compreendi o motivo pelo qual as coisas começaram a ficar tão difíceis quando fundei minha primeira escola. Por que deveria ser estigmatizado pelos professores de Yôga, justamente por eu estar ensinando essa filosofia? Seria tal atitude coerente com os ensinamentos que eles professavam?

E, afinal, todas essas ocorrências terão sido ruins ou boas[35]? Naquela fase foi duro, mas hoje tenho a certeza de que a longo prazo foi positivo. Apesar de naquela hora ter sido sofrido foi bom porque forjou em mim uma têmpera bem forte e o SwáSthya Yôga ganhou um dedicado defensor.

Passados mais de cinquenta anos, com a cabeça fria e com isenção de ânimos, após meditar muito sobre o ocorrido, a conclusão é óbvia:

---

35 *Para voar é preciso haver resistência.* (Maya Lin).

Não há dúvida de que a culpa foi minha. **Tudo o que ocorreu foi um violento choque de egrégoras**[36], porquanto eu trazia interferências de outras escolas filosóficas, cujos estudos misturava por imprudência quando era mais jovem.

Isso não justifica nem legitima a atitude daqueles irmãos espiritualistas, contudo, ajuda-nos a compreendê-la. A coisa toda terá sido consequência de uma dessintonia de energias. O ser humano é praticamente um joguete de forças gregárias que nos manipulam como a marionetes. Grupos de indivíduos afins terminam sempre sacrificando os que pertencem a outros grupos. No reino animal é o instinto de seleção das espécies. Um antílope não vive no meio de leopardos, nem um tubarão entre golfinhos. A comunidade expulsa ou destrói o intruso. Tal como as gaivotas sábias – e banidas – do livro *Fernão Capelo Gaivota*.

Sirvam estes exemplos para que alguns leitores mais lúcidos entendam e não misturem escolas, Mestres ou tendências. Quem põe um pé em cada canoa, não vai a parte alguma: cai na água!

> *Mal é o nome que se dá à semente do bem.*
> DeRose

---

36 Egrégora significa poder gregário. Provém do grego *egrégoroi* e designa a força gerada pelo somatório de energias físicas, emocionais e mentais de duas ou mais pessoas, quando se reúnem com qualquer finalidade. Todos os agrupamentos humanos possuem suas egrégoras características: todas as empresas, clubes, religiões, famílias, partidos etc.
Egrégora é como um filho coletivo, produzido pela interação "genética" das diferentes pessoas envolvidas. Se não conhecermos o fenômeno, as egrégoras vão sendo criadas a esmo e os seus criadores tornam-se logo seus servos já que são induzidos a pensar e agir sempre na direção dos vetores que caracterizaram a criação dessas entidades gregárias. Serão tanto mais escravos quanto menos conscientes estiverem do processo. Se conhecermos sua existência e as leis naturais que as regem, tornamo-nos senhores dessas forças colossais.

DeRose em 1972, meditando na gruta.

MAGIA

Eu havia me afastado do misticismo, mas não tinha me indisposto com ninguém e preservava um grande carinho e respeito pelas entidades que frequentara, bem como pelos seus membros. Por outro lado, eu continuava possuidor de um considerável resíduo de conhecimentos sobre as ciências que havia exercido por tanto tempo, tais como a Magia, a Cabala, a Alquimia e outras artes que proporcionam poderes. Tinha investido muitos anos de profunda dedicação a estes estudos e agora dispunha de um formidável arsenal.

Já estava trabalhando com Yôga, contudo ainda não havia feito minha opção exclusiva. Como a maioria dos jovens (e alguns adultos imaturos), na década de 70 do século passado permitia-me algumas misturanças sob o sofismático pretexto de que cada disciplina complementava e reforçava a outra. Assim, paralelamente ao Yôga, dedicava-me a outras correntes.

Por essa altura, tornou-se meu aluno Paulo Coelho que era o parceiro favorito do cantor Raul Seixas. Naquela época, na página de abertura do meu livro *Prontuário de Yôga Antigo*, encontrava-se a frase: "Eu sou o amor puro dos amantes, que nenhuma lei pode proibir."
(Bhagavad Gítá, cap. VII, vers. 11)

Coincidentemente, pouco tempo depois, foi composta a música *Gítá*, grande sucesso do Paulo. Imagino que deva ter ocorrido alguma influência do nosso livro.

Paulo Coelho e eu travamos uma amizade amena, não muito íntima, mas bastante cordial. Com o tempo, afastamo-nos. Eu abandonei a Magia e segui o caminho do Yôga. Paulo Coelho abandonou o Yôga e seguiu o caminho da Magia.

Essa foi uma fase em que o nosso trabalho inspirou livros, músicas e filmes. Na mesma ocasião, outro aluno, o catalão Alberto Salvá, escreveu e produziu um filme chamado *As Quatro Chaves Mágicas*, uma excelente película sobre Magia, com trucagens excepcionais para a época. Foi reapresentado muitas vezes ao longo dos anos. Uma das suas melhores realizações é a fita *A Menina do Lado*, baseada num conto do próprio Salvá. Sinto-me feliz pelo sucesso de antigos alunos e amigos.

Outra consequência da profícua fase de fantasias sobrenaturais e algo lisérgicas daqueles tempos, foi a música *Vira, Vira* ("...vira homem, vira, vira lobisomem...") cantada por Ney Matogrosso, composta pela Lulli, mais uma aluna inspirada pelo SwáSthya e pelo convívio com o fervilhante caldo de cultura artístico existente na nossa escola.

Se, por um lado, o estudo da Magia era erudito e fascinante, sua prática tornava-se quase impossível por várias razões. Havia problemas intransponíveis. Um era o custo dos instrumentos requeridos. A espada tinha que ser de aço e precisava ser forjada numa determinada configuração astrológica. Fazia-se necessário mandar forjar a espada num ferreiro e acompanhar o serviço de perto para ter certeza de estarem sendo obedecidos os requisitos ritualísticos.

Ocorre que no século XX não havia ferreiros na nossa terra capazes de manufaturar espadas. Logo, a solução seria comprar uma que já tivesse pertencido a outro magista sério. Porém, também não havia magistas dessa corrente européia. Então a espada teria que vir da Europa! Que mão-de-obra! E como saber se a transação não era um conto do vigário? O ambiente do ocultismo tem tanto vigarista que o justo acaba pagando pelo pecador. A espada de Papus, segundo consta, já foi comprada tantas vezes pelo mundo afora, que esse Mago precisaria ter possuído algumas centenas delas... Afinal, fosse escolhida a solução de mandar forjar a espada ou a de adquirir a de um antigo Iniciado, o preço seria sempre proibitivo.

Por outro lado, a espada é apenas um dos itens entre instrumentos, substâncias e trajes indispensáveis a um trabalho eficiente e que ofereça proteção para o operador dos fenômenos.

Evidentemente muita gente parte para a simplificação através do mero simbolismo. Por exemplo, na atualidade há muitos magistas usando caricaturas de espadas, mal feitas, de substâncias não-ferrosas e sem ponta amolada. Ora, o efeito da espada é semelhante ao de um pára-raios. Precisa ser de ferro ou aço e deve ter a extremidade afiada. É a proteção maior do magista. Não sendo assim, só auxilia como símbolo e pode ter algum efeito pela fé do operador, porém será muito restrito e propenso a falhar. Os trajes têm que ser de tecido isolante (lã), o círculo mágico protege muito mais se for traçado com substâncias certas do que simplesmente riscado no chão. E por aí vai...

Por isso muitos aprendizes de feiticeiro terminam dando-se mal, pois julgam ter seguido todas as instruções e, no entanto, podem ter falhado num ou noutro pequeno detalhe. Os livros de Magia não ensinam a Grande Arte. Quando ensinam, colocam armadilhas aqui e ali, transmitindo instruções erradas propositadamente para impedir a intrusão de um não-Iniciado nesse grupo exclusivo e hermético. As obras de Papus e de Eliphas Levi estão eivadas desses ardis. Se você não tem um Mestre, pode encontrar, ao invés do poder, a morte ou a loucura. Por que grandes Mestres de Magia fariam isso com os leitores? Primeiramente para proteger sua ciência contra os reles curiosos, aventureiros deturpadores em busca do poder sem ética, que comprometeriam o nome da Magia (como acabou, de fato, ocorrendo). E também para punir, com ciladas, os inquisidores do Santo Ofício que tentassem dominar as artes do ocultismo. A quem supõe que teólogos católicos jamais o fariam, cumpre lembrar que Eliphas Levi era o nome místico do abade Alphonse Louis Constant.

A maior força do magista é a sua vontade (thélema). Por isso, desenvolvíamos exercícios para reforçá-la. Uma das práticas mais simples era o jejum de um a três dias (os meus eram de dez dias, mas não o recomendo a ninguém, pois já vi muito exagero por parte de pessoas sem condições orgânicas ou psicológicas para enfrentar uma prova dessas). Havia diversos outros como, por exemplo, subir de joelhos os 365 degraus da igreja da Penha. Não obstante, era preciso fazê-lo desinteressadamente, sem pedir nada em troca, só como treinamento da vontade e da disciplina. Isso tinha, ademais, um enorme peso positivo no moral do grupo.

Havia também os exercícios que primeiramente localizavam os maiores medos de cada um e, em seguida, iam ensinando as pessoas a superá-los gradualmente. Um dos casos mais marcantes foi o de um jovem que tinha acessos de nervos se visse uma simples barata. Fora isso, na sua vida ele era uma pessoa perfeitamente equilibrada. Bonito, forte, atlético, adepto de esportes perigosos, corajoso... Exceto se aparecesse uma barata! Para ele isso constituía um problema muito sério, que não tinha nada de engraçado. Com algum tempo de treinamento, o mancebo em questão já estava conseguindo colocar o ortóptero na palma da mão e ainda achar bonitinho!

Tal superação viria a ser indispensável futuramente nas invocações. Se o magista guardar algum medo lá no fundo do inconsciente e não tiver treinamento para dominá-lo, esse temor manifesta-se na forma de alucinações, fazendo-o fugir, saindo de dentro do círculo mágico que representa uma proteção territorial.

Para exemplificar esse tipo de fenômeno, um respeitado tratado de Magia relata a experiência mal sucedida, na qual dois magistas fizeram seu ritual numa encruzilhada, à meia-noite, em uma estrada deserta do século XVIII. No meio dos trabalhos, ouviram um tropel de cavalos aproximando-se rapidamente na escuridão. Um deles deduziu:

– É uma carruagem. Vamos sair já daqui antes que ela nos despedace.

O outro, mais corajoso, ponderou:

– Se for, o cocheiro verá a luz dos nossos lampiões e vai parar ou desviar-se.

No entanto, o ruído dos cascos e das rodas estava cada vez mais próximo e ameaçador, rasgando o silêncio da noite na floresta. Todos os fatores conspiravam para inspirar pavor. Quando os cavalos surgiram da escuridão, galopando já em cima dos dois, o mais apavorado saltou para fora do círculo e morreu. O outro resistiu dentro da proteção e pôde confirmar que era tudo ilusão. Não havia cavalos nem carruagem. Quando a imagem chegou às bordas do círculo, tudo cessou bruscamente.

No entanto, e se fosse mesmo uma carruagem?

Nota explicativa sobre Magia

A Magia é a arte de dominar as leis da natureza, produzindo fenômenos que, aparentemente, as contrariam. Na verdade, a Magia nada mais é senão a parte da ciência que ainda não foi suficientemente estudada para ser aceita como tal.

Existem várias correntes de Magia, umas mais requintadas, outras menos. Naquela remota época de descobertas da juventude, minha preferência voltou-se para a Magia Cerimonial Européia, a mais erudita de todas. Fundamenta-se na Cabala, tradição secreta dos hebreus, em Escolas de Mistérios greco-romanas e egípcias. Essa corrente divide-se em Magia Branca e Magia Negra, em Alta Magia e Baixa Magia.

A melhor de todas, por ser a mais elevada, culta e refinada, é a Alta Magia Branca. Foi a que estudei no passado. Só trabalha com altruísmo, em benefício de terceiros, não visa a benefícios pessoais, não utiliza substâncias animais e não admite produzir dor, sofrimento, nem morte. Apesar disso, até essa linha branca pode causar, indiretamente, conflitos referentes às propostas de só fazer o bem, mas, involuntariamente, acabar atingindo alguém que tente prejudicar o magista. Tal ocorre, uma vez que, no ato da Iniciação, todos nós recebemos uma proteção extremamente poderosa contra os inimigos. Mesmo que não a queiramos, ela faz parte dos ritos e é obrigatória por motivos de autopreservação do Iniciado.

No nosso caso, conferiram uma proteção irreversível, que nunca mais conseguimos desfazer. Para que desfazer uma proteção, se ela nos defende dos agressores? No início é algo interessante e até motivo de um certo orgulho. Mais tarde, porém, quando presenciamos repetidas cenas aflitivas, em que nossos detratores são atingidos por graves doenças e tragédias, é inevitável assumir um sentimento de responsabilidade pelas ocorrências e tentar, desesperadamente, anular esse poder indesejável.

A desproporção entre o flagelo que atinge o nosso inimigo e o pouco que ele teria conseguido contra nós, leva-nos à conclusão de que o impacto é sempre excessivo e talvez não fosse necessário. Ao menos, de acordo com os nossos princípios.

Pior é quando o agressor descobre que a razão do seu padecimento foi algo que obrou, disse ou mentalizou contra nós e procura-nos para o perdoarmos e liberarmos desse retorno kármico – mas tudo o que podemos fazer por ele são algumas tentativas. Elas, às vezes, são bem sucedidas, outras, nem tanto, pois a eficácia da remissão depende da sinceridade do arrependimento de quem promoveu a agressão e do que ele vai realizar, efetivamente, para compensar o mal feito. É muito triste ver alguém, por pior que seja o seu caráter ou por mais grave que tenha sido sua ofensa, precisando de ajuda e você estar impotente para retirar o karma que o aflige. É natural questionar que ele não o teria sofrido se não existisse a nossa blindagem de proteção.

Por isso, é preciso ponderar muito bem antes de envolver-se com o ocultismo, uma vez que seus comprometimentos, quase sempre, são irreversíveis. Muita gente irresponsável se lança no universo da Magia só pela leitura de livros. Bem, a natureza é seletiva. Tais aventureiros, mais cedo ou mais tarde, terminam sendo eliminados. Com Magia não se brinca.

A essa conclusão chegou, por exemplo, Eliphas Levi. Em sua última obra, ele transmitiu ensinamentos muito claros sobre a kundaliní e declarou ser essa energia muito mais poderosa do que tudo o que ele havia ensinado nos livros anteriores. Deu a entender que seus conhecimentos sobre Magia estavam superados pela nova descoberta, para a qual precisara investir toda uma vida de estudos e muitos dissabores. Felizes daqueles que podem ter acesso a esse conhecimento antes da idade em que de nada mais valeria.

Assim, fico feliz por ter podido descobrir o melhor caminho quando ainda jovem o bastante para trabalhar minhas energias, conquistar graus satisfatórios na filosofia que adotei e ficar a salvo dos violentos choques de egrégoras que costumam ocasionar consequências danosas, àqueles que dedicam-se a mais de uma linha de desenvolvimento.

PER FUMUM
A ORIGEM DO KÁLÍ-DANDA

O incenso não é um artefato místico e sim um recurso natural que nos auxilia a atingir certos fins, variáveis conforme os perfumes e demais elementos constituintes das ervas ou resinas, cujas moléculas se desprendem com a queima e evolam, permitindo imediata absorção pela membrana pituitária.

Os perfumes influenciam o emocional, a mente e até o corpo, e a resposta é imediata, tão rápida quanto uma injeção na veia. Por exemplo:

- se você sente um cheiro nauseabundo, o seu estômago embrulha na hora;

- se você sente um perfume sensual, as glândulas sexuais começam a segregar hormônios imediatamente;

- se você sente uma fragrância devocional, é logo arrebatado para estados de consciência que nenhum outro recurso conseguiria desencadear.

Assim, os antigos descobriram que os olores doces eram ótimos para se usar nos mosteiros, pois reduzem o apetite e predispõem ao jejum. Chegaram também à conclusão de que a inalação dos aromas ou vapores de certas ervas tinha influência positiva numa série de enfermidades. Quem ignora o efeito do eucalipto no combate às gripes? E quem contestaria o efeito das inalações feitas com ervas, como é o caso da eficaz buchinha-do-norte contra sinusites?

Tudo começou quando passaram a queimar ervas e resinas em locais fechados para manter o ambiente agradável e notaram a ocorrência de efeitos nas pessoas que inalavam suas exalações, variáveis conforme o produto usado. A partir daí, foi só uma questão de tempo para catalogar os resultados. Desde então, passaram-se 5000 anos!

Hoje, o incenso tem três aplicações distintas. A primeira é a de perfumar. A segunda, são os efeitos sobre as pessoas que aspiram suas exalações. A terceira é a purificação de ambientes. Um bom incenso deve ter tudo isso.

É interessante observar que a própria palavra *perfume* provém do latim *per fumum*, pela fumaça, fazendo referência à forma pela qual se usava o perfume na antiguidade, ou seja, incensando, queimando ervas e resinas aromáticas.

No nosso caso, a principal finalidade de utilizar o incenso, além do prazer olfativo, é estimular os exercícios respiratórios. Você já notou que quando sente um perfume agradável, a tendência natural é fazer respirações profundas?

A segunda finalidade é a que deu origem a uma divisão da medicina antiga, denominada osmoterapia, ou aromaterapia. Ela procura proporcionar efeitos físicos e psicológicos, inclusive para estados enfermiços. Não trabalhamos com terapia, logo, essa parte é absorvida sob o aspecto da profilaxia.

A terceira finalidade é a que estuda os efeitos do incenso sobre o meio ambiente, no que diz respeito a duas perspectivas. Uma é não poluí-lo, evitando a queima de substâncias prejudiciais à saúde de seres humanos, animais e vegetais, ou à camada de ozônio.

A outra perspectiva dos efeitos sobre o meio ambiente é a que estuda os benefícios obtidos, tais como purificar o ar, reduzir a proliferação de fungos, repelir insetos e até mesmo melhorar a atmosfera psíquica. Atualmente estão sendo desenvolvidas pesquisas a fim de comprovar a teoria de que a fumaça do incenso contém elementos que neutralizam os da fumaça do cigarro. De qualquer forma, já é hábito corrente de muitos não-fumantes queimar um incenso toda vez que alguém acende um cigarro em casa ou no escritório. Pelo menos, melhora o odor.

COMO COMECEI A INVESTIGAR

Quando jovem, exagerei no uso do incenso comum e, como todos continham muitas substâncias químicas, intoxiquei-me. Quando me recuperei, fiquei com a sequela de uma hipersensibilidade. Por mais que trocasse de marca, voltava a sentir os mesmos sintomas. Até que num dado momento, já havia testado todos os que conseguira encontrar. Não adiantava. Eram todos iguais e a manifestação de sua toxidez variava pouco. Uns davam mais dor de cabeça, outros mais náuseas, outros mais irritação nas vias respiratórias...

Comecei então a estudar na Biblioteca Nacional tudo o que consegui encontrar sobre incenso em livros de química, medicina, perfumaria, magia, história e até arqueologia. Fui vários anos à Índia visitar fábricas de incenso e institutos de botânica. As descobertas foram decepcionantes e alarmantes.

O incenso verdadeiro, antigo e natural, era um produto medicinal, bom para a saúde, mas tão caro que nenhuma indústria podia utilizá-lo. Constituía um privilégio dos reis e altos sacerdotes das antigas civilizações. Haja vista a passagem bíblica que relata os presentes levados pelos Magos[37] a Jesus como pújá por ocasião do seu nascimento: ouro, incenso e mirra! As resinas de incenso e mirra são os principais componentes das fórmulas da antiguidade e foram mencionados em pé de igualdade e de valor com o próprio ouro.

Devido ao elevado custo dessas gomas, os fabricantes de incenso deixaram de utilizá-las e passaram a empregar substitutos baratos e inócuos ou até mesmo tóxicos. As fórmulas, atualmente, são variações em torno da que se segue:

1) um veículo para queima (serragem de madeira, papel, excremento de vaca, ou qualquer outra coisa que queime, não importando o seu efeito);

---

37 A Bíblia não cita reis-magos, mas simplesmente magos:
"...eis que vieram uns magos do Oriente a Jerusalém." Mateus 2:1.
"Entrando na casa, viram o menino com Maria, sua mãe; e, abrindo seus tesouros, entregaram-lhe suas oferendas: ouro, incenso e mirra." Mateus 2:11.

2) uma cola para dar liga (goma arábica, laca, adragante, breu, cola de amido, colágeno de boi etc., não importando o seu efeito ou toxidez);

3) um corante verde, vermelho, azul, roxo (geralmente anilina ou outra tinta);

4) um perfume, geralmente químico (não importando sua toxidez).

Pergunto ao leitor, que efeito pode ter tal fórmula? Que efeito pode ter a queima de serragem, cola, anilina e essência química? Se fosse só para perfumar, melhor seria usar um borrifador e não queimar nada. Ainda por cima, muitas essências hoje são feitas à base de óleo extraído do petróleo que, queimando, libera monóxido de carbono, o qual é cancerígeno! Sem falar na queima das colas e corantes altamente tóxicos. Além disso, é contra-senso chamar *varetas de incenso* a um produto que **não contém resina de incenso** em sua fórmula. Tem tudo, menos incenso.

O mais paradoxal é que são justamente os ecologistas e naturalistas que mais consomem tais produtos extremamente intoxicantes, antiecológicos e agressivos ao meio ambiente!

Tão logo descobri todas essas coisas, parei de utilizar os incensos que havia à venda nas lojas e comecei a queimar as ervas e resinas indicadas pelos antigos alfarrábios, diretamente sobre brasas. Acontece que dava muito mais trabalho preparar as brasas num turíbulo do que acender uma vareta; também fazia muita sujeira, produzia fumaça em excesso e ainda terminava por obrigar o consumo de mais material, o que encarecia bastante.

Era necessário que encontrasse uma solução mais prática e cujo custo fosse viável. Consultei vários químicos, botânicos, ocultistas, mas a ajuda que eles deram foi pequena. A arte de manufaturar varetas de incenso verdadeiro estava perdida.

Então, utilizei as técnicas de meditação que já tinham dado certo noutras ocasiões e fixei a mente na ideia de encontrar uma solução para a fórmula do incenso. O canal de contato com o inconsciente coletivo poderia me conduzir a essa solução.

Não demorou e ela surgiu tão clara e lógica como se sempre a tivesse sabido e necessitasse apenas de uma alavancagem psicológica. Por outro lado, uma coisa é ter a fórmula na cabeça, outra bem diferente é saber como realizar cada etapa da alquimia das matérias-primas, à qual, só a prática pode conferir domínio perfeito.

Restava, portanto, começar as infindáveis experiências que marcaram essa época. Cada vez que, novamente, dava tudo errado, tinha vontade de desistir, pois o preço do material posto fora era desanimador. Contudo, eu continuava, impelido pela obstinação em achar o processo.

Comecei por dominar a técnica do *solve*. Faltava a do *et coagula*. Tentei utilizar o elemento *ar,* mas não dava certo. Experimentei o *fogo*. Pareceu melhor. No entanto, havia substâncias inflamáveis na fórmula e o fogo podia explodir tudo. Só descobri isso quando um dia fui ver se as varetas já estavam secas e abri o forno um pouco antes da dissipação dos vapores inflamáveis. Ao abri-lo, entrou oxigênio, o comburente que faltava, e a coisa toda explodiu na minha cara!

Lembro-me até hoje da visão estarrecedora que foi contemplar o surgimento repentino de uma língua de fogo enorme, bem diante dos meus olhos: o deslocamento de ar atirando-me para trás, o calor, o cheiro dos meus cílios, sobrancelhas, barba e cabelos queimados, e a sensação de que talvez tivesse ficado cego. Mas não fiquei.

Com o passar dos anos levei outros sustos semelhantes, porém, acabei me habituando. O primeiro foi o pior. Finalmente consegui concluir o processo todo, desde a escolha das matérias-primas importadas da Índia, Nepal, Egito, Somália, Etiópia; a combinação dos componentes na proporção ideal e pelo método correto (qualquer erro para menos prejudica o aroma; para mais, não queima); até a solidificação e secagem final sem evaporação para não perder a fragrância natural das resinas.

Quase intuitivamente fui adicionando ou suprimindo determinados componentes. Assim foi com o sal. Ao trocar impressões com vários outros fabricantes de incenso na Índia, todos ficavam aturdidos quando eram informados de que eu utilizava esse componente. Faziam uma cara de quem não estava entendendo nada e perguntavam:

– Mas para que o sal se não ajuda na liga, nem no aroma, prejudica na secagem e ainda atrapalha com a presença dos seus cristais quebradiços?

Não adiantava explicar. Estávamos falando de coisas diferentes. Eu queria produzir um incenso iniciático, forte, poderoso, rico em efeitos positivos e isento de toxidez, mesmo que custasse mais caro e exigisse uma manipulação mais trabalhosa, afinal estava produzindo para meu próprio uso e para o dos meus alunos. Os fabricantes, por sua vez, precisavam produzir algo que fosse fácil e barato o suficiente para estimular o consumo em larga escala a fim de que desse lucro, pois essa é a razão de ser de qualquer indústria. Então todo componente supérfluo que pudesse ser dispensado seria um custo a menos, o que conduziu à excessiva simplificação e mesmo à deturpação das suas fórmulas.

Vi que não tinha o que aprender com eles. Desisti do intercâmbio e continuei fazendo nosso incenso de fórmula excelente e caríssima. Minha saúde valia o preço.

Certo dia, na década de 70, uma aluna de São Paulo que participava do nosso curso na Escola Superior de Psicanálise Sigmund Freud, declarou que tinha em seu poder alguns objetos encontrados em escavações arqueológicas no Egito por um parente seu. Ela estava apreensiva com a eventual maldição dos faraós e queria livrar-se deles. Perguntou-me se os queria. Não tenho nenhum interesse especial em coisas do Egito, mas quando soube do que se tratava, aceitei logo todo o lote. Havia amostras de incenso com mais de 3000 anos! Isso me interessava.

O resultado da análise desse incenso foi emocionante. A fórmula dele também continha sal, carvão e as mesmas resinas da nossa, numa proporção bem semelhante. Como é que eu havia chegado ao mesmo resultado no século vinte, e quase sem fontes de referência? Só podemos atribuir isso ao inconsciente coletivo!

Aí tive uma ideia excitante: dissolvi uma parte do incenso do faraó em uma boa quantidade de álcool e, simbolicamente, passei a colocar uma gota dessa solução em cada partida de incenso que fizesse. Com isso, podia considerar que nosso incenso tinha, a partir de então, partículas de um incenso preparado pelos sacerdotes do antigo Egito, há mais de três milênios! Um princípio homeopático!

A descoberta proporcionada pela análise do incenso egípcio me deu vontade de pesquisar mais na literatura sagrada de vários povos. Tempos depois, entre outras descobertas interessantes, localizei uma referência no Velho Testamento, livro *Exodus*, capítulo 30, versículo 35, que diz:

> *"Farás com tudo isso um perfume para a incensação, composto segundo a arte do perfumista, temperado com sal, puro e santo."*
> (Bíblia católica, tradução dos Monges Beneditinos de Maredsous, Bélgica)

Novamente, a presença do sal.

Até aquela época ainda preparava o incenso só para nosso uso. Alguns alunos gostavam, perguntavam como poderiam obtê-lo e cedíamos sem ônus umas pequenas quantidades a quem se interessasse. Porém, o número de admiradores crescia todos os dias e muitos eram instrutores que, por consequência, precisavam de maiores porções para usar em suas aulas. Como o custo do incenso era alto, logo chegou o momento em que não pudemos mais oferecê-lo daquela forma, fomos obrigados a estabelecer um preço a quem desejasse adquiri-lo. Assim, o nosso veio a ser o primeiro incenso nacional (na época havia mais três marcas que eram vendidas no Brasil, mas todas produzidas fora do país, duas delas embaladas aqui).

Nosso incenso Kálí-Danda ficava cada vez melhor e mais conhecido. Chegavam pedidos do Brasil todo, bem como de outros países da América do Sul e da Europa. Devido à enorme procura, ele sempre foi um incenso constantemente em falta, o que o tornou mais disputado e contribuiu para consolidar a celebridade que hoje goza entre os conhecedores.

Para reforçar tudo isso, os ocultistas descobriram que ele limpa os ambientes com uma eficácia única. Sensitivos observam que esse incenso purifica o astral das pessoas e dos locais. Uma considerável gama de fenômenos indesejáveis cessa imediatamente com o seu uso. Os espíritas declaram que fica muito mais fácil realizar seus trabalhos queimando uma vareta do Kálí-Danda. Vários usuários nos informaram que recolhem suas cinzas e as empregam para friccionar a região dos chakras, com o propósito de estimulá-los. Outros servem-se delas como cicatrizante em ferimentos, aplicam para reduzir afecções de pele, espinhas, cravos etc. Uma vez que esses usos não nos interessam, não procedemos a nenhuma pesquisa com o objetivo de confirmar sua eficácia para tais fins, e tampouco os sugerimos.

Não há produto bom e renomado que não seja logo imitado. Assim, surgiram muitas imitações baratas que não chegavam aos pés do original.

O instrutor, mais do que qualquer pessoa, está atento à qualidade do incenso, uma vez que vai ficar exposto a ele horas e horas, todos os dias. É fundamental que seja um produto puro e bom para a saúde, senão o instrutor é o primeiro a adoecer. Por isso, continuamos zelosos à rigorosa pureza e superior qualidade das resinas naturais, importadas das melhores procedências, bem como ao cuidado extremo na manipulação até o estágio final. O nosso incenso continua sendo um produto natural e artesanal.

Por outro lado, seus apaixonados admiradores precisam estar cientes de que um produto artesanal dificilmente sai igual duas vezes. Cada fornada tem uma personalidade própria e diferente de todas as anteriores. Varia no tempo da queima ou no perfume, na aparência exterior ou na rigidez da vareta. Muitos fatores contribuem para isso, mas um dos preponderantes é a origem da resina, pois as árvores da Somália produzem gomas diferentes das da Índia ou do Egito, conquanto tenham efeito similar.

Portanto, fica aqui um apelo do alquimista: não pergunte por que uma determinada partida está diferente de outra que você usou antes. Em vez disso, cultive o prazer de comparar as pequenas nuances de um ano para o outro ou até de uma década para a outra. Explore a propriedade do nosso incenso não estragar com o tempo, ainda que seja guardado sem embalagem durante anos. Como os bons vinhos, o incenso fica melhor com o envelhecimento. Se ficar úmido, basta deixá-lo um pouco ao sol. Pessoalmente costumo queimar, de preferência, varetas com mais de dez anos. Sugiro que você faça o mesmo. Não é difícil. Basta começar desde já a guardar uma reserva para envelhecimento. Depois é só usar os mais antigos e estocar os mais novos.

PROFESSORES, MESTRES E GURUS

*Se você tem um relógio, sabe que horas são.
Se tem dois relógios, já não tem tanta certeza.*
Sabedoria popular

Em 25 anos de viagens à Índia, estudei com vários Preceptores hindus como o Dr. Yôgêndra (em Mumbai), Dr. Gharote (em Lonavala), Swámis Krishnánanda, Nádabrahmánanda, Turyánanda (em Rishikêsh), Muktánanda (em Ganêshpurí) e outros, considerados os últimos grandes mestres daquele país. Krishnánanda, por exemplo, orientou-me por mais de vinte anos. Foi um excelente Mestre. Soube não deixar que a sua linhagem Vêdánta-Brahmacharya interferisse com a a minha. Chegou a me conseguir um professor de Sámkhya que me dava aulas dessa filosofia dentro do Sivánanda Ashram.

Mas a nenhum deles posso reconhecer como o *Meu Mestre*. Isso confundiu um pouco os cri-críticos de plantão e induziu-os ao erro de supor que eu fosse um autodidata, o que não é fato. Embora alguns professores tenham sempre declarado com indisfarçável orgulho que eram autodidatas, esse não é o meu caso. Considero que nesta área, o autodidatismo não é nada louvável. É apenas uma questão de ego. Como dizia Mário Quintana, "autodidata é um ignorante por conta própria".

No entanto, antes de ter estudado com aqueles renomados mentores, quando bem jovem, andei à procura de alguém para ser meu Mestre físico, de carne-e-osso. Ninguém aceitou, uns por honestidade ao avaliar sua própria limitação, outros disfarçando isso com falsa modéstia. O fato é que professor algum julgou-se apto a levar-me adiante do ponto onde eu já estava.

Muito antes de descobrir o verdadeiro Preceptor gastei muita sola e muito latim (e sânscrito!) na procura. Finalmente desisti de encontrá-lo entre meus conterrâneos e comecei a buscá-lo nos indianos que vinham dar conferências no nosso país. Mas decepcionava-me seguidamente, pois eles não pareciam ter mais conhecimento do que os compatriotas. Em suas palestras não acrescentavam nada e por vezes deixavam muito a dever aos nossos. Só iludiam mais a opinião pública por apresentarem-se com trajes exóticos e dirigirem-se ao público em inglês. Até que, certo dia, um deles pareceu possuir realmente algum grau mais avançado e pôs termo a essa fatigante busca. Foi o Swámi Bhaskaránanda, que esteve no Brasil em 1962. Aos dezoito anos de idade, tive a oportunidade de estar com ele e expor minha expectativa. Ele esclareceu:

– Seu Mestre ainda não sou eu, nem é nenhum dos da sua terra. Ele é maior do que todos nós juntos e tem muito mais a lhe transmitir do que o mero conhecimento intelectual. Não se preocupe em achá-lo. Ele é que vai achar você, mas só no momento certo, quando estiver mais amadurecido e puder entender.

A partir daí, fiquei tranquilo e parei de buscar. Ao invés disso, passei a investir todo o meu tempo no aprimoramento necessário para me colocar à altura de um tão grandioso Preceptor. Forçosamente tive que ler pencas de livros, fazer muitos cursos e conhecer inúmeros mentores. Nesse crisol alquímico, vinham coisas boas, coisas ruins e muitas fraudes.

Entre várias experiências positivas, uma é especialmente digna de nota. Foi o meu relacionamento com um professor que, deixou claro, não poderia ser meu Mestre, mas propôs-se com muita honestidade a me preparar a fim de tornar-me apto a contatá-lo.

Além dos ensinamentos formais e das aulas regulares, ele me punha o braço sobre o ombro e levava-me a longas caminhadas nas quais transmitia coisas muito mais interessantes. Por vezes, mandava-me ler livros difíceis de encontrar ou muito caros ou, ainda, escritos em idiomas que eu não entendia:

– Se você quer aprender algo que valha a pena, não perca tempo com publicações populares e não meça esforços para adquirir ou para ler as obras principais, qualquer que seja o seu preço e ainda que estejam em outras línguas. Se lhe mando ler um livro que só exista em inglês, francês ou espanhol, aprenda a língua e leia o livro.

Com isso, comecei a expandir meus horizontes linguísticos! Ele também me permitia ir à sua casa estudar em livros muito antigos e que, pelo jeito, nunca tinham ido ao grande público. Um dia, o Professor me fez sentar diante dele, olhou-me nos olhos e disse:

– Noto que você tem lido livros de diversas linhas do Conhecimento, que não indiquei. Sei que o tem feito na louvável intenção de adquirir um progresso mais abarcante e universal. Mas esse procedimento não é aconselhável. Por mais que leia, jamais irá, por isso, alcançar o Conhecimento. Ele não pode ser conquistado por leitura, uma vez que está acima do intelecto. Os livros que tenho recomendado são escolhidos criteriosamente para lhe proporcionar uma base sólida num sentido bem definido e isso é tudo. Você deve escolher uma filosofia e, dentro dela, definir-se por uma só de suas linhas. E então, segui-la com toda a dedicação. Leia o suficiente sobre ela, menos sobre as outras, pratique-a bastante e não misture com mais nada. Espere que o seu Mestre chegue e que ele lhe imponha as instruções e restrições que couberem para o seu caso. A partir desse dia, cumpra-as à risca, custe o que custar.

– Tem certeza de que o meu Mestre não é o senhor?

– Tenho. A sua linhagem, a tradição para a qual você nasceu, é superior à minha. Nesta etapa do discipulado sou apenas incumbido de lhe proporcionar o impulso inicial. Você deve dar atenção especial aos livros de Yôga. Mas, mesmo no Yôga, existem muitos ramos. Você vai ter que descobrir qual é aquele que lhe veste como uma luva. Os outros lhe serão inúteis e até prejudiciais.

– Não compreendo. Pensava que todas essas escolas filosóficas se complementassem e apoiassem umas às outras.

– De forma alguma. Todas essas correntes originaram-se em princípios diferentes, em países diferentes, épocas diferentes, culturas diferentes e têm objetivos diferentes. Com o tempo, foram se distanciando ainda mais. [...] E o Yôga não tem nada a ver com tais filosofias, artes e ciências. A confusão foi criada por buscadores crônicos que detinham pouco conhecimento e muita curiosidade. Os maiores Mentores costumam seguir uma só coisa e exigir isso dos seus discípulos. Preste muita atenção nisto: cada filosofia pode conduzir o ser humano a uma meta diferente. Como todas essas metas estão muito acima do entendimento do leigo, ele imagina que ao longe, acima das nuvens, essas paralelas se encontrem. Mas é apenas uma ilusão da perspectiva. Mesmo se assim não fosse, ainda que todas levassem ao mesmo lugar, considere que muitas estradas levam a Roma, mas você tem de percorrer apenas uma.

– Acontece que sinto um impulso quase irresistível para estudar todas as ciências, artes e filosofias, do oriente e da antiguidade. Isso deve ser um sinal de que a minha vocação é essa, pois, ao estudá-las, não faço confusão alguma e até encontro pontos de conciliação. Será que a minha natureza real não é esta? Quero dizer, estudar todas as coisas para encontrar uma linguagem comum que as concilie?

– Não, meu caro. Todavia, julgo que você deve continuar nessa busca eclética até concluir por sua própria experiência que isso é tempo posto fora e que é extremamente arriscado.

– Arriscado?

– Sim. Seguir duas escolas ou dois Mestres é como acender uma vela nos dois lados. Você está indo até além disso. Está se excedendo muito. Portanto, por medida de segurança, vou deixar que você continue estudando os livros da minha biblioteca, mas não vou lhe ensinar mais nenhum exercício enquanto você não se definir pela senda que pretende trilhar.

– Mas, Professor...

– Não argumente. Não quero desenvolver em você os poderes enquanto não souber exatamente o que fará com eles, e se terá maturidade e disciplina para merecê-los.

Terminado o passeio, voltei aos livros. Queria lê-los todos, porém agora preocupava-me a advertência do Professor. Procurei o Grão-Mestre de uma das ordens iniciáticas que frequentava e expus-lhe resumidamente o meu dilema. Ele respondeu com uma história.

– Meu filho, um dia fui visitar o Grão-Mestre que me precedeu neste cargo. Ele me recebeu em sua imensa biblioteca. Estantes enormes reuniam milhares de livros onde se viam nomes como Paracelso, Agrippa, Avicena, Cagliostro e outros sábios. Ao ver tais obras, não pude deixar de exclamar: "Como gostaria de poder um dia ler todos esses livros!" E o meu anfitrião respondeu com indiferença: "Seria uma grande perda de tempo. A sabedoria não está neles." O problema é que só compreendi isso trinta anos depois, quando já os havia lido...

Num misto de perplexidade e decepção, fui consultar uma terceira opinião, um professor em cuja linhagem eu estava pleiteando Iniciação. Queria que alguém me dissesse o contrário. Precisava de uma só pessoa abalizada que me desse um grama de incentivo para voltar às leituras diversificadas e à salada de práticas e exercícios, nas diversas ordens, sociedades e fraternidades. Afinal, aquilo tudo era fascinante! Mas foi uma água fria na fervura. Ele confirmou tudo o que os outros já haviam dito e foi mais além. Disse que não me daria a Iniciação a menos que me desligasse de tudo o que já havia estudado até então, inclusive que cortasse os vínculos com todas as entidades em que era iniciado e aceitasse começar da estaca zero!

Fiquei chocado. Como é que um Mestre poderia ser mesquinho a esse ponto? Confessei-lhe educadamente essa minha estranheza e obtive a seguinte resposta:

– Não se trata de atitude mesquinha. Trata-se apenas de protegê-lo. Imagine que o discípulo é como um equipamento eletrônico e o Mestre é o técnico que deverá reprogramá-lo para aumentar sua potência e desempenho. Se você tiver dois ou mais Mestres, estará com cada um mexendo no painel e estabelecendo ligações entre seus circuitos sem saber o que os demais estarão fazendo do outro lado. Isso ocasiona, seguramente, um curto-circuito e incendeia o equipamento, que é você. Por isso, não o aceitarei, a menos que pare tudo, para seguir somente o que eu lhe ensinar.

Não restava nenhuma dúvida. Todos eram unânimes em desaprovar o ecletismo, esse mesmo ecletismo que entraria em moda dez anos depois na América, com o rótulo de universalismo e mais tarde o de holística, mas na verdade uma miscelânea de conhecimentos e técnicas muitas vezes incompatíveis, e que fizeram inúmeras vítimas entre a juventude desavisada e entre espiritualistas ingênuos.

Um exemplo típico do choque de egrégoras são os sikhs da Índia. Vendo que os muçulmanos e os hindus se perseguiam, torturavam e matavam mutuamente numa interminável guerra "santa", que se odiavam em nome de Deus, um grupo formado por indianos de ambas as religiões fundou uma seita pacifista, o sikhismo, que tinha a proposta de ser um pólo conciliatório entre as duas e reconhecia preceitos do hinduísmo e do islamismo. Resultado: tanto uma quanto a outra declarou os sikhs como hereges e infiéis! E quase os exterminaram...

Eu mesmo pude testemunhar que todos quantos tentaram uma conciliação entre Mestres ou escolas supostamente compatíveis, acabaram tendo sérios problemas de psiquismo e de saúde física, produzidos por desarmonização energética. Testemunhei cenas e fatos tão graves que sua lembrança justifica plenamente alguma insistência sobre este assunto.

Por tudo isso, a partir de uma determinada época eu me defini e passei a dedicar-me estritamente à minha filosofia, começando a me desligar progressivamente de todas as outras correntes, o que foi extremamente saudável.

Devido a esta experiência e para evitar que meus alunos ou instrutores sofram com o choque de egrégoras, procuro só aceitar na minha escola quem me convencer de que já sabe o que quer, de que será leal e de que não vai ficar buscando aqui e ali, neste e naquele livro, nem misturando os ensinamentos deste e daquele Mestre.

O Ancião

Sendo eu preceptor de uma filosofia hindu, como as pessoas reagiriam se eu dissesse algo semelhante ao que escreveu este autor?

"Somos uma sintonia de movimentos, o **Ancião** e eu. [...] O **Ancião** tem sido um bom professor. Depois de nove anos trabalhando juntos, os movimentos não exigem mais pensamentos conscientes. Não somos coisas separadas. [...] Funcionamos como um sistema único, reconhecendo a força um do outro, desculpando as fraquezas um do outro, trocando informações de maneiras que nem um de nós dois compreende, sem esperar mais do que o outro pode dar. Estamos ligados à mesma Terra pela mesma gravidade. Respiramos o mesmo ar. Nós dois vivemos por meio de processos de combustão e dissipamos o excesso de calor no mesmo espaço. Somos um microcosmo da infinita inter-relação de todas as coisas; ao mesmo tempo particulados e totais, eu e não eu, em unidade com o universo."

"E se o próprio conceito da separatividade (mente/corpo – causa/efeito – humanidade/natureza – competição/cooperação – público/privado – homem/mulher – você/eu) for uma grande ilusão da civilização ocidental, condensada pela Era Industrial, útil em certas formas científicas de conhecimento, mas fundamentalmente falha com respeito à compreensão e à sabedoria? E se nossas noções de separatividade, particularidade e medida, por mais úteis que sejam em certas circunstâncias, forem apenas aberrações mentais momentâneas na grande evolução da consciência?"

Será que, se eu dissesse isto, considerar-me-iam um místico? Antes de continuar e descobrir quem escreveu os parágrafos acima, pense bem: se tivesse sido o DeRose, como você interpretaria?

102 QUANDO É PRECISO SER FORTE

No entanto, quem o escreveu foi Dee Hock, fundador e CEO da VISA, em seu livro *Nascimento da Era Caórdica*, Editora Cultrix, páginas 33 e 34.

Repentinamente o leitor é levado a reconsiderar o preconceito. Afinal, quem escreveu tal texto trata-se de um "americano" (*sic*), rico e um executivo de sucesso. Então suas palavras deixam de ser interpretadas como devaneios ou vigarices de alguém que declara ter recebido ensinamentos de uma "entidade espiritual" e tornam-se aceitas como "*insights*", segundo Verne Harnish (fundador da Young Entrepreneurs Organization) ou como "complexas transações interpessoais", segundo Jack Newman Jr. (Vice-Presidente Executivo da Cerner Corporation). O ator e diretor Robert Redford declarou: "Contemplando ao mesmo tempo negócios e inovação, Dee Hock oferece uma visão instigante do papel do pensamento criativo num futuro sustentável."

Mas... e se fosse um empresário brasileiro que, inclusive, tivesse conseguido exportar seu Método para as três Américas e praticamente toda a Europa ocidental?

Bem, aí a interpretação de tal texto e do profissional em questão seria bem diferente.

Lembra-se desta frase, publicada nas primeiras edições deste livro? Depois, retirei para não dar impressão religiosa ou espiritual:

"Eu Sou aquele que não tem nome nem forma[38]."

Oportuno é lembrar que ensino um Método alicerçado no Sámkhya, que é uma filosofia naturalista, ou seja, não-espiritualista.

É interessante que os questionamentos sempre surgem no meio espiritualista, que é, justamente, onde não deveria ocorrer. A coisa mais banal no

---

38 Cultura geral:

AHIH, (אהיה) pronuncia-se **Ehyeh**, o primeiro dos nomes divinos, traduz-se "**Eu Sou**". Foi a resposta que Moisés recebeu na montanha ao indagar: "... se me perguntarem qual é o seu nome?" E ouviu: "Eis como responderás aos israelitas: (Aquele que se chama **Eu Sou** envia-me..." (Exodus, capítulo 3, trechos dos versículos 13 e 14).

Bíblia católica, tradução dos Monges Beneditinos de Maredsous, Bélgica.

O termo sânscrito nama-rupa (नमरुप) traduz-se como nome-e-forma, qualidade do que é perecível, transitório. O que tiver nome-e-forma, um dia deixará de tê-los.

Brasil é que entidades espirituais – pessoas desencarnadas – incorporem nos médiuns para dar instruções aos vivos. Ou que livros sejam escritos por psicografia mediúnica. Isso não deveria impressionar a ninguém. Mais ainda, no meu caso, pois prefiro não interpretar que a fonte do meu conhecimento seja uma entidade espiritual. Pelo contrário: aventei várias possibilidades, entre elas, o próprio inconsciente coletivo, ou egrégora, ou registro akáshico. Cheguei a oferecer a explicação de uma deficiência mental minha, um quase autismo. Os espiritualistas é que conferiram uma interpretação sobrenatural a um fenômeno biológico, muito mais facilmente explicável à luz de genética. Para que complicar se podemos ter uma explicação mais simples?

O célebre psicanalista Carl Gustav Jung, criador da psicologia junguiana, referia-se a esse fenômeno, que também ocorria com ele, como o Velho Sábio, Philemon, a quem atribuía muito do que sabia sobre psicologia. Veja que interessante este trecho do *Livro Vermelho (Liber Novus)*:

"Philemon, e outras figuras de minhas fantasias, tem me trazido o entendimento crucial de que há coisas em minha psiquê que não são por mim produzidas, mas que produzem-se a si mesmas, tendo vida própria. Philemon representa em mim uma força que não sou eu. Em minhas fantasias, eu mantive conversações com ele, e ele disse coisas que eu não tinha pensado conscientemente. Eu observei claramente que era ele quem falava, não eu. Ele disse que eu tratava tais pensamentos como se eu mesmo os tivesse criado. Mas em sua opinião, pensamentos eram como animais na floresta, ou pessoas em uma sala, ou pássaros no ar, e acrescentou: 'Se você vê pessoas em um quarto, não pensaria que tinha feito essas pessoas, ou que você era responsável por elas'. Foi ele quem me ensinou a objetividade psíquica, a realidade da psiquê. Através dele, me foi elucidada a distinção entre mim e o objeto do meu pensamento. Ele me confrontou de uma forma objetiva, e eu entendi que há algo em mim que pode dizer coisas que eu desconheço e que eu não pretendia dizer. Dizer coisas que podem até mesmo ser contrárias a mim ou prejudiciais."

Certa vez, uns praticantes de ióga espiritualistas contestaram junto a um aluno nosso que existisse realmente uma fonte maior para o nosso patrimônio de conhecimento. Nosso aluno declarou serenamente: "Se não existe uma fonte acima dele, então vocês precisam admitir que o DeRose é um gênio. O que vocês preferem?"

Quando questionaram isso com a minha mulher, ela respondeu gracejando: "Claro que existe o Velho Sábio. Eu me casei com ele!"

Desenho do Velho Sábio, feito pelo próprio psicanalista C. G. Jung. Veja que instigante é a presença da kundaliní, da auréola do sahásrara, dos círculos (chakras) e da posição das mãos, que lembra, inequivocamente, o Shiva mudrá. As asas sugerem uma associação com o conceito de Anjo Gregário.

Tantra

*Os Tantras estão para os Vêdas
assim como o perfume está para as flores.*
Kulárnava Tantra

Liberado dos meus compromissos com correntes anti-tântricas, acabei sendo levado a aceitar a iniciação tântrica.

Ah! Que felicidade! Que sensação boa, como nunca havia sentido! Agora entendia o motivo pelo qual os não-tântricos alimentavam tanto ressentimento contra os seguidores dessa filosofia comportamental. É tão melhor, tão mais agradável, dá-nos tanta liberdade[39] (liberdade com compostura!) e respeita-nos tanto que, ao conhecê-lo, muitos o adotam em detrimento das demais linhas.

Só percebi o quanto vinha sendo reprimido, como vinha sendo duro comigo mesmo e intolerante com os outros, no momento em que entrei para esta vertente matriarcal. Para quê isso? Estamos aqui para ser felizes e espalhar felicidade à nossa volta por onde andarmos. Há correntes que prometem a evolução pelo sofrimento e há as que produzem o aprimoramento através do bem-estar. As tântricas pertencem a este segundo grupo.

Descobri que quando mencionavam prazer, isso não estava forçosamente relacionado com a sexualidade. Referiam-se à satisfação de cultivar um bom relacionamento com os demais sem a atitude repressora de criticar ou fazer cobranças, do prazer de viver, de usufruir das coisas boas, de ser e de fazer os outros felizes.

---

39 Por falar em liberdade, note que algumas pessoas confundem os ideais libertários do Tantra com a pura e simples anarquia. Quando lhes recordamos as normas da disciplina ou da ética, redargúem, acusando-nos de estarmos sendo repressores para, com isso, justificarem suas atitudes, por vezes, inconvenientes. Tais praticantes não entenderam nada do conceito de liberdade-com-disciplina do Yôga tântrico.

Mas o que vem a ser Tantra?

Esqueça o que você leu em jornais ou revistas, o que assistiu em cinema e televisão. Limpe a sua mente das apelações e sensacionalismos de mau-gosto. Tantra não é nada daquilo. Tantra é uma filosofia comportamental, de estrutura matriarcal. Por isso é tão incompreendida, pois vivemos numa sociedade patriarcal.

O termo Tantra significa: *regulado por uma regra geral*; o encordoamento de um instrumento musical; tecido ou teia, ou a trama do tecido. Outra tradução é "aquilo que esparge o conhecimento". Ou ainda, segundo Sivánanda[40], explica (tanoti) o conhecimento relativo a tattwa e mantra, por isso se chama Tantra.

Tantra é o nome dos antigos textos de transmissão oral (parampará) do período pré-clássico da Índia, portanto, de mais de 5000 anos. Mais tarde, alguns desses textos foram escritos e tornaram-se livros ou escrituras secretas do hinduísmo. Secretas porque eram de tendência matriarcal, orientação esta violentamente reprimida após a chegada dos arianos, mais ou menos 1500 a.C. Na recuada época de origem do Tantra, cerca de 3000 a.C., a Índia era habitada pelo povo drávida, cuja sociedade e cultura eram **matriarcais, sensoriais e desrepressoras**. Por isso, diz-se que eram um povo tântrico, ou shakta, já que essa filosofia é caracterizada principalmente por aquelas três qualidades. Aliás, isso é uma noção amplamente divulgada na literatura séria e universalmente aceita pelos eruditos.

O Tantra, o Sámkhya e o Yôga são três das mais antigas filosofias indianas e suas origens remontam à Índia proto-histórica, ao período dravídico, à Civilização do Vale do Indo[41]. Talvez por isso essas três tenham mais afinidades entre si do que cada uma delas com qualquer outra filosofia surgida posteriormente. Este dado é de fundamental importância na milenar discussão: o Yôga mais autêntico é de tendência Sámkhya ou Vêdánta? Tantra ou Brahmáchárya?

---

40 Livro *Tantra Yôga, Nada Yôga e Kriyá Yôga*, de Swámi Sivánanda (pronuncie Shivánanda), Editorial Kier, página 25.

41 Livro *Yôga, Sámkhya e Tantra*, de Sérgio Santos. Ler também os livros: *Conhecer melhor a Índia*, de Raghavan, Publicações Dom Quixote, páginas 12 e 25; *Antigas Civilizações*, de Gaston Courtillier, Editions Ferni, página 24; *Yôga e Consciência*, de Renato Henriques, Escola Superior de Teologia, páginas 26, 33, 34, 54 e 55 da primeira edição.

A linha brahmáchárya é patriarcal, antissensorial e repressora. Portanto, diametralmente contrária à linha tântrica, que é matriarcal, sensorial e desrepressora.

De onde surgiram essas características? A maior parte das sociedades primitivas não-guerreiras as tinham. Toda sociedade na qual a cultura não era centrada na guerra, valorizava a mulher e até mesmo a divinizava, pois ela era capaz de um milagre que o homem não compreendia nem conseguia reproduzir: ela dava a vida a outros seres humanos. Gerava o próprio homem à sua imagem e semelhança. Alimentava-o com o seu seio. Por isso era adorada como encarnação da divindade mesma. E mais: através dos procedimentos shaktas, era a mulher que despertava o poder interno do homem. Ainda hoje, ela é reverenciada assim na linha tântrica.

Daí, a qualidade matriarcal. Dela desdobram-se as outras duas características. A mãe dá à luz pelo seu ventre – isso é sensorial. Alimenta o filho com o seu seio – isso é sensorial também. Não poderia ser contra a valorização do corpo, não poderia ser antissensorial como os brahmácháryas. A mãe é sempre mais carinhosa e liberal do que o pai, até mesmo pelo fato de o filhote ter nascido do corpo dela e não do dele. E também por ser da natureza do macho ter mais agressividade e menos sensibilidade. Pode ser que tal comportamento tenha muita influência cultural, mas é reforçado, sem dúvida, por componentes biológicos.

Por tudo isso e ainda como consequência da sensorialidade, desdobra-se a qualidade desrepressora do Tantra.

Assim era o povo drávida, que vivia antigamente no Vale do Indo[42]. Assim era o Tantra que nasceu desse povo e assim era o Yôga que existia nessa época: um Yôga tântrico.

Mas um dia a Índia começou a ser invadida por hordas de guerreiros, áryas. Ao guerreiro não podiam importar o envolvimento mais profundo com a mulher nem a consequente família e o afeto. Seria até incoerente. Ele não podia ter laços que o amolecessem ou se sentiria acovardado diante da expectativa da luta e da morte sempre iminente.

---

42 A respeito do ambiente, cultura e comportamento de povos matriarcais proto-históricos, leia o livro *Eu me lembro...*, deste autor.

Então, ele se voltava contra a influência da mulher que frenaria sua liberdade e seu impulso belicoso. Voltou-se contra os prazeres que o tornariam acomodado[43]; e contra a sensorialidade, pois também não pode se permitir sensibilidade à dor perante o combate ou a tortura. Por isso tudo a cultura patriarcal é antissensorial, contra a mulher e contra o prazer (pelo menos na teoria!). Por consequência, torna-se repressor, pois começa a proibir o sexo, a convivência com a mulher[44] e os prazeres em geral. Depois expande essa restrição, tornando-a uma maneira de ser, uma filosofia comportamental[45].

Quando os arianos invadiram a Índia há 3500 anos[46], escravizaram os drávidas e impuseram-lhes a cultura brahmáchárya (patriarcal, anti--sensorial e repressora), proibindo-lhes, portanto, de exercer a cultura tântrica (matriarcal, sensorial e desrepressora) por ser oposta ao regime vigente. Quem praticasse o Tantra e reverenciasse a mulher ou divindades femininas seria acusado de subversão e traição. Como tal, seria perseguido, preso e torturado até à morte.

Dessa forma, com a sua proibição por razões culturais, raciais e políticas, o Tantra se tornou uma tradição secreta. Continua assim até hoje, pois continuamos vivendo num mundo marcantemente brahmáchárya, não apenas na Índia, mas na maior parte das nações. É por isso que até os nossos dias os estudiosos de linha tântrica são agredidos e insultados.

Mencionamos razões raciais, pois, ao invadir a Índia, os arianos eram louros, enquanto que os drávidas tinham pele escura e cabelos pretos.

---

43 Consta que uma das razões que contribuíram para a queda do Império Romano teria sido a introdução dos banhos quentes como hábito cotidiano, os quais teriam arrefecido a têmpera dos seus, antes, bravos guerreiros. No Brasil, para domar a fibra dos temíveis índios cintas-largas, do Amazonas, os construtores da estrada Transamazônica usaram... açúcar!

44 *Autobiografia*, de Swámi Sivánanda, Editora Pensamento, página 140.

45 Em vários livros de Yôga de linha brahmáchárya encontra-se a proibição de se utilizar alho e cebola na alimentação, enquanto que nos de Yôga tântrico esses dois alimentos são considerados muito úteis à saúde. É que, por ser bastante energéticos, costumam aumentar a energia sexual de quem os utilize e, como os brahmácháryas são contra a expressão da sexualidade, tais alimentos são tachados de "piores do que a carne".

46 Nota sobre discrepâncias históricas: há duas versões principais para a Proto-História indiana e algumas outras variantes de menor importância. A esse respeito, leia o último subtítulo no final do capítulo.

O EQUÍVOCO DAS INSTRUTORAS DE YÓGA

As escolas de Yôga são quase todas de orientação brahmáchárya (patriarcal). Tente citar de memória o nome de dez Mestres de Yôga da Índia e veja se encontra entre eles uma só Mestra. Se você se lembrar do nome de alguma, muito provavelmente ela pertencerá a uma escola de fundamentação matriarcal, isto é, tântrica.

Como se justifica então o fato de no Ocidente tantas yôginís se posicionarem contra o Tantra, precisamente a linha matriarcal, que tanto valoriza a mulher? Isso se chama desinformação.

A fundamentação das declarações feitas neste capítulo encontra-se bem documentada nos livros de boa qualidade publicados aqui mesmo no nosso país e fora dele. A saber:

O Yôga, de **Tara Michaël**, Editora Zahar;

Manual de Yôga, de **Georg Feuerstein**, Editora Cultrix;

Tantra, o culto da feminilidade, de **Van Lysebeth**, Summus Editorial;

Yôga, Imortalidade e Liberdade, de **Mircea Eliade**, Palas Athena;

Tantra Yôga, Náda Yôga y Kriyá Yôga, de **Sivánanda**, Editorial Kier.

Por outro lado é preciso tomar cuidado com livrinhos populares que não acrescentam nada e ainda ensinam coisas erradas.

É lamentável o desconhecimento das praticantes sobre a verdade a respeito do Tantra. Mais grave, porém, é que inúmeras instrutoras não o sabem, possivelmente por não terem lido bons livros. Por isso elas, muitas vezes involuntariamente, ajudam a combater os instrutores de linha tântrica, seus aliados naturais. Para tanto, aliam-se e rendem submissão justamente aos líderes de linhagens anti-tântricas, os quais são nada mais, nada menos, que os seus verdadeiros adversários.

Além disso tudo, ocorre um contra-senso ainda maior entre as senhoras que lecionam a modalidade denominada Hatha Yôga. Como as outras, estas são contra os tântricos, mas – pasmem – o Hatha, que elas ensinam, é tântrico! Isto também está confirmado na literatura mais séria.

110 QUANDO É PRECISO SER FORTE

O Hatha Yôga foi criado por Gôraksha Natha, discípulo de Matsyêndra Natha, o célebre fundador da Escola Kaula, do tantrismo negro[47]. Ora, na Índia, ainda hoje, o discípulo segue estritamente a linhagem do Mestre. Se discordasse dele em alguma coisa, não o proclamaria como seu Mestre. Um Mestre tântrico não criaria uma vertente anti-tântrica e o discípulo de um mentor tântrico não professaria uma corrente contrária ao seu próprio preceptor. Ainda mais na época em que ele viveu, século XI d.C., um período de grande rivalidade entre essas duas correntes tradicionalmente inimigas, como infelizmente continuam sendo até os nossos dias. Naquela época ocorria tortura física dos tântricos, perpetrada pelos adeptos da linha patriarcal. Hoje não. Atualmente só aplicam tortura psicológica, agressões verbais e calúnias.

> *Antigamente queimavam os hereges* com lenha.*
> *Agora, queimam-nos com jornais e revistas.*
> DeRose
> *do grego *hairetikós* – "que escolhe"

Portanto, ser mulher e declarar-se contra o Tantra é um contra-senso. Mas ser **instrutora** de Hatha e atacar os tântricos, bem, aí já é estultícia, afinal, como vimos o próprio processo que ela ensina é tântrico!

Como se estabeleceu essa situação? Explica-se: o Yôga foi introduzido no nosso país pelos homens. Os primeiros autores locais a escrever sobre o tema foram, também, todos do sexo masculino. Só depois de uma vintena de títulos publicados por homens é que as primeiras mulheres desta terra começaram timidamente a escrever a respeito. Mas foram livros muito fraquinhos, tanto que não tiveram nenhuma repercussão e suas autoras continuaram desconhecidas.

---

47 O Tantrismo possui várias divisões, das quais a principal é a que o divide em linha branca e negra (ou, melhor ainda, em "mão direita" e "mão esquerda"). A linha branca (ou da mão direita) é a mais sutil, discreta, elegante e desaconselha o uso de fumo, álcool, carnes e drogas. A linha negra inclui vários desses itens nas suas próprias práticas. Entre as duas linhas há diversas Escolas, com tendência mais para a esquerda (vamachara) ou para a direita (dakshinachara). Não custa relembrar que a nossa é a linha branca, da mão direita. E mais: que branco e negro aqui são usados não para se referir à raça dos praticantes, mas apenas como uma alusão à diametralidade das divergências entre as duas. Aliás, consta que a linha branca é a mais antiga, portanto a que foi praticada pelos drávidas que eram negródes, enquanto que a linha negra teria surgido bem depois, entre os arianos, que eram brancos!

Por outro lado, a maioria das mulheres, para escrever, baseou-se nos outros livros já escritos e que recendiam a patriarcalismo brahmáchárya. Ora, o patriarcalismo e o coronelismo são dois conceitos muito aparentados e muito arraigados nos extratos culturais mais humildes. Então elas acataram esse coronelismo instalado no Yôga e divulgaram os mesmos conceitos que os homens do Yôga ocidental haviam importado dos homens do Yôga indiano. E estaria tudo igual até agora, com todo o mundo reverenciando parvoíces aureoladas, se não houvesse eclodido no século XX a codificação do Yôga Pré-Clássico (o SwáSthya), que acredita na competência e na força de realização da mulher.

No Tantra aprendemos um conceito muito bonito, segundo o qual Shiva sem Shaktí é shava. Isto é, "o homem sem a mulher é um cadáver". Shiva é o elemento masculino, que deve ser potencializado pela Shaktí, elemento feminino. Veja como é interessante: a mulher, quando companheira, denomina-se Shaktí, que significa literalmente *energia*. É aquela que energiza, que faz acontecer.

Sem a mulher, o homem não evolui na senda tântrica. Nem a mulher sem o homem. É preciso que tenhamos os dois pólos. Podemos fazer passar qualquer quantidade de eletricidade por um fio e ainda assim a luz não se acenderá, a menos que haja um pólo positivo e outro negativo, um masculino e outro feminino.

O Tantra também possui um componente fortemente poético que contribui para tornar as pessoas mais sensíveis e aumenta o senso de respeito e de amor entre homem e mulher. Nesse sentido, um dos seus conceitos mais encantadores ensina que, para o homem, a mulher é a manifestação vivente da própria divindade e, como tal, ela deve ser reverenciada e amada. A recíproca é verdadeira, pois a mulher desenvolve um sentimento equivalente em relação ao homem.

O MECANISMO BIOLÓGICO DO TANTRA

Os antigos haviam descoberto que, para a natureza, o indivíduo é fator descartável, porém a espécie não. Esta deve ser preservada a qualquer custo. A natureza é capaz de eliminar sumariamente milhões de indivíduos se isso for útil à espécie. As sociedades de insetos nos fornecem bons exemplos disso, quando milhões de formigas ou de abelhas se sacrificam voluntariamente pelo bem do formigueiro ou da colméia. Na verdade, o ser humano não está muito distante desse comportamento. Basta lembrar nossa história de guerras tribais, depois entre nações e agora, envolvendo praticamente todo o planeta.

Que utilidade há em sabermos que a natureza descarta o indivíduo, mas luta para preservar as espécies? Sob a óptica da lei natural, quando um indivíduo se reproduz já cumpriu sua obrigação perante a espécie e logo depois seu organismo passará a um processo mais acelerado de decadência em direção à morte. No entanto, se ele aprender a canalizar suas energias criará artificialmente um estado de permanente disponibilidade para a reprodução. Como a natureza preserva um reprodutor por ser muito útil à espécie esse indivíduo será protegido contra doenças, envelhecimento e até acidentes, pois mantém-se com mais reflexos e mais inclinação a Eros que a Tânathos. Esses dois impulsos, o de vida e o de morte, estão em constante oposição nos seres humanos.

Quando o impulso de Eros é mais atuante, a pessoa manifesta melhor disposição para a vida e maior vitalidade. Logo, desfruta de mais saúde, menos enfermidades e depressão. Por isso, também apresenta menor propensão a acidentes. Muitas vezes, esses não passam de tentativas inconscientes de suicídio.

De fato, em todo o reino animal, quando os indivíduos estão aptos à reprodução, quando se encontram bem abastecidos de hormônios sexuais, o impulso de Eros torna-os exuberantes e bem mais fortes. Isso também poderia explicar o efeito semelhante que a adoção dos preceitos shaktas tem sobre os seus praticantes.

Para terminar, convém informar ao leitor que Yôga e Tantra não são a mesma coisa, são sistemas muito diferentes. Nós não trabalhamos com Tantra. Nós ensinamos Yôga. Ocorre que o Yôga original, logo o mais autêntico, era fundamentado comportamentalmente pela filosofia tântrica, já que o sistema brahmáchárya só seria introduzido milênios mais tarde. Então, este último não tem autenticidade em termos de origens e de coerência com o Yôga. Por essa razão, todos os nossos alunos gostaram muito mais quando comecei a ensinar as mesmas técnicas que ensinava antes, só que agora com o colorido de uma influência mais coerente, mais legítima, mais original[48]. Foi aí que começou o meu êxito no campo do ensino desta filosofia. E, como não há sucesso sem a reação dos que vão sendo ultrapassados, com isso teve início também a pendenga que me estimulou a crescer, estudar mais, trabalhar melhor e desenvolver tudo o que será relatado nos capítulos seguintes.

SOBRE DISCREPÂNCIAS HISTÓRICAS

Há duas versões principais para a Proto-História indiana e algumas outras variantes de menor importância. A razão disso é que o período proto-histórico possui poucos registros e baseia-se na arqueologia, tradições orais e deduções construídas por historiadores, antropólogos e outros cientistas.

Uma das principais versões foi adotada por nós por ser a que conta com a maior e melhor literatura de apoio documental, à qual podemos remeter nosso leitor. Isso não significa que seja a versão verdadeira.

Esta interpretação ensina-nos que há mais de 3000 a.C. os drávidas viviam na Índia e que guerreiros da etnia ariana invadiram seu território, destruindo suas cidades, matando e escravizando os de etnia drávida, principalmente em torno de 1500 a.C., o que os teria obrigado a migrar maciçamente para o Sul da Índia e para Srí Lanka.

De fato, essa vertente explicaria porque os drávidas são muito mais numerosos no Sul da Índia e no país vizinho, Srí Lanka. Faz sentido igualmente no que concerne à tradição guerreira dos arianos, proverbiais senhores da guerra e inventores das mais eficientes armas desde a Antiguidade.

Também é coerente com a tendência de alguns líderes étnicos de pregar a hegemonia da sua *raça* em detrimento das demais, e de cometer genocídios para "depurar" a espécie humana, eliminando sumariamen-

---

48 Ainda assim, para me desintoxicar de toda a lavagem cerebral a que havia sido submetido anteriormente, levou tempo. Mesmo estando atento para retirar toda a tendência mística e repressora, levei mais de dez anos até conseguir chegar a um bom termo. E isso só ocorreu quando comecei a entender as raízes Sámkhyas do Yôga pré-clássico.

te os de etnias consideradas inferiores. Isso se explica à luz da genética, já que as etnias de pele clara, olhos claros e cabelos claros, têm genes recessivos, enquanto que os de pele, cabelos e olhos mais escuros são geneticamente dominantes. Assim, num cruzamento entre os arianos e a maior parte das demais etnias, a descendência iria adquirindo progressivamente as características das outras, terminando por exterminar a mais frágil. Dessa forma, passamos a entender porque, ao longo de milhares de anos, sistematicamente, todos os representantes de grupos mais claros quiseram eliminar os demais. Era uma questão de sobrevivência para eles.

Outra versão que vem ganhando adeptos é a de que os arianos não migraram da Europa Central para a Índia. Que não chegaram em vagas de invasões que culminaram com a destruição da já enfraquecida Civilização do Vale do Indo. De acordo com essa vertente, os arianos estavam na Índia há mais de seis mil anos... antes de Cristo! Academicamente, é difícil sustentar essa afirmação. No entanto, se ela for verdadeira, os arianos já se encontravam lá quando o Yôga, o Sámkhya e o Tantra surgiram. Segundo essa interpretação, não foram os arianos que destruíram a civilização Harapiana. Ela teria se deteriorado sozinha e entrado em colapso por vários motivos, entre eles o desaparecimento de um importante rio, o Saraswatî. Um dos motivos que nos levam a ser prudentes antes de aceitar essa versão, é o fato de que ela vem sendo defendida exatamente pelos hindus atuais que se consideram de descendência ariana. Gostaríamos de ouvir a opinião de historiadores drávidas a esse respeito.

Há uma terceira opinião difundida na França, segundo a qual o Yôga teria sido criado lá mesmo, pelos Celtas, e levado para a Índia. Portanto, o mérito não seria daquele povo de pele escura e sim dos Europeus. Defendem ainda que o sânscrito não deve ser chamado de língua indo-européia e sim euro-indiana, porquanto teria sido levada da Europa para a Índia. Foi por isso que recebi o convite que me tornou Presidente do Collège d'Études Celto-Druidiques para a América Latina, com sede em Drancy, na França. Enviaram-me uma carta declarando que o SwáSthya Yôga que sistematizei era, nada mais, nada menos, que o Yôga Celta. Discordei com veemência dessa opinião e recusei o cargo. De nada adiantou. Um dia recebi pelo correio o Diploma investindo-me da Presidência, juntamente com um medalhão druídico. Acrescentei esta história para ilustrar com uma terceira versão que pode auxiliar o estudante a ser cuidadoso antes de endossar esta ou aquela opinião.

Na verdade, não importa muito qual é a versão verdadeira, até porque nenhuma delas deve sê-lo. Não precisamos perder tempo debatendo isso, uma vez que não somos historiadores e que nossa preocupação prioritária é o Yôga. Sabemos o quanto a nossa modalidade é boa e nenhuma nova versão "histórica" vai-nos fazer oscilar na nossa confiança e fidelidade pelo SwáSthya.

Nossa posição com relação a isso é: se a História puder contribuir para com o entendimento e a fundamentação de conceitos e princípios da nossa vertente, não vemos nenhum mal em mencionar os dados históricos. Se, por outro lado, a História não tiver nenhum dado que nos interesse pedagogicamente para explanar melhor nosso sistema, não há porque citar quando surgiu certa cidade ou quando existiu determinada civilização.

Finalmente, não combatemos as opiniões divergentes daquela que adotamos. A maior demonstração de tolerância e boa vontade com relação a isso é o fato de um dos nossos instrutores ter realizado pesquisas e trabalhos escritos a esse respeito, inclusive ministrando cursos sobre o tema na nossa Sede Central, em São Paulo, e em várias outras pelo país.

O que quisemos deixar patente neste esclarecimento é que não existe qualquer estado de animosidade entre este autor e seus discípulos que adotem outra versão histórica, nem constitui da parte deles qualquer intenção de desacato, pois têm se mostrado sempre atenciosos e carinhosos, consultando-nos frequentemente. E, repito, não somos historiadores e não precisamos discutir por assuntos que não nos dizem respeito. Limitamo-nos a ler e expor os resultados das pesquisas de terceiros no campo da História e da Arquelogia.

Seja qual for a verdade histórica, isso não altera nossa forma de executar os mantras, os ásanas, os pújás ou a meditação. Yôga é a técnica. Yôga é quando todos calam a boca e sentam-se para praticar!

Para encerrar, cabe aqui uma citação de Jean Cocteau: "À História, prefiro a Mitologia. A História parte da verdade e ruma em direção à mentira. A Mitologia parte da mentira e se aproxima da verdade."

1964 – A primeira escola

*O Universo é polarizado:
se tem gente contra (–),
é porque você é a favor (+).*
DeRose

Enquanto não demonstrei sérias intenções de montar escola e tornar-me profissional, os professores da época diziam abertamente que aquele menino era um exemplo de dedicação, que era "muito evoluído", que sua seriedade devia ser seguida por todos, que com tão pouca idade ter chegado àquele ponto era sinal seguro de que viria a ser um grande Mestre... Eles não esperavam que eu viesse a fundar um Espaço Cultural ou, pelo menos, que o concretizasse tão cedo, pois estavam habituados com pessoas que ficam anos dizendo que vão realizar alguma coisa e nunca fazem nada. Enganaram-se.

Aos 17 anos de idade decidi que queria servir o Exército e fiz questão de servir na tropa. Foi um escândalo!

– O que é que um rapaz como você vai fazer lá na tropa? Não é ambiente para você. – Era o que ouvia com frequência.

Mas, assim como escolhi o colégio interno que, todos diziam, iria detestar e adorei, da mesma maneira ocorreu com a caserna. Imagine um garotão de dezoito anos podendo fazer ginástica de graça, ordem-unida, dar tiros à vontade e ainda ter o direito de rastejar na lama! O fato é que foi bastante divertido e eu me dei muito bem lá. Era o único soldado que nunca foi advertido pelo sargento do Primeiro Pelotão da Companhia do Quartel General da Primeira Região Militar, no Rio de Janeiro.

Quando tivemos uma solenidade de comemoração do aniversário da Companhia, cada pelotão demonstraria uma aptidão. O primeiro pelotão, ordem-unida; o segundo, educação física; e, o terceiro desmontar e montar um mosquetão com os olhos vendados. Fui o único soldado que os sargentos dos demais pelotões escalaram para participar de todas as demonstrações. Enfim, inseri estas lembranças para ilustrar como gostei e como foi importante o meu convívio com o quartel.

Não fui para o Exército a fim de estudar mais o Yôga, como fizera ao optar pelo internato, e sim para pô-lo à prova num ambiente adverso.

Decidira também que após o serviço militar iria tornar-me um instrutor de Yôga e exercê-lo como profissão verdadeira, em tempo integral, dedicando minha vida a esse ideal.

Tão logo dei baixa no Exército, arranjei um pequeno emprego com o qual paguei um curso visando a prestar concurso para a Companhia Siderúrgica Nacional. Passei em boa colocação e fui trabalhar lá, apenas provisoriamente, para reunir capital e poder abrir meu Núcleo de Yôga. Assim foi feito.

Tornei-me amigo de um brilhante médico da CSN, Dr. Pedro Jaimovich, que, percebendo minha real vocação, introduziu-me no mundo fascinante do contato com o público. Perguntou-me um dia, como que a me sondar:

– Você teria coragem de dar uma conferência para o Lions Clube?

Nunca havia dado conferências, mas aceitei o desafio. Acho que me saí razoavelmente bem, pois bastante gente quis praticar Yôga. Além disso, o Dr. Jaimovich assestou-me logo outro desafio:

– E agora, você iria ao programa do Flávio Cavalcanti, na televisão? Aceitei, e esse foi o meu batismo de fogo com a TV, da qual não me afastei nunca mais[49].

Então, o Dr. Pedro disse:

– Você tem algo mais do que coragem. Você nasceu para isso. Está na hora de tomar a sua decisão. Se ficar mais tempo aqui dentro da CSN vai acabar se acomodando e tendo medo de sair, como ocorre com a maioria.

---

49 Nos quarenta anos seguintes dei uma quantidade inimaginável de entrevistas em TV e também em rádio, jornais e revistas tornando-me, a partir da década de 1980 o mais solicitado profissional da minha área pela Imprensa e o que deu o maior número de entrevistas, não apenas no meu país, mas em vários outros.

DeRose 119

Era o estímulo de que precisava. Outros dois amigos tinham-se comprometido a abandonar seus empregos para juntos montarmos uma escola. Felizmente, na hora H, ambos se acovardaram e mudaram de ideia, deixando-me só na empreitada. Assim, comecei certo, isto é, sem sócios.

Os instrutores quando cogitam em abrir um estabelecimento tendem a querer fazê-lo em sociedade, por insegurança, com mais um colega ou um grupo deles. Ficam receosos com a ideia de que terão de arcar com todas as decisões e despesas se o fizerem sozinhos. Acontece que fazer sociedade é a pior maneira de começar. Portanto, dei sorte. Na data prevista, em 1964, pedi demissão e, com o dinheiro economizado, aluguei uma sala no 33º andar do recém-construído Edifício Avenida Central, então, o mais alto do Rio de Janeiro.

O PRINCÍPIO DAS INCOMPREENSÕES

A verdade sempre resplandece no fim,
quando todos já foram embora...
Julio Ceron

Logo que inaugurei minha acanhada salinha de 30 metros quadrados, senti o gosto amargo das primeiras decepções. Eu achava que todos quantos praticavam Yôga eram pessoas especiais, de boa índole. Descobri que não era bem assim.

Alguns começaram a declarar que haviam sido meus professores. Eu deveria ter endossado a aldrabice deles. Hoje, vejo que isso não teria me custado nada... Mas vá dizer isso a um pós-adolescente! Fiquei indignado e neguei a farofada. Foi um grande erro. Se eu dissesse que sim, que era verdade, que tudo o que sabia eu devia a cada um daqueles que se declaravam meus mestres, eles talvez tivessem ficado satisfeitos em seus orgulhos e tivessem me deixado em paz. Na minha imaturidade, eu não sabia que um pouco de humildade faria uma diferença tão grande neste samba-enredo...

Com a experiência de vida que tenho hoje, eu teria ido agradecer a cada um deles pelos conhecimentos adquiridos. Hoje, eu o faria com um sorriso complacente na alma, sabendo que estaria apenas acariciando seus egos. Mas na época isso para mim era apenas compactuar com as lorotas daqueles que nunca haviam me ensinado absolutamente nada, sabiam menos que eu e que até me consultavam com alguma frequência! Outros, eu nem sequer conhecia! Ao invés de divulgar isso, quiçá eu devesse tê-los visitado para conhecê-los e quem sabe devesse chamá-los de mestres, só por respeito à sua idade...

Por outro lado, talvez nada disso tivesse surtido resultado algum, pois quando as pessoas são invejosas e odeiam gratuitamente, por mais que você tente agradar, nada adianta.

A partir de 1964 passei a receber notícias cada vez mais agressivas dos professores da época. Todos tinham mais de 50 e eu apenas 20 anos. Todos conheciam pessoas influentes e já tinham traquejo na lida com as relações humanas. Frequentavam reuniões sociais, tomavam seu vinhozinho com políticos, magistrados e militares. Eu, ao contrário, vivia recluso, só meditando, lendo, praticando e ensinando Yôga. Não cativei nenhuma amizade importante que pudesse me defender. Achava isso tão fútil, tão hipócrita! Mas não podia avaliar as consequências dessa minha omissão.

Quando começaram a mover as primeiras campanhas de descrédito contra mim, só havia quem atacasse, não havia quem defendesse. E, como quem se dizia arquiopositor, naquela época, era um coronel, ninguém se atrevia a ir contra ele em plena ditadura militar que então vicejava por estas bandas. Enquanto que ir contra mim era muito cômodo. Eu era jovem, pobre e desapadrinhado. Desencadeou-se uma onda de boatos infundados e contraditórios entre si, que as pessoas geravam de bom grado para cair nas boas graças do dito militar. Depois, foi o efeito bola-de-neve. Pelos anos subsequentes tornaram-me um jovem anatematizado. Mesmo os que não tinham nada a dizer contra, reforçavam:

– Não! DeRose, não!

– Por que?

– Não, não!

Bem, isso devia ser um argumento muito inteligente, mas que foge à minha compreensão.

DeRose 121

Ao escolher o local para minha escola, preferi o 33º andar em alusão aos 33 graus da Maçonaria e às 33 vértebras que a kundaliní tem que ascender. Escolher um lugar tão alto foi mais um erro de cálculo típico da inexperiência da juventude. Eu imaginava que as pessoas apreciariam o fato de estarmos longe dos ruídos e da fumaça dos automóveis. Não contava com que tanta gente tivesse medo da altura! Todos me exclamavam:

– Mas por que tão alto?

Eu lhes dizia:

– Você não precisa ir de escada. Use o elevador.

Mas não entendiam a piada e respondiam:

– É justamente dele que não gosto. Sobe muito rápido e não tem ascensorista...

Contudo, era o único lugar onde encontrariam o SwáSthya Yôga. Dessa forma, acabavam aceitando vencer suas fobias e chegar lá em cima. O Instituto logo ficou com as turmas cheias, porém, tenho a certeza de que perdi muitos alunos por sempre pensar anos demais à frente.

Tão logo inaugurei a escola, comecei a ter problemas exatamente com aquelas pessoas que antes me elogiavam. Elogiavam, inclusive, até por escrito. Misteriosamente, de uma hora para outra, elas mudaram de opinião a meu respeito... Antes de entrar na concorrência profissional, eu era um praticante dedicado, que dominava práticas avançadas; e convinha ter por perto, pois sempre poderiam declarar que eram meus mestres para se autopromoverem, como ocorria com frequência.

O SwáSthya ganhou imediatamente a fama de constituir o Yôga mais completo e que englobaria o Hatha, Rája, Bhakti, Karma, Jñána, Layá, Mantra e Tantra Yôga. Na verdade, o Hatha não faz parte e sim o Ásana Yôga, com o qual o leigo o confunde. De fato, o SwáSthya contém todos os elementos pré-clássicos que vieram a dar origem a esses oito ramos. Cumpre lembrar aqui que o SwáSthya **não foi criado** a partir da combinação daqueles oito ramos, e que não aprovamos miscelâneas. Ele é somente a sistematização do tronco pré-clássico, no qual todos os ramos tiveram sua origem. Por isso o SwáSthya é tão completo.

No entanto, havia-me convertido agora em um forte concorrente que muito possivelmente lhes tomaria um bom número de alunos. Fazia-se necessário, assim, deflagrar uma campanha para gerar descrédito. Aí a fofoca começou. Primeiro em relação ao método. Inventaram mil e uma histórias, o que não deu certo porque as pessoas estavam gostando muito das aulas. Todos diziam estar encontrando no "*Método do DeRose*" exatamente aquilo que faltava nas outras modalidades.

Como a tentativa de difamação do método não deu certo, um dos concorrentes teve a "brilhante" ideia de investir com calúnias sobre a pessoa do professor, baseado em argumentos convincentes e contra os quais encontrava-me mesmo indefeso:

Primeiro, eu era muito jovem, ingênuo e inexperiente. Segundo, estávamos em plena vigência do movimento de 1964 que instaurou o governo militar. Por azar, fundei a primeira escola justamente em 1964. Usava barba, coisa que na época era associada ao comunismo de Fidel Castro, do qual temia-se a expansão pelos demais países da América Latina. Ninguém no nosso país ousava ostentar pelos no rosto. Como nunca me envolvi em política e vivia mergulhado de corpo e alma em filosofia, jamais imaginei que cultivar uma barba pudesse ter conotações políticas ou que isso chegasse a prejudicar o meu trabalho. Acontece que o tal professor concorrente que elaborara aquelas invectivas, era oficial das Forças Armadas! E, não se esqueça, estávamos na ascensão de um governo militar...

Pronto, estava fechado o círculo. Com aqueles dois trunfos, procuraram me acossar durante os vinte e um anos que durou a ditadura. Se você, leitor mais jovem, acha exagero, é por não ter vivido naquela época. Ser militar bastava para todos obedecerem e temerem. Todas as portas se lhe abriam; ou fechavam-se a quem o militar mandasse. Em minha inocência, durante muito tempo após a ditadura pensei que as perseguições tinham conotação política. Hoje, no frescor dos meus setenta e poucos anos de idade, constatei que a perseguição foi pessoal e que as Forças Armadas foram usadas por pessoas de má índole para conseguir vantagens pessoais contra um professor que estava despontando para o sucesso.

Em torno do final dos anos sessentas (*"the sixties"*, no plural mesmo) e início dos setentas, a campanha desencadeada pelo tal oficial para tentar destruir-nos já tinha sido aceita praticamente por todos os demais professores. Estes passaram a constituir uma verdadeira horda de porta-vozes, retransmitindo as calúnias daquele pífio concorrente a todos os alunos de cada academia de yóga, criando com isso uma impressionante reação em cadeia de boatos corrosivos. Tudo em nome de Deus, da paz e do amor, palavras que aquelas "pessoas de bem" usavam sem nenhum escrúpulo.

Mais tarde, para agradar ao inqualificável senhor que usava sua patente das Forças Armadas para destruir a quem se interpusesse no seu caminho, os outros professores passaram, eles mesmos, a elaborar suas próprias difamações com requintes de crueldade. A ponto de pessoas que nunca nos conheceram nem leram nossos livros começarem a declarar que "o DeRose devia ser preso". Os interlocutores perguntavam o motivo. Então, sentindo-se na obrigação de justificar a declaração, cada um inventava o que queria. Valia qualquer coisa, desde que fosse contra.

No início não dei importância, pois acreditava que a verdade acabaria vencendo, tal como aprendemos na cartilha da Carochinha. Bastaria fazer um trabalho bom e honesto, e a verdade impor-se-ia por si própria. Era também o conselho que todos davam:

"Não ligue para isso, você está acima dessas coisas." "Não lhes dê a satisfação de responder." "Deixe-os atacar e não desça ao mesmo nível." Hoje, questiono se as pessoas que nos deram tais conselhos eram realmente amigos – ou, na melhor das hipóteses, seriam tão alienados que não poderia aceitá-los como tal... Com amigos assim, não precisava de inimigos!

Por não me defender e continuar acreditando que a verdade se imporia por seu próprio mérito, em alguns anos essa bola de neve tinha se desenvolvido tanto que quase nos levou à falência. Quando chegava algum interessado em praticar na nossa escola, sugeríamos que primeiro participasse de uma sessão para saber como era o método e se iria gostar. Em geral, todos gostavam e saíam da sala de prática entusiasmados. Matriculavam-se com uma simpatia transbordante. Não obstante, um número preocupante não retornava para praticar nem a sessão seguinte. Já era praxe o candidato voltar no outro dia, transfigurado, antipático, rude mesmo, com uma frase que parecia uma gravação, pois todos a usavam, igualzinha:

– Quero meu dinheiro de volta. Já fui informado a seu respeito.

Como é que os sabotadores tinham acesso aos nossos alunos? Será que colocavam espiões de plantão para abordar e doutrinar quem entrasse? E que argumentos terríveis deviam usar! Se você fosse a um médico, dentista, advogado ou professor de inglês, ginástica ou dança e alguém viesse a fazer campanha contra ele, você iria desconfiar era desse difamador, não é mesmo? Achei que estava imaginando coisas. Estaria com mania de perseguição? Consolava-me com a frase atribuída a Groucho Marx: "Até os paranóicos têm inimigos reais." Aliás, minha única atitude marxista foi a admiração pelos irmãos Marx ...[50]

Os discípulos mais leais tentavam me levantar o moral e pediam que não me deixasse intimidar, pois eles já haviam praticado antes com aqueles outros professores e tinham conhecimento de causa de que o nosso método era muito melhor. Daí os ataques. Se resistíssemos tempo suficiente, os detratores cairiam sozinhos, superados pelo SwáSthya Yôga. "Está bem", dizia-lhes, "mas como manter o estabelecimento de ensino sem alunos? Vocês usam toda essa retórica, mas não têm de pagar as contas no fim de cada mês."

Em resposta a isso, a atitude deles foi tocante. Saíram às ruas distribuindo folhetos, colando cartazes e carimbando meu endereço onde podiam. Imagine arquitetos, advogados, executivos, abrirem mão do seu *status* e irem para a rua a fim de ajudar o jovem professor! Certa vez, confessei-lhes que me sentia constrangido com essa situação. Pelo menos, poderiam destacar seus *office-boys* ou contratar pessoas para fazer aquele trabalho.

---

50 Obviamente, esta frase é um gracejo. Embora nunca tenha me interessado nem me envolvido com essas questões, imagino que talvez eu seja classificado como "de direita", pois sou a favor do estado de direito, liberdades individuais, liberdade de imprensa, propriedade privada, família e tradição. Mas, por outro lado, talvez eu seja classificado como "de esquerda", porque sou a favor das ações em benefício do povo menos favorecido e da eliminação dos conflitos de classes. Em nossas empresas, não há patrão e empregado. Somos todos colegas, ao mesmo tempo associados e dirigentes. A arrecadação é compartilhada por todos. Então, não devo ser nem de direita, nem de esquerda, mas de um patamar "acima"... que ainda não existe fora do DeROSE Method.

– Não, DeRose. Isso tem que ser feito por nós. Eu, por exemplo, sinto satisfação em saber que estou ajudando e contribuindo pessoalmente para com uma coisa na qual acredito.

– Sei que o nosso Yôga é o melhor e pode ajudar muita gente. Quando alguém receber os resultados do SwáSthya daqui a dez ou vinte anos, quero poder dizer, para mim mesmo, que tive participação direta nisso.

– Se contratasse gente humilde para distribuir estes prospectos, as pessoas não respeitariam a mensagem contida neles. Mas quando me veem muito bem vestido, com excelente posição social, a lhes oferecer um impresso, pegam rápido e leem com muita atenção. Precisa ver a cara que fazem!

A ajuda deles foi comovente, mas pouco adiantou: quanto mais divulgação nós fazíamos, mais campanhas de descrédito nossos concorrentes moviam contra nós. Até que não houve outro jeito: fui tentar ministrar práticas em clubes, SESCs, ACMs, academias, para conseguir manter a minha escola. Mas era impressionante como o campo estava minado.

Eu chegava, mostrava a aula, o responsável pela aprovação gostava e, em geral, queria que começasse imediatamente, pois já tinha interessados e quase não havia instrutores de Yôga na época. Mas, em virtualmente todas as tentativas, eu era dispensado antes de começar o primeiro dia de trabalho. A justificativa me era dada com a rudeza de costume:

– O senhor não trabalha mais aqui. Já fomos informados a seu respeito.

Que macarthismo[51] impressionante! Que competência assombrosa detinham os meus opositores! Teriam contatos, obviamente escusos, através daquele homúnculo com o serviço secreto da ditadura? Esses que assumiram um papel tão mesquinho, certamente não conheciam a versão verdadeira da história, nem sequer sabiam que estavam sendo usados para os baixos interesses comerciais de concorrência desleal daquele desbriado senhor. Em contrapartida, para compensar a falta do que fazer de quem me perseguia, dei-lhes um trabalhão e fi-los

---

51 Macarthismo: prática política que se caracteriza pelo sectarismo, notadamente anticomunista, inspirada no movimento dirigido pelo senador Joseph Raymond MacCarthy (1909-1957), durante a década de 1950, nos Estados Unidos. Prática de formular acusações e fazer insinuações sem provas, comparável à que caracterizou o movimento macarthista.

correr de um lado para o outro, pois eu não parava. Tinha uma criatividade e uma disposição para trabalhar que impressionava até a mim mesmo!

No entanto, só notei que as perseguições tinham essa conotação, quando a ditadura terminou, 21 anos depois. Quase da noite para o dia, gente que me atacava passou a me aceitar de novo. Pessoas que antes de 1964 gostavam de mim e do SwáSthya Yôga, tornaram-se nossos opositores após 64 e, agora, reapareciam dizendo que foi tudo um mal-entendido, que sempre nos defenderam quando "os outros" atacavam! [52] Se nos defendiam, não parecia...

> *"TIVE UM FILHO, ESCREVI UM LIVRO E PLANTEI UMA ÁRVORE SOB A QUAL MEU FILHO QUEIMOU MEU LIVRO."*
> MILLÔR FERNANDES

Por essa época havia-me casado e tinha nascido meu primeiro filho. E eu não conseguia sustentar a família. Aliás, não conseguia nem pagar o aluguel do Instituto. Ficamos sem ter onde morar. Estávamos literalmente na rua, à mercê da ajuda dos nossos familiares. Minha mãe ajudou o quanto pôde. A família da minha mulher também. Mas chegou o momento em que, com toda a razão, fizeram-na ver que esse casamento não podia continuar. Eu não tinha futuro, não lhe dava uma casa para morar, conforto, dignidade, esperança, nada! Ainda por cima, só pensava em Yôga e trabalhava nisso mais de doze horas por dia.

Quando a coisa atingiu um limite insustentável, ela me comunicou que nosso casamento estava terminado. Não a censuro. Qualquer pessoa sensata teria feito o mesmo. No entanto, para mim foi uma experiência

---

52 Em determinados trechos deste livro refiro-me ao ilustre senhor que tripudiou abusando de sua patente militar. No entanto, jamais manifestei antipatia alguma pelas Forças Armadas. Pelo contrário. Meu irmão também é coronel, assim como vários tios, incluindo um almirante. Eu próprio, mais tarde, recebi várias homenagens do Exército Brasileiro. Dirijo a denúncia apenas a um homem que usou sua influência em tempo de ditadura para oprimir a um jovem concorrente, tudo isso em contradição com as palavras de ahimsa, espiritualidade, paz, amor, tolerância, ética, Deus etc., tão repetidas incoerentemente por ele em todas as palestras que proferiu e livros que escreveu para iludir os que não conheciam seu verdadeiro caráter. Quanto aos parentes militares que poderiam ter atenuado a perseguição, não os deixei saber de nada, até mesmo porque eu próprio só me conscientizei da conexão que isso tinha com a ditadura quando ela terminou e, com ela, o poder de exclusão e anatematização do meu trabalho.

DeRose

desalentadora. Após a separação, ela disse que iria se casar de novo para dar um pai de verdade ao menino e me proibiu de procurar o nosso filho "para não prejudicar sua boa formação". Claro que eu poderia exigir esse direito em Juízo, mas não valeria a pena viver sob um clima de hostilidade impondo minha presença onde eu não era bem-vindo e passar por todas aquelas humilhações novamente perante a família da minha ex-mulher a cada vez que insistisse em visitar nosso filho.

Naquele momento tive um justificado receio de que acontecesse com ele o que costuma ocorrer nessas situações, de que ele guardasse algum ressentimento e ficasse meu inimigo. No entanto, pareceu estar tudo bem quando comecei a conviver com ele a partir dos seus dezesseis anos. Meu receio parecia infundado, já que nessa idade se tornara meu aluno e aprendera comigo a profissão de instrutor de Yôga (assim, com acento, mesmo) durante muitos anos de convivência harmoniosa e até com viagens juntos à Argentina e à Europa.

Convivemos em harmonia por 22 anos, dos seus dezesseis aos trinta e oito, tempo esse durante o qual tentei dar o melhor de mim e ser o pai que não pude ser na sua infância. Ensinei-lhe tudo o que podia para que ele fosse um excelente profissional (como o é) e hoje pudesse ter seu próprio ganha-pão. Infelizmente, a partir de uma determinada idade, depois de usufruir de todo o meu conhecimento e apoio, veio a se revelar meu mais ardoroso agressor, aliando-se aos outros detratores ("*Tu quoque, Brute, fili mi!*"), agredindo-me gratuitamente e lançando calúnias sobre a minha pessoa, seu próprio pai. Dei-lhe a vida e agora ele quer destruir a minha. Em contrapartida, nunca escrevi coisa alguma contra ele, pois não considero adequado o pai falar mal do filho, assim como todo o mundo julga uma vileza o filho atacar o pai. Fico imaginando o que pensam os alunos de um instrutor de Yôga que ataque o próprio pai de quem ele aprendeu a profissão e de quem ostenta o sobrenome notório.[53]

Inclusive, com relação a isso, muitas pessoas me perguntam por que André insiste em usar o DeRose, uma vez que poderia trocar de nome legalmente ou adotar um heterônimo ou pseudônimo artístico. É contradi-

---

53 *O que te envenena é o amargo fel da inveja, porque jamais serás um homem como teu pai.* Talleyrand teria dito ao filho de Napoleão Bonaparte.

tório a pessoa atacar um nome e, ao mesmo tempo, procurar usufruir desse nome em benefício pessoal. Aceito o direito dele não querer mais fazer parte da minha história e nem concordar com as minhas ideias, mas não aceito que difame o sobrenome que carrega. Gostaria que ostentasse o meu nome por amor e não para tentar tomar o meu lugar, pois suas atitudes levam várias pessoas a crer que esse é o seu objetivo. Prefiro não acreditar nisso, pois ele é meu filho e apesar de tudo eu o amo como tal.

No entanto, antes de todos esses acontecimentos se desenrolarem, o fato é que em 1967 tive que me resignar com a separação da minha mulher. Eu estava só, tão isolado e acossado que vivia na iminência de fechar minha escola e, como consequência, acabara de perder a mulher e o filho. Nessa fase, foi necessária muita força interior e muita convicção no nosso Yôga, para não desistir de tudo e para não tombar derrotado.

Felizmente, tive saúde para resistir e entusiasmo para lutar. Então, pus-me de pé e decidi dedicar a vida a crescer para dar a resposta aos antagonistas. Fui para a televisão, dando seguidamente entrevistas e demonstrações arrasadoras nos melhores programas da época. O Yôga estava entrando no seu primeiro *boom*, o que ajudou bastante, pois as TVs queriam mostrar a novidade. Não dava tempo de boicotarem, uma vez que, quando chegava ao conhecimento deles, o programa já tinha ido ao ar, sido visto e ouvido por milhões de telespectadores. No dia seguinte, quando eu chegava para abrir as portas da escola, encontrava uma fila de interessados esperando para se matricular. Isso proporcionou os recursos necessários para realizar a segunda parte do plano de reação: publicar livros e abrir ramificações. Noutras palavras, crescer para não morrer.

UM VOTO DE GRATIDÃO AOS OPOSITORES

Quando aparo a barba e corto os fios rebeldes que se sobressaem,
compreendo porque algumas pessoas sentem-se impelidas a me "aparar".
DeRose

Afinal, nossos oponentes haviam exagerado. Se tivessem pressionado menos, talvez eu fosse ficando desestimulado e caísse no ostracismo. Na verdade, tudo o que aspirava na época era ter minha pequena salinha e dar algumas poucas aulas para poder aproveitar a vida, praticar esportes, fazer cursos e usufruir uma tranquila vida em família. Mas isso tudo me

DeRose

fora negado de uma maneira tão pungente que, sob pressão, vi-me obrigado a crescer e ficar cada vez mais forte a fim de não sucumbir.

Por essa razão, quando perguntam o que sinto pelos detratores e pelas pessoas que perderam tanto tempo das suas vidas tentando me destruir, digo a verdade: nutro uma sincera gratidão. Se não fossem eles, eu hoje seria um obscuro professor de terceira idade, numa salinha pequena da minha cidade natal. Para não permitir que me destruíssem, precisei lutar, acabei viajando para ministrar cursos, conheci o país inteiro e inúmeros países das Américas, Europa e Ásia. Graças a isso, viajo cinco vezes por ano ao exterior para dar cursos e lançar livros.

Claro que essa gratidão se estende a todos os que até hoje não se conformam com o fato consumado de que eu tenho meu lugar na História do Yôga no Brasil, bem como na de vários outros países, e ainda continuam gastando seu precioso tempo tentando denegrir a minha imagem e desmerecer o meu Método. O estímulo que eles me proporcionam não tem preço, porque me mantém lutando pelo que eu acredito.

A campanha inicial foi suscitando uma reação em cadeia e pouco tempo depois as pessoas atacavam o DeRose sem nem saber por que, mas faziam-no porque os outros estavam fazendo[54].

SÍNDROME DO REFLEXO DE INÉRCIA RESIDUAL

Cinco chimpanzés foram postos numa jaula, onde havia uma escada que dava para alcançar um cacho de bananas. Todas as vezes que um dos *chimps* subia na escada para colher as frutas os cientistas despejavam jatos de água fria nos outros quatro. Em pouco tempo, eles entenderam e passaram a bater em qualquer um que pusesse os pés na escada. Então, os pesquisadores pararam com os jatos de água e co-

---

54 Quando jovem, eu não entendia o poder que o coronel tinha de influenciar, de maneira tão contundente, a opinião pública contra mim. Mais tarde, compreendi. O coronel ensinou no Colégio Militar durante 24 anos, desde a década de 1950. Durante esse tempo, foi professor de centenas de meninos da elite do Rio de Janeiro. Seus alunos, filhos de famílias influentes, tinham entre 11 e 16 anos na época. Vinte ou trinta anos depois, eles estavam ocupando cargos de Ministros, Secretários de Estado, Magistrados, Alta Sociedade Brasileira e Militares durante a ditadura militar, a qual começou em 1964 e durou vinte anos. Em 64, eu tinha apenas 20 anos de idade, era pobre e não tinha ninguém que me defendesse. Tratava-se de uma luta desigual: de um lado, um jovem que não conhecia ninguém nos círculos de poder; do outro lado, centenas de ex-alunos do coronel, detentores dos cargos mais influentes da ditadura, a verdadeira elite dominante.

meçaram a substituir os macacos, um por um. Quando o novato tentava pegar as bananas todos batiam nele. O interessante foi que, ao substituir todos os símios, nenhum deles sabia por que devia bater em quem subisse na escada, pois nenhum desses havia recebido o jato de água fria, mas todos batiam no macaco que o ousasse.

Na década de 1960, vivemos o governo militar. Um coronel[55] resolveu implicar com o DeRosinho porque ele achava que este, com 16, 18, 20 anos de idade, era muito novo para se arrogar o direito de ensinar Yôga. Toda a sociedade brasileira era submissa às determinações que proviessem dos militares da época. Assim, todos os macacos civis começaram a bater. Os chimps foram sendo substituídos, pois a maioria já era idosa e foi morrendo. Mais de cinquenta anos depois, quando todos os antropóides já haviam sido substituídos por outros mais novos, e quase todos civis, eles continuaram a bater, embora não soubessem o porquê.

Isso tem alguma semelhança com as matilhas de cães de rua. Quando um cão ataca outro, nenhum dos demais o defende, mas é comum que todos comecem a atacá-lo também, seguindo o princípio de que "cão mordido, todo mundo quer morder".

Mesmo estando ciente disso, não compreendo como podem ter tanto ódio de mim pessoas que não me conhecem, com quem nunca conversei, que jamais leram meus livros e que só ouviram ou leram a meu respeito coisas veiculadas pelos meus inimigos. Apelo ao bom-senso dessas pessoas, para que leiam pelo menos esta autobiografia ***Quando é Preciso Ser Forte*** e conheçam em primeira mão a minha versão da história.

Assim tem sido a minha vida desde 1960. Por isso peço a sua indulgência se vez por outra volto ao mesmo tema. Caso, algum dia, parem de achar que o DeRose é para a gente bater, talvez eu possa direcionar minha energia para algo mais construtivo do que ter de ficar esclarecendo as pessoas que estão chegando agora sobre o porquê das agressões que sofremos.

---

55 Este da foto foi o Coronel Hermógenes que eu conheci na década de 1960.

Sob esse clima de anatematização, cresci, abri representações, publiquei o primeiro livro, fiquei conhecido, mas ainda estávamos numa ditadura e aquele que se declarava nosso arquiopositor ainda era ligado ao sistema que estava no poder. Eu continuava muito garotão (a essa altura tinha 25 anos) e não podia fazer nada para reverter essa situação.

Já havia tentado várias vezes levar a efeito uma conciliação, mas as cartas que enviava aos professores de yóga da época quase nunca tinham resposta. Quando alguém respondia, era com um misto de sarcasmo e agressividade. Ainda assim, continuei enviando essas cartas, primeiro uma vez por ano até 1966. Depois, uma vez cada dez anos (66, 76, 86, 96). Nas últimas levas foram mais de mil cartas enviadas. Mas não adiantava. Não queriam mesmo uma conciliação. A tal de união, paz e amor que esses ensinantes de yóga tanto pregam, parecem ser só da boca para fora. De minha parte devo reconhecer que também cometi alguns erros, motivados pela ingenuidade e inexperiência – tributo que preciso pagar por ter começado muito cedo.

QUERO ESCLARECER QUE NUNCA BRIGUEI COM NENHUM DOS OPOSITORES

Com relação às pessoas que vociferam insultos, ameaças e agressões, às que se dão ao trabalho de tentar impedir meus cursos em todas as universidades nas quais dou aulas, as que gastam tempo e dinheiro confeccionando e publicando artigos caluniosos, faço questão de esclarecer que jamais tivemos desentendimento algum. Nunca dissemos um ao outro nada que pudesse motivar tanto ódio, até porque quase a totalidade dessas pessoas nunca sequer me viu e nem mesmo nos falamos por meio algum!

Respeito o direito de discordarem do meu posicionamento, do meu método e até mesmo da minha maneira de viver, mas da mesma forma como eu os respeito, acredito que mereço deles a justa reciprocidade.

Demóstenes, o fofoqueiro

Uma das principais diferenças entre um gato e uma mentira
é que o gato só tem nove vidas.
Mark Twain

Isto tudo que foi relatado neste capítulo não constitui nenhuma conspiração orquestrada especialmente contra nós, nem é novidade alguma. Isso acontece o tempo todo com todo o mundo. São simples fatos da vida que se repetem, como parte do jogo, desde a antiguidade.

A História conta-nos que já nos tempos da Grécia clássica, Demóstenes aprontava suas intrigas, espalhando boatos e rumores a respeito de Alexandre, o Grande[56]. Para não ser deposto à revelia, Alexandre teve que interromper uma de suas campanhas, a batalha de Arbela, em 331 a.C., e retornar ao seu país mais cedo do que

---

56 Artigo MAQUIADORES DO CRIME, de Olavo de Carvalho, publicado no jornal Diário do Comércio, em 20 de setembro de 2010:

Lenin dizia que, quando você tirou do adversário a vontade de lutar, já venceu a briga. Mas, nas modernas condições de "guerra assimétrica", controlar a opinião pública tornou-se mais decisivo do que alcançar vitórias no campo militar. A regra leninista converte-se portanto automaticamente na técnica da "espiral do silêncio": agora trata-se de extinguir, na alma do inimigo, não só sua disposição guerreira, mas até sua vontade de argumentar em defesa própria, seu mero impulso de dizer umas tímidas palavrinhas contra o agressor.

O modo de alcançar esse objetivo é trabalhoso e caro, mas simples em essência: trata-se de atacar a honra do infeliz desde tantos lados, por tantos meios de comunicação diversos e com tamanha variedade de alegações contraditórias, com frequência propositadamente absurdas e farsescas, de tal modo que ele, sentindo a inviabilidade de um debate limpo, acabe preferindo recolher-se ao silêncio. Nesse momento ele se torna politicamente defunto. O mal venceu mais uma batalha.

A técnica foi experimentada pela primeira vez no século XVIII. Foi tão pesada a carga de invencionices, chacotas, lendas urbanas e arremedos de pesquisa histórico-filológica que se jogou sobre a Igreja Católica, que os padres e teólogos acabaram achando que não valia a pena defender uma instituição venerável contra alegações tão baixas e maliciosas. Resultado: perderam a briga. O contraste entre a virulência, a baixeza, a ubiquidade da propaganda anti-católica e a míngua, a timidez dos discursos de defesa ou contra-ataque, marcou a imagem da época, até hoje, com a fisionomia triunfante dos iluministas e revolucionários. Pior ainda: recobriu-os com a aura de uma superioridade intelectual que, no fim das contas, não possuíam de maneira alguma. A Igreja continuou ensinando, curando as almas, amparando os pobres, socorrendo os doentes, produzindo santos e mártires, mas foi como se nada disso tivesse acontecido. Para vocês fazerem uma ideia do poder entorpecente da "espiral do silêncio", basta notar que, durante aquele período, uma só organização católica, a Companhia de Jesus, fez mais contribuições à ciência do que todos os seus detratores materialistas somados, mas foram estes que entraram para a História – e lá estão até hoje – como paladinos da razão científica em luta contra o obscurantismo.

previra, a fim de desmentir o vigarista. Note que quem se preocupou com as fofocas não foi um qualquer e sim, Alexandre, o poderoso imperador, guerreiro notável e conquistador invencível. Felizmente, não teve ao seu lado conselheiros incompetentes que sugerissem: "*Não ligue para ele. Não se rebaixe a dar resposta. Você é Alexandre. Deixe que ele fale.*"

A figura acima é uma charge publicada na revista Yoga Journal, que denuncia, de maneira exemplar, os "mestres" de duas caras. Publicamente, são muito bondosos, de uma candura comovente. Só falam de Deus, paz, amor, tolerância e não-agressão. Por trás, são uns lobos predadores, semeadores de discórdias, discriminação, intolerância, intrigas e agressões.

É interessante como o inconsciente trai e acaba denunciando a verdadeira natureza das pessoas. Existe uma técnica denominada *vrikshásana*, palavra composta de *vriksha* (árvore) e *ásana* (posição). Pois um professor de yóga que protagonizava os mais ferozes ataques contra nós, confundiu-se e escreveu *vrikásana* em várias edições do seu livro, conforme reprodução abaixo:

> B) *Vrikâsana ou postura da árvore.* (A[25])
>
> *Execução.* — Atingida a posição anterior, isto é, pousado sôbre uma das pernas e as mãos unidas ao alto da cabeça, estique os braços

Acontece que *vrika* não significa árvore e sim **lobo**, conforme a apostila "Introdução ao sânscrito clássico", pág. 62, de Carlos Alberto da Fonseca e Mário Ferreira, publicada em 1988 pela USP – Universidade de São Paulo. Isso foi muito emblemático das suas verdadeiras intenções.

Uma curiosidade, coincidência ou sincronicidade: sempre que convidávamos os ensinantes que eram seguidores daquele professor a fazer parte de uma união conciliatória, todos repetiam a mesma frase: "Não, obrigado. Eu sou um **lobo** solitário." Novamente, o simbolismo do lobo predador. Repito: é interessante como o inconsciente trai e acaba denunciando a verdadeira natureza das pessoas.

Vinte anos de penúria

Quando aprendi a ser forte

> *Obstáculos e dificuldades fazem parte da vida.*
> *E a vida é a arte de superá-los.*
> DeRose

Recentemente, eu estava em Paris onde fora ministrar um curso e tive a satisfação de conversar longamente com meu supervisionado e amigo Prof. Gustavo Cardoso, na época, Presidente da Federação de Yôga do Reino Unido, *dean* do Yôga College of London. Consultava-me sobre as dificuldades que ele enfrentava na época. O ilustre professor me relatou as árduas penas que estava experimentando por ser um ministrante sério exercendo esta profissão que padece pelo fato de ter uma imagem estereotipada, a qual não corresponde em nada ao que realmente nos propomos. Para consolá-lo, compartilhei os meus pesares:

– Não fique triste. Veja que eu também passei por isso há cinquenta anos e foi até bem pior porque eu estava sozinho e não podia contar com o apoio de nenhuma instituição. Hoje, felizmente, vocês têm a Universidade Internacional de Yôga e um Colegiado de Federações.

Fui contando meus percalços e, em dado momento, Gustavo me disse:

– Mestre, você deveria escrever sobre isso, porque as pessoas que o conheceram nos últimos anos acham que todo o seu sucesso caiu do céu e que foi fácil vencer. Isso serviria de estímulo aos que estão começando agora, para que saibam persistir.

NÃO DESISTA, NÃO ENTRE EM PÂNICO, NEM FIQUE DEPRIMIDO

Heroísmo é a perseverança por um momento a mais.
George Kennan

Portanto, pela sugestão do Gustavo Cardoso escrevo este capítulo para encorajar aqueles que estiverem passando por dificuldades e fases de desânimo, seja no Yôga ou noutra profissão. Há momentos em nossa vida nos quais tudo parece dar errado. Nessas horas achamos que nada dá certo, que não fomos feitos para esta carreira, que somos mesmo uns incapazes. Nossa autoestima desce ao subsolo do respeito próprio e poderemos chegar a supor que haja uma conspiração contra nós.

Não é nada disso. O que estará ocorrendo serão os eventos naturais da vida. Nós é que não fomos devidamente preparados para ela. Tais eventos são como a fermentação da massa do pão. Enquanto o fermento age, o cheiro não é nada agradável, nem o gosto. Contudo, é uma fase necessária para que dali saia um pão excelente. Antes disso ele precisará ser submetido a terríveis temperaturas no forno que o assará sem misericórdia. Se você está na fase de fermentação, pode esperar que ocorram situações ainda mais difíceis no futuro, que o causticarão impiedosamente. Mas, depois, você colherá os mais saborosos resultados por muitos anos.

Assim sendo, o relato dos fatos aqui registrados não tem o objetivo de lamentação, nem de gerar piedade, pois, afinal, venci e estou muito bem. Com mais de meio século de carreira profissional, tive uma vida maravilhosa e até os momentos duros, hoje sei que foram bons[57]. Exponho estes fatos para incentivá-lo, para ilustrar as dificuldades que nos espreitam e para demonstrar que você também pode vencer.

---

57 Leia o capítulo *Karma e dharma* do meu livro **Tratado de Yôga**, quando desenvolve o tema: "Não existe karma bom ou karma ruim, assim como não existe fogo bom ou fogo mau. Nós assim os classificamos conforme suas consequências imediatas sejam agradáveis para nós ou não o sejam. Diversas vezes aquilo que chamamos de karma ruim é algo que está criando as bases de algo muito bom no futuro. É como alguém que passe fome ou seja muito perseguido e, na hora, considere isso um mau karma. No entanto, com o passar do tempo essas desditas geram uma têmpera mais forte, que virá a ser bem útil, por um tempo bastante maior." Daí a nossa máxima: Mal é o nome que eu dou à semente do bem.

HOJE, O SUCESSO, MAS NEM SEMPRE FOI ASSIM

Se você acha que é o melhor,
isso significa que não procurou o suficiente.
DeRose

Sou extremamente grato aos meus alunos, aos meus colegas, à Imprensa e à opinião pública pelo privilégio de ser considerado hoje como referência na área de Yôga. Contabilizo a satisfação de ter contribuído com mais de 20 livros e de ter expandido o nosso trabalho por outros países como França, Inglaterra, Alemanha, Itália, Espanha, Portugal, Bélgica, Polônia, Escócia, Argentina, Chile, Indonésia, Estados Unidos (incluindo o Havaí), Canadá, Austrália e outros.

Mas, nem sempre foi assim. Este capítulo não é para narrar como sou tão bem sucedido e sim, para revelar o outro lado, o lado *dark*, aquele que em geral as pessoas escondem. Aqui vou confessar meus erros para que o leitor, seja qual for sua profissão, tente evitá-los na sua carreira. Vou registrar minhas tolices e ingenuidades, para que os instrutores e futuros instrutores do nosso Método compreendam porque demorei tanto para dar certo. E vou denunciar também a incoerência daqueles que dizem praticar ou ensinar Yôga, mas cuja vida certamente é tão infeliz e o caráter tão maligno que dedicam sua existência a perseguir, agredir, caluniar e tentar destruir os que conseguiram realizações mais relevantes que as deles em prol do Yôga. É lamentável.

Espero que tudo isto venha a ser útil em algum sentido, a alguém, em algum lugar.

SÍNDROME DE JACK PALANCE

Por não sei qual boa razão, nosso cérebro tem registrado que certas feições denotam pessoas que devem ser aquinhoadas com a nossa aceitação e outras, fustigadas com a nossa execração.

Você sabe, sim, quem é Jack Palance. Quase todos os filmes de faroeste de 1950 a 1990 o utilizaram como bandido. Um dia, pus-me a matutar: se Palance não fosse absorvido por Hollywood, o que teria sido feito dele? Com aquela cara de facínora não conseguiria um emprego, não conseguiria uma namorada, não teria amigos... O que lhe restaria, senão tornar-se realmente um marginal? É assim que se fabricam muitos celerados deste mundo. Deram o azar de ter a construção óssea errada ou de ter a contração inadequada dos músculos da face e pronto: passam a ser excluídos e estigmatizados pelos outros. Nada mais lhes resta, nada têm a perder, pois já lhes tomaram tudo, até a dignidade, a reputação, as oportunidades na vida, o dinheiro, a mulher, tudo enfim.

Em contrapartida, temos a síndrome de Tom Hanks. Com aquele semblante que reúne os sinais que interpretamos como bondade e simpatia, torna-se uma pessoa de quem gostamos imediatamente, que queremos como amigo e em quem tendemos a confiar. Só me questiono se deveríamos execrar os "Jack Palances" da vida, que não foram agraciados com o ar da simpatia natural.

Por que será que me ergui qual paladino em defesa dos injustiçados que nasceram com alguma marca que estimula a aversão de alguns? Bem, talvez eu me sinta um deles. Isso explicaria muitas das dificuldades que tive na vida.

Para os problemas surgidos na vida profissional, consigo explicações lógicas e convincentes. Mas e os contratempos encontrados na infância e juventude?

Vamos lá, fazer uma tentativa honesta para justificá-los: sempre fui um menino muito sério e, depois, um adolescente bem compenetrado. Isso lá é defeito? Defeito não é, mas o fato é que ninguém gosta de uma pessoa sisuda, nem de uma criança que não seja comunicativa. Isso poderia explicar a preferência dos tios pela irmã mais sorridente e simpática, mas não conseguiria justificar algumas situações como, por exemplo, aquele dia de 1960 em que o professor de francês, Tancredo (nunca me esquecerei do seu nome), entrou na sala de aula do Colégio Batista, abriu o diário de classe, fez a chamada e chegou ao meu nome.

– DeRose.

– Presente – respondi, com naturalidade. Ato contínuo o professor parou de fazer a chamada e gritou quase fora de si:

– Saia! Fora da classe! Cara feia para mim é fome. Está suspenso!

É claro que procurei sair com o que me restava da dignidade em frangalhos e fui chorar sozinho no banheiro. Não conseguia entender o que havia acontecido. Ele chamou o meu nome, eu respondi à chamada e fui agredido, humilhado e punido por isso? Que cara feia eu devia ter para assustá-lo daquele jeito! Perdi a aula, perdi o respeito dos meus colegas e ganhei uma anotação desabonadora na minha caderneta escolar. Senti na carne: "é assim que se forjam os desajustados". Não fosse o Yôga, eu certamente teria me convertido em algum tipo muito perigoso de sociopata com que o "paciente e gentil" professor Tancredo teria brindado a humanidade.

Por sorte (ou karma), no final desse mesmo ano fui convidado para dar classes de Yôga. Isso contribuiu decisivamente para recuperar a autoestima e, certamente, para evitar que me enveredasse por caminhos menos recomendáveis.

VINTE ANOS ASSANDO O PÃO

Existo porque insisto.
Autor desconhecido

Dos meus vinte aos quarenta anos de idade vivi uma fase que chamo bem-humoradamente *anos de penúria* porque foi um período em que as campanhas dos maledicentes conseguiram me impor um estado de extrema privação[58]. Era uma época em que a diferença entre comer e não comer dependia de conseguir vender um tubete de incenso, ou não, naquele dia.

Pelo menos eu tinha onde morar, pois dormia na sala de aula. E isso não é coisa pouca. Imagine se em tal situação ainda tivesse que alugar um apartamento ou algo semelhante. Além do mais eu gostava de dormir no chão, pois estava na moda dormir em tatame. Bem, tatame mesmo eu não tinha, mas dispunha dos colchonetes de Yôga que se usavam naquela altura para praticar.

Foi um momento na minha vida em que só conseguia trocar de camiseta quando algum aluno apiedado me dava uma nova de presente. *"Ô, De. Essa camiseta tá muito velha. Fica com esta aqui que eu ganhei do meu pai."* Salvou-me a felicidade que sempre tive dentro de mim, talvez decorrente da meditação que desencadeia um estado de regozijo interior (*ánanda*) e, graças a isso nunca me senti infeliz nem tive pena de mim mesmo. Prosseguia fazendo o meu trabalho

---

58 Por "coincidência", foi exatamente o tempo de duração da ditadura, que começou em 1964 e já não tinha mais força em 1984.

com entusiasmo e com a esperança de que se trabalhasse bastante, com o tempo as coisas melhorariam.

A bigorna dura mais do que martelo que a agride.
Autor desconhecido

Em 1969 um aluno, percebendo que eu estava sempre com dificuldades para pagar o aluguel da escola, propôs-me sociedade:

– Tenho uma sala em Copacabana e lhe ofereço o imóvel para montar uma escola de Yôga sem você precisar pagar aluguel. O que der de lucro nós dividimos. O que der de prejuízo é seu.

Isso fora uma proposta indecente. Qualquer negociante adulto mandaria esse aproveitador para os quintos. Mas eu precisava muito daquela oferta e aceitei. Tentei fazer um contrato. Ele não aceitou.

– Nunca me casei para não ter que assinar contratos. Você vai ter que confiar na minha palavra.

A seu favor invocou o fato de que era amigo do coronel. Hoje seria o suficiente para que eu não fizesse negócio algum com ele. Mas naquela época ninguém podia imaginar que um ilibado professor de yóga pudesse estar gastando seu tempo e energia arquitetando estratégias perversas para destruir a carreira de um jovem, só por ele ensinar uma linha de Yôga diferente da sua. Ao declarar que era amigo de tal pessoa, ele estava na verdade me informando que, quando me tomasse tudo o que eu tinha e me quebrasse, eu soubesse de onde tinha vindo a traulitada. Mas, bobo, garotão, inexperiente, aceitei.

Eu, que já estava endividado, mais ainda me encalacrei para reformar a sala do investidor a fim de poder usá-la para dar as aulas e fiz uma propaganda competente.

No primeiro dia de aula já tinha setenta alunas.

No fim do mês, achando que o proprietário da sala ficaria satisfeito fui lhe comunicar o nosso sucesso. Então, ele me deu a notícia:

– Mudei de ideia. Você vai ter que desocupar a sala.

– Mas, por quê!! O que foi que eu fiz de errado? Não deu nem tempo para errar!

– Nada. É que o condomínio do prédio disse que não quer uma academia de Yôga e eu não quero confusão com ele.

Fui falar com o síndico. Ele me explicou que era por causa do barulho. Argumentei que no Yôga não fazemos barulho e que no andar de cima havia uma academia de Judô e essa sim fazia um barulhão, mas a administração do prédio não se incomodava. Por que se incomodaria comigo que lecionava técnicas silenciosas?

– Bem, na verdade é por questões de segurança, porque em caso de incêndio não há como evacuar todo o mundo.

– Sim, mas minhas turmas têm uma meia dúzia de praticantes. No último andar funciona um curso de pré-vestibular, com centenas de alunos e ainda estão em andar muito mais alto...

Não tinha conversa. Eu precisava sair, e se não saísse por bem sairia por mal. É óbvio que estavam mancomunados, o proprietário e o síndico. Assim que saí do prédio, instalou-se lá uma academia de yóga. Fiquei imaginando se não teria sido para aproveitar a propaganda que eu havia feito. E estava mais do que confesso que o prédio não proibia o funcionamento de estúdios de Yôga. Só não permitia o DeRose.

Como eu era ingênuo! Sabendo que uma academia se instalara no meu lugar, fui lá, você não vai acreditar *prá* quê! Fui oferecer o cadastro das minhas alunas à professora dona do novo instituto para que elas não ficassem sem ter onde praticar! Chego a ficar com raiva de mim. Que burro! O pior é que quando toquei a campainha, atendeu-me uma senhora na porta do corredor e não me deixou entrar alegando que era uma academia feminina e que eu e o amigo que me acompanhava, o cineasta espanhol Alberto Salvá, éramos homens e não poderíamos entrar. Então expliquei que eu era instrutor de Yôga, que havia tido uma escola naquele prédio e que queria lhe entregar... Não pude concluir a frase. Dizendo: *"Dá licença, dá licença"* bateu-me a porta na cara. Que gente desequilibrada! Depois, querem nos convencer de que o Yôga proporciona equilíbrio![59]

> *Não é paranoia: é estatística.*
> DeRose

---

59 O Yôga potencializa o que você tem dentro de si. Se você tem coisas boas, fica melhor; se tem coisas ruins, fica pior. Se tem desequilíbrio, fica mais desequilibrado.

142   QUANDO É PRECISO SER FORTE

Antes desses fatos, quando comecei em 1964 eu não entendia nada das burocracias de legalização e contabilidade. Assim, contratei um despachante para legalizar minha escola, aquela do Edifício Av. Central. No entanto, dizia ele, não era possível registrar um estabelecimento de Yôga, pois esse segmento não estava previsto na lei. Então, para que o meu alvará fosse expedido, ele precisaria declarar que era uma "academia de ginástica e Yôga com vendas de produtos para esse fim". Dessa forma, a prefeitura permitiria que eu me estabelecesse. Conversa! O despachante é que não sabia fazer o registro corretamente e fez como conhecia, ou seja, tudo errado. Entreguei minha contabilidade a um contador. Foi o segundo erro. Seja qual for o profissional, devemos supervisionar o seu trabalho e não nos acomodarmos. Eu confiei e relaxei. Deveria estar tudo correto e legal.

Em 1969 me visitou um fiscal da receita estadual e pediu para ver as notas fiscais e os livros caixa e diário, bem como os balancetes. Aquilo para mim era grego. Encaminhei o pédido ao contador. Mas ele não entregava nada. O fiscal esbravejava e ameaçava, ainda mais percebendo que lidava com um gurizote leigo naqueles assuntos. Certamente, ele queria suborno e estava me dando deixas para que eu lhe oferecesse alguma coisa. Mas, tão ingênuo, não percebi nada. A cada visita o fiscal ficava mais agressivo. Até que me deu uma derradeira data para a entrega dos documentos. Eu telefonava outra e outra vez ao contador... e nada. Na última noite do prazo fui à casa dele e disse-lhe que eu não sairia de lá sem os documentos. Documentos ele não tinha. Mas me deu uma folha de papel com uns rascunhos a lápis e disse que era para apresentar aquilo.

No dia seguinte, quando o fiscal chegou entreguei-lhe o nefasto papel. Ele olhou com desdém aquela folha rabiscada a lápis e perguntou pelos livros. "Não tem livros", disse-lhe. "O contador mandou entregar essa folha aí." Ele, então, resmungou, fez as contas e arbitrou uma multa tão alta que ele sabia perfeitamente que aquele jovem maltrapilho não teria condições de pagar. Estava, com isso, assinando a sentença de morte da minha escola e da minha profissão, pois, você há de se lembrar, nenhum clube, academia, SESC, ACM me deixava trabalhar. Se eu não tivesse minha própria escola, não poderia continuar dando aulas de Yôga. Hoje, sei que um fiscal não iria implicar com alguém que movimentasse tão pouco dinheiro, a menos que houvesse uma

DeRose 143

denúncia. E agora sei quem denunciou: foram aquelas pessoas que não tinham confiança no seu trabalho e me queriam fora da concorrência!

Quanto mais fortemente se golpeia um gongo,
maior será a quantidade de pessoas que o escutam.
DeRose

Assim, fiquei esperando pelo edital na minha porta, lacrando-a, e me impedindo de entrar para trabalhar. Era uma questão de dias.

Nesse meio tempo, fui visitado por uma candidata de vinte anos que desejava praticar Yôga. Expliquei-lhe a situação e disse-lhe que não poderia cobrar nada dela, pois era bem possível que chegasse para a aula e minha escola já tivesse sido fechada. Portanto, podia vir fazer Yôga gratuitamente enquanto eu ainda estivesse de portas abertas. Quando fechasse, acabava. Ela praticou, gostou, viu que o trabalho era sério e lamentou que a escola estivesse em vias de ser fechada. Aí, propôs-me um negócio. Ela pagaria minha enorme suposta dívida com o estado, mais multas estratosféricas, e em troca eu lhe daria aulas sem cobrar nada *ad æternum*. Eu não estava em condições de discutir. Aceitei, comovido. Ela foi lá, pagou e limpou o meu nome.

Dali a mais alguns dias, propôs-me outro negócio.

– Você não queria abrir uma escola em Copacabana[60]? Eu posso vender um apartamento de minha propriedade, comprar uma sala e alugar para você.

Mesmo tendo sido vítima da traição com a proposta daquele mal-intencionado sócio anterior, agora a situação era diferente. Esta jovem já havia quitado as minhas dívidas. Aceitei agradecido.

Ela vendeu seu único imóvel, para comprar uma sala na Av. Copacabana, 583 conj. 306. Mas seu dinheiro só daria para a entrada mais a reforma. O restante do valor da compra seria parcelado em 36 meses. Então combinamos que eu pagaria um aluguel mensal suficiente para saldar as parcelas da transação. Não sobrava dinheiro nem para comer, mas eu me encontrava exultante, pois, estava instalado numa salinha

---

60 Copacabana estava no auge. Nas décadas de 1960 e 1970 era a "princesinha do mar".

aconchegante, montada do jeito que eu queria, no bairro sonhado e tinha uma sensação de segurança.

O nome daquela jovem era Eliane Lobato. Tornamo-nos parceiros, amigos, companheiros e, dali a uns anos, terminamos casados. Mais do que a todos os seres humanos, tenho por ela a maior e a mais emocionada gratidão. Nem sei o que seria de mim hoje se ela não me tivesse dado a mão na década de sessenta e depois, novamente, em 1970. Imagine-se o que faria um homem de vinte e tantos anos que tivesse tentado tudo para desempenhar um trabalho honesto e, sistematicamente, tudo lhe fosse tomado. Para onde a adrenalina e a testosterona teriam conduzido aquele ser humano que não tinha saída? Será que teria dado coisa boa? Será que teria se revoltado e partido para uma vida menos louvável? Creio que posso dizer sem sombra de dúvida que devo o que sou hoje à Eliane.

Nessa época encontrei pessoas que me ajudaram tanto que sua lembrança me comove. Em 1971 eu havia me casado com Eliane Lobato. Por aquela altura estávamos os dois sem um vintém, pois o que Eliane tinha, ela investira na compra e reforma da sala de Copacabana. O que eu pagava de aluguel ia amortizar a aquisição do imóvel. Para nós não sobrava nada. Certo dia, precisei mandar instalar um suporte para pastas suspensas sob a minha mesa da sala de diretoria. Enquanto o marceneiro, um senhor de seus sessenta e tantos anos, concluía o trabalho, Eliane, agora com 21 aninhos me chamou na outra sala e choramingou:

– *Tô* com fome... Você acha que nós vamos poder almoçar?

Mesmo estando noutro aposento, respondi baixinho:

– Não sei. Depende de quanto ele for cobrar pelo serviço.

Concluída a colocação do suporte, perguntei quanto era. O velhinho me respondeu, com um doce sorriso:

– Não é nada, não. Vá almoçar com a sua menina.

Até hoje me rolam as lágrimas cada vez que recordo aquele momento. Quando conto esse caso, sempre passo vergonha, pois não consigo conter a emoção, como agora ao escrever.

Eliane Lobato em 1969, em uma prática na praia, no Rio de Janeiro

Passado algum tempo, Eliane me fez outra proposta:

– DeRose, quem está pagando o imóvel é você mesmo, então, porque não passá-lo para o seu nome? Eu comprei a sala por 54.000 cruzeiros. Você me compra esse imóvel por 74.000. Com a diferença, mais uma herança que receberei em vida do meu pai, compro um apartamento na Rua Cinco de Julho.

Perceba como ela articulou inteligentemente para me ajudar sem arrasar minha autoestima. Ela não me ofereceu nenhuma esmola. Deu-me condições para que comprasse com dignidade minha sala própria, meu primeiro imóvel. E ainda o comprou por 54.000 e revendeu por 74.000 pouco tempo depois, numa época quase sem inflação, em 1971. Ela foi muito lúcida.

Em 1975, Eliane e eu nos separamos. Um dos motivos foi que ela queria ter filhos, mas eu estava traumatizado com a separação anterior em que perdera meu filho ainda pequeno e não suportaria passar por aquela experiência devastadora outra vez. Eu não queria mais ter filhos. Eliane se casou novamente e teve duas meninas, das quais tive a satisfação de ser padrinho e que passaram a constituir minha família. Eliane hoje é a minha amiga mais antiga. Há mais de 40 anos que somos como irmãos[61].

Hoje, vejo o quanto aqueles tempos eram difíceis, pois, quando comecei a ser convidado para dar cursos em outras cidades e estados eu não ganhava quase nada pelas aulas, mas a motivação maior de aceitar viajar todos os fins de semana era que, quando ficava hospedado pelos que me convidavam, eu conseguiria comer nas sextas, sábados e domingos – e isso era quase a metade da semana! Assim foi fácil manter o corpo esbelto.

Todas essas ocorrências foram fundamentais para que eu aprendesse a ser forte e, também, para que aprendesse a valorizar cada pedacinho de patrimônio conquistado ao longo de mais de 50 anos de profissão. Também foi bom passar por tudo isso para poder ensinar aos meus alunos como vencer na vida: o conhecimento mais importante é a noção de que dinheiro é uma energia volátil. Ele muda de mãos com muita facilidade. É da sua natureza. Quem não tem, ganha. Quem tem, perde. Portanto, se você se encontra na extremidade mais baixa dessa escala, fique tranquilo. Sua predisposição será crescer, pois descer aquém desse ponto é improvável. Por outro lado, se você já possui riqueza não seja arrogante, porquanto ronda-lhe o tempo todo o fantasma da perda e da bancarrota.

---

61 *"Hoje, 24 de fevereiro de 2013 faz 43 anos que entrei pela porta que contribuiria para uma grande mudança em minha vida. De fato eu estava buscando uma mudança, queria valores diferentes daqueles com que estava habituada a conviver. [...] E, tudo começaria quando, ao retornar pela terceira vez, uma porta se abriria à minha frente, com um som agradável, um aroma delicioso e uma vibe da maior qualidade. [...] Existem situações em nossas vidas que tomam uma dimensão maior do que a princípio nos propusemos. Eu só queria praticar [...]. Porém, como que num ato de pura magia, nossas energias se encaixaram, como se fosse um encontro marcado e esperado durante todos os anos da nossa existência. Acho que hoje, o que aprendi de mais importante é que a vida pode dar a volta que der, mas, quando o que sentimos é verdadeiro, esse sentimento permanece mais forte que o tempo, como também mais forte que as intempéries da vida. Estou falando de afeto. Afeto que flui, afinidade e carinho entre as pessoas, amor incondicional. Queria dividir com você, o real significado desses 43 anos, que creio, permanecem pelo respeito e pela imparcialidade que fazem parte dos seres humanos que somos. Um carinho especial a você por hoje e, que venham 53, 63, 73 por aí afora de anos dignos de serem celebrados."* Eliane Lobato, 24 de fevereiro de 2013.
"Um beijo especial por hoje, a você que me apoiou num momento difícil da minha vida e ficou residindo com uma adolescente Lak, sem ser exatamente sua filha biológica, mas que você tratou como sua filha de coração e por tantos outros momentos que você se fez presente em nossas vidas. Obrigada pelo carinho, pelo amor mesmo, porque é isso que faz nossas vidas valerem a pena." Eliane Lobato, Dia dos Pais, 2016.

Cuidado: bolsistas!

> *Ele não cobrava nada por seus sermões.*
> *Era o quanto valiam.*
> Mark Twain

É notório que nossa proposta melhora a qualidade de vida e maximiza a expectativa de vida do praticante. Quanto vale mais um ano da sua vida? Quanto você pagaria por um mês? Um único dia a mais? Não obstante, há quem prefira pagar mais por uma aula de tênis, de golfe, de inglês ou até por uma pizza ou por uma noitada na danceteria da moda. Os que acham que o Yôga vale menos, realmente não o merecem.

No início da nossa carreira, especialmente no passado, quase sempre as pessoas estavam envolvidas com conceitos vêdánta-brahmácharya. Esses conceitos induziam a considerar o dinheiro como algo execrável[62]. Dessa forma, na hora de pagar o aluguel, luz, telefone, contador, faxineira, impostos etc., ficava difícil. Mesmo tendo que pagar essas contas, nós não conseguíamos entender que a instituição de Yôga é uma empresa (mesmo que o seja sem fins lucrativos); que o instrutor de Yôga é um profissional; que *profissional* não é termo pejorativo e não precisa ser interpretado como *mercenário*; e que Yôga não é caridade, mas uma arte bastante digna, merecedora de todo o respeito.

---

[62] Essa postura vêdánta-brahmácharya tem sido mais encontrada no Ocidente. Na Índia ocorre um posicionamento muito mais ponderado e realista, como nos demonstra a frase encontrada na página 95 do livro *Autobiografia*, de Swámi Sivánanda, Editora Pensamento, São Paulo: "Cheguei à conclusão definitiva de que um pouco de dinheiro ajuda o sádhaka em seu sádhana e evolução."

Por não entender isso, continuei cobrando aquém do justo e concedendo bolsas a todos quantos no-las pedissem. No período de 1964 a 1970, meu Instituto tinha mais bolsistas do que pagantes (cerca de 65% de gratuitos)!

Em 1971 instituí um sistema que chegou a superar esse número. Foi o "cofrinho". Os alunos deveriam pagar suas mensalidades, colocando contribuições voluntárias, de valor não estipulado, diretamente num cofrinho, discretamente localizado dentro do vestiário. Assim, não só os bolsistas gozariam de um confortável anonimato como seriam poupados da humilhação de ter que pedir gratuidade. Além disso, os pagantes ficariam à vontade para pagar o que pudessem ou quisessem sem que ninguém lhes perguntasse nada. Esse sistema esteve vigente até 1976, quando, devido às minhas viagens constantes para dar cursos no resto do país, teve que ser substituído pelo convencional.

Antes, porém, de substituí-lo, com o passar dos anos fui ficando cada vez mais decepcionado com os resultados daquela experiência. Comecei a notar, com estranheza, que os bolsistas eram menos leais do que os pagantes, menos prestativos e eram os que nos despejavam mais cobranças. Toda vez que surgia um disse-me-disse dentro da nossa Casa e pesquisávamos para descobrir a origem, era quase sempre um bolsista. Se fervilhava algum movimento interno de contestação ou conspiração, por trás estava sempre um bolsista. Justo quem não devia estar!

A conclusão final foi a de que se um opositor quiser infiltrar alguém na sua entidade e sabe que você concede bolsas, inevitavelmente o sabotador solicitará uma para si, pois, sendo concorrente, raramente aceitará pagar justamente a quem ele quer causar prejuízo.

Não que todos os bolsistas sejam sabotadores. Lembro-me de um ou dois que não o eram, pelo menos conscientemente. Ainda assim, eram os que nos davam mais trabalho e os que gostavam menos de nós.

Muitas vezes estávamos na sala contígua ao vestiário e, inadvertidamente, ouvíamos o bolsista reclamar com os demais colegas de que o chão estava sujo ou de que a toalha do banheiro estava molhada. Essa era uma atitude profundamente decepcionante e até mesmo suspeita, pois se ele era gratuito, essa era uma razão a mais para não reclamar de coisa alguma e, muito menos, jogar os outros praticantes contra a instituição ao fazer, sub-repticiamente, comentários geradores de questionamentos e insatisfações pelas costas do instrutor que, gentilmente, lhe concedeu a gratuidade. Em compensação, testemunhei várias vezes a bonita atitude de alunos pagantes, que ouviram a reclamação do bolsista, irem lá espontaneamente limpar o que fora apontado.

O pagante colabora, pois valoriza aquilo que está lhe custando algo. O bolsista não valoriza, já que é grátis. Por isso também o pagante falta menos às aulas, afinal elas lhe custaram dinheiro. O bolsista não perde nada se faltar ou se não aprender direito. Além disso, o pagante, se gostar da prática, traz um amigo que também paga. O bolsista retribui de forma singular: ele traz outro bolsista!

Quanto às atitudes hostis e ingratas da maioria dos alunos gratuitos, creio que são geradas por um grave conflito psicológico entre seu consciente e seu inconsciente. Conscientemente ele quer a gratuidade e a pede. Inconscientemente ele não a quer, uma vez que isso o degrada. Assim sendo, quando o instrutor lhe concede a bolsa, ele fica humilhado e começa a alimentar um ressentimento profundo (tão mais profundo, quanto mais inconsciente), contra a pessoa que é a causadora da humilhação, isto é, aquele que concedeu a gratuidade – e passa a nutrir um ressentimento visceral contra aquele a quem devia ser grato.

Certa vez, fui procurado por um casal cujo marido havia trabalhado numa conhecida empresa aérea brasileira que faliu. Por isso ele alegou estar em dificuldades financeiras, mas sua esposa, Divina, queria praticar Yôga. Não teve problema: a bolsa foi imediatamente concedida. Era uma época em que eu sobrevivia com dificuldade e lutava muito para comer, mas a gratuidade foi concedida a ela como a todos os que pediam. Eu sempre fui muito desapegado de dinheiro. A senhora em questão praticou gratuitamente durante vários anos. Um dia sumiu. Tempos depois, voltou de cara nova:

– Que houve, Divina?

– Fiz plástica! Custou dez milhões!

Então, para nossas aulas não tinha, mas para a cirurgia plástica, muito mais cara, podia? Outro caso que me deixou profundamente sentido foi o de um aluno que já entrou como bolsista e chegou até a trabalhar, dando aulas na entidade. Certa vez, a situação exigiu que fizéssemos um apelo para que os bolsistas contribuíssem com alguma coisa. Ele, que ainda continuava tendo aulas conosco, não contribuía com nada, embora ganhasse pelas aulas que ministrava na mesma escola. Passados alguns meses precisamos ter uma conversa franca com ele.

O dito-cujo teve a candura de declarar:

– Tô sem grana, De. É que eu estava há muito tempo de olho nesta calça que comprei por setecentos cruzeiros, e isso foi muito caro para mim. Aí fiquei duro.

A mensalidade era livre, porém, por essa época, sugeríamos a contribuição de setenta cruzeiros. O discípulo em questão não podia pagar. Contudo, para a calça de setecentos, de dez vezes mais, ele tinha...

Mas chocante mesmo foi uma aluna que era hippinha. Pediu bolsa e ganhou. Andava sempre de luvas brancas. Alguém perguntou se tinha algum problema nas mãos e ela respondeu:

– Não, por quê? Não posso usar luvas? Se o Mickey usa, por que é que eu não posso usar?

Um dia, estávamos dobrando e envelopando uns impressos. Todos os alunos pagantes chegavam, perguntavam se precisávamos de ajuda e juntavam-se alegremente a nós no trabalho. A bolsista chegou, cumprimentou, entrou, fez aula, terminou, despediu-se e já ia indo embora quando alguém a interceptou:

– Hei, Norminha. Você não vai nos ajudar?

Como era bolsista, devia-nos algo e não imaginamos que, justamente ela, fosse negar. Mas o motivo alegado é que foi arrasador:

– Não. Não posso. Agora tenho aula de ballet. Lá eles não me deram bolsa e a aula é muito cara, não posso perder. Tchau!

Hoje, ela não é mais hippinha. É uma senhora que leciona yóga, ganha bem com isso e nunca mais nos procurou. Ouvimos dizer que não concede bolsa para ninguém.

O mais curioso é que, como a maioria, na época, era constituída por bolsistas que deviam, no mínimo, ser gratos, era de se esperar que tivéssemos um fã clube enorme, disposto a defender o SwáSthya Yôga com toda a lealdade e bravura. Contudo, enquanto uns poucos defendiam, os outros se acovardavam perante os detratores, e calavam-se "para não se aborrecer" ou "porque a verdade no final sempre aparece"... Numa palavra: não podíamos contar com quase ninguém.

Interrompemos esse sistema por causa da ingratidão e da falta de reconhecimento de um bom número de pessoas que praticavam lá sem jamais ter pago um centavo. A partir de 1975, nunca mais aceitamos bolsistas. Hoje, se não quiser estremecer a nossa amizade, nem pronuncie a palavra *bolsista* perto da gente. Nem a pense muito alto.

Todos têm condições de pagar a mensalidade de uma escola de Yôga. Ela é equivalente a um jantar para duas pessoas num bom restaurante. Com a diferença de que no restaurante esse valor é gasto em questão de minutos e no nosso caso equivalerá a um mês de prestação de serviços. Para praticar Yôga paga-se, por um mês inteiro, o mesmo que se paga por alguns minutos de psicanálise. Não obstante, tanto os restaurantes quanto os psicanalistas estão sempre cheios. Isso demonstra que as pessoas, evidentemente, dispõem daquela quantia, porém algumas preferem gastá-la noutras coisas e, ao mesmo tempo, aviltar-nos ao questionar o valor do nosso trabalho. Essas mesmas pessoas pagariam muito mais para jogar boliche!

Por outro lado, para quem, de fato, não pode pagar, disponibilizamos aulas sem custo em parques, jardins, praças, praias e outros locais públicos em várias cidades do Brasil e em outros países.

Mantemos o *site* **www.MetodoDeRose.org** que permite acesso gratuito às *webclasses* e *free download* de vários livros deste autor em português, espanhol, italiano, alemão, francês e inglês, bem como MP3 de diversas gravações com aulas práticas, mantras, mensagens, sânscrito, relaxamento, mentalização etc. Dessa forma, quem não tiver recursos pode estudar e praticar sem ônus algum. Porém, bolsistas, nas escolas, nunca mais.

AULAS PÚBLICAS (GRATUITAS) DE TÉCNICAS DO DeROSE METHOD EM PARQUES, JARDINS E PRAIAS DE DIVERSOS PAÍSES

Estas classes podem mudar de horário e local a qualquer momento sem aviso prévio.

BRASIL

BAHIA

Salvador

Aula aberta itinerante pela cidade de Salvador, sempre no último domingo do mês, às 17h. Ligue confirmando a data e local. E-mail: riovermelho.ba@derosemethod.org. Telefone: +55 71 3494-3391, Instagram: @deroseriovermelho, Facebook: DeROSE Method Rio Vermelho.

DISTRITO FEDERAL

Brasília

Parque Olhos d'Água - todos os domingos às 17h. Durante o período em que o horário de verão está vigente, a aula ocorre às 18h. E-mail do responsável: asanorte.df@derosemethod.org Telefone: +55 61 3327-3871 Instagram: @derose.ds

GOIÁS

Goiânia

Sempre no último domingo do mês, às 9h, no Parque Flamboyant, em frente à sede administrativa do Parque. E-mail do responsável: bueno.go@derosemethod.org Telefone: +55 62 3281-4198 / 98147-0311.

PARANÁ

Curitiba

Aula aberta itinerante na cidade de Curitiba, sempre no segundo sábado do mês às 10h. Locais: Parque Barigui, Museu Oscar Niemeyer e Jardim Botânico. Informe-se sobre o local para participar. E-mail do responsável: jefferson.furtado@derosemethod.org, telefones: +55 41 99246-0705, Facebook: DeRoseMethodPR.

Londrina

Aterro do Lago Igapó, um domingo por mês, ao pôr do sol. Informe-se sobre data e horário para participar. E-mail do responsável: londrina.pr@derosemethod.org Telefones: +55 43 3321-1770 / 99970-4069, Instagram: @deroselondrina Facebook: Método DeRose Londrina

RIO GRANDE DO SUL

Porto Alegre

Aulas abertas no Parcão, sempre no terceiro domingo de cada mês, às 11h. E-mail: contato@fabianogomes.com.br Telefone: +55 51 3061-3115 Instagram: @fabianodgomes_school.

RIO DE JANEIRO

Cidade do Rio de Janeiro

Lagoa Rodrigo de Freitas, um domingo por mês (horário acompanha o sunset). Informe-se sobre data e horário para participar. E-mails dos responsáveis: copacabana.rj@derosemethod.org / leblon.rj@derosemethod.org. Tels: 2255-4243 / 2259-8243.

Praia do Leblon, um sábado por mês, no pôr do sol. Informe-se sobre data e horário para participar. E-mail do responsável: leblon.rj@derosemethod.org, telefone: +55 21 2259-8243, Instagram: @deroseleblon

SANTA CATARINA

Florianópolis

Lagoa da Conceição - Todos os sábados às 8h30. Na Ponta do Pitoco, Rua Orlando Carioni, 258, DeRose Method Lagoa da Conceição. E-mail do responsável: lagoa.sc@derosemethod.org, telefone: +55 48 3232-5088 | 48 99640-0719. Instagram: @deroselagoa, Facebook: deroselagoa

DeRose 153

SÃO PAULO

Cidade de São Paulo

No parque Ibirapuera, todos os sábados às 9h na praça do porquinho, portão 6 e todos os domingos às 9h na Serraria, portão 7. E-Mail do responsável: perdizes.sp@derosemetod.org, telefone: +55 11 2538-8606, Facebook: Método DeRose no Parque Ibirapuera.

No parque Severo Gomes, todos os sábados às 12h30. E-mail do responsável: borbagato.sp@derosemethod.org, Telefone: +55 11 5641-0365, Instagram: @derose.verbodivino

Parque do Horto Florestal - Rua do Horto, 931,Todos os Sábados às 10h, E-mail do responsável: santana.sp@derosemethod.com, Telefone: +55 11 2950-4307, ,Instagram: @derosesantana, Facebook: DeRose Method Santana

Parque do Povo - 3º. domingo do mês às 10h, Av. Henrique Chamma, 420, Itaim Bibi. E-mail do responsável: itaim.sp@derosemethod.org, telefone: +55 11 3079-1439, Instagram: @derose_itaim, Facebook: metododerose.itaim

Praça Buenos Aires – 1°. domingo de cada mês, às 11h. E-mail do responsável: higienopolis.sp@derosemethod.org, telefones: +55 11 3825-1422 Instagram: @derosehigienopolis

No Parque Burle Marx (no gramado das palmeiras), um domingo por mês, às 10h. Acontece sempre no quarto domingo do mês. E-mail do responsável: morumbi.sp@derosemethod.orgTelefones: +55 11 3776-7093Instagram: @derosemorumbi

No Parque Villa-Lobos, todos os sábados às 10h, ao lado da casa Joao de Barro. E-Mail do responsável: borbagato.sp@derosemethod.org, telefone: +55 11 5641-365, Facebook: Método DeRose no Parque Villa-Lobos.

Alphaville

Na Al. Itapecuru, ao lado do prédio Loft. primeiro sábado do mês, às 10h. Se preceder, for logo após ou cair em um feriado, será automaticamente transferido para o sábado seguinte. E-mail do responsável: alphaville.sp@derosemethod.org, telefone: +55 11 4191-3039 Instagram: @derosealphaville. Facebook: derosemethodalphaville

Itu

No gramado do Container Sucos (Praça Lions, s/n, Itu) ou no Parque Taboão em frente à prefeitura, um domingo por mês, no início do dia. Informe-se sobre data e horário para participar. E-mail do responsável: itu.sp@derosemethod.org, telefone: +55 11 4023-6581, Instagram: @deroseitu, Facebook: @derosemethoditu.

São Bernardo

Parque Raphael Lazzuri a cada 15 dias, domingos às 10h. E-mail do responsável: saobernardo.sp@derosemethod.org, Tel: 4125-6658, Instagram: @derosesaobernardo, Facebook: DeRose Method São Bernardo

ARGENTINA

Buenos Aires

No Lago de Regatas, todos os domingos às 12h. Av. Figueroa Alcorta y Alsina. E-mail do responsável: recoleta.ar@derosemethod.org. Telefone: 54 11 4812-7805.

FRANÇA

Paris

Parc Monceau, primeiro domingo de cada mês, desde maio até outubro, das 11h às 12h. Instagram @deroseetoile +33 1 53 75 28 30. E-mail do responsável: etoile@derosemethod.org.

Parc Montsouris, primeiro domingo de cada mês, desde maio até outubro, das 11h às 12h. Instagram @deroseparisV Telefone +33 (0) 1 43 54 38 42 E-mail do responsável: parisv@derosemethod.org.

INGLATERRA

Londres

Hyde Park - De Maio a Outubro - Primeiro domingo de cada mês. Horario e local exato, favor conectar a escola responsável: adycentre.uk@derosemethod.org.

ITÁLIA

Roma

Na Villa Ada, um domingo por mês, de abril a outubro, das 11.00 às 12h30. E-mail do responsável: parioli.it@metododerose.org Telefone: +39 340 268 7390

Milano

Parque Sempione e no Parque Palestro, um domingo por mês, às 10h. Informe-se sobre próximas datas. E-mail do responsável: montagna@derosemethod.org. Telefone: +39 388 908 1340 Instagram: @derosemethodmilano

PORTUGAL

Cascais

Parque Marechal Carmona, todos os domingos de Abril a Setembro (exceto o primeiro de cada mês, e algum outro que seja reservado para outras atividades da Câmara Municipal de Cascais), sempre às 10h. Confirme o calendário anual no site da Câmara. E-mail do responsável: cascais.pt@derosemethod.org, telefone: (+351) 911 172 362, Instagram: @metododerosecascais, Facebook: Método DeRose Cascais

Porto

Parque da Cidade (em frente ao Pavilhão da Água), às 11h aos domingos. Aulas de Maio a Setembro, telefone +351 938 340 249. E-mail do responsável: federacao.pt@derosemethod.org

As demais cidades e países onde temos escolas e que não constam desta lista estão ausentes porque não enviaram as informações solicitadas dentro do prazo da publicação desta edição.

Comendador DeRose ao lado da Primeira Dama do Estado de São Paulo, Dona Lu Alckmin, numa das ações sociais dos nossos instrutores, a Campanha do Agasalho, com a qual colaboramos arrecadando dezenas de milhares de casacos, roupas e cobertores em toda a nossa rede de escolas. Durante muitos anos, o responsável foi o Prof. Flávio Moreira, que fez um excelente trabalho. Além dessa, participamos de diversas outras iniciativas em vários estados do Brasil e em outros países.

1973 – Desisti de lecionar

> *A probabilidade de uma pessoa estar certa*
> *aumenta na proporção direta da intensidade*
> *com que as outras tentam provar que ela está errada.*
> James Mason, em *O céu pode esperar.*

De 1971 a 1976, utilizei um sistema de contribuições voluntárias de valor não estipulado, o que diferia diametralmente de tudo o que já havia sido experimentado como sistema de pagamento até então no Ocidente. Funcionava assim: o candidato vinha pedir informações sobre o preço e era informado de que não tínhamos um valor fixado. Ele pagaria quanto quisesse. Por outro lado, teria o direito de frequentar qualquer horário e poderia permanecer na escola o tempo que desejasse. No início de cada mês, o praticante ia ao vestiário e, em total privacidade, colocava num cofre lá situado, o pagamento que quisesse ou pudesse. Se não tivesse vontade, não punha nada, pois não haveria ninguém fiscalizando. Alguns compreendiam e colaboravam corretamente, tanto que esse processo de arrecadação funcionou durante vários anos.

Contudo, havia um bando de alternativos aproveitadores que não contribuíam com coisa alguma e ainda nos bombardeavam com contestações e questionamentos. Era o que desestimulava. Apesar disso, o sistema do cofrinho funcionou e ele está lá até hoje afixado na nossa sede de Copacabana, como reminiscência de uma época de muitos sonhos.

Interrompemos esse sistema por causa da ingratidão e da falta de reconhecimento de um bom número de pessoas que praticavam lá sem jamais ter pago um centavo e, quando surgiam as indefectíveis fofocas, não defendiam a Casa em que estavam, nem o trabalho que ali era realizado. Além disso, durante esse período comecei a viajar demais e precisava mesmo abrir mão desse meio de arrecadação.

Um dia, os concorrentes perceberam que, sendo nossa escola a única a utilizar aquele sistema de contribuições espontâneas, minha popularidade estava crescendo. Ora, nessa balança, quando um sobe, o outro desce. Então, para contrabalançar, começaram a espalhar uma fama oposta à que havíamos conquistado. Todos diziam que eu era despojado, trabalhava por amor e não visava lucro. Nem sequer cobrava! Portanto, como reação, os concorrentes começaram a divulgar que o DeRose era "muito comercial". Com isso, tentavam embaçar nosso desapego com uma cortina de fumaça.

Minha política sempre foi de não falar mal de nenhum outro instrutor, mas, em 1973 já vinha aplicando isso havia mais de dez anos, sem conseguir sensibilizar nem os concorrentes e nem o público para essa postura cavalheiresca. Finalmente, nesse ano a campanha contra o meu trabalho ficou tão intensa, que eu mesmo já começava a duvidar do próprio mérito. Pensava, "não é possível que esteja agindo certo e fazendo um trabalho que preste. Devo estar na profissão errada."

Esses pensamentos cinzentos foram ainda mais confirmados quando chegou alguém e perguntou se eu ia ao Congresso Internacional de Yôga. "Que congresso?" – pensei. Não sabíamos de nada. É, estávamos realmente segregados. Todos os professores de Yôga receberam convite, menos nós!

Assim pensando, reuni alguns dos meus melhores alunos e lhes confidenciei:

– Vou desistir do Yôga. Conseguiram convencer-me de que sou *persona non-grata*. Dizem que onde há fumaça, há fogo. Então, devo ter dado alguma razão. Mas não foi por mal...

Como de hábito, ouvi pela enésima vez aquele conselho comodista:

– Não ligue para o que dizem. Deixe que falem. Você sabe que não é verdade. Deixe *prá* lá e toque para frente.

Isso é muito fácil de dizer. O difícil era conseguir ignorar que todas as semanas eu perdia alunos, perdia amigos (ninguém quer ser amigo de uma pessoa anatematizada) e perdia até casamentos, pois a situação do primeiro matrimônio já se repetira. Como não havia alunos, não podia oferecer nem o mínimo de conforto a quem resolvesse viver comigo. Morei durante vinte anos na própria sala de aula, onde trabalhava de dia e dormia no chão à noite. Para mim estava ótimo e nunca me considerei infeliz ou insatisfeito, pois contava com o ideal que me estimulava, mas, convenhamos, não há casamento que resista a isso.

– Não, meus caros. Vou-me retirar e passar o Instituto Brasileiro de Yôga para vocês. Quero que usem outro método, pois o nosso não parece ser bom o bastante.

– Puxa, você está mesmo arrasado.

– Não. Estou é convencido de que precisamos mudar. Vai haver um Congresso Internacional de Yôga em Bertioga, perto de São Paulo. Vocês vão comigo. Quem sabe aí aprendemos a fazer um trabalho direito. Prestem muita atenção a tudo, pois na volta vou deixá-los lecionando e me afastarei.

Chegando ao local do congresso, todos procuravam pelos Mestres indianos, pois um bom Congresso Internacional, pensávamos, deveria ter a presença deles. Mas não tinha. Só havia um indiano, um médico, Dr. Bhagwan Dash. Não obstante, havia grandes professores provenientes da França, Bélgica, Suíça, Canadá, Estados Unidos, Japão, África do Sul, Argentina, Uruguai, Chile, México e outros. Havia até alguns brasileiros presentes. Pareceu-me que os brasileiros não eram lá muito bem-vindos nesse evento, pois, embora realizado no Brasil e organizado por uma nativa, as línguas oficiais do congresso eram o inglês e o espanhol! E o respeito próprio nacional era tão baixo, que nenhum professor brasileiro fora autorizado a ministrar prática alguma de Yôga!

Não sei se como represália, a panelinha do "Hermenegildo", que detinha os mais conhecidos professores da época, se uniu para boicotar o congresso. Afinal, eles eram bons nisso. Foram convidados e não compareceram. Política é uma coisa muito engraçada. Logo em seguida a *dona Maria* que organizou o Congresso se uniu a eles, que a boicotaram, para combater a mim que a apoiei! Será que eu era tão perigoso assim?

A primeira aula do congresso foi dada por André van Lysebeth✝, Presidente da Federação Belga de Yôga. Seria uma grande honra participar dela. Nosso complexo de inferioridade estava tão exacerbado que pedi aos meus alunos que esperassem todo o mundo entrar e, só depois, muito discretamente, sentássemos na última fileira, para que ninguém nos visse. Eu tinha vergonha de mim mesmo. Queria ficar no anonimato.

Assim foi. Sentamo-nos atrás de todos, bem em frente ao professor, para compensar a distância. Era um ginásio, de forma que atrás de nós só havia as arquibancadas de concreto. Ainda adverti o meu pessoal: "evitem aparecer, não chamem a atenção, pratiquem discretamente e façam exatamente o que o homem mandar." A aula era ao nascer do sol. Os organizadores do congresso não eram muito competentes e haviam determinado a disposição dos alunos de forma tal que o sol batia-lhes nos olhos e ninguém conseguia sequer enxergar o professor, quanto mais seguir a aula. Então, como bom Mestre que era, Van Lysebeth disse:

– Assim não dá. Vou dar a aula lá detrás. Vira todo o mundo de costas para o sol.

Ficamos petrificados. Num piscar de olhos estávamos bem na frente. Meus alunos quiseram sair correndo.

– Ninguém se mexa. Não se deixem notar. Façam exatamente o que ele mandar – sussurrei-lhes meio entre dentes.

Foi uma aula muito boa. Eu, particularmente, estava bebendo cada palavra, cada gesto, cada expressão facial, cada modulação da voz daquele ilustre ministrante.

Terminada a aula, uma porção de gente correu para onde estávamos, cercaram-nos e nos metralharam:

– Quem são vocês?

– Que tipo de Yôga vocês praticam?

DeRose 159

–Quem é o seu Mestre?

Perguntavam tudo ao mesmo tempo. Meus alunos atemorizados me apontaram o dedo e passaram a bola. Para a minha autoestima em frangalhos era como se dissessem: "não temos nada com isso, a culpa é dele".

Então, dirigiram-se todos a mim. Muito timidamente, fui logo justificando:

–Mas nós praticamos estritamente o que o Van Lysebeth mandou! O que é que nós fizemos de diferente?

–Tudo! – disseram. – Vocês têm um estilo diferente, muito elegante. Vocês seguiram a aula, sim, mas deram um *show* à parte. Quem são vocês, afinal?

– Bem, nós somos do Rio – balbuciei meio desconfiado. – Meu nome... ahn... não importa.

Mas insistiram e tive que dizer. "Pronto", pensei, "agora vai acabar a festa".

–Meu nome é DeRose – articulei finalmente, não sem alguma dificuldade.

–Não é possível! Você é o DeRose em pessoa? Eu adoro o seu livro. Comprei vários para dar de presente aos meus alunos. Muito prazer!

– Eu também tenho acompanhado o seu trabalho com muita admiração. Seu livro está aqui comigo. O senhor me dá um autógrafo?

–Puxa, o DeRose!

–Também quero um autógrafo. Escreve aqui na minha roupa.

Meus alunos viam e não acreditavam. Então, o professor deles era reconhecido? Eu estava ainda mais aturdido. Tratava-se da primeira vez em dez anos que alguém da área de Yôga dizia que gostava de mim e que meu trabalho era apreciado!

Quando saímos do ginásio a notícia já tinha se espalhado e um outro grupo de professores veio correndo com câmeras, pedindo para tirar fotos comigo. Quer dizer que no resto do Brasil eu não era combatido?

Quando olhei, em volta de mim já havia uma porção de gente, de vários países.

Alguém pediu para tirar uma foto com o DeRose. No ato, vários professores correram para entrar na fotografia e foram se acomodando em volta e por trás. Os da França, Japão e outros países não sabiam de quem se tratava, mas devia ser alguém importante, então foram se chegando também.

Durante todo o congresso, para fazer um percurso de cinco minutos eu levava meia hora, pois ia sendo abordado por outros professores no meio do caminho, que queriam me cumprimentar. Muitos traziam o meu livro para que escrevesse alguma coisa nele. Aquilo tudo foi muito gratificante e lustrou meu ego, antes tão maltratado.

Naquela noite reuni-me com meus alunos para avaliarmos a situação. A conclusão foi unânime e óbvia: no Rio de Janeiro éramos combatidos por termos nosso trabalho sediado lá. Os concorrentes ficavam apavorados e botavam a boca no mundo. Nos outros Estados, ninguém tinha motivo para temer a nossa concorrência e, portanto, julgavam o nosso Método pelo seu valor real, sem a interferência da politicagem.

Nessa mesma noite fomos interrompidos em nossa reunião. Alguém bateu na porta do nosso alojamento. Abrimos e havia uma multidão lá fora.

– Prof. DeRose, queremos uma aula sua.

DeRose

– Sinto muito, mas não posso. A organizadora do evento foi bem clara ao dizer que professores brasileiros não ministrariam aulas práticas de Yôga aqui no congresso.

– Então, vamos pedir a ela.

– Sim, acho que isso é o mais correto.

Ela negou. Gerou revolta. Por que é que brasileiros não podiam dar aulas práticas num congresso realizado no Brasil? Voltaram à carga. A organizadora negou outra vez. No final a situação estava ficando feia e ela resolveu autorizar. Todas as noites, era afixado um programa do dia seguinte e feito o aviso pelos alto-falantes. Não me concederam o aviso nos alto-falantes, mas puseram no programa impresso em mimeógrafo, discretamente, no mural. Como os brasileiros estavam protestando também quanto ao uso do inglês e espanhol, que a maioria não compreendia, esse programa estava sendo rodado em inglês e português. Ao lermos o programa, vimos que fora usado um truque. Ao invés de nos concederem um espaço decente e compatível com o número de interessados, cederam-nos somente a salinha de TV, onde cabiam tão poucas pessoas que, esperavam os organizadores, não produziria repercussão alguma. Enganaram-se.

Na manhã seguinte havia tanta gente querendo participar da minha aula que ela não pôde ser feita, como era de se esperar, numa sala de assistir televisão. Disseram-nos que havia uma programação prevista para o mesmo horário no ginásio, por isso ele não nos poderia ser cedido, mas não custava conferir. Lá chegando, constatamos que não havia nada no ginásio. Ele estava trancado. Creio que a programação foi cancelada, ou então começou bem depois da hora, ou, quem sabe, era mentira e não haveria programação alguma. Procuramos quem pudesse abrir o ginásio. Ninguém podia. Mas não nos apertamos. Convidamo-los a praticar nas areias compactas da praia de Bertioga, que ficava a uns poucos metros de distância. Foi até melhor. Havia gente de todo o Brasil e de outros países. Van Lysebeth deu-nos a honra da sua presença e creio que gostou da aula, pois ao final cumprimentou-me com simpatia.

Aula de DeRose no congresso de Bertioga, em 1973.

Apesar de estar documentada, esta aula foi intencionalmente excluída dos anais do congresso, publicados mais tarde pela organizadora. DeRose declarou ficar feliz por não o colocarem em tal localização anatômica.

Em 2007, veio a saber, por uma aluna da *dona* Maria, que corria em sua academia a notícia de que DeRose havia sido aluno dela. Valeu-se para isso do fato de que, como atitude de simpatia e colaboração, DeRose fez-lhe várias visitas e aceitou o convite para prestigiar um curso que ela organizara em seu estabelecimento, provavelmente um ano, ou mais, depois desta foto. Por essa época ele já era professor antigo, desde 1960.

Como faltara a divulgação dos alto-falantes e houve a mudança de local na última hora, muita gente perdeu a prática de SwáSthya Yôga e pediu-nos que déssemos outra. Isso é que não! Se a primeira já tinha sido tão boicotada, não queríamos expor-nos aos dissabores de uma segunda. Mas a Delegação da França, presidida pela Mme. Eva Ruchpaul, insistiu. Tinham ouvido tanto a respeito do que perderam... e esperavam poder conhecer o método. Acabamos dando uma aula só para essa delegação. Tive a sensação de que os cumprimentos no final da prática foram de coração e que os participantes haviam mesmo gostado.

Van Lysebeth cumprimentando DeRose pela aula dada.

O fato de termos dado essa aula foi o tiro de misericórdia no nosso relacionamento com a *dona Maria* que organizou o congresso. Ela ficou melindrada, mandou nos dizerem que estávamos prejudicando o bom andamento do evento, promovendo atividades paralelas que tiravam as pessoas da programação principal. Não era verdade, pois tomáramos o cuidado de só aceder em dar a aula em um horário livre. Para evitar mais mal-entendidos, no final do congresso fui ter com ela. Mantivemos um diálogo ameno e mostrei boa vontade, filiando-me à associação que ela acabara de fundar.

A verdade é que o congresso serviu pelo menos para descobrir que o nosso trabalho era apreciado por quem entendia de Yôga, sempre que não houvesse medo de concorrência por parte dos demais. Além disso, recebi tantos convites para dar cursos noutras cidades e países que até hoje, mais de 40 anos depois, estou viajando sem parar, em função de ações desencadeadas a partir dos primeiros convites que foram aceitos.

Aquele evento foi um marco. Lá conheci muita gente interessante. Uma dessas pessoas tinha sido um rapaz que falava com sotaque estrangeiro. Ofereceu-me seu cartão onde escrevera: "comida e cama" e me disse que quando fosse a São Paulo teria uma casa onde ficar. Achei aquele gesto tão comovente que nunca mais o esqueci.

Quando voltamos do congresso, comuniquei aos meus alunos:

– Eu havia planejado me afastar e deixá-los com o Instituto. Mesmo tendo mudado a situação, vou dar prosseguimento à ideia e fazer exatamente isso, só que com outra conotação. Vou manter o Instituto no meu nome, pois agora que descobri a verdade, daqui não saio. Meus concorrentes vão ter que me aguentar aqui mesmo. Simultaneamente, vou atender os convites para dar cursos nas outras cidades e, assim, ampliar nosso campo de trabalho, abrindo novas frentes. Vou e volto para continuar orientando a escola do Rio[63].

Foi assim que em 1973 desisti de lecionar e em 1974 já tinha ministrado cursos em dezenas de cidades em quase todo o país. Meu livro, por consequência, teve uma nova edição, esgotada em tão pouco tempo que a seguinte já passou a ter tiragem de *best-seller*. Em 1975, fui à Índia pela primeira de muitas vezes; e nesse mesmo ano, fundei

---

63 CRONOLOGIA DOS LOCAIS QUE SEDIARAM NOSSO TRABALHO

1960 – Fraternitas Rosicruciana Antiqua

1964 – Av. Rio Branco, 560 sala 3323, Rio de Janeiro, a primeira escola.

A sede acima foi mantida enquanto nos expandimos para os seguintes endereços:

1967 – Rua Conde de Bonfim, 685, sobreloja, Rio de Janeiro.

1970 – Av. Copacabana (1ª. sede de Copacabana, não prosperou), Rio de Janeiro.

1971 – Av. Copacabana 583 sala 306, Rio de Janeiro, a primeira sede própria.

A sede acima foi mantida enquanto nos expandimos para os seguintes endereços:

1974 – Rua Bahia, 1027, São Paulo.

1975 – Rua Maranhão, 620, São Paulo.

1976 – Escola da nossa aluna Helena Alonso na Al. dos Guaicanãs, São Paulo.

1977 – Escola Superior de Psicanálise Sigmund Freud, na Rua Álvaro de Carvalho, 48.

1978 – Rua Prof. Dr. José Marques da Cruz, 223, São Paulo.

1979 – Rua Sampaio Vidal, esquina de Faria Lima, altura do no. 1149, São Paulo.

1983 – Alameda Jaú, 1998, São Paulo.

1994 – Alameda Jaú, 2000, São Paulo, edifício sede própria com 5 andares.

2016 – Compramos parte da segunda escola do DeRose Method de New York, na 55, Murray Street.

a União Nacional de Yôga, que deu origem, mais tarde, à Universidade de Yôga. Nada mal para quem ia desistir.

Que este relato possa servir de injeção de ânimo, coragem e persistência àqueles que também estejam passando por situações semelhantes e já se encontrem quase desistindo. Não desista jamais!

Yôga na barra: DeRose em 1975, em Ipanema, no Rio.

Yôga na barra: DeRose em 1975, em Ipanema, no Rio.

Uma profissão com charme e glamour

Ainda bem que não parei de lecionar como pretendia em 1973, pois logo começaria a me convencer de que a nossa é uma das melhores profissões do mundo. Primeiro, sendo instrutor do DeRose Method, você não precisa ser empregado de ninguém, pode ser microempresário individual, escolhe seu horário de trabalho, tipo de público com o qual quer trabalhar e determina até quanto deseja ganhar.

No entanto, não se esqueça de que trata-se de uma profissão, um trabalho, um ofício. É necessário labutar muito. Não pense que o sucesso vem de graça. Tem que dar duro! Como em qualquer outra carreira sua dedicação é imprescindível.

Evidentemente, não se deve escolher uma profissão só pelo seu potencial de remuneração. Devem-se considerar outros fatores igualmente relevantes. Na nossa, trabalhamos com um público selecionado, educado, bonito, inteligente e de elevado nível sócio-cultural.

Há estímulos constantes à criatividade. Há liberdade de pensamento e de ação. Contamos com um elemento moral muito forte, que é o fato de você saber que está sendo útil às pessoas. Há a gratificação de sentirmos que aquelas pessoas serão para sempre nossas amigas e que não nos esquecerão jamais. Creditamos a nosso favor a alegria de, após alguns anos de trabalho, poder olhar para trás com satisfação e ver que não passamos pela vida em vão.

Realmente, não se compara com nenhuma outra profissão em que você só trabalhe por dinheiro, mas da qual não se orgulhe ou na qual não veja muito sentido. Isso, somado ao fato de que o mercado de trabalho para as demais profissões está saturado e para a nossa, pelo contrário, está em ascensão e vai continuar assim por muito tempo, já que qualidade de vida e alta performance são tendências mundiais. Isso explica o motivo de tantos profissionais de nível universitário trocarem suas profissões pela nossa: substituírem carreiras de engenharia, arquitetura, direito, medicina, psicologia etc., e tornarem-se Empreendedores do DeRose Method, a tempo integral.

Começamos em 1960, mas com a estrutura de credenciamento desenvolvida a partir de 1975, o trabalho dos instrutores passou a ser realizado com muito mais facilidade, já que todos podiam recorrer a uma consultoria abalizada, receber orientação e know-how nos setores mais críticos, justamente nos quais os outros fazem segredo.

Podendo contar com uma verdadeira confraria de apoio recíproco, o instrutor recém-formado já começa a trabalhar num ambiente propício e cheio de amigos leais. Ser Empreendedor do DeRose Method é ideal para quem gosta de viajar bastante pelo nosso e por outros países. Hoje temos escolas em vários estados do Brasil, várias regiões da Argentina (Buenos Aires, San Isidro, Mendoza, Córdoba e Bariloche), no Chile, Portugal (Porto, Lisboa e Cascais), España (Barcelona e Madrid), Italia (Roma e Milano), França, Inglaterra, Escócia, Estados Unidos e com novos núcleos surgindo na Finlândia, Suíça, Canadá, Austrália e vários outros países.

Se você se entusiasmou com a ideia de trabalhar conosco em algo construtivo, divertido, em um ótimo ambiente e com pessoas muito especiais, candidate-se ao curso de formação em alguma das nossas escolas.

Onde quer que você esteja, deve haver uma escola que trabalhe com o DeRose Method perto de você.

Contudo, nem sempre estivemos em tantos países. Antes de existir a nossa jurisdição das Américas e Europa, antes de usarmos a marca DeRose Method, como foi que surgiu o Curso de Formação de Instrutores?

Como surgiu o Curso de Formação de Instrutores

As pessoas podem ser divididas em três grupos:
as que fazem as coisas acontecerem;
as que olham as coisas acontecendo;
e as que ficam se perguntando o que foi que aconteceu.
Jackson Brown

Nas décadas de 1960 e 1970 os professores de Yôga sofriam uma rigorosa fiscalização por parte da Secretaria de Educação do Estado da Guanabara. Ainda por cima, essa fiscalização trabalhava para fazer cumprir uma legislação totalmente equivocada, que nos enquadrava no Departamento de Educação Física. Um disparate completo, já que o Yôga não é Educação Física[64]. Uma das exigências era a de que tivéssemos teto alto, por causa dos saltos! E não adiantava declararmos que no Yôga não damos saltos – a lei dizia que sim e os *burrocratas* só faziam cumpri-la. Além dessa exigência havia uma quantidade de outras que nos prejudicavam, já que foram elaboradas para academias de ginástica, o que não tinha nada a ver com o nosso trabalho.

O fiscal visitava nossa escola duas vezes por mês, um zelo incomum. Entrava com ares de "otoridade", falando alto e destratando os instrutores:

– Se esta exigência não estiver cumprida até a data marcada, volto aqui e fecho a academia (*sic*)![65]

---

64 Consulte o livro **Lei de Diretrizes e Bases da Educação Nacional, Lei 9394/1996**, do Prof. Hamurabi Messeder, que esclarece brilhantemente essa questão.
65 Não éramos academia e sim escola.

Imagine como ficava a nossa imagem perante os alunos que a tudo assistiam...

Abria acintosamente a porta da sala de prática no meio do relaxamento e gritava lá para dentro:

– QUANTOS PRATICANTES HÁ NESSA TURMA? – E, com isso, assustava todo o mundo, perturbando a concentração.

Tempos depois soubemos que era assim só conosco, uma vez que recebera ordens vindas de cima para nos dificultar a vida a fim de que desistíssemos de ensinar SwáSthya Yôga. De fato, consultei outros professores e todos confirmaram que as piores exigências burocráticas só eram feitas à nossa instituição. Até as visitas a outros estabelecimentos, quando ocorriam, eram mais espaçadas. Ao que parecia, alguém lá em cima não gostava de mim.

O fato é que tínhamos que ir vivendo e trabalhando sob aquelas circunstâncias. Uma delas era que quando eu viajasse para ministrar cursos só poderia deixar dando aula quem já tivesse prestado exame na Secretaria de Educação. Começamos, então, a preparar nossos pupilos para essa avaliação que, como prevíramos, não seria fácil.

Talvez devido a essa fiscalização exageradamente rigorosa e aos exames só existirem no Estado da Guanabara, tenha sido lá que surgiram os primeiros autores brasileiros de Yôga e também o Yôga de melhor qualidade na época. Aceitando essa premissa, deveremos reconhecer que a entidade sobre a qual mais rigores tiverem sido impostos, essa deve ter-se tornado a melhor de todas. E foi exatamente o que aconteceu. Em pouco tempo, tornamo-nos a mais expressiva escola de Yôga do país[66].

Apresentamos três discípulos para prestar provas. Um deles foi a atriz e cantora Tânia Alves, que viria a ser mãe da, futuramente,

---

66 A árvore podada cresce mais e o guerreiro ferido muitas vezes em combate torna-se perito no uso das armas. Tal exacerbação do instinto de sobrevivência é obtida pela disciplina e pelas dificuldades. O melhor discípulo será aquele sobre o qual forem aplicadas as maiores exigências e as mais duras críticas. O mais talentoso instrutor será aquele que tiver enfrentado as mais atrozes dificuldades no afã de bem desempenhar sua missão.

Preceitos aos instrutores de Yôga, do livro **Mensagens**, deste mesmo autor.

DeRose

também atriz e cantora Gabriela Alves. A outra foi a escritora Eliane Lobato, que tem hoje vários livros publicados sobre Yôga e outras matérias. O terceiro foi o Celso Teixeira, que decepcionou-se com estas coisas que denunciamos aqui e mais tarde desistiu de tudo.

A banca examinadora era constituída por dois professores de Educação Física e dois de yóga. Os interessados precisavam apresentar três planos de aula, um para iniciantes, um para nível médio e um avançado. Quando a Tânia foi chamada, um dos professores de yóga lhe disse:

Vayuánanda   – O seu plano de aula avançado está muito difícil. Você não vai conseguir dar essa aula.

Tânia Alves   – É que me pediram que um dos planos fosse para uma prática adiantada. Por adiantado, eu entendo isso aí.

Vayuánanda   – Mas e se for sorteada esta aula e na hora do exame lhe for dada uma turma de novatos?

Tânia Alves   – Nesse caso o erro é da banca que me dá alunos novos e manda que lhes ministre uma aula avançada. Mas não se preocupe. Se isso ocorrer darei a prática e eles a farão.

Vayuánanda   – Estou vendo pelo seu plano de aula que você é aluna do DeRose.

Tânia Alves   – Do *professor* DeRose, sim, sou.

Vayuánanda   – Então, vou reprovar você.

Tânia Alves   – O senhor não me intimida. Estou muito bem preparada, confio em mim e no meu Mestre.

Fizeram tudo para reprová-la, inclusive deram-lhe uma turma de iniciantes e conseguiram sortear para ela justo o bendito plano de aula avançado, como o piedoso professor de yóga havia ameaçado. Já que cada examinador possuía uma cópia dos planos de aula, ela não poderia alterar a prática para adaptá-la aos pobres neófitos: teria que dar padmásana, nauli, sírshásana e tudo o mais que ali estava escrito e que tem fama de ser difícil. Salvou-a o item do nosso formulário de treinamento que orienta: "Ofereceu alternativas mais adiantadas ou menos, conforme o caso?"

Assim, ela ministrou a prática avançada, com alternativas:

– Sente-se em padmásana; e quem não o conhecer, sente-se em sukhásana, conforme vou demonstrar.

– Agora façamos o nauli kriyá; e quem ainda não souber, execute comigo o seu preparatório, uddiyana bandha.

– Passemos ao sírshásana. Os que não conseguirem façam seu substituto mais simples, o viparíta karani, que estou demonstrando.

Dessa forma, a Tânia não só foi aprovada com louvor como ainda recebeu um anti-ético convite para ir trabalhar com o cavalheiro que tentou reprová-la – convite esse que ela declinou, é claro. Não se fez de rogada para dar-lhe o troco:

– Então o senhor acha que vou abandonar quem me deu condições de ser aprovada e ficar com quem quis me prejudicar? O senhor não tem vergonha na cara?

Nesse exame nós conquistamos todos os primeiros lugares. De resto, houve reprovações em massa. Como vinha gente de todos os estados para concorrer e tentar receber a carteira de instrutor de Yôga nessa prova de suficiência que era a única no país, a notícia dos nossos ótimos colocados logo se espalhou como fogo morro acima. Imediatamente começamos a receber pedidos de instrutores de várias cidades, para prepará-los a fim de que pudessem prestar o próximo exame da Secretaria de Educação. Assim começaram os nossos cursos preparatórios.

No exame seguinte, todos os que participaram do nosso curso passaram e, novamente, pegamos os primeiros lugares. Quanto aos demais, foi reprovação geral. Isso consolidou a fama do curso. Angariou-nos muita admiração, mas, em contrapartida, uma brutal inveja! Nos anos seguintes, iríamos pagar um pesado tributo por causa disso.

DeRose   173

Continuou vindo gente de toda parte, mas os exames no Estado tinham os dias contados. Por ocasião da fusão do Estado do Rio com o Estado da Guanabara, acabaram-se as avaliações na Secretaria de Educação. Não haveria, portanto, mais razão para eles comparecerem ao nosso curso. Enviei um comunicado informando o motivo pelo qual o curso preparatório seria extinto. Foi, então, que recebemos umas respostas inesperadas:

– Agora que conhecemos o seu curso, descobrimos que ele é mais importante para nós do que a carteira da Secretaria de Educação, pois ela autoriza, mas é o curso que ensina como exercer a profissão. Iremos assim mesmo.

– Um certificado do DeRose, atestando que fui formado aí, vale mais do que o documento da Secretaria. Guarde a minha vaga.

Dessa forma, introduzi um conjunto de exames e um certificado provisório aos aprovados. Estava inaugurado o intensivo denominado "Curso de Avaliação para Futuros Instrutores de Yôga".

No início, esse curso ocorria uma vez por ano. Depois, duas, três, quatro e finalmente tornou-se regular. Quando se mostrou oportuno, criei um curso maior, o Curso de Formação de Instrutores de Yôga, planejado para várias durações diferentes. Esse foi o modelo que utilizei para introduzir nas Universidades Federais, Estaduais e Católicas de quase todo o país a partir da década de 70. Em 1994 fundamos a Universidade de Yôga, que passou a coordenar os convênios culturais firmados entre as Federações dos Estados e as Universidades Federais, Estaduais e Católicas.

A partir da década de 90 a estrutura passou a ser flexível para que o curso pudesse ser feito por quem morasse em cidades distantes (nesse caso, cursaria só nos fins-de-semana), mesmo não dispondo de muito tempo ou dinheiro e ainda que tivesse mais idade ou menor grau de instrução convencional. Posteriormente concluímos que era preciso reconsiderar alguns desses itens, pois nossa intenção megademocratizante não satisfez as expectativas de superlativo nível técnico para os nossos primeiros formandos. Por exemplo, havia limitações de vocabulário graves entre os candidatos, e as reprovações por questões de português eliminavam mais gente do que as questões de Yôga.

A impressão que dava era a de que quase todos os que tinham a pretensão de ensinar Yôga eram pessoas sem nenhum preparo, sem cultura, sem escolaridade. Algo como "já que eu não tenho nenhuma qualificação, já que não sirvo para nada, vou dar aulas de ióga."

Ora, nossos clientes sempre foram de elevado nível cultural, e fazem questão de profissionais de fino trato, desde a linguagem até a cultura geral e a aparência pessoal. Então, passamos a exigir que o interessado em tornar-se instrutor tivesse um excelente grau de instrução e demonstrasse um ardente afã vocacional, investindo seu tempo e capital em viagens e cursos, para conquistar o direito de fazer parte da nossa *famiglia*.

Depois de inúmeros aperfeiçoamentos desenvolvidos durante mais de quarenta anos de formação profissional, o curso passou a ter a duração total de 12 anos. É o mais longo do nosso país e, talvez, do mundo. No entanto, isso não assustava ninguém, graças a um dispositivo de praticidade e viabilização. Ao longo dos anos descobrimos o óbvio: um bom padeiro aprende a fazer pão pondo a mão na massa. E passamos a formar assim os nossos instrutores. São doze anos de curso, porém, durante esse período o aspirante já trabalhava desde o início, sendo muito bem remunerado. Por isso, o tempo passava agradavelmente e produzindo frutos. Ou seja, o interessado aprendia trabalhando e ganhando para estudar.

Como a nossa proposta cresceu muito e passou a contar com centenas de filiados em vários países[67], isso nos permitia absorver um bom número de instrutores na nossa própria instituição. Assim sendo, o curso passou a ser principalmente um meio de preparação, recrutamento e seleção de pessoal para trabalhar conosco. Isso não quer dizer que todos os que formamos viessem a trabalhar conosco. Primeiro, porque não havia vagas para todos. Segundo, porque cada qual tinha a liberdade de trabalhar onde bem entendesse, em escolas, academias, ginásios, clubes, condomínios, empresas etc. A maioria optava por lecionar o SwáSthya Yôga, no entanto, todos tinham o direito de ensinar outra modali-

---

67 Atualmente temos instrutores no Brasil, Argentina, Chile, República Dominicana, Guatemala, México, Portugal, Espanha, França, Inglaterra, Itália, Escócia, Holanda, Alemanha, Estados Unidos (incluindo o Havaí), Suíça, Austrália, Finlândia e Indonésia.

dade, já que o currículo ensinado por nós era muito abrangente e conferia uma excelente base para ensinar qualquer outro ramo.

Escolher outra linha para ensinar ou optar por não estar vinculado a nós, não tornava o instrutor nosso desamigo, nem dissidente, em hipótese alguma. Temos centenas de ex-alunos que hoje lecionam outras vertentes ou mesmo que ensinam o próprio SwáSthya sem ser ligados a nós e, no entanto, são nossos bons amigos e apoiadores à distância.

O cronograma da formação completa era assim, até o ano 2000:

Primeira etapa – o candidato fazia o *Curso Básico* em qualquer escola ou associação credenciada pela União Nacional de Yôga. Se residisse onde não houvesse uma filiada, podia estudar[68] pelos nossos livros, vídeos, áudios e pela Internet. Estudando em casa, deveria comparecer de tempos em tempos para participar de cursos na Sede Central, em São Paulo, ou na escola que ela indicasse. O Seminário tinha duração de um ano. Eram aceitos interessados de qualquer área, desde que tivessem nível superior ou estivessem cursando uma universidade[69]. Assim, era frequente a formação de instrutores que fossem engenheiros, arquitetos, psicólogos, médicos, advogados etc. Isso era possível, já que todos os conhecimentos de que viessem a necessitar para o desempenho da profissão eram fornecidos pelo próprio curso e estágio.

Segunda etapa – era a *Avaliação na Federação do seu Estado*. As Federações eram muito exigentes em seus exames. Aplicavam provas teóricas, provas de execução das técnicas e provas de aula, em que o examinando precisava ministrar uma prática completa. Todas as provas eram eliminatórias. Se fosse aprovado, seria considerado *instrutor assistente em formação* (isto é, que ainda não havia concluído a sua formação) e remetido à etapa seguinte para a emissão do Certificado em convênio com alguma outra Universidade Federal, Estadual, Católica ou uma boa universidade particular.

---

68 Veja como nas últimas páginas deste livro.

69 Se o jovem fosse inteligente e muito interessado, em alguns casos podiam-se abrir exceções mediante entrevista e avaliação em um teste de admissão.

Terceira etapa – era o *Curso de Extensão Universitária*, realizado em um fim-de-semana por mês, para revisão da matéria e seu aprofundamento. Cada mês realizava-se numa capital diferente, para estimular a integração nacional e porque era importante o instrutor conhecer o seu país. Não era necessário comparecer a todos. As Federações estabeleciam o mínimo de cursos que deviam ser feitos e essa norma era atualizada de tempos em tempos.

Nesses cursos era emitido o Certificado de Instrutor, documento unificado, expedido pelas três entidades: Universidade de Yôga, Federação de Yôga do Estado e Universidade Federal, Estadual, PUC ou uma boa universidade particular na qual o curso de extensão tivesse sido realizado. O certificado em questão ficava retido na Federação até que o interessado revalidasse o documento no ano seguinte e fosse aprovado.

Quarta etapa – era o *estágio*, que devia ser prestado na Sede Central, em São Paulo, com a duração de um mês. Quem participava do estágio ganhava algo que não tinha preço: além da experiência profissional, adquiria um precioso *know-how* de alto nível em administração, o que lhe permitia, no futuro, trabalhar em qualquer lugar e até mesmo abrir a sua própria escola.

A partir da sua aprovação no exame da Federação, o estudante já poderia trabalhar como instrutor assistente em formação, monitorado (por um instrutor mais antigo) e supervisionado (por um Supervisor Sênior). Dessa forma, nem notava a passagem dos anos, através dos quais poderia continuar os estudos ao mesmo tempo em que aprimorava seu padrão de aula e de prática, graças ao exercício da profissão. Uma vez por ano, era avaliado até que completasse sua formação de 12 anos. A cada revalidação, recebia um selo comprobatório no seu Certificado de Instrutor. Cumpridos os pré-requisitos exigidos, com 4 anos de curso, concluía o grau de Assistente e passava para o de Docente. Com 8 anos concluía o grau de Docente. E com 12 anos teria condições de se candidatar ao grau de Mestre.

Desde que iniciava e durante todo o desempenho da profissão, contava sempre com um Supervisor Sênior, a quem poderia recorrer toda vez que precisasse, bem como encaminhar consultas técnicas e éticas.

Acredito que atingimos uma considerável excelência técnica no mister de preparação e avaliação de instrutores de Yôga. Afinal, eu trabalhava com isso desde 1960 e, a partir de um determinado momento, eu me tornara o mais antigo professor do Brasil nessa área de ensino. Gostava de gracejar com nossos alunos mais jovens, dizendo-lhes: "Eu ensino Yôga desde antes de você nascer. Na verdade, desde antes do seu pai nascer!"

Desejando mais esclarecimentos, consulte os seguintes livros:

Yôga a sério, que proporciona esclarecimentos de ordem ética, filosófica, prática e pedagógica sobre o Yôga Antigo.

Programa do Curso Básico, que apresenta detalhadamente o programa ensinado no primeiro ano e dá muitas dicas de como estudar.

Tratado de Yôga, a mais completa obra do mundo sobre o tema, com mais de 2000 fotos e que no final de cada capítulo apresenta um subcapítulo dirigido aos instrutores, com diversas instruções muito úteis.

O que é a Uni-Yôga, um estudo acadêmico sobre nós: o trabalho de conclusão de curso da Faculdade de Administração da ESPM (Escola Superior de Propaganda e Marketing) sobre o sistema vanguardeiro de administração que nós desenvolvemos.

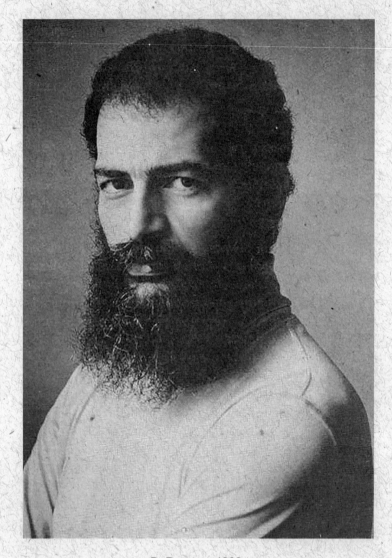

DeRose em 1982.

COMEÇAM AS VIAGENS PELO BRASIL

Verás que um filho teu não foge à luta.
Hino Nacional Brasileiro

CURITIBA

Tendo formado e habilitado pela Secretaria de Educação do Estado da Guanabara alguns excelentes instrutores para lecionar na nossa instituição, comecei a aceitar os convites feitos no tal congresso internacional de 1973. Eram tantos que não tínhamos mãos a medir. Programamos primeiro Curitiba, pois tinha fama de ser a cidade mais exigente do país. Consta que quando se quer lançar um produto novo ou testar um projeto vanguardeiro, deve-se começar por Curitiba: se lá for aceito, o resto do país aceitará com certeza. Seria um bom teste para o SwáSthya!

O amor foi à primeira vista e recíproco. Apaixonei-me por aquela cidade e pelas pessoas. Acho que fiz bons amigos lá e tenho uma saudade gostosa de cada um deles. Mesmo os não-simpatizantes que trabalham com outras linhas de Yôga sempre nos trataram com educação.

Para que você tenha uma ideia da cordialidade das pessoas dessa cidade, vou lhe relatar alguns casos.

Já havíamos feito em 1972 uma viagem a Curitiba com Eliane Lobato (que ainda não era a celebrada astróloga[70]), Riva Pimentel (que ainda era nossa aluna no Rio) e um amigo, Márcio Alves Rodrigues, artista plástico. Chegando a Curitiba fomos almoçar no restaurante "Lá em casa".

---

[70] Esta é uma boa oportunidade para esclarecer que não somos contra a Astrologia ou outras ciências esotéricas, uma vez que esse mal-entendido já foi aventado. Recomendamos apenas que o instrutor de Yôga não deve mesclar sua disciplina com nenhuma outra, assim como defendemos que o astrólogo não deve ser simultaneamente massagista, e o homeopata não deve ser ao mesmo tempo tarólogo. As mesclas minam a credibilidade; a especialização a enaltece.

Durante a refeição a proprietária, Sra. Orfília Ricci, veio conversar conosco. Soube que éramos do Rio e que lecionávamos Yôga. Quando terminamos o almoço e fomos pagar, ela não quis receber. Disse que quem viaja não pode gastar muito. Insistimos em vão. Afinal, haviam sido quatro refeições! Mas não teve jeito. Agradecemos, deixamos nossos endereços para podermos retribuir se ela fosse ao Rio de Janeiro. Quando íamos saindo, perguntou-nos se tínhamos onde pernoitar. Ainda não sabíamos, pois estávamos recém chegando. Então, insistiu para que dormíssemos em uns aposentos no andar de cima do restaurante. Aceitamos meio emocionados com tanto carinho. Mas não parou por aí. À noite ela ainda nos trouxe de casa uma quantidade de cobertas e mantas! Essa experiência marcou-nos tanto que a Riva acabou se mudando do Rio para Curitiba e foi dirigir esse restaurante que nos acolheu. Mais tarde montou uma boa escola de Yôga nessa mesma cidade, onde viveu e lecionou por uns vinte anos. Depois, aposentou-se e voltou para sua cidade natal.

Pensamos conosco: que coincidência, com tantos habitantes nesta cidade e viemos conhecer logo uma pessoa tão gentil. Mas cada curitibano que contatávamos, a feliz experiência se repetia. Visitamos a Profª. Theodolinda que nos recebeu com a mesma consideração. Através dela conhecemos as Profªs. Mary e Neusa Dias✝: novamente, a mesma hospitalidade. Desses contatos resultou um curso no qual conheci a Profª. Iná Camargo✝. Iniciou-se uma amizade interrompida apenas pelo seu falecimento em 2014.

Aproveitando a viagem, demos uma conferência na sociedade Teosófica local. Quando terminei, trouxeram-nos uma lista assinada pelos presentes, que haviam feito espontaneamente uma coleta para nós:

– É para pagar o combustível de volta ao Rio – disseram com um sorriso amoroso.

Não tanto pela quantia, mas pela cortesia deste e de outros episódios, Curitiba nos cativou. Tanto que em 1974, voltei para ministrar na Universidade Federal do Paraná o primeiro de um ciclo de cursos que surgiu em consequência dos convites recebidos no Congresso Internacional de Yôga.

Documento comprobatório de que o Prof. DeRose foi quem introduziu o Yôga nas faculdades de Curitiba, em 1976.

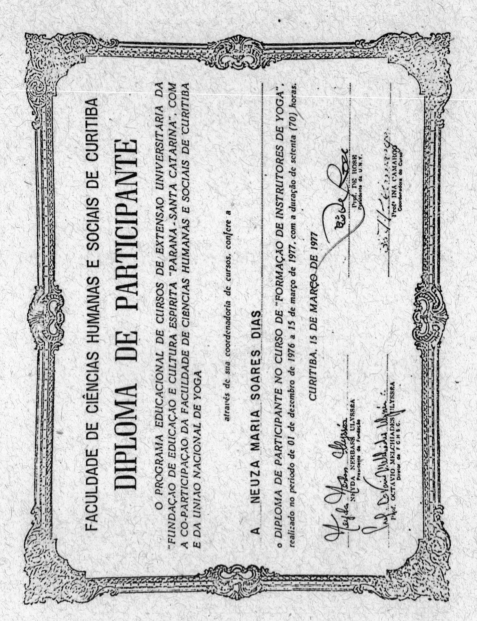

Diploma de conclusão da primeira turma de instrutores formados em Curitiba, no curso ministrado pelo Prof. DeRose, em 1976.

Em 1976, instalei o primeiro curso do país em uma faculdade particular – a Faculdade de Ciências Bio-Psíquicas do Paraná, da Universidade Espiritualista Dr. Bezerra de Menezes – a convite do seu diretor, Prof. Octavio Melchiades Ulyssea✝ e também na Faculdade de Ciências Humanas e Sociais de Curitiba (veja documentos reproduzidos nas páginas anteriores). Pouco depois realizei o primeiro ciclo de cursos de Formação de Instrutores de Yôga nas Universidades Federais e, novamente, incluí a cidade mais exigente. Creio que fiz bem em me expor ao fogo. Em parte, devo a isso a qualidade do nosso trabalho hoje. Atualmente, temos várias escolas em Curitiba. Posteriormente, introduzimos o primeiro curso superior de Yôga na Universidade Estadual de Ponta Grossa, também no estado do Paraná (veja documento comprobatório reproduzido no capítulo que trata desse tema).

SÃO PAULO

Em 1974, de Curitiba rumei para São Paulo, a capital mais sofisticada do país, para ministrar o segundo curso da minha vida fora da cidade onde nascera. Foi muito risco. Mas deu certo.

Como resultado desse curso, fui contratado para abrir e dirigir uma entidade, na rua Bahia, de propriedade de uma empresária paulistana. Aprendi muito de São Paulo com esse batismo.

Mas antes disso, assim que terminou o curso, veio me cumprimentar o tal rapaz que no congresso internacional me dera tão gentilmente aquele simpático cartão, oferecendo "comida e cama", para quando viesse a São Paulo, e confirmou o convite:

– Vamos lá para casa que você deve estar cansado – disse-me ele.

De fato, eu estava bem fatigado. Esgotado pela viagem prolongada por via terrestre, pelas expectativas e tensões inevitáveis em viagens e cursos, mas extenuado principalmente por ter dado tantas horas de aula e já ser tarde da noite.

Quando chegamos ao seu apartamento no elegante bairro de Higienópolis, descobri a razão da gentileza. Havia mais gente lá (posteriormente comecei a perceber que quando alguém queria debater comigo, reunia outras duas pessoas – talvez para ficarmos em igualdade de condições). Notei que os três eram muito bem informados. Cordialmente, sentaram-se à minha volta e começaram. Sempre gentis, dispararam várias perguntas capciosas à queima-roupa.

– Já expliquei isso no curso. Você estava lá, não estava?

– Lá você falava para o grande público. Aqui estamos entre amigos. Você pode se abrir conosco.

Aí está o preço da "comida e cama", pensei. Teria sido mais barato ir logo para o Sheraton... Mas eu estava numa fase de crescimento e o entusiasmo da idade me fez aceitar o desafio. Teve início, então, um dos interrogatórios mais acirrados de que me recordo. Era o mesmo que esgrimir com três oponentes simultaneamente, coisa que só funcionava nos clássicos capa-e-espada de Hollywood. Um atacava, eu defendia; vinha o segundo pelo flanco, eu defendia; o terceiro localizava uma brecha e dava uma estocada.

Já eram duas horas da madrugada e o massacre continuava. Só que o clima ameno do início foi cedendo lugar a uma cordial hostilidade que deixava transparecer as verdadeiras intenções daqueles três mosqueteiros, os quais tentavam a todo custo me fazer cair em contradição. Em dado momento, um deles aproveitou uma deixa e se traiu. Eu estava dizendo que não era minha proposta fazer doutrinação nem querer convencer ninguém de coisa alguma. Então, ele questionou:

– Você se considera um Mestre?

– Vocês me consideram como tal. Estou aqui lhes dando esta aula particular gratuita ao invés de ir dormir, e vocês estão bebendo cada sílaba que pronuncio para poder polemizar. Agora, se me dão licença, vou me recolher.

Enquanto nos levantávamos, eles mudaram de assunto e, percebendo que ficara aborrecido, disseram-me que para eles tudo aquilo não tinha a mínima importância. Eles faziam yóga com á *dona Maria*[71], presidente da associação internacional, a qual era contra mim, e que estariam

---

71 Maria Elena de Barros Freitas.

fazendo aquele questionamento por sugestão dela, a fim de me "desmascarar".

No dia seguinte saí bem cedo e nunca mais voltei a vê-los.

Pensei comigo: "saí de uma cidade acolhedora como Curitiba e vim cair direto numa que não parece nada amistosa." Mas minhas primeiras impressões logo foram neutralizadas pelo outro lado da medalha. São Paulo me permitiu conhecer pessoas tão amigas e prestativas que acabei morando nessa capital. Em nenhum outro lugar do Brasil encontrei tantas demonstrações de afeto e prestimosidade. Todos sempre estavam disponíveis, tinham tempo, podiam e ofereciam-se para ajudar. Colocavam à disposição sua casa, as chaves do carro, tudo o que podiam e mais um pouco. Os paulistas e paulistanos foram os maiores exemplos que tive na arte de viver e de cultivar amizades.

No Rio as amizades eram superficiais. Não podia contar com ninguém. Ninguém podia nada. Ninguém tinha tempo. De 1974 a 1984, viajei todas as semanas do Rio para São Paulo e vice-versa. Desde o início, durante esses dez anos, chamou-me muito a atenção o fato de que em São Paulo nunca precisei tomar táxi para ir ou vir da rodoviária, ferroviária ou aeroporto. Sempre tinha alguém me esperando às seis da manhã, quando eu chegava e se oferecendo para me levar à meia-noite. No Rio, jamais houve alguém disponível[72].

Como esse panorama se refletia em todas as demais manifestações do comportamento paulistano, fiz o que qualquer pessoa sensata faria: mudei-me para São Paulo[73]. Nessa cidade as coisas funcionam azeitadas num sistema muito peculiar de troca de gentilezas. É uma espécie de acordo tácito, quase uma confraria à qual pertencem todos os seus

---

72 Tal comportamento só se alterou muitos anos depois, quando enviei para o Rio alguns instrutores paulistas, alguns gaúchos e alguns argentinos. Hoje há quase sempre alguém me buscando no aeroporto e me levando para embarcar.

73 Mas não fechei a Sede Histórica de Copacabana, pois ela é uma tradição lá, no mesmo endereço desde 1971 e com sede própria. Não gostaríamos de dar aos opositores a satisfação de verem a nossa sede do Rio fechar. Além disso, seria uma pena, pois foi lá que surgiram os grandes movimentos culturais orientalistas, universalistas, ocultistas, naturalistas e outros, da década de setenta. Tudo começa lá. Se algum novo movimento, sistema, mestre ou instituição queria se instalar no Brasil, tudo começava com uma palestra ou vivência no DeRose em Copacabana.

vinte milhões de habitantes! Algo como um código de honra que todo o mundo leva muito a sério e que consiste no seguinte: quando alguém necessita de alguma coisa, não precisa nem pedir. Quem estiver por perto, seja um amigo, um parente, um vizinho, um cliente, não importa qual o grau de intimidade, rapidamente se oferece para ajudar. O primeiro não faz o jogo da cerimônia e aceita logo a oferta, com naturalidade, pois sabe que se o outro ofereceu foi para valer.

A gentileza ou favor recebido será retribuído, com a maior satisfação, na primeira oportunidade. Quem presta o favor nem se lembra mais, pois isso é tão corriqueiro que faz parte do dia-a-dia. Ademais, seria mesquinharia ficar contabilizando quem deve o quê. Até com dinheiro é comum um procedimento bem despojado. Já o que recebe a gentileza, esse não a esquece jamais e aguarda com sadia ansiedade o momento de retribuir.

Esse mecanismo de reciprocidade e solidariedade faz de São Paulo uma imensa irmandade sem muros. Ele é o grande responsável pelo superlativo crescimento econômico e cultural dessa cidade e de todo o Estado.

Um dos muitos exemplos desse código de honra aconteceu quando fui chamado para ministrar um curso em Uberlândia. A invitação foi confirmada muito em cima da hora e não consegui comprar passagem, pois estava tudo esgotado. Então, a organizadora do curso em Uberlândia, telefonou para uma amiga em São Paulo e comentou sobre o problema. Na manhã seguinte esta foi me buscar no seu Galaxy, que era um automóvel imenso, com motorista, uma cesta de sanduíches, garrafa térmica com chá, travesseiros e mantas:

– Vamos lá, Mestre. Temos muita estrada pela frente e ainda tenho que voltar hoje a São Paulo.

– Que gente incrível! – pensei – Ir de automóvel de São Paulo a Uberlândia, uma viagem de sete horas de carro, só para atender a uma amiga! Parar tudo o que estava fazendo, faltar ao trabalho, assumir o gasto astronômico da gasolina que era consumida por aquele veículo descomunal! E, ainda, voltar no mesmo dia a São Paulo para trabalhar!

Isso foi em 1974, eu ainda era carioca. Habituado com outra realidade, esse comportamento dos paulistas me fascinava. Tamanha solidariedade, prestatividade e garra, tinham muito a ver comigo.

DeRose

Em poucos minutos estávamos na estrada. Malú deu a ordem ao motorista:

– Mete o pé no acelerador, que eu vou deixar o professor lá e quero estar de volta ainda hoje.

Ele obedeceu à risca. Lá de dentro, com os vidros fechados, ar condicionado e música suave, não dava para perceber.

Mais adiante começou a chuviscar. Aquela chuvinha que, como não é forte, o motorista acha inofensiva e não reduz a velocidade. Quando menos esperávamos, sem razão aparente, o carro derrapou e começou a rodar na pista. Devíamos estar a uma velocidade colossal, pois rodopiou tanto que a Malú teve tempo de invocar a proteção de um tal número de santos e santas, que nem um monge seria capaz de recitá-los todos de memória num ritmo daqueles. Apesar de preocupado com a emergência, tive vontade de rir.

Por sorte, ou por intervenção de todos aqueles padroeiros, o veículo não saiu da estrada e não vinha nenhum outro no sentido contrário. Acabamos só desviando para além do acostamento quando a velocidade era pequena e, entre mortos e feridos, saímos todos ilesos. Passado o susto e desatolado o carro da lama, conseguimos completar a viagem. Espero que nunca mais a minha presença num curso volte a custar um risco tão alto.

Continuei viajando semanalmente para todo o país. Vivi experiências muito felizes, outras terríveis, mas todas edificantes. Guardo lembranças deliciosas de muita gente boa que me acolheu no Rio Grande do Sul, Santa Catarina, Paraná, São Paulo, Rio de Janeiro, Minas Gerais, Mato Grosso, Goiás, Bahia, Ceará, Maranhão, Piauí, Pernambuco, Rio Grande do Norte, Pará, Amazonas, Amapá... e depois na Argentina, em Portugal, na Espanha, na França, na Inglaterra e noutros países. Seria impossível mencionar aqui cada localidade visitada e os fatos positivos, ou não, que vivenciei durante todos esses anos. Só uma coisa me deixa pouco à vontade: é que todos os que me receberam foram melhores anfitriões, certamente, do que eu conseguiria ser para retribuir-lhes o carinho que me ofertaram!

De qualquer forma, no capítulo *Histórias de alguns cursos* e no *Contos pitorescos*, terei oportunidade de relatar mais umas quantas lembranças de outras cidades que não foram citadas nesta parte.

A PEREGRINAÇÃO

Eu havia gostado tanto do meu primeiro curso em São Paulo que decidi conhecer melhor os paulistas e tentar expandir o meu trabalho para essa cidade. Em 1974, vim de carro para fazer contatos com instrutores de outras modalidades. Como não tinha condições de pagar um hotel, ainda que modesto, à noite eu estacionava o automóvel nas proximidades de um cemitério a fim de que ninguém me incomodasse e dormia dentro do meu fusquinha '69. Banho, eu tomava na rodoviária que, na época, disponibilizava chuveiros aos viajantes. Assim, durante o dia, eu podia visitar escolas, professores, escritores, editoras, entidades filosóficas e pessoas que haviam feito o meu primeiro curso em São Paulo, naquele mesmo ano.

Em 1976, na segunda-feira eu dava aula na minha escola em Copacabana. Terminando a aula lá pelas 23 horas, eu tomava um ônibus à meia-noite para São Paulo. Dependendo do horário do ônibus, eu chegava à antiga rodoviária de São Paulo em torno das seis e meia da manhã. Ela ficava em frente à estação ferroviária Júlio Prestes (que hoje abriga a Sala São Paulo). No mesmo terminal eu saía de um ônibus e entrava noutro, da Viação Zefir, para Santos[74]. Chegava lá em tempo de dar minha aula às onze da manhã em uma clínica de psicologia. Não dava tempo para almoçar. De Santos, eu voltava a São Paulo para fazer um programa de entrevistas na TV Bandeirantes – que ainda não era em rede nacional. Esse programa durou alguns anos.

Em torno das 15 horas, eu ficava liberado da TV e ia ministrar uma aula na escola da Profa. Helena Alonso, na Alameda dos Guaicanãs, no Planalto

---

[74] Antes dessa rotina de ministrar aulas em Santos, eu chegava a São Paulo e sempre havia alguém para me buscar às seis e pouco da manhã na rodoviária e que ficava comigo, levando-me de carro para todo o lado. Desses abnegados amigos, quem mais se destacou foi a dedicada Christina Bagatta. Em outras épocas, me emprestavam o carro para que eu ficasse o dia todo zanzando pelas escolas e outros compromissos na cidade que "não pode parar".

Paulista. À noite, eu ministrava aula na Escola Superior de Psicanálise Sigmund Freud. Nessa noite, dormia na casa de algum instrutor ou aluno de São Paulo.

No dia seguinte, repetia a dose, ministrando aulas em outras escolas de ex-alunos, então instrutores, formados por mim a partir de 1974. Fazia isso na terça, quarta e quinta-feira. Na quinta à noite, eu viajava para outra cidade. Chegava na sexta pela manhã. Logo que chegava, ia visitar o padre da igreja mais conceituada para explicar a ele como era o meu trabalho e pedir sua bênção para o curso que daria no fim-de-semana na cidade dele. Dali, seguia para uma reunião com o Prefeito para pedir o apoio da prefeitura. Ia logo esclarecendo que eu já tinha a bênção do padre. Quando o Prefeito era informado de que eu não precisava de dinheiro e tratava-se apenas de apoio cultural, dava-me imediatamente uma carta com o dito apoio. Com o apoio do padre e do Prefeito, eu ia à APAE (Associação de Pais de Alunos Excepcionais) oferecer a ela um percentual da minha arrecadação com o curso. Dali, conforme a cidade, ia ao Rotary ou ao Lions para solicitar seu apoio. Com todos esses apoios, ia ao jornal, ou aos jornais, da cidade para dar uma entrevista. Dos jornais, ia para as rádios. Delas, ia para a emissora de televisão, se houvesse alguma no município visitado.

Com a divulgação feita nas rádios, na TV e nos jornais que sairiam no sábado pela manhã, reunia um número de interessados com os quais começava o curso do fim-de-semana. Eu sempre levava alguns livros e certificados que preenchia à mão, em letra gótica, no final do curso e já os entregava ali mesmo a todos. Os primeiros, na década de 1960, ainda não eram cursos de formação profissional. Esses começaram mais tarde, em 1971. Nas viagens constantes, a partir de 1974.

Eu dava aula o dia todo de sábado e o dia todo de domingo. Após esses cursos, reunia os professores da cidade que quisessem participar de uma União Nacional.

Na noite de domingo, tomava meu ônibus para o Rio de Janeiro. Teoricamente, eu morava no Rio, mas não dormia lá nenhum dia da semana. Chegava na segunda-feira de manhã, agitava os compromissos da Cidade Maravilhosa, à noite dava a minha aula na escola de Copacabana e recomeçava tudo de novo, seguindo para São Paulo.

Por isso, eu fico perplexo quando algum instrutor reclama de acordar cedo, ou de dar aulas em algum lugar distante, ou de viver sem conforto nos primeiros anos de profissão.

A partir de 1974, comecei uma incansável peregrinação por todo o Brasil e em 1975 por outros países, na qual era comum percorrer mais de dez cidades por mês, conforme consta no roteiro de viagens de 1976 que reproduzo na próxima página. Trinta e três cidades em três meses, o que dava mais de cem cidades por ano. Fiz isso durante décadas. A maior parte dos trajetos era feita em ônibus! Depois de 2010, passei a viajar menos. Ainda assim, hoje trabalho todos os fins-de-semana do ano, exceto aqueles em que os organizadores de cursos entenderem que são datas inconvenientes para os participantes.

Nos primeiros anos o valor do curso era o de três vezes o preço do meu livro, na época, 50 cruzeiros (US$ 4). Por que três vezes? Porque uma era para pagar o livro fornecido pela editora e presenteado aos alunos no curso; o restante, era dividido em partes iguais entre o organizador e o ministrante.

Note que eu não teria começado essas viagens "épicas" se não tivessem dificultado a minha vida no Rio; e eu não as teria continuado se as perseguições não houvessem persistido até hoje, tentando impedir o meu trabalho e me instigando a lutar. Por isso, devo um agradecimento sincero aos que não deixam me acomodar. Graças a eles, cresço sempre mais.

Mais adiante, vamos ver como algumas pessoas tentaram impedir esses cursos, mas antes preciso deixar aqui um louvor de gratidão e mérito aos professores de outras modalidades, daquela época, pois o SwáSthya foi introduzido em todo o Brasil, bem como em Portugal e na Argentina graças aos convites que eles me fizeram para ministrar cursos em suas escolas de Hatha, Layá, Rája, Bhakti, Siddha, Suddha Rája, Kundaliní Yôga e outros ramos diferentes do nosso.

A todos eles, o meu reconhecimento.

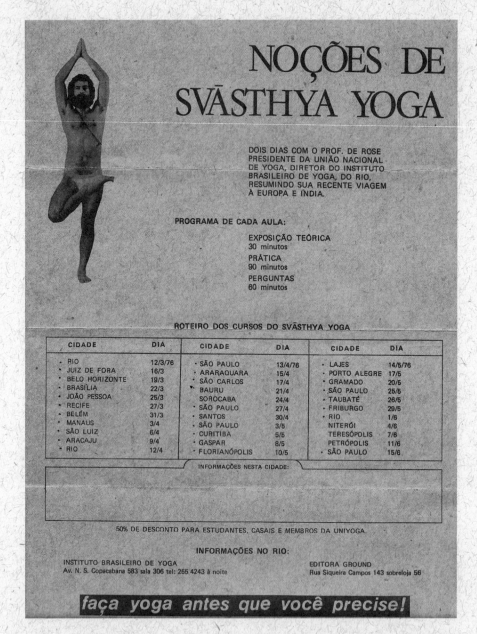

Trinta e três cidades em três meses de viagens. Veja como a programação era apertada: o curso levava dois dias e o período entre uma cidade e outra era de três ou quatro dias, incluindo o tempo de deslocamento. A maior parte dos deslocamentos era de ônibus. (Lembramos que a palavra SwáSthya pode ser transliterada, indiferentemente, com W ou com V.)

As viagens à Índia

No momento em que escrevo este livro, contabilizo 25 anos de viagens à Índia, porém, o conteúdo deste capítulo refere-se apenas às primeiras, quando eu era bem jovem e as experiências nesse país constituíam uma descoberta atrás da outra.

Quando comecei a viajar para dar cursos noutras cidades, muita gente implicou com o fato de eu ser muito jovem e não ter ido à Índia. Utilizavam isso como alavanca para questionar o que eu dissesse.

O clímax dessa situação ocorreu em 1975. Recém-chegado a São Paulo, minha amiga, Helena Alonso☦, sempre empenhada em me introduzir no ambiente de Yôga da cidade, esforçava-se para apresentar-me a todos os professores locais. Alguns eram bastante cordiais, mas outros tinham um ego deste tamanho e pareciam sentir-se inseguros, pois revelavam-se bem grosseiros em retribuição à minha visita de boa vontade.

Um dia, Helena levou-me a conhecer certa academia, cuja diretora começou imediatamente um interrogatório gratuito. Inicialmente, umas perguntas mal-intencionadas sobre o SwáSthya Yôga. Como eu respondia sem hesitar e a tudo respaldava com argumentos bem documentados que ela, diga-se de passagem, desconhecia, a ilustre colega tirou o quinto ás da manga e perguntou, primeiro cautelosamente:

– Prof. DeRose, o senhor já foi à Índia?

Como em meados de 1975 ainda não havia ido, ela recuperou a arrogância e disparou:

– Pois eu fui, *meu filho*.

Em alguns segundos eu fora *promovido* de "professor" a "meu filho"! Ora, eu sabia que quase todos os ensinantes de yóga, quando vão à

194 QUANDO É PRECISO SER FORTE

Índia, fazem-no como meros turistas. Apreciam monumentos, ruínas, passeiam, fazem compras, visitam fazendas de gado de corte e comem churrascos[75]. Mas quase ninguém visita os Mestres e escolas importantes, onde se pode encontrar um Yôga de boa qualidade. A maior prova disso é voltarem ao Brasil pronunciando yóga, com *ó* aberto, demonstração cabal de que nem sequer ouviram essa palavra na Índia, pois naquele país todos pronunciam Yôga, com *ô* fechado.

No entanto, não pude nem dizer mais nada. De cima da sua soberba por ter ido à Índia, essa senhora atropelou tudo o que tentei falar dali para frente e, a qualquer coisa que eu colocasse, ela voltava a golpear violentamente com seu único trunfo: o da manga...

Com o passar do tempo, tendo cenas como essa se repetido várias vezes, cheguei à conclusão de que o meu caminho seria muito dificultado se não fosse lá na fonte. Assim, decidi ir. Porém, não tinha recursos para uma viagem daquela envergadura. Na época, não era tão fácil quanto agora e eu estava em início de carreira. Noutras palavras, era paupérrimo.

COMO CONSEGUI IR À ÍNDIA PELA PRIMEIRA VEZ

Aí aconteceu outro acaso. Fui dar um curso em Belém do Pará. Tão logo retornei ao Rio, veio me visitar o discípulo de um dos professores de Belém que haviam boicotado nosso curso, trazendo a seguinte proposta:

– Meu Mestre não participou do seu curso devido a um monte de fofocas que fizeram e ele se deixou levar. Quando o senhor viajou, os que participaram teceram bons comentários sobre a sua pessoa e ele ficou muito arrependido por havê-lo desapoiado...

---

75 Temos em nosso poder o programa de uma viagem à Índia, organizada por um instituto de yóga de São Paulo, que em seu roteiro não tem nem uma única escola de Yôga, mas em quase todas as cidades incluiu visitas a fazendas de gado, citando até a raça de bovinos que seria encontrada lá (provavelmente para os fazendeiros do Estado de São Paulo terem a oportunidade de programar seus lucros com a aquisição de gado). E, ainda, pasme, no roteiro havia vários churrascos previstos em diversas cidades! Isso mesmo, você leu direito: churrascos de carne bovina, na Índia que é um país essencialmente vegetariano por motivos morais e de fé. Churrascos organizados por supostos professores de Yoga que, em princípio, deveriam ser vegetarianos também. Uma verdadeira afronta à cultura hindu!

DeRose

– Muito bem. Diga-lhe que venha assistir o próximo.

– Acontece que ele não pode viajar e pede para o senhor dar o curso particular na casa dele, lá em Belém.

– Desculpe-me a franqueza, mas o seu Mestre não regula muito bem. Primeiro, ele se alia à oposição local e ajuda a boicotar o meu curso. Depois quer que eu volte para dar o mesmo curso outra vez, particular, especialmente para ele! Só rindo.

– Espere um pouco, professor. Nós pagamos o que o senhor pedir.

Bingo! Ali estava a viagem à Índia (afinal, Belém já é quase meio de caminho entre o Rio e Nova Delhi...).

Marquei para o curso uma data que me permitisse participar também de um congresso internacional de Yôga que iria ocorrer em Bogotá e cobrei uma quantia com a qual comprei um bilhete Rio, Belém, Bogotá, Paris, Delhi, Frankfurt, Genève, Kopenhagen, Paris, Rio.

O INÍCIO DA VIAGEM – AS ESCALAS

Ministrei o curso na casa do tal professor em Belém. Ele ficou satisfeito e eu segui para o congresso em Bogotá. O congresso em si não teve nada de interessante.

Mas ocorreu algo que merece registro. No Rio, nosso pessoal se reunia eventualmente depois das aulas num restaurante chamado Chalé Suíço. Em Bogotá, na saída do congresso, procurando onde jantar, encontrei um lugar com o mesmo nome. Com a saudade que estava sentindo dos meus alunos e amigos, dirigi-me logo ao Chalé. Não obstante, quando cheguei diante da porta, algo me deteve. Pensei: "Hoje é Dia do Mestre, 15 de outubro. A esta hora, lá no Brasil, meus alunos devem estar fazendo alguma comemoração. Vou telefonar, antes que saiam todos." Liguei da cabine mais próxima. Atendeu Eliane Lobato:

– Que coincidência você telefonar. Estávamos fazendo, justo agora, uma mentalização para que você faça boa viagem e corra tudo bem.

Nesse momento ouvi uma forte explosão. Acabamos de falar e terminei dizendo que iria jantar no Chalé Suíço em atenção a eles.

Não pude. Quando cheguei lá o restaurante não existia mais. Havia explodido e as pessoas que estavam jantando, jaziam laceradas na rua, para onde foram atiradas. Permito-me o direito de considerar que fui salvo pelos meus discípulos.

Jornal de Bogotá, publicado no dia seguinte ao atentado a bomba.

De Bogotá, rumei a Paris, onde fiquei morando por uns tempos. Aproveitei para fazer um curso na Université de la Sorbonne Nouvelle e aperfeiçoar o meu francês. Esse período foi muito bom para me amadurecer e projetar numa realidade maior do que a vidinha provinciana do Rio de Janeiro. Fiz bons contatos com instrutores de Yôga da Europa e pude realizar uma avaliação mais adequada do padrão do nosso trabalho no panorama mundial.

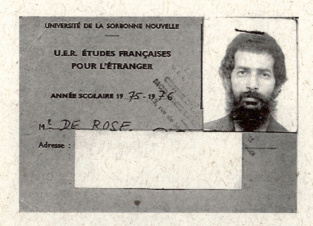

Carteira de estudante da passagem pela Sorbonne Nouvelle.

Causou-me impressão a quantidade de alunos e amigos que encontrava no metrô, restaurantes e museus. Parecia que o Brasil tinha Paris como estação de férias, mas nem ao menos era época de férias! (Ao contrário, estavam lá por causa da ditadura: muitos artistas e intelectuais haviam pedido asilo político). Graças a conexões de alguns desses alunos, acabei dando uma palestra no Centro Sivánanda, na rue du Cherche-Midi e um breve curso numa escola de expressão corporal na rue des Trois Frères.

Foi um período muito construtivo. Tornei-me frequentador assíduo do Boulevard Saint-Michel, reduto, na época, dos estudantes da famosa universidade multi-secular, a Sorbonne. Um dos meus pontos favoritos era a livraria Gibert Jeune onde, onze anos depois, em 1986, outra vez um atentado terrorista explodiu uma bomba justamente quando estávamos lá comprando uns livros. Esse foi por pouco. Tivemos uma intuição e saímos da loja para olhar uns *posters* do lado de fora. Nesse momento explodiu o lado de dentro. Afastamo-nos do prédio que começava a se incendiar. Então, sabendo que felizmente não houve vítimas fatais, tirei umas fotos e entramos num dos restaurantes próximos para comemorar o fato de estarmos vivos!

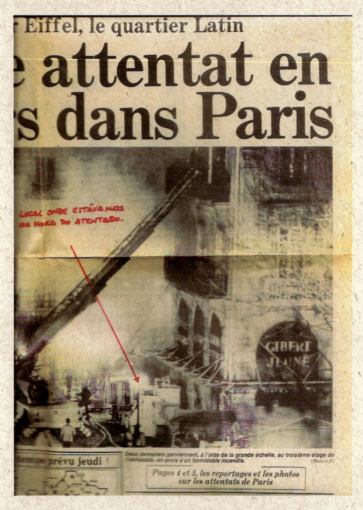

Registro no jornal de Paris sobre o atentado a bomba
na Livraria Gilbert Jeune, em 1975

Mas estas últimas cenas são de um outro filme. Voltemos à primeira viagem, onze anos antes, em 1975.

A PARTIDA PARA A ÍNDIA

Chegado o momento certo deixei Paris e voei para Delhi. Foi um choque cultural enorme, contudo, bastante ilustrativo.

A primeira emoção foi sobrevoar o deserto de Thar. O avião voava a 900 km por hora e já havia quase meia hora de areia, às vezes clara, às vezes avermelhada, mas, por certo, sempre escaldante. Num dado momento, um oásis! Que sensação indescritível. Reagi quase como se estivesse caminhando lá embaixo, sedento. Era só um tufo de pequenas palmeiras e grama verde, mas... que imagem bonita e tão rica em vida, comparada com aquelas areias estéreis e inclementes.

Às vezes, aparecia um povoado em torno de um oásis, outras vezes sem ele. Dava para enxergar as trilhas de camelos, marcadas na areia mais dura, como verdadeiras estradas, tão longas que perdiam-se no horizonte sem um cruzamento sequer. Todos já vimos isso em fotos ou filmes, mas estar ali em cima era outra coisa. Nas rarefeitas aldeias, aquela gente isolada do mundo, vivia de quê? Se não havia agricultura, água, matérias primas? Viveriam só de pastorear cabras, a um calor de 50°C de dia e 10 negativos à noite, e nunca pensaram em sair dali?

Começaram, então, a aparecer nacos esparsos de vegetação desértica, amarelada. Ao longe, uma visão inesquecível: o fim do deserto. Eu imaginava que os desertos fossem acabando pouco a pouco, com a modificação gradativa do tipo de solo. No entanto, visto lá de cima era impressionante. Aquele deserto acabava de repente, numa linha bem demarcada, onde as areias bruscamente paravam. Vegetação verde, estradas asfaltadas e uma incrível multiplicidade de vilarejos, marcava o início da, assim chamada, civilização.

O oposto dessa experiência foi um outro voo, sobre os Himálayas. O avião estava poucos metros acima das geleiras e uma senhora perguntou ao comissário de bordo, por que estávamos voando a tão pouca altitude.

– Não estamos voando baixo, madame. As montanhas é que são muito altas!

Que coisa linda! Milhares de quilômetros de montanhas cobertas de neve, enrugadas, comprimidas umas contra as outras, algumas altivas, destacando seus picos majestosos. De um lado batia o sol e do outro havia sombra, num contraste de cores enriquecido pela dinâmica da aeronave, proporcionando um espetáculo inimaginável. E saber que, tal como no deserto, não havia quase ninguém lá embaixo, a não ser o Yeti e uma ou outra aldeia encravada num vale. E estes, como será que sobreviviam ali? O ser humano é mesmo obstinado!

Em minhas viagens passei por mais uma experiência que eu gostaria de repartir com você. Já assistiu a um pôr-do-sol que não acabasse? Estávamos viajando numa direção em que acompanhávamos o sol em seu descenso. O céu ficara alaranjado e violeta em toda a extensão da linha do horizonte. O sol, vermelho, podia ser observado sem ferir os olhos e estava descendo lentamente. Dentro do avião, tudo parou para observar o crepúsculo. Exclamações de admiração e cliques de câmeras pipocando, longe de perturbar, até enriqueceram a magia do momento. Só que o "momento" não terminava! Habituados à curta duração de um fenômeno assim, visto do chão, todos a bordo comentavam a beleza que estava sendo, poder observar à vontade e ainda jantar à luz desse pôr-de-sol que durou quase uma hora.

Tudo isso move a minha gratidão à nossa profissão. Se não fosse por ela, eu não teria podido viajar tanto e vivenciar experiências tão fascinantes.

Outra grande emoção foi quando os trens de aterrissagem do avião tocaram o solo da Índia. Senti-me comover. Eu estava mesmo na Índia, aquele país legendário do qual ouvira falar desde criança. A Índia dos filmes de aventura, dos contos fantásticos e dos livros de Yôga. A Índia dos faquires e dos marajás, dos elefantes e dos templos. E eu estava lá!

Dali para frente foi um misto de surpresas e decepções, alegrias e tristezas. Afinal era como devia ser, pois a Índia tornou-se conhecida como o país dos contrastes.

Primeiro, fiquei um pouco embaralhado com a confusão à saída do aeroporto. Todos os indianos são tão solícitos que um quer levar a mala, outros querem providenciar o táxi e mais uns quantos disputam para indicar o hotel. Dei azar. Aceitei a indicação do mais simpático e acabei num hotel tão distante do centro de Nova Delhi que parecia outra cidade. No dia seguinte mudei-me para um mais bem localizado e menos dispendioso. Se um dia você for a Delhi, é aconselhável ficar em algum hotel próximo a Connaught Place e Janpath Street, onde estão situadas quase todas as coisas mais importantes de Nova Delhi para o viajante: companhias aéreas, agências de turismo, o Tourist Office do Governo, restaurantes, cinemas e um variadíssimo comércio de artesanato, tecidos, roupas, estatuetas, pinturas, incenso, instrumentos musicais, henna, japamalas e tudo o que a sua imaginação nem conseguiria pressupor. Livros, não. É melhor comprá-los em Velha Delhi, na livraria Picadilly Circus.

Adorei a comida da Índia desde o primeiro instante e, como eu, todos quantos a conheceram. Além de saborosíssima, pode-se aceitar o que vier, pois o país é vegetariano e não há perigo de a comida vir com carne de boi, de peixes ou de aves. Por outro lado, se o paladar é superlativo, precisei me adaptar a um pormenor. Tudo vem hipercondimentado com gengibre, cominho, cravo, canela, cardamomo, coentro, curry e chili. Este último é mais ardido que a própria pimenta baiana. Como ainda não estava habituado a comidas tão ricas em especiarias, no segundo dia pedi uma salada de vegetais crus[76], pois assim, pensava eu, viriam seguramente sem tempero. De fato, recebi uma salada sem sal, sem azeite e sem tempero algum. Comecei a comer e gostei, apesar da falta total do paladar exacerbado dos condimentos. Com apetite, localizei, lá no meio, uma pequena vagem verde. Simpatizei com a cara daquela vagenzinha tão inocente. Mastiguei e engoli. Era o próprio chili! Nunca na minha vida havia tido uma sensação igual... parecia que ia morrer. Imaginei que beber ácido sulfúrico não devia ser pior. Salvou-me uma garrafa de refrigerante, que sorvi de uma só vez.

Tendo passado por esse batismo de fogo (literalmente de fogo), segui no meu curso de Índia. Nos primeiros dias, era pôr o pé na rua e constatar que mais uma falsa imagem ruía. A primeira fora a alimentação, pois os livros de Yôga, em geral, aconselham usar pouco condimento. Mas mesmo as escolas e mosteiros mais espartanos serviam a comida com um paladar bem requintado e forte. Aí, entendi: para

---

76 Depois aprendi que não se deve comer nada cru na Índia.

202 QUANDO É PRECISO SER FORTE

eles, aquilo é que era pouco condimentado. A culinária ocidental seria considerada "à moda de isopor".[77]

Outra fantasia da nossa desinformação é supor que os indianos comuns tenham conhecimento de sânscrito. O sânscrito para o hindu é como o latim para nós. Tentei comprar um dicionário de sânscrito, mas não foi fácil encontrar. A cada livraria era o mesmo ritual: eu chegava, o livreiro vinha solícito, com um sorriso nos lábios. Porém, quando lhe pedia o dicionário, ele fechava a cara, respondia rispidamente que não tinha e virava as costas. Pensei até que tivessem alguma coisa contra o sânscrito. Depois descobri: é o jeitão do indiano. O *sim*, diz-se com muita amabilidade e o *não*, com rispidez. Faz parte da dramatização da linguagem. Após ter compreendido isso, não me aborreci mais. No nosso país é diferente. Quando precisamos dizer *não*, fazemo-lo com cara e voz de quem está desolado e, frequentemente, acrescentamos uma série de justificativas. Assim também já é demais.

Nós esperamos ainda que todo indiano entenda de Yôga. No entanto, um número relativamente pequeno de indianos dedica-se a essa filosofia. No Brasil temos proporcionalmente muito mais instrutores de Yôga do que na Índia, com mais de um bilhão e tanto de habitantes espremidos num território cerca de três vezes menor que o nosso.

Primeiramente, tinha que me ambientar e conhecer a cidade. Visitei templos de várias religiões (hindus, muçulmanos, budistas, jainistas, católicos etc.), mercados, palácios, museus, ruínas, monumentos. Fui ao Memorial do Gandhi, erigido no local onde ele foi cremado. Visitei o Forte Vermelho, palco de tantas batalhas. Não podia deixar de conhecer o Qtub Minar, a torre inclinada da Índia, ao lado do qual encontra-se o poste de ferro construído há séculos, deixado desde então ao tempo e à chuva e, apesar disso, não enferruja. Essa curiosidade científica é comentada com algum sensacionalismo por Von Daniken em seu livro *Eram os deuses astronautas?*.

Enfim, perfiz o indefectível roteiro de qualquer turista comum. A maioria fica por aí, dá-se por satisfeita e volta para cá cantando de

---

77 Para Portugal, esferovite.

galo, sem ter feito, visto ou aprendido absolutamente nada que prestasse em termos de Yôga.

Tão logo me familiarizei com o território, saí à procura dos bons Mestres. Em Delhi não fui feliz. Certamente, há boas escolas por lá, mas nessa primeira investida não encontrei nenhuma que satisfizesse as minhas expectativas. Eu dispunha de um catálogo publicado pelo Governo da Índia com os endereços de um grande número de entidades selecionadas, porém não senti empatia por nenhuma delas. Comecei então a colher indicações dos próprios indianos e verifiquei um consenso. A esmagadora maioria declarava que Dhirendra Brahmachári era o melhor, embora seu nome não constasse do meu guia. No entanto, quando eu questionava:

– O que leva você a considerá-lo o melhor?

Todos, unanimemente respondiam:

– É que ele vai à televisão(!).

Ora, também estou sendo seguidamente entrevistado pela TV, mas seria um demérito se o povo dissesse que sou bom Mestre somente por essa razão.

Em vista disso, preferi não conhecê-lo. Cansei de procurar na capital e decidi seguir para os Himálayas.

Encontra-se em Rishikêsh, nos Himálayas, uma das mais bonitas esculturas de Shiva Shankar de toda a Índia. Representa o criador do Yôga com a anatomia realista e a musculatura digna de um praticante dessa filosofia.

Os Himálayas

Chegando ao meu destino, a cidade de Rishikêsh, fiquei apaixonado pelo lugar. O rio Ganges corre límpido e caudaloso nessa região montanhosa, relativamente próxima da nascente. Pode-se meditar às suas margens, banhar-se em suas águas, cruzar o rio de barco ou pela ponte pênsil. Rishikêsh é uma cidade muito bonita e imantada com a magia dos séculos. Era uma emoção simplesmente estar ali e saber que aquele solo foi pisado por alguns dos maiores iluminados dos últimos 5000 anos. Ainda hoje, swámis (monges) e saddhus (ermitões) são vistos com frequência. Há dezenas de mosteiros, templos e Mestres de Yôga, de Vêdánta e de outras disciplinas. Os curiosos geralmente deixam-se seduzir pela multiplicidade de escolas e começam a agir como crianças à solta numa loja de chocolates. Misturam tudo, fazem uma bruta confusão e não aprendem nada.

Eu sabia o que queria. Estava indo para o Sivánanda Ashram (pronuncie *Shivánanda Ashrám*), um dos mais conceituados mosteiros da Índia. Nenhum outro chamariz iria me desviar da meta. Lá encontrei coisas realmente muito boas, tanto que voltei a essa entidade quase todos os anos a partir de então, por mais de duas décadas. Nesse ashram tive a oportunidade de aprimorar mantras, conhecer mais variedades de pújá, melhorar o sânscrito (especialmente a pronúncia), desenvolver Karma Yôga, Bhakti Yôga, Rája Yôga, sat sanga, meditação, teoria Vêdánta e travar contato com o verdadeiro Hatha Yôga da Índia, o qual não tem nada a ver com a caricatura praticada no Ocidente com esse mesmo nome.

A partir dessa viagem pude compreender o motivo pelo qual alguns instrutores do meu país eram tão agressivos com relação ao nosso trabalho: suas aulas não tinham nem semelhança com o verdadeiro Yôga indiano.

Cheguei mesmo a perguntar em várias escolas célebres, de várias regiões da Índia, o que seriam aquelas coisas oferecidas como Yôga ao público desinformado e ingênuo da nossa pátria. A maioria era pura invencionice da cabeça dos supostos instrutores, que misturavam coisas tais como ginástica, antiginástica, bioenergética, ocultismo, espiritismo, zen, dança, expressão corporal, macrobiótica, shiatsu e davam às diferentes misturas o mesmo nome genérico de Yôga (aliás, yóga)!

DeRose, em 1980, fazendo Gurusêvá, no Yôga Institute de Bombay. Na foto da esquerda, em pé, está Joris Marengo, que em 2015 tornou-se Presidente da Federação de Santa Catarina.

Uma coisa que me chamou a atenção nas práticas de Hatha Yôga da Índia, foi o fato de não encontrar lá aquela insistente repetição dos estribilhos comuns nas aulas de Hatha do Ocidente, recitados com voz doce e de impostação hipnótica, tais como: "inspire, expire, inspire, expire... calma... não force... suavemente... ótimo, muito bem... cuidado... isso é perigoso..." Ao invés, encontrei ordens severas: "Força! Você pode fazer melhor do que isso! Quero ver mais empenho nessa execução! Aguente mais!" Eu era jovem, desportista e praticava muito bem os ásanas. Não obstante, às vezes, ficava com o corpo todo dolorido depois de uma aula, coisa que no Ocidente não se admite. Mais tarde concluí que a maneira deles era mais coerente, pois Hatha significa força, violência[78].

---

[78] A palavra *hatha* é traduzida como *violência, força*, pelos conceituados autores e livros:
Tara Michaël - *O Yôga*, Zahar Editores, página 166;
Iyengar - *A Luz do Yôga*, Editora Cultrix, página 213;
Georg Feuerstein - *Manual de Yôga*, Editora Cultrix, página 96;
Renato Henriques - *Yôga e Consciência*, Escola de Teologia, pág. 276 (da 1a. edição);
Mircea Eliade - *Inmortalidad y Libertad*, La Pléyade, página 223;
Theos Bernard - *Hatha Yôga una tecnica de liberación*, Siglo Veinte, página 13;
Monier-Williams - *Sanskrit-English Dictionary*, página 1287.

Na minha primeira prática de Yôga no SiVánanda Ashram, o instrutor mandou-me executar exercícios adiantados, como padmásana, nauli, sírshásana, vrishchikásana, mayurásana e outros. E isso sem pedir nenhum exame médico, o que denota um espírito muito mais descomplicado da parte deles. Falou-se livremente sobre a kundaliní (pronuncie sempre com o *i* final longo), sem o professor assustar ninguém nem exagerar seus supostos perigos.

Outra demonstração da descontração reinante no Yôga da Índia é o fato de as aulas serem dadas num clima informal, no qual está aberta a possibilidade do diálogo e até mesmo a de uma anedota posta por um aluno em classe, como ocorreu nesse inverno de 1975. Havia um monge velhinho, cuja função era a de tocar o sino a cada hora certa. Estando muito frio às cinco da manhã, ele se refugiou na nossa sala de prática, onde o calor dos corpos de muitos yôgins aquecera o ambiente. No meio da aula ele começou a cochilar e pender a cabeça. Um aluno não perdeu a oportunidade de brincar:

– Olhe lá, professor! O swámiji entrou em samádhi!

O professor riu, todos riram e, em seguida, retomaram a aula com muita disciplina. Aliás, só conseguem essa descontração por existir simultaneamente um profundo senso de disciplina, respeito e hierarquia que falta na maior parte de escolas do Ocidente.

Em suma, gostei do Hatha Yôga e do Rája Yôga experimentados no Sivánanda. Para dar uma ideia do quanto esse ashram (mosteiro) me agradou, basta dizer que ele é de tendência Vêdánta e, apesar disso, recebi lá boas aulas de Sámkhya, o que constitui um raríssimo exemplo de tolerância. Outro forte exemplo é o fato de que um dos melhores livros de Tantra Yôga foi escrito pelo fundador Srí Swámi Sivánanda, sendo ele de linha oposta (brahmáchárya). Tudo isso contribuiu para, em minhas viagens posteriores à Índia, acabar frequentando muito mais essa instituição do que qualquer outra.

Na Índia, para o estudo de uma tradição mais séria, fui beneficiado pelo fato de ser brasileiro, ter cabelos e barbas negras, bem como por viver no Rio de Janeiro e ir muito à praia, o que me deixou com a pele bastante bronzeada. Um dia, meu colega indiano convidou-me para assistir a uma aula com um Mestre que vivia retirado e havia descido das montanhas para transmitir ensinamentos mais profundos aos estudantes hindus. Alegremente, disse-lhe para convidarmos o John, nosso outro colega de estudos. O indiano respondeu, rispidamente:

– Não! O John não pode!

Desculpei-me, dizendo-lhe que eu não estava a par de algum mal estar ocorrido entre eles dois.

– Não há nenhum mal estar entre nós. Ele não pode ir porque é ocidental.

– Mas eu também sou.

– Você é moreno e não se comporta como turista. Você não usa aquelas roupas ridículas que os ocidentais envergam quando chegam ao meu país, achando que estão se vestindo "como indianos". Você se traja com um kurta-pijama tradicional do povo simples da Índia. Você pronuncia o sânscrito como nós. E sempre faz perguntas ao professor que só um indiano faria. Não vem com aquelas tolices que os ocidentais costumam proferir. Você é um de nós.

Graças a isso, e ao fato de voltar todos os anos por duas décadas aos mesmos monastérios, tive acesso a conhecimentos que os demais, geralmente, não conseguem aceder.

"Conversando" com uma vaquinha às margens do Ganges, em Rishikêsh, Himálayas.

Depois do Sivánanda Ashram, tive o privilégio de visitar e participar de aulas no Kaivalyadhama, de Lonavala; Iyengar Institute, de Puna; Yôga Institute de Srí Yôgêndra, em Bombaim (atualmente denominada Mumbai); Muktánanda Ashram, de Ganêshpuri; Aurobindo Ashram, de Delhi; todas muito boas escolas, de renome mundial, mas cada qual apresentando uma interpretação, um método e até mesmo uma nomenclatura completamente diferente das outras. Isso me foi tremendamente educativo e ampliou minha tolerância em 360 graus. Nessas viagens conheci pessoalmente e recebi ensinamentos diretamente de grandes Mestres como Chidánanda, Krishnánanda, Nádabrahmánanda, Turyánanda, Muktánanda, Yôgêndra, Dr. Gharote e outros. Segundo os hindus, eles foram os últimos Grandes Mestres vivos, os derradeiros representantes de uma tradição milenar em extinção[79].

O Mestre da montanha

Um dia resolvi procurar os saddhus, sábios eremitas que vivem em cavernas, nas montanhas geladas dos Himálayas. Para ter mais certeza de encontrá-los e também por medida de segurança, contratei um guia, Pratap Sing. Era minha primeira viagem àquela região, eu era novinho e ainda não conhecia nada de Índia.

Acordamos cedo e começamos a subir a montanha ao nascer do sol. Uma densa neblina cobria a floresta, mas o guia dava passos seguros morro acima.

– Sir, vou levá-lo para conhecer um grande yôgi, sir!

– Como é o nome dele? – Perguntei. O guia me disse o nome de um conhecido guru, muito famoso no Ocidente. Então, retruquei-lhe que não estava interessado em conhecê-lo e se esse tipo de mestre era o que ele considerava um grande yôgi, podíamos voltar dali mesmo, pois iria dispensar os seus serviços. Ele sorriu e abriu o jogo:

– Sir, o senhor entende mesmo de Yôga. Vamos, então, para o outro lado, sir.

---

79 No momento em que esta edição é publicada já estão todos falecidos.

– Mas, se você sabia que esse não é um verdadeiro yôgi, como ia me levar lá?

– Sir, eu ganho uma gratificação para cada turista que encaminhar. Mas vou levá-lo para conhecer saddhus de verdade se me pagar dobrado, sir.

Bem, o fato é que subimos a montanha durante mais de quatro horas. Durante a caminhada surgiram vários saddhus, mas dessa vez o guia cumpriu o trato e seguiu em frente sem se deter em nenhum deles. Eu já estava exausto quando fui surpreendido por uma figura que parecia saída dos contos de fadas. Era um saddhu, realmente, daqueles que não se encontram mais nas aldeias, nem em ocasiões especiais. Uma imagem impressionante. Completamente nu, pele curtida pelo frio e pelo sol, quase negro, todo coberto de cinzas, o que lhe conferia um tom violáceo, semelhante ao da representação da cor da pele de Shiva nas pinturas. Cabelos e barbas completamente brancos e muito longos. Um olhar forte e penetrante, olhos injetados de poder. Recordou-me Bhávajánanda.

Não tive tempo de falar nem fazer nada e ele já estava me dando ordens, passando instruções em língua hindi, num tom marcial, com o guia traduzindo apressadamente. Ensinou-me novos mantras, mudrás, ásanas e meditação. Se eu não acertasse em executar o exercício exatamente como ele queria, o Mestre rugia uma admoestação intraduzível.

Por vezes, o guia tentava falar com o saddhu, mas ele o ignorava. Não respondia e ainda dava-lhe as costas. Falava só comigo, porém, eu não entendia o idioma hindi e precisava do cicerone para traduzir. Apesar desse inconveniente, foi a ocasião em que aprendi o maior volume e a melhor qualidade de técnicas em tão pouco tempo. Foram umas poucas horas de aprendizado, umas sete ou oito, e o guia já estava inquieto, insistindo para irmos embora imediatamente. Depois de uma certa insistência, concordei, muito a contragosto. Levara a vida inteira para encontrar um saddhu de verdade e, no melhor da festa, precisava largar tudo e ir embora! Cheguei a aventar a hipótese de passar lá a noite, mas o guia ficou histérico com a possibilidade. Mais tarde descobri a razão.

Então, agradeci ao saddhu e cumprimentei-o da forma tradicional, fazendo o pronam mudrá, curvando-me até o chão e tocando-lhe os pés. Deixei-lhe minha sacola como pújá. Dentro havia uma manta, um livro meu (*Prontuário de SwáSthya Yôga*) e alguma comida.

Começamos a descer a montanha e logo compreendi o motivo da preocupação. Nas outras quatro horas que durou a descida, danou a esfriar e, no final da caminhada, começou a escurecer. Segundo o guia, se escurecesse conosco na floresta, nem mesmo ele conseguiria encontrar o caminho de volta e morreríamos devido ao frio. Numa viagem posterior à Índia, descobri que aquela região inóspita ainda tinha elefantes selvagens os quais atacavam quem se aventurasse por seus domínios, além de tigres e serpentes para viajante nenhum botar defeito. Como é que o saddhu conseguia sobreviver lá? E pela aparência já devia ter muitos anos de idade vividos, quem sabe, ali mesmo.

Nessa noite fez tanto frio que tive de acordar algumas vezes no meio da madrugada para praticar bhastriká, um respiratório que eleva a temperatura do corpo, e, só assim, consegui dormir de novo. Aí pensei: estou cá em baixo onde a temperatura é mais amena, estou dentro de um alojamento fechado, numa cama, com roupas de lã e cobertores. Como é que sobrevive aquele velho saddhu lá em cima, onde é muito mais gelado, sem roupas, dormindo no chão, dentro de uma caverna de pedra úmida, que não tem nem portas para evitar o vento gélido?

No dia seguinte partimos mais cedo, antes de amanhecer, para dispormos de mais tempo com o Mestre. Pensei que fosse encontrar um picolé de saddhu, mas qual nada. Logo que chegamos, ele, super energético, começou novamente a dar ordens e instruções. Achei interessante o fato de que ele havia me ensinado certos ásanas no dia anterior e insistido para que os executasse de uma determinada maneira. Neste segundo dia, ensinara ásanas (pronuncie "*ássanas*") novos e revisara os do dia anterior, só que queria que eu os fizesse de outra forma. E no terceiro dia ia querer de uma outra maneira. Talvez fosse para me tirar a imagem estereotipada de que só há uma forma estanque de executar e mostrar-me que diversas variações podem estar igualmente corretas. Ou, possivelmente, seria sua intenção produzir um resultado evolutivo, diferente a cada dia.

Mandou-me sentar à sua frente e repetir os mantras que fazia. Quando não vocalizava exatamente igual, ele rosnava alguma coisa em hindi, cuja tradução era perfeitamente dispensável. Depois fez o mesmo com a meditação. Assim que me dispersava, ele grunhia, como se estivesse vendo o que se passava dentro da minha cabeça.

Novamente o guia começou a ficar nervoso, só que desta vez atendi logo. Deixei um pújá, despedi-me da forma convencional e descemos.

O terceiro dia foi o melhor de todos. Dava para sentir a energia no ar. Percebi que estava entrosado. O Mestre não rosnou nenhuma vez. Em dado instante, enquanto eu executava um ásana, ele me passou o kripá, um toque que transmite a força e confere ao iniciado o poder de, por sua vez, transmiti-la aos seus discípulos.

Após o kripá, o próprio saddhu considerou encerrada a aula e, pelo visto, o curso. Mandou-nos embora como quem já tinha feito o que devia e entrou na caverna.

Na manhã seguinte, subimos outra vez, só que não encontramos mais o ermitão. Não estava na caverna nem nas imediações. Esperamos até tarde. Ele não voltou. Assim, compreendemos que havia considerado completa a iniciação que me conferiu nos três dias. Descemos e não subimos mais.

OS MESTRES NÃO SÃO DE AÇÚCAR

Uma coisa dura de se descobrir sozinho, como o fiz, é que os Mestres indianos não são suaves nem bondosos como os pinta a nossa imaginação cristianizada. No cristianismo, é preciso ser bom para se obter progresso espiritual e aprovação da comunidade. No Yôga hindu, a ênfase é dada à autenticidade, ao poder interior e ao esforço prático pelo progresso. A bondade pela bondade é uma virtude menor. Mais vale um Mestre severo e agressivo, mas que tenha um conhecimento verdadeiro, saiba ensinar e realize uma obra forte, do que um outro piedoso, contudo menos competente, que pouco saiba e nada realize de útil. Destarte, logo concluí que o saddhu da montanha, que rosnava, era uma dama de *politesse*, em comparação com outros que vim a conhecer.

Certa vez fui prestar homenagem a um swámi, levando-lhe um pújá de frutas. Ele olhou de cara feia, não aceitou e fez um comentário em hindi com péssimo tom de voz. Uma pessoa presente, que entendia hindi e falava inglês, me explicou:

Imensa estátua de Shiva, o criador do Yôga Pré-Clássico.

– Ele disse que você não tirou os sapatos para falar com ele.

Há mais de quarenta anos eu não sabia nada de etiqueta hindu nem das hierarquias vigentes. Então, preparei-me para acatar o ensinamento de boas maneiras: tirei os sapatos e voltei a oferecer-lhe o pújá. Recusou novamente.

214 QUANDO É PRECISO SER FORTE

– Ele disse que você está com as mãos sujas pois, ao se descalçar, tocou os sapatos.

Lavei as mãos, retornei, descalcei-me sem tocar os sapatos e ofereci outra vez. A cena se repetiu.

– Agora ele disse que você está lhe oferecendo os frutos com as duas mãos e é sabido que para os hindus a mão esquerda é impura.

Eu deveria ter continuado a receber minha lição de humildade e de etiqueta, até que ele aceitasse o pújá, mas creio que eu era muito orgulhoso e tinha chegado ao meu limite, afinal, se ele era Mestre eu também era, conquanto mais jovem. Assim sendo, pedi que lhe traduzissem o meu recado:

– Por três vezes tentei fazer uma oferenda à divindade encarnada em seu corpo e por três vezes ela recusou. Devo entender que esse corpo já está muito bem nutrido e que a divindade que habita em todos nós ficará mais satisfeita se a oferenda lhe for feita através desta criança faminta.

E, dizendo estas palavras, dei as frutas a uma menina mal nutrida que assistira a tudo com um olhinho comprido para elas. Esta aceitou-as imediatamente com um sorriso que iluminou sua face e o meu coração. Quando me recordo da cena, não posso evitar as lágrimas. A mãe dela, agradecida, deixou o mestre para lá e tentou me beijar os pés em sinal de grande reverência segundo a tradição, o que não permiti, porquanto a minha tradição discorda e, naquele momento, eu já estava meio saturado de tradições.

Outro fato que chocou de início a minha inocência juvenil, foi a cena inesperada de um swámi atirando pedras nos macacos que andam soltos pelos mosteiros. Mas, logo entendi. Os macacos disputam palmo a palmo aquele território com os homens, há séculos. Quando encontram uma janela aberta, eles entram para roubar coisas. Se alguém invade seus domínios com frutas nas mãos, os macacos atacam para tomá-las e podem ferir a pessoa se ela reage. Então, aprendi que as frutas devem ser carregadas dentro da bolsa, mulheres não devem portar pacotes – os monos já aprenderam que elas são mais atemorizáveis

– as janelas devem ficar fechadas e nada de achar os símios bonitinhos. Pode-se acabar levando uma mordida feia.

Descobri também outra coisa. Quanto mais rude for o Mestre, mais elevado ele está na escala do mosteiro. Se alguém que ainda não o conhece lhe receber com muita simpatia e educação, é possível que seja um noviço sem nenhum conhecimento. Os Mestres só se tornam mais amáveis quando nos conhecem melhor, ou quando lhes somos apresentados por alguém que eles prezem. O mais amável que conheci entre todos os que ocupam altos postos, foi o sábio Srí Swámi Krishnánandaji, da diretoria do Sivánanda Ashram. Muito culto e inteligente, ele conseguia ser, ao mesmo tempo, educado, afável e muito bem-humorado. Também gostei sobremaneira do tratamento que me foi dispensado no Srí Aurobindo Ashram, em Delhi, pela Dirigente Miss Tara; no Yôgêndra Yôga Institute, em Bombaim (hoje, Mumbai), pelo Dr. Jayadêva; no Muktánanda Ashram, em Ganêshpuri, pelo próprio Muktánanda; e no Kaivalyadhama, em Lonavala, pelo Dr. Gharôte. Para não dizer que gostei de todos, em Puna, não gostei do Iyengar. Era extremamente rude como o próprio método que ensinava. Também em Puna, não simpatizei com o Rajneesh (que mais tarde adotou o nome de Osho), mas logo atribuí isso ao fato de que sua linha, bastante californizada, não era de Yôga – era só de Tantra.

OS MESTRES EXIGEM LEALDADE ABSOLUTA

Eu estava hospedado em um ashram nos Himálayas e lá também havia um grupo de europeus muito entusiasmados com o que vinham descortinando a respeito do Yôga. Tão entusiasmados que ansiavam por experimentar de tudo, conhecer todos os Mestres, comprar todos os livros, frequentar todas as escolas. Em termos de ética oriental, era o pior erro que poderiam cometer.

Certa noite, convidaram-me para visitar com eles o ashram vizinho ao nosso, onde haveria uma festividade com sat sanga e mantras. Agradeci, mas disse-lhes que não estava interessado no que outra escola pudesse oferecer. Eu já havia elegido uma orientação e tinha definido muito bem o programa de discipulado que me interessava:

estava satisfeito com o ashram que me acolhia e não padecia de curiosidade crônica.

Srí Ramánanda, em Rishikêsh.

– Por falar nisso – perguntei-lhes – vocês pediram autorização ao seu Mestre para ir a outro ashram?

– Imagina! Não é necessário! Nós só vamos lá para conhecer...

Como não era da minha conta, calei-me e fiquei quieto. Mas outros não ficaram. No dia seguinte, o Mestre mandou chamá-los e sentenciou:

– Ontem à noite vocês foram vistos entrando no nosso ashram bem tarde, vindos dos festejos que tiveram lugar no mosteiro vizinho. Já que estão interessados no trabalho que se faz ali, mudem-se para lá. Hoje vocês já não recebem aulas, não comem nem dormem mais aqui.

Um dos europeus ainda ensaiou ficar indignado e reclamou comigo que aquilo era mesquinharia. Logo comigo, que compreendia a coisa pela mesma óptica de Mestre e sentira na carne as ingratidões de um comportamento desleal como o dele.

– Pode chamar do que você quiser – disse-lhe. – Eu chamo a isso disciplina. O que você fez foi, no mínimo, uma grande falta de educação. O fato é que a escola é dele: ou você obedece às regras da casa ou sai dela.

Na verdade, esse já não podia escolher entre as duas opções, pois estava expulso e os Mestres do Oriente raramente reconsideram.

DeRose, em 1980, executando matsyêndrásana diante de um templo na cidade de Khajuraho.

O SANNYASIN

Um dia meu instrutor de ásanas me levou à floresta para conhecer um velho saddhu que havia renunciado a tudo: família, casta, nome, propriedades, roupas, absolutamente tudo. Sua única posse era uma cuia que utilizava para comer e beber água. Imagine uma pessoa que só possui uma cuia e nada lhe faz falta!

Como ele falava inglês, pudemos comunicar-nos. Parecia ser um homem muito culto. Era um verdadeiro sábio. Em dado momento, percebi que no calor da conversa ele passava a frente da velocidade com que eu conseguia colocar as ideias em palavras e começara a responder minhas questões antes que as formulasse. Estava simplesmente lendo meus pensamentos.

Aproveitei para consultá-lo sobre os siddhis, pois no Brasil os ensinantes da Yóga tinham tanto medo disso que o assunto virou tabu e não se podia, sequer, mencioná-lo sem gerar violentas reações de protesto. Uns achavam perigoso. Outros declaravam que desenvolver os siddhis era censurável por motivos éticos.

– Isso é meramente uma questão de opinião. Há Mestres que são a favor dos siddhis uma vez que estes facilitam a vida do praticante e ainda lhe dão a convicção de que está obtendo progressos com a sua prática de Yôga. Outros Mestres são contra e opinam que tais progressos observáveis ocorrem unicamente na área do psiquismo e que as verdadeiras conquistas estão muito além desses planos medianos.

Alguns Mestres – continuou – são a favor, pois nem se detêm a analisar a questão e encaram os siddhis com muita naturalidade. Pode haver, afinal, milagre maior do que o fenômeno da digestão, da reprodução, da vida em si? Diante de tais milagres da natureza, que notoriedade pode ter uma simples viagem astral? Outros são contra, já que os siddhis dispersam o interesse e a concentração dos discípulos para meros folguedos tais como levitar ou materializar objetos. Tais poderes são tão fúteis comparados com o samádhi, que muitos yôgis não lhes dão importância alguma, embora o leigo fique fascinado com a ideia. Outros despertam o siddhi da palavra, o do olhar, o da criatividade, o do carisma, que são mais importantes e produtivos do que levitar.

E concluiu:

– Se você quiser usar os seus siddhis, use-os. Mas jamais fale deles. Se alguém duvidar de que você os tenha e o desafiar a demonstrá-los, diga a essa pessoa que ela pense o que quiser e que você não perde tempo com tais bobagens. É o que são: bobagens, úteis e fúteis a um só tempo.

Terminada a conversa, agradeci:

– Obrigado, sannyasin.

Mas ele me corrigiu categoricamente:

– Não sou sannyasin.

– Pensei que fosse, pois vejo que o senhor fez voto de sannyasa (renúncia) e desapegou-se de tudo...

Foi quando ele me deu a resposta contundente:

– De tudo, não: ainda tenho o meu ego.

Foi mesmo uma lição para aqueles pretensiosos ou iludidos que não renunciaram a nada e saem por aí alardeando-se sannyasins, só por terem-se convertido a alguma seita exótica.

DeRose em 1999, seu 24º. ano de viagens à Índia, ofertando a edição publicada na Espanha do seu livro (hoje ampliado e editado com o título *Tratado de Yôga*) à Miss Tara Jauhar, dirigente do Srí Aurobindo Ashram, em Delhi.

OS MÁGICOS

Na Índia, os mágicos pertencem a uma sub-casta específica e seus truques vêm sendo ensinados de pai para filho há centenas de anos. Graças a isso, desenvolvem sua arte até às raias do impossível. E fazem-no sem nenhum recurso tecnológico, pois exercem na rua, no chão de terra, onde não há possibilidade de truques com espelhos ou fundos falsos.

Em uma das viagens, nosso grupo foi abordado na rua por um desses mágicos, que logo propôs:

– Se não gostarem não precisam pagar.

Aceitamos, mesmo sabendo que acabaríamos tendo que pagar de qualquer jeito. Sentamo-nos em círculo e ele no meio. Começou com o truque elementar das três cabaças e uma bolinha de pano, para que a assistência adivinhasse sob qual delas estaria a bolinha. Mostrou as cabaças e a bolinha. Todos as examinaram. Ele colocou a bolinha sob uma das cabaças e as embaralhou propositadamente devagar, sobre o chão de terra, na rua. Quando achou que bastara de movimentar as peças, perguntou:

– Onde está a bolinha?

Todos apontaram para a mesma cabaça, pois ele embaralhara tão lentamente que era fácil acertar. Ele levantou a cuia e... não estava lá! Olharam dentro da cabaça. Não estava mesmo. Bem, quem sabe, nesta outra? Também não. Então, tem que estar nesta última. Mas... também não estava! Ele explodiu numa sonora gargalhada. Olhou para o vento e invocou:

– Charlie!

Voltou-se para nós e mandou que recolocássemos, nós mesmos, as cabaças emborcadas no chão e as embaralhássemos. Aí levantou a primeira: a bolinha estava lá! Com um sorriso maroto levantou a segunda: também havia uma bolinha ali. Levantou a terceira: também estava lá. Outra gargalhada. E outra invocação ao vento:

– Charlie!

Mandou que puséssemos as três bolinhas sob uma só cabaça e embaralhássemos. Ficamos de olho. Ele foi direto nela. Levantou-a: não havia nada ali. Levantou a segunda: lá estavam as três. Levantou a terceira: rolaram tantas lá de dentro que depois foi impossível recolocá-las, pois não cabiam mais no mesmo espaço!

Era impossível. Não havia mangas, nem fundos falsos. Era dia claro e estávamos todos em torno dele, à frente, atrás, dos lados, com espertos olhos, observando atentamente. Pedíamos que repetisse e olhávamos todos juntos, bem de perto. Nada. O truque era mesmo perfeito.

Pegou uma bolinha e pôs na boca. Quando a retirou ela estava em chamas. Truque barato. Então soltou a fumaça que havia ficado na boca. Em seguida mais fumaça. E mais. E mais, mais, muito mais. Ficamos envoltos em fumaça saída da boca do mágico, como se ele fosse um dragão com dispepsia. Que truque poderia fazer aquilo acontecer diante dos nossos olhos?

Alguém lembrou-se de advertir:

– Cuidado com as carteiras e passaportes, que podem aproveitar o *fog* para fazer a limpa!

Aí, ele tirou uns pregos tortos e enferrujados de dentro da boca. A essa altura já não nos impressionávamos com isso. Mas ele começou a regurgitar uma quantidade enorme, infindável, de pregos enferrujados e secos. Sim, secos, sem um mínimo de suco gástrico. Não podiam estar vindo do seu estômago.

Depois, mandou que déssemos um nó num lenço. E que cada um puxasse de um lado para que ficasse bem apertado. Pegou o lenço numa extremidade, sacudiu-o e... o nó sumiu.

Após uma variedade de truques sofisticados, mandou que cada um de nós pensasse num perfume e em seguida friccionasse o dorso das mãos e cheirasse. Quem pensou em rosa, lá estava esse perfume. Quem pensou em jasmim, lá estava ele. Quem pensou sândalo, lá estava sândalo. Para nos precavermos contra a possibilidade de alguma hipnose coletiva, cada um cheirou a mão do outro sem saber em que perfume ele havia pensado. E constatamos: o perfume estava lá e conferia.

Sempre antes de cada fenômeno ele invocara o tal de Charlie. Então, contestamos:

– Assim não vale. Você disse que era mágico. Usando poderes paranormais e invocando o elemental Charlie, é fácil. Isso não é mágica: é siddhi.

Ele respondeu:

– Se me pagarem mais vinte rupias eu ensino o truque e aí vocês vão constatar que é ilusionismo.

Pagamos e constatamos. Era mesmo truque!

Já imaginou se um desses prestidigitadores quisesse fazer-se passar por Mestre espiritual, usando seus "poderes" para convencer as pessoas? É o que ocorre com muita frequência, tanto na Índia, quanto no Ocidente.

HÁ QUE PÔR AS FANTASIAS MALSÃS POR TERRA

Na minha primeira viagem à Índia, eu estava almoçando num restaurante rural em Rishikêsh e à minha frente almoçava um swámi. Ao terminar, ele tirou algumas rupias de dentro dos andrajos com os quais se vestia, e pagou a refeição. Um ato corriqueiro, mas eu, muito jovem, ocidental e ainda com as sequelas do espiritualismo, fiquei chocado. Um monge hindu, mexendo com dinheiro! Se ele o tinha é sinal de que ganhava o vil metal...

Alguns segundos depois do choque inicial, tive um lampejo de lucidez e concluí: se ele não tivesse o seu dinheiro, ganho com o seu trabalho – talvez dando aulas – como pagaria a refeição? Se ele não pudesse pagar, então, quem pagaria? Ninguém pagaria? Seria justo para o dono do restaurante, que também tinha seus credores e família para sustentar? A solução seria o monge não comer? Ou deveria parasitar a sociedade e explorar os que trabalham noutras profissões, mendigando-lhes seu sustento?

Claro que não. Nenhuma dessas alternativas poderia ser uma solução sensata. Portanto, estava evidentemente correto que o swámi tivesse dinheiro e pagasse honestamente pela sua comida. Nem poderia ser de outra forma. Só uma mente mal educada e cheia de fantasias nem um pouco saudáveis poderia esperar que fosse diferente.

O pior é que, assim como eu pensava na imaturidade da minha juventude alternativista, ainda há muita gente supostamente adulta imaginando que, mesmo um instrutor de Yôga técnico, um profissional, que também tem sua família para sustentar e contas a pagar (até para manter seu estabelecimento de ensino), não deve cobrar os justos honorários pelos serviços que presta.

A BUSCA DA CONFIRMAÇÃO

Em 1975, eu tinha ido à Índia para, ou confirmar a exatidão do que ensinava, ou mudar de método. Entretanto, compreendi que essa empreitada não seria tão fácil. Aprendi que é preciso atentar para certas filigranas ao consultar um Mestre hindu. É preciso conhecer a psicologia desse povo e levar em consideração que foi colônia oprimida pelos ocidentais até há bem pouco tempo, o que o tornou ressabiado. Há que levar em conta também suas tradições milenares.

Por exemplo, eles consideram que um Mestre hindu não deve sair da sua pátria para ir lecionar noutros países. O discípulo é que tem que ir atrás dele. Esse princípio coloca em posição desabonadora perante os indianos, todos quantos vieram ao ocidente ensinar, seja lá o que for: Yôga, Vêdánta ou Música.

Ainda aparentado àquele princípio, eles têm um outro, comum a quase todos os povos orientais: consideram que o ocidental é um curioso, um fraco, um indisciplinado, um aluno desleal e questionador compulsivo. O pior é que eles têm razão... Mas o problema é a generalização, fazendo pagar o justo pelo pecador. Assim, hoje sei que é muito difícil conseguir que um hindu considere de boa qualidade o trabalho de um ocidental, a menos que este já tenha tido seu valor reconhecido, como foi o caso de Sir John Woodroffe, citado até por Sivánanda.

Mais uma coisa: a palavra Tantra, pronunciada por ocidentais passa a ter outra conotação. Como temos uma visão distorcida do Tantra, sempre que fazemos perguntas a respeito, os Mestres indianos já prejulgam:

— Esse aí é mais um turista à cata de erotismo exótico.

E não lhe dão informação alguma. Quando quiser indicação séria de livros, escolas ou Mestres tântricos, não use esse termo. Diga que procura livros ou Mestres de linha Shakta e você acaba chegando lá. Ou mostre que sabe do que está falando e vá logo esclarecendo que é de linha branca, já que a negra não é bem conceituada. Diga que deseja ensinamentos Dakshinacharatántrika. Esta linha é muito respeitada. Felizmente, é a nossa.

Para você ter uma ideia de como funciona tudo isso, vou lhe contar como consegui parte das confirmações que buscava.

Quando era mais novo tentei consultar uma grande autoridade em Yôga antigo. Fui chegando e abrindo o jogo:

– Mestre, eu sou instrutor de Yôga na minha terra e gostaria de lhe fazer umas perguntas.

– Instrutor de Yôga, eh? Quantos anos você tem? Vinte e quantos? Você é muito jovem. Não sabe nada.

– O senhor tem toda a razão, Mestre. Por não saber nada, quero fazer estas perguntas, para aprender alguma coisa.

– Está bem. O que é que você quer?

– Após muito estudo, meditação e prática, sistematizei um método e queria saber se está correto.

– Está errado.

– Más Mestre, eu ainda não descrevi o método.

– Está errado: você não é hindu, não pode criar métodos.

– Eu não criei coisa alguma. Apenas sistematizei, baseado nos Shástras e em tudo o que já existe no Yôga antigo. Posso descrever o método?

– Hum!

– A característica principal é nossa prática denominada ashtánga sádhana, constituída de mudrá, pújá, mantra, pránáyáma, kriyá, ásana, yôganidrá, samyama; e nossa fundamentação é Sámkhya e Tantra.

– Não presta. Está tudo errado. Vocês pensam que sabem muito. Vá estudar, que você é muito jovem. Não pense mais em criar algo novo. É o antigo que tem valor.

DeRose 225

Eu concordava com o que ele havia dito e teria desanimado com relação às minhas pesquisas, se não houvesse percebido uma evidente má vontade em ouvir e avaliar. Por isso, fiz o inesperado. Voltei à Índia tempos depois e fui procurá-lo outra vez. Ele não se lembrava mais de mim, pois todos os anos passavam muitos ocidentais por lá. Além disso, nesse ano meus cabelos começaram a ficar grisalhos e tomei a precaução de me bronzear bem ao sol de Ipanema antes de iniciar a viagem. Eu já sabia que alguns indianos não permitem muito acesso a pessoas de pele clara. Para eles, a tez muito branca lembra a opressão imposta pela dominação britânica. Vesti-me, como sempre, com as tradicionais roupas e calçados indianos para demonstrar boa vontade e aceitação da sua cultura. Também aprendi em viagens anteriores que geralmente eles não simpatizam com *hipongas* alternativoides e dão mais atenção a pessoas que lhes pareçam sóbrias e bem sucedidas na vida, ou seja, pessoas aparentemente estáveis. Logo, mais confiáveis e capazes de realizar um trabalho sério.

Desta vez, aos 40 anos de idade, a abordagem foi diferente:

– Mestre, eu sou um estudante de Yôga na minha terra e gostaria de lhe fazer algumas perguntas.

– Perfeitamente, meu filho. Pode perguntar.

– Baseado nos Shástras, após muito estudo, meditação e prática, cheguei a um método que queria submeter à sua apreciação.

– Continue.

– É fundamentado na linhagem Dakshinacharatántrika-Niríshwara-sámkhya. A prática característica é o ashtánga sádhana, constituída por mudrá, pújá, mantra, pránáyáma, kriyá, ásana, yôganidrá, samyama. Na sua opinião isso é invencionice de ocidentais ou lhe parece legitimamente hindu?

– É hindu, sem dúvida. Um ocidental não inferiria uma estrutura ortodoxa desse tipo.

– Mas não parece coisa surgida no século vinte?

– De forma alguma. Pelo que você acaba de descrever, é um Yôga muito antigo. Tão antigo que hoje já não existe mais na Índia. Como você chegou a ele?

– Eu o sistematizei, Mestre, certamente baseado nas Escrituras e na herança ancestral dos yôgis que nos precederam nesta senda. Sou aquele instrutor que esteve aqui para consultá-lo uns tempos atrás e, por não saber como articular corretamente as perguntas, passei-lhe uma ideia errada do método.

– Como é mesmo o nome desse Yôga?

– SwáSthya Yôga.

– É o próprio Shiva Yôga ou Dakshinacharatántrika-Niríshwara-sámkhya Yôga. Uma preciosidade. Continue sua pesquisa. Você está no caminho certo.

Quase soltei foguetes. Contudo, tanto neste caso quanto na maioria das vezes, quando perguntava onde encontrar ensinamentos desta linhagem nobre e pré-clássica, a resposta era a mesma: já não existe mais. Então, fui procurar os fragmentos, tal como o faz um arqueólogo quando quer reconstituir um objeto antigo que, por inteiro, já não existe.

Passei a procurar em separado, o Dakshinacharatántrika por um lado e o Niríshwarasámkhya por outro. Assim, acabei encontrando uma escola Shakta de tendência Vêdánta e uma Sámkhya (Sêshwarasámkhya) de tendência Brahmáchárya. Mas já era alguma coisa.

Na escola Shakta (Yôga Shaktí Mission, na época, situada em: 11 Jaldarshan, 444 Nepean Sea Road, Bombay) fui informado de que o Dakshinacharatántrika ainda existe na Índia, mas hoje não é mais Sámkhya como na antiguidade e sim, Vêdánta. E que podia ir desistindo de fazer contato por tratar-se de escola secreta e ainda mais fechada a ocidentais do que as outras. De qualquer forma, recebi, ali mesmo, muitas instruções úteis e reconfirmações de que o SwáSthya Yôga era de inspiração pré-ariana e de que as bases tântricas estavam bem orientadas. Indicaram-me também vários estudiosos na Índia, Europa e Estados Unidos, com os quais poderia trocar ideias, visitando-os ou me correspondendo com eles.

Quanto ao Sámkhya, a única escola realmente boa de Yôga Sámkhya que encontrei era Brahmáchárya (Yôgêndra Yôga Institute, Santa Cruz East, Bombay). O tipo de Sámkhya era Sêshwarasámkhya, diferente do que buscávamos, mas pude aprofundar-me o suficiente para compreender o Niríshwarasámkhya. Pude confirmar também que o Niríshwara é mais antigo do que o Sêshwara, sendo que este já é mais antigo do que a tendência Vêdánta no Yôga (a escala de antiguidade, portanto, seria: o Yôga Sámkhya é mais antigo do que o Yôga Vêdánta; e o Niríshwarasámkhya, mais antigo do que o Sêshwarasámkhya.).

Há umas poucas outras escolas de Yôga de linha Sámkhya, mas acabei não me interessando em obter indicações de como encontrá-las, uma vez que muitas fontes fidedignas qualificam aquela onde estudei como a melhor da Índia. Também não teria adiantado muito, pois seriam todas de linha clássica (Sêshwarasámkhya e Brahmáchárya) e não pré-clássica (Niríshwarasámkhya e Dakshinacharatántrika), que era o que buscávamos. Segundo fontes abalizadas da Índia, o Niríshwarasámkhya Yôga não existe mais. Está extinto. Muito mais ainda o Dakshinacharatántrika-Niríshwarasámkhya Yôga. Esperamos que, pelo menos na memória do leitor, o nome enorme das nossas raízes não seja extinto, pois repetimos a mais não poder nestas últimas linhas!

Por outro lado, poderíamos encontrar confirmações e dados preciosos numa bibliografia selecionada que nos foi fornecida. Alguns dos livros, não os conseguimos encontrar nem na própria Índia. Outros eram obras célebres que logo nos pusemos a estudar.

O SwáSthya existe na Índia?

Por falar em livros, anos depois, uma ex-discípula muito querida que na época tinha uma academia em Curitiba, Profª. Riva Pimentel, escreveu-nos da Índia, onde tinha ido fazer um curso. Ela é formada em biblioteconomia e foi xeretar os arquivos das bibliotecas indianas. Encontrou a ficha de um livro com um título que lhe chamou a atenção: *Yôga aur SwáSthya*. Porém, o livro não existia mais lá. Com os dados da sua carta, no ano seguinte voltei pela enésima vez à Índia e fui a todas as bibliotecas que pude encontrar. Em algumas, localizei a ficha do livro, no entanto, já não havia nenhum exemplar. Numa delas, o bibliotecário-chefe me sugeriu procurar nas livrarias de Delhi.

DeRose nos Himálayas, às margens do Rio Ganges, em 1982 expondo aos saddhus a codificação do SwáSthya Yôga.

Acontece que nelas não sabiam de que se tratava. Então, ocorreu-me que na Índia há livrarias especiais que só vendem livros em hindi, língua que não é lida por estrangeiros curiosos. Aí não foi difícil achar o livro. Na décima segunda livraria hindi que visitei havia um exemplar. O funcionário, solícito, foi lá dentro buscá-lo. Só que (eu não sabia) é uma instituição de mercado indiana: quando você pede um produto e o vendedor não tem ele lhe empurra outro com a cara mais deslavada. Assim, quando ele me entregou o livro... era um segundo trabalho com título semelhante: *SwáSthya aur Yôgásana*. Comprei incontinenti o que encontrei, pois era muito importante tê-lo para aplacar o argumento dos detratores, de que o SwáSthya Yôga não existia na Índia e de que a própria palavra SwáSthya tivesse sido cunhada por nós.

A data de publicação proporcionou uma boa dose de estímulo. Havia sido publicado na Índia em 1982! Portanto, o *Prontuário de SwáSthya Yôga* não pode ter-se inspirado nele, já que foi editado no Brasil em 1969. Até bem que poderia ter ocorrido o contrário, isto é, traz-nos grande satisfação imaginar que o nosso livro poderia ter inspirado o outro. O fato é que o *Prontuário de SwáSthya Yôga* foi introduzido na Índia a partir de 1975 e doado a diversas bibliotecas, escolas, mosteiros e Mestres.

Quanto à língua, há indianos que entendem português, já que parte da Índia foi colonizada pelos lusitanos. Quando fizemos o curso no Yôga Institute de Bombay, nossas aulas de Sámkhya foram dadas em português por um Mestre hindu nascido em Goa. Em Rishikêsh, todos os anos tivemos a oportunidade de aprofundar-nos em filosofia e sânscrito em animados diálogos, travados também em português, com o Swámi Turyánanda Saraswati.

TUPI OR NOT TUPI

Nas escolas de orientação Brahmáchárya, em geral as mulheres não praticam Yôga. Há exceções, mas mesmo nessas mais liberais, elas não costumam lecionar nem galgar postos de liderança. Por isso, representou uma grande conquista do nosso Método, o fato de uma discípula nossa, a Profª. Rosângela de Castro, de Saquarema (RJ), já na sua quarta viagem à Índia, ter sido convidada a ministrar o SwáSthya Yôga. E – justo onde? – numa escola ortodoxa brahmáchárya!

Tempos depois, fui mais uma vez à Índia. Como sempre, participei de uma aula de Yôga. No meio da prática, o professor indiano começou a utilizar regras gerais e algumas outras características do nosso Método. Foi um choque. Primeiro a satisfação de ver que tudo estava se confirmando cada vez mais. Em seguida foi de lástima, pois, se o instrutor hindu as utilizava, nesse caso não eram originais da nossa codificação. "Vai ver", pensei, "que só não constavam nos livros, porém talvez fizessem parte da tradição oral." Fiquei estarrecido, porquanto havia declarado que tais características eram exclusivas do nosso Método.

Chegando ao Brasil, casualmente comentei o fato com outra aluna, Vera Buso e Silva, de Ribeirão Preto, que tinha morado nesse mesmo mosteiro por um tempo razoavelmente longo. Disse-lhe que, por questão de honestidade, teria que fazer um comunicado público confessando ter me equivocado nesse pormenor e estava desolado por isso. Eu inconsolável e ela rindo. Quanto mais aborrecido ficava, mais ela se ria. Até que perguntei:

– Verinha, qual é a graça?

E ela me disse, tentando controlar o riso:

– É que fiz o curso com aquele professor, antes e depois de a Rosângela ministrar Yôga na Índia. Depois que assistiu a aula da Ro, ele mudou a aula e adotou inúmeras coisas do SwáSthya Yôga. Noutras palavras, ele estava ensinando a você o seu próprio Método![80]

Mais um acaso: se não fosse o testemunho da Verinha, a história do SwáSthya Yôga teria sido radicalmente alterada e, muito provavelmente, você não estaria lendo este livro. Continuaríamos até hoje achando que o nosso Método era um equívoco, justamente por termos visto um Mestre hindu acatá-lo e adotá-lo numa conceituada escola da própria Índia, após tê-lo aprendido com uma discípula nossa!

---

80 Este relato é de 1980. Com o passar dos anos, nosso trabalho foi ficando cada vez mais conhecido e respeitado na Índia. Muitos anos depois destes fatos, a espanhola Marta Carrascal foi à Índia procurando por um Yôga mais autêntico. Comentando isso em Rishikêsh, recebeu a indicação de que se buscava o melhor, deveria procurar pelas escolas do DeRose. Marta encontrou uma escola nossa em Barcelona. Tornou-se aluna e, posteriormente, formou-se como instrutora de SwáSthya Yôga.

A instrutora Mariana Chiavini me relatou um caso semelhante: "Minha aluna da Áustria, Daniela Prayer, conheceu o DeRose Method em Viena e falou sobre o nosso trabalho. Ela se interessou e entrou no site. Baixou livros e aulas, e foi nos buscar em Barcelona. "

O Prof. Carlo Mea, Diretor da Unidade Parioli do DeRose Method, de Roma, Itália, relatou outro caso: "Uma aluna da Unidade de Roma, Iuliana Mihai, ex-modelo e estilista romena, fez uma viagem para a Índia, em 2012, na qual visitou o Sivánanda Ashram. Durante um evento que contava com centenas de pessoas, o professor indiano perguntou quantos havia de cada tipo de Yôga. No final, perguntou se alguém praticava o SwáSthya. A Iuliana era a única e, quando levantou o braço, o professor exclamou: este é o mais puro de todos os Yôgas!"

SwáSthya Yôga Centre

Um dia encontrei na Índia uma entidade denominada SwáSthya Yôga Centre (o mesmo que "center") e lá fui eu visitá-la, com um misto de curiosidade, alegria e apreensão. Seria uma instituição de SwáSthya Yôga? Que coincidência extraordinária!

Lá chegando, vi que era apenas um centro de saúde que utilizava o Yôga como meio de devolver o bom funcionamento do organismo. Na verdade, traduzir-se-ia seu nome como *Centro de Saúde através do Yôga.* Nada tinha a ver com o SwáSthya Yôga: método SwáSthya, de Yôga. É que no hindi, uma das línguas mais faladas hoje naquele país, *SwáSthya*, que nessa língua moderna se pronuncia "*suásti*", significa simplesmente *saúde*. No entanto, utilizamos o termo *SwáSthya* em sânscrito, que se pronuncia "*suástia*", e significa, segundo o *Sanskrit-English Dictionary* de Monier-Williams (página 1284), **auto-suficiência (*self-dependence*)**, estado de vitalidade (*sound state*), do corpo e da alma, saúde, conforto e satisfação. Muito mais abarcante.

> स्वास्थ्य *svāsthya*, n. (fr. *sva-stha*) self-dependence, sound state (of body or soul), health, ease, comfort, contentment, satisfaction, MBh.; Kāv. &c.

Pelos precedentes acima, devemos tomar muito cuidado antes de sair afirmando isto ou aquilo sem ter certeza. E, ainda quando tivermos certeza, manda a prudência que reconfirmemos sucessivas vezes, mencionemos documentação bibliográfica e consultemos quem saiba mais a respeito. Mormente se tratar-se de Índia ou de Yôga, temas que fogem ao conhecimento do ocidental, mesmo da maior parte dos instrutores desta filosofia.

Evite ir à Índia desacompanhado do seu orientador

Depois de efetuar viagens à Índia durante 25 anos e de testemunhar as consequências positivas e negativas de alunos ou instrutores que viajaram para aquele país maravilhoso, devo prestar meu aconselhamento aos que eventualmente pensem em conhecer o lugar que, um dia, fora o berço da nossa tradição.

No passado, foi fundamental levar grupos de instrutores à Índia para que eles pudessem fazer as devidas comparações *in loco* e constatar a dimensão do nosso trabalho no resgate do Yôga Antigo. Hoje estou convencido de que, caso você seja formado instrutor na nossa escola e queira vivenciar esta cultura na Índia, só deve viajar para lá com autorização do seu Supervisor e na companhia dele. Acumulando essas medidas de segurança, a probabilidade é a de que colha unicamente resultados positivos da sua incursão.

Se um aluno em formação é informado de que não deve ir à Índia sozinho, nem com grupos desautorizados, e for assim mesmo, isso é uma declaração de que ele não acata a nossa orientação. Então, não precisa voltar para a nossa família. Que fique com a do grupo com que viajou. Ou que fique sozinho, se acha isso mais vantajoso.

UMA VIAGEM AOS HIMÁLAYAS

Este artigo foi escrito durante a minha primeira viagem à Índia, num alvorecer muito especial.

"1975. Pela primeira vez na vida, estou fora do meu país. Estou sozinho na Índia. E sozinho subi às montanhas para sentir a neve e ficar um pouco comigo mesmo, avaliando as experiências vividas neste país meio mágico.

É um silêncio impressionante. Tudo branco. Rapidamente entrei em meditação e nunca antes tinha ido tão fundo. Houve um momento em que meus olhos e aquilo que eles enxergavam tornaram-se uma só coisa. A tênue luminescência da tarde que se extinguia tornou-se um oceano de luz indescritível. Eu não era mais eu; nem estava mais confinado a este corpo, a este lugar ou a este tempo. Percebia, num clarão, o pulsar das moléculas e o palpitar das galáxias. Percebia, de uma forma libertadora, a minha própria pequenez e, ao mesmo tempo, a incomensurável grandeza do Ser. Compreendia, de uma forma impossível de descrever, que toda a matéria é ilusória como ilusória é a vida e a própria morte. E entendi que não poderia haver outra razão para o nascimento, senão a da aquisição deste bem-aventurado estado de consciência.

Eu estava dissolvido na Luz e eu era Luz, Luz que estava dissolvida no Som e que era Som, e eu oscilava etéreo nos acordes do Universo. Não estava no mundo exterior nem no mundo interior. Era como se existisse um outro que extrapolasse a dualidade do 'dentro e fora', do 'eu e não-eu', do 'ser e não-ser', para, afinal, fundir o tamas e o rajas na definitiva dimensão de sattwa.

Permaneci algumas horas assim. Quando, desafortunadamente, retornei à consciência limitada das formas, já era noite e eu estava banhado em lágrimas que congelavam meu rosto. Lembrei-me de que tinha um corpo e notei que estava no meio da neve, à noite, sem comida, sem lanterna, sem bússola... Olhei em volta, mas não enxerguei nada. A escuridão era total. Mesmo que não o fosse, minhas pegadas haviam sido cobertas pelo gelo que se acumulou à minha volta. Achei que ia morrer nessa noite.

Várias vezes questionei-me sobre esse momento e quis saber como reagiria. Pois foi uma sensação de imensa paz, como se houvesse terminado uma tarefa assaz árdua. Foi descontração, leveza e um sorriso. Recostei-me para sentir a sonolência do frio que apaga a chama da vida. E fiquei esperando pelo último compromisso, do qual ninguém escapa. Foi quando surgiram imagens na minha mente, recordando minha infância, desde fatos que eu já não lembrava mais, até os últimos dias na Índia, nos quais aprendera tanta coisa boa. Gostei de rever aquilo tudo: deu um saldo positivo. Só que... a missão não tinha sido cumprida. Tudo aquilo tinha sido só a preparação para algo maior que deveria ser feito por mim e começando pelo Brasil. Vi, em detalhes, tudo o que deveria fazer ao voltar ao meu país.

Então, decidi viver. Resolvi caminhar. Mas o meu corpo, habituado a temperaturas tropicais, não se movia mais. Mentalizei a cor vermelha e fiz bhastriká. Melhorou bastante. Senti o coração bater forte, a adrenalina no sangue e consegui caminhar. Porém, de que adiantaria caminhar na neve, no escuro? Surpreendi-me por estar me preocupando com isso depois das vivências a que tinha sido submetido! Cheguei à conclusão de que era preciso viver. Que a vida é uma dádiva sagrada e que eu tinha algo a realizar na Terra.

Concentrei-me em Shiva e estabeleci que se isso não fosse uma ilusão minha, se de fato fosse importante a realização dessa missão, eu intuísse o caminho.

Segui na direção intuída e não foi preciso caminhar muito tempo. Percebi uma luzinha. Era a caverna de um saddhu que só falava um dialeto incompreensível. Ele me serviu uma beberragem muito quente que sorvi com avidez. Não sei o que era. Não tinha álcool, mas era muito forte como se contivesse gengibre e outras especiarias. A bebida e o fogo aceso fizeram a minha cama e deixei-me adormecer imediatamente.

Fui acordado pelo milagre da vida que fazia renascer a luz, à medida que os raios de um sol gelado rasgavam as nuvens em minha direção.

Olhei em volta. Não havia ninguém, não havia caverna. Teria sido tudo um sonho, afinal, muito bonito?"

Parece que os pássaros gostam do DeRose. Das muitas vezes em que ocorreram cenas assim, duas delas foram capturadas por pessoas que tinham câmeras à mão.

Acima: Uma pombinha pousou no ombro do Mestre em um movimentado congresso de Yôga, em 1973. Alguém viu a cena e não resistiu: bateu uma foto.

Abaixo: Um pássaro pousou na cabeça de DeRose na saída do tumultuado Aeroporto de Mumbai, Índia, em 1980. Joris Marengo, Milton Aizemberg e Rosângela de Castro observam com fisionomias muito expressivas!

A LENDA DO PERFUME KÁMALA

Conta a lenda, que Muntaz era uma das esposas de um poderoso Maharája do Norte da Índia. Desalentada, via que seu senhor manifestava preferência pelas outras mulheres enquanto ela era rejeitada, apesar de procurar conquistar o coração do Rei, fazendo-se graciosa e tentando servi-lo da melhor maneira. Mas nada adiantava. As outras deviam ser mais adestradas nas artes do amor e colhiam os benefícios da satisfação do Maharája.

Certo dia, Muntaz procurou um Perfumista para que lhe preparasse uma essência a fim de ajudá-la a aprisionar o coração do Rei. O Perfumista, súdito daquele soberano, recusou-se a ajudá-la, temendo as consequências, caso fosse descoberto.

Muntaz, tomada de desesperança, recolheu-se às funções secundárias das esposas menos importantes e passou a tomar muito cuidado com as suas ações, pois os reis costumavam mandar matar as esposas inconvenientes.

Assim, ocupou-se da arte da perfumaria, tida em alta conta nas cortes indianas de antanho. Além dos incensos, era muito apreciada a utilização de fontes com chafarizes que, ao invés de água, jorravam água-de-colônia, para deleite do monarca e seus convidados.

Tempos depois, o reino foi visitado por nobres portadores de oferendas ao Marajá, constituídas pelas mais sutis fórmulas de todo o mundo, inclusive da Europa. Muntaz foi encarregada de servi-los como anfitriã e de aprender o que pudesse para aprimorar sua função.

O Perfumista-mor, homem idoso, cuja experiência o tornara observador de invejável acuidade, dirigiu-se a Muntaz e perscrutou:

– Alteza, notei que o coração de certa dama da corte está triste pela falta de retribuição do amor que devota ao seu esposo.

– Caro senhor, sua acutilância pode pôr em risco a privacidade dessa dama – respondeu a desditosa consorte, não com hostilidade, mas com indisfarçável tristeza.

– Asseguro-lhe que esse risco ela não correrá, porquanto posso ajudar tal dama com toda a discrição.

Ouvindo essas palavras, os olhos de Muntaz traíram a curiosidade, o desejo e a esperança. O ancião percebeu e sentiu-se encorajado a prosseguir:

– Uma das mais bem guardadas fórmulas que trago na memória, é a do perfume denominado Kámala. Seu aroma poderoso é capaz de despertar a paixão do homem e da mulher, estimulando o desejo dos dois parceiros tão intensamente, a ponto de restabelecer os fluidos vitais dos homens impotentes e das mulheres frígidas. Esse secreto perfume foi elaborado originalmente com o objetivo de aumentar a energia das pessoas para despertar nelas a força da criatividade, da sensibilidade e do dinamismo para o trabalho intelectual. Mas os antigos observaram que sob sua ação, surgiram as outras manifestações que enriqueciam a vida amorosa. Foi aí que o batizaram com o nome Kámala, que é o outro nome da flor de lótus. Vou lhe ensinar essa fórmula para que Vossa Alteza possa auxiliar a dama em questão, ou qualquer outra que o necessite.

Depois de ouvir tudo isso, Muntaz não podia recusar a oferta. Disse-lhe, então, o sábio perfumista:

– É preciso utilizar os mais fortes fixadores da natureza, para que este óleo fique tão impregnado no corpo a ponto de exalar o seu perfume por muitas horas e até dias. O âmbar, o civete e o almíscar conferem-lhe o fascínio da sensualidade. Por outro lado, o sândalo, a alfazema e a rosa de boa procedência proporcionam a nobreza, a delicadeza e a nota romântica do buquê. Isto é um grande segredo da perfumaria oriental, que o Ocidente ainda desconhece. Depois é só ir temperando com mais estas dezessete essências naturais, até ficar bem aveludado e macio. Finalmente, o Kámala deve ser posto a envelhecer num recipiente de cristal, cuja tampa precisa permanecer lacrada por um ano. Só depois desse tempo, pode ser utilizado. Mas atenção: a fórmula tem que ser preparada em noite de lua crescente e só se deve romper o lacre numa noite da mesma lua.

O perfume Kámala
(Carezza)

Muntaz fez exatamente como lhe havia sido ensinado. Um ano depois, muito emocionada, abriu o frasco. A fragrância invadiu seus aposentos. Conforme as instruções do velho perfumista, Muntaz resistiu à tentação e usou apenas três gotas na palma da mão, esfregou as mãos e, com elas, seu pescoço, colo e cabelos. Nessa noite, propositadamente, foi levar os quitutes ao Maharája. Este, ao sentir o perfume inebriante, pareceu notá-la pela primeira vez em tantos anos. Pediu-lhe que ficasse e se sentasse junto a ele. Perguntou-lhe por que haviam se distanciado e confessou-lhe o desejo de estar mais tempo em sua presença.

Assim, dia após dia, Muntaz foi conquistando o coração do Rei até que, finalmente, ele ficou loucamente apaixonado por ela e não se interessava mais pelas outras mulheres.

Conta-se que quando Muntaz morreu, o Marajá mandou construir um mausoléu enorme e lindíssimo em mármore branco, como jamais houvera outro igual em toda a Índia. E que, no palácio, encheu seus aposentos de espelhos dispostos de maneira que, onde quer que ele estivesse, pudesse vê-la em sua última morada. Hoje, repousa ao lado dela, realizando suas juras de amor eterno.

Nos séculos seguintes e até hoje, o perfume Kámala é considerado secreto e difícil de se conseguir, mesmo uma pequena quantidade. Somente os muito merecedores podem, eventualmente, obter um frasquinho com seu preceptor.

ESTA LENDA É APENAS UM CONTO ESCRITO POR MIM, INSPIRADO NA BELÍSSIMA HISTÓRIA DO TAJ MAHAL.

O PERFUME KÁMALA, HOJE DENOMINADO COREZZA (PRONUNCIE "CORÊTZA"), TRATA-SE DE UMA FÓRMULA QUE CRIEI. É OPORTUNO INFORMAR QUE NENHUM FIXADOR DE ORIGEM ANIMAL É UTILIZADO NA CONFECÇÃO DESTE PERFUME.

Dois sequestros no Oriente

Com tantos anos de viagens à Índia, era inevitável que alguns contratempos ocorressem vez por outra. Os mais inconvenientes foram sequestros dos aviões em que eu viajava.

No Irã

Em 1980, ocorreu a invasão da Embaixada Estadunidense no Irã e fizeram vários reféns que ficaram presos até 1981. Nesse ano, quando eu viajava novamente para a Índia, nosso avião desceu para abastecer na capital iraniana, Teerã, e as autoridades locais não permitiram mais que a aeronave decolasse.

Também não permitiram que os passageiros desembarcassem. Fazia um calor de quarenta graus. Os pilotos não tinham autorização para ligar as turbinas que acionariam o ar condicionado, o que tornou o calor insuportável. A água potável a bordo, acabou! Eu bendisse, mais uma vez, o fato de ter um excelente controle da sede. Os banheiros foram ficando cada vez mais emporcalhados, pois o uso do sanitário químico é previsto para um determinado número de utilizações, o qual foi superado cem vezes, pelo tempo e pelo medo que os passageiros sentiam. O mau cheiro na cabine era indescritível. As mulheres choravam, os homens tinham chiliques, pessoas passavam mal...

Não havia informações. Só sabíamos que as autoridades francesas estavam negociando por meios diplomáticos a nossa libertação. Hoje, imagino que foi uma sorte ter viajado pela Air France. Se tivesse sido pela Pan American, a situação teria sido bem pior.

De vez em quando uns militares passavam mandando que mostrássemos os passaportes. Nunca na minha vida gostei tanto de ser brasileiro. Eles foram bem rudes com os europeus e agrediram fisicamente os estadunidenses. Mas quando viram o meu passaporte – pasme! – foram muito cordiais, sorriram para mim e mencionaram o Pelé!

Lá ficamos por uma eternidade (o tempo não é distorcido pela emoção?). Finalmente, as negociações do Governo Francês deram certo e Teerã autorizou que o nosso avião levantasse voo. Pensei cá comigo: "Que ideia de jerico sair do conforto da minha casa e viajar para o Oriente! Nunca mais irei à Índia!" Mas, depois dessa experiência, voltei a fazer a mesma viagem por mais dezenove anos...

No Paquistão

Tempos depois, sobrevoando o Paquistão, passamos por um estresse ainda maior. Dois caças da Força Aérea Paquistanesa emparelharam com o nosso avião. Desta vez, era Pan American! Dispararam alguns tiros de advertência com seus canhões e obrigaram o piloto a descer em Karachi.

Assim que aterrissamos, um pelotão armado invadiu a cabine de passageiros, recolheu os passaportes de todos, mandou que desembarcassem e entrassem nos caminhões do exército que estavam à nossa espera. Nesses veículos fomos conduzidos a uns alojamentos. Como era noite e estava muito escuro, não sei ao certo se eram instalações militares, se eram cárceres ou se eram quartos de algum hotel de duas estrelas abaixo de zero. Pedidos de informações ou de esclarecimentos eram respondidos com a coronha dos fuzis, como você já deve ter visto no cinema.

Trancaram-nos e nos deixaram lá a noite toda, sem alimento, sem água, sem comunicação uns com os outros. Eu dormi a noite toda, mas teve gente que não pregou o olho. Na manhã seguinte, fomos escoltados de volta para o avião, decolamos e fomos felizes para sempre!

A medalha com o ÔM

Distintivo do yôgin

Um dia sonhei com um sábio hindu ofertando-me um objeto carregado de força ancestral, algo que se materializara em meio a um torvelinho de luz dourada na palma da mão dele, bem diante dos meus olhos. Quando a névoa de luz se dissipou e pude ver melhor, era uma medalha muito bonita, com aparência bem antiga e gasta pelo tempo, detentora de uma magnificência e dignidade tão evidentes que saltavam aos olhos. No centro, pude reconhecer o ÔM, símbolo universal do Yôga, em sânscrito, escrito em alfabeto dêvanágarí.

Foi apenas um sonho, sem nenhuma pretensão a precognição. Mas um sonho nítido e forte, cuja lembrança permaneceu clara em minha memória por muito tempo.

Passaram-se os anos. Fui inúmeras vezes à Índia, por mais de vinte anos. Nos Himálayas, frequentei um mosteiro muito conceituado, onde tive aulas de diversas modalidades de Yôga. Lá havia uma biblioteca com obras raras e preciosas, algumas bem antigas. Foi remexendo num desses livros que encontrei o ÔM com um traçado que me fascinou. Era esteticamente superior aos que habitualmente aparecem na maior parte dos livros. Havia uma harmonia e um equilíbrio impressionantes. Deixei-me viajar por dentro de suas linhas de força e entrei em meditação profunda enquanto o contemplava.

Terminada a experiência, eu estava arrebatado por esse símbolo incrivelmente forte. Não resisti e fotografei-o. Décadas após, descobri que muitos anos antes de ir à Índia eu já havia encontrado um ÔM praticamente idêntico e que me fascinara igualmente, num livro do próprio Sivananda, em edição mais recente. Depois, esqueci-me dele e fui reencontrá-lo no mosteiro dos Himálayas. Certamente, por estar sozinho naquele ambiente meio mágico, isso terá produzido um efeito emocional diferente ao reencontrar o traçado do ÔM com o qual eu já naturalmente percebera tanta sintonia.

Voltando da Índia, mandei fotolitar e ampliar o ÔM. O resultado foi surpreendente. As pequenas irregularidades da impressão antiga sobre o papel rústico ficaram bem pronunciadas. O contorno do Ômkára adquiriu uma aparência ainda mais ancestral e desgastada pelo tempo. Nenhum desenhista ocidental ou moderno tocou nesse símbolo.

Ficou tão bonito que os meus alunos e demais instrutores, todos, queriam uma cópia. Começaram a surgir medalhas de ouro, mandadas fazer pelos alunos, tentando imitar esse nobilíssimo ÔM, mas, evidentemente, os ourives não conseguiam e, com frequência, ocorriam erros graves no traçado ou nas proporções. Tais incorreções eram imperceptíveis aos leigos, não obstante, capazes de alterar suas características. Quando os não-iniciados mandam executar uma medalha com o ÔM normalmente incorrem em alguns erros. Para evitá-los, atente ao seguinte:

a) Habitualmente os profissionais de ourivesaria que executam o ÔM não entendem nada do símbolo que estão tentando reproduzir e terminam por cometer erros grosseiros, muitas vezes fazendo desenhos de mau-gosto e que perdem a característica original, anulando seus efeitos positivos.

b) Fora isso, pelo fato de o ouro ser metal caro, faziam-no recortado por medida de economia. Ora, era comum que a medalha virasse, ficando com a imagem invertida, oferecendo à percepção visual do observador uma antítese do yantra ÔM! Como o poder dos símbolos traduz-se pela leitura inconsciente dos arquétipos codificados em setores obscuros da mente humana, essa inversão gerava o oposto do que os portadores daquelas medalhas esperavam. Não sei se por coincidência, mas a maioria das pessoas que utilizavam esse ÔM que virava e ficava invertido, terminava por dar sinais de falta de sintonia.

Por essas razões achei mais prudente assumir a responsabilidade de mandar cunhar as medalhas, com o ÔM forte que tinha trazido dos Himálayas, obedecendo ao *design* da medalha com a qual havia sonhado anos antes e com a mesma liga de metal que costuma ser utilizada no artesanato indiano, o *brass* (liga de cobre e zinco). Assim, mandei cunhar uma medalha[81] em forma antiga, tendo de um lado o ÔM circundado por outras inscrições sânscritas...

... e do outro lado o ashtánga yantra, símbolo do SwáSthya Yôga.

Quando a primeira medalha ficou pronta, emocionou a todos pela sua superlativa beleza, harmonia, sensibilidade e força. Para começar, era

---

81 Em respeito ao leitor e para preservar nossa boa imagem, sentimo-nos na obrigação de informar que pessoas desatentas estão comercializando, sem a nossa autorização, cópias piratas desta medalha, algumas com péssimo acabamento e com erros nas inscrições sânscritas. Informamos que a **Medalha com o ÔM** está registrada no INPI como propriedade industrial e na Biblioteca Nacional como propriedade intelectual. Se alguma empresa desejar autorização para reproduzi-la deverá entrar em contato conosco pelo telefone (11) 3081-9821, celular (11) 99976-0516 e-mail: presidente@metododerose.org.

uma obra de arte. Nunca antes eu vira uma medalha com o ÔM tão bonita em parte alguma do mundo, nem na própria Índia.

Mesmo na Índia as pessoas nos perguntam onde conseguimos uma peça com essa autenticidade tão marcantemente estampada. Quando tiramos a medalha do pescoço e lhes presenteamos, comovem-se, seus olhos ficam úmidos e agradecem duas ou três vezes. Anos depois, se nos reencontramos, vemos que ainda a estão usando e que lembram-se do nosso nome.

Aliás, em todos os países por onde o SwáSthya Yôga se expandiu[82], o ato de tirar a sua medalha do pescoço e presentear com ela a alguém, ganhou um forte significado de homenagem especial e de uma declaração formal de amizade verdadeira. Esse ato tão singelo tem adquirido um sentido muito profundo de carinho e quem recebe a medalha torna-se, para sempre, um amigo leal e sincero.

Graças ao costume de portar a medalha, as pessoas estão o tempo todo se descobrindo, encontrando-se, conhecendo-se, ampliando seu círculo de amizades nos aeroportos, nos trens, nos ônibus, nos teatros, nos shows, nas universidades. Yôga significa união. Pois a medalha com o símbolo do Yôga está cumprindo muito bem essa proposta de unir as pessoas afins!

O USO DA MEDALHA COM O ÔM

Evidentemente, portando um tal símbolo, estabelecemos sintonia com uma corrente de força, poder e energia que é uma das maiores, mais antigas e mais poderosas da Terra. Por isso, muita gente associa com a ideia de proteção o uso de uma medalha com o símbolo do ÔM. Embora sejamos obrigados a reconhecer certa classe de resultados dessa ordem, entendemos que tal não deve ser a justificativa para portar a medalha, pois, agindo assim, ficaríamos susceptíveis de descambar para o misticismo e não queremos isso. Deve-se usá-la de forma descontraída e se nos dá prazer; se estamos identificados com o que ela significa e

---

82 Brasil, Argentina, Chile, Portugal, Espanha, França, Inglaterra, Escócia, Alemanha, Itália, Bélgica, Suíça, Luxemburgo, Estados Unidos, Canadá, México, Indonésia e outros.

com a linhagem que representa. Não por superstição nem para auferir benefícios.

Sendo objetivo da nossa linhagem perpetuar a autenticidade do Yôga Ancestral, assumimos aquele desenho do yantra ÔM reproduzido fotograficamente de um texto antigo encontrado em Rishikêsh, nos Himálayas. Nenhum desenhista ocidental tocou nesse símbolo. Ele se mantém original como a orientação do nosso Yôga. Dessa forma, se você quiser seguir a nossa tradição, está autorizado a utilizá-lo, mas com a condição de que o reproduza fotograficamente ou escaneado, para não alterar sua minuciosa exatidão. Só não estará autorizado a usar o ÔM antes da sua assinatura, pois isso constitui privilégio dos que receberam a iniciação ao ÔM pessoalmente do seu Mestre e aprenderam as diversas formas de traçá-lo e pronunciá-lo de acordo com os efeitos desejados. Só então, poderá incorporá-lo dessa forma ao seu nome.

Estátua de Shiva, na cidade de Rishikêsh, Himálayas, Índia.
Infelizmente, essa estátua não existe mais. Foi levada por uma enchente do Rio Ganges.

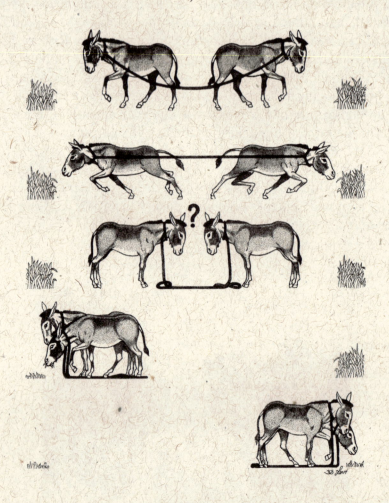

A união faz a força

Nasce a Uni-Yôga

*Oh! Como é bom e agradável
viverem unidos os irmãos!*
Salmo 133

Voltando da primeira viagem à Índia, em 1975, com a força de Shiva e as bênçãos dos Mestres, inusitadamente encontrei o apoio de um grande número de instrutores da área para constituir uma União de Yôga. A fundação da Uni-Yôga foi o coroamento de todos os fatos relatados nos capítulos anteriores.

As origens da Uni-Yôga

Na verdade, a Uni-Yôga começou a surgir quando organizei aquela União aos dez anos de idade. Era uma tendência minha unir, catalisar, nuclear as pessoas em torno de algum ideal útil e tentar conciliar entre si as que seguissem filosofias diferentes. Mas, ao mesmo tempo, hoje posso afirmar: como é difícil conciliar as pessoas! Especialmente quando elas são adeptas de correntes que se pretendem altruístas e desapegadas...

Façamos um rápido retrospecto para obter a amarração daquele somatório de fatores que foi eclodir com a fundação da União Nacional de Yôga.

Comecei a lecionar aos dezesseis anos (1960), abri o primeiro Núcleo aos vinte (1964) e registrei-o em 1966 com o nome de Instituto Brasileiro de Yôga. Em 1967 foi inaugurada a primeira filial, no Rio de Janeiro. Nela, em 1969, lançamos a primeira edição do nosso primeiro livro. Isso tornou o nosso nome conhecido em outros Estados e permitiu que, em 1973, no congresso internacional, as pessoas já o conhecessem por terem lido o

Prontuário de SwáSthya Yôga e nos convidassem a ir dar cursos em suas cidades.

Em 1974 viajei pelo país todo e percebi que a maior parte dos professores era constituída por gente muito boa e que estava ansiosa por acabar com a vergonhosa desunião reinante. Estavam todos querendo que surgisse uma instituição que os congregasse. Mas relutávamos em dar esse passo.

Em 1975, fui à Índia pela primeira vez. Quando voltei, senti muito mais força, como se estivesse agora investido do poder milenar dos Himálayas. Com essa energia fundamos a União Nacional de Yôga. Foi o estopim que desencadeou uma grande corrente de opinião favorável. Isso coincidiu com a cessação dos exames pela Secretaria de Educação do Estado da Guanabara, o que, forçosamente, levantou o outro braço da balança, projetando-nos como preparadores dos futuros instrutores. Estava sendo lançada a sementinha da Primeira Universidade de Yôga do Brasil, que surgiria duas décadas depois, em 1994.

Nossas viagens pelo Brasil continuavam a todo o vapor, fazendo engrossar as fileiras da União num ritmo que derrubava fragorosamente qualquer tentativa de oposição. Curioso é que a oposição não veio de fora, mas do próprio *métier*. Tivemos apoio irrestrito das Universidades Federais, Estaduais e Católicas, da Imprensa, da Igreja, do Governo... só alguns ensinantes de yóga é que viam o nosso trabalho com desconfiança ou com inveja e tentavam atrapalhar.

União de Yôga

Yôga significa *união*, mas pouca gente compreende ou cumpre esse preceito. Em todo o mundo há muito ego e parca união entre os que deveriam dar exemplo de maior compreensão. **União de Yôga** forma um pleonasmo com cuja ênfase alimentamos a esperança de insuflar mais união no seio de uma filosofia perfeita, exercida por pessoas imperfeitas. Nossa intenção ao elaborar a sigla latim-sânscrito **Uni-Yôga** foi a de reforçar a proposta de coesão, integração.

Juntamos a partícula *Uni* (união, unidade) com a palavra *Yôga* (união, integração) e obtivemos a sigla **Uni-Yôga**, sintetizando o conceito de União de Yôga, união no Yôga. Esse é um dos sentidos da sigla **Uni-Yôga** se a lermos com o significado latino do prefixo *uni*. Em sânscrito, *unni* significa liderar, resgatar, erigir, plantar, levantar, exaltar, engrandecer, edificar, construir, montar, estender, avançar, pôr diante, desembaraçar, causar, determinar, ajudar, promover.

O PODER DO MANTRA UNI-YÔGA

Ora, a vibração das palavras é mântrica, isto é, tem um poder inerente ao som. A partir do momento em que essa sigla começou a ser usada por nós, muitos alunos e outros instrutores passaram a congregar-se conosco. Nossa entidade começou a ficar cada vez maior, cada vez melhor, cada vez mais forte.

UNIÃO NACIONAL

Como a União de Yôga tinha abrangência em todo o território do país, denominou-se União Nacional de Yôga e foi a primeira a ser fundada nesses moldes.

A União Nacional de Yôga tornou-se uma entidade cultural sem fins lucrativos, com a missão de intercâmbio, união e ajuda a instrutores de Yôga de todo o país.

Consequentemente, logo começou a incrementar o aumento de alunos e fortalecer a reputação dos instrutores filiados. Conseguimos isso mediante permuta de *know-how*, treinamento e reciclagem constante, através de correspondência regular com informações atualizadas, seminários, cursos, *workshops*, debates, colóquios, congressos e festivais, com valores que podem chegar a 50% ou mais de redução, e promoção de viagens culturais.

UNIÃO INTERNACIONAL

Pouco tempo depois de fundada, a União Nacional de Yôga extrapolou para outros países. Formou-se, então, a União Internacional de Yôga, criada para coordenar as Uniões Nacionais dos vários países que integraram nossa Jurisdição nas Américas e Europa.

O brasão da Uni-Yôga

O brasão da Uni-Yôga foi desenhado com três mãos unidas, em ouro, cumprimentando-se ou apoiando-se, representando a união proposta por nós entre praticantes de diversas linhas de Yôga. As mãos unidas dividem o campo blau do escudo com o formato heráldico denominado perle (pairle, perla ou pálio), uma honraria heráldica em forma de Y, alusivo à palavra Yôga. O escudo é encimado por uma flor de lótus desabrochando e deixando sair de dentro dela a sílaba ÔM, símbolo universal do Yôga e do hinduísmo. Por trás do escudo, como que a protegê-lo, dois trishúlas, armas de Shiva, o criador mitológico desta filosofia, cruzados, e de cada um deles, pendendo um damaru, o pequeno tambor de duas faces, com o qual Shiva marca o ritmo do Universo e dança sob esse mesmo ritmo. Ligando esses elementos, uma filactera prata com a inscrição "Uni-Yôga".

Universidade de Yôga

Vinte anos depois, fundamos a Primeira Universidade de Yôga do Brasil. Este foi o manifesto de fundação:

"Universidade de Yôga é o nome da entidade legalmente registrada em cartório de Registro Civil das Pessoas Jurídicas. Essa é a **razão social**. Temos dois registros: um como **Primeira Universidade de Yôga do Brasil**, registrada nos termos dos arts. 45 e 46 do Código Civil Brasileiro sob o nº.

37959 no 6º. Ofício e outro como **UNIVERSIDADE INTERNACIONAL DE YÔGA**, registrada sob o nº. 232.558/94 no 3º. RTD, com jurisdição mais abrangente, para promover atividades culturais na América Latina e Europa.

"**UNIVERSIDADE DE YÔGA** é o nome do convênio firmado entre a União Nacional de Yôga, as Federações de Yôga dos Estados, e as Universidades Federais, Estaduais, Católicas ou outras particulares que o firmarem, visando à formação de instrutores de Yôga em cursos de extensão universitária. Esse convênio apenas formaliza e dá continuidade ao programa de profissionalização que vem se realizando sob a nossa tutela, naquelas Universidades desde a década de 70 em praticamente todo o país.

"Queremos compartilhar com você uma das maiores conquistas da nossa classe profissional. Nos moldes das grandes Universidades Livres que existem na Europa e Estados Unidos há muito tempo, foi fundada em 1994 a **Primeira Universidade de Yôga do Brasil**.

"Inicialmente, esta entidade não pretende ser um estabelecimento de ensino superior e sim ater-se ao conceito arcaico do termo *universitas*: totalidade, conjunto.

"Não temos cursos de terceiro grau.

"Na Idade Média, *universitas* veio a ser usada para designar 'corporação'. Em Bolonha o termo foi aplicado à *corporação de estudantes*. Em Paris, ao contrário, foi aplicado ao conjunto de professores e alunos (*universitas magistrorum et scholarium*). Em Portugal, *universidade* acha-se documentado no sentido de '*totalidade, conjunto (de pessoas)*', nas Ordenações Afonsinas (Dicionário Etimológico da Língua Portuguesa). O *Dicionário da Língua Portuguesa Contemporânea*, da Academia das Ciências de Lisboa, oferece como primeiro significado da palavra universidade: 'conjunto de elementos ou de coisas consideradas no seu todo. Generalidade, totalidade, universalidade'. No Brasil, o *Dicionário Michaelis* define como primeiro significado da palavra universidade: 'totalidade, universalidade'. E o *Dicionário Houaiss*, define como primeiro significado: 'qualidade ou condição de universal'. Portanto, o conceito de que Universidade seja um conjunto de faculdades é apenas um estereótipo contemporâneo.

"Tampouco somos os primeiros a idealizar este tipo de instituição. A Universidade Livre de Música Tom Jobim (mantida pelo Estado de São Paulo), a Universidade Corporativa Visa (de São Paulo), a Universidade SEBRAE de Negócios (de Porto Alegre), a Universidade Holística (de Brasília), a Universidade Livre do Meio Ambiente (de Curitiba), a Universidade de

Franchising (de São Paulo) e a Universidade do Cavalo (de São Paulo) são alguns dos muitos exemplos que podemos citar como precedentes.

"O que importa é que a sementinha está lançada e queremos compartilhá-la com todos os nossos colegas. Conto com o seu apoio para fazermos uma **UNIVERSIDADE DE YÔGA**[83] digna desse nome!"

TER UM IDEAL E CONCEDER MUITAS REGALIAS

Para que a nossa mensagem tivesse conseguido tanto sucesso, não bastava que o outro time fosse ruim. Era necessário que o nosso fosse muito bom. Era indispensável que tivéssemos um recado pelo qual valesse a pena engajar-se e lutar; e que rendesse vantagens imediatas aos nossos aliados.

---

[83] Atualmente, a Universidade de Yôga já não atua como estabelecimento de ensino porque, ao completar meio século de magistério retirei-me da área de Yôga. Hoje, a Universidade de Yôga constitui apenas um selo de qualidade para os livros que são publicados sobre o tema.

A União Nacional de Yôga oferecia isso desde o começo. Nosso ideal era lindo; o ambiente descontraído, alegre, amoroso; e oferecíamos um leque de serviços que os instrutores queriam.

Outra vantagem dos filiados é que, em geral, os instrutores de Yôga sentiam falta de alguém a quem encaminhar consultas, pois os despachantes, contadores, tabeliães e advogados não conheciam as idiossincrasias da nossa profissão. Se você é instrutor já sentiu na carne o quanto isso é verdade ainda hoje!

Assim, a União Nacional de Yôga instalou uma central de informações para atender consultas dos seus membros sobre dúvidas ou problemas que encontrassem nas áreas técnica, ética, filosófica, pedagógica e também jurídica, contábil, fiscal etc. A União ensinava como legalizar uma entidade de forma a ter menos impostos, não ser importunada por hordas de fiscais, conseguir utilidade pública e ainda receber subvenções, se o desejasse. Fornecia um modelo ideal de estatuto e modelos de diversos outros documentos, conforme a necessidade de cada instrutor ou segundo as consultas que ele nos encaminhasse.

E não é só. Os Credenciados ganhavam divulgação de seus nomes e endereços no *website* da Uni-Yôga, o que lhes proporcionava credibilidade e repercussão positiva. E alunos!

A cada cidade que visitávamos para ministrar cursos, mantínhamos longos diálogos com os instrutores locais para compreender seus problemas, dificuldades e expectativas. Depois os consultávamos sobre o seu interesse em participar de uma União Nacional, com as características descritas. Mesmo querendo fazer parte, a maioria também duvidava que desse certo. Contudo, quando deflagramos o movimento de União, quase todos nos deram apoio.

Hoje sinto que é um grande privilégio ter tido ao meu lado, desde os primeiros tempos da União, pessoas fiéis que estão comigo há mais de vinte, outras há mais de 30 anos e algumas há mais de 40 anos!

Apoiada por amigos sinceros, discípulos leais e profissionais competentes, a União Nacional de Yôga cresceu e se multiplicou geometricamente, crescendo 10.000% em dez anos.

União, uma nobre proposta

A evolução se processa, em grande parte,
graças à energia dos atritos entre as pessoas e entre os grupos.
DeRose

Nos idos de 1960 e 1970 os instrutores viviam isolados. Não podiam conviver com seus pares. Tinham que amargar a solidão, pois o único a realmente compreender o instrutor desta filosofia é outro instrutor. A única pessoa que tem um diálogo útil e que preencha as carências de um professor de Yôga é outro profissional.

Nossa família e nossos amigos geralmente não compartilham os nossos ideais. Às vezes, até gracejam ou boicotam nosso estilo de vida. Mas os instrutores não podiam buscar consolo, conforto, solidariedade e compreensão entre outros colegas, já que havia um clima de desconfiança. Se um instrutor tentasse visitar ou escrever a um colega, este entrava em defensiva, com medo, porque não era formado e sabia muito pouco. Então, entendia que o outro era uma ameaça e devia ser tratado como tal.

Com isso, os instrutores fechavam-se no seu isolamento e estagnavam-se no seu progresso. Só podiam encontrar algum incremento nos livros. Mas não tinham a quem consultar sobre suas dúvidas e incertezas; não tinham quem lhes desse opiniões, sugestões e críticas construtivas...

Então, convidei um grupo de professores de vários tipos de Yôga para unir-nos a fim de trocar ideias e para que cada um emitisse opiniões sobre o trabalho do outro. Se um conhecesse melhor determinado assunto, ensinaria isso aos demais. Juntos, dividimos o custo de impressos e de publicidade, o que foi vantajoso para todos. A essa *"cooperativa"* demos o nome de União de Yôga, União Nacional de Yôga.

Mais tarde, a União de todos passou a proporcionar cursos de aperfeiçoamento, cursos de formação, expedir os primeiros certificados de instrutor de Yôga do país, publicar livros e, até mesmo, criar um vínculo de mútuo apoio que fez muita gente crescer bastante. Já não éramos indigentes. Agora tínhamos uma entidade amigável, honesta, grande e forte para nos respaldar.

Essa União não foi criada para gerar separatismo e sim, para unir, como já diz o seu próprio nome. Contudo, era preciso proporcionar algumas prerrogativas exclusivas aos que quiseram fazer parte da família. Então, criaram-se os generosas reduções de até 90% em cursos e eventos, e de até 50% na compra de livros e suprimentos.

Mais de quarenta anos depois, continuávamos de braços abertos para receber os colegas de todas as linhas e ramos de Yôga, Yóga, Yoga e ioga, estendendo-lhes as conveniências da União.

Independentemente de se filiar ou não, divulgávamos o contato de todos, gratuitamente, no nosso *site* **www.uni-yoga.org**. Divulgávamos os dados de centenas de instrutores de outras linhas.

VANTAGENS AOS ALUNOS E INSTRUTORES

Para os alunos da nossa Rede, sempre houve inúmeras vantagens. Além de poder contar com a seriedade, honestidade e competência de instrutores com excelente formação e muito bem supervisionados, o trabalho em rede permitiu usufruir um convênio que introduziu a possibilidade aos praticantes de cada um dos nossos Credenciados, frequentar de graça todas as demais Unidades Credenciadas em todo o país e no exterior, quando em viagem. Hoje atuamos no Brasil, Argentina, Chile, Portugal, Espanha, França, Inglaterra, Itália, Escócia, Estados Unidos (incluindo o Havaí) e outros países. É uma experiência maravilhosa ter amigos em centenas de cidades e em várias nações. Imagine, você sair de viagem e ir praticando em diversas localidades. E mais: a segurança e outras facilidades que isso representa.

Eliane Lobato, grávida de nove meses da primeira filha, viajou de automóvel da sua cidade (na época, o Rio de Janeiro) para São Paulo. Assim que chegou foi furtada e ficou sem dinheiro e sem os documentos. Não tinha como abastecer o veículo para voltar ao Rio, nem dinheiro para comer ou hospedar-se. Mas isso tudo deixou de ser problema, porque já existia a União. Bastou identificar-se em uma Unidade da Rede e já tinha onde comer e dormir, e, ainda, como abastecer o carro para voltar à sua cidade. Casos como esse, de companheirismo e ajuda mútua são uma característica dos membros da Uni-Yôga.

Priscila Ramos de Sousa estava viajando pela Europa e num dado momento precisou de socorro. Escreveu no seu *messenger*: "Pri perdida em

Barcelona". Imediatamente recebeu o apoio de que precisava por parte de membros da nossa grande família.

A mãe da instrutora Fernanda Neis teve os documentos e cartões de crédito furtados quando passeava em Buenos Aires. Voltando ao Brasil, foi notificada pelas autoridades argentinas de que seus documentos haviam sido recuperados. Bastou um telefonema da Fernanda a um colega *porteño* e ele fez a gentileza de buscar os documentos e enviou-os a ela por Sedex.

Um aluno quis viajar com uma determinada quantia, perfeitamente dentro da lei, mas não queria levar dinheiro vivo por uma questão de segurança. Comunicou-se com um colega e combinou: "Quando eu for à sua cidade você me disponibiliza esse valor. Depois, quando você vier à minha cidade eu lhe disponibilizo o mesmo valor." E ambos viajaram em segurança, sem carregar dinheiro vivo.

O marido de uma aluna do Rio de Janeiro fez a gentileza de conseguir uma colocação para o marido de uma colega numa empresa de Paris.

Carlo Mea conseguiu o contrato de aluguel de sua casa em Roma, Itália, porque o dono do imóvel mora no Rio de Janeiro e, ao informar-se sobre o DeROSE Method, soube que ele tinha uma reputação muito boa na cidade onde mora.

Outra conveniência. Quando a economia de um dos nossos países se desestabiliza, os instrutores da nação em crise são cordialmente convidados pelos dos demais países para dar cursos no exterior e voltar para sua terra com um dinheirinho no bolso suficiente para seguir vivendo com dignidade.

Desejando mais esclarecimentos sobre o nosso trabalho[84], recomendo a leitura do capítulo *A Empresa*.

---

84 No passado, há mais de vinte anos, fizemos uma curta experiência com franquia, mas não gostamos. Logo em seguida, voltamos a utilizar o nosso sistema de Credenciamento. As diferenças entre , são as seguintes:

1. O credenciado não paga royalties.

2. No credenciamento, não há proteção territorial.

3. Tanto o credenciado pode comprar produtos do credenciador, como também pode vendê-los a ele. Isso significa que não apenas paga, mas pode receber do credenciador. Poderá, até, receber mais do que paga.

"Deve ser caro filiar-se, não é?"

Essa era a pergunta que todos nos faziam. Tantos serviços deviam valer uma taxa considerável. Adorávamos quando tínhamos oportunidade de responder:

– É grátis. Você não tem que pagar nada. Não paga e ainda ganha ao efetuar as compras de material didático. Você o adquire com redução de 50%. Logo, ao revender, dobra o seu capital.

Os aproveitadores

Em toda parte há os aproveitadores que querem receber o máximo e dar o mínimo. Felizmente, na nossa família esse tipo de gente constituia exceção. Eram aqueles instrutores que quando estavam fracos, inexperientes e com dificuldades financeiras, filiavam-se para contar com o apoio, o *know-how* e a infra-estrutura da União.

---

4. Na verdade, o credenciado não paga nada, pois, cada compra que efetua dá-lhe, imediatamente de volta, o mesmo valor em suprimentos. Mais do que isso, esse valor costuma ser o dobro do investimento feito.

5. Um credenciado pode criar produtos para fornecer aos demais credenciados da rede. Isso não existe na franquia. Nela, só o franqueador vende. O franqueado apenas compra. E só compra do franqueador. E não pode vender aos outros franqueados. No credenciamento, pode ter um produto seu, vendê-lo ao credenciador e, também, fornecê-lo aos demais credenciados.

6. O credenciado precisa ter ingressado como aluno, tem que estudar bastante, prestar vários exames e só muito depois (no mínimo, quatro anos depois) poderá candidatar-se ao privilégio de assinar um contrato de credenciamento. O credenciado não pode fumar, usar bebidas alcoólicas ou tomar drogas. Precisa cumprir um código comportamental rígido em sua vida privada. No entanto, para comprar uma franquia, basta ter dinheiro e um bom nome comercial na praça. É apenas um negócio. Sua vida pessoal não interessa. Se tiver vícios, isso não interfere no negócio. Não há código comportamental aplicável em sua vida privada. É muito diferente do credenciamento.

7. No credenciamento, existe uma relação de respeito e carinho entre os credenciados e o credenciador. No sistema de franquia, os franqueados alinham-se de um lado e o franqueador de outro, cada qual defendendo os seus interesses comerciais. No credenciamento, estamos todos do mesmo lado. Ainda assim, há um Conselho Administrativo, constituído pelos próprios filiados, para representar seus interesses.

8. Tal como médicos credenciados por um seguro-saúde podem ser descredenciados a qualquer momento, também os nossos podem, igualmente, ser desvinculados a qualquer momento. Uma vez descredenciada, a escola pode continuar adquirindo livros do DeRose Method e, até mesmo, seguir aplicando as técnicas e conceitos preconizados pelo Método. Só não poderá continuar utilizando a marca "DeRose Method" ou "Método DeRose".

Como vemos, credenciamento é muito diferente de franquia e é um conceito que está séculos à frente.

Aos poucos, nossa União ia ajudando tais instrutores a crescer, ficar fortes e conhecidos. Até que um dia eles "já não precisavam mais" de nós. Ao se desligar, descobriam que os nossos filiados cresciam tanto e tinham tanta prosperidade devido ao apoio recíproco, enquanto as entidades concorrentes não iam para frente, pois não compartilhavam desse nosso ideal. O homem é um animal social. Precisa estar unido aos demais, necessita de intercâmbio constante e da estrutura de uma comunidade. Precisa ter amigos!

O instrutor que se desune e tenta fazer um trabalho isolado, logo sente a falta da família, das amizades, do intercâmbio, da correspondência de apoio, dos cursos, dos privilégios, da divulgação... enfim, da comunidade.

Todo o mundo precisa pertencer a algum grupo. Não há grupo perfeito, mas nós chegamos bem perto!

Conselho Federal de Yôga

Filhote da União Nacional de Yôga, em 1997 foi registrado o Conselho Federal de Yôga, um conselho de auto-regulamentação. Convidei um instrutor antigo e respeitado de cada tipo de Yôga para ocupar o cargo de Conselheiro.

Pouco tempo depois, retirei-me e entreguei a direção do Conselho aos colegas de outros ramos de Yôga a fim de tranquilizá-los no sentido de que não pretendia ser presidente dessa instituição e muito menos usá-la para benefício da nossa modalidade.

O objetivo do Conselho Federal de Yôga seria o de prestar aconselhamento e emitir pareceres de ordem ética, técnica, legal e filosófica às pessoas físicas ou jurídicas que o solicitassem, bem como a questões judiciais que necessitassem da opinião dos nossos Conselheiros.

O Conselho Federal de Yôga é o ícone da nossa identidade profissional. É o símbolo da nossa resistência contra a tentativa de subordinação do Yôga pela Educação Física. É a demonstração de que estamos organizados e unidos o bastante para nos tutelarmos a nós mesmos.

Sindicato Nacional de Yôga

Outro filhote da União Nacional de Yôga, também em 1997 foi registrado o Sindicato Nacional de Yôga que, depois, transformou-se no Sindicato Nacional dos Profissionais de Yôga.

O Sindicato tem por objetivo defender os interesses da classe profissional de instrutores de Yôga, sejam eles empregados, empregadores ou autônomos.

Nos próximos anos, dependendo do investimento de trabalho dos maiores interessados, que são os próprios instrutores, seu Sindicato se tornará mais atuante ou menos, será mais forte ou nem tanto. O importante é que a sementinha está lançada.

As pessoas que vencem neste mundo
são as que procuram as circunstâncias de que precisam
e, quando não as encontram, criam-nas.
Bernard Shaw

Cópia de cópia de cópia de cópia

Para dar aos alunos dos meus cursos nas universidades federais e católicas uma ideia da deturpação que o Yôga sofreu com o tempo, eu escrevi uma frase e comparei-a ao Yôga Pré-Clássico. Escrevi outra frase, tirei cópia da cópia e comparei esse ao Yôga Clássico, surgido mais de 1000 anos após. Depois, escrevi uma terceira frase, tirei cópia da cópia da cópia e comparei essa com o Yôga Medieval, surgido 4000 anos depois do original. E, finalmente, escrevi uma quarta frase, tirei cópia da cópia da cópia da cópia e comparei o resultado ilegível ao Yôga do século XXI. Aos poucos, a deturpação tornou o conteúdo difícil de se compreender, até que, finalmente, não se compreendia nada! Assim está o Yôga hoje no Ocidente. Confuso, borrado, incompreensível, sem identidade, não se sabe o que é. Veja como ficou o meu exemplo.

Yôga Pré-clássico
O Yôga mais antigo é o original, portanto, o mais autêntico.

Yôga Clássico
O Yôga Clássico já é uma deturpação ocorrida mais de mil anos depois da fase original.

Yôga Medieval
O Yôga Medieval surgiu 4.000 anos depois da origem.

Yôga Contemporâneo

Introdução dos Cursos de Formação de Instrutores de Yôga nas Universidades Federais, Estaduais e Católicas

Chegando ao meu país, retornando da Índia, comecei a cumprir a missão que vislumbrara na noite gelada dos Himálayas: iniciaria por introduzir a formação de instrutores de Yôga nas Universidades. Era um antigo sonho da nossa classe profissional, colocar essa matéria nas escolas e faculdades. Muitos haviam tentado, porém não obtiveram sucesso algum.

Em 1976 consegui introduzi-lo simultaneamente em duas faculdades particulares, uma em São Paulo e outra em Curitiba.

Tempos atrás, fui convidado para dirigir o curso de formação de instrutores de Yôga de uma dessas faculdades. O dono do estabelecimento delineou as normas da casa e pediu a elaboração de um currículo. Preparei o projeto para um curso completo, com a duração de um ano, mais algumas opções em aberto para cursos facultativos posteriores, de especialização, aprimoramento, reciclagem, pós-graduação etc. Ele não ficou satisfeito e sugeriu fazê-lo em três anos. Respondi que para o grau de instrutor assistente, toda a matéria necessária cabia em 2000 horas, esse tempo era pedagogicamente suficiente para sua assimilação e isso poderia ser feito com toda a seriedade em até menos tempo. Então, ele abriu o jogo e me confessou:

– DeRose, você não sabe ganhar dinheiro. Não é assim que se deve fazer. Antes que o candidato comece a trabalhar, o curso deve durar três anos e ter uma série de matérias sem valor, mas que o aluno pense que são importantes e, no fundo, sirvam para *encher linguiça*. Isso representa o aumento de alguns anos de pagamentos dos inscritos.

Fiquei chocado, mas ele continuou:

– No final do primeiro ano reprovamos uma boa parte da turma; no final do segundo, outra parte; e no final do terceiro, outra. Se em cada ano reprovarmos 33% da turma, ao fim dos três anos, ganhamos um ano a mais, sem despender um centavo com propaganda.

A essa altura eu já estava pensando que se tratasse de alguma brincadeira. No entanto, ele continuava bem sério:

– Finalmente, se o curso for rápido, pouca gente tem tempo de desanimar e quase ninguém desiste de trabalhar na área. Mas em três anos – e, ainda, com uma ou duas reprovações que ampliam o curso para quatro ou cinco anos – a maioria perde o entusiasmo e poucos se formam. Dessa maneira, evitamos saturar o mercado de trabalho e mantemos o interesse de futuros candidatos à profissão, os quais se matricularão na nossa faculdade nos anos seguintes.

Havia até um brilho de orgulho no olhar dele ao expor todas essas artimanhas. Eu não acreditava. Não era possível que tanta gente estivesse sendo ludibriada! E mais, que eu estivesse sendo convidado tão cinicamente a compactuar com a falcatrua.

Esclareci que o meu objetivo era formar o maior número possível de bons profissionais e me recusei a participar. Ele ainda insistiu:

– DeRose, gostaria que você reconsiderasse, pois precisamos do seu nome, que já é conceituado na área de formação profissional. Se isso ajuda alguma coisa para você ficar com a consciência tranquila, saiba que no final dá na mesma receber ou não um diploma de professor de yóga, já que a profissão não é regulamentada, logo, tal documento não tem valor algum.

Como não há mal que não venha para bem, foi por causa dessa conversa que, em 1978, entramos com o primeiro projeto de Lei para a regulamentação da profissão de professor de Yôga, o que nos proporcionou outro tento e registrou mais uma vez a nossa participação efetiva na História do Yôga no Brasil.

Depois, graças a outro incidente, que foi o boicote armado pelos ensinantes leigos de yóga contra o projeto, descobri uma brecha na legislação: na época, a profissão de professor de Yôga precisava ser regulamentada, mas a de instrutor não, por ser um título menos pretensioso e que não exigia curso universitário. Com isso, se dois profissionais tivessem cada qual um certificado, um de professor de Yôga e outro de instrutor de Yôga, o primeiro não teria valor algum e o segundo, embora singelo, teria sua validade.

Foi aí que passamos a utilizar o título de instrutor de Yôga nos nossos certificados. No seu rastro começaram a surgir consequências positivas. Primeiro foram os professores de Educação Física que gostaram da nossa "demonstração de humildade" e de que não pretendíamos competir com eles. Angariando sua simpatia, eliminamos alguns focos de resistência aos profissionais de Yôga. Isso, no final era bobagem, já que os professores de Educação Física do Exército têm o título de *instrutor de Educação Física.*

Mais tarde, como segunda boa consequência, em 1979, as Universidades Federais começaram a aceitar o nosso programa de extensão universitária para formação profissional, exatamente por causa do título *instrutor*, uma vez que se fosse *professor,* teria que ser um curso regular de quatro anos, com vestibular, e dependeria de toda uma burocracia que iria retardar a introdução nas universidades em mais uns 30 ou 40 anos (e talvez nunca ocorresse). Dessa forma, o Yôga entrou como extensão universitária e, ainda mais, de formação profissional, com um adiantamento de algumas décadas, o que impulsionou o desenvolvimento do Yôga em nosso país e exacerbou sua qualidade. Graças a isso, hoje podemos afirmar que temos o melhor Yôga técnico (*sic*) do mundo.

Creio que este é o lugar adequado para render uma justa homenagem a quem nos serviu de inspiração: o primeiro Mestre brasileiro a formar instrutores de Yôga, o grande Caio Miranda!

Sempre admirei o General Caio Miranda, primeiro autor brasileiro a escrever sobre Yôga. Lamentavelmente, nunca pude ser seu aluno, mas cheguei a conhecê-lo e fiquei bem impressionado. Era muito mais honesto do que os demais – que, para variar, atacavam-no.

Éramos poucos instrutores naqueles primórdios, e a política (hoje bem definida), que separa os estudiosos em estirpes antagônicas estava apenas se insinuando. Assim, todos nós que trabalhávamos com Yôga costumávamos relacionar-nos esporadicamente, já que frequentávamos os mesmos poucos territórios interessantes que havia: algumas livrarias especializadas, uma meia dúzia de entidades culturais que promoviam palestras, conferências e cursos sobre assuntos do Oriente, e só.

Em tudo isso havia um grande ausente. Era o veterano Caio Miranda. Ninguém o convidava para nada. Nas raras vezes em que ele aparecia, as pessoas se cutucavam, olhavam-no de soslaio e procuravam evitá-lo. Quantas vezes presenciei cenas nas quais alguém sugeria que o convidassem, ao menos em respeito à sua antiguidade, pioneirismo, número de livros escritos... e testemunhei, atônito, como resposta, a reação agressiva dos demais ensinantes, vociferando uma sucessão inconcebível de injúrias, simplesmente pondo fora de questão convidá-lo.

Nunca compreendi como instrutores ou praticantes de uma filosofia tão nobre, tão linda, com propostas tão elevadas pudessem ser de tal forma intolerantes, mesquinhos, sentir tanto ódio e dizerem contra alguém calúnias e difamações.

O mundo deu muitas voltas. Dez anos depois percebi que havia recaído sobre mim a herança do anátema, principalmente por assumir a nevrálgica missão de formar instrutores. Então, considerei:

– Não quero passar pelo mesmo martírio que foi a exclusão sistemática e a difamação crônica que acabaram amargurando a vida do Caio Miranda e minando sua saúde. Tudo indica que terei um destino ainda pior, pois sou apenas um jovem desapadrinhado. Que fazer?

Concluí que, se iria preparar instrutores, teria de formar um número realmente expressivo. Precisaria fazê-lo no país todo e sem trégua. Assim foi durante mais de quarenta anos de lutas e viagens incessantes. Esse projeto teve um custo alto em termos de sacrifício pessoal, vida privada, saúde e ainda uma coleção de decepções com discípulos ingratos. Porém, ao final, parece que funcionou. Formamos mais de cinco mil instrutores de Yôga nesse período, e os melhores permaneceram fiéis.

Hoje, recebo tantos convites para ministrar cursos, dar conferências, entrevistas e presidir eventos, que quase nem tenho tempo para aceitá-los todos. Por outro lado, foi tão difícil e trabalhoso chegar a este ponto, que sei valorizar muito bem tais solicitações e procuro atender a todos os que têm o carinho de me convidar.

Nas próximas páginas, reproduzimos as imagens dos certificados expedidos por algumas das universidades em que ministramos os primeiros cursos de extensão universitária do Brasil, para a formação de instrutores de Yôga.

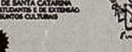

Pontifícia Universidade Católica de Minas Gerais

A Pontifícia Universidade Católica de Minas Gerais, através da Pró-reitoria de Extensão e Ação Comunitária, certifica que

PROF. DE ROSE ················

participou como ministrante, do Curso "Formação de Instrutores de Yoga"

realizado no período de 4/8 a 01 de dezembro de 198 4,

com carga horária de 48 horas/aula.

Belo Horizonte 27 de fevereiro de 198 5

Reitor

Pró-reitor de Extensão e Ação Comunitária

MINISTÉRIO DA EDUCAÇÃO E CULTURA
UNIVERSIDADE FEDERAL DO PARANÁ
PRÓ-REITORIA DE ASSUNTOS COMUNITÁRIOS
DEPARTAMENTO DE ASSUNTOS COMUNITÁRIOS
SEÇÃO DE ATIVIDADES CULTURAIS

CURSO DE EXTENSÃO UNIVERSITÁRIA

CERTIFICADO DE FREQÜÊNCIA

Fac-Simile

O CURSO "FORMAÇÃO DE INSTRUTORES DE YOGA"

realizado de 04 de agosto a 04 de novembro de 1979

num total de 64 horas/aula, conforme programa no verso.

Curitiba, 23 de novembro de 1979

Pró-Reitor de Assuntos Comunitários

Reitor

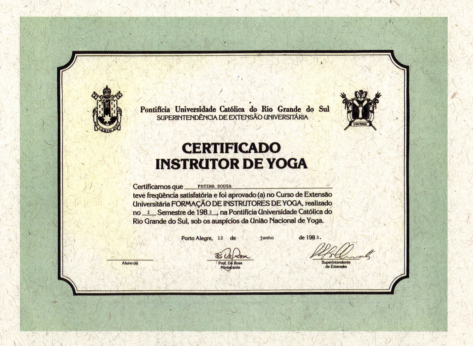

Pontifícia Universidade Católica do Paraná

CERTIFICADO

Conferimos a ELY CAMARGO o presente Certificado de Freqüência e Aproveitamento no curso de PREPARAÇÃO DE INSTRUTORES DE YOGA, ministrado pelo Professor DE ROSE, promovido pela Associação Profissional de Professores de Yoga do Paraná, sob os auspícios da União Nacional de Yoga, realizado no período de 27 de agosto a 27 de novembro de 1988, totalizando 64 (sessenta e quatro) horas de atividades.

Curitiba, 27 de novembro de 1988.

Prof. ANDRÉ MIKA
Vice-Reitor de Pesquisa e Extensão

Prof.ª Ms. MADALENA TOMI SHIRATA
Coordenadora do Curso

Prof. DE ROSE
Presidente da União Nacional de Yoga

O PRIMEIRO CURSO SUPERIOR DE YÔGA DO BRASIL, FOI ORGANIZADO POR NÓS

O primeiro curso superior de Yôga, sequencial, foi promovido por nós na Universidade Estadual de Ponta Grossa, cuja primeira turma foi concluída em 2008, graças à dedicação incansável da veterana lutadora Profa. Maria Helena Aguiar, de Curitiba.

Essa ilustre batalhadora contabiliza mais de 40 anos de luta pelo Yôga – e, hoje, pelo DeRose Method – no estado do Paraná. O nosso povo tem memória curta e, às vezes, os adeptos deste ou daquele ramo de ioga distorcem a verdade intencionalmente para não dar destaque a algum profissional de outra linha de Yôga que tenha realizado algo invejável. Dessa forma, decidi inserir aqui este louvor à querida amiga, que na época, como Presidente da Federação de Yôga do Paraná, introduziu o primeiro curso superior de Yôga do Brasil.

Na próxima página encontra-se o diploma com todos os registros e autenticações, para documentar essa realização histórica.

Histórias de alguns cursos

Ergui um lótus: debaixo há lama!
DeRose

Apesar de todo o sucesso, estrutura e seriedade do nosso trabalho, os opositores não desistiram. Em 1981, quando desembarquei no aeroporto de Porto Alegre, fui cordialmente recebido pelo Prof. Camargo, coordenador do meu curso na Universidade Federal do Rio Grande do Sul. Bastante embaraçado, por ser um homem educado, Camargo me relatou:

– Prof. DeRose, nós estamos com um problema. Um grupo de instrutores de yóga de Porto Alegre, ligados ao coronel, lá do Rio, teve uma audiência com o Reitor, pedindo que o seu curso fosse cancelado.

– Está claro, Camargo, que eles não querem concorrentes no seu território. Não querem a mim e muito menos os que vou formar com o certificado forte da universidade.

– Bem, tendo em vista a gravidade das acusações, o Reitor pensou mesmo em cancelar o curso. Mas não se preocupe: nós argumentamos que não importam os eventuais erros que você possa ter cometido no passado. O que importa é o seu trabalho de ótima qualidade e o homem que você é hoje.

– Meu amigo Camargo! Estamos entre adultos e profissionais, não entre sinhás fuxiqueiras. Se me acusaram de alguma coisa, eles têm que provar o que afirmaram. Pela lei deste país um homem é inocente até que se prove o contrário, mas você, mesmo para me defender, partiu do princípio de que eles falaram a verdade e que eu teria cometido algum deslize. Isso está errado, muito errado. É fácil mandar fazer uma sindicância da minha vida. Se o Reitor quiser, pago as despesas.

278   QUANDO É PRECISO SER FORTE

Contudo, admira-me um homem num cargo desses não ter tido tal iniciativa e tenha se deixado levar por maledicências.

O curso foi aprovado e transcorreu normalmente, mas na hora fiquei magoado pela falta de confiança e de profissionalismo. No ano seguinte troquei de universidade e levei meu curso para a Pontifícia Universidade Católica.

Alguns meses antes da data prevista para o início do curso nessa outra universidade, o organizador do curso, meu amigo César Lied, a quem devoto eterna amizade e enorme gratidão, me comunicou:

– DeRose, o coronel se deu ao trabalho de vir do Rio de Janeiro a Porto Alegre entrevistar-se com o Pró-Reitor de Extensão, para tentar impedir o curso e te malhar. Já que tu estás aqui mesmo, por causa do Congresso, que tal ires lá falar com ele, tchê?

O Pró-Reitor de Extensão, Irmão Elvo Clemente, era uma pessoa extremamente sensata. Recebeu-me muito cordialmente. Expliquei, então, a razão da visita:

– ... E trago, nesta pasta, toda a documentação necessária para mandar vasculhar a minha vida, despesas por minha conta.

– Não é necessário, meu filho. Sou um homem experiente e sei que quem faz um trabalho como o seu, está sujeito à inveja. Se o cavalheiro que veio ter comigo não falasse tão mal de você, talvez eu ficasse em dúvida e mandasse verificar. Mas ele falou tanta coisa a seu respeito que, vi logo, não podia ser verdade. De qualquer forma, foi bom você ter vindo.

Saí enlevado com a maturidade e bom-senso daquele padre. Começava nesse dia um longo e profícuo relacionamento entre mim e a PUC.

Em todos os cursos que ministrei pelo país afora, sempre foi essa insânia. Como o coronel e seus asseclas sempre estão enviando cartas, fazendo visitas e armando esquemas de sabotagem contra o nosso trabalho que é imensamente amplo e dinâmico, pergunto-me se eles não trabalham em mais nada. Gastam um bom tempo ao ficar só prestando atenção no que vamos fazer em seguida para poderem ir lá solapar. Imagino que não tenham trabalho por falta de alunos e lhes sobre todo o tempo do mundo para ficar se ocupando com a vida alheia. Talvez isso explique também o fato de terem perdido tanto terreno em relação a nós. Enquanto produzíamos, eles se preocupavam mais em neutralizar-nos e deixavam de produzir. Se o tempo que perderam em me impedir de trabalhar tivesse sido investido em algo construtivo, possivelmente teriam chegado um pouquinho mais perto do que nós conseguimos realizar.

Em Fortaleza, a atitude deles foi deprimente. Nosso curso já tinha sido aprovado em 1980. Chegamos mesmo a trocar telefonemas com o coordenador do curso que, pelo regulamento da universidade, deveria ser um professor do seu corpo docente. Durante esses contatos tudo parecia normal e creio que tivemos muito boa impressão um do outro. Repentinamente, o curso foi cancelado. Explicação: o coronel tinha viajado a Fortaleza e, para conseguir impedir o curso, fundou nessa cidade uma associação de instrutores de yóga, nomeando como presidente justamente quem? O coordenador do nosso curso! Inacreditável! Ele, o presidente da associação de instrutores de yóga, não era sequer instrutor de yóga, provavelmente, nem mesmo era aluno!

Se no Sul e Sudeste esses artifícios não funcionaram, no Norte e Nordeste encontraram campo mais fértil. Com isso, o Nordeste foi ficando para trás. Através dos anos, enquanto Rio, São Paulo, Paraná, Rio Grande do Sul, Santa Catarina iam progredindo graças aos Cursos de Formação de Instrutores nas Universidades Federais, Estaduais e Católicas, a qualidade do Yôga no Nordeste ia se deteriorando por falta de instrutores competentes. Isso era exatamente o que o coronel queria, para poder lhes vender sua yóga através de livros e cursos de qualidade duvidosa. Lutando contra todos esses obstáculos, vencemo-los um a um e conseguimos a instalação do nosso curso na Universidade Federal do Ceará, que foi um sucesso e repetiu-se durante muitos anos.

Em Natal chegou a ponto de um professor universitário que não tinha nada a ver com Yôga, fazer campanha nas suas turmas da Universidade Federal para que seus alunos não participassem do nosso curso. O que é que ele tinha contra nós? Nada. Só o fato de ser simpatizante do coronel e ter recebido instruções para nos boicotar. Quando cheguei a Natal, fui falar com o ilustre cavalheiro. Esperei que entrasse na sala de aula, pois queria ter testemunhas das grosserias que ele certamente iria fazer. Pedi licença, entrei e me apresentei:

– Boa tarde, meu nome é DeRose – e lhe estendi a mão.

Ele não se moveu. Ficou pálido, se de raiva ou de medo, não sei. Minha mão permanecia estendida e o cavalheiro em questão recusava-se a aceitá-la. Ele havia mordido a isca. Consegui o que desejava. Diante daquela cena os alunos todos pararam de conversar para prestar atenção no que estava acontecendo. Então, pude dizer o que queria.

– Caro professor. Soube que o senhor anda falando mal de mim e mandando seus alunos não fazerem o meu curso. Isso não é papel de homem. Se o senhor tem alguma coisa contra mim, não diga por trás, diga pela frente. Vim aqui convidá-lo a um debate na televisão, numa entrevista que vou dar hoje à noite.

Sabe o que o coitado respondeu? Fiquei até com pena. Diante de todos os seus alunos, nervoso, atrapalhou-se com as palavras e retrucou:

– Vou não. Por que é que o senhor não desafia alguém que tenha tanto conhecimento quanto o senhor?

Resultado: o curso em Natal foi um sucesso e vários alunos desse opositor gratuito acabaram se interessando por Yôga.

Quando terminou tudo, o organizador do nosso curso, Severino Cunha, me confidenciou:

– É... Antigamente ficava me questionando: fico incomodado quando o Mestre fala nos opositores. Afinal, Yôga não casa com esse tipo de coisa. Mas depois que organizei o Curso de Formação de Instrutores, compreendi. Agora acho que você fala até pouco. Precisava alertar-nos mais sobre isso para evitar constrangimentos.

Hoje o Nordeste está bem mais forte, com gente de fibra que não tem medo de viajar para fazer cursos de aperfeiçoamento, participar de Festivais ou mesmo organizar os Cursos de Formação de Instrutores nas Universidades dos seus Estados.

Na Universidade Federal de Uberlândia, o complô foi escandaloso. Demos entrada no planejamento e alguém arranjou um jeito de perder o processo. Noutro país, isso já seria o suficiente para que se abrisse um inquérito. Aqui, fica tudo por isso mesmo. Demos entrada pela segunda vez. Perderam de novo. Na terceira vez, fui falar com o Reitor. O funcionário que me recebeu disse que precisava saber qual era o assunto. Relatei-lhe o que ocorrera. Ele me perguntou se tinha os comprovantes de que dei entrada nos processos anteriores. Confirmei. Pediu-me para mostrá-los. Tirei do bolso os dois protocolos. Ele os pegou da minha mão, olhou e, adivinhe o que fez! Rasgou os meus comprovantes e jogou no lixo!

– Isso agora não adianta de nada. Quer um conselho? Desista e volte para sua terra. Temos ordens superiores para não aceitar o seu curso.

Inopinadamente, tirei do bolso duas fotocópias autenticadas em cartório, daqueles extintos comprovantes:

– Se quiser, pode rasgar também estas cópias, pois de onde elas vieram tem mais. E, para sua informação, estou pensando seriamente em levá-las aos principais jornais do país, fazer um estardalhaço; em seguida, abrir um processo judicial contra você por corrupção; depois, ir ao Ministério da Educação com todo esse material que os políticos de oposição adoram, para saber qual é a opinião do Ministro.

O funcionário que me ouvia não esperava tal reação de quem ele supunha um "pacífico professor de yóga", uma pessoa daquelas que se podem manipular e elas ficam quietas. Meio gaguejando, pediu-me para aguardar e foi ao gabinete do Reitor. Este, ato contínuo, mandou-me entrar. Recebeu-me muito bem. Disse que não tinha conhecimento dos fatos que narrei, mas que ficasse tranquilo, pois o meu processo seria acompanhado por ele, pessoalmente. Aí o curso foi aprovado.

Só que, quando o curso começou, iniciaram também os boicotes. Os seguranças não deixavam os alunos entrar sob o pretexto de não estar informados sobre curso algum. Só conseguimos ingressar depois de muita discussão, graças a algumas precauções que sempre tomo, em todos os cursos, pois casos como estes, são relativamente frequentes. Um dos cuidados é ter sempre à mão uma autorização da universidade, mencionando dias, horas e salas reservadas ao meu curso. Outra é ter o nome, cargo, endereço e telefone particulares do funcionário que assinou a autorização. Assim, os seguranças não tiveram outra saída senão ceder.

Quando logramos penetrar no *campus*, agora eram as portas das salas que estavam trancadas e ninguém sabia do responsável pelas chaves. Quando conseguimos uma sala, não havia giz e a luz estava cortada. E por aí foi o curso todo com inúmeros outros obstáculos que infernizaram muito mais os inscritos do que a mim. Afinal, já estou habituado e não me deixo abater. Sento-me e fico conversando com os alunos até que o organizador resolva os contratempos. Enquanto isso, estou dando matéria.

Os participantes do curso foram testemunhas destes últimos acontecimentos que acabo de relatar. Eles estão também descritos num formulário da própria universidade, no qual ela solicita que o ministrante faça uma avaliação do evento, apontando numa divisão os pontos positivos e noutra, maior, os pontos negativos. Esse formulário foi preenchido por mim onde citei uma boa parte dos incidentes supra e mais não disse por falta de espaço. Esse documento encontra-se arquivado na universidade, a menos que o tenham "perdido". Mas não tem importância: possuo uma cópia...

Quando os instrutores de yóga de uma região sabotam demais o meu curso, fustigo-os com a pior coisa que poderia fazer: promovo mais cursos e faço maior divulgação. Assim, formo mais instrutores. É uma maneira bem dura de retaliar a oposição, lançar no mercado de trabalho da região uma grande quantidade de concorrentes bem preparados e, ainda por cima, com um certificado da universidade, algo que aqueles detratores não possuem e não possuirão jamais, pois reconhecem não ter capacidade para enfrentar este tipo de curso.

POR ESSAS E OUTRAS, NÃO ESTRANHE SE UM DIA EU SAIR DO SEGMENTO PROFISSIONAL DO YÓGA.

NAS PRÓXIMAS PÁGINAS, REPRODUZO ALGUMAS DAS CENTENAS DE CARTAS QUE TENHO EM MEU PODER E QUE ILUSTRAM O QUE DENUNCIO NESTE LIVRO.

Valverde, 7.9.85

Caro amigo e Mestre,

Não estou de fato surpreendida pelo conteúdo de sua última carta. Essa é uma velha estória e já pude provar na própria pele a maneira de ação de seus adversários.
O que acho deveras indigno é pôr o Yoga no meio de tudo isto. E pensar que ainda possuo algumas apostilas de AVATAR,"boletim de ciência espiritual", cujo diretor, J.Treiger, é também autor da referida carta enviada à PUC de Pôrto Alegre!;..Sera possível que chegaram a DHYANA e SAMADHY sem o suporte de YAMA e NYAMA? Parece-me que de YOGA entendem bem, bem pouco: ainda fazem FOFOCA! Não conhecem Svadyaya, Satya, Ahimsa, Saucha e sobretudo Tapas. Talvez por isto são espiritualistas...
A situação é bastante incômoda e sei de quanto tempo você vem aparando golpes e criando polêmicas por esse Brasil afora e sei do esfôrço que foi e é necessário para não cair sucube dessa fúria, isto é, para não sucumbir nesta guerra.
Do outro lado, você merece! Nêstes 20 anos você não fêz outra coisa que demonstrar a mediocridade, de acusar a vulgaridade e o ridículo de seus adversários com apenas o bom nível de seus cursos e com a correta divulgação dos textos clássicos do Hinduismo. Não bastando, você criou um exército de gente que entende a fundo e em largo de Yoga; em outras palavras, você pôs na praça centenas de concorrentes de um certo pêso, que embora formados por "cursinhos de fins-de-semana", são também autores de estudos e ensaios publicados e divulgados. Com tudo isto ainda quer vida fácil? E como se não bastasse, êsses seus cursos de "fim-de-semana" estão em pé e vigentes em mais de 15 universidades federais do país! Não falando ainda do pessoal todo que saiu de sua escola e organizou congressos, encontros, conferências a âmbito nacional. Você realmente acha que seus opositores deixariam passar tudo em brancas nuvens? Só que cada um combate com as armas que tem e como pode. Já sabemos o resultado das chamadas "guerras santas"! A Inquisição, desde mais de mil anos atrás, vem pondo "no fogo" os bruxos. Como bem disse, Galileu,

10

2.

Giordano Bruno, atualmente Reich são testemunhas vivas e tangíveis do quanto a Verdade incomoda.

Pecado que são poucos os que conhecem aquele tratado sôbre a desconfiança humana: Tratado Geral sôbre a FOFOCA.

Por isso e por outros mando a você esta carta, com dentro uma outra carta endereçada ao Magnífico Reitor da PUC de Porto Alegre. Vê se se vale ou não a pena de envia-la. Se fôr pertinente e necessário, mande-a daí mesmo.

De longe, a coisa não parece grave e sim ABSURDA!

Meses atrás, no Congresso, em S.Marino, um dos presentes apresentou a estória do surgimento do Yoga na Itália. Um belo trabalho. Entre eu e mim penso: e se fôsse referente ao Brasil, não seria uma vergonha ter de relatar o que acontece atrás dos bastidores?

Estou com você; porque não tornar essa Vergonha pública?

Ao menos não se corre o risco de descer de nível e usar as mesmas armas do opositor: a calúnia!

Esperando que tudo concorra para o sucesso da Justiça, abraço-o com muito afeto

Ana Maria

— Ana Maria L.Romeo

A carta é assinada pela ilustre professora da Itália, Ana Maria Romeo, muito conhecida e respeitada por seu trabalho.

INSTITUTO CULTURAL VIDYA

ENTIDADE FILOSÓFICA SEM FINS LUCRATIVOS
Registro civil n.º 9.544 — CGC n.º 78482389/0001-84
DIREÇÃO GERAL: PROF. UBERTO GAMA

13

Caro amigo,
Prof. DE ROSE:

Como vai? Espero encontrá-lo com muita saúde e atividade!

Inclusive, Prof. De Rose, recebi dias atrás, um telefonema anônimo. Essa pessoa que eu não consegui identificar, disse-me que seria perda de tempo eu continuar na divulgação do curso, porque ela iria fazer de tudo para boicotar tal projeto.

Mas, deixou-me bem claro que teria condições de cumprir o que falou.

Caro amigo, eu nunca poderia imaginar que a "coisa" estivesse a esse ponto! Nunca. Mas não vou parar. Quero dizer-lhe o seguinte: Se eu tiver que abrir mão da minha comissão de 10% em favor das passagens ou de outro gasto qualquer que seja, para que você venha ministrar o curso aqui em Curitiba, acredite que o farei! O mais importante é você! Queremos que venha ministrar o curso. As pessoas inscritas estão entusiasmadas e querem realmente participar. Não queremos ser emotivos, mas queremos demonstrar a nossa gratidão por você! Tenha um, dez ou cem inscritos, queremos que você venha dia 06.

Um grande abraço meu e da Elizabeth.

UBERTO GAMA.

A CARTA É ASSINADA PELO PROF. DR. UBERTO GAMA, AUTOR DE VÁRIOS LIVROS DE SUCESSO, INCLUSIVE UMA BELÍSSIMA EDIÇÃO DO YOGA SÚTRA.

Araxá,14 de junho de 1984.

14

Prezado De Rose,

Estamos fazendo YOGA com a professora Deborah Morais de Souza Gomes
Estamos nos dando muito bem, gostando muito, inclusive já obtivemos
grandes resultados nestas poucas aulas de YOGA.
Pedimos vibrações positivas em nosso favor pois, conforme informa '
ções que soubemos, estamos sendo pressionados por pessoas incultas,
que não conhecem o SVÁSTHYA YOGA e que estão nos perseguindo.
Pedimos acima de tudo apoio a nossa professora Deborah, que é excelente pessoa, humilde, sensata, equilibrada e mais ainda humana.
Soubemos que vão haver entrevistas pelo rádio e pelos jornais a fim
de desmoralizar este tipo de YOGA. Inclusive haverá um congresso, '
(como todo ano) e neste (aproveitando a oportunidade) será exigido
que a professora Deborah da UNIYOGA, saia da cidade, porque é do gru
po de De Rose.
Para maiores esclarecimentos todo este movimento negativo parte da
professora Nazaret Soares; INFELIZMENTE!...
As influências negativas já estão funcionando pois a casa onde a   '
professora Deborah mora foi pedida pela dona para desocupar até   a
data de 30 de junho.

Nós as alunas:

Marinê Torres Catelip - nº 1

Darlene Borges Rodrigues nº 2

Ms Lourdes Ribeiro Honorato nº 3.

Maria Eunice de Paiva nº 6

Shirley Augusta de Paiva nº 7 pp. (irmã)

1978 – O primeiro Projeto de Lei para a regulamentação da profissão

> *Problemas e obstáculos são parte integrante da nossa existência, e a vida é a arte de vencê-los.*
> DeRose

Você conhece uma aventura do Asterix em que ele precisa ir a uma repartição pública e submeter-se ao descaso dos funcionários? Fazem-no esperar numa fila só para dizer-lhe que não é lá; enviam-no a outro setor, no qual dão-lhe um chá de cadeira e depois, para poder prestar qualquer informação, exigem um selo e passam-no adiante; no balcão seguinte, para fornecer o selo pedem-lhe uma assinatura que, para obtê-la, ele teria de retornar ao princípio e voltar a esperar na mesma fila onde já havia estado. Depois de muita exasperação, nosso herói gaulês apela para a poção mágica, surra todo o mundo e vai embora desabafado.

Pois é exatamente isso o que acontece quando um professor de Yôga decide legalizar-se. Infelizmente, não dispomos de poção mágica e não somos adeptos de surrar as pessoas. Mas que dá vontade, dá!

Vou lhe contar o que ocorreu comigo, no início de carreira, há mais de cinquenta anos, pois o relato continua atual. Os professores hoje enfrentam o mesmo calvário quando resolvem sair da clandestinidade, pagar seus impostos e merecer o amparo da lei.

Na década de sessenta, consultei vários advogados, contadores e despachantes, para estar muito bem assessorado em virtude daquela experiência malograda com o contador que quase me levou à falência. Alguns dos meus consultores eram pessoas amigas, parentes e alunos, que teriam todo o interesse em me orientar corretamente. Acontece que ninguém sabe como! E tome *achismo*: "eu acho isto", "eu acho aquilo"...

Em resumo, aconselharam-me para que começasse pela Administração Regional do meu bairro. Lá, informaram-me que essa orientação estava érrada. Deveria ir primeiramente à Receita Federal obter um número de CGC (atual CNPJ), sem o qual eles não poderiam sequer aceitar o meu pedido.

Na Receita Federal desiludiram-me outra vez. O CNPJ seria só para pessoas jurídicas e professor é pessoa física. A menos que quisesse montar uma firma individual. Mas nesse caso também não poderia, precisava ter antes o registro no ISS. Após muita conversa, consultando um e outro, eu consegui uma pista: se é professor, o assunto é da alçada do Ministério da Educação.

Fui ao Ministério e passei pelas mesmas seções e departamentos que o Asterix havia percorrido há dois mil anos. Eram inclusive os mesmos funcionários mumificados, que haviam morrido e ninguém os avisara disso. Passei uma semana sendo jogado de uma sala para outra, de um andar para o outro e de um prédio para o outro. Como sou bastante obstinado, grudei neles e fiquei de segunda a sexta-feira indo e vindo, e retornando ao mesmo modelo de eficiência que já tinha me atendido antes, uma, duas, três vezes.

No fim de uma semana de turismo educativo, ficou bem claro que lá dentro ninguém tinha a mínima ideia nem do que fosse Yôga e muito menos do que fazer com um chato que resolvera legalizar-se. Para livrarem-se de mim, disseram-me que Yôga era entendido como terapia corporal, portanto, deveria dirigir-me ao Ministério da Saúde.

Nesse, então, a perplexidade estampada nos rostos dos funcionários que me atendiam precisava ter sido retratada para a posteridade. Sabiam menos ainda e eram muito mais exímios em ping-pong. Depois de alguns dias de amolação, deram seu *veredictum*:

– Não é profissão? Então é no Ministério do Trabalho.

E a *via crucis* continuou sem nenhum sinal de luz no fim do túnel. Mandaram-me de volta para o Ministério da Educação e eu lhes disse já ter passado uma semana lá dentro, que definitivamente não era lá.

DeRose

Mandaram-me, nesse caso, para o Ministério da Saúde. Contei minhas incursões nesse competente órgão de serviço à população. Então, foram bem francos:

– Aí, garotão. Para quê essa vontade de pagar *imposhtosh*? Fica na sua. Ninguém paga *mêrmo*. Quando chegar um *fishcal*, você *deshcobre* quem é que *fishcaliza* a sua área, *sacomé*?

E assim foi. Seguindo a voz da experiência, pus em prática aquele procedimento tão simples. Não deu outra. Em pouco tempo fui visitado por um fiscal da Secretaria de Educação do Estado, que me lascou uma bela multa. Pelo menos fiquei sabendo a quem me dirigir. Pena que isso só serviu para o extinto Estado da Guanabara, o qual constituía um caso excepcional. Nos outros Estados é diferente.

Dessa forma, legalizei-me como professor. Passados alguns meses, outro fiscal, agora da Prefeitura, aplicou uma nova multa muito maior, daquelas que a gente senta e chora, pois não tem como pagar. No entanto, a própria Prefeitura não sabia como eu deveria fazer para me regularizar. Teria que registrar meu estabelecimento como uma igreja, diziam eles, "pois ióga é religião"(*sic*) mas nesse caso, não sabiam para que sindicato precisaria descontar! E sem pagar sindicato, nada feito. Uma experiência kafqueana.

Para mim essa aventura acabou sendo boa, pois aprendi todos os truques nos seus mínimos detalhes e hoje sei como fazer para ajudar meus discípulos e credenciados, a fim de que se registrem e legalizem com um mínimo de trabalho e custo irrisório.

Não obstante, se nossa profissão fosse regulamentada, essa quizumba seria simplificada e ninguém confundiria nosso trabalho com religião nem o associaria à Educação Física, ou à Terapia.

Assim, com a ajuda de uma instrutora que lecionava em Brasília, em 1978 lançamos o primeiro projeto de lei para a regulamentação da profissão de professor de Yôga.

Esse era o segundo grande sonho de todos os que trabalhavam com Yôga: ter sua profissão regulamentada. Nós o estávamos tornando realidade e, ainda, repartindo com os demais, pois não seria póssível – mesmo que o quiséssemos – regulamentar a profissão só para nós.

290   QUANDO É PRECISO SER FORTE

Eu havia enviado a todos uma cópia do projeto de lei para que o lessem e conhecessem. Porém, não contava com o coronelismo, fenômeno de manipulação política muito arraigado na nossa terra, especialmente nas regiões mais pobres e incultas. Segundo esse costume de cabresteamento da opinião, os comandados não devem raciocinar nem tomar suas próprias decisões. Devem, isto sim, acatar as interpretações do "coronê" e votar no que ele mandar.

Os professores tinham o projeto nas mãos e não liam! Diziam que não estavam familiarizados com a linguagem complicada e preferiam ouvi-la interpretada pelos manipuladores. Mas qual linguagem complicada? Só se eles fossem semi-analfabetos. O projeto foi redigido em vernáculo simples. Para você confirmar reproduzo, mais adiante, o texto original.

O fato é que os professores de yóga votaram contra o projeto de lei que iria realizar um grande sonho da classe. Para disfarçar e não ficar muito flagrante que estavam prejudicando toda uma categoria profissional por meras questões de ego, nossos opositores apresentaram um substitutivo. No entanto, esse era tão ridículo que eles mesmos o retiraram e apresentaram outro. Acontece que esse outro beneficiava apenas uma panelinha, pois continha uma exigência estapafúrdia de que a pessoa tivesse ido à Índia para poder lecionar Yôga no Brasil. Esse, então, deu briga e não chegou sequer a ser formalizado.

Depois de inúmeras tentativas, brigas, cisões, intrigas, desaforos, palavrões e bofetadas, os espiritualizados colegas chegaram a um consenso: todos aprovaram um novo projeto que lhes parecia realmente bom e que, diziam eles, atendia plenamente os anseios da classe.

Quanto cinismo! Era o mesmo primeiro projeto, o original apresentado por mim, só que:

a) reduziram a remuneração do professor para um salário mínimo, quatro vezes menos do que eu havia sugerido (art. 4º);

b) castraram a autoridade das Entidades de Classe, impedindo, assim, que os professores contassem com o auxílio que elas prestam – no seu lugar, subordinaram os professores diretamente ao Ministério da Educação, o qual está pouco se importando com o Yôga e constitui uma ameaça com suas engrenagens desumanas e uma burocracia hipertrofiada;

c) eliminaram o *Y* da palavra Yôga;

d) suprimiram o nome da União Nacional de Yôga, a única entidade capaz de uma representação expressiva da nossa classe profissional – atualmente a Uni-Yôga é a fundadora e mantenedora de dez Federações Estaduais, uma Confederação Nacional, duas Universidades de Yôga e de dezenas de Associações Profissionais, além de ter sido o berço do Conselho Federal de Yôga e do Sindicato Nacional de Yôga;

e) e, claro, mudaram o número e a data do projeto e substituíram o nome do Deputado Eloy Lenzi pelo do Deputado Clemir Ramos, como apresentante. Com isso, quiseram fazer crer que não era mais o "projeto do DeRose".

Para que você possa constatar a veracidade de todas essas afirmações, reproduzo quatro páginas adiante o texto original e, ao lado dele, o "novo".

Por essa ocasião, instalaram-se várias comissões para combater o projeto de lei da regulamentação.

No Rio de Janeiro, foi nomeado como presidente da comissão o Prof. Rezende, que, na época, tinha academia em Copacabana. Ele sempre foi uma pessoa muito fina e educada, tanto que conseguimos manter um relacionamento cordial mesmo em meio a todas essas tempestades. Em nome desse bom relacionamento, achou-se no dever de me visitar para comunicar sua nomeação. Nessa oportunidade confessei-lhe:

– Respeito-o pelo fato de você ser um adversário cavalheiro e isso muito me lisonjeia.

Ele foi cavalheiro até na resposta:

– DeRose, não me considero seu adversário.

– Reconheça que você está aliado aos que lutam contra nós.

– São as circunstâncias que me colocam de um lado da cerca e você do outro. Mas somos amigos, não somos?

Sem dúvida! Pouco depois do encontro com o representante da oposição no Rio, recebi uma outra visita em São Paulo. Desta feita era o Dr. Marback d'Algibeira, com uma mensagem inequívoca.

– Vim aqui para lhe informar o motivo pelo qual estamos contra o seu projeto de lei. Você é muito novo e os jovens não estão aptos a tomar decisões pelos outros.

Ora, os demais tiveram tantos anos para fazer alguma coisa e não o fizeram, se o nosso projeto era razoavelmente aceitável **na época**, e não havia substitutivo melhor, por que boicotá-lo ao invés de sentarmo-nos para discutir o assunto civilizadamente? Poderíamos até aperfeiçoá-lo, eliminando suas falhas e inserindo dispositivos mais importantes, graças à contribuição de todos. Só por uma questão de idade estaríamos impedidos de debater? Afinal, eu já tinha mais de 30 anos de idade, não era uma criança. Isso me parecia apenas uma questão de ego. Depois descobri que havia algo mais: era luta pelo poder e pelo prestígio.

Naquele ano ocorreu uma convenção no instituto da *Dona Maria*, que liderava a oposição em São Paulo. Vieram professores do Brasil todo, só para decidir o que fazer comigo. Uma solução conciliatória seria viabilizada se simplesmente me convidassem para debater. No entanto, preferiram, como sempre, a política de exclusão. Aquele que era o tema da discussão, não foi convidado. No entanto, como eles não perdem as esperanças de catequizar os instrutores menos leais, convidaram alguns dos nossos. Estes nos consultaram para saber se deveriam ir ou não. Por acreditar na liberdade acima de tudo, dissemo-lhes que fizessem o que achassem melhor.

Agi assim durante mais de vinte anos, pois sempre reprovei toda aquela ciumeira e separativismo. Hoje entendo que o meu procedimento era muito idealista e irreal. Continuei não aceitando nem aplicando a ciumaria, mas aprendi a reconhecer que a separatividade é um fato que se deve aceitar e até respeitar, pois trata-se simplesmente de um fenômeno natural o qual reúne os indivíduos afins em grupos distintos para que cada um ajude o outro na defesa dos seus interesses.

Como é virtualmente impossível que todos tenham as mesmas necessidades básicas ou as mesmas aspirações, a evolução se processa, em grande parte, graças à energia dos atritos entre as pessoas e entre os grupos. Se isso um dia puder ser conseguido num clima de educação e polidez, nesse instante estaremos dando um grande passo em direção à conquista da civilidade.

Por isso, atualmente, se um postulante participar de alguma atividade promovida por outra escola, sem ter a consideração de nos consultar, preferimos reagir como aquele swámi indiano que convidou os alunos a se retirar do seu mosteiro e definir-se pelo outro ashram, a cujo sat sanga tinham ido assistir. As viagens à Índia realmente nos ensinam alguma coisa...

Bem, mas estamos falando daqueles tempos nos quais não víamos inconveniente em que os seguidores de uma linha se promiscuíssem com os de outra. Dissemos aos nossos discípulos para decidirem por si mesmos. Antes tivéssemos sido mais categóricos e recomendado que não aceitassem o convite. Na tal reunião, foram olhados com desconfiança, discriminados e destratados por um bom número de membros do outro clã. Além de ser agredidos por palavras e atitudes, foram deixados de lado sem conseguir comunicar-se com os demais.

Segundo nos foi relatado por quem esteve na assembleia, o professor Coutinho, de Brasília, percebendo aquele mal-estar, teria ido à frente e, com uma suposta boa intenção, feito um apelo claramente tendencioso:

— Meus irmãos. Estou observando que formaram-se bolsões de professores que se separam pela pronúncia justamente da palavra *yóga*, logo ela que significa *união*! Eu sei, e todos sabemos, que a pronúncia certa é Yôga, com *ô* fechado. Mas falemos todos *yóga*, com *ó* aberto, para evitar a desunião.

Ora, é muito fácil simular condescendência quando se insta o outro a abrir mão das suas convicções e adotar as nossas! Como não podia deixar de ocorrer, ouviu de um dos instrutores de SwáSthya:

— Quer dizer que o senhor reconhece que nós falamos da maneira correta e está nos pedindo para falar errado? E, ainda por cima, tem a coragem de declarar isso em público, diante de todos estes professores aqui presentes?

Depois disso, muitos dos que presenciaram a cena passaram a pronunciar Yôga com o *ô* fechado...

Não obstante, o ponto alto da reunião foi o momento em que, com a maior sem-cerimônia, os opositores declararam publicamente que pretendiam impedir o Prof. DeRose de ministrar Yôga e que iriam fazer o possível e o impossível para pô-lo na cadeia. Essa promessa é antiga. Desde que aquele dissimulado senhor afirmou isso pela primeira vez, muita gente gostou e saiu repetindo. Por mais que tentassem, até o presente momento não conseguiram achar nem um mínimo deslize no qual pudessem se basear para a realização do seu intento.

Na semana seguinte tivemos um curso na nossa sede de São Paulo. Os instrutores, que haviam estado naquela assembleia dos mexeriqueiros e que testemunharam tudo aquilo, convocaram uma reunião urgente. Eles encontravam-se realmente preocupados e, ao mesmo tempo, indignados. Quando entrei, já estavam inflamados e foram logo pedindo:

– DeRose, explique para estes nossos companheiros a gravidade da situação, pois eles não estão querendo acreditar no que nós contamos.

– O que está havendo? – Perguntei. – Se vocês não se mantiverem unidos, é melhor esquecerem essa ideia de União Nacional de Yôga e irem todos para casa. Vocês não percebem que o axioma militar *dividir para vencer* é válido em qualquer tipo de batalha? Isso é o que o "abominável homem das neves" quer: ele quer dividi-los. Não se dividam. Ou então não contem comigo, pois não vou lutar ao lado de perdedores. Se estes seus colegas estão testemunhando o que presenciaram, por que polemizar com eles? São seus parceiros e merecem toda a sua confiança e apoio.

– DeRose, nós gostamos muito de você e faríamos qualquer coisa para defendê-lo. Mas isso que nos relataram... Não! Os professores da ióga não fariam uma coisa daquelas.

Esse tipo de ingenuidade é mais destrutivo do que as campanhas movidas contra nós. A Europa reagiu justamente dessa forma quando Hitler anunciou ao mundo o que pretendia fazer, dez anos antes de perpetrar seus atos. Contudo, aqueles que poderiam ter impedido disseram, incrédulos: "Adolf não faria uma coisa dessas." E ele fez!

DAQUI PARA A FRENTE, ESTE CAPÍTULO FICA MUITO TÉCNICO.

SE ACHAR MAÇANTE, SALTE PARA O CAPÍTULO SEGUINTE

E LEIA ESTE QUANDO TIVER PACIÊNCIA OU INTERESSE ESPECIAL.

Projeto proposto pelo Mestre DeRose
Câmara dos Deputados
Projeto de Lei No. 5.160, de 1978

Regula a profissão de professor de Yoga, e dá outras providências.

(Às Comissões de Constituição e Justiça e de Educação e Cultura.)

O Congresso Nacional decreta:

Art. 1º.- O exercício da profissão do Professor de Yoga é privativo de portador de certificado de habilitação obtido em curso profissional específico, oficial ou reconhecido.

Art. 2º.- Aos exercentes da profissão de Professor de Yoga à data da publicação desta lei é permitido regularizar a respectiva situação, desde que o requeiram às respectivas entidades de classe, no prazo de um ano.

Art. 3º.- O Professor de Yoga habilitado na forma da lei poderá manter institutos em seu próprio nome, neles praticando as atividades inerentes à profissão em conformidade com especificação a ser baixada pelo regulamento desta lei.

Art. 4º.- Ao Professor de Yoga, quando exercer a profissão mediante relação de emprego, é assegurado o direito à remuneração mínima, equivalente a 4 (quatro) salários mínimos, por uma jornada de 4 (quatro) horas.

Art. 5º.- Nos locais onde não existir curso de formação de Professor de Yoga, as entidades de classe poderão manter cursos práticos destinados a preparar profissionais da categoria, os quais, entretanto, somente poderão obter habilitação para regular exercício da atividade se aprovados em exames realizados sob a supervisão de institutos credenciados à **União Nacional de Yoga** e Secretaria de Educação e Cultura de cada Estado, na forma estabelecida em regulamento.

Art. 6º.- O Poder Executivo, regulamentará esta lei no prazo de 60 (sessenta) dias.

Art. 7º.- Esta lei entrará em vigor na data de sua publicação.

Art. 8º.- Revogam-se as disposições em contrário.

Agora, quarenta anos depois, considero o texto deste projeto de lei desatualizado e obsoleto. O país mudou, as pessoas emanciparam-se, o Yôga evoluiu e o nosso curso de formação profissional está há três décadas introduzido nas Universidades Federais. Para conhecer o texto do Projeto de Lei atual, leia o nosso livro *A Regulamentação dos Profissionais de Yôga*.

SUBSTITUTIVO "ELABORADO" PELA OPOSIÇÃO
CÂMARA DOS DEPUTADOS
PROJETO DE LEI Nº. 3.828, DE 1984

Regula a profissão de professor de Ioga, e dá outras providências.

(Às Comissões de Constituição e Justiça, de Educação e Cultura e de Finanças.)

O Congresso Nacional decreta:

Art. 1º.- O exercício da profissão do Professor de Ioga é privativo de portador de certificado de habilitação obtido em curso profissional específico, oficial ou reconhecido.

Art. 2º.- Aos exercentes da profissão de Professor de Ioga à data da publicação desta lei é permitido regularizar a respectiva situação, desde que o requeiram ao Ministério da Educação e Cultura, no prazo de um ano.

Art. 3º.- O Professor de Ioga habilitado na forma da lei poderá manter institutos em seu próprio nome, neles praticando as atividades inerentes à profissão em conformidade com especificação a ser baixada pelo regulamento desta lei.

Art. 4º.- Ao Professor de Ioga, quando exercer a profissão mediante relação de emprego, é assegurado o direito à remuneração mínima, equivalente a 1 (um) salário mínimo, por uma jornada de 4 (quatro) horas.

Art. 5º.- Nos locais onde não existir curso de formação de Professor de Ioga, as entidades de classe poderão manter cursos práticos destinados a preparar profissionais da categoria, os quais, entretanto, somente poderão obter habilitação para regular exercício da atividade se aprovados em exames realizados sob a supervisão de institutos credenciados ao Ministério da Educação e Cultura e à Secretaria de Educação e Cultura de cada Estado, na forma estabelecida em regulamento.

Art. 6º.- O Poder Executivo, regulamentará esta lei no prazo de 60 (sessenta) dias.

Art. 7º.- Esta lei entrará em vigor na data de sua publicação.

Art. 8º.- Revogam-se as disposições em contrário.

Como o leitor pode constatar, as diferenças entre os dois projetos são:

1)   A eliminação do **y** na grafia da palavra Ioga.

2)   A cassação da autonomia das Entidades de Classe e das consequentes facilidades que elas poderiam proporcionar aos Professores, proposta que foi substituída pela obrigatoriedade de uma subordinação direta ao Ministério da Educação, o qual está pouco se lixando para o Yôga e a todos esmaga com sua burocracia desumana.

3)   A redução da remuneração do Professor, de quatro para um salário mínimo!

4)   Supressão do nome da União Nacional de Yôga, a única entidade capaz de uma representação expressiva da nossa classe profissional. Hoje a União Nacional de Yôga é a fundadora de mais de dez Federações Estaduais, da Confederação Nacional e de dezenas de Associações Profissionais.

NOVO PROJETO DE LEI
PROPOSTO POR NÓS EM 1999

Em 1999 elaborei um novo anteprojeto que fosse suficientemente simples para que todos pudessem compreender, e pequeno o bastante para que não houvesse a possibilidade de os interessados se engalfinharem numa disputa infértil. O texto que propus tinha apenas dois artigos:

Art. 1° – O exercício das atividades profissionais de Yôga e a designação de Profissional de Yôga são prerrogativas dos profissionais regularmente registrados nos Conselhos Regionais de Yôga.

Art. 2° – Para tanto, fica criado o Conselho Federal e os Conselhos Regionais de Yôga, que normatizarão e regularão o exercício profissional.

Ponto final.

Por ocasião da votação na primeira comissão da Câmara dos Deputados, a Comissão de Trabalho, Administração e Serviço Público, fui consultado por telefone. Os deputados me informaram que estava ocorrendo um *lobby* contra a nossa regulamentação por parte, não da Educação Física, mas da facção que se autodenomina "a yóga", com *ó* aberto. E que, para passar, o nosso projeto teria que abrir algumas concessões. Precisaria acrescentar mais texto. O acréscimo foi lido por telefone e, por achar que não prejudicaria ninguém, concordei. Foi acrescentada uma Emenda Aditiva, com o seguinte texto:

"Acrescentem-se os parágrafos 1°. e 2°. ao artigo segundo do projeto:

§1°. Os Conselhos Regionais de Yôga deverão convalidar e registrar os certificados e diplomas anteriormente expedidos por cursos regulares.

§2°. Os profissionais de Yôga que estejam no exercício da profissão poderão se habilitar perante os Conselhos Regionais.

Sala da Comissão, em 5 de dezembro de 2001."

Mais tarde, quando o projeto de Lei foi para a Comissão de Constituição e Justiça, nova exigência dos colegas da yóga. Agora eles queriam outra emenda. Concordei novamente.

Portanto, a redação do nosso projeto de Lei passou a ser:

Art. 1º. – O exercício das atividades profissionais de Yôga e a designação de Profissional de Yôga são prerrogativas dos profissionais regularmente registrados nos Conselhos Regionais de Yôga.

§ Os dispositivos desta lei aplicam-se aos profissionais de Yôga, Yóga, Yoga ou ioga, independentemente da grafia adotada, sem discriminações.

Art. 2º. – Para tanto, fica criado o Conselho Federal e os Conselhos Regionais de Yôga, que normatizarão e regularão o exercício profissional.

§1º. Os Conselhos Regionais de Yôga deverão convalidar e registrar os certificados e diplomas anteriormente expedidos por cursos regulares.

§2º. Os profissionais de Yôga que estejam no exercício da profissão poderão se habilitar perante os Conselhos Regionais.

Art. 3º. – Ficam revogadas todas as disposições em contrário.

Art. 4º. – Esta lei entra em vigor na data da sua publicação.

PODE SER OUTRO PROJETO DE LEI, NÃO TEM PROBLEMA

Não fazemos questão de que seja aceita a nossa proposta. Estamos abertos a aprovar outra que seja melhor, ou que seja fruto do consenso entre nossos pares. Exortamos apenas ao bom-senso, a fim de que este projeto não seja recusado apenas por não ter sido "o seu". E, acima de tudo, se for tentado um substitutivo, que ele:

1. abarque todas as linhas de Yôga;
2. respeite a liberdade de ação de todos os instrutores;
3. não privilegie nenhuma Confederação, Federação ou União;
4. preserve nossa identidade, mantendo-nos fora de qualquer nomenclatura ou linguagem que possa servir de pretexto para nos subordinar à Educação Física, ou a alguma outra profissão.

POR QUE A REGULAMENTAÇÃO NÃO ACONTECEU HÁ MAIS DE 30 ANOS?

Foi uma questão de visão pequena e ego grande por parte dos instrutores de yóga.

Em 1978 propus o primeiro Projeto de Lei para a regulamentação da nossa profissão. Foi cedo demais. Nossa classe profissional não estava amadurecida. Houve desunião, orgulhos feridos e um festival de egos. Os próprios beneficiados, os professores de yóga, boicotaram a proposta, apresentaram substitutivos, combateram a idéia, cada qual puxando a brasa para a sua sardinha. Resultado: a lei não foi aprovada.

Em 1998, vinte anos depois, a Educação Física foi regulamentada e em 2000 ameaçou a soberania, a identidade e a autonomia do profissional de Yôga. Isso poderia ter sido evitado se os nossos próprios colegas não tivessem puxado o tapete da nossa regulamentação em 78.

Em 2001, quando a barra começou a pesar contra os instrutores da Yóga, numa reunião entre o Yôga e a Yóga pela regulamentação, uma professora antiga me sai com esta:

– Pois é, se a regulamentação tivesse sido aprovada em 1978 não estaríamos passando por isso.

Então, perguntei:

– E a senhora sabe quem foi que propôs a regulamentação em 1978

– Não – ela respondeu.

Ao que redargui:

– Fui eu, minha senhora. E a senhora sabe quem foi que boicotou a regulamentação firmando um abaixo-assinado contra ela?

– Quem foi?

– Foi a senhora. Eu tenho em meu poder esse abaixo-assinado que o Deputado Eloy Lenzi me enviou. Sua assinatura está lá, pedindo ao Deputado que o meu projeto pela regulamentação fosse rejeitado.

– [Silêncio constrangido...]

O YÔGA ESTÁ AMEAÇADO DE EXTINÇÃO

Outro dia eu estava assistindo a um documentário sobre uns besouros da África que estão em extinção e me lembrei da nossa classe profissional.

Os ditos besouros só se alimentam de excremento de elefante. Você já deve ter visto. Eles fazem uma bola de esterco e vão rolando sua bolinha de comida, felizes da vida.

Acontece que abriram-se estradas na África e os elefantes, que não são burros (são elefantes!), preferem trafegar por elas, pois é muito mais fácil do que pelo terreno acidentado, pedregoso e espinhento. Com isso, os simpáticos paquidermes passaram a migrar muito mais rápido. Só que os pobres besourinhos não conseguem acompanhar as manadas. No entanto, não estão nem aí. Cada besourinho cuida de si, recolhe o cocô nosso de cada dia e dá-se por feliz.

Nenhum daqueles insetos irracionais consegue olhar lá na frente, o futuro negro que os espera. Para eles, que não raciocinam, *"tem comida hoje? Então está tudo bem."*

Ninguém enxerga mais adiante; ninguém percebe que a manada está se distanciando, e que sua espécie vai ficar sem alimento e vai-se extinguir. Pergunto-me: se algum besouro mutante tivesse a faculdade de conceber as consequências a médio prazo dessa acomodação imediatista, será que os outros conseguiriam compreender e se uniriam todos para obrar uma solução? Ou o tachariam de Fernão Capelo e continuariam comendo cocô?

E, assim, fui transportado para a nossa triste realidade. Vi a Ed. Física apropriando-se da nossa venerável filosofia iniciática e transformando-a em uma mera ginástica exótica. Vi o Yôga, que durou 5000 anos, desaparecendo graças à modorra inconsequente dos nossos colegas. Os profissionais de Yôga não estão se mobilizando com a força e energia que a emergência deste momento exige.

Uns dizem:

– Também não concordo que o Yôga seja encampado pela Ed. Física, mas quem sou eu? Sou um simples instrutor de yóga da minha humil-

302   QUANDO É PRECISO SER FORTE

de cidadezinha. Deixo que o DeRose e as outras lideranças tomem as decisões necessárias. Eu não entendo dessas coisas. Só quero ficar dando minhas aulinhas.

Outros, pobres de espírito, declaram:

– Imagina! Eles (da Ed. Física) não fariam isso. Talvez seja até bom sermos chamados de "práticos" e "autorizados em caráter precário". É mais do que nada.

E ainda tem os que pensam assim:

– Que bom que isso está acontecendo. A Ed. Física vai proibir todo o mundo de lecionar e vai ser bom para mim, pois sou mais antiga e acabam me reconhecendo de qualquer maneira. Aí, como os demais serão impedidos de trabalhar, eu fico sem concorrentes! Isso é ótimo para o meu mundinho egoísta. Depois, se o Yôga perder elementos fundamentais, como a filosofia, o sânscrito, o mantra, a meditação, a Iniciação, etc., eu já não adoto mesmo essas coisas. Além do mais já estou velha e quando o Yôga for extinto não vou mais estar viva para ver.

Não deixe o Yôga ser extinto. Levante-se! Reaja! Salve o Yôga!

YÔGA NÃO É EDUCAÇÃO FÍSICA

Yôga e Educação Física tiveram origens diferentes, em épocas diferentes, países diferentes, baseiam-se em princípios diferentes e têm objetivos diferentes.

A União Nacional de Yôga, a Confederação Nacional de Federações de Yôga do Brasil e as Federações de Yôga dos Estados do Rio Grande do Sul, Santa Catarina, Paraná, São Paulo, Rio de Janeiro, Minas Gerais, Distrito Federal, Bahia e Pará repudiam energicamente a política de anexação adotada pela classe dos profissionais de Educação Física, recrudescida a partir da regulamentação da sua profissão. Querem as lideranças da Educação Física que só possa dar aulas de Yôga quem for formado em Educação Física, o que constitui violentação inconcebível dos nossos direitos civis.

Em 1978 dei entrada no primeiro projeto de lei para a regulamentação dos profissionais de Yôga. Ocorreu que os professores de yóga, com visão míope e ego hipertrofiado, não apoiaram a iniciativa. Vinte anos depois, em 1998 os profissionais de Educação Física conseguiram sua

DeRose

regulamentação, a qual instituiu o Conselho Federal de Educação Física. A partir de então, muitos instrutores de Yôga foram importunados por entidades de classe, ameaçados por associações profissionais e pressionados a pagar impostos aos sindicatos de Educação Física. Um diretor de Faculdade de Educação Física chegou a denunciar determinada instrutora de Yôga do Rio Grande do Sul à Promotoria de Justiça, que a intimou, sob ameaça de prisão, a prestar esclarecimentos a respeito de uma entrevista dada por ela à Imprensa. Tal atitude, além de antiética e antipática, é injusta contra profissionais honestos que desempenham seu trabalho de forma exemplar e que estão legalizados.

NÃO HÁ AMPARO LEGAL PARA ATRELAR O YÔGA À ED. FÍSICA

Basta ler a lei que regulamenta a Educação Física para constatar que essas pressões pouco elegantes para subordinar o Yôga à Educação Física não têm amparo legal. O Yôga não é mencionado em parte alguma da lei e nada do que lá consta pode conduzir a essa interpretação transversal. Para seu conhecimento, vamos reproduzir o texto da referida lei:

LEI N°. 9696 DE 1°. DE SETEMBRO DE 1998.

Dispõe sobre a regulamentação da profissão de Educação Física e cria os respectivos Conselho Federal e Conselhos Regionais de Educação Física.

Art. 1°. O exercício das atividades de Educação Física e a designação de Profissional de Educação Física é prerrogativa dos profissionais regularmente registrados nos Conselhos Regionais de Educação Física.

Art. 2°. Apenas serão inscritos nos quadros dos Conselhos Regionais de Educação Física os seguintes profissionais:

I - os possuidores de diploma obtido em curso de Educação Física, oficialmente autorizado ou reconhecido;

II - os possuidores de diploma de Educação Física expedido por instituição de ensino superior estrangeira, revalidado na forma da legislação em vigor;

III - os que, até a data da vigência desta lei, tenham comprovadamente exercido atividades próprias dos Profissionais de Educação Física, nos termos a ser estabelecidos pelo Conselho Federal de Educação Física.

Art. 3°. Compete ao Profissional de Educação Física coordenar, planejar, programar, supervisionar, dinamizar, dirigir, organizar, avaliar e executar trabalhos, programas, planos e projetos bem como prestar serviços, consultoria e assessoria, realizar treinamentos especializados, participar de equipes multidisciplinares e interdisciplinares, e elaborar informes técnicos, científicos e pedagógicos, todos em áreas de atividades físicas e do desporto.

Art. 4°. Ficam criados o Conselho Federal e os Conselhos Regionais de Educação Física.

Art. 5°. Os primeiros membros eletivos como suplentes do Conselho Federal de Educação Física serão eleitos para um mandato tampão de dois anos, em reunião das associações representativas de Profissionais de Educação Física, criadas nos termos da Constituição Federal, com personalidade jurídica própria, e das instituições superiores de ensino de Educação Física, oficialmente autorizadas ou reconhecidas, que serão convocadas pela Federação Brasileira de Associações dos Profissionais de Educação Física - FBAPEF, no prazo de até 90 (noventa) dias após a promulgação desta lei.

Art. 6°. Esta lei entra em vigor na data da sua publicação.

CONCLUSÃO

As diferenças entre Yôga e Educação Física são abissais. Além disso, o Yôga surgiu mais de 3000 anos antes da Educação Física. Se alguma das duas devesse estar subordinada à outra, seria a mais nova à mais antiga. Só que nem isso seria coerente, pois é sabido que as duas não têm nenhum parentesco.

O Yôga é muito vasto para ser classificado tão simplesmente como Educação Física. Uma prática completa de Yôga compreende técnicas orgânicas, bioenergéticas, emocionais, mentais, espirituais etc., através de exercícios respiratórios, relaxamentos, limpeza de órgãos internos, vocalizações, concentração, meditação e mentalização. Ora, isso não pertence à área de Educação Física. Mesmo as técnicas corporais do Yôga não são atividades físicas nem desportivas e são completamente diferentes dos da Educação Física.

Estas são algumas modalidades de Yôga. Como pode-se constatar, não têm nada a ver com a Educação Física:

1. Rája Yôga, o Yôga mental (técnicas de concentração e meditação);
2. Bhakti Yôga, o Yôga devocional;
3. Karma Yôga, o Yôga da ação (ética e comportamento);
4. Jñána Yôga, o Yôga do autoconhecimento;
5. Layá Yôga, o Yôga dos poderes paranormais;
6. Mantra Yôga, o Yôga do domínio do som e do ultrassom;

7. Tantra Yôga, o Yôga da canalização da libido;

8. SwáSthya Yôga, o Yôga de raízes pré-clássicàs, que compreende todos os anteriores;

9. Suddha Rája Yôga, uma variedade de Rája Yôga medieval, pesadamente místico;

10. Kundaliní Yôga, o Yôga do poder da libido para a iluminação;

11. Siddha Yôga, o Yôga do culto à personalidade do mentor;

12. Kriyá Yôga, o Yôga que consiste em auto-superação, auto-estudo e auto-entrega;

13. Yôga Integral, o Yôga de integração nas atividades do dia-a-dia, especialmente na arte;

14. Yôga Clássico, um Yôga árido e duro, visando à iluminação, mediante restrições sexuais e outras;

15. Hatha Yôga, o Yôga orgânico e terapêutico;

16. Iyengar Yôga, uma variedade de Hatha Yôga;

17. Power Yôga, trata-se de uma marca de fantasia para o Hatha Yôga praticado nos Estados Unidos, o que fica patente pelo próprio caráter híbrido do nome inglês-sânscrito.

Até o Yôga orgânico, o Hatha Yôga, que trabalha prioritariamente os órgãos do corpo, é diferente da ginástica. Mesmo o Hatha, não pode ser classificado de forma tão simplista, pois pertence a uma tradição filosófica, hindu, iniciática e não possui exercícios de ginástica. Possui mudrás (linguagem gestual), kriyás (atividades de limpeza das mucosas), bandhas (contrações ou compressões de plexos e glândulas), trátakas (exercícios para os olhos), e uma infinidade de outros recursos que não têm nem a mais tênue similaridade com a ginástica. Inclusive os seus ásanas, que são técnicas psico-orgânicas, não manifestam nenhuma identidade com os cânones da Educação Física.

Ao defender que o Yôga não tem nenhum parentesco com a ginástica e que não pode estar subordinado à Educação Física, não quero com isso manifestar menosprezo algum pelo esporte. Ao contrário, sou fervoroso admirador e fui praticante de inúmeras modalidades. Defendo, apenas, que fique cada profissional na sua área e que respeitem-se mutuamente.

RELATÓRIO DOS DEBATES COM OS COLEGAS
DE OUTRAS MODALIDADES DE YÔGA, YÓGA, YOGA E IOGA

A PARTIR DESTE PONTO ATÉ O FINAL DO CAPÍTULO, REPRODUZIMOS UM TRECHO DO LIVRO
"A REGULAMENTAÇÃO DOS PROFISSIONAIS DE YÔGA".

SE ESTE ASSUNTO NÃO LHE INTERESSAR, FIQUE À VONTADE PARA SALTAR ESTAS PÁGINAS
E PROSSEGUIR NO CAPÍTULO SEGUINTE.

A questão da regulamentação da profissão de instrutor de Yôga teve uma consequência inusitadamente positiva em torno do ano 2000: professores que não se falavam há 20 ou 30 anos sentaram-se lado a lado e conversaram. Realmente, alguns diálogos foram acalorados, mas o que importa é que no término de cada rodada emocional os ânimos se acalmaram e a maioria demonstrou um esforço sincero pelo entendimento e conciliação. Conciliação essa, às vezes, difícil, já que havia representantes de diversas correntes do Yôga e da ióga, discípulos de pelo menos meia dúzia de Mestres, uns de linha Vêdánta-Brahmácharya (Sivánanda, Vishnudêvánanda), outros Sámkhya-Brahmácharya (Pátañjali, Yôgêndra), outros Vêdánta-Tantra (Aurobindo, Rámakrishna) e outros Sámkhya-Tantra (Shiva, Kápila, Íshwarakrishna). Além dessas abissais discrepâncias ideológicas e comportamentais, havia nitidamente dois grupos bem distintos no que concerne à regulamentação, com claras opiniões divergentes: os profissionais e os diletantes.

DOIS GRUPOS, DUAS OPINIÕES

O primeiro grupo (mais de 90% dos presentes) era formado por profissionais, que dependem do seu trabalho com Yôga para sustentar suas famílias e pôr comida na mesa para os seus filhos.

O segundo grupo (menos de 10% dos presentes) era formado por diletantes, que têm outra profissão – a qual consideram principal e que é aquela que declaram no Imposto de Renda e nos cadastros bancários. Esses não dependem do Yôga para sua sobrevivência. São psicólogos, professores de Educação Física, fisioterapeutas, professores acadêmicos etc. Alguns destes dão aulas de ioga como *hobby,* e outros nem lecionam. Portanto, para eles não faz diferença se hoje caírem de joelhos perante a Ed. Física e no futuro venhamos todos a ser, por causa disso, restringidos na nossa atividade profissional.

O primeiro grupo, em sua maioria esmagadora, defende que o Yôga não pode ser subordinado à Educação Física e deve ter uma identidade própria. O segundo grupo tem medo, pelo fato de seus ensinantes não serem formados e não contarem com nenhum diploma que os habilite a trabalhar com Yôga. Esse grupo defende que o Yôga precisa da Educação Física e que nós devemos nos subordinar aos seus ditames, filiar-nos ao Conselho Federal de Educação Física e pagar a esse Conselho.

É compreensível que quando alguém de um grupo abria a boca, era maciçamente censurado pelo outro grupo. Mas brigas ocorrem no seio de qualquer família. Marido e mulher, pais e filhos discutem, descabelam-se, esperneiam, gritam... mas se amam. No final, reconciliam-se e fica tudo bem. A nossa família yôgi também tem o direito de brigar um pouco, desde que no fim faça as pazes.

QUEM ESTAVA DE ACORDO E NÃO BRIGOU ENTRE SI

Na verdade, as duas Confederações presentes, a Confederação Nacional de Federações de Yôga do Brasil (a mais antiga e a única que possui Federações) e a CONYB (a mais nova e que não tem nenhuma Federação) estavam se entendendo muito bem. DeRose e a presidente da CONYB não discutiram nenhuma vez. DeRose e ABPY, representada por Alexandre dos Santos, Marilda Velloso, e Humberto de Oliveira, estavam cem por cento de acordo. O mesmo seja dito do entendimento entre DeRose e Horivaldo Gomes, Paulo Murillo Rosas, Helder de Carvalho, Valfrido Miranda e outros, que também concordaram em gênero, número e grau.

QUEM ESTAVA EM DESACORDO E GEROU OS DESENTENDIMENTOS

Então, parece que o pomo da discórdia era o núcleo de quatro pessoas que constituíam o IHOCEP: Ieda Aldrighi (do lar), José Maria Coutinho (professor de história), Sonia (psicóloga) e Norma Pinheiro (profa. de Ed. Física), que atuou como eminência parda. Quase todas as vezes em que os ânimos se exaltaram, foi a partir de alguma atitude tomada por um dos Quatro Cavaleiros do Apocalipse.

Eles não aceitavam o fato de que, se a maioria queria outra coisa, tinham que terminar logo as discussões e acatar a vontade das pessoas. Ao invés disso, voltavam outra e outra vez ao tema explosivo, querendo convencer os presentes pelo cansaço a submeter-se à Ed. Física. E, é claro, cada vez que se voltava a falar no tema, as pessoas brigavam.

O encontro poderia ter-se encerrado logo na abertura, quando deram a palavra a um professor de história, Coutinho, que não leciona Yôga nem ióga, para discorrer sobre um tema absolutamente desconexo com o motivo do encontro. Várias pessoas saíram da sala enfadadas e, lá fora, perguntavam-se de que falava aquele senhor, pois ninguém estava compreendendo a relação de uma coisa com a outra. Terminado o discurso com ares "acadêmicos" cometido pelo Coutinho, o Prof. Joris Marengo, Presidente da Federação de Yôga do Estado de Santa Catarina, pediu a palavra para questionar por que reuniram ali profissionais sérios para ouvir um discurso alienígena de alguém que nem era profissional da área. Mas não o deixaram falar. Essa seria a tônica de todo o encontro. Só teria direito de expressão quem estivesse de acordo com os organizadores. Os outros, que tivessem opiniões contrárias (a maioria), mesmo que conseguissem falar, sua exposição seria ignorada nos registros do evento.

Tanto isso é verdade que nunca recebemos nenhum boletim, súmula, ata, relatório ou seja lá o que for, com o registro das opiniões expressadas pelo Presidente da ABPY, Alexandre dos Santos, nem pelo Presidente da Associação dos Professores de Yoga de Pernambuco, Prof. Valfrido Miranda, nem pelos Presidentes de Federações Estaduais Joris Marengo, Carlos Cardoso, Sérgio Santos, Maria Helena de Aguiar, Nina de Holanda, nem pelos Presidentes de Associações Profissionais Roberto Locatelli, Vanessa de Holanda, Gustavo Cardoso nem pelos ilustres professores Humberto de Oliveira, Marilda Velloso e muito menos pelo DeRose, Presidente da Confederação mais antiga.

Quem não deixou clara a sua posição

Os professores que não manifestaram uma posição clara, não apoiaram DeRose, mas também não o atacaram publicamente, não brigaram com ninguém e permaneceram com fisionomia de equanimidade foram Dagmar Krebs, Maria Augusta, Neusa Kutianski, Maria Helena Schmidt e Hilda Castelo de Lacerda.

DeRose

Neusa Veríssimo e Hilda pareciam temer expressar-se de forma contrária ao IHOCEP. Isso levou-nos a questionar que tipo de poder têm eles para que tão poucos dominem a tantos e gerem tanta confusão. Será que é pelo fato de ser cariocas e os dos demais Estados sentirem-se inferiorizados, reconhecendo-lhes algum *status* especial por ser do Rio de Janeiro a entidade anfitriã? Se assim for, é tolice e tal atitude deve ser repensada. Isso é coisa das décadas de 60 e 70, quando todos os autores de Yôga e ióga do país eram sediados no Rio de Janeiro (Caio Miranda, Hermógenes, DeRose, Miryam Both, Rezende, Jean-Pierre Bastiou, Rogério Pfaltzgraf etc.). Foi uma época negra, em que os que caíam nas boas graças da ditadura eram deixados em paz e os demais eram perseguidos, passavam fome, sofriam toda a sorte de discriminações e difamações.

A RAZÃO DOS DESENTENDIMENTOS

O primeiro mal-estar foi logo na abertura dos trabalhos, quando a dona Ieda não deixou que ninguém se manifestasse. No dia seguinte, estava previsto no programa um debate e a dona Ieda, apoiada pelos outros três Cavaleiros, proibiu que se falasse durante o debate, insistindo em que o debate deveria ser por escrito. Só mesmo na ióga alguém pode conceber "debate por escrito"! Nessa hora o colega Evandro Vieira Ouriques, na época discípulo do Prof. Paulo Murillo (da Tantra Yoga), perdeu a paciência e declarou muito apropriadamente que ele não era moleque e exigia que se cumprisse o que estava no programa. Aí, é claro, as professoras mui espiritualizadas, censuraram o comportamento do Evandro.

A MANIA DE EXCLUIR O DeRose

Desde o início do encontro, em várias ocasiões, verificou-se um conluio para bloquear o Prof. DeRose, tanto que até professores de outras linhas (Evandro, Paulo Murillo, Alexandre, Horivaldo, Marilda, Valfrido e outros) ergueram o verbo para defendê-lo e pedir que o deixassem falar.

Em dado momento, foram chamados à frente para contar suas experiências os professores que tivessem algum trabalho com as Universidades. Chamaram o primeiro, o segundo, o terceiro, o quarto e terminaram de chamar. O Prof. Roberto Locatelli, Presidente da Associação dos Profissionais de São Paulo, levantou o braço e lembrou a dona Ieda que o Mestre DeRose fora o primeiro a introduzir cursos de formação de instrutores de Yôga nas Universidades Federais, Estaduais e Católicas do país intei-ro, desde a década de 70 e continua até hoje, com 40 anos (no ano 2000) de magistério e 30 anos nas Universidades. Ela, então, desculpou-se, declarando: "De fato, o seu nome está aqui no papel, eu é que não li."

O ÚNICO QUE APRESENTOU UMA PROPOSTA CLARA

DeRose foi o único que apresentou uma proposta definida: levou pronto o Projeto de Lei Federal que beneficia a todos e é categórico quanto à autonomia do profissional de Yôga. Como só os quatro do IHOCEP e a Neusa Veríssimo se manifestaram contra, os demais perguntavam o tem-po todo o que é que estava ainda sendo discutido se a maioria absoluta já havia se manifestado a favor da posição defendida pelo DeRose.

Os colegas do Rio de Janeiro (Horivaldo - Yôga Integral; Paulo Murillo - Tantra Yôga; Alexandre - Hatha Yôga; Marilda - Hatha Yôga; Humberto - Hatha Yôga) basearam-se no nosso projeto de regulamentação federal e modificaram-no ligeiramente para começar por uma regulamentação esta-dual, o que na opinião deles pode ser mais fácil e rápido. Concordamos e vamos dar apoio, mas sempre lembrando que a regulamentação federal é mais abrangente, beneficia a todos e tem que ser iniciada imediatamente.

OS GRUPOS DE DISCUSSÃO

Mais para a frente, organizaram-se três grupos de discussão em salas separadas. Cada grupo teria um mediador, que foi escolhido marota-mente entre os que não queriam a independência do Yôga. Em cada grupo, foi eleito um relator que deveria reportar diante de todos o que o seu respectivo grupo tivesse decidido. Como o SwáSthya Yôga es-tava em grande maioria, em todas as salas prevaleceu a opinião de que o Yôga não deve ser subordinado à Ed. Física.

Na sala em que a mediadora era a Profa. Neusa Veríssimo, **TODOS** eram do SwáSthya Yôga. Em dado momento, Neusa teria declarado que o nosso pessoal não sabia o que estava dizendo porque eram todos muito jovens. Foi quando uma professora levantou-se e protestou: "Eu tenho 79 anos e sou professora de SwáSthya Yôga. Não sou criança, não senhora."

A mediadora tentou por todos os meios demover o grupo da sua opinião, forçando para que eles aceitassem modificar o Projeto de Lei elaborado pelo DeRose. Todos disseram, unanimemente, que não queriam modificar nada. Apesar disso, a mediadora insistiu até o fim na tentativa de modificar a opinião do grupo que era maioria absoluta.

Que saibamos, o mediador não deve impor sua opinião. Pelo testemunho dos que participaram desse grupo, no final Neusa teria dito: "Então, vamos escrever aqui que aceitamos o Projeto do DeRose com modificações." Ao que a turma toda protestou energicamente: "Não senhora. Não foi isso o que nós decidimos. Não tente nos manipular. Se a senhora é contra, assuma isso e escreva aí que todos fomos a favor menos a senhora." Diante dessa reação, a mediadora teria dito: "Eu também acho que o DeRose está certo e que não devemos estar subordinados à Ed. Física."

Porém, quando a relatora, Profa. Fernanda Neis, cumprindo a sua função, relatou esse fato diante da assembleia, Neusa Veríssimo levantou-se de um salto e disse que não tinha declarado aquilo. Ato contínuo, todos os que estavam na sala gritaram em uníssono: "Disse, sim!" Neusa ficou zangada e atacou: "Vocês, que são leitores de um autor só...", referindo-se ao suposto fato de que nossos instrutores só teriam lido livros do DeRose. Acontece que isso é uma mentira deslavada: nossos instrutores precisam estudar e debulhar uma bibliografia de 50 obras, entre as quais estão autores como Sivánanda, Vivekánanda, Tara Michaël, Georg Feuerstein, Blay, Iyengar, Theos Bernard, Mircea Eliade, Van Lysebeth, John Woodroffe, Monier-Williams, além de autores nacionais ilustres.

DeRose pediu a palavra para se defender e a todos os professores de SwáSthya Yôga da falsa acusação, mas o microfone estava com a Neusa e não o deixavam falar. No entanto, a voz do DeRose sem microfone é mais forte do que a de qualquer um com equipamento de amplificação. Nisso, praticamente toda a audiência começou a reagir em altos brados e pedir que deixassem DeRose falar. Foi uma barulheira ensurdecedora. Terminado o conflito, DeRose e Neusa se abraçaram e pediram desculpas um ao outro. O fato é que DeRose tem muito carinho pela Neusa e não lhe quer mal. Acreditamos que haja reciprocidade.

Convocada assembleia extraordinária
entre presidentes de associações

Foi convocada uma reunião extraordinária de presidentes de Federações e Associações para ver se conseguíamos debater em alto nível, sem a interferência exaltada dos que não eram representantes de classe. Essa reunião transcorreu noutro clima. Aí sim, várias decisões puderam ser alinhavadas, uma das quais definia que a identidade histórica do Yôga é **filosofia** e, portanto, não pode estar subordinado à Ed. Física e o Prof. Horivaldo Gomes foi indicado como futuro Presidente da CONYB a ser eleito em outubro de 2001, no Congresso de Recife[85].

O único ponto a deplorar nessa reunião foi que a profa. Hilda não reconheceu direito de voto às Federações e Associações que já haviam pago suas semestralidades há cerca de um mês, afirmando que novos filiados não têm direito de voto. Pelo que lemos no estatuto da CONYB, isso **não consta em parte alguma**, portanto, foi uma atitude anti-democrática, ilegal e truculenta, cometida pelo fato de que os professores de SwáSthya Yôga eram maioria e a CONYB não queria correr o risco de que vencêssemos as eleições. Mas para não criar constrangimento, deixamos ficar assim.

Vamos ver se no Congresso de Recife, em que será eleita a nova Diretoria, novamente, vão arranjar algum pretexto para que os representantes dessas Federações e Associações Profissionais não possam votar[86]. Pela nossa experiência de 40 anos em lidar com os herdeiros da ditadura, podemos prever que, na hora das votações, a CONYB vai declarar que nós não teremos direito a voto porque nossas propostas de filiação não foram aceitas! Quer apostar?

---

85 Nesse evento, as lideranças da CONYB aprontaram tanta manipulação que o Prof. Horivaldo não pode se candidatar. No seu lugar candidatou-se o Prof. Humberto, mas as manipulações acabaram impedindo que ele fosse eleito. Ficou tudo como estava.

86 Como previmos, foi o que aconteceu. A CONYB se apropriou do dinheiro das semestralidade das Associações e Federações ligadas ao DeRose e não reconheceu o direito de voto a nenhuma delas. É claro que foi ilegal e que poderíamos chamar a polícia e abrir um processo, mas consideramos que isso não é atitude de professores de Yôga. Assim sendo, desligamo-nos todos, e desligaram-se também dezenas de instrutores de outras correntes de Yôga e de yóga, envaziando a CONYB, que ficou restrita a meia dúzia de senhoras.

DeRose relembrou que quando propuseram a fundação da CONYB, ele comunicou que já existia uma Confederação e que estava de portas abertas aos professores de todos os ramos de Yôga. Que, não obstante, foi incentivador da CONYB e foi o primeiro a se filiar. No presente momento, acabava de determinar às suas Federações e Associações, que se filiassem à CONYB. Perguntou se a CONYB ofereceria sua reciprocidade, se recomendaria que suas Associações se filiassem à Confederação de DeRose. Hilda respondeu que não, usando como subterfúgio o fato de que não teria autoridade para tanto. Poderia ter respondido que sim, mas que seria respeitada a liberdade de quem não o desejasse.

Alguém propôs que as três Confederações se fundissem numa só. DeRose concordou imediatamente. Hilda permaneceu calada. Horivaldo ficou de consultar outra pessoa. DeRose explicou que se todos se filiassem à CONYB e todos se filiassem à sua Confederação, a fusão seria natural, progressiva e automática. Perguntou a cada um dos presentes: "Você se filiaria à minha Confederação?" Muitos ficaram em silêncio. Outros, como Neusa Kutianski, **não** aquiesceram, mas responderam à pergunta com outra pergunta: "Quanto nós temos que pagar?" Mesmo com a resposta de que a filiação seria gratuita, pois a nossa Confederação não cobra nada, **não** deram resposta afirmativa.

NADA FICOU DELIBERADO

No fim de tudo, a minoria conseguiu tumultuar as decisões e saíram todos sem resolver nada. Comparemos esse encontro pedagógico do IHOCEP (que começou na sexta-feira e só terminou no domingo) com a Assembleia Nacional da nossa Confederação, realizada em fevereiro de 2001, na cidade de São Paulo. Na nossa, tudo foi decidido em duas horas e sem brigas, conforme testemunhado por Marilda Velloso e Alexandre dos Santos, ambos da ABPY, que aceitaram o convite e participaram.

UM RELATÓRIO ELABORADO POR ALGUÉM QUE NÃO ESTAVA PRESENTE!

Achamos muita graça que o colega Taunay, que não esteve nas reuniões, tenha emitido um relatório do que teria acontecido lá no Rio de Janeiro. Uma das declarações desse estimado colega pecou por algum problema de matemática, quando ele errou feio a proporção dos instrutores participantes. Portanto, corrigindo a conta equivocada que ele divulgou, havia 70% de instrutores de SwáSthya Yôga, discípulos do DeRose, e 30% de instrutores de todas as outras modalidades, discípulos de diversos Mestres ou discípulos de ninguém.

Quanto à questão Mestre/discípulo, é curioso notar que alguns dos presentes foram lá na frente e mencionaram os nomes dos professores com quem praticaram. No entanto, ninguém se declarou discípulo do Hermógenes. Alguns declararam apenas que fizeram aulas com ele, mas também com este e com aquele. Então, não eram discípulos, eram alunos. De qualquer forma, tais professores terão a oportunidade de deixar isso mais claro no próximo encontro. Quem for discípulo de um determinado Mestre, não deve envergonhar-se desse fato e precisa ter a dignidade de declará-lo publicamente.

É muito engraçada a cara que faz um professor de ióga quando se lhe pergunta quem é o seu Mestre. Uns dizem: *"Comecei com o Caio Miranda, depois frequentei o Hermógenes, mas também fui aluno do Bastiou. O método que ensino é formado pelo que eu tirei de bom em cada um deles."* Outros respondem: *"Meu Mestre? Todos são meus Mestres."* Então, tanto uns quanto outros, não são discípulos de ninguém.

E quem declara que é discípulo de Sivánanda? A esses, o próprio Sivánanda desmente em sua *Autobiografia*, Editora Pensamento, quando afirma, nas páginas 49 e 83: *"Não tenho discípulos."* Na página 37, ele também critica os *"...discípulos egoístas que dizem: 'não tenho Mestre, não preciso' "*

SERÁ QUE VALEU A PENA?

Não obstante os momentos de *stress*, o que aprendemos valeu a pena.

1) Nossos discípulos que compareceram ao encontro da CONYB comentaram que valeu a experiência, pois agora, presenciando as cenas de anatematização, execração, agressão verbal e tentativas de manipulação, compreenderam tudo. Compreenderam toda a nossa história; entenderam algumas palavras veementes e atitudes categóricas expressadas em nossos livros. Testemunharam a política

de exclusão praticada pelos professores da ióga, compreenderam porque os dois grupos dificilmente conseguirão dialogar e compreenderam porque na Uni-Yôga valorizamos tanto o companheirismo, a união, o apoio recíproco e o carinho no relacionamento entre instrutores de Yôga.

2) Compreenderam também porque nós crescemos tanto, enquanto o pessoal da ióga é tão pequeno numericamente: porque nós todos partimos de uma predisposição de concordar e colaborar, enquanto que os da ióga são divididos e cada qual quer impor o seu ponto de vista.

3) Compreenderam também como é importante ter um Mestre, pois os da ióga são desunidos porquanto cada um diz que segue um Mestre diferente e nenhum deles reconhece a autoridade do outro. Ainda há os que não reconhecem Mestre algum, por terem alguma disfunção psiquiátrica com o termo Mestre. Eles praticariam capoeira com o Mestre Canguru sem nenhum problema. Acatariam humildemente a autoridade do mestre de jangada. Respeitariam o mestre de obras. Jamais questionariam o mestre-cuca. No entanto, Mestre de Yôga é um título que incomoda a quem não tem competência para ser Mestre, mas tem muito orgulho no coração.

4) Aprendemos, ainda, o procedimento característico dos membros das três Confederações, a saber:

a) A Confederação mais antiga, que tem DeRose como Presidente, manifesta um posicionamento franco e sincero, diz pela frente o que tiver que ser dito, com uma atitude carinhosa e linguagem elegante. O movimento final de cada texto ou debate é sempre pró-conciliação.

b) A CONYB não diz o que pensa. Seus membros costumam ficar quietos pela frente e depois comentar por trás ou tomar atitudes à revelia de um Estado de Direto. Trata-se de uma herança da famigerada ditadura, já que a maioria dos seus membros, já bem mais velhos (a maioria é avó ou bisavó), foi seguidora do coronel durante 21 anos de governo militar.

c) A Confederação do Taunay (na verdade, do Esteves Griego) denuncia-se pelo linguajar mais rude e agressivo, bem como pelas estratégias de tentar jogar um contra o outro. Muitos dos seus textos são apenas traduzidos do mentor uruguaio que os dita diretamente da Argentina (onde morava na época).

Observação: perguntamo-nos de onde teriam vindo as mensagens chulas veiculadas no forum **[deletado o nome do fórum por medida de segurança]**, ofendendo outros colegas com termos de baixo calão, assinadas fraudulentamente com os nomes dos professores de SwáSthya Yôga. Mandamos rastrear de onde elas partiram e já sabemos que vieram de um ensinante da ióga[87].

A NOTA TRISTE

A Profa. Rosângela de Castro, então, Presidente da Federação de Yôga do Rio de Janeiro, estava grávida de cinco meses. Após presenciar atos de incivilidade e agressões perpetradas contra os companheiros de SwáSthya Yôga, começou a passar mal e em menos de 24 horas perdeu o bebê.

A NOTA POSITIVA

A nota positiva foi a atitude exemplar, manifestada pelos professores Horivaldo Gomes, do Yoga Integral; Paulo Murillo Rosas, da Tantra Yoga; Walfrido Miranda, Alexandre dos Santos, Humberto de Oliveira e Marilda Veloso, todos do Hatha Yoga; de lucidez, equilíbrio, esforço de conciliação, amor pela Humanidade e coragem de expor-se para defender o Yôga e os colegas contra as injustiças que estavam ocorrendo no encontro. A esses verdadeiros yôgis, nosso voto de louvor e nossa eterna gratidão.

NOSSA POSIÇÃO COM RESPEITO ÀS DIVERGÊNCIAS DE OPINIÃO

Consideramos:

---

87 Em virtude de tudo o que foi relatado neste documento, não se surpreenda se algum dia eu me retirar da área profissional do Yôga.

o DIÁLOGO como a base da democracia;

o DEBATE, como meio legítimo de acelerar o processo evolutivo das idéias;

a CORTESIA, como o recurso mais produtivo no relacionamento entre os seres humanos;

e a CONCILIAÇÃO, como o ideal maior no intercâmbio entre os profissionais da área.

PARA MINIMIZAR OS CONFLITOS NO FUTURO

Quantos profissionais de Yôga existem hoje no Brasil? Quantos compareceram à Assembleia Nacional para debater sobre a regulamentação profissional e quantos compareceram ao encontro da CONYB no Rio? Quantos você conhece que não compareceram?[88]

Será justo que uma minoria privilegiada decida pelos demais? Será que, nós que moramos no eixo Rio/São Paulo, temos o direito de decidir pelos que moram em localidades mais distantes e não dispõem de condições para deslocar-se a cada convocação?

Nossa proposta é a de que todos os interessados, mesmo os professores mais novos ou mais modestos passem a se comunicar conosco por telefone a fim de expor suas expectativas, dúvidas e reivindicações. A partir daí, começaremos a colocar as conclusões em cartas enviadas a todos. Novas dúvidas e eventuais discordâncias podem voltar a ser sanadas por telefone. E assim sucessivamente, até que tudo esteja resolvido, sem brigas, e podendo ouvir a todos, principalmente àqueles que não podem viajar ou que não gostam de participar de reuniões turbulentas.

EXORTAÇÃO À CONCILIAÇÃO

Estamos abertos ao diálogo e à conciliação. O DeRose, a Confederação Nacional de Federações de Yôga do Brasil e o SwáSthya Yôga

---

88 Na época, havia alguns milhares de instrutores de cerca de 30 modalidades de Yôga, Yóga, Yoga e ioga, mas, ao encontro aqui relatado, compareceram somente 70 instrutores de apenas meia dúzia de ramos. Não era justo que quisessem impôr sua vontade aos demais.

estão de braços abertos e o coração receptivo aos colegas de todas as modalidades de Yôga. Temos enviado correspondência regular a centenas de professores de outras linhas, no entanto, não temos recebido nenhum sinal de vida da parte deles. Gostaríamos que esses colegas se manifestassem. Caso não queiram mais receber nossas cartas e os livros que lhes enviamos graciosamente, que nos informem e pararemos de aborrecê-los. Por outro lado, se estão felizes em receber a nossa atenção e cortesia, pedimos a gentileza de retribuir nossa correspondência e começar a se comunicar conosco.

Herança Milenar

Lembrem-se todos de que estamos na extremidade de uma linha sucessória de energia que tem sua origem em Shiva, percorre os demais Mestres do passado ao longo dos séculos e termina em nós. Isso representa uma carga kármica poderosíssima. Trata-se de uma grande responsabilidade cósmica saber que depende de nós se o Yôga, que sobreviveu durante mais de 5000 anos, vai perdurar até a próxima geração ou se vai terminar aqui por causa das nossas mesquinharias e politicagens.

Bênçãos de Shiva aos Professores de Yôga

Shiva e os Mestres ancestrais estão derramando sobre você, sobre todos nós, bênçãos de luz para que consigamos, primeiro, entender-nos uns aos outros, e, segundo, compreender o que era o Yôga genuíno que eles preconizaram, ao qual dedicaram suas vidas.

Agradecimento

Agradecemos aos instrutores que redigiram partes deste documento ou que o revisaram e corrigiram.

Na página seguinte constam os nomes e as assinaturas daqueles que estavam presentes e são testemunhas oculares de tudo o que foi aqui relatado.

DeRose

Assinam abaixo as testemunhas dos fatos relatados

Do que aqui foi declarado, invocamos como testemunhas os que estiveram presentes ao encontro da CONYB, cujos nomes foram citados nesta exposição. Temos a certeza de que eles não mentiriam, afinal, um dos yamas de Pátañjali é **satya**, não mentir.

Reproduzimos abaixo a digitalização das assinaturas dos professores presentes, as das principais lideranças, de associações e federações de várias modalidades de Yôga, Yoga, Yóga e ioga de todo o Brasil, e dos carimbos com número de registro do documento original, o qual se encontra no 3°. Oficial de Registro de Títulos e Documentos e Civil de Pessoa Jurídica – SP sob o número 6325256 para ser consultado pelos que se interessem em conferir a veracidade do dito documento.

	Assinatura	Nome legível
1.		ALEXANDRE S. S. DOS SANTOS
2.		HORIVOYAO GINBO SILVA
3.		Paulo Mário Forras
4.	Vanessa de Holanda	VANESSA DE HOLANDA
5.		CARLOS CARDOSO
6.		FERNANDO NEIS
7.		João Fereira Nunes Carneiro
8.		FABIOLA FANTINATO BALBINO DA SILVA
9.		FERNANDA BIZETTO
10.		MARCIA P. CORDONI
11.		Juan R. Haberfeld
12.		MARCOS VINICIO TACCOLINI
13.		SANDRO FLORES CAVALCANTI
14.		MILTON MARINO FEITOSA
15.	Vânia Almeida	VÂNIA MARIA DE CARVALHO ALMEIDA
16.	Hugo Menôu.us	Hugo Miguel Menauino Montino
17.	NINO DE HOLANDA	NINO DE HOLDS.
18.		FERNANDO E. Fralha
19.		MARCELA SALUM D'ALESSANDRO
20.		FLAVIO MARTINS MOREIRA
21.		TATIO EUKUZIAN
22.		SANDRO Gazoli Ricazon
23.		MARILDA VELLOSO BARROS DA SILVA
24.		
25.		EVANDRO VIEIRA ONIRARI
26.		Alexandre Lasse IMPARATO
27.		Crislaine Branca Santos
28.		Prof. EDUARDO CARDAELLO. -
29.		Vera Lucia Antino Edler
30.	Maria Helen	Maria Helena R. de Aguiar

31.		CARLI VENTURI
32.		
33.		CECILIA PERLIM RAMOS
34.		ISAAC FREIRE ALVES
35.		LUCIANO DA SILVA LAMEIRA
36.		ZELIA GHISLENI
37.		VALDETE MEDEIROS
38.		SANDRA LUIS PSILVA
39.		Regina wiese Zarling
40.		Sara C Cadoré
41.		SIMONE MORMELLO
42.		HUGO JERONIMO
43.		ROSANA G. ORTEGA
44.		P/ MARIA CRUZ (Belém)
45.		ISABEL AGUIAR CESAR
46.		CAIO MARTARELLI
47.		CRISTIANE L. S. ROSSI
48.		MARIANA CESAR CORAL
49.		ALEXANDRE LOPES DA ROSA
50.		CAROLINA CESAR CORAL
51.		Marisol SS Espinosa
52.		GUSTAVO R MARSON

FEDERAÇÃO DE YÔGA DO RIO DE JANEIRO   FEDERAÇÃO DE YÔGA DO ESTADO DE SÃO PAULO

FEDERAÇÃO DE YOGA DO ESTADO DO PARANÁ   FEDERAÇÃO DE YÔGA DE SANTA CATARINA

FEDERAÇÃO DE YÔGA DO RIO GRANDE DO SUL   FEDERAÇÃO DE YÔGA DO ESTADO MINAS GERAIS

FEDERAÇÃO DE YÔGA DO ESTADO DA BAHIA   pela FEDERAÇÃO DE YÔGA DO ESTADO DO CEARÁ

FEDERAÇÃO DE YÔGA DO ESTADO DO PARÁ

CONFEDERAÇÃO NACIONAL DE FEDERAÇÕES DE YÔGA DO BRASIL

ANÁTEMA

Depois de todos estes fatos, chegaram às minhas mãos dois documentos redigidos pela ABPY. Um é o pedido de *Medida Liminar*; e o outro é o texto intitulado *"O Yôga e nossa regulamentação profissional"*.

Ao ler esses dois textos fiquei profundamente decepcionado com cada um dos membros que participam das reuniões do Rio de Janeiro, pois evidenciaram a continuidade da política de exclusão do meu nome de todos os lugares. Isso eu podia esperar de colegas que se declaram nossos opositores. Não podia esperar dos que se posicionam como meus amigos, companheiros e aliados na luta pela regulamentação.

1. Na Liminar, para dar consistência ao argumento, foram citadas frases de vários autores e seus nomes foram mencionados com toda a honestidade.

Em ordem crescente por número de linhas citadas, são eles:

- **Gandhi**, 1 linha;
- **Swami Sat Ananda Saraswati**, 2 linhas (tão inexpressivo ele é que ninguém conhece esse nome. Ou será que escreveram errado e era Satyananda?);
- **Yesudian**, 3 linhas;
- **Annie Besant**, 5 linhas (nem mesmo era instrutora de Yôga);
- **Hermógenes**, 5 linhas;
- **Van Lysebeth**, 5 linhas.

No entanto, em seguida, aparecem <u>17 linhas sem o nome do autor</u>. DEZESSETE LINHAS! Eram retiradas de um livro meu, só que o nome **DeRose** foi cuidadosamente omitido.

Se consideram que escrevo coisas concernentes e dignas de ser mencionadas (mais que o triplo dos mais citados) por que esse preconceito, essa intolerância e essa insistência em excluir o meu nome?

2. No texto *"O Yôga e nossa regulamentação profissional"*, página 6, alínea 1, mais uma vez encontrei um texto de minha autoria, sem o reconhecimento autoral. Isso é plágio. É imoral. É desonesto. No en-

tanto, citaram os nomes de uma quantidade de professores do Brasil e da Índia. Comentando essa decepção com o instrutor de Tantra Yoga Evandro Vieira Ouriques, da ABPY do Rio de Janeiro, que foi um dos construtores do texto, ele me confessou que recebera instruções para não citar o meu nome. De quem teria ele recebido essa determinação?

No item 18, segundo parágrafo, os redatores do texto argumentam que *"não chegamos tarde coisa nenhuma"* à corrida pela regulamentação. Em seguida, alinham uma série de argumentos. Só omitem o principal: o fato de que em 1978 dei entrada no primeiro projeto de lei pela regulamentação. Querem argumento mais sólido do que este para provar que *"não chegamos tarde coisa nenhuma"* à corrida pela regulamentação? Mas se usassem esse argumento irrefutável seriam obrigados a reconhecer que fui eu o primeiro a lutar pela nossa independência profissional... e o meu nome teria de ser mencionado – o que constitui anátema para essa panelinha.

Mas isso não tem importância, pois já há muitos instrutores de diversas linhas de Yôga do Brasil todo que estão revoltados com essa política de exclusão[89], e que me escrevem para solidarizar-se com a minha luta.

Por mais que tentem raspar o meu nome dos portais do templo para que seja esquecido, mais ele se aprofunda na História do Yôga e nas mentes das pessoas.

Por essas e outras, não estranhe se um dia eu sair do segmento profissional do Yôga.

---

89 derose.co/maniadeexcluir

Estou fora do movimento pela regulamentação

Em 2002, numa grande assembleia realizada em Curitiba que reuniu centenas de instrutores do Yôga e da Yóga, declarei, publicamente, que a partir daquele momento eu estaria fora de qualquer participação direta pela regulamentação da profissão de instrutor de Yôga, Yóga, Yoga e/ou ioga.

A intenção ao me retirar voluntariamente do processo de moralização da profissão foi demonstrar que ele não depende de mim como meus opositores supunham. Noventa e nove por cento dos instrutores de Yôga são honestos e querem pôr ordem no *métier*.

Eu estava enganado. Desde 2002 eu fiquei apartado do movimento, recusei dar entrevistas sobre o tema, não escrevi mais nada a respeito. A consequência foi a estagnação do processo pela regulamentação. Caiu no esquecimento de uma brava gente desmemoriada.

Ao reafirmar que estou fora e que não pretendo participar de nenhum movimento pela regulamentação da profissão de instrutor de Yôga, estou também informando aos ilustres ensinantes da Yóga que costumam me assestar seus mais elevados sentimentos, que procurem outros alvos, pois estarão perdendo tempo se continuarem a me obsequiar com as suas atenções. Estou fora da briga pela regulamentação.

Todos estes que aí estão
Atravancando o meu caminho,
Eles passarão.
Eu passarinho!
Mario Quintana

Pedroca de Castro, DeRose e nosso campeão Guga
no lançamento do nosso livro *Alimentação Vegetariana: chega de abobrinha!*

"A YÓGA" OU "O YÔGA"?

> *A harmonia do mundo depende
> da retificação dos nomes.*
> Confúcio

COMO TUDO COMEÇOU

Acho que você gostaria de saber como surgiu o desnaturamento do mantra Yôga e o motivo de algumas pessoas com atrelamentos ideológicos apegarem-se ao erro óbvio, obstinando-se em não aceitar a evidência do que está certo.

Em 1960, surgiu o primeiro autor brasileiro a escrever sobre o assunto. Foi o General Caio Miranda[90]. O livro se chamava *A Libertação pelo Yôga*, e foi publicado pela Editora Freitas Bastos.

Sendo do Rio de Janeiro, o general pronunciava os *oo* abertos e, por isso, dizia "*a yóga*". Como algumas pessoas mais bem informadas questionassem tal pronúncia, ele não fez por menos: publicou uma nova obra em 1962 pela Editora Freitas Bastos, intitulada *Hatha Yóga, a ciência da saúde perfeita* e fez constar na capa do livro, bem como no texto interno, a palavra yóga com acento agudo no *o*!

No miolo desse livro ele ainda reforçava, na página 26 da primeira edição (página 30 da segunda edição), declarando que existiam os dois, "*a yóga*" e o Yôga. Que "*a yóga*" seria a prática do Yôga, e que este era mais profundo, era a filosofia em si. Quando isso foi escrito

---

[90] A bem da verdade, julgo importante esclarecer que o primeiro livro de Yôga escrito por autor brasileiro e o primeiro no mundo em língua portuguesa, foi publicado pelo General Caio Miranda, em 1960. O segundo livro, do Coronel Hermógenes, foi publicado em 1962, dois anos depois. Estava lá quando esses dois livros foram lançados e tenho o privilégio de possuir os exemplares originais de primeira edição, autografados para mim por esses dois grandes autores.

não era verdade, tratava-se de um equívoco; mas trinta anos depois, para este país passou a ser parte da nossa idiossincrasia nacional. O Brasil tornou-se a única nação[91] que possui os dois, o Yôga e *"a yóga"*.

Na época ninguém discutiu. Nem podia! Logo em seguida instalou-se a ditadura militar e quem (involuntariamente, por certo) instilava o erro era um general! Não que ele quisesse usar da patente para impor sua opinião, mas só pelo fato de ser militar as pessoas submeteram-se à sua pronúncia carioca, com *ó* aberto. Ainda por cima, Caio fora o Chefe da Agência Nacional, o órgão do Governo que determinava à Imprensa o que ela devia publicar. Assim, a Imprensa escrita, falada e televisionada da época passou a divulgar a palavra "yóga" no gênero feminino e com pronúncia aberta. Todos, na época, acataram essa pronúncia errada e gênero equivocado. Confirme na documentação fotográfica da obra citada, que reproduzimos na próxima página.

É importante registrar que:

1. O acento circunflexo na palavra Yôga não foi introduzido pelo DeRose; e

2. Esse acento não foi colocado para obter o som do *ô* fechado.

O fonema *yô*, fechado, é a forma natural da pronúncia dessa palavra, tanto que praticamente todos os idiomas do mundo o pronunciam assim.

Não! O acento não foi colocado para fechar a pronúncia, tanto que ele aparece em livros publicados em espanhol e em inglês, idiomas esses que nem possuem tal acento. No entanto, em sânscrito, o acento sempre esteve lá. Confira estas declarações nas páginas seguintes.

Se desejar, ouça esta entrevista, dada ao Prof. Roberto Simões, da Pontifícia Universidade Católica de São Paulo:

Áudio: derose.co/entrevistaderose2

---

91 Depois, Portugal também adotou a discrepância quando os livros do General Caio Miranda passaram a ser vendidos naquele país.

HATHA - YÓGA

A CIÊNCIA DA SAÚDE PERFEITA

Livraria Freitas Bastos S. A.

RUA SETE DE SETEMBRO, 111
RIO DE JANEIRO — 1962 — RUA 15 DE NOVEMBRO, 62/66
SÃO PAULO

---

26   CAIO MIRANDA

A palavra YOGA, cuja pronúncia correta é "yôga", é têrmo sánscrito masculino e originou-se do radical *Yuj* (unir), significando "união", no sentido de ligar o homem à sua íntima e real natureza.

Pretendem alguns autores afirmar a existência de outras formas de YOGA, apresentando como tal a Mantra-Yóga, a Yantra-Yóga, a Kryiá-Yóga, a Shakti-Yóga e a Samâdhy-Yóga, além da Hatha-Yóga. Desta última nos ocuparemos no presente volume. Tal asserção é originada pela confusão entre os têrmos YOGA (Yôga, masculino) e Yoga (com o *o* aberto, feminino), que embora sendo gràficamente idênticos, têm pronúncia e significação diferentes, conforme o que desejam exprimir. YOGA (Yóga) é todo método capaz de produzir a união real do homem com Deus, ou ainda a doutrina tôda em si, ao passo que Yóga é qualquer das práticas do sistema yógui.

UM ACENTO ERRADO E CONCEITOS EQUIVOCADOS, expostos no texto de um bom livro escrito pelo primeiro autor brasileiro de Yôga, foram os responsáveis pela deturpação da pronúncia a partir da década de 60. Esse fato, por si só, já justificaria a adoção do circunflexo para reparar os danos causados à pronúncia correta. Contudo, o acento não é usado com essa finalidade. Fica, também, provado aqui que não foi o Comendador DeRose quem introduziu o circunflexo na palavra Yôga, nem foi ele quem introduziu a diferença entre o Yôga e "a yóga" e sim o General Caio Miranda.

Afinal, a palavra Yôga tem acento?

Na verdade, tem. Se alguém declarar que a palavra Yôga não tem acento, peça-lhe para mostrar como se escreve o **ô-ki-matra** (**ô-ki-matra** é um termo hindi utilizado atualmente na Índia para sinalizar a sílaba forte). Depois, peça-lhe para indicar onde o **ô-ki-matra** aparece na palavra Yôga (ele aparece logo depois da letra *y*). Em seguida, pergunte-lhe o que significa o termo **ô-ki-matra**. Ele deverá responder que **ô-ki-matra** traduz-se como *"acento do o"*. Então, mais uma vez, provado está que a palavra Yôga tem acento.

O acento no sânscrito transliterado deve aparecer sempre que no original, em alfabeto dêvanágarí, houver uma letra longa. A letra longa, via de regra, é representada por um traço vertical a mais, logo após a sílaba que deve ser alongada. Para indicar isso em alfabeto latino, na convenção que adotamos usa-se acento agudo quando tratar-se dos fonemas *a*, *i*, *u*; ou circunflexo quando for *o* ou *e*. Estes últimos, no sânscrito, têm sempre o som fechado. Não existe o *o* aberto nem o *e* aberto. Estude as explanações que constam da demonstração que se segue.

Demonstração de que a palavra Yôga tem acento no seu original em alfabeto dêvanágarí:

य	YA, curto.		
य + ा	YAA ∴ YÁ, longo. Também pode ser grafado "YĀ".	ा	Este sinal é um a-ki-mátrá (acento do a).
य + ो	YOO ∴ YÔ, longo. Também pode ser grafado "YŌ".	ो	Este sinal é um ô-ki-mátrá (acento do o).
योग	YÔGA. Portanto, a palavra em questão deve ser acentuada (YÔGA, ou YŌGA, conforme a convenção).		

Embora grafemos didaticamente acima YOO, este artifício é utilizado apenas para o melhor entendimento do leitor leigo em sânscrito. Essa grafia é utilizada, por exemplo, no programa *I-Translator 2003* que realiza transliterações do alfabeto latino para o dêvanágarí, para obter os caracteres यो. Devemos esclarecer que o fonema *ô* é resultante da fusão do *a* com o *u* e, por isso, é sempre longo, pois contém duas letras. Nesta convenção, o acento agudo é aplicado sobre as letras longas quando ocorre crase ou fusão de letras iguais (*á, í, ú*). O acento circunflexo é aplicado quando ocorre crase ou fusão de letras diferentes (*a + i = ê; a + u = ô*), por exemplo, em *sa + íshwara = sêshwara;* e *AUM*, que se pronuncia *ÔM*. Daí grafarmos *Vêdánta*, Com circunflexo no "*e*" e acento agudo no "*a*".

O acento circunflexo na palavra Yôga é tão importante que mesmo em livros publicados em inglês e castelhano, línguas que não possuem o circunflexo, ele é usado para grafar este vocábulo.

Bibliografia para o idioma espanhol:
- *Léxico de Filosofía Hindú*, de Kastberger, Editorial Kier, Buenos Aires, 1954.

Bibliografia para o idioma inglês:
- *Pátañjali Aphorisms of Yôga*, de Srí Purôhit Swámi, Faber and Faber, Londres, 1938.
- *Encyclopædia Britannica, no verbete Sanskrit language and literature, volume XIX, edição de 1954.*

Bibliografia para o idioma português:
- *Poema do Senhor (Bhagavad Gítá),* de Vyasa, Tradução de António Barahona, Editora Assírio e Alvim, Lisboa, 2007.

A CONVENÇÃO QUE UTILIZO
PARA TRANSLITERAÇÃO DO SÂNSCRITO

Minha convenção para a transliteração do sânscrito é mais lógica e mais prática para o uso na nossa profissão. Portanto, não vou abrir mão de uma convenção melhor só porque existe uma outra, acadêmica, que não nos satisfaz.

Esta não é uma convenção acadêmica. É a convenção que eu adotei. Querer discutir ou comparar a minha convenção com a convenção acadêmica é o mesmo que querer somar elefantes com tangerinas.

A linguagem acadêmica de um advogado (o advoguês) ou de um economista (o economês) pode ser muito boa dentro do círculo acadêmico, mas para uso fora da profissão mostra-se inadequada, incompreensível e, em alguns casos, até caricata.

Da mesma forma, a transliteração acadêmica do sânscrito pode ser muito boa no ambiente acadêmico, mas não fora dele, por exemplo, quando determina usar o *ç* para escrever o nome de Shiva (Çiva). Ora, o som do primeiro fonema é levemente chiado. O leitor que não tenha sido informado que para a transliteração acadêmica *çi* tem o som aproximado de *shi*, instintivamente pronunciará errado e dirá *"ssiva"* Na escrita que aprendi na Índia, o *sh* sugere a pronúncia correta mesmo para leigos em sânscrito. Além do mais, utilizar o *ç* para escrever o nome de Shiva agride não apenas uma, mas duas regras da nossa língua. Em português, não se usa *ç* antes de *i*; e não se aplica *ç* no início de palavras.

Outro exemplo contundente é quando a transliteração acadêmica impõe grafar Yôga com *i*. No curso de sânscrito que tive o privilégio de fazer em 1976 com o Prof. Carlos Alberto da Fonseca, ilustre professor da USP – Universidade de São Paulo, um dia perguntei por que eu deveria transliterar "ioga", se a letra *y* (य) é diferente da letra *i* (ि), tem outro formato e outro som, e está claramente indicada na palavra Yôga (योग)? Pior: quando eu transliterasse "Layá Ioga", por que eu deveria respeitar a exatidão ao transliterar o *y* de Layá, mas deveria não respeitar essa exatidão ao substituir o *y* de Yôga por uma letra *i*?

Meu ex-professor, por quem eu guardo muito carinho e profundo respeito, me esclareceu com toda a paciência. Disse-me que eu estava com a razão, mas que ele, como professor universitário, precisava obedecer à norma acadêmica, caso contrário poderia até perder o emprego. E que norma seria essa? *"Termos sânscritos que já tenham sido dicionarizados, um professor universitário precisa transliterar da forma como constarem nos dicionários de português."*

Desculpe, mas isso não está certo. Respeito que os professores acadêmicos precisem se dobrar a essa norma, mas eu não preciso e não o farei. Até porque a palavra Yôga aparece grafada com *y* em vários dicionários de português, como o *Dicionário da Língua Portuguesa Contemporânea*, da Academia das Ciências de Lisboa (Editorial Verbo, 2001); o *Dicionário da Língua Portuguesa*, da Porto Editora (8ª. Edição, 1999); a *Enciclopédia Verbo*; *et reliqua*, aceitam a grafia de Yôga com *y* e no gênero masculino.

O ilustre erudito A. Barahona, estudou sânscrito na Índia e realizou a melhor tradução da Bhagavad Gítá de nosso conhecimento. Ele emite a seguinte afirmação:

> O sistema aprovado no X Congresso Oriental de Genebra, em 1894, que implica convenções demasiado arbitrárias e que recorre a letras e sinais diacríticos para simular os fonemas da língua sânscrita, distorce sempre a fonologia desta, a menos que, quem interprete o sistema, tenha um conhecimento acurado do alfabeto devanágrico e da doutrina da linguagem que lhe está subjacente.

O mesmo autor, Barahona, em seu *Poema do Senhor (*Editora Assírio e Alvim, Lisboa, 2007), nos translitera Yôga com circunflexo (Bhagavad Gítá, quarta lição, estrofes 2 e 3) :

> Comunicado assim por tradição
> os videntes reais o receberam.
> E, após muito tempo, este Yôga, no mundo
> perdeu-se, ó Abrasador do Inimigo!
>
> O mesmo Yôga, hoje, Eu te ensino,
> o mesmo, proclamado antigamente,
> porque tu és Meu devotado amigo
> e o segredo supremo é tal Yôga.»

Muito interessante é observar que mesmo naquela época recuada na qual esta escritura hindu foi elaborada (mais ou menos no século sexto antes de Cristo), o texto da Gítá declara solenemente:

1. que o Yôga Antigo fora recebido por revelação pelos, assim chamados, "*videntes reais*";

2. que, após muito tempo, o Yôga "*proclamado antigamente*" havia sido perdido. Imagine que no século VI a.C. ele já era considerado antigo e, mais, já havia sido perdido ("após muito tempo, este Yôga, no mundo, perdeu-se")!

A que Yôga o texto ancestral se referia? Obviamente, ao Yôga Pré-Clássico, pré-vêdico, pré-ariano, dravídico, que fora perdido com a ocupação ariana. Sabe-se que sua fundamentação era matriarcal e não-mística. Com a arianização, tornou-se patriarcal e, depois, mística. Logo, a estrutura original e antiga havia sido perdida, já nos tempos da elaboração da Bhagavad Gítá.

PALAVRA É MANTRA:
PRONUNCIE CORRETAMENTE COM Ô FECHADO

> Pronunciar *Yôga* (com **ô** fechado) é tão pedante
> quanto pronunciar *problema*, para quem habitualmente diz "pobrema".

Pronunciar um mantra erradamente pode desencadear forças desconhecidas com efeitos imprevisíveis. Recordemos o caso daquele professor de "*yóga*" do Rio de Janeiro (Vayuánanda, aliás, capitão Carlos Ovídio Trota) que ensinava o bíjá mantra errado para o chakra do coração – usava *pam* no lugar de **yam** – e morreu de ataque cardíaco. Uma coincidência, certamente!

Se o mantra que designa esta filosofia de poder, saúde, amor e união, pronuncia-se Yôga, com *ô* fechado, quem pronunciar erradamente "*a yóga*", com ó aberto, não conseguirá entrar em sintonia com o seu arquétipo arquivado no inconsciente coletivo ou registro akáshiko. Por isso, tais pessoas que pronunciam "*a yóga*" não conseguem poder, saúde, amor nem união, mas fraqueza, enfermidade, intolerância e desunião.

Quando os Mestres ancestrais determinaram o som mântrico Yôga, com **ô** fechado, para designar a nossa filosofia, eles sabiam muito bem o que estavam fazendo e a ninguém mais cabe a arrogância de achar que pode adulterar impunemente o nome do Yôga.

Muito da força que os mantras possuem deve-se ao conhecimento dos Mestres que souberam elaborá-lo numa alquimia de vibrações. Mas outro tanto do seu poder é adquirido com o passar dos séculos, cujo tempo impregna-o cada vez mais profundamente no inconsciente coletivo da humanidade. E, ainda, um outro tanto é gerado pela multiplicação quantitativa de pessoas que usam e veneram tais mantras, imantando-os com o poder dos seus próprios inconscientes individuais, prána, mente e *ānima*. No caso da palavra Yôga, com *ô* fechado, temos todos esses três fatores:

a) foi criado pelos Mestres ancestrais;

b) tem milhares de anos de antiguidade;

c) vem sendo utilizado e venerado por milhões de pessoas em cada geração, há milênios.

Tudo isso, porém, só se aplica à pronúncia correta do mantra Yôga com *ô* fechado. Depois destas explicações, você ainda acha justificável o argumento evasivo de que "estamos no Brasil e aqui se fala *a yóga*"? Além do mais, essa premissa é falsa: no nosso país pronuncia-se o Yôga, sim senhor, numa percentagem bem elevada, especialmente entre as pessoas mais bem-informadas. E, por estarmos no Brasil, acaso pronunciamos "*Vachínguitom*" o nome da capital dos Estados Unidos?

Não se trata de uma simples filigrana sem valor. Trata-se de um detalhe da mais alta importância, que utilizamos para separar o joio do trigo. Uma pessoa que entenda do assunto pronunciará o Yôga, enquanto que um *ensinante* sem boa formação pronunciará "*a yóga*".

Por isso, quando alguém diz que está fazendo "*yóga*", é exatamente isso o que está fazendo. Noutras palavras, não está praticando aquela filosofia que na antiguidade recebeu o nome de Yôga e assim tem sido chamada durante milênios.

Quem diz que faz ou ensina "*yóga*", está se referindo a uma outra modalidade totalmente distinta, que teve origem no século vinte, aqui mesmo no Brasil. A "*yóga*" tem outra finalidade. Não pode ser confundida com o Yôga. Todos sabem que "a ióga" acalma. No entanto, o Yôga vitaliza, dinamiza, confere força, poder e energia. E existem muitas outras diferenças.

Ainda há aqueles que argumentam:

– Yôga, *yóga*, tanto faz; com acento, sem acento, não faz diferença.

Quer dizer que não há diferença entre sábia, sabia e sabiá? Pois as diferenças entre uma pessoa sábia e um sabiá são as mesmas que existem entre o Yôga e *a "yóga"*. Não sabia?

Quando pronunciamos corretamente os fonemas abertos ou fechados, isso estabelece distinções de significado. Veja, por exemplo, a frase: "Meu molho (*mólho*) de chaves caiu dentro do molho (*môlho*) de tomate." Imaginou inverter para um "*môlho*" de chaves e um "*mólho*" de tomates? As chaves teriam que ser deixadas dentro da panela com água, e os tomates estariam em um feixe. Considere agora este outro exemplo: "Aquela menina travessa quebrou a travessa de comida." E mais este: "Segure a fôrma desta forma." Em todas as frases, a pronúncia, fechada em um vocábulo e aberta em outro, de grafia idêntica, determina significados totalmente diferentes.

A GRAFIA COM Y

Quanto à escrita, o *y* e o *i* no sânscrito têm valores fonéticos, semânticos, ortográficos e vibratórios totalmente diferentes. O *i* é uma letra que não se usa antes de vogais, enquanto que o *y* é fluido e rápido para se associar harmoniosamente com a vogal seguinte. Tal fenômeno fonético pode ser ilustrado com a palavra *eu*, em espanhol (*yo*, que se pronuncia mais ou menos "*yô*"; em Buenos Aires, "*jô*") e em italiano (*io*, que se pronuncia "*ío*"). Mesmo as palavras sânscritas terminadas em *i*, frequentemente têm-na substituída pelo *y* se a palavra seguinte iniciar por vogal, a fim de obter fluidez na linguagem. Esse é o caso do termo *ádi* que, acompanhado da palavra *ashtánga*, fica *ády ashtánga*.

Vamos encontrar a palavra "*ioga*" sem o *y* no **Dicionário Aurélio** (3ª. edição, Nova Fronteira, Rio de Janeiro), com a justificativa de que o *y* "não existia" no português! Só que no mesmo dicionário constam as palavras *baby, play-boy, playground, office-boy, spray, show, water polo, watt, wind surf, W.C., sweepstake, cow-boy, black-tie, black-out, back-ground, slack, sexy, bye-bye, railway, milady* e muitas outras, respeitando a grafia original com *k*, *w* e *y*, letras que "não existiam". Por que será? Por que usar dois pesos e duas medidas? (Aliás, eu gostaria de saber para que queremos o termo *railway*! Não utilizamos *estrada de ferro*?). Palavras tão corriqueiras quanto *baby*, *playboy* etc., deveriam então, com muito mais razão, ter sido aportuguesadas para *beibi* e *pleibói*. Por que não o foram e "*a ioga*", sim? E o que é que você, leitor, acha disso? Não lhe parece covardia dos linguistas perante o poderio cultural do idioma inglês?

É, no mínimo, curioso que o **Dicionário Michaelis** (Melhoramentos, São Paulo, 1998) da língua portuguesa, registre as palavras *yin* e *yang* com *y*, ao mesmo tempo em que declara que o *y* não podia ser usado na palavra **Yôga**, porque "não existe na nossa língua"![92]

---

92 Com o novo acordo ortográfico, o *y* foi reintegrado à nossa língua. Quer apostar como vão conseguir uma desculpa para que o Yôga continue desfigurado, escrito com *i*?

Pior: no **Dicionário Houaiss** (1ª. edição, Rio de janeiro, 2001) encontra-se registrado até *yacht* (iate), *yachting* (iatismo), *yanomami* [do tupi-guarani], *yen* [do japonês], *yeti* [do nepalês], *yom kippur* [do hebraico], *yama*, *yantra*, *yoni* [do sânscrito], todos com **y**, mas o Yôga, não. Isso é uma arbitrariedade.

O próprio Governo do Brasil nunca admitiu que as letras **y**, **k** e **w** não existissem, pois sempre as colocou nas placas dos automóveis! Em Brasília, desde 1960, existe a Avenida W3 (W de West!!!). E se é o povo que faz a língua, nosso povo jamais aceitou que *quilo* fosse escrito sem **k**, como no resto do mundo, assim como recusa-se a acatar que a palavra Yôga não seja grafada com **y**, como no país de origem (Índia) e nos países de onde recebemos nossa herança cultural (França, Espanha, Itália, Alemanha e Inglaterra). Basta fazer uma consulta popular para constatar que a *vox populi* manda grafar Yôga com **y**.

Se tivéssemos que nos submeter à truculência do aportuguesamento compulsivo, deveríamos grafar assim o texto abaixo, de acordo com as normas atuais da nossa ortografia, palavras estas citadas pelo Prof. Luiz Antonio Sacconi, autor de vários livros sobre a nossa língua:

*Declarar que a palavra **ioga** deve ser escrita com **i** por ter sido aportuguesada, está virando **eslogã**. Mas basta um **flexe** com uma amostragem de opinião pública para nos dar ideia do absurdo perpetrado. Podemos utilizar o **nourrau** de um **frilâncer** e entrar num **trole** para realizar a **enquete**. Perguntemos à um **ripe**, um **panque**, um estudante, um desportista e um empresário, como é que se escreve a palavra Yôga. Todos dirão que é com **y** . Isso não é um **suipsteique**. É muito mais um **checape**. Se, passado o **râxi**, você pedir uma **píteça** igual à que está no **autedor**, e ela vier sem **muçarela** e com excesso de **quetechupe**, não entre em **estresse**. A vida na **jângal** de uma megalópole tem que passar mesmo por um **runimol** de tensões. Por isso é que aconselhamos a prática de algum **róbi**, tal como **jujutso**, **ioga** ou mesmo a leitura de um bom livro cujo **copirráite** seja de autor confiável e o **leiaute** da capa sugira uma obra séria. Em último caso, ouvir um **longuiplei** em equipamento estéreo com **uótes** suficientes de saída. Se você não possuir tal equipamento, sempre poderá ir a um **xópingue** comprá-lo ou tentar um **lísingue**. Caso nada disso dê certo, console-se com um **milque xeque** e com a leitura de um* livro brasileiro sobre o aportuguesamento de palavras estrangeiras. Garanto que você vai rir bastante e será um excelente **márquetingue** a favor da minha tese que reivindica a manutenção do y na palavra Yôga. (Texto composto seguindo rigorosamente o vocabulário corrigido de acordo com as normas de aportuguesamento vigentes em 1996.)

Se um tal texto não parece adequado, também não o é grafar Yôga com *i*, nem colocá-lo no feminino ("*a ioga*"). Recordemos ainda a norma da língua: "os vocábulos estrangeiros devem ser pronunciados de acordo com seu idioma de origem". Por isso *watt* virou **uóte** e não *váte;* e *rush* virou **râxi** e não *rúxi*. Demonstrado está que deve-se pronunciar **o Yôga** com *ô* fechado, como na sua origem.

O YÔGA É TERMO MASCULINO

Quanto ao aportuguesamento da palavra, isto é, passando a grafá-la com *i* e convertendo-a para o gênero feminino, não podemos ignorar a regra para o uso de estrangeirismos incorporados à nossa língua a qual manda preservar, sempre que possível, a pronúncia e o gênero do idioma de origem. Por exemplo: *le chateau*, resulta em português *o chatô* e não *a xateáu,* e *la mousse* resulta em português *a musse,* e não *o musse*.

Ao mudar o gênero, altera-se o sentido de muitas palavras que passam a significar coisas completamente diferentes. Por exemplo: **a moral** significa código de princípios e **o moral** refere-se a um estado de espírito, autoestima, fibra; **meu micro** designa um equipamento e **minha micro** é um tipo de empresa. O mesmo ocorre com **a capital** e **o capital**; **a papa** e **o Papa**; etc. Portanto, aceitemos que no Brasil **o Yôga** tem um significado diferente de "*a yoga*" ou, pior, "*a ioga*".

Além do mais, declarar que Yôga precisa ser feminino só por terminar com **a**, é uma desculpa esfarrapada, pois estamos cheios de exemplos de palavras masculinas de origem portuguesa ou incorporadas à nossa língua, e todas terminadas em **a**[93]. Duvida? Então lá vai:

o idiota, o canalha, o crápula, o pateta, o trouxa, o hipócrita, o careta, o facínora, o nazista, o fascista, o chauvinista, o sofisma, o anátema, o estigma, o tapa, o estratagema, o drama, o grama, o cisma, o crisma, o

---

93 Algumas destas palavras podem ser usadas nos dois gêneros, pormenor que não invalida a força do exemplo.

prisma, o tema, o trema, o samba, o bamba, o dilema, o sistema, o fonema, o esquema, o panorama, o clima, o puma, o profeta, o cosmopolita, o plasma, o mioma, o miasma, o fibroma, o diadema, o sósia, o soma, o telegrama, o telefonema, o cinema, o aroma, o altruísta, o homeopata, o sintoma, o careca, o carioca, o arataca, o capixaba, o caipira, o caiçara, o caipora, o coroa, o cara, o janota, o agiota, o planeta, o jornalista, o poeta, o ciclista, o judôca, o karatêca, o acrobata, o motorista, o atalaia, o sentinela, o pirata, o fantasma, o teorema, o problema... *et cætera*.

Para reforçar nosso argumento, invocamos o fato de que todos os cursos de formação de instrutores de Yôga em todas as Universidades Federais, Estaduais e Católicas, onde ele vem sendo realizado desde a década de 70, a grafia adotada foi com *y*, o gênero foi o masculino e a pronúncia foi a universal, com *ô* fechado. Por recomendação da Confederação Nacional de Federações de Yôga do Brasil, a partir de 1990 todos esses cursos passaram a adotar o acento circunflexo.

Adotamos o circunflexo pelo fato de o acento já existir na grafia original em alfabeto dêvanágarí.

No inglês não há acentos. Como foram os ingleses que primeiramente propuseram uma transliteração para o sânscrito, a prática de não acentuar essa língua universalizou-se. Tal limitação do idioma britânico não deve servir de pretexto para que continuemos em erro. Mesmo porque, na própria Inglaterra esse erro está começando a ser corrigido.

Sempre que no sânscrito o fonema for longo, já que no português dispomos de acentos para indicar o fenômeno fonético, devemos sinalizar isso, acentuando. Um excelente exemplo é o precedente do termo Judô. Em língua alguma ele tem acento. Nem mesmo em português de Portugal![94] Não obstante, no Brasil, tem. Assim, quando alguém quiser usar como argumento a suposição de que a palavra Yôga não levaria acento em outras línguas, basta invocar o precedente da palavra Judô. Com a vantagem de que o dêvanágarí, ao contrário do japonês, é alfabeto fonético, logo, o acento é claramente indicado.

---

94 A falta do acento na palavra Judô (Judo) faz com que em Portugal seja pronunciada Júdo. Talvez devido a um fenômeno linguístico semelhante, alguns brasileiros pronunciem yóga, pela falta do circunflexo. No entanto, repetimos que o acento circunflexo **não é** utilizado para fechar a pronúncia e sim para indicar crase de vogais diferentes (a + u = ô).

Esse acento é tão importante que mesmo em livros publicados em inglês e castelhano, línguas que não possuem o circunflexo, ele é usado na palavra *Yôga* (vide *Aphorisms of Yôga*, de Srí Purôhit Swami, Editora Faber & Faber, de Londres, 1938; *Léxico de Filosofía Hindú*, de F. Kastberger, Editorial Kier, de Buenos Aires, 1954; a utilização do acento é ratificada pela *Encyclopædia Britannica*, no verbete *Sanskrit language and literature*, volume XIX, pag. 954, edição de 1954.).

UMA GRAVAÇÃO ENSINANDO A PRONÚNCIA CORRETA

A fim de pôr termo na eterna discussão sobre a pronúncia correta dos vocábulos sânscritos, numa das viagens à Índia entrevistamos os Swámis Vibhodánanda e Turyánanda Saraswatí, em Rishikêsh, e o professor de sânscrito Dr. Muralitha, em Nova Delhi.

A entrevista com o Swámi Turyánanda foi muito interessante, uma vez que ele era natural de Goa, região da Índia que falava português e, assim, a conversação transcorreu de forma bem compreensível. E também pitoresca, pois Turyánandaji, além do sotaque característico e de ser bem idoso, misturava português, inglês, hindi e sânscrito em cada frase que pronunciava. Mesmo assim, não ficou confuso. É uma delícia ouvir o velhinho ficar indignado com a pronúncia "yóga". Ao perguntar-lhe se isso estava certo, respondeu zangado:

– Yóga, não! Yóga não está certo! Yôga. Yôga é que está certo.

Quanto ao Dr. Muralitha, este teve a gentileza de ensinar sob a forma de exercício fonético com repetição, todos os termos sânscritos constantes do glossário do nosso livro **Tratado de Yôga**. Confirmamos, então, que não se diz *múdra* e sim **mudrá**; não se diz *kundalini* e sim **kundaliní**; não se diz *AUM* e sim **ÔM**, não se diz *yóga* e sim **Yôga**; e muitas outras correções. Escute o áudio pelo link abaixo:

derose.co/glossario-sanscrito

Recomendamos veementemente que o leitor escute e estude essa gravação. Se tratar-se de instrutor de Yôga, é aconselhável tê-la sempre à mão para documentar sua opinião e encurtar as discussões quando os indefectíveis sabichões quiserem impor seus disparates habituais.

DeRose 339

> **LÉXICO DE FILOSOFÍA HINDÚ** 327
>
> yôga — la raíz es: yug = unir, e. d., al hombre con Dios mediante prácticas de alto y a veces sublime ascetismo; en su conexión significa: tensión causada por la seria y continua meditación y contemplación.
>
> **Yôga-çâiva** — una de las 16 escuelas çivaíticas.
> **Yôgaçataka** — tratado médico atribuído a Nâgârjuna.
> **Yôgadîksha** — manual para practicar el yôga.
> **yôgaja** — es uno de los âgamas de origen inferior en el Ç. S.
> **Yôga-Kanda** — aquella parte de los âgamas que consiste en la concentración del espíritu sobre un objeto y que contribuye a la comprensión de la psicología hindú.

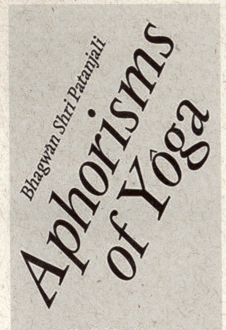

Acima, a confirmação, mediante documentação bibliográfica, de que a palavra Yôga leva acento circunflexo, mesmo em livros publicados em espanhol e inglês.

Esta, abaixo, é parte da página em que Barahona explana sobre a transliteração em seu livro *Poema do Senhor* e aplica o circunflexo no fonema *ô*:

MAPA DA TRANSLITERAÇÃO E PRONÚNCIA DAS VOGAIS

TRANSLITERAÇÃO	PRONÚNCIA	
< a >	a breve, surdo, (â), tendendo para o breve	
< á >	a longo (á), aberto	
< i >	i breve	
< í >	i longo	
< u >	u breve	
< u >	u longo	
< ri >	ri [ma*ri*posa]	
< rri >	rri [a*rri*bar]	
< li >	lry [reve*lry* (inglês)]	
< ê >	ê	
< ai >	ai	
< ô >	ô	ditongos[4]
< au >	au	

e) + i (breve); ai = a (longo) + i (breve); ô = a (breve) + u (breve); au = a (longo) + u (breve).

Contos pitorescos

Diga a verdade e saia correndo.
Provérbio iugoslavo

A convicção arrasadora de quem não sabe nada

Logo que abri a primeira escola em 1964, era inexperiente, ingênuo e não imaginava fosse tão importante inculcar disciplina ao candidato que aspirasse a praticar Yôga. Em meio àquele clima acessível, chegou um moço simpático chamado Cláudio, para sua primeira sessão.

– Você já praticou antes ou leu algo a respeito de Yôga?

– Não, é a primeira vez. Não conheço nada – respondeu ele.

– Então, na sala de prática, situe-se atrás dos outros para segui-los e não atrapalhar ninguém.

No meio da aula tocou o telefone e, como naquela época proto-histórica ainda não tinha equipe, precisei me ausentar da sala para ir atender. Quando retornei... quem estava diante da turma, dando aula? Ele mesmo, o aluno novo que nunca tinha visto Yôga na vida! Deduz-se facilmente que estava ensinando cada absurdo digno de uma comédia de cinema mudo. O mais inacreditável não era o fato de alguém se meter a ensinar o que não sabia, pois isso é um distúrbio mais comum do que se pensa. Nove em cada dez estrelas da yóga agem assim. Chocante mesmo foi presenciar aquele rebanho de praticantes antigos abrir mão do certo que já haviam aprendido com seu instrutor, para executar o errado que o disturbado estava ensinando.

Mas as peripécias do Cláudio não terminaram ali. Um dia ele apareceu de barba. Alguém lhe perguntou se havia deixado crescer a barba por supor que os praticantes de Yôga devessem cultivá-la. Ele saiu com esta:

– Não. Eu estava precisando ter uma entrevista com uma autoridade do Ministério da Educação e não conseguia. Então, deixei a barba crescer e disse a eles que eu era o DeRose. Aí eles me receberam fácil[95].

Quando soube da história, chamei-o e ele confirmou tudo. O pior é que o coitado não conseguia entender a razão da minha indignação. Depois de repreendê-lo severamente, acabei perdoando, por concluir que aquilo não podia ser atitude de uma pessoa normal. Um elemento assim deve ser imediatamente afastado. Contudo, na época eu não pensava dessa forma. Além do mais, ele já tinha dito que não era do Rio, assim, mais cedo ou mais tarde, acabaria se afastando sem que precisássemos expulsá-lo. Antes, porém, aprontou mais algumas...

Tempos depois da ocorrência anterior, um instrutor de yóga pediu para dar aulas no nosso Espaço Cultural. Soou a campainha e o tal instrutor foi abrir. Era o Cláudio, que ainda não o conhecia. Ao se depararem um com o outro, ocorreu uma cena que ainda recordo com hilaridade. Cláudio olhou para o instrutor e disse com tom grave:

– Estou vendo uma luminosidade na sua cabeça. Sim! É uma coroa!

Esperávamos que o instrutor dissesse qualquer coisa, menos...

– É que sou reencarnação de D. Pedro II. Aliás, também estou vendo uma coroa na sua cabeça...

E diz o Cláudio:

– Sem dúvida, pois fômos Rei de França.

Como nós somos muito bem-humorados e estamos gracejando o tempo todo, levei o diálogo para esse lado. Não me fiz de rogado e entrei logo na brincadeira. Pondo a mão dentro da camisa, apresentei-me:

– E eu sou Napoleão. Muito prazer.

Mas aí os dois me fitaram zangados e censuraram:

– DeRose! Não brinque com coisas sérias!

Pois é...

---

95 Anos depois o Cláudio começou a copiar tudo o que fazíamos. Tornou-se para ele uma obsessão imitar-nos.

O ambiente de Yôga também está poluído por pessoas portadoras de *delirium mysticum*, nome que dou a uma patologia decorrente do espiritualismo fermentado.

Ouvi dizer que o Cláudio hoje é um "professor" em São Paulo[96]. Pasme! Por essas e outras, tornou-se uso corrente entre nós a expressão: *não claudique!* Na língua portuguesa, claudicar significa, entre outras coisas, cometer falta, falhar, errar, ter deficiência.

UMA GAFE ASTRAL

Certa vez, quando tinha uns vinte anos, fui assistir a uma palestra sobre Yôga que seria realizada numa das fraternidades às quais era filiado. Quando o conferencista Jean-Pierre Bastiou chegou, todas as atenções se voltaram para ele. Vimos que deu uma parada no umbral, antes de entrar. Com uma fisionomia que interpretamos como *misteriosa*, fixou o olhar em alguma coisa e contraiu as pálpebras, como se quisesse ver melhor. Todos olharam para o mesmo lugar, mas lá não havia nada de especial. Então, cada um cutucou o outro e comentou que ele devia ter visto *algo*. Seria, portanto, um grande Mestre, um clarividente!

Depois da palestra, na hora das perguntas, essa questão era inevitável e foi logo a primeira a ser colocada. Houve até disputa entre a ansiosa assistência para deflagrar a pergunta:

– Professor, quando o senhor pisou a soleira da porta desta nossa venerável ordem, vimo-lo parar e apertar os olhos com ar enigmático. O que foi que o senhor viu no astral?

– Eu não vi nada. Contraí os olhos porque sou míope. Não estava vendo onde pisava.

Alguém não aguentou e estourou numa boa gargalhada, acompanhada discretamente por alguns outros. E ninguém mais tocou no assunto, até hoje!

---

96 Qualquer semelhança com pessoas vivas ou múmias é mera coincidência, já que o Cláudio não trabalha com o Yôga.

"AH! MAS É TÃO JOVEM!"

Ter idade é uma questão de tempo.
DeRose

Desde que comecei a lecionar em 1960, ouço as pessoas admirando-se por eu ter menos idade do que supunham. Basta ouvir o meu nome e repetem automaticamente:

– Ah! Mas é tão jovem!

Há mais de cinquenta anos convivo com essa perplexidade e, embora já esteja com cabelos brancos, a exclamação persiste até hoje, agora com um adendo:

– É que ouço falar no senhor há tantos anos que o imaginava com o dobro da idade.

– Vai ver, tenho mesmo o dobro... – gracejo, às vezes, com o interlocutor.

Um dia, quando tinha apenas uns cinco anos de Yôga, compareci a uma conferência sobre hinduísmo. Terminada a fala do orador, formaram-se grupos de yôgins das mais variadas tendências, para trocar informações, aprender uns com os outros ou, simplesmente, exibir conhecimento e auto-afirmar-se.

Chamou-me a atenção uma instrutora que ia de grupo em grupo falando alto e pavoneando-se. Não tardou e lá estava ela, insinuando-se na nossa rodinha. Em dado momento, num acesso de verborragia, despejou uma batelada de disparates nas nossas cabeças, com erros tão fiasquentos que não me contive e, educadamente, discordei. Fez-se um silêncio sepulcral no ajuntamento. Percebi, então, que ela devia ser pessoa muito influente e ninguém se atrevia a contradizê-la. A elegante dama fitou-me como quem acaba de perceber a insignificante presença do outro, levantou uma sobrancelha e, constatando que tratava-se de um reles adolescente, fulminou:

– Há quanto tempo você estuda yóga, *meu filho*?

Como a ouvira jactar-se de que teria mais de quinze anos de yóga, encarei-a bem sério e declarei com pompa e circunstância:

– Estou no Yôga há mais de 5000 anos. E a senhora?

Durante o novo silêncio que se seguiu à minha segunda investida, pude me deleitar com as expressões literalmente boquiabertas. Foi apenas um lapso. Imediatamente todos caíram na risada, acompanhados por um arreganho à guisa de sorriso amarelento da senhora em questão. Por essas e outras acabei em evidência, e isso não foi nada bom.

Mas o pior não era quando as pessoas mais maduras opunham certa resistência, compreensível, devido à minha pouca idade. Mais grave era quando isso ocorria por parte de outros jovens.

Em 1971 eu estava com 27 anos. Alguém tocou a campainha da minha escola. Fui abrir. Era um rapaz com cerca de 18 anos:

– Boa tarde. Queria falar com o Prof. DeRose.

– Já está falando com ele.

– Então, queria falar com o seu pai.

– Meu pai não ensina Yôga. O Prof. DeRose sou eu mesmo.

– Não pode ser. Você é muito jovem. O Prof. DeRose que procuro foi Mestre do meu avô quando eu ainda era um pirralho.

– Em que ano foi isso?

– Bem, eu tinha cerca de sete anos, então deve ter sido em torno de 1961.

– Fui eu mesmo. Em 61 eu já lecionava.

O garotão deixou escapar uma cara de decepção e terminou não fazendo Yôga conosco. Depois vim a saber que ele estava praticando numa escola quase em frente à nossa, cujo instrutor tinha sessenta e tal anos. Sem dúvida, esperava por alguém mais velho...

A VISÃO DO MONGE NA CAVERNA

Em 1973, eu e Helder de Carvalho, instrutor de outra modalidade de Yôga, fomos fazer um jejum de dez dias numa caverna da Floresta da Tijuca.

Já estava habituado a esses exercícios, pois repetia-os com uma certa regularidade. Porém, fazê-lo em reclusão no meio do mato, sem minhas aulas, sem meus alunos, sem a eterna companheira máquina de escrever Lettera 22 e sem a praia, tornava as horas arrastadas, o tempo demorava mais a passar. Ali só havia o canto dos pássaros, alguns micos e uma ou outra serpente. E isso dava uma senhora fome.

Para piorar, espalhamos bastante alho macerado em torno do local onde dormíamos, a fim de afastar as cobras. O cheirinho de tempero que penetrava pelo nosso olfato sensibilizado era de maltratar até a alma.

Não satisfeitos com a solidão do retiro, ainda inventamos de praticar mauna e, assim, não podíamos nem mesmo falar um com o outro. Em compensação, quando terminava o período de silêncio, parecíamos umas vitrolinhas. Debatíamos com tanta eloquência que nossa caverna mais parecia o salão de um concílio.

Esses dias foram muito importantes e contribuíram decisivamente para a formatação da futura linguagem que usaria para fundamentar o SwáSthya a estudiosos de outras correntes. Acredito que para o meu colega aquela experiência também foi marcante, pois, pelo fato de compartilharmos da mesma ascese, do mesmo teto de pedra e do mesmo chão duro, consolidou-se uma lítica amizade de mais de 30 anos entre nós, não obstante sermos de vertentes filosóficas divergentes.

Lá pelos últimos dias de jejum, bebendo só água, nossa sensibilidade já estava à flor da pele. Conseguíamos ouvir o ruído do crescimento dos vegetais, o dos insetos rasteiros distantes e percebíamos com antecedência quando ia ventar ou chover.

Nessa fase conseguíamos aventurar-nos em profundas incursões no nosso inconsciente, de onde resgatávamos conceitos remotos. Eu tinha tantos *insights* que passava o tempo todo a tomar notas, na tentativa de não perder nada. Muitos deles, pude confirmar na literatura importada disponível aqui mesmo no Brasil. Outros, tive que esperar um pouco mais e só pude confirmar ao longo de muitos anos e inúmeras viagens à Índia.

Quando nossa receptividade chegou a esse ponto, tornou-se bem fácil debater. Como cada um de nós já captava o pensamento do outro, o ritmo das discussões tornou-se vertiginoso. Era uma esgrima retórica de tão ágeis reflexos que um observador não poderia acompanhar nossas inferências nem o meio pelo qual elas se tornavam lógicas para nós. A melhor definição do nosso processo mental daqueles momentos é o ditado: "Para bom entendedor, meia pá..."

DeRose 347

Foi nesse estado de paranormalidade evidente que, um dia, estávamos meditando quando de repente surgiu, sabe-se lá de onde, a visão majestosa de um monge oriental com a cabeça raspada, todo paramentado e acompanhado de um séquito de noviços. A aparição cumprimentou-nos com o pronam mudrá, mandou que os demais se sentassem e passamos a meditar todos juntos. Como as paranormalidades não me impressionam, deixei-me ficar ali mesmo e voltei à minha prática interna. Só me chamou a atenção o fato de que o personagem vestia um quimono nipônico, o que não tinha nada a ver com a nossa linhagem estritamente hindu.

Os monges meditaram durante algum tempo, fizeram mantras e depois levantaram-se para retirar-se. Cumprimentaram-nos e começaram a sair pela porta da caverna. Pouco xereta, fui atrás. Queria saber por que a visão precisava sair pela porta da frente quando podia perfeitamente esvanecer-se.

Ainda bem que os segui. Chegando lá fora pude constatar que não era visão alguma. Tratava-se do Sohaku, meu antigo instrutor de Karatê da década de 60, que havia viajado para o Japão, onde fora ordenado monge e formara-se em medicina oriental. Estava recém-chegado ao Brasil e tinha levado um grupo de discípulos para meditar justo na mesma caverna e na mesma ocasião em que estávamos lá. Na escuridão, não havíamos nos reconhecido!

Depois de festejarmos o reencontro, ficou confirmado o critério que sempre nos norteou ao lidar com supostas paranormalidades: por mais que pareça sobrenatural, atribuímos sempre o fenômeno a causas físicas ou psicológicas.

OS MEDITABUNDOS

Em 1974 comecei a viajar com mais frequência para São Paulo, ciceroneado pela boa amiga Helena Alonso, que a tudo coordenava com muito carinho para que me sentisse bem-vindo a essa megalópole. Costumava levar-me para conhecer os instrutores de diferentes tipos de Yôga. Desafortunadamente, na maior parte das vezes, os que por sua profissão deveriam dar exemplos de educação e boas maneiras reagiam com imaturidade e neurose.

Numa das incursões de boas vizinhanças, fomos visitar uma escola de rája yóga. Fui apresentado à "professora" que, olhando-me desdenhosamente de cima a baixo, sentenciou:

– Você faz yóga física, não é, *meu filho*?

Meu corpo jovem e bem esculpido denunciava a inegável disciplina de técnicas corporais bastante eficientes o que, sem dúvida, aborrecera a gorducha "professora". Embora não praticasse só isso, já que no SwáSthya Yôga desenvolvemos oito feixes de técnicas em cada sessão (e uma delas é a meditação), achei mais educado não ser impertinente, afinal, estava na escola dela, ninguém havia me chamado lá e a gentil senhora aparentava ter muito mais idade. Entretanto, ela não esperou pela resposta e prosseguiu:

– Pois nós, não! Não acreditamos em *'azânas'*. Só fazemos *me-di-ta-ção*! – disse ela, em tom de afetada superioridade.

A conversa seguiu seu curso com as amenidades espiritualistas de praxe, até que, em dado momento, a que nos apresentara lembrou-se de perguntar:

– Fulana, como vai o seu reumatismo? – E a sapiente "mestra" que desprezava as técnicas corporais e só *me-di-ta-va*, confessou:

– Tá mal, minha filha. Não consigo nem meditar...

VENTO MISTERIOSO ARRASTA ALUNOS DE YÔGA

Em 1975, eu estava ministrando um curso em Belo Horizonte e falava das coisas habituais. Num dado momento vi que alguns alunos entreolharam-se muito sérios. A reação deles foi tão indisfarçável que pensei ter usado algum termo que em Minas fosse considerado indelicado. Mesmo assim, continuei a aula.

No final, quando a maioria se retirava, alguns alunos vieram falar comigo. Com expressão de segredo, levaram-me para um canto mais reservado e um deles me perguntou:

– DeRose, que vento foi aquele?

– Vento? Que vento? – respondi.

– Você sabe!... Na hora em que você mencionou o Mestre Sêvánanda, ventou – disse ele com ar circunspecto.

– E daí? Em Minas não venta? Por que a apreensão?

– Você sabe!...– disse outro com voz quase sussurrada e um sorriso de cumplicidade, de quem está compartilhando um mistério. – Todos sabemos que o vento é o sinal da presença do Mestre Philippe de Lyon!

Era inacreditável: um era arquiteto, outro médico e outro engenheiro. Todos os três de nível superior e de excelente cultura geral. Contudo, não adiantava negar que eu houvesse feito qualquer invocação ou sortilégio. Eles estavam convencidos de que o vento tinha sido consequência de um ato de magia feito por mim. Mesmo que fosse, e daí? Daí, na aula seguinte eu havia perdido a metade dos alunos que ficaram com medo e não quiseram continuar o curso, uai!

Anos depois, quando voltei a Belo Horizonte, tratei de não mencionar nada que pudesse ter uma interpretação mística. Aí melindraram-se com outras coisas. Naquela época, Minas era um lugar onde tinha-se que falar e agir como que pisando em ovos.

Finalmente, na minha terceira etapa de cursos nesse Estado, parti para uma outra estratégia. Passei a fazer tudo o que pudesse aborrecer o mineiro típico. Com isso, afastei de mim os complicados. O truque funcionou: os suscetíveis afastaram-se todos e, no lugar deles, entrou gente descontraída, feliz e descomplicada, que se identificara com a minha maneira de ser. Hoje, em Minas, conto com um exército de gente lúcida, forte, leal e realizadora. Valeu ter insistido.

Quem quer vencer, dorme no fusca e passa fome

I

Quando eu vim para São Paulo, em 1974, eu não conhecia ninguém. Então, dormia no meu fusca nos fundos de um cemitério, porque ali ninguém me perturbaria. Fazia um frio de doer nos ossos. Ao acordar, estava quebrado. Tinha que fazer uns ásanas para recolocar tudo no lugar. Aí eu ia a uma lanchonete para usar o banheiro, lavar o rosto e escovar os dentes. Logo pela manhã cedo eu saía para fazer contatos com alunos e professores, bem como gráficas, gravadoras, editoras, emissoras de rádio, TVs e jornais. Tomava banho na rodoviária. Comia só pão com queijo e suco de laranja nas padarias, porque era mais barato. Então passei a pedir que colocassem cebola frita junto com o queijo no sanduíche. Fiz isso durante uns dez anos. Graças a esse improviso, várias lanchonetes acabaram incorporando a minha invenção em seus cardápios.

Aos poucos, fui fazendo amizades e descobri que as pessoas em São Paulo gostam muito de ajudar. Cada um ia me apresentando a outros. E estes, a outros mais. Logo, apareciam pessoas me convidando para almoçar e para dormir nas casas delas. Depois, começaram a me emprestar seus carros, porque tive que vender o fusca. Tanta solidariedade era uma experiência nova para mim.

II

Em 1975, quando encasquetei que queria expandir para o exterior, fui morar em Paris. Mas eu não falava a língua, não conhecia ninguém e não tinha dinheiro. Para piorar, era inverno e os agasalhos cariocas não me aqueciam.

Tentei usar a carteira internacional de estudante para pousar nos Albergues da Juventude, do STB – Student Travel Bureau. Mas, como bom brasileiro, não reservei com antecedência. Quando cheguei lá, estava tudo lotado. Tive que me hospedar em um hotel de meia estrela abaixo de zero, perto da Gare du Nort. O hotel dava desjejum que era café com leite, pão com manteiga e um pouquinho de geleia. Isso era tudo o que eu comia durante todo o dia.

À noite, quando voltava para a minha espelunca, eu levava biscoito e água que havia comprado no supermercado e era baratinho. Comia o biscoito e estufava com a água. Assim, podia dormir sem fome. Lavava minhas meias e roupas íntimas na pia do banheiro e deixava para secar no quarto para o dia seguinte. Com essa rotina, perdi bastante peso. Quando eu já estava um palito, cometi um luxo: fui comer no bandeijão da Faculté Censier, onde estava fazendo o curso de Civilization Française. Mas mesmo assim, era muito caro para mim. E você ainda acha a sua vida difícil?

DISCÍPULO É FOGO

Esta foi relatada por Guilherme (Willy) Wirtz, que residiu no mosteiro instalado por Sêvánanda na cidade de Resende, no Estado do Rio. Sêvánanda era o pseudônimo adotado pelo francês Léo Costet de Mascheville, que entrou no Brasil falando a nossa língua, o espanhol, certamente!

A disciplina imposta pelo Mestre era férrea. Para morar no monastério Amo-Pax não era permitido comer carnes. Os reclusos tinham que trabalhar duro, meditar bastante e estudar uma miscelânea de correntes de Yôga, ocultismo, religião, martinismo etc. À noite, o toque de recolher era bem cedo e todos iam para o berço.

Havia, segundo as más línguas, uns residentes que não eram tão disciplinados. Nem bem o Mestre pregava o olho, eles fugiam na caminhonete do ashram para ir comer linguiça na cidade. Depois voltavam silenciosamente para fazer suas práticas espirituais e dormir o sono dos justos.

Consta que um belo dia o Mestre se ausentou para dar umas conferências e, quando voltou ao seu chalé, só havia cinzas. Sua rica casinha havia virado fumaça com tudo o que tinha dentro, todos os seus pertences e os manuscritos dos seus livros ainda por publicar!

– Como aconteceu isto? Por que vocês não apagaram o incêndio? – perguntou o desditoso líder espiritual. Qual não foi a sua surpresa quando ouviu a justificativa:

– Fomos nós que ateamos fogo na sua casa, Mestre. Vários de nós sonhamos que ela estava queimando. Então, entendemos. Era um sinal. A morada devia ser purificada pelo fogo. O Mestre acha que não fizemos bem em seguir a nossa intuição?

Como não testemunhei, não posso garantir que ocorreu exatamente dessa forma. Mesmo assim, achei que convinha contar esse caso uma vez que coisas do gênero são relativamente frequentes no ambiente da yóga. Ninguém queimou a nossa casa, talvez por não sermos da yóga. Contudo, nossos discípulos de outrora aprontaram-nos poucas e boas...

YÔGA *VERSUS* DROGAS

Desde a época do chamado *psicodelismo* até os dias de hoje, vez por outra, consultam-me sobre a posição do Yôga com relação às drogas. A resposta que dou atualmente é a mesma daquela época: o Yôga não combina com o uso de drogas.

Primeiro, você não precisa delas para aumentar a sensibilidade ou ampliar as percepções. As experiências do Yôga são reais, enquanto que as produzidas pelas drogas são alucinações.

Segundo, as drogas já são perigosas sem Yôga. Com ele, têm seus efeitos exacerbados e não dá para segurar. A cabeça vai a mil e depois entra em parafuso.

Terceiro, o Yôga trabalha limpando as nádís, meridianos energéticos, e a todo o organismo. As drogas sujam tudo, intoxicam, deixam resíduos.

Quarto, o Yôga desaconselha qualquer coisa que crie dependência.

Todos os praticantes de Yôga que conhecemos e que se atreveram a usar drogas, fundiram, foram para tratamento psiquiátrico.

Por saber de tudo isso, nunca usei e sempre recomendei que alunos nossos não usem qualquer tipo de droga. Por causa dessa minha postura, várias vezes tive de enfrentar o desafio e a cobrança de muita gente:

– Se você nunca tomou drogas como sabe que não são boas?

– Não é preciso ser muito inteligente para saber que não prestam. Mas isso não é relevante. Mesmo que fossem boas não as usaria, pois levo nossa filosofia a sério e o Yôga não admite o uso de drogas.

– Isso é radicalismo.

– Então, somos radicais.

– Mas a maconha é natural.

– Cicuta também é natural. Você a tomaria?

– O que é cicuta?...

Não acreditamos em recuperação do uso de drogas pela prática de Yôga. Seria um risco muito grande ter uma pessoa com esse tipo de envolvimento, relacionando-se com os nossos alunos. Sempre que soubemos de alguém cuja presença pudesse representar problemas,

DeRose

pedimos seu afastamento, não apenas da nossa instituição, mas do próprio Yôga.

Quando esse nosso posicionamento ficou conhecido, os defensores de qualquer tipo de droga passaram a evitar-nos e apartaram-se definitivamente.

Esse é o apelo que fazemos a você, caro leitor, se o barrete lhe servir.

UM ENDEREÇO BEM CONHECIDO

Um dia, estávamos na Prefeitura da cidade do Rio de Janeiro, quando uma jovem à nossa frente olhou para trás e viu a minha medalha com o ÔM em um cordão ao pescoço. Não se conteve e disse, com cara de admiração:

– Que ÔM lindo! Onde foi que vocês o conseguiram?

Considerei que seria mais adequado dar-lhe o meu endereço. Quando eu disse o nome da rua e o número, ela exclamou:

– Ah! Lá no DeRose?

Achei ótimo, pois a menina não me conhecia, mas sabia o nosso endereço de cor. Quantas pessoas mais o saberão? Provavelmente muita gente, o que não deveria impressionar, uma vez que estamos no mesmo local há mais de quarenta anos!

O GURU E OS GURIS

É curioso que, justamente quando toda uma campanha de descrédito era acionada contra nós pela concorrência, por outro lado, para uma faixa etária mais lúcida viráramos uma espécie de ídolo. Entre 1970 e 1990, nossa entidade tornou-se a Meca da juventude. Fui eleito o "guru"[97] da moda, sem sequer ser consultado antes sobre se aceitava o cetro ou não.

No início dos anos 70s a garotada entre quinze e trinta anos não podia se considerar *in* ou *por dentro*, se não fizesse uma peregrinação ao

---

[97] O termo *guru* aqui não significa o mesmo que na Índia. Lá, guru é simplesmente *professor*. No Ocidente essa palavra tem um sentido mais de guia espiritual ou até mesmo de um espertalhão que se faz passar por guia espiritual. Para nós no SwáSthya Yôga, só é utilizado com uma conotação descontraída e bem-humorada, a menos que estejamos na Índia, onde designa a profissão daquele que ensina música, ou dança, ou filosofia, ou artes marciais.

DeRose, mesmo quem morava noutras cidades. Vinham jovens de Brasília, Minas e de todo o Sudeste, algumas vezes aproveitando as férias, outras vezes saindo de casa na onda de contestação que levou aquela geração para as estradas. Era tanta gente indo à nossa escola, que um dia recebemos um telefonema muito engraçado:

– Alô! Aí é do DeRose?

– É sim. O que você deseja?

– Eu quero saber o que é o DeRose. Todo o mundo vive dizendo *'vou ao DeRose'*, e eu quero saber o que é isso aí[98]...

Naquela fase era frequente algum jovem me abordar na rua ou na praia e dizer:

– Você é o DeRose, não é? Quero praticar com você!

Eles queriam um líder, um messias, um pai, sei lá o quê, e me apontavam como um dos escolhidos. Sem perceber, fui me deixando envolver pelo carinho com que me tratavam e quando dei por mim já estava quase assumindo o papel. Felizmente, antenei-me em tempo e pedi que não ficassem tristes, mas que não concordava com aquela expectativa deles. Gradualmente pus um fim na badalação.

Nesse meio tempo, muita coisa bonita aconteceu. Quem não viveu aquela época, não consegue imaginar a atmosfera de paz e amor, de esperança, liberdade e redescoberta de si mesmo que pairava no mundo durante o curto período que foi do final da década de 60 até meados da de 70. Considero que fomos privilegiados por ter vivido aquele período tão fortemente marcado pela alegria, brilho e felicidade transbordantes.

---

98 Durante 40 anos tentei fazer os alunos se referirem à nossa escola pelo nome dela, Uni-Yôga (União Nacional de Yôga / Universidade de Yôga) e declararem que praticavam SwáSthya Yôga. Não adiantou. Desde a década de 1960 o público diz que "vai ao DeRose" e até que "pratica DeRose", ou que "faz DeRose". Acho que é porque as pessoas sempre querem identificar um ser humano por trás da instituição. Então, finalmente, desisti. A partir de 2007 o sistema já tinha evoluído, crescido e agregado conceitos comportamentais. Então, em 2008, aceitei que passasse a ser chamado de DeRose Method. Mas, que fique claro, o DeRose Method extrapolou os limites do Yôga. Como vimos noutra parte deste livro, "Yôga é qualquer metodologia estritamente prática que conduza ao samádhi." •Ora, o DeRose Method não é estritamente prático, pois agregou os conceitos de reeducação comportamental. Assim, o Método é outra coisa. Mais para o final deste volume, o leitor encontrará um capítulo intitulado *A transição para o DeRose Method*, que explicará isto em detalhe.

VOLTANDO À VACA-FRIA

Em 1978, novamente, reuniram-se três pessoas para debater comigo. Eram a Profª. Cyrenia, o Dr. Rui Marcucci e uma outra professora de yóga, da associação internacional. Esta, a primeira coisa que fez foi acender um cigarro na extremidade de uma piteira gargalhável. Mas eu me contive.

O motivo da reunião era discutir a minha atuação no território de São Paulo, que consideravam como deles. Quando perceberam que não iriam conseguir intimidar-me com suas ameaças dissimuladas em palavras cordiais, a da piteira perdeu a pose e passou a me agredir com uma sucessão de insultos tão descontrolada, que os outros dois debatedores, seus aliados, chegaram a ficar constrangidos. O Rui pediu-lhe um pouco de moderação, "afinal, não estamos aqui para brigar", disse ele.

Ela, no entanto, não ouvia ninguém. Só falava. Aliás, berrava. Estava histérica. Com a piteira em riste, brandia ameaçadoramente a ponta do cigarro aceso a poucos centímetros do meu rosto como se fora uma baioneta. E tome ofensa!

Cena digna de Fellini, portento do anedotário do nosso *métier*: uma ensinante de yóga, fumando, nervosa, agredindo um instrutor de Yôga com insultos e com o seu cigarro aceso!

Juro que tentei continuar me contendo, mas não resisti. Quando dei por mim, já tinha dito:

– A senhora devia ir morar na Índia. Lá vocês são sagradas.

Nenhum deles entendeu a metáfora oculta. Estou rindo até hoje.

MAS QUANTA COINCIDÊNCIA!

Em 1987 fomos convidados pela Lacta para filmar um comercial do bombom Sonho de Valsa para a televisão. Pensei comigo: vai ser uma ótima oportunidade para amaciar um pouco o fanatismo desses radicais festivos que infernizam a vida dos demais praticantes de Yôga, semeando uma paranóia contra tudo – o açúcar, o sal, as farinhas refinadas e até as frutas e verduras por causa dos agrotóxicos – estragando o prazer de viver e criando estresse, ansiedade e pânico entre as pessoas interessadas em cultivar uma melhor qualidade de vida.

Certamente é preciso estar consciente de que alguns produtos são mais saudáveis do que outros para usar essa informação na hora de selecionar os seus prazeres, sem se deixar, porém, envolver por aquele clima alarmista e repressor dos adeptos de verdadeiras seitas alimentares. Afinal, um pouco de chocolate faz menos mal do que o desejo de comê-lo reprimido.

Fazer esse comercial seria uma forma de mostrar aos nossos praticantes do país todo que não somos fanáticos e pelo fato de uma pessoa praticar Yôga não está proibida de comer o que quiser. Como o roteiro do comercial era bem alegre, tinha a vantagem adicional de transmitir uma imagem gostosamente descontraída para nós, o que tem muito mais a ver conosco do que a falsa imagem de que os yôgins são pessoas circunspectas, passivas ou alienadas. E, de quebra, ainda divulgaria o Yôga. Então, aceitamos.

No meio das filmagens, o diretor veio conversar conosco:

– Você não é o DeRose?

– Sou, sim.

– Sabe que fui seu inimigo durante muitos anos, sem motivo algum?

– [...]

– Eu era aluno do professor H. Ele contava tantas coisas horríveis a seu respeito que todos nós queríamos ver o diabo a ver o DeRose. Confesso que até cheguei a passar adiante a fama que ele tramou para você. Todos fazíamos isso. Depois descobri que era tudo intriga e acabei até ajudando você, sem querer.

– Ainda bem que você descobriu que era intriga.

– Primeiramente, fui o tradutor do livro *O Yôga*, de Tara Michaël, publicado pela Zahar Editores. Aprendi muito com aquela obra. Depois fui à Índia e, lá, fiz curso de formação de instrutor de Yôga. Tudo isso me clareou bastante a mente. Quando voltei ao Brasil, cheguei a questionar o meu antigo professor sobre a coerência ética do que ele estava fazendo com você.

– Bem, obrigado por ter acabado me ajudando, mesmo sem querer.

– É que o meu professor era filiado a um organismo internacional, com sede na Índia. Quando estive lá, também me filiei. Um dia recebi uma carta do meu Mestre indiano que era presidente da entidade, perguntando como era o ambiente de Yôga no Brasil. Então, relatei uma série de coisas e, no meio, contei sobre as calúnias e perseguições a que te submetiam, e que eu não achava isso justo.

Creio que eles consultaram mais alguém que confirmou tudo. Como consequência, meu professor foi expulso da entidade! Mas entenda que não tive essa intenção. Apenas fui honesto e não menti quando respondi à solicitação do meu Mestre da Índia. Não imaginava que ele tomasse uma atitude tão drástica, só queria que aquele clima de maledicências no ambiente da yóga acabasse.

– Seu professor brasileiro deve ter ficado bem aborrecido.

– Ele enviou um recado por outro professor: mandou dizer que queria me dar um soco e que nunca mais aparecesse. Isso tudo foi me desiludindo tanto que abandonei a yóga, mudei-me para São Paulo e hoje sou diretor de filmes publicitários.

... E depois, dizem que a yóga equilibra!

COMPARAR DeROSE COM HERMÓGENES É COMO QUERER COMPARAR O CAMPEÃO PEPÊ COM DOM HELDER CÂMARA

Ainda em Belo Horizonte, no mesmo ano de 1975, um dia, estávamos conversando: Maria José Marinho, Georg Kritikós, alguns outros instrutores e eu, no Retiro das Pedras, onde essa senhora morava na época. Bruscamente, Kritikós virou-se para mim com uma atitude extremamente hostil (como, ademais, faziam todos os professores de ioga espiritualizados) e disse, com o dedo indicador em riste, quase tocando no meu nariz: "Você não vai tomar o lugar do Hermógenes."

Embora chocado com a agressividade gratuita, expliquei que o meu trabalho era muito diferente do dele, o objetivo era outro, o público era outro e que querer comparar DeRose com Hermógenes era como querer comparar o desportista Pepê com Dom Hélder Câmara. E, portanto, eu não tinha nem poderia ter a intenção de tomar o lugar do coronel, assim como ele não conseguiria tomar o meu lugar, nem que quisesse.

Kritikós respondeu: "Acho bom, porque nós não vamos permitir", disse, olhando para os demais professores da ióga ali presentes, como que a buscar a anuência dos demais. Todos assentiram, com acenos de aprovação. Isso foi em 1975. Em 1978 quando entrei com o projeto de regulamentação da profissão de instrutor de Yôga, todos eles assinaram um abaixo-assinado pedindo que os demais não aceitassem o meu projeto. Todos os seguidores do coronel fizeram o mesmo. Resultado: até hoje, essa profissão não foi regulamentada. Em 1998, exatos vinte anos depois, a Educação Física conseguiu sua regulamentação e durante um bom tempo os ensinantes de ioga tiveram problemas com isso. Por essas e outras, **há mais de dez anos** eu me retirei do segmento profissional do Yôga. Então, agora mesmo é que não há como comparar o meu trabalho com o do coronel Hermógenes, por quem guardo uma eloquente gratidão. São coisas muito diferentes.

FOFOCA

Vamos ver se consigo parodiar a malta que gosta de fazer mexericos. Para isso, vou pedir licença para utilizá-los a eles próprios como protagonistas. Como é apenas uma sátira e não há intenção real de fofocar, não citarei os nomes dos personagens. Caso alguém vista a carapuça e se melindre, provavelmente terá estado envolvido direta ou indiretamente com os acontecimentos.

Havia um professor no Rio de Janeiro que era muito espiritualista. Mas muito mesmo. Tinha até nome místico e era membro de várias entidades espiritualistas. Foi fundador de uma associação brasileira de professores de yóga e ocupava cargo de direção numa suposta federação de yóga.

Ele era casado havia uns quarenta anos com uma senhora que o acompanhava sempre. Até que um dia apareceu uma menina menor de idade, com 17 aninhos, super bonitinha e muito sensual. Os dois começaram a ser vistos juntos cada vez com mais frequência. Depois ela começou a dar aulas de yóga na academia dele. Finalmente, foi morar com o casal.

Era um triângulo perfeito. Sempre que alguém insinuava alguma coisa, ele respondia, cheio de pureza espiritual:

– Essa menina, para mim, é como uma filha.

Até que um dia engravidou a "filha". Não tendo como esconder o fato, foi obrigado a assumi-lo. Da mulher dele, já bem senhora, nunca mais se teve notícia. Há quem diga que os dois a internaram num asilo de velhos.

Curioso é o tácito pacto de silêncio entre instrutores de yóga espiritualizados. Apesar do ocorrido ser escandaloso, não houve escândalo algum. Nem um mínimo comentário. Era como se não tivesse acontecido...

A menina era mesmo uma diabinha. Antes de se ligar àquele idoso professor, ela era a *protegée* de um outro anoso profissional da área. Chegara a posar para as fotos do livro que ele publicou.

Certa vez, os dois professores foram trabalhar juntos na academia que aquele segundo acabara de abrir no centro da cidade. Foi onde a menina conheceu o *Outro*. Os dois senhores se gostavam muito, elogiavam-se mutuamente e chegaram a prefaciar juntos a tradução de um livro de Yôga publicado no Brasil. Um dia, o dono da academia, com ciúmes da menina, expulsou o *Outro*.

– Ele me traiu – acusava – e ainda por cima, ao se retirar da minha academia roubou o arquivo com os dados de todos os alunos.

Se era verdade ou não que ele havia sido traído, não se sabe. Sabe-se é que a menininha seguiu com o *Outro*. Foi dar aulas na academia que ele fundou em seguida, em Copacabana, com o cadastro roubado. Depois, para completar o serviço, teve um filho com ele. No bom sentido, é claro.

O primeiro, talvez devido ao escândalo – obviamente abafado – separou-se da esposa e depois casou-se de novo, com uma mulher que era uma peste. Castigo de Deus. É que anos antes ele andara falando mal do Caio Miranda por ser desquitado (!) e, com esse pretexto, movera uma impiedosa campanha de difamação contra o velho Mestre junto às puritanas senhoras que constituíam a clientela cativa da yóga, as quais, *incontinenti*, ajudaram com seus telégrafos sem fios.

O karma anda mesmo a cavalo: pode demorar, mas chega!

(Neste ponto baixa o pano, ouve-se uma risada mordaz e, em seguida, o ruído de pancadaria por trás dos bastidores. Os espectadores se retiram, as luzes se apagam e entra o pessoal da faxina que arrumará tudo para o próximo espetáculo.)

Ahimsa é o primeiro mandamento ético do Yôga e significa *não-agressão*.

1980 – A introdução do DeRose Method em Portugal

> *"Heróis do mar, nobre povo,*
> *Nação valente, imortal [...]"*
> Do Hino Nacional, **A Portuguesa**.

Em 1975, eu havia morado um tempo em Paris, estudado na Faculté Censier, da Université de la Sorbonne Nouvelle onde fiz um curso de Civilisation Française. Havia até dado um pequeno curso de SwáSthya Yôga. Mais de vinte anos depois, uma francesa ex-aluna desse curso, Christine Tinnirello, me procurou e disse que, desde então, estava dando classes de Yôga em Marseille. Então, valeu o tal curso de Paris, pois deixou pelo menos uma sementinha – e sabe-se lá quantas mais, das quais ainda não tive notícia! Contudo, em 1980 cinco anos haviam se passado desde 1975 e eu ainda não conhecia Portugal, nossa Terra-Mãe. Decidi, então, viajar para Lisboa.

Vários instrutores portugueses de outras modalidades de Yôga correspondiam-se comigo há anos. Tinham me descoberto graças ao meu primeiro livro **Prontuário de SwáSthya Yôga**, de 1969, que havia-se feito conhecer do outro lado do oceano e servia de manual para muita gente por lá. Chegando a Lisboa, enviei um telegrama a cada um desses fiéis correspondentes de várias cidades informando que eu estava em Lisboa e que queria me reunir com eles no meu hotel, dali a dois dias. Devem ter-me considerado desatencioso por não haver programado o encontro previamente. Na Europa tudo é planejado (planeado, como se diz em Portugal) com uma antecedência considerável e os europeus ficam desorientados com o imediatismo e a *praxis* de improvisação dos brasileiros. Não obstante, apesar da convocação de última hora, não faltou ninguém.

QUANDO É PRECISO SER FORTE

Nesse primeiro encontro, recebi o convite para ministrar um curso na escola do Mestre Stobbaerts, a Budokan, em Cascais. O belga Georges Stobbaerts era Mestre de Aikidô, mas também ensinava Yôga e já havia publicado um livro intitulado *Hatha Yôga*. Conhecer Stobbaerts foi para mim uma lição de hierarquia e disciplina orientais. Ele vivia, na época, já há mais de vinte anos em Portugal, contudo dava as classes na sua língua nativa. Todos os seus alunos tinham que aprender francês para fazer Aikidô com ele. E não eram poucos! Ao comentar isto, lembro-me de Almodóvar que, ao receber um prêmio em Cannes, proferiu o discurso de agradecimento, não em inglês, não em francês, mas em sua própria língua, o espanhol. Achei digno. Hoje, mais de trinta anos depois, embora eu fale quatro línguas e meia[99], faço questão de dar meus cursos em português, com exceção da Argentina, pois considero que esses nossos irmãos e parceiros de Latinoamérica merecem que eu fale com eles em sua língua.

Voltando a 1980, no curso de Cascais comecei a preparar o primeiro grupo de instrutores lusitanos que passariam a realizar um trabalho excepcionalmente sério e competente em Portugal. Os primeiros que formei foram António Manzarra Miguel, Jorge Veiga e António Pereira. Jorge Veiga representou muito bem o nosso trabalho durante um bom tempo. Guardo dele boas lembranças. É um bom professor e continua a realizar seu trabalho independentemente. Manzarra continua meu bom amigo, apesar das décadas e dos eventos que nos afastaram e depois nos reuniram outra vez. Logo em seguida, chegaram Renata Sena✠ e Luís Lopes, dois tratores com uma fúria de realização que move a minha admiração[100]. Na verdade, sinto como uma injustiça não poder citar os demais companheiros que participam do nosso trabalho em Portugal. Por serem tantos, peço que me perdoem por não conseguir fazer referência a todos.

Depois de alguns anos, ainda na década de 1980, percebi indícios de um golpe de estado que pretendia me tomar a União Nacional de Yôga. Meu representante em Portugal tratava rispidamente todos os instruto-

---

99 "Meia" è *l'italiano, che io non parlo proprio niente, ma capisco quasi tutto.*

100 Hoje, Luís Lopes é o *former* Presidente da Federação de Yôga de Portugal; Renata Sena✠ tornou-se a Presidente da Fédération Française de SwáSthya Yôga.

res que eram meus supervisionados. Estes não aguentavam as pressões e antipatias, e iam saindo um por um. Renata Sena não suportou as hostilidades e se afastou de tudo. Ficou seis anos fora. Quando meu representante foi substituído por António Pereira e Luís Lopes, ela voltou. Manzarra ficou traumatizado com as humilhações e insultos. Saiu e não voltou mais. Hoje é apenas meu amigo. De setenta instrutores de SwáSthya em Portugal, só restavam leais a mim António Pereira e Luís Lopes, mesmo assim porque os dois estavam lecionando no Norte, longe de Lisboa. Enquanto isso, os supervisionados pelo meu representante[101] eram tratados com maneiras muito afáveis, e esses iam permanecendo. A ideia consistia em que o exército da Uni-Yôga em Portugal fosse formado por um estado maior leal ao outro e não a mim para, no momento oportuno, dominar-me ou pôr-me para fora.

Além disso, meu representante se recusava a me informar os endereços das minhas escolas em Portugal. Estávamos em umas vinte cidades (Lisboa, Porto, Coimbra, Cascais, Sintra, Sesimbra, Setúbal, Aveiro, Tomar, Caldas da Rainha, Região do Algarve e outras que nem cheguei a saber), e eu não tinha os nomes, endereços nem telefones dos instrutores filiados. As pessoas me perguntavam onde tínhamos o SwáSthya em Portugal e eu era forçado ao constrangimento de declarar que não sabia. Isso era para lá de estranho. Seria muito natural se o interlocutor pensasse que eu estava mentindo sobre a existência daquelas escolas. Eu pedia insistentemente que os endereços me fossem fornecidos e o meu representante não negava frontalmente. Dizia: "Sim, Mestre. Vou lhe enviar." E não enviava. Isso se repetiu literalmente dezenas de vezes. Ele não informava os endereços e ponto final.

Ora, os europeus têm um outro ritmo. É cultural. O Novo Mundo é mais agilizado. Isso me beneficiou. E também não têm *know-how* de golpes de estado. Em contrapartida, nós aqui na América Latina, temos muita familiaridade com eles. Sentimos de longe o cheiro de um. A gota d'água foi quando António Pereira e Luís Lopes viajaram lá do Norte e vieram me visitar em Lisboa. Queriam almoçar comigo e

---

101 Antigamente, qualquer instrutor mais antigo podia supervisionar os mais novos que ele formasse ou que o escolhessem. Devido a vários incidentes semelhantes a este que está sendo relatado, o direito de supervisionar foi limitado a quem tivesse o grau de Mestre e, mesmo assim, com restrições.

conversar um pouco com seu supervisor a quem só tinham oportunidade de encontrar uma vez por ano. O representante não os deixou entrar na sala. Tiveram que ficar sentados de castigo na recepção durante quatro horas, enquanto eu dava um curso. Quando saí, fiquei feliz em revê-los. Disseram que estavam à minha espera para, talvez, almoçarmos juntos. O representante interveio rispidamente e disse que não era possível, que isso era um absurdo, que estavam subvertendo a programação organizada há mais de um ano e que eu tinha outros compromissos agendados. Tudo dito com chocante hostilidade contra os dois. Eles educadamente concordaram, disseram que não queriam atrapalhar, que iriam embora e tentariam outra vez no ano seguinte.

A atitude de um e de outros não me deixou dúvidas sobre quem deveria representar o meu nome em Portugal. A partir daquele dia promovi António Pereira como representante em Lisboa e Luís Lopes no Porto. Perguntei-lhes porque ninguém mais organizava meus cursos em Portugal. Eles me informaram que essas eram as ordens recebidas. Só quem podia organizar cursos vinha sendo o, na época, representante, que a tudo controlava com mão de ferro. Disse-lhes que no Brasil não era assim, que a partir de agora eles organizariam meus cursos e que tinham a liberdade de convidar outros brasileiros – os quais até então estavam proibidos pelo ex-representante de dar cursos, de trabalhar e até de visitar nossas sedes "porque brasileiro é muito mal educado".

A partir de 1980, visitei Portugal para dar cursos todos os anos. Depois que António Pereira e Luís Lopes assumiram a liderança, na década de 1990, passei a dar cursos de formação de instrutores do nosso Método nas universidades portuguesas, coisa que a administração anterior declarava paradigmaticamente que "em Portugal não é possível". Tanto era possível que bastou trocar a liderança para acontecer. Que isso sirva de exemplo para algum outro país que esteja sofrendo de *paralysis paradigma*.

Com os meus cursos ocorrendo nas universidades de Lisboa e Porto, passei a retornar a Portugal, agora duas vezes por ano, sempre com turmas lotadas.

Antes disso, porém, quando António Pereira e Luís Lopes iniciaram o trabalho no Porto, sozinhos, isolados, sem o apoio da Uni-Yôga, suportaram muita dificuldade em nome da missão. Se você leu o capítulo *Vinte anos de penúria*, multiplique por dez. Foi isso que eles sofreram. Passaram fome, António ficou sem ter onde morar e, a certa altura, não tinham mais a quem apelar para sair daquela situação, mas não abriram mão do Método nem do DeRose. Felizmente, no caso deles não foram vinte anos. Na década de 90, como contei acima, a partir do momento em que foram encarregados da liderança, bem como dos cursos, as coisas começaram a melhorar rapidamente. Hoje ambos estão muito bem de vida e são *cases* de sucesso internacional.

Formatura dos Instrutores do DeRose Method em Portugal, ano de 2006.

A bem da justiça, devo inserir aqui um testemunho. Os brasileiros não conhecem os portugueses. Os que nós conhecemos por aqui são os imigrantes humildes que vieram diretamente das aldeias para trabalhar inicialmente como garrafeiros, vassoureiros, funileiros, empalhadores de cadeiras *et reliqua*, profissões essas em sua maioria extintas há quase cinquenta anos. Ganhando algum dinheiro (ou, às vezes, trazendo-o), tornaram-se, no século passado, donos de pequenos negócios como botequins e padarias. Mas continuavam sendo imigrantes pobres, pessoas simples, não raro rudes e iletradas. Pronto! Essa passou a ser imagem dos portugueses que os brasileiros assimilaram.

Acontece que não podemos julgar um povo pelos seus imigrantes que, salvo honrosas exceções, são eventualmente pessoas menos educadas. Os imigrantes brasileiros em Portugal também criaram uma imagem algumas vezes negativa da nossa cultura e que, igualmente, não corresponde à realidade brasileira. Até porque fica difícil falar de brasileiros, genericamente. Seria o equivalente a generalizar os europeus como se fossem todos a mesma coisa, ignorando as idiossincrasias nacionais de cada povo.

Quero informar aqui aos meus leitores de outras terras que o Brasil, a rigor, não é um país e sim uma federação de nações[102], cada qual com a sua etnia, com o seu dialeto, com a sua religião, com as suas tradições culinárias díspares. As diferenças que podemos observar entre os suíços de Genève, os alemães de Berlin, os espanhóis da Catalunya, os portugueses de Coimbra e os italianos da Sicília são aproximadamente as mesmas que existem entre paulistas (do Estado de São Paulo), os gaúchos (do Estado do Rio Grande do Sul), os cariocas[103] (da capital do Estado do Rio de Janeiro), os baianos (do Estado da Bahia) e os manauaras[104] (da capital do Estado do Amazonas). As diferenças étnicas, linguísticas, religiosas, gastronômicas e outras são tão formidáveis que é impressionante ter-se conseguido preservar uma identidade nacional.

E quero informar aqui aos meus leitores brasileiros que os portugueses são pessoas extremamente educadas, cultas, polidas e amáveis com quem dá gosto conversar e conviver. O português, em geral, tem um fino senso de humor. É gentil, cavalheiro e fidalgo. Se cultivei alguma boa qualidade nesse terreno, o pouco que desenvolvi devo

---

102 O subcontinente brasileiro alberga 200.000.000 de habitantes e só a cidade de São Paulo contabiliza vinte milhões de almas.

103 Carioca significa "casa do homem branco", do tupi *kari'oka*, contração de *kara'iwa* "homem branco" mais *oka* "casa".

104 Manauara é o natural de Manaus, nome originário da tribo dos manaús, nome da nação aruaca mais o sufixo –*ara* proveniente do tupi, com a noção de "ser de, oriundo de".

aos portugueses. E eles gostam de nós. Manifestam tanta paciência com os brasileiros que só tendo muito amor para expressar tal complacência com os nossos maus-modos-de-Novo-Mundo (todos os povos das três Américas têm um comportamento naturalmente tosco). Às vezes, observando o relacionamento entre brasileiros e portugueses não posso deixar de compará-los aos netinhos malcriados e seus avós, condescendentes, sorrindo e achando tudo uma gracinha.

Ponto de ônibus (paragem de autocarro) com o banner (mupe) divulgando a Gala de formatura dos novos instrutores do DeRose Method. A cidade foi coberta por esses anúncios patrocinados pelas instituições portuguesas. Na foto DeRose e Graça Lopes.

Cá para nós, eles devem ficar horrorizados com a barafunda dos plurais dos paulistas que dizem: "meu óculos", "um chopes", "um clipes", "os Sousa", "ganhou dois oscar" (flexionam ou o artigo ou o substantivo, mas raramente os dois ao mesmo tempo); devem se impressionar com as construções dos gaúchos: "tu vai", "vem com nós"; e o que dizer da falta dos pronomes reflexivos dos mineiros: "como você chama?" Como eu chamo a quem? Ah! E as eternas crases indevidas... Bem, de resto, mesmo quando acertamos a concordância, a gramática, a ortografia, a acentuação, ainda assim, nossa sintaxe é de brasileirês. Paciência. Línguas vivas são dinâmicas e há que se pagar esse ônus. Certamente isso ocorreu com todos os idiomas (inclusive com "*a última flor do Lácio, inculta e bela*"!).

Apesar de tudo, dependendo da região, os portugueses acham bonitinho. Apreciam mais as pronúncias do Sul/Sudeste e não compreendem as do Norte/Nordeste (desafortunadamente, são as que mais escutam dos imigrantes para trabalhos básicos). Consideram as múltiplas vertentes brasileiras como variações pitorescas da criação de umas quantas línguas, às vezes, bem parecidas com o português – outras, nem tanto.

Em Portugal, DeRose foi até capa de revista.
A Imprensa portuguesa teve a gentileza de escrever Yôga com Y e com acento circunflexo, cavalheirismo esse que não costumamos receber dos nossos conterrâneos.

COISAS QUE OS PORTUGUESES TÊM DE MELHOR

São os mais disciplinados, muito competentes, realizadores, educados, cultos, formam um número razoável de novos instrutores, algumas de suas escolas são muito bem decoradas, a arquitetura de interiores tem excelente bom-gosto e cumprem diligentemente quase todas as minhas recomendações.

Portugal teve o melhor coral de todos os países membros da nossa jurisdição internacional das Américas e Europa. É onde se realizam as solenidades mais elegantes, é onde as pessoas se vestem com mais sobriedade condizente com a ocasião, é onde estabelecem os melhores contatos e parcerias com pessoas e instituições importantes, é onde realizam mais eventos relevantes com grande repercussão pública e onde obtêm maiores os apoios para divulgação desses eventos.

Criaram a "estola acadêmica", de um elegante veludo alemão *bordeaux*, para ser usada nas colações de grau sobre o terno ou sobre o vestido de noite. Fica extremamente solene!

Foi o único país que cunhou em 2005 uma medalha comemorativa pelos, no caso, vinte e cinco anos do Mestre DeRose em Portugal.

O maior e melhor registro fotográfico da nossa obra vem sendo realizado mormente pelos portugueses, o que demonstra seu carinho e o quanto valorizam a nossa presença.

É o país que ao longo das décadas cultiva e mantém sistematicamente o melhor relacionamento cultural e diplomático com a Embaixada da Índia, tendo ao longo dos anos obtido o reconhecimento e apoio por escrito ao nosso trabalho de pelo menos três embaixadores.

Sempre sou recebido nesse país com pompa e circunstância. Em Lisboa costumo ficar hospedado em um palácio convertido em hotel para celebridades, reconhecido como Patrimônio Cultural e considerado um dos 100 melhores hotéis do mundo: é o Palácio Pestana, minha residência em Lisboa.

Entre Colunas

Salão de Jantar do Palácio Pestana, em Lisboa.

Quando expomos fotos como esta não estamos encorajando a opulência e sim valorizando a beleza, a estética e a arte. Se não ocorresse tal valorização, uma arquitetura dessa categoria não seria preservada e todos os esforços para produzir essa obra estariam fadados à deterioração, o que seria um pecado.

Outro bom motivo para divulgar os ambientes refinados pelos quais transitamos é proporcionar aos pais dos nossos alunos uma demonstração de que a profissão que o filho escolheu, de Instrutor do DeRose Method, é uma boa carreira e tem futuro.

Numa das vezes em que lá me hospedei, o gerente do hotel pediu que escrevesse uma mensagem no Livro de Ouro. Folheando para saber quem havia me precedido naquela deferência, encontrei Gérard Depardieu, Lady Di, Mick Jagger e outras figuras importantes da política, da arte e do rock. E, agora, passaria a estar um professor do DeRose Method entre eles. A mensagem que escrevi foi a seguinte:

LOUVOR A PORTUGAL

NESTAS DÉCADAS, ENSINAR EM PORTUGAL CONSTITUIU, PARA MIM, INESTIMÁVEL PRIVILÉGIO. SENTI-ME REGIAMENTE ACOLHIDO NESTA TERRA-MÃE QUE DESDE HÁ TANTO LUZIA DAS ORIGENS A CLAMAR POR SEUS FILHOS D'ALÉM-MAR.

COMENDADOR DEROSE
LISBOA, ABRIL, 2003

Nota aos brasileiros: "luzia das origens" é uma alusão a *Os Lusíadas*, de Camões. O termo lusíada significa "que ou o que tem origem portuguesa ou lusitana (diz-se especialmente do que tem caráter honorífico)". Lusíadas são os descendentes dos antigos lusos. Luso é o personagem mitológico, filho ou descendente de Baco, que teria povoado a parte ocidental da península Ibérica. Aquela designação torna-se título do poema que inaugura a língua portuguesa moderna (século XVI), *Os Lusíadas,* cuja linha narrativa apoiada na viagem de Vasco da Gama às Índias, enseja que Luís de Camões cante, em decassílabos segundo o padrão épico e clássico, o homem português já neste século um "assinalado" por seus descobrimentos e consequentes riqueza, poder e expansão, tudo enfim mesclado com história e aventura, heróis, deuses e mitos, e com o lirismo próprio da alma portuguesa. (Extraído do Dicionário Houaiss da Língua Portuguesa.)

A formatura da Argentina, realizada no Salão Dourado do Ministério da Cultura da Cidade de Buenos Aires, ornado de magníficas colunas coríntias douradas.

1987 – A introdução do DeRose Method na Argentina

Em 1987 participei de um Congresso de Yôga no Uruguay. Pouco antes da minha exposição sobre a Cronologia Histórica do Yôga, observei a chegada de uma senhora idosa, vestida de sári indiano. Pensei cá, comigo: "É a Indra Dêví", mas, ao mesmo tempo, "não, não pode ser". Não podia ser porque quando tinha dezesseis anos de idade eu lera seu livro e nas fotos ela já era uma senhora dando aula para estrelas como Gloria Swanson, atriz de Hollywood da década de 1930! Agora eu já tinha cabelos grisalhos. Indra Dêví não poderia estar ainda viva! Mas estava, e bem lépida. Era, então, a Primeira Dama do Yôga mundial, a mais antiga Mestra do mundo, que viveria até depois dos cem anos de idade.

Sob as reverências de todos, ela foi se acomodando na primeira fileira, destinada às autoridades. Chegou a hora da minha dissertação. Emocionei-me com o fato de que iria dar uma aula àquela que havia sido minha Mestra há mais de 40 anos – embora ela nem o soubesse – através do seu livro.

A aula explanava sobre o quadro abaixo:

CRONOLOGIA HISTÓRICA DO YÔGA					
DIVISÃO	YÔGA ANTIGO		YÔGA MODERNO		
TENDÊNCIA	Sámkhya		Vêdánta		
PERÍODO	Yôga Pré-Clássico	Yôga Clássico	Yôga Medieval		Yôga Contemporâneo
ÉPOCA	Mais de 5000 anos	séc. III a.C.	séc. VIII d.C.	séc. XI d.C.	Século XX
MENTOR	Shiva	Pátañjali	Shankara	Gôrakshanatha	Rámakrishna e Aurobindo
LITERATURA	Upanishad	Yôga Sútra	Vivêka Chudamani	Hatha Yôga	Vários livros
FASE	Proto-Histórica	Histórica			
FONTE	Shruti	Smriti			
POVO	Drávida	Árya			
LINHA	Tantra	Brahmácharya			

Trata-se de matéria vasta e que requer algumas horas para o pleno desenvolvimento do tema. Como estávamos em um Congresso, cada conferencista dispunha de apenas uma hora para sua respectiva exposição. Consumi densamente a minha preciosa hora e fiz menção de encerrar, dizendo que o tempo se esgotara e que a audiência devia estar cansada com tantas informações. Nesse momento a Primeira Dama, carinhosamente chamada de Mataji (que significa "mãezinha"), declarou bem alto:

– Ninguém está cansado, não.

E, virando-se para o público, perguntou:

– Alguém aí está cansado?

A audiência, entre sorrisos, acedeu em coro:

– Nãããoo!

Olhei para o organizador do evento que estava nos bastidores e ele me fez sinal para continuar. Lisonjeado, prossegui e concluí a matéria em duas horas.

Terminada a conferência, Mataji Indra Dêví veio me cumprimentar e declarou que nunca antes havia tido uma explanação tão completa e clara sobre uma quantidade de "por quês" que habitam o imaginário de todo professor de Yôga. Convidei-a, então, para um curso que eu daria dali a alguns dias em Montevideo. Para minha alegria, ela aceitou o convite.

No dia do curso, mandei que preparassem uma poltrona especial, ao estilo indiano. Era inverno e estava muito frio. Coloquei um cobertor de lã envolvendo toda a poltrona, cobrindo desde o encosto e o assento, até o chão, onde ela poria os pés, parecendo um trono. Eu havia visto algo semelhante nos Himálayas, arrumado com carinho para os Mestres se sentarem e achei bonito. Mataji também achou. Entrando na sala, nem precisamos informar que aquele era o seu lugar. Rapidamente (ela sempre andava rapidamente) dirigiu-se ao "trono" e sentou-se satisfeita. Os demais sentaram-se no chão para assistir à aula, como manda a tradição hindu.

DeRose

A classe foi sobre o Yôga Clássico de Pátañjali. Mataji manteve-se quieta e muito atenta durante todo o curso. No final, colocou-me uma questão:

– Quero lhe fazer uma pergunta que apresentei aos maiores Mestres da Índia que conheci durante os 20 anos em que vivi naquele país. Nenhum deles me deu uma resposta satisfatória. Sou professora de Hatha Yôga há mais de sessenta anos e tenho vários livros escritos sobre essa modalidade. Quero saber: por que os grandes Mestres nunca mencionam o Hatha Yôga, ou, quando o mencionam é com desdém?

Aquilo era mesmo uma sinuca. Eu estava diante de um "monstro sagrado" do Hatha Yôga e tinha que responder a uma pergunta embaraçosa, cuja resposta poderia magoá-la. Mas, que diabo, precisava responder com a verdade, afinal eu acabara de discorrer sobre o segundo mandamento ético de Pátañjali, satya (*verdade, não mentir*). Apelei para o quinto niyama, Íshwara pranidhana (que traduzo liberalmente como "seja lá o que Deus quiser"), e disparei minha resposta.

– Mataji, como você sabe, o Yôga Clássico, codificado por Pátañjali há mais de 2000 anos, é formado por oito partes (ashtánga): yama, niyama, ásana, pránáyáma, pratyáhára, dháraná, dhyána e samádhi. Antes de Pátañjali, existiu um Rája Yôga pré-clássico constituído por quatro partes (chaturánga): pratyáhára, dháraná, dhyána e samádhi. No século XI d.C. um yôgi chamado Gôraksha Natha[105] observou que as oito partes todas juntas já tinham nome: era o Yôga Clássico, ou Yôga de Pátañjali[106]; notou que as quatro partes superiores também já tinham nome: tratava-se do Rája Yôga mais antigo, o pré-clássico; no entanto, Gôraksha percebeu que as primeiras quatro partes (yama, niyama, ásana, pránáyáma) não tinham nome. Então teve um lampejo de criatividade e denominou-as Hatha Yôga. Por isso, Sivánanda declara em seu livro *Hatha Yôga*[107]: "onde o Hatha termina, o Rája começa" e também "o Hatha e o Rája se completam". Ora, o diferencial

---

105 Também chamado Gorak Nath.

106 No final do século XX apelidaram uma outra modalidade com a denominação de Ashtánga Yôga por ser um nome já conhecido, mas aqui estamos nos referindo ao verdadeiro Ashtánga Yôga, o de Pátañjali, do século III a.C.

107 Editorial Kier, Buenos Aires.

desta filosofia, aquilo que caracteriza um sistema como sendo Yôga, é conduzir o ser humano ao samádhi, um estado de consciência expandida. Logo, um processo que pare no pránáyáma e não ecloda o samádhi, não é Yôga. Por isso, alguns Mestres não reconhecem que o Hatha seja Yôga. Porque lhe falta a característica principal, que é conduzir o praticante ao samádhi. Mas isso não quer dizer que o Hatha seja ruim. Ele é ótimo para o que se propõe.

O quadro que se segue ilustra a explicação acima:

ESTRUTURA DO YÔGA DE PÁTAÑJALI

Yôga Clássico (Yôga Sútra):
- samádhi
- dhyána — Rája Yôga Pré-Clássico
- dháraná
- pratyáhára
- pránáyáma
- ásana — Hatha Yôga
- niyama
- yama

Kriyá Yôga:
- sauchan
- santôsha
- tapas
- swádhyáya
- íshwara pranidhána

- ahimsá
- satya
- astêya
- brahmácharya
- aparigraha

Para meu alívio, Mataji não ficou ofendida. Ao contrário. Acatou a explanação:

– Esse foi o melhor esclarecimento que me deram a respeito.

Ela fez mais. Àquela altura, Indra Dêví era professora de Hatha Yôga havia pelo menos sessenta anos! Imagine se uma pessoa daquela idade, com todo aquele histórico de vida, iria mudar de modalidade de Yôga só por uma aula do DeRose ou de quem quer que fosse. Pois ela mudou. Logo depois que dei a explicação, Mataji nunca mais declarou que ensinava Hatha Yôga.

Em seguida, mudou o nome da modalidade ensinada por ela para Sai Yôga, em homenagem a um líder espiritual da Índia chamado Sai Baba, que ela admirava. Chegou mesmo a publicar na Argentina um livro intitulado "Sai Yôga". Isso é uma síndrome dos praticantes de Yôga ocidentais. Não sei por quê, muitos são devotos do Sai Baba, o qual não tinha nada a ver com Yôga e, ao que me consta, não gostava de Yôga.

DeRose com Mataji Indra Deví, a mais antiga Mestra de Yôga do mundo: um grande carinho recíproco.

Acontece que quando o Sai Baba soube que seu nome havia sido utilizado para denominar um tipo de Yôga, ao invés de ficar grato e lisonjeado com a homenagem, ficou zangado e brigou com a Mataji, ordenando rudemente que ela não o utilizasse mais. Assim, bem decepcionada com o que ela considerou ingratidão, a partir de então passou a declarar que ensinava simplesmente Yôga.

Aquela minha aula marcou-a bastante. Ao nos despedirmos, Mataji escreveu-me um bilhete:

Prof. De Rose
San Pablo   23 XI 87
Brasil

Fue para mí un gran placer de conocerlo y lo felicito para su trabajo y profundo conocimiento del Yoga. Muy pocas personas dedican su tiempo para hacer los estudios de las raíces antiguas de Yoga como lo está haciendo Ud.

Con bendiciones, gracias y amor del corazón de

Indra Devi

INDRA DEVI

Tradução: "Foi para mim um grande prazer conhecê-lo e felicito-o por seu trabalho e profundo conhecimento do Yôga. Muito poucas pessoas dedicam seu tempo para estudos das raízes antigas do Yôga como você o está fazendo. Com as bênçãos, agradecimentos e amor do coração de Indra Dêví."

DeRose

Mataji ficou tão entusiasmada que David Lifar, administrador da Fundação Indra Dêví, me convidou gentilmente a que fosse dar um curso em sua entidade. Aceitei muito honrado. Meus colegas do Brasil questionaram:

– Como é que você foi aceitar um convite desses? A plateia é formada por quarenta professores de outros ramos de Yôga, todos do tronco vêdánta-brahmáchárya, que é oposto ao seu! Isso é o mesmo que entrar sozinho e desarmado na toca dos lobos.

Contudo, não dava para recusar o desafio. Marcamos a data de forma a que coincidisse com um congresso de Yôga que iria ocorrer em Buenos Aires. Assim, com um só custo de viagem poderíamos resolver dois assuntos. O congresso seria num fim de semana. Então marquei o curso para de segunda a sexta-feira da semana que precedia o evento.

Na data, cheguei, fui muito bem recebido pelo David Lifar, sempre um cavalheiro, por sua esposa, muito gentil, e por Mataji, bem querida. Senti-me em casa.

Ao conhecer Buenos Aires[108], tive uma grata surpresa. O brasileiro, e ademais o resto do mundo, não sabe que temos na capital da Argentina uma cidade que rivaliza com Paris e que é um dos motivos de orgulho da América Latina. A arquitetura clássica é deslumbrante. A *Av. Nueve de Julio* é a mais larga do mundo. As pessoas de um bom nível social são lindas, andam sempre com cabelos bem arrumados como se tivessem acabado de sair do cabeleireiro. Todos são atenciosos e não há nenhuma rixa com os habitantes do nosso país. Ao contrário. Pelo que vivenciei lá o argentino gosta muito do brasileiro. Só na hora do futebol é que se estranham.

Fiquei tão fascinado pela cidade e por seus habitantes que me perguntei por que cargas d'água o brasileiro primeiro atravessa o oceano e vai conhecer London, Paris, Roma ou – mesmo sem oceano – New York ao invés de encetar uma viagem muito mais curta para Buenos Aires (de São Paulo são duas horas e meia, e a passagem é baratíssi-

---

108 Os nomes das cidades deveriam ser pronunciados em seu idioma original. Assim, o nome de São Paulo deve ser pronunciado na sua própria língua. Brinco com meus amigos argentinos e lhes digo que se chamarem minha cidade de "San Pablo", eu chamarei a deles de "Bons Ares".

ma). E tem mais: um dia, eu estava no embarque para dar um curso em Paris e ouvi a chamada para o voo que iria para a Argentina. Não pude deixar de observar que, neste momento, o público que viaja a Buenos Aires é muito melhor do que aquele que viaja a outras partes do mundo. Embora eu não seja argentino, solidarizei-me com o povo irmão e enchi-me de orgulho.

Na hora do curso na fundação Indra Dêví, começaram a chegar os alunos, quase todos com mais de cinquenta anos de idade. Isso me preocupou. Meu espanhol em 1987 era para lá de sofrível. Eles não iriam aceitar a proposta trazida por um brasileiro, expondo um tipo de Yôga completamente diferente, até contrário ao que muitos professavam e, ainda por cima, expressando-se de forma pouco compreensível.

No entanto, ineplicavelmente, o curso transcorreu na santa paz, não ocorreram questionamentos e, no final, vários daqueles vetustos professores me declararam que desejavam trocar de modalidade e queriam saber como proceder para adotar o SwáSthya. Expliquei-lhes que no nosso sistema os candidatos precisavam prestar exames em alguma federação reconhecida, com provas de teoria, prática e aula. Aí a metade dos interessados desistiu discretamente. A outra metade achou ótimo que houvesse exames para emissão de certificados de instrutor.

Terminado o curso na sexta-feira, começou o congresso no sábado. Então, tive a maior prova de que a fofoca nem sempre é negativa. Nesse caso, os rumores me foram extremamente benéficos. Durante o desenrolar do congresso, os quarenta que haviam feito meu curso comentaram-no bastante com os demais participantes. O resultado foi que no domingo vieram me pedir que desse outro curso, na semana subsequente. Agora, tínhamos o dobro de inscritos, oitenta professores de diversos ramos de Yôga e de vários países. O salão onde ministrei este segundo curso ficou abarrotado de gente. Novamente, o curso transcorreu com harmonia e contou com o atento interesse de todos. Bem, de todos não. Um único senhor ficou lá no fundo da sala, carrancudo. Fez apenas uma pergunta, daquelas que denunciam discordância, mas foi educado e se limitou a uma intervenção.

Ao frigir dos ovos, eu havia dado dois cursos, o primeiro com quarenta, o segundo com oitenta, num total de cento e vinte professores e muitos tentaram trocar de modalidade para adotar o SwáSthya. Acontece que não é assim tão fácil. Alguns conseguiram e me acompanharam durante anos. Com o tempo, foi ocorrendo uma reciclagem natural, várias escolas foram fundadas, muitas turmas de preparação profissional concluíram o curso. Vinte anos depois já estávamos com um expressivo contingente de instrutores jovens, qualificados, competentes, fiéis e carinhosos.

Instrutores do DeRose Method, brasileiros, argentinos e de outras nacionalidades, em um dos nossos Festivais Internacionais realizados em Buenos Aires.

Mas há uma história daquele segundo curso que preciso contar. Havia uma instrutora de SwáSthya Yôga que era casada e o maridão resolveu ir conhecer esse tal de DeRose, de quem sua mulher falava tanto. Afinal, é preciso saber por onde a esposa está andando. Não duvido que ele tenha ido com uma metralhadora para acabar com o espertalhão que estaria vendendo gato por lebre para a sua mulher. Beatriz me apresentou o marido. Olhos nos olhos. Um aperto de mão franco. Um sorriso recíproco. E pronto! Foi identificação à primeira vista. O marido e eu nos tornamos bons amigos.

Anos depois, ele abandonou a antiga profissão para se tornar instrutor do nosso Método. Nossa amizade só crescia a cada ano. Conversávamos longamente, uma prosa de companheiros. Saíamos para comer, passeávamos e até viajávamos juntos. Nossa amizade cresceu tanto que sua mulher começou a se sentir em segundo plano. Afinal, rolava uma cumplicidade de *hombres*! Havia todo um diálogo de *caballeros*. Ademais, meu novo amigo não viera de nenhuma corrente de Yôga, não estava contaminado por pensamentos viscosos ou enroscados como em geral aquelas pessoas trazem, o que complica muito uma conversa descontraída ou uma amizade sincera. No final, a esposa deixou de lecionar o SwáSthya e foi o marido que permaneceu comigo.

Você sabe quem era o marido? Era o nosso estimado Edgardo Caramella, que os brasileiros conhecem tão bem, pois os cursos que ele ministra em vários estados do nosso país são inspirados. Cativa todos com a sua simpatia, simplicidade e grande conhecimento da filosofia que transmite. Hoje ele é presidente da Federação da Argentina e autor de vários livros.

Edgardo gosta de contar que antes de adotar DeRose como Mestre, conheceu a pessoa DeRose, o ser humano cheio de defeitos, mas que para ele soavam como qualidades. Normalmente, quando alguém entra para o Yôga já passa a olhar DeRose como se fosse um guru, um santo, um ser sobre-humano, que não erra, que não fica triste ou zangado, que não fica doente, que não come nem vai ao banheiro. Edgardo conheceu primeiro o outro lado. Pelo fato de ter-se tornado primeiramente meu amigo, todas as fantasias e expectativas mirabolantes dos demais no seu caso não existiram. Viu um DeRose que ficava triste e zangado e todas as outras facetas. E gostou do que viu. Em função disso, um dia me perguntou se eu o aceitaria como discípulo. E, para o bem de todos nós, assim foi.

Edgardo Caramella, com o distintivo (antigo) de Presidente de Federação.

Hoje, sob a batuta de Edgardo Caramella o DeRose Method é o mais conhecido na Argentina, o que forma o maior número de instrutores com excelência técnica, o que mais realiza eventos oficiais, o que mais publica livros. Que o resto do mundo siga o exemplo da Argentina.

Participação com grande afluência de uma aula em Buenos Aires

O QUE OS ARGENTINOS TÊM DE MELHOR

Os argentinos estão entre os que mais valorizam a nossa Obra. O carinho expresso pelo brilho no olhar e sorriso sincero demonstra o quanto estou no seu coração. A relação Mestre/discípulo foi tão bem assimilada que parece sempre ter feito parte da sua educação. Certa vez, estávamos chegando ao local em que eu iria dar uma palestra, desci do carro com minha pasta na mão. Edgardo pegou a pasta e disse: "Um Mestre não carrega coisas."

De outra feita, Edgardo estava em São Paulo e observando que alguns instrutores faltavam à minha aula de terças-feiras, a qual é aberta sem custo para eles, ficou indignado e deu uma lição de moral: "Nós, que vivemos tão longe, daríamos tudo para poder estar sempre com o Mestre. E vocês, morando na mesma cidade, permitem-se faltar às aulas? Isso é inadmissível!". De fato, sempre sou convidado para ministrar cursos na Argentina e recebido com todas as honras. Para mim, é um grande privilégio contar com amigos tão leais.

Tem mais. O argentino é por natureza um bravo, que tem a coragem de defender com galhardia o amigo, o Método e o Mestre.

Comendador DeRose em Buenos Aires, recebendo o Diploma do Ministério da Cultura. À esquerda a Profa. Fernanda Neis, e à direita a representante da Embaixada da Índia.

Turma de formandos do DeRose Method, em Buenos Aires

2002 – A introdução do DeRose Method na Inglaterra, França, Espanha, Itália, Alemanha, Escócia, Suíça, México, Estados Unidos (incluindo o Havaí), Austrália, Chile, Finlândia, Indonésia...

Capítulo escrito em Paris, Lisboa e Roma, no ano de 2010.

Comemoramos a inauguração de várias novas unidades na Europa: a de Barcelona; a de Londres; a da Escócia; e a de Roma. Estão todas situadas em bairros nobres, ruas importantes e são bem bonitas.

Também merecem um eloquente louvor porque, sendo novas escolas, inscreveram um número expressivo de alunos para os meus cursos, o que demonstra engajamento de instrutores e alunos: cada um, cerca de 60% do número de participantes do curso de Lisboa, sendo que em Lisboa temos várias escolas há 30 anos e dou cursos todos os anos há mais de três décadas.

Lisboa é um doce de cidade, as pessoas são queridas, o hotel é incomparável e eu adoro meus amigos, instrutores e alunos. Sinto-me imensamente feliz cada vez que lá retorno e reencontro aqueles olhinhos brilhantes, sorrisos francos e abraços apertados. Mas como lá o trabalho é antigo e está consolidado, sinto que paira uma atmosfera de "zona de conforto" na qual as pessoas não precisam, ou pensam que não precisam, batalhar tanto. Há vinte anos, tínhamos dez por cento do número de escolas que temos hoje em Portugal e apenas 1,2% do número de instrutores dos dias atuais. No entanto, os cursos contavam com pelo menos o dobro de participantes. Por outro lado, hoje que temos dez vezes mais escolas e oitenta vezes mais instrutores, a qualidade dos alunos e instrutores em Portugal, reconheçamos, é bem melhor.

Aos professores de Londres, quero cumprimentar pela excelente organização dos cursos na Inglaterra e pelo magnífico hotel. Não chega aos pés do hotel de Lisboa, mas Portugal tem uma outra estrutura, muito mais poderosa pela antiguidade. Na minha chegada à escola de Londres, fui brindado com um quinteto de jovens alunos da unidade, interpretando peças clássicas com violinos, violoncelo e clarineta. E tudo fluiu leve e fácil. Para quem não é do país, está em Londres há tão pouco tempo e acabou de inaugurar sua escola, tudo isso foi uma proeza.

Aos professores de Roma, preciso elogiar veementemente pelo seu empenho em fazer tudo impecavelmente correto. Inauguração bem divulgada, casa cheia. Curso bem divulgado, lotado. Enquanto escrevo este texto, Carlo está dando uma entrevista sobre o DeRose Method na RAI, a mais importante rede de TV da Itália, e a Virgínia Langhammer demonstrando ao vivo. Quanto a nós, estamos sendo tratados como reis. Ou melhor, deveria dizer como condes, pois o Carlo mandou fazer uma pesquisa dos meus antepassados e me presenteou com o brasão da família juntamente com um documento de título de Conde De Rose, de um ancestral.

À inauguração e cursos de Londres compareceram colegas nossos de seis países; e aos de Roma compareceram companheiros de sete países.

Residência em Paris

Em 2010, decidi alugar uma residência em Paris para estar perto de todas as capitais europeias pelas quais o nosso trabalho já está se expandindo. Era um apartamento razoavelmente grande, se considerarmos a exiguidade dos imóveis disponíveis nessa cidade. Situava-se na melhor localização do *sixième arrondissement*, a Rive Gauche.

Sempre fiz questão de me instalar nos melhores bairros, mesmo que isso representasse morar em casas menores. Em São Paulo, morei no

Jardim Paulista; no Rio, morei no Leblon; em New York, em Tribeca (Murray Street); e em Paris, na Rive Gauche (Boulevard Saint Germain). Rive Gauche significa *margem esquerda*. É a margem esquerda do Rio Sena, na proximidade da Notre Dame e da Sorbonne, onde ocorreram os expressivos movimentos universitários, dos intelectuais, da moda e do glamour. Era a região frequentada por Sartre e Simone de Beauvoir. Não muito distante dali o nosso Imperador D. Pedro II viveu seus últimos dias e Heitor Villa-Lobos morou de 1952 a 1959.

UMA AVENTURA GRAÇAS AO VULCÃO DA ISLÂNDIA

De Paris, é muito fácil e rápido deslocar-me para Londres, Roma, Barcelona, Lisboa, Porto e todas as demais cidades onde realizo cursos regularmente. Assim pensava eu, quando em 2010 o vulcão localizado sob a geleira Eyjafjallajoekull, na Islândia, resolveu entrar em erupção justo um pouco antes da minha viagem de Paris a Lisboa. Voos foram cancelados em toda a Europa devido ao risco de pane que a fumaça e as cinzas vulcânicas imporiam aos motores das aeronaves. Especialistas islandeses disseram que a liberação do tráfego podia demorar dias ou até semanas! Mas eu tinha cursos marcados em Lisboa e também não podia transferi-los para outra data, pois minha agenda não tem nenhum fim-de-semana livre no ano inteiro e é fechada com doze meses de antecedência.

Havíamos dado um curso em Londres, fizemos a transmissão via internet da nossa aula a partir de Paris, teríamos cursos em Lisboa e em Roma nos próximos dias. Voo marcado para sexta-feira à tarde. Tivemos a notícia de que o aeroporto estaria fechado, mas fazer o quê? Tínhamos que viajar. Centenas de inscritos estariam à nossa espera nos outros países e não poderíamos decepcioná-los.

No aeroporto Charles De Gaulle estava instalado um caos muito pior do que aquele que havia acometido os aeroportos brasileiros algum tempo atrás. Multidões de viajantes, turistas, jovens, idosos, senhoras, crianças – todos amontoados pelo chão, pelos corredores. Pessoas que haviam viajado com um planejamento justo e já não tinham onde ficar. A maioria não dispunha de dinheiro para continuar pagando hotel em Paris, cidade cara, por mais alguns dias (sabe-se lá por quanto

QUANDO É PRECISO SER FORTE

390

tempo!). Outros não encontraram vaga nos hotéis, pois todos estavam na mesma situação e não podiam deixar o país. O jeito era acampar no saguão do aeroporto. No chão. A sorte é que quase ninguém deu chilique. Todos compreenderam que ocorrera uma contingência.

Acontece que muitos não tinham dinheiro sequer para comer, pois haviam feito uma viagem apertada, gastando até o último centavo antes de encetar o retorno. Viajantes jovens e famílias classe média não costumam dispor de reservas para essas horas. Mas também não adiantaria disporem de dinheiro porque a comida começou a faltar em alguns quiosques. Se fosse vegetariano, aí então não teria nada mesmo para comprar. Por outro lado, era tão difícil chegar ao empregado para conseguir ser atendido no meio daquela balbúrdia, que muita gente desanimava antes até de descobrir que não havia quase nada a ser comprado. E um agravante: estávamos na Europa! Quando está na hora de fechar a lanchonete ou restaurante, não importa se há clientes a ser atendidos. Esse é o horário de fechar e pronto. Não atendem a mais ninguém e mandam sair os que estiverem dentro. É a consequência de leis laborais paternalistas[109].

Ah! E os banheiros? Aqueles sanitários não foram feitos para que tantos milhares de pessoas os utilizassem ao mesmo tempo. Mas os empregados à noite estavam em seu horário de folga e ninguém no mundo iria convencê-los a permanecer no trabalho. Imagine os transtornos causados pela falta de papel higiênico, pela falta de limpeza (o chei-

---

109 Em muitas lojas de Paris, quem trabalha é o dono, por não poder arcar com as taxas e encargos do protecionismo. Resultado: você chega a uma loja no horário comercial e ela está fechada. Você não pode ser atendido porque o dono tem lá outros compromissos na qualidade de empresário e não há condições de ficar todo o dia atendendo ao público. A jornada de trabalho semanal é 35 horas. Mas estão querendo reduzir esse tempo. Enquanto isso, muitos atendem os clientes com impaciência e até grosseria, já que a legislação lhes confere esse privilégio. Em muitos lugares o freguês tem que pedir desculpas por incomodar o vendedor, ao pedir que ele atenda ("Excuse-moi, M'sieur", "Pardon, Mademoiselle"). Outros, reclamam da falta de poder aquisitivo do cidadão. O Presidente da República, Sarkozy, declarou que se os franceses quiserem mais poder de compra precisarão trabalhar mais. Mas, isso, eles não querem. Um amigo meu pediu demissão e ficou um ano sem procurar trabalho porque essas leis paternalistas pagam pelo seu desemprego 80% do salário anterior. Em alguns casos, isso pode representar 3000 euros, 5000 euros por mês, ou mais. Outro, preferiu se aposentar, pois aposentado, não trabalhando, ganhava mais do que produzindo. E quanto a mandar os clientes saírem, isso ocorreu com a Virgínia Langhammer. Estava ela tomando um chocolate quente em um café elegante de Paris e o empregado pediu que ela saísse porque já eram 19 horas – DEZENOVE HORAS! – e ele iria fechar o bistrô.

DeRose 391

ro!), pela falta de sabonete, pela falta de toalhas de papel para enxugar as mãos! Certamente que havia também os secadores a ar quente, no entanto, a fila para utilizá-los era inviável. Alguns já não funcionavam devido à sobrecarga. Melhor era secar as mãos na roupa mesmo...

Num dado momento as crianças, cansadas, já não aguentavam e começaram a guinchar em coro. As mulheres choravam. Os homens, com cara de desespero, olhavam impotentes o sofrimento das suas famílias, famintas, cansadas, sem poder fazer nada. Nem pelo menos podiam extravasar maltratando os funcionários das companhias aéreas, pois sabiam que não era culpa de ninguém. Além do mais, se der *pití* por estas bandas vai preso. Era o Inferno de Dante[110] (nenhuma referência ao filme do mesmo nome, com Pierce Brosnan, que nos mostrava a tragédia de uma erupção vulcânica).

Você deve estar pensando por que é que essa gente que morava nas outras cidades ou países europeus não viajava de trem (dizem que os trens são tão bons) ou ônibus? Acontece que todos os mais agilizados pensaram nisso antes e as passagens já não existiam.

Naquele panorama, qualquer aluno ou instrutor nosso valorizaria ao extremo a nossa rede, pois simplesmente telefonaria a uma das nossas escolas, relataria a situação e tudo estaria resolvido, pois a nossa confraria mundial é muito unida, prestativa e estamos em toda parte. Nosso aluno iria para a casa de alguém com quem teria, inclusive, os mesmos ideais a compartilhar. Casa de alguém que não fuma, que não toma álcool, que não usa drogas, que não ingere carnes. Casa de alguém cuja atmosfera é feliz, alegre, afetuosa, saudável, descomplicada. Teria casa e comida pelo tempo que fosse necessário. Teria até um círculo de amigos e uma escola do DeRose Method para frequentar sem pagar nada. O transtorno ter-se-ia transmutado em uma aventura deliciosa e inesquecível!

Pensando assim, nem sequer fomos para o aeroporto. Você já estava com pena do Mestre velhinho, com fome, dor nas costas, dormindo no chão frio e a Fée cuidando de mim como podia, não é? Foi maldade

---

110 Título original: *Dante's Peak*.

criar esse suspense. Mas considere o alívio que você está sentindo agora ao saber que nós nem fomos lá para o meio daquela muvuca.

Filipa nos telefonou e perguntou se queríamos viajar de automóvel com ela, o Zé e o filhinho Hugo através da França, Espanha e, finalmente, Portugal. Primeiro, foi o pânico. "Tá loco! Encarar uma viagem dessas por terra é muito asfalto." Mas no momento seguinte, "não tem questionamento; precisamos chegar lá, nem que seja de bicicleta". E assim, fomos.

O resultado foi uma deliciosa viagem com muita risada, comidinhas e paisagens. E eu que me esquivava de realizar uma viagem por terra pelo interior da França, estava agora descobrindo que não era tão mal, era até divertido, especialmente em boa companhia.

O Huguinho foi uma criança exemplar. Não chorou, não incomodou, deu risadas – muitas! – dormiu, acordou, riu, dormiu. Isso me mostrou o quanto a Nossa Cultura é edificante também para a felicidade e estabilidade emocional das crianças.

Durante todo o trajeto fiquei perplexo ao constatar que as tão decantadas maravilhosas estradas de rodagem da Europa são bem inferiores à maior parte das do Estado de São Paulo. Talvez não tenhamos percorrido as melhores estradas europeias. Mas a impressão que ficou foi essa: as estradas de São Paulo são melhores.

A viagem foi dura pela distância a ser percorrida, pelo cansaço e pelo compromisso com o horário de início do curso. Mas tranquilizei o nosso amigo Zé, na época, Diretor de uma das nossas escolas do DeRose Method de Paris: "Não se preocupe. Se chegarmos em cima da hora eu vou direto dar o curso." Mas não precisei. Chegando a Lisboa, ainda tive um átimo para ir ao hotel, tomar um banho e trocar de roupa.

Depois, curso até à noite sem intervalo. Após o curso, noite de autógrafos. Só então me permiti desmaiar numa caminha deliciosa que estava me chamando havia já muito tempo. Mas desfrutei do leito por poucas horas. No dia seguinte, de manhã, tivemos atualização do Conselho Administrativo para os instrutores de Portugal. Depois, almoço e outro curso. Jantar com instrutores na escola do Prof. António Pereira e cama. Na segunda-feira outra dose semelhante. O "ritmo DeRose" em que vivo me dá uma certa pena de não poder desfrutar do conforto oferecido pelo magnífico hotel. Nem tive tempo de me sentar um pouco na Sala Luiz XV ou de passear pelos jardins, ou de utilizar o SPA. Era acordar, reunião, curso, compromisso, jantar, reunião e coma – *oops* – cama! Mas é assim que gosto. Ainda bem. Porque se não gostasse, seriam dois trabalhos. Tem que ser dessa forma para nossa profissão fluir gostosamente. Trabalhamos muito, mas é um labor agradável e gratificante.

Terminados os compromissos em Portugal teríamos que retornar a Paris e dali a alguns dias seguir para Roma onde toda essa programação estava à nossa espera. Mas... os aeroportos do norte continuavam fechados. O que fazer? Bem, os de Lisboa e de Roma estavam operando. Então, voamos direto para Roma. No final, foi até bom, pois pudemos chegar à capital italiana alguns dias antes para descansar. Descansar? Quem disse? Fomos é passear no Coliseu, na Fontana di Trevi, na Piazza Navona, no Campo dei Fiori (onde torraram o pobre sábio Giordano Bruno – mas puseram uma estátua dele no local em que foi queimado vivo!), Museo do Vaticano, incluindo uma visita a um salão mais reservado: o Arquivo Secreto do Vaticano, *Archivum Secretum Apostolicum Vaticanum*. Só por esse momento a viagem já teria valido a pena.

Mas o Carlo Mea e o Luís Lopes haviam me preparado uma agradável surpresa: uma visita à simpática residência de Nino Manfredi, grande cineasta, monstro sagrado do cinema italiano. Pude privar com sua viúva, a Signora Erminia Manfredi, uma pessoa linda, inteligente, radiante.

Na primeira visita à escola do Carlo, acabamos cantando as célebres canções italianas *O sole mio* e *Nessun dorma* no bom estilo romano, alegre e descontraído. Depois, cursos e mais cursos.

Sónia Saraiva ministrando uma aula no Jardin du Luxemburg, em Paris

Curso do Comendador DeRose em Paris para alunos e instrutores da França, Inglaterra, Alemanha, Portugal, Espanha, Brasil, Escócia, Itália e Bélgica

Meus filhos – 1967 a 1988

Tenho algumas centenas de filhos, sendo três deles biológicos. O primeiro, nasceu aos meus 22 anos de idade. Quando sua mãe engravidou fui conversar com o pai dela e assumir a responsabilidade. Ah! Aquela mania de bom-mocismo! No entanto, levei um susto com a reação do papai da Maria Inez. *"Qual filho, qual nada. Vai é tirar."* Conversando com a *futur maman* percebi que tudo aquilo que eu havia aprendido sobre comportamento correto de um rapaz para uma situação dessas estava meio equivocado. Uma menina tão nova, com 21 anos, é muito influenciada pela família e, com isso, Maria Inez também já estava em dúvida sobre o que deveria fazer. Em suma, ninguém queria que eu assumisse a responsabilidade. Talvez por eu ser pobre, talvez por não ter o que na época, em 1966, era considerado uma profissão condigna para um genro. Não sei. O fato é que foi preciso tomarmos uma atitude um tanto estabanada e decidi que como nós éramos jovens, maiores de idade e solteiros, o mais correto seria casarmo-nos à revelia e ter o filho. Assim o fizemos, contra a vontade do pai da noiva e a hesitação dela própria.

A gestação transcorreu muito bem, o parto foi no Hospital Adventista de Santa Teresa, pois os adeptos dessa religião são vegetarianos e compreenderiam nossa opção alimentar.

Contudo, nós não imaginávamos (ninguém imagina) o que é ter um filho. As despesas astronômicas, especialmente para quem está em início de carreira, são avassaladoras. O trabalho que dá um bebê é inimaginável. Portanto, é natural que as mães fiquem tão esgotadas e nervosas. Algumas, inconscientemente, transferem ao pai a revolta por ter sido ele o "culpado" por tal situação. Outras, passam a sentir repulsa por aquele que não tem mais utilidade, afinal sua missão – que era a de fazer o filho – já está cumprida e agora ele só incomoda com a sua presença. Especialmente, se o marido quiser dividir o amor da mãe, que agora é 110% para o filho.

Em 1967, quando o menino estava com três meses, minha esposa quis a separação, aconselhada pelos familiares, pois eu não tinha condições econômicas para sustentá-la, nem perspectivas de futuro. Sofri muito, como qualquer homem normal sofreria. Ainda em tenra idade, eu estava perdendo a mulher e o filho de uma só vez. O primeiro filho! Mas eu me consolava tentando me convencer de que ela e a família estavam com a razão. Como me foi pedido que não aparecesse para ver o menino a fim de não atrapalhar a sua boa formação, concordei, embora arrasado. Só iria revê-lo a partir dos dezesseis anos de idade, quando ele já era um homem bem crescido e sem vínculos de carinho comigo.

Esses vínculos só se consolidam se, ao longo dos anos, da primeira infância até a idade adulta, o pai está próximo, vê crescer, põe no colo, educa, dá presentes, faz repreensões, leva para passear, vai conversar com o professor da escola, ajuda, consola, traz guloseimas, proíbe algumas coisas, recompensa por outras... É assim que o filho aprende a amar e respeitar o super-herói que é o seu pai. Caso contrário, ao conhecer o pai quando os dois são adultos, trata-se de apenas mais um macho com quem talvez ocorram disputas de autoridade e de território. Isso tudo já me preocupava quando fui obrigado a me afastar do menino. Se foi obviedade ou premonição, eu não sei. O fato é que meus temores vieram a se consumar.

Traumatizado com essa experiência, não quis mais ter filhos. Em 1970, casei-me com Eliane Lobato com essa condição. Ficamos juntos por cinco anos (de 1970 a 1975), mas ela queria muito ter filhos. Então, separamo-nos em harmonia. Ela teve sua filha, de quem fui padrinho. E depois, a segunda filha, de quem me considero padrinho-de-coração. Passaram a constituir minha familinha. Sempre que eu viajava, mesmo sem contar com boas condições financeiras, tinha prazer em trazer brinquedos e lembrancinhas para elas.

Em 1976 conheci Elisabeth Harris Levy, com quem vivi outros seis anos. Quando Elisabeth pediu permissão à mãe para ficar comigo, senti-me muito lisonjeado, mas ao mesmo tempo constrangido. Fui conversar com minha futura sogra e tive uma agradável surpresa, quando ela me disse:

– Fique tranquilo, De. Prefiro que seja com você. Sei que ao seu lado ela estará bem. Vocês têm a minha bênção.

E assim vivemos anos felizes, com muita praia, viagens, festa e diversão. Dinheiro, ainda não tínhamos, mas a Betinha ria, dançava e pulava o tempo todo. Seus longos cabelos encaracolados davam um show de beleza quando ela entrava saltitando nas águas da praia do Leblon. Gostava de pensar que era para ela a letra da música do Caetano, que dizia: "gosto muito de te ver, leãozinho, de te ver entrar no mar. Tua pele, tua luz, tua juba."

Da nossa vida feliz e harmoniosa, nasceu a Chandra, cujo nome em sânscrito significa Lua, porque costumávamos ficar conversando à noite na praia e namorando a Lua. Nossa filha foi o fruto de um amor sincero, profundo e muito meigo. Talvez por isso, desde que nasceu, Chandra era sorridente, não chorava de noite e passava o dia inteiro fazendo mudrás com as mãozinhas.

Certo dia, quando a Chandra ainda tinha poucos meses, Beth me comunicou que queria se separar.

– Por que, Betinha? Pensei que você fosse feliz comigo. Em todas as suas fotos você está sorrindo, brincando, fazendo caretas...

– Eu sou feliz com você.

– Então...?

– Não quero mais ser a Beth do DeRose. Eu quero ser eu.

Depois de tantos dissabores com ataques e difamações, fiquei matutando se ela quis dizer: "não quero mais ter o meu nome associado a esse tal de DeRose que todos atacam, insultam e caluniam." Realmente, deve ser muito duro viver com um homem estigmatizado.[111]

Um dia, chegando em casa, vi que ela tinha ido embora. Levara a cama, o guarda-roupas, o fogão, a geladeira. Minhas roupas jaziam atiradas pelo chão do quarto. Era como se tivéssemos brigado e ela hou-

---

111 Por isso, fui obrigado a defender na Justiça o meu bom nome e a minha honra contra vários maledicentes que se escudavam covardemente na suposta impunidade do anonimato. No entanto, rastreamos, descobrimos e responsabilizamos os autores de diversas difamações.

vesse saído com raiva, mas não acontecera nada disso. Nós sempre nos gostamos e continuamos nos falando depois da separação sem nenhum ressentimento.

No mesmo dia, telefonei para minha amiga Eliane Lobato e desabafei a tristeza que estava sentindo por me encontrar naquele apartamento, antes cheio de vida e de felicidade, agora silencioso, sem a minha mulher que eu adorava e sem a minha filhinha de alguns meses que alegrava o ambiente com seus gritinhos. Já era a segunda vez que isso me acontecia. Eu estava traumatizado pela perda do primeiro filho e agora tinha que amargar a perda da segunda filha nas mesmas circunstâncias. Era como remachucar uma ferida aberta. Disse-lhe que eu não conseguiria mais ficar ali dentro com as lembranças das duas, como fantasmas de um passado assombrando o silêncio de uma casa vazia.

[Oh! Céus! Este capítulo está se tornando uma sessão de psicanálise.]

Eliane me convidou para ir morar uns tempos em São Paulo com ela, o marido e as filhas. Era mesmo a minha família! Eu fui. No apartamento da Eliane só havia espaço para me acomodar no cubículo de empregada, de 1,5m por 2m, mas eu nunca fui tão feliz num cantinho quanto naquele ano de 1982. Era tão pequeno que eu tinha de escolher o que pôr lá dentro: ou cama, ou armário. Coloquei um colchão no solo e um cabideiro suspenso. Falando assim, pode dar a impressão de que foi uma má experiência. Mas não foi. Aquele período constituiu um dos mais felizes da minha vida. Eu estava com a minha família. Fui acolhido com muito amor na hora em que precisei, e as dores passadas começaram a se dissipar.

Os anos se passaram e minha filha aos quinze anos de idade resolveu se mudar da casa da mãe no Rio de Janeiro e vir morar em São Paulo para estar perto de mim. Talvez a mãe tenha ficado um pouquinho enciumada, como é natural, mas depois compreendeu que esta cidade oferecia melhores oportunidades e que estar perto do pai poderia ser bom para a menina.

Chandra chegou a São Paulo bem acima do peso, era caladona e só se vestia de negro. Coisa de adolescente. Com o passar do tempo foi se tornando mais sorridente, sociável, perdeu o excesso de peso, passou a usar roupas mais alegres, ficou mais bonita e afetuosa. Essa transição me fez muito bem, pois pude estar mais perto da minha filha e consegui contribuir para o seu aprimoramento.

Chandra trabalhou em uma unidade filiada à nossa Rede, depois em outra e outra, colhendo experiências, aprendendo a dar boas aulas de SwáSthya, a administrar uma escola, a lidar com as pessoas. Tomou muitas broncas e, em contrapartida, vários colegas nossos a ajudaram bastante, entre eles a Presidente da Federação de Yôga, Nina de Holanda, a madrinha Eliane Lobato e a Fernanda Neis que, embora da mesma faixa etária, foi uma "*boadrasta*" para ela.

Chandra com o "Papai Noel" na festa de Natal de 2005

Tento recuperar os anos perdidos em que não tive o prazer de vê-la crescer e em que não pude usufruir da felicidade de educá-la de acordo com a minha filosofia de vida. Pelo menos, consegui vê-la de tempos em tempos e, mesmo à distância, pude acompanhar seu desenvolvimento. Nos Natais e aniversários ia visitá-la, passear no shopping, comer e comprar presentes. Minha ex-sogra, sua avó, também me elogiava para a minha filha. Talvez por isso tudo, ela sinta mais afeto por mim. Chandrinha tem sido uma filhota bem carinhosa e procura me compensar das tristezas do passado. Hoje, em 2014, ela está com 32 anos e tem sua própria escola na Rua Oscar Freire 2283, em São Paulo e nos damos muito bem.

Em 1984 casei-me novamente, desta vez com Alexandra Parise Furtado, uma gaúcha formada na PUC de Porto Alegre. Durante alguns anos vivemos um idílio digno de um romance cinematográfico. Alexandra era a pessoa mais linda e elegante que eu já havia visto sobre a Terra. Isso, sem dúvida, me deixava um tanto vulnerável, pois quando convivemos com uma mulher que só de olhar já dá prazer, a balança fica meio desequilibrada a favor da princesa. E ela, como deve ter sido sempre paparicada pela família, pelos professores e pelos coleguinhas de escola, torna-se naturalmente uma pessoa algo arisca. Contudo, foi um amor bonito (talvez só da minha parte), com muitas cartas fervorosas, viagens para a Europa e Índia, do qual guardo lindas recordações. Eu estava convencido de que aquilo ia durar.

Queria muito que durasse. Nunca tinha tido uma vida tradicional em família e esse casamento estava me oferecendo isso. A família da Alexandra era de Canela, cidade encantadora do Rio Grande do Sul. Tudo é charmoso nesse estado e os gaúchos, especialmente os do interior, são muito cativantes. Passei a andar de bombachas e tomar chimarrão, mas havia um pequeno detalhe: a família não gostava de mim. Talvez por eu não ser luterano, ou por já estar mais velho. Acontece que sou muito sensível a isso. Sentia-me deslocado. Embora me tratassem bem, eu percebia na alma que era meramente protocolar. Não havia carinho. Isso fazia com que Alexandra ficasse emocionalmente dividida, ainda mais porque morava comigo em São Paulo e morria de saudade da estrutura familiar do Sul. Frequentemente, acordava no meio da noite sobressaltada ou chorando. Enquanto eu tentava acalmá-la, dizia-me que havia sonhado com o pai.

Em 1988 nasceu nosso filho Charles. Desta vez, sim. Eu ia conseguir ser o pai presente que não pude ser nas vezes anteriores, pois agora eu estava mais maduro, já começava a ter uma condição financeira mais estável, adorava minha esposa e tinha tempo para cuidar do filho.

Guardo lembranças muito doces daquele bebê gerado por mim e com o qual tive a alegria de conviver bem de perto em seus primeiros meses.

Minha maior satisfação foi quando ele tinha uns dois meses e na hora de trocar as fraldas coloquei-o deitado sobre o meu peito, pude sentir o corpo do meu filho e ele sentiu o corpo do pai, tocando no seu.

Um dia, quando ele tinha três meses, deixei que tomasse a mamadeira sozinho. Ele agarrou aquele biberão enorme com as mãos e os pés e sugava com um prazer diferente, como quem diz: "Olha paiê, estou mamando sozinho."

Na hora de comer, Alexandra me perguntava como é que eu fazia para que ele aceitasse a colherada. Quando ela dava, Charles virava o rosto. Quando eu dava, ele vinha buscar. Expliquei: eu não fico empurrando a colher na boca da criança. Isso gera uma tendência defensiva. Eu coloco a colher a uma certa distância e deixo que ele venha buscar.

Talvez por ter sido gerado com tanto amor, Charles era uma criança que desde o primeiro mês não chorava. Raras vezes, ele abria o berrador para pedir alguma coisa. Eu me aproximava e dizia bem baixinho: "Filho, não chora." E ele parava instantaneamente, abrindo um lindo sorriso. As visitas e os parentes achavam aquilo incrível. Eu passava longas horas dando-lhe atenção, fazendo massagens, brincando, ensinando-o a não entrar engatinhando no banheiro nem na cozinha. (onde ele poderia se ferir seriamente com água fervendo). Mas a mãe morria de dó. "Coitadinho! Deixa ele entrar na cozinha." E, às vezes, isso dava briga.

Na verdade aquela gaúcha-de-faca-na-bota era muito brava. Brigávamos por tudo e por nada. Isso me deixava frustrado, pois sempre entendi que uma relação de amor não deve ser deteriorada com brigas de casal. Porém, não adiantava. Quando um não quer, dois não brigam, mas quando um quer...

E assim, depois de um confronto, Alexandra pediu o divórcio e voltou para sua família verdadeira, que não era eu, no Rio Grande do Sul. Pela terceira vez, perdi a mulher e o filho antes de vê-lo andar ou falar. Há situações kármicas inexplicáveis contra as quais pouco se pode fazer.

Desta vez foi violento. Fiquei muito fragilizado e emotivo. Jamais desligava a televisão nem as luzes do apartamento para ter a sensação de que

402   QUANDO É PRECISO SER FORTE

ele não estava vazio quando eu retornasse para casa à noite. Como Alexandra tinha ido embora sem sequer levar suas roupas, eu as deixei durante anos na sua divisão, do lado direito do nosso armário. Quando a saudade apertava, eu abria a porta e ficava olhando seus vestidos e imaginando que ela e o meu filho ainda estavam morando comigo.

Por várias vezes, tentei uma aproximação com o menino. Porém, a distância entre São Paulo e Porto Alegre dificultava bastante. Durante a adolescência, consegui encontrá-lo algumas vezes. Quando ele fez 16 anos, veio me visitar e pude mostrar a ele meu estilo de vida, meu trabalho, meus amigos, as fotos das viagens que fiz com sua mãe. Levei-o para comer em bons restaurantes e dei-lhe de presente de aniversário a melhor guitarra da loja. Isso tudo me custou caro, mas eu o fiz com amor, pois achei que essa convivência maior conquistaria o amor do meu filho. Ledo engano. Chegando à maioridade de 18 anos, quando terminou a obrigatoriedade do pagamento da pensão alimentícia, ele iria me processar na Vara de Família para exigir mais dinheiro, argumentando com o Juiz que eu tinha muito, tanto que o levara a restaurantes refinados e lhe dera uma guitarra dispendiosa.

Qualquer filho ao pedir mais dinheiro ao pai, encontra uma certa resistência, pois constitui norma da boa educação que o pai não saia dando todo o dinheiro que o filho peça, até para não estragá-lo. Ainda mais se o pai realmente não dispõe, naquela hora, da quantia pedida. Se o filho pede e o pai nega, é normal que o filho argumente, negocie, espere, peça novamente ou até mesmo cometa uma impertinência. Mas levar o pai à Justiça porque pediu uma vez e o pai, naquele momento, negou?! Isso foi absolutamente decepcionante. Passei os anos da minha adolescência pedindo aumento de mesada ao meu pai e ele nunca deu. Quando fiz dezenove anos, como ele continuava irredutível, fui trabalhar. Não o processei. Jamais cometeria uma atrocidade dessas contra o meu pai, aquele que me deu a vida.

O que mais me desiludiu, foi que quem convenceu meu filho a me processar e pagara o advogado, as custas processuais, mais as passagens e hospedagem para que ele, sua mãe e as testemunhas contra mim viessem desde Porto Alegre ao Foro de São Paulo, tenham sido meus concorrentes comerciais, inimigos declarados. Então, tive a tristeza de ver o meu filho aliado aos meus inimigos, processando o pai sob o patrocínio deles. E tudo por dinheiro!

Aliás, por **mais** dinheiro, pois eu sempre paguei a pensão sem faltar nem uma vez em dezoito anos e ainda procurei tratá-lo com carinho e dar a ele o melhor que eu tinha quando me visitava. Na verdade, só me visitou duas vezes em toda a sua vida. Mesmo assim, como ele tocava numa banda, ofereci-me para custear seu primeiro CD. Ofereci-me para pagar o estúdio, a produção e a rodagem do seu primeiro trabalho musical, a fim de que ele começasse a ganhar o seu próprio dinheiro. Ele ganharia muito bem, pois toda a nossa vasta rede de escolas compraria o CD do filho do DeRose. Ele venderia dezenas de milhares de cópias assim que o lançasse. E seria convidado para tocar em várias cidades e países, como aconteceu com a banda Shivaratri e com a banda Sankalpa, formadas por nossos instrutores, que com pouco tempo de criadas já foram tocar até no exterior. Aparentemente, o moleque gostou, prometeu que gravaria o CD, mas não o fez. Dali a uns tempos, ele me retribuiria processando o pai.

Tenho a ilusão de que Charles não o fez por mal, e sim, que perpetrou o ultraje porque foi influenciado e manipulado por terceiros que queriam me prejudicar, mas não tinham coragem nem elementos para me levar à Justiça. Tanto que, quando saí da audiência, os inimigos estavam reunidos à porta do gabinete do Juiz como para me mostrar: "Fomos nós que fizemos isso para desestabilizar o relacionamento de afeto que você vinha construindo com o seu filho." Enquanto o pai, sexagenário, estava passando mal por somatizar tanta decepção, André De Rose, um dos detratores que queriam jogar meu filho mais novo contra mim, achou que era pouco o que já tinha feito e, sem o menor respeito ao já pesado ambiente Judiciário, para se exibir aos demais opositores presentes quis provocar briga, proferindo várias afrontas ali mesmo.

Eu abri o meu coração e desnudei este aspecto da minha vida privada para que o leitor saiba que não sou perfeito e tenho uma vida igual à de todo o mundo, sofrendo os mesmos dissabores das outras pessoas. E para ficar registrado que todas as histórias têm, no mínimo, duas versões...

DeRose com a Cruz de Cavaleiro

SE MEUS FILHOS (EU DISSE FILHOS!)
NÃO SE ORGULHAM DO PAI HÁ QUEM SE ORGULHE

Há tempos, uma jovem muito especial queria se casar comigo. Eu não queria me casar com mais ninguém. Queria ficar sozinho por um bom tempo, a fim de me recuperar daquelas experiências traumáticas. Recusei, gentilmente, com dor no coração, quando ela me pediu:

– Deixa eu usar o seu nominho, deixa?

Hoje ela é instrutora de outra linha, em Alphaville, porém, com aquela expressão, com aquela gracinha, tornou-se inesquecível para mim. Ela mesma nunca soube o quanto sua frase foi importante e o quanto me sensibilizou.

Noutra ocasião, recebi a carta de um instrutor pedindo para adotar o meu sobrenome, declarando que sentia-se como meu filho:

– Para que quando estiverem me entrevistando e eu disser meu nome, ao me perguntarem se sou seu parente, direi: "Sou filho do Mestre DeRose, sou um dos milhares de filhos que ele educou com seus livros. Quando nasci, ele já estava há anos lutando pelo crescimento do Ser Humano. Assim, a melhor forma que encontrei para retribuir, foi adotar o seu nome e dar prosseguimento à sua obra."

Pouco mais tarde, vários outros instrutores me pediram a mesma coisa.

Em 2007, o instrutor Fabiano Gomes, de Porto Alegre, foi entrevistado na televisão e a legenda que constava no rodapé da imagem era, por engano, *Fabiano DeRose*. "Fiquei orgulhoso com o engano" disse-me ele. Depois, informei-o que, por coincidência, esse era o nome do meu irmão, coronel do Exército, que mora lá mesmo em Porto Alegre e que deve ter levado um susto ao ver seu nome atribuído a outra pessoa. Talvez tenha imaginado que era mais algum filho meu que teria sido registrado assim em homenagem ao tio.

Em 2016, recebi esta linda mensagem do Prof. Jonathan Sardas, Diretor de uma das nossas escolas do DeRose Method em Paris, França. Ele teve a gentileza de me escrever em português. Portanto, vou preservar o estilo original, reproduzindo fielmente, com a devida autorização, o texto que Jonathan escreveu. Para conferir um toque de autenticidade, leia-o mentalmente com sotaque francês:

"Mestre, eu quero que você saiba que te amo. Sei que você já sabe mas tal vez não saiba como e o quanto te amo. O meu amor por ti é um vinculo forte e profundo. Um vinculo que o tempo sempre faz e fará crescer. O meu amor por ti é um amor simples de ser humano a ser humano. Esse amor não é só emoção, é escolha, é racional, é intuitivo e decisão de te amar. Esta dentro de mi e nada pode o tirar.

"Me parece que você é o centro de uma historia que vai muito além de você. Amo a filosofia que você traz consigo mas amo também o ser humano que sempre, a cada segundo, da o seu melhor para que o que tem recebido seja transmitido.

"Você me ensinou e me ensinará a amar. Você me ensinou e me ensinará um caminho nessa vida. Um caminho tão lindo e profundo que ele deixa tudo tranquilo, tudo sereno e tudo movimento ao mesmo tempo. Um caminho feito de conexões, conexão com você, conexões com os amigos e parceiros de caminho, conexão comigo mesmo.

"Sei que eu não sei nada. E isso me deixa feliz. Tenho tanto para aprender e vivenciar. E me empenharei a transmitir o pouco ou muito que aprenderei. Sinto que assim deve ser. Como você nos diz: « aprender e servir ». Aprendendo e servindo poderei ir-me desse mundo com um sorriso no rosto, feliz de ter vivido, feliz e sem remorso.

"Você me ensinou e me ensinará a tratar os outros como eles merecem. A ver a beleza e o poder das mulheres. Ouvia que na nossa tradição a mulher é divindade, aceitava o conceito mas não enxergava. Hoje consigo vislumbrar o quanto isso é verdade. Você me ensinou a olhar.

"Hoje vejo os prédios de Paris com o quais convivi desde sempre. Mas vejo outras cores, percebo outras historia escondidas dentro de cada parede, cada material, cada forma desenhada por outros homens. Percebo que todo tem vida, tem historia e que todo isso forma um todo.

"Você me ensinou e me ensinará a estar só. Só e feliz porque eu sei agora que nunca estamos sozinhos. Estamos todos juntos e o universo nos abraça. Não preciso mais dos outros e procuro ainda mais suas companhias. Não por necessidade mas por prazer. Quero estar junto, abraçar o mundo, viver, sentir e conhecer pessoas. Pessoas bonitas por dentro e por fora e algumas feias, só para comparar. Quero estar só, de vez em quando e perceber o quanto estou rico por dentro. Quero me olhar e ter orgulho do pouco que agrego nesse mundo.

"Você me ensinou e me ensinará a dar um sentido e compartilhar esse sentido. A vida é muito curta para ficar triste, é muito curta para esquecer de dizer aos amigos que os amamos. E muito curta para esquecer de dizer aos menos amigos que não temos nada contra eles, bem pelo contrario. Amo os que me amam e amo também os que não me amam tanto. Sei que não é necessário mas assim o sinto.

"Quero te agradecer hoje e amanha. Quero te agradecer todos os dias. A minha vida mudou e o mais bonito é que eu sei que tenho a nossa filosofia para continuar mudando até o fim da minha vida. Desejo estar sempre conectado, convivendo, compartilhando. Sei que o nosso grupo não é perfeito mas ele é o mais bonito e perfeito que eu conheça. Nós somos mais que uma família. Somos uma família herdeira da mais bela tradição e com o propósito de oferecer isso ao mundo. Quero que as pessoas valorem o que você nos deu. Todas as pessoas e em particular os que decidiram estar junto nessa empreitada.

"Te amo. Um filho, um discípulo, um amigo sincero.

Jonathan."

Comendador DeRose recebendo o título de Professor Doutor *Honoris Causa*, no Complexo de Ensino Superior de Santa Catarina.

Ganhei mais uma filha

Na década de 1990 fui dar um curso de formação de instrutores de Yôga na Pontifícia Universidade Católica do Paraná, em Curitiba. Na turma, havia uma jovem charmosinha que prestava muita atenção à minha aula e me observava com seus lindos olhos castanhos. Era a única pessoa em classe que parecia estar absorvendo a matéria, escutando atentamente cada palavra, cada conceito, e concordava com tudo, acenando afirmativamente com a cabeça. Quando eu perguntava alguma coisa à turma era ela quem sempre sabia a resposta e, ao ver que acertara, deixava escapar um olhar de indisfarçável satisfação. Era Vanessa de Holanda, uma linda estudante de jornalismo que tinha outras expectativas. Com o tempo ela se tornou instrutora do DeRose Method.

Os dias se passaram e no final do curso conversamos a respeito dos seus sonhos e ideais de vida. Ficamos amigos. Um dia, pediu-me com aquele jeitinho doce que só as mulheres ao desejar algo são capazes de expressar:

– Deixa eu ir morar com você em São Paulo?

Recusei prontamente. Eu não queria confusão, pois ela era muito mais jovem. Também não queria aborrecer sua família, nem estava a fim de me expor a vulnerabilidades. Mas ela estava decidida e não iria desistir. Por dias, insistiu tentando me convencer com argumentos irrecusáveis:

– Olha só, eu tenho vinte e um anos! Vai ser bom para você conviver com alguém jovem, feliz, alegre, inteligente. Você vai ficar mais jovial, eu vou fazer você rir...

410 QUANDO É PRECISO SER FORTE

A essa altura eu já estava rindo e seriamente tentado a concordar, mas sempre tive muito autocontrole e respondi o que o bom-senso recomendava:

– Não, obrigado.

Contudo, ela não estava disposta a se dar por vencida:

– Se você quiser receber seus amigos ou amigas eu saio e vou passar a noite na casa das minhas amigas. Deixa! Deixa! Diz que sim!

Eu ainda não havia concordado quando, alguns dias depois, Vanessa me apresentou sua mãe e seu irmão caçula. Mamãe Áurea foi tão querida que ainda guardo a lembrança daquele dia com um carinho imenso; e seu irmãozinho, Gum (não sei se ele ainda aprova esse *nick name*), me deu um abraço tão apertado ao me conhecer, que ambos me conquistaram imediatamente. Então, sem aviso, Vanessa disse à mãe:

– Mamãe, eu vou morar com o DeRose em São Paulo.

Eu não sabia onde enfiar a cabeça. Olhei para Áurea, absolutamente atônito. Mas ela foi bem elegante e me colocou à vontade:

– Veja, DeRose! Que decidida, não é?

Conclusão: acabei casado outra vez. Mas, de fato, saí ganhando. Vanessa soube ser uma companheira doce, madura, responsável que me acompanhava para baixo e para cima. Falava pelos cotovelos, o que era muito bom, pois sou caladão. Só falo demais quando estou trabalhando. Dessa forma, foi ótimo ter alguém faladora por perto. Apesar da diferença de idade, conversávamos o tempo todo, o dia inteiro, sobre os mais diversos assuntos. Foi uma experiência gratificante. E viajávamos muito, por todo o Brasil, Argentina, Portugal, França, Espanha e Índia.

Depois, Vanessa demonstrou interesse em morar no Rio de Janeiro. Eu precisava de alguém para dirigir a unidade de Copacabana. Então, ela se mudou para o Rio e salvou a Sede Histórica. Elevou o número de alunos e sob sua administração formaram-se os instrutores que abriram todas as demais unidades do DeRose Method no Rio, produzindo um crescimento de 500%. Anos depois, Vanessa passou a Sede Histórica para a direção de outra pessoa e abriu sua própria escola do

DeRose Method no Leblon, na badalada Rua Dias Ferreira, esquina com a Rainha Guilhermina.

Vivendo em cidades distantes (400 Km uma da outra), cada vez que nos despedíamos Vanessa chorava e isso me partia o coração. Por outro lado, era tão bonitinho! Ela fazia biquinho como as crianças pequenas e pedia para eu não ir embora. Mas eu precisava ir. Abraçava-a e explicava que nós nos veríamos logo, logo. Nessa época, Vanessa passava um fim-de-semana por mês em São Paulo, eu passava um fim-de-semana por mês no Rio, viajávamos juntos num terceiro e só ficávamos sem nos ver cerca de um *week-end* por mês. Além disso, nossos fins-de-semana eram sexta, sábado, domingo e segunda-feira. Portanto, conseguíamos ficar quase o tempo todo juntos. Contudo, a ideia de viajar era o fator que mais emocionava.

Havia (e há) um carinho muito profundo entre nós. Um dia, Vanessa me pediu um presente: queria um dicionário. Prometi que quando fosse ao Rio eu iria ao shopping onde há uma boa livraria e lhe compraria um. Na semana seguinte, cheguei e fomos ao shopping comer. Depois, entramos no carro e saímos do estacionamento. Quando já estávamos quase na rua Vanessa me disse docemente:

– Você tinha me prometido um dicionário quando nós viéssemos ao shopping. Mas esqueceu, né?

– Ah! É verdade! Vou voltar.

– Não, não precisa. Compramos da próxima vez...

A sua vozinha era a de uma criança que deseja muito, mas não quer incomodar. Dei a volta, entrei outra vez, fomos à livraria e compramos um dicionário enorme, o melhor que havia, embrulhado para presente. Jamais me esquecerei da sua carinha de felicidade – não sei se pelo dicionário ou pelo fato de eu ter feito questão de voltar! Parecia uma meninota, abraçada no volume maior do que ela e com um sorriso daqueles que nos dão razão de viver.

Vivemos juntos alguns anos felizes e depois decidimos fazer um *upgrade* na nossa relação. Queríamos transcender e sublimar os limites naturais de um casamento. Assim, não gostamos de dizer que "terminamos". Nós não terminamos nada, pelo contrário: aprimoramos nosso afeto. Vanessa virou minha filha. Quando nos "separamos", comprei um apartamento como ela queria, *"perto da praia e com varandinha"*, para que pudesse morar a uma quadra da sua unidade, de forma a poder ir a pé de casa para a escola.

Alguns anos depois ela conheceu o Bruno Sousa, jovem e brilhante advogado paulista, com quem estabeleceu um relacionamento muito bonito. Bruno é um homem bem especial. Elegante, inteligente, culto, lido, viajado, educado e sutil. Além de tudo isso, ainda é carinhoso e paciente. Para estar perto da Vanessa ele foi advogar no Rio de Janeiro e tornou-se Empreendedor do DeRose Method. Em 2015, casaram-se. Vanessa continuou minha amiga e ganhei um novo amigo. Nós quatro, Vanessa e Bruno, eu e minha esposa atual, formamos uma família exemplar. Temos satisfação em nos reencontrar, telefonamo-nos com frequência, saímos para jantar e sentimos um carinho recíproco e verdadeiro.

E minha ex-sogra? Continuo chamando Áurea de *mamãe*, ela continua me tratando com tanto carinho que me comove. Acho que passou a gostar mais de mim quando viu a maneira como ocorreu a nossa "separação".

Reprodução de um cartão postal de Vanessa de Holanda

UM ANJO CAIU NA MINHA SOPA

Quem não quer ter um Anjo da Guarda, uma *Victoire de Samotrace* com suas imponentes asas abertas? O meu se chama Fernanda. Caiu inesperadamente na minha vida, uma vez que após tantas experiências afetivas, geralmente felizes, mas ao mesmo tempo emocionalmente onerosas, eu não tinha intenção alguma de começar outro relacionamento. Eu precisava de um pouco de sossego para escrever os meus livros.

Conheci a *Fée*[112] quando ainda era aborrecente e, para mim, ela continuava sendo apenas uma pirralha irreverente que vivia rindo de tudo e de nada. Pouco a pouco, surgiu o que nós achávamos que era somente uma grande amizade. Isso foi muito positivo porque quando as pessoas estão a fim de cativar o outro, colocam uma máscara diante do rosto e só mostram o seu lado bom. No entanto, todos nós temos qualidades e defeitos. Assim, passada a fase de encantamento, quando vemos com quem nos envolvemos, surge a decepção. Há, inclusive, um pensamento que diz: *"Não importa com quem se case, você sempre acorda com outra pessoa."* Como nós primeiramente fomos amigos, mostramo-nos como realmente éramos. Isso evitou desilusões futuras. Julgo que só devíamos namorar e casar com os amigos, pessoas a quem conhecemos muito bem, especialmente o caráter e as imperfeições.

Pouco a pouco, consolidou-se entre nós a afinidade intelectual. Conseguíamos conversar longamente sobre os mais variados assuntos,

---

112 *Fée*: pronuncia-se Fê. Não é a abreviação de Fernanda, mas sim um trocadilho idiomático. Significa Fada, em francês. Daí vem o vocábulo "feérico" do nosso idioma, que significa *deslumbrante, mágico, encantador.*

414 QUANDO É PRECISO SER FORTE

desde filosofia, ética e elevados ideais, até administração, viagens e profissão. Nada ficava fora. E tudo com muita alegria e descontração. Nunca conheci uma pessoa tão feliz e brincalhona. Com o passar dos anos, fomos nos dando conta de que essa amizade tornava-se cada vez mais linda. Nós nos sentíamos bem um com o outro e nos falávamos todos os dias. Começamos a elaborar projetos profissionais e a realizá-los juntos.

Fée formou-se em engenharia paralelamente com a sua formação como Empreendedora do DeRose Method. Assim que saiu da faculdade, sentiu o clima do mercado de trabalho para sua área de formação acadêmica e optou por trabalhar com o Método. Como eu, ela começou cedo no nosso ministério, assim, aos vinte e sete anos de idade já era docente, lecionando há uma década.

Com o tempo fui percebendo a inteligência privilegiada da Fernanda. Sempre digo que se Einstein conversasse cinco minutos com ela, ele morreria de vergonha. Hoje, *Fée* é o meu *drive* externo. Um computadorzinho que tem todas as informações na cabeça, faz contas mais rapidamente do que uma calculadora e tem memorizados os telefones de todos os amigos, colegas e escolas filiadas ao Método. Nada é mais cativante num ser humano que a inteligência. Desde jovem, sempre valorizei nas mulheres mais a sua inteligência do que a beleza física. A juventude passa, a beleza fenece, mas a inteligência tende a se tornar cada vez mais aguçada com os anos. Contudo, é claro, se pudermos ter as duas virtudes tanto melhor. E no meu caso, fui agraciado com ambas. Fernanda Neis é uma linda alemã, de 1,74m, com longos cabelos louros.

Logo notei que Fernanda provinha de uma família muito bem estruturada, de excelente nível cultural. Seus pais mantêm uma relação afetuosa e rica em consideração mútua que, sem dúvida, transmitiram à filha. Desde menino, considero que um relacionamento não deve ser baseado em brigas e picuinhas. Por consequência do exemplo dos pais, Fernanda também concorda. Graças a isso, durante anos, nunca tivemos nenhum desentendimento, rusga ou conflito.

Dessa forma, à medida que os anos se passavam mais e mais nosso amor, companheirismo e respeito mútuo iam tomando corpo. Quando já estávamos juntos havia vários anos, eclodiu uma linda paixão. Estávamos o tempo todo um cuidando do outro, sempre atentos para que o parceiro esteja bem e feliz.

Outra bênção é o fato de que não havia ciúme nem possessividade na nossa maneira de ser. Dessa forma, quando eu era casado com Fernanda, ela se dava muito bem com minhas ex, e com isso concede à minha vida uma inestimável generosidade. Certa vez, fui condecorado com o título de Sócio Honorário do Rotary International. A senhora da mesa ao lado, sendo gentil, comentou que todos os que estavam na minha mesa eram pessoas muito bonitas. Brinquei que era devido aos nossos princípios de civilidade e tive a satisfação de explicar quem eram.

– Esta mais próxima é Eliane, minha amiga mais antiga, já há quarenta anos. Fomos casados na década de 70 e hoje somos como irmãos. Aquela é a filha dela, de quem sou padrinho. Ao lado, a minha filha, Chandra, de quem Eliane é madrinha. E esta pessoa linda, com brilho no semblante e sorriso intenso é a Fernanda, com quem tenho o privilégio de compartilhar a minha vida.

A cada apresentação, a senhora da mesa ao lado só expressava: *"Que lindo!"*, *"Que coisa maravilhosa, que harmonia!"*, *"Você é um homem abençoado!"*. Pois é, sou mesmo. Só não sei se ela se referia à beleza da Fernanda ou se ao fato de todos à minha volta serem tão civilizados.

Só uma pessoa que estava próxima não compreendeu bem: *"Como assim, compartilha a sua vida? É sua mulher?"* Tive que explicar, educadamente:

– Sabe o que é? Não gosto desse hábito de apresentar as pessoas como "minha mulher" ou "minha namorada". Afinal, elas têm nomes e não são propriedade do marido ou do namorado.

A outra senhora concordou efusivamente, todo o mundo riu e nossa noite prosseguiu no melhor dos climas.

Enquanto estivemos casados, Fernanda me acompanhou incansavelmente em todas as viagens que fiz, e continuo fazendo, pelo Brasil e por tantos outros países. Se não fosse por ela eu já teria parado de viajar há muito tempo. Mas *Fée* cuidava de tudo. E cuidava com um entusiasmo contagiante. Essa bela atitude continua até hoje.

No entanto, um dos maiores presentes que Fernanda me proporcionou é o fato de que se tornou uma das melhores amigas da Vanessa. Elas trocam *e-mails*, saem juntas para fazer compras e compartilham informações profissionais valiosas. Não há nada mais lindo que civilidade e boas relações humanas.

Nossa vida conjugal foi muito meiga. Às vezes, no meio da noite saíamos para comprar flores (ou eu para ela ou ela para mim). Como às duas ou três da madrugada só estão abertos os floristas do cemitério, lá íamos nós sem nenhum problema. Aliás, não somos os únicos e é por isso que gosto de São Paulo. Em que outra cidade os namorados iriam tranquilamente comprar flores no cemitério, sem dar margem às superstições provincianas?

Outro costume bem romântico que praticávamos durante algum tempo era fazermos juntos um bolo de cenoura com cobertura de chocolate. Cada etapa era uma emoção, desde as compras no supermercado, até ralar as cenouras, preparar a massa, pôr no forno e esperar aquele cheirinho de bolo quente que nós não esperávamos esfriar. Nossas mães sempre disseram que comer bolo quente dava dor de barriga, mas nós nem nos importávamos com isso, afinal, é tão bom!

Um dia precisei viajar sozinho para a Europa e, quando retornei, a Fezinha me recebeu com uma banheira quentinha, cheia de pétalas de flores e velas perfumadas acesas boiando na penumbra.

Durante anos, Fernanda sempre me pedia um cachorrinho. Eu dizia que não era possível termos um cão. Nós viajávamos demais. Além disso, morávamos num apartamento pequeno, em cima da escola. Teríamos condições de morar em uma casa bem maior, mas não sentíamos necessidade. Gostávamos de viver na nossa toquinha. Então, não havia onde pôr um amiguinho de quatro patas. Contudo, depois de alguns anos concordei. Achei que Fernanda merecia o meu esforço. Optamos por uma weimaraner que é uma raça belíssima. Hoje ela é a nossa filhota e nos enche de alegria.

DeRose e Fernanda em 2007, em Portugal.

Minha maior satisfação era ter oportunidade de cozinhar para a *Fée* e me deliciar com o prazer que ela demonstrava ao comer a comidinha que eu fazia. Na verdade, tudo o que fazíamos era uma festa. Sair para jantar só nós dois num restaurante romântico ou com nossos amigos em uma cantina barulhenta; passear no parque com a Jaya (a cachorrinha), planejar a próxima viagem, ler juntos o capítulo interessante de um livro, alugar um DVD para assistir de madrugada, fazer um chocolate quente numa noite fria para tomar com deleite debaixo de um edredom quentinho...

Após muitos anos de relacionamento, decidimos em comum acordo "sublimar o nosso *status* conjugal", isto é, descasamo-nos, sem ocorrer rompimento. Desde 2012, já não estamos casados, mas a Fezinha continua dirigindo a Sede Central do DeRose Method e cuidando das minhas finanças. Esta é a maior demonstração de confiança e afeto. Fée é a minha melhor amiga. Minha familinha!

Creio que fui um bom marido e que nosso processo de transição para outro *status* conjugal foi leve, porque os pais da Fernanda sempre me trataram muito bem, mas após a "separação", percebi que eles ficaram ainda mais meus amigos. Suponho que os Neis tenham ficado satisfeitos com o desfecho. Eu os amo muito e tenho por eles uma enorme gratidão pela forma como sempre me aceitaram.

Alguns meses após a nossa sublimação do *status* conjugal, Fernanda e eu decidimos que gostaríamos de continuar morando juntos, como *roommates,* cada um no seu quarto.

Tempos depois, a Lívia veio morar comigo no apartamento que eu já dividia com a Fezinha. Em 2015, Fée se casou em New York com o instrutor Nuno Cramês, um cavalheiro que muito me honra com a sua amizade. No mesmo ano, eu me casei com a instrutora Lívia Ligabó, pessoa muito doce, que me surpreende a cada dia.

Estabelecidos os novos parâmetros, os dois casais decidimos morar juntos, na mesma casa, por nutrirmos um grande afeto uns pelos outros. Como efeito colateral, acabamos dando um grande exemplo de civilidade e estabilidade emocional, valores que a nossa proposta cultural proporciona.

Teste da foto 3x4: onde você imagina que o DeRose estava meditando com esse semblante sereno?
(A resposta está na foto inteira, algumas páginas adiante.)

O COROAMENTO DE UMA VIDA FELIZ

Aos setenta anos de idade, encontrei uma princesa encantada. Preocupou-me nossa diferença de idade, que poderia resultar em gostos e valores diferentes. Mas isso não ocorreu. Já estamos casados há anos e continuamos conversando e viajando como se tivéssemos nos conhecido na semana passada. Estivemos juntos em Paris, Lisboa, Porto, Buenos Aires, Veneza, New York e outras cidades lindas, sem contar as muitas do Brasil. Nunca experimentamos nem a mínima rusga de casal. Sua doçura me comove.

O que contribuiu para essa harmonia e diálogo foi o fato de que já nos conhecíamos desde 2010. Isso formou uma sólida base de amizade que é o melhor sustentáculo para um casamento.

No meu livro **Método para um Bom Relacionamento Afetivo**, eu escrevi: "A melhor forma de escolher o parceiro ou parceira é saber como foi que essa pessoa terminou o relacionamento anterior. Isso nos dirá muito sobre a educação do(a) pretendido(a), sobre seu equilíbrio emocional, sobre suas eventuais neuroses, psicoses, sociopatias."

Levei isso em conta ao eleger a minha princesa e creio que ela também agiu assim ao me aceitar. Afinal, quem continua tendo boas relações com seus ou suas ex não pode ser uma pessoa ruim. Ela sempre falou muito bem dos seus ex-namorados e preservou um relacionamento civilizado com o que me precedeu. Isso contribuiu para que o instrutor Danilo Chencinski e eu nos tornássemos bons amigos.

Você já deve ter notado que nós sempre nos relacionamos e casamo-nos com colegas, instrutores. O motivo é muito simples: nós não fumamos, não tomamos álcool nem socialmente, não comemos carnes de nenhuma espécie, não usamos drogas e temos valores comportamentais diferenciados. Onde encontraríamos pessoas assim, fora da nossa *famiglia*? Até existem, mas seria como procurar uma agulha num palheiro.

Lívia Ligabó DeRose, feliz, em Veneza, 2015

A cada dia que passa, Lívia me surpreende e, cada vez, orgulho-me mais dela. Já antes de nos casarmos, eu fiquei impressionado com sua responsabilidade e disposição para o trabalho. Lívia é da equipe de uma das nossas escolas do DeRose Method, em São Paulo. Todos os dias acordava em torno das seis da manhã, ia trabalhar e terminava às 23:30, chegando em casa à meia-noite. Um tratorzinho. Isso, certamente, moveu a minha admiração.

Depois que veio fazer parte da minha vida, aflorou uma outra mulher. Ficou muito mais bonita, comunicativa, e eclodiu a veia empreendedora. Tornou-se produtora do DeRose ArtCompany, companhia de artes cênicas criada na Argentina e dirigida pela instrutora Adriana Bruer. Lívia trouxe o espetáculo para o Brasil e, já pensando grande, escolheu o Teatro Sérgio Cardoso, uma prestigiosa casa de cultura do Estado! Batalhadora incansável e líder carismática, obteve uma conquista inédita para grupos de teatro independentes e estreantes no nosso país: quase todos os ingressos foram vendidos antes da abertura da bilheteria e conseguiu isso com quase nenhum apoio da mídia.

Quando fiquei doente, foi de uma abnegação comovente. Lívia, juntamente com Fernanda e Nuno, passou a cuidar de mim como, talvez, muitos filhos não cuidariam do próprio pai, sempre sorrindo, brincando e dançando.

Por todas essas razões e um carinho imenso, sou grato a essa mulher incrível que me concedeu a graça do seu amor. Que minha razão de viver seja, para sempre, fazê-la feliz.

Pessoas que dão um exemplo de civilidade

O DeRose Method propõe uma reeducação comportamental. Ensina pelo exemplo. Para isso, é fundamental que nós cumpramos o que preconizamos. A foto abaixo foi tirada durante um almoço na nossa casa, em outubro de 2016. Estão presentes: minha mulher, Lívia DeRose e eu; Fernanda Neis, minha ex-mulher, com seu marido Nuno Cramês; e Vanessa de Holanda, minha ex anterior, com seu marido Bruno Sousa. Sou muito grato a todos eles, por me ajudarem mudar o mundo. Essa é a nossa realidade. Essa civilidade é o que queremos ensinar para enriquecer as boas relações humanas, boas maneiras, elegância e fidalguia, atitudes professadas pelos que fazem parte do nosso *lifestyle*.

DeRose, aos 70 anos, ministrando uma aula para 500 alunos no Dia Estadual do Yôga, 18 de fevereiro.

Uma weimaraner vegetariana!

God created dog and spelled his own name backwards.
Enviado por Claudia Melcher

Para fazer a Fernanda mais feliz e alegrar a nossa vida naquela época, adotamos uma linda cadelinha weimaraner que me faz companhia, deitada na cadeira ao meu lado enquanto escrevo estas linhas. É uma raça muito bonita, cinzenta, de olhos claros e pêlo curto, grandalhona, com umas patas enormes. Ela se chama Jaya e eu não poderia deixar de mencioná-la. Todos os tutores de cães estão convencidos de que esses magníficos animais têm paranormalidades. Eu também acho. Neste momento, quando escrevi seu nome, ela levantou a cabeça, fitou-me com seu olhar atento e assestou as orelhas como se tivesse escutado seu nome em meu pensamento.

Fernanda e eu cobrimos a filhota com tantas atenções e carinho que nos preocupávamos viesse a se comportar mais tarde como uma criança mimada. Ela passa o dia todo ao nosso lado, pois moramos no mesmo imóvel em que temos a escola. Para compensar as viagens constantes, procuramos mantê-la ao nosso lado o restante do tempo, enquanto estamos trabalhando. Ela sobe numa das cadeiras, enrosca seu corpanzil e dorme. Ou então traz um brinquedo para nos convidar a um folguedo, o que quase sempre aceitamos de bom grado e partimos para um cabo-de-guerra (o qual ela tem sempre que perder, por uma questão de adestramento).

Aos domingos, sempre que estamos em São Paulo, passeamos com ela no Parque do Ibirapuera ou pela Rua Oscar Freire para que ela possa fazer um pouco de exercício. Não há quem não pare para comentar como ela é linda, como é tão educada, perguntar que raça é essa ou qualquer outro pretexto para se aproximar e lhe fazer um carinho. Jaya, por sua vez, desde pequena sempre conviveu com os alunos da escola e isso a tornou muito sociável. Ela adora gente e adora cães. Gosta até de gatos! Brinca e conversa com todo o mundo. Conversa, sim, pois quando dou o comando "fala!" ela emite uns resmungos muito bonitinhos.

Mas também é nosso cão de guarda, pois assusta pelo seu tamanho, já que o weimaraner é um cão de grande porte; e intimida muito mais nas raras vezes em que solta uns latidos muito grossos, acompanhados de um rosnado de gelar a alma.

Desde que ela veio morar conosco, ainda com quarenta e cinco dias de nascida, nunca comeu carne, nem ração feita com qualquer tipo de carne. Quando foi ao seu primeiro veterinário, Fernanda lhe deixou bem claro que ela seria vegetariana e que ele só seria seu médico se aceitasse essa nossa decisão. O primeiro não aceitou e foi exonerado. O segundo aceitou, mas com reservas. Afinal, é um animal grande e precisa de muita proteína, cálcio e todos os outros elementos nutricionais, caso contrário pode não se desenvolver, pode ficar com problemas de saúde, coitadinha.

Nossa decisão envolvia uma grande responsabilidade. Contudo, sou não-carnívoro há mais de cinquenta anos. Tornei-me vegetariano em idade de crescimento e cresci tanto que fiquei maior que o meu pai – muito mais robusto que ele e que todos os meus colegas de escola. Servi o Exército na tropa, a vida inteira, pratiquei esportes violentos, artes marciais e aos 52 fui fazer ginástica olímpica. Portanto, tenho plena convicção de que o vegetarianismo nos deixa bem mais fortes.

No início, Jaya se alimentava de ração vegetariana. Depois, abandonei a ração e ela começou a comer tudo o que eu como. Ela adora roer cenouras congeladas, fica alucinada por uma maçã, banana, queijo, yogurte, biscoitos caninos sem carne e uma grande variedade de alimentos que na teoria os cães não deveriam apreciar. E descobrimos o inusitado: com o sistema vegetariano o pêlo fica mais bonito, a pele livre de alergias, o hálito fica ótimo, as fezes não cheiram tão mal, o organismo sofre menos riscos de contrair verminoses e outras  doenças típicas da ingestão de carnes, o animal torna-se mais ágil, mais inteligente e vive mais tempo!

Conversando num jantar com uma médica veterinária, mencionei que minha weimaraner nunca roeu nada meu, quase não late e que aos quatro meses aprendera a sentar, deitar, dar a patinha, fazer suas necessidades no lugar certo, ir para a cama, esperar a ordem de pegar a comida, não entrar em determinados cômodos da casa e uma série de outros comandos. A veterinária não acreditou. Para essa raça, nessa idade, ela não poderia ter aprendido isso tudo. Como Jaya estava na época com quatro meses, convidei-a a me visitar para se convencer da "excepcionalidade" da nossa cadelinha. E não pude perder a oportunidade de gracejar: "É mais inteligente porque ela é vegetariana!"[113]

Quando ela estava com dez meses, um dia entrou no meu quarto com a boca espumando e cabeça baixa. A imagem me gelou o sangue. Jaya com hidrofobia! Será que o meu karma seria assim tão cruel a ponto de não se satisfazer afastando de mim os meus filhos e agora ceifando a minha filhota Jaya que tanto amamos, a Fernanda e eu?

Ofereci um pouco de água, pois os cães com

---

[113] Inspirado por ela, acabei escrevendo dois livros: **Meu nome é Jaya** e **Anjos Peludos - Método de educação de cães**.

raiva ficam com fobia e a rejeitam. Seria uma forma de checar antes da chegada do veterinário. Quando aproximei o pote de água, Jaya virou bruscamente a cabeça e se afastou. Meu coração bateu mais forte! Eu teria que mandar matar a pessoinha de quatro patas que me dera tanto carinho pelos últimos dez meses?

Só me vinham imagens da Jaya pequenina e depois crescendo na nossa companhia, abanando aquele cotoco de cauda, com as orelhinhas para trás e o olhar mais doce do mundo...

Mesmo consciente do risco que corria, abraceia-a bem forte e coloquei sua cabeça no meu ombro. Um nó na garganta me impedia de falar com ela.

Mas, então, senti um perfume diferente do seu cheirinho delicioso de cachorro vegetariano. Cheirei sua boca. Oh! Céus! Que alívio! Ela havia apenas comido o meu sabonete!

Eu acho que ela não faz a menor ideia de que é um cachorro. Ela acha que é uma menina com um corpo muito estranho. (Baseado num pensamento de Dodie Smith)
Fotos da Jaya pela fotógrafa Lakshmi Lobato

O MELHOR AMIGO

Alguém me enviou este texto, um grande amigo meu, certamente. Sempre que eu o leio, meu coração fica apertado e meus olhos se enchem de lágrimas. Mas ele não assinou. Nem informou de quem era a autoria. Assim, não posso dar o crédito a quem enviou nem a quem escreveu estas linhas tão delicadas e sensíveis. De qualquer forma, meu agradecimento a ambos.

"Existem pessoas que não gostam de cães. Estas, com certeza, nunca tiveram em sua vida um amigo de quatro patas. Ou, se tiveram, nunca olharam dentro daqueles olhos para perceber quem estava ali.

Um cão é um anjo que vem ao mundo ensinar amor! Quem mais pode dar amor incondicional, amizade sem pedir nada em troca, afeição sem esperar retorno, proteção sem ganhar nada, fidelidade vinte e quatro horas por dia?

Ah! Não me venha com essa de que os pais ou filhos fazem isso, porque os pais e os filhos são humanos, irritam-se, afastam-se...

Um cão não se afasta, mesmo quando você o agride. Ele retorna cabisbaixo pedindo desculpas por algo que talvez não tenha feito, lambendo suas mãos a suplicar perdão.

Alguns anjos não possuem asas, possuem quatro patas, corpo peludo, nariz de bolinha, orelhas de atenção, olhar de aflição e carência.

Apesar dessa aparência, são tão anjos quanto os outros (os com asas) e se dedicam aos seres humanos tanto quanto qualquer anjo costuma dedicar-se.

O bom seria se todos os humanos pudessem ver a humanidade perfeita de um cão."

O AUTOR COM ALGUMAS DE SUAS OBRAS
Mais de um milhão de livros vendidos.
Fatos e fotos interessantes sobre o Comendador DeRose encontram-se no capítulo *Histórico e trajetória*.

Como estamos hoje

*A felicidade ou infelicidade são efeitos ilusórios
de causas relativas à condição imediatamente anterior.*
DeRose

Frequentemente alguém me pergunta: "Você imaginava que algum dia teria escrito tantos livros e que o seu trabalho fosse estar tão difundido, tão grande, com tanta gente, em tantos países?" Não. Não imaginava e não era isso o que eu aspirava. Só queria que me deixassem em paz. Mas não deixavam! Quando você aperta um sabonete ele salta para cima. Quanto mais fortemente se golpeia um gongo, mais gente o escuta. A mim me apertaram demais e golpearam muito fortemente. A consequência não poderia ser outra. Saltei para cima e fui escutado.

Um dia, mais inspirado, escrevi os *Dez Preceitos aos Instrutores de Yôga*, que consta do meu livro **Mensagens** e está gravado no CD do mesmo nome. Este é o oitavo preceito:

> A árvore podada cresce mais e o guerreiro ferido muitas vezes em combate torna-se perito no uso das armas. Tal exacerbação do instinto de sobrevivência é obtida pela disciplina e pelas dificuldades. O melhor discípulo será aquele sobre o qual forem aplicadas as maiores exigências e as mais duras críticas. O mais talentoso instrutor será aquele que tiver enfrentado as mais atrozes dificuldades no afã de bem desempenhar sua missão.

Hoje estou realizado e feliz. Nesta fase da minha vida – a melhor fase! – tenho uma legião de amigos sinceros, uma mulher fascinante, ex-esposas que me querem bem, milhares de filhos que se orgulham de mim, mais de 30 livros publicados e uma cachorrinha weimaraner carinhosa que me defende corajosamente.

Recebi, em mais de meio século de trabalho, uma quantidade de comendas, títulos, diplomas, medalhas e um reconhecimento que, acredito, nenhum outro profissional desta área recebeu em toda a história. Não sinto nenhuma vaidade por isso. Sinto gratidão.

Sou grato aos que confiaram em mim e me ajudaram. Sou grato aos que permaneceram ao meu lado mesmo quando todos em volta me agrediam e injuriavam. Sou grato aos que estão ao meu lado há mais de dez, há mais de vinte e há mais de trinta anos. Sou grato aos discípulos e amigos que me aturaram. Sou grato aos Presidentes de Federações que sempre me apoiaram com comovente nobreza de espírito.

São estes homens e mulheres que comandam tudo.
Na foto acima, estão os membros do Conselho Administrativo e alguns membros do Colegiado de Presidentes de Federações do DeRose Method de diversos países.

Sou grato aos meus alunos que em tantas cidades e países me tratam amorosamente, com sorrisos e brilho no olhar, sempre desejosos de um abraço e de uma foto ao meu lado. Sou grato a você, estimado leitor, que soube me fazer companhia durante esta jornada, por vezes chorando comigo, por outras dando boas risadas ao meu lado nestas páginas[114].

Como eu declarei lá no início, foi para você que consumi anos e anos de noites em claro escrevendo e burilando esta obra. Porque, conforme escrevi no já citado livro **Mensagens**, *"não obstante os tantos que me ouvem e seguem, importa-me somente a ti, ter-te ao meu lado e não apenas a me ouvir, mas a dialogar comigo. Quero te falar e te ouvir. Quero te tocar e ser tocado por ti. Quero te ofertar uma parte de mim para que habite em ti e germine."*

Portanto, leve-me com você, leve o meu livro em sua pasta ou bolsa e o autor no seu coração, para que possamos nos reencontrar várias vezes a cada dia.

*Ser uma personalidade pública é uma maldição:
implica que lhe atribuam coisas boas que você nunca fez
e coisas ruins que você jamais faria.*
DeRose

---

114 Isto tudo não significa que os ataques contra o nosso trabalho cessaram. Neste livro não pude relatar nem a milésima parte das exclusões e perseguições que continuam ocorrendo e estão cada vez mais recrudescidas. Nem os meus colaboradores mais íntimos têm a mínima ideia de quão grave é a realidade. Somente a Fernanda Neis e o Charles Maciel têm uma noção correta da proporção desses fatos, pois são eles que ao meu lado lutam para me manter de pé.

O cantor Sting, dando autógrafo
com um livro do DeRose no colo.

Como está hoje o nosso crescimento

A cultura de trazer um amigo

Hoje está consolidada uma verdadeira cultura de cada aluno sempre trazer um amigo, um conhecido, um colega do escritório, da faculdade, do esporte, ou um familiar para conhecer o nosso trabalho. Todo o mundo gosta de ganhar presente. Pois os nossos alunos têm o hábito de dar uma matrícula no nosso Método, a qual pode mudar a vida de quem ganha esse brinde.

A filosofia do nosso trabalho é cultivar um ambiente familiar, saudável, alegre, descontraído, pleno de camaradagem. Para tanto, importa-nos crescer na direção certa.

Podemos crescer de duas formas: de fora para dentro ou de dentro para fora.

De fora para dentro é através da propaganda. Essa não é ideal para o aluno nem para o nosso trabalho. A propaganda pode trazer pessoas interessantes, mas, no meio, traria alguns que não serviriam para conviver com você.

De dentro para fora é através da indicação daqueles que já estão no nosso Método, trazendo seus amigos e familiares. Essa alternativa é bem gratificante, porque você conta com colegas de turma mais confiáveis, educados, pessoas de sensibilidade e de boa cultura como os que hoje frequentam a nossa casa.

Trazer os seus amigos para participar conosco desta maneira de viver é também reforçar vínculos de amizade e estabelecer uma convivência agradável nas atividade culturais, mostras de vídeo, degustações culinárias, atividades recreativas de fim-de-semana, viagens, cursos, eventos etc.

É assim que crescemos de forma sustentável, preservando o ambiente saudável e a seletividade natural.

Resposta do teste: estava despencando numa montanha russa com a Fernanda, quando foi flagrado pela câmera oculta que registra as caras de desespero dos que nela se aventuram.

O GRANDE DEFEITO DO BRASILEIRO É QUE ELE NÃO TEM CORAGEM DE DEFENDER

Ouvir uma acusação ou difamação e não advogar em defesa do acusado indefeso por ausência constitui confissão de conivência.
Código de Ética do Yôga

Como já ouvi dizer, deve ser complexo de ex-colônia! O brasileiro não tem peito para enfrentar quem esteja insultando seu amigo, sua empresa, seu país. Certa vez eu estava no Aeroporto Internacional de Guarulhos e o nosso voo sofreu atraso devido a problemas técnicos na aeronave. Na sala de embarque um senhor estrangeiro, revoltado, começou a proferir comentários deselegantes do tipo *"isso só acontece aqui, porque se fosse na Europa..."* e todos os brasileiros em volta mantinham-se calados, cabisbaixos. Não me contive e disse ao cavalheiro:

– Cale a boca! Eu já estive no seu país e lá é igual ou pior. Se o Brasil não o agrada, vá-se embora. Mas enquanto estiver aqui, comporte-se com a dignidade de um hóspede na casa que o acolhe!

A partir daí, todos passaram a concordar e recriminá-lo.

Noutra ocasião, eu estava descendo no elevador do edifício da Editora Nobel. O elevador parou em um andar, abriram-se as portas e um senhor estrangeiro perguntou: *"está descendo?"*. Respondi que sim. Ato contínuo, com a maior sem-cerimônia, o deseducado senhor entrou e começou a comentar:

– Está descendo, como o país. Também, com os políticos que o Brasil tem...

Mais uma vez, não pude ficar calado e respondi sério, sem muita cortesia:

– Os políticos do seu país são bem piores.

E fiquei encarando, olhos nos olhos, como quem vai partir para cima do outro. O estrangeiro deu um passo atrás, gaguejou e desculpou-se.

Mas o que é que os brasileiros geralmente fazem nessas situações?

Quase sempre concordam e entram no clima de falar mal do Brasil, ou da sua empresa, ou do seu amigo. *"Pois é. É por isso que o Brasil não vai prá frente"*; ou *"esta empresa é assim mesmo, só quer saber de explorar os empregados"*; ou *"É, o fulano não tem jeito..."*. Será que é tão difícil defender? Será que não percebem o quanto é infame atacar e o quanto é canalha não defender?

O que me preocupa não é o brado dos maus.
É o silêncio dos bons.
Martin Luther King

Lembro-me de que na década de 1960, um grupo de professores de Yôga e de yóga debatia para decidir quem deveria ser convidado a uma reunião. Alguém sugeriu que convidassem o mais importante Mestre da época, Caio Miranda, primeiro autor brasileiro a escrever um livro sobre Yôga em língua portuguesa. Imediatamente todos começaram a atacar o velho Mestre. Ninguém o defendeu. Como golpe de misericórdia, uma outra arrematou:

– É... e além disso tudo ele é muito mulherengo. Onde já se viu? Um professor de Yôga! Para provar o que digo, vejam esta foto, com o Caio abraçando duas meninas com a metade da idade dele, velho sem vergonha, uma loura de um lado e uma morena do outro.

Eu era bem garotão na época. Mesmo assim, tive a coragem de me opor às sinhás, bem mais velhas, e defendê-lo:

– Essas são as filhas dele, Leda e Lia.

Todos ficaram embaraçados com a gafe, disfarçaram e mudaram de assunto. Mas o Caio terminou não sendo convidado.

É claro que mais cedo ou mais tarde, chegaria a minha vez. Décadas depois, eu estava num café em São Paulo e minha filha Chandra se

DeRose

aboletou no meu colo. Não demorou a que os maledicentes de plantão começassem a disseminar que eu havia trocado minha querida Fernanda por uma mais nova(!).

Isso não é de hoje. Um dia, estávamos numa pizzaria em Ipanema, na rua Vinicius de Moraes, e um aluno veio ter conosco para fofocar que, naquela mesa de canto, um fulano estava falando mal de mim. Tranquilamente, levantei-me e fui lá. Era uma mesa grande, devia ter umas quinze pessoas e estavam todos atentos às barbaridades que o tal fulano descrevia sobre a minha pessoa. Cheguei, fiz um cumprimento geral, puxei uma cadeira e me sentei ao lado dele. Creio que me supuseram amigo de algum dos convivas. Seus testemunhos eram irrefutáveis, pois ele havia sido protagonista da história. Ele, pessoalmente, presenciara todos aqueles fatos e conhecia o DeRose intimamente. Havia sido aluno dele e "os dois eram assim, ó". Num dado momento, perguntei para reforçar a declaração do fulano:

– Mas você conhece o DeRose?

– Claro que conheço, não acabei de dizer?

– Você se lembra de mim?

– Não.

– Então, meu amigo, desculpe, mas você é um mentiroso. Eu sou o DeRose e tudo o que você acaba de contar a meu respeito para se exibir é mentira. Você devia se envergonhar por se prestar a um papelão desses.

Depois morri de dó. O fulano ficou vermelho, piscando rápido os olhos, parecendo se engasgar com seu próprio veneno. Não disse uma palavra. O resto da mesa, após um breve lapso de silêncio atônito, estourou numa bela gargalhada e partiu para a zombaria (contra o futriqueiro, é claro!).

Parece que restaurantes são lugares ideais para difundir histórias infundadas, pois são locais descontraídos nos quais se joga conversa fora, às vezes, regada com um pouco de álcool. De outra feita, estavam alguns instrutores nossos numa pizzaria em Florianópolis, quando escutaram alguém falando mal do nosso trabalho na mesa ao lado, onde jantavam dois casais. Nossos colegas, uns doze, se levantaram, cercaram o mexeriqueiro e o interrogaram sobre como é que ele podia dizer semelhantes coisas que não eram verdadeiras. A troco de quê, estava sujando o nome de quem faz um trabalho sério? A justificativa foi de deixar a todos pasmados.

– Não fiquem zangados. É tudo brincadeira. Eu só estava querendo implicar com a minha namorada que faz "ióga" no DeRose.

Aceitas as desculpas e passado um sermão no intolerante e irresponsável "proprietário" da namorada, voltaram todos para terminar sua refeição.

A mais hilariante foi a história que me relatou um instrutor que na época era meu discípulo. Estava ele numa rodinha de gente exótica quando, em dado momento, meu nome veio à baila. Uma daquelas figuras, então, prestou seu depoimento. Muito compenetrado, afirmou:

– Eu conheci o DeRose pessoalmente. Ele estava dando uma palestra. Inesperadamente, começou a levitar e sumiu no ar diante dos nossos olhos. Nunca mais ninguém o viu.

Bem, quem nos contou esta história era um mentiroso compulsivo, um caso psiquiátrico. Tanto que já não é mais aceito para trabalhar em nenhuma escola séria e precisou afastar-se da nossa família. Assim, prefiro invocar o Axioma n°. 1 e não acreditar numa só palavra do que ele relatou. E é bem isso o que você deve fazer quando escutar qualquer disparate ou estória suspeita.

"A verdade é verdade mesmo que ninguém acredite nela.
A mentira é mentira mesmo que todos acreditem nela."
Autor desconhecido

"Brasileiro não gosta de brasileiro"

Um amigo, Julio Simões, me enviou o artigo com o título acima, publicado em www.blog.maistempo.com.br, em 4 setembro de 2010, da autoria de Christian Barbosa. Por considerá-lo pertinente para esta parte do livro, reproduzo alguns pequenos trechos do referido artigo:

"... ele questionou porque o Brasil era um dos poucos países da América Latina a não ter nenhum vencedor do Prêmio Nobel. Uma das pessoas da secretaria do prêmio, respondeu [...] o seguinte: 'O Brasil não tem um premiado no Nobel, porque quando um brasileiro é indicado, é o próprio povo brasileiro que derruba a sua indicação'".

"Quando alguém é indicado nos EUA, por exemplo, o pessoal faz campanha, descobre os grandes feitos para ajudar, cria todo aquele clima. Quando é aqui o povo começa a descobrir os podres para ferrar o coitado!"

"Eu quero ver um brasileiro no Prêmio Nobel, no Oscar, no Grammy, na ONU e em todo o lugar."

É isso mesmo, Christian. Vamos apoiar os nossos conterrâneos. Nada de inveja porque o outro conquistou algo que nós ainda não alcançamos.

Certa vez, um jornalista me questionou, indignado, por termos centenas de escolas em vários países. Quando a matéria foi publicada, ele nos criticava duramente por isso. Acontece que a mesma matéria louvava uma organização estrangeira do mesmo ramo cultural em que atuávamos e declarava que eles contavam com "centenas de centros" nos Estados Unidos. Então, qual é o problema? Por que dois pesos e duas medidas? Sendo estrangeiro, ter muitas escolas é sinal de competência e relevância, mas sendo brasileiro não pode? Parece-nos que o problema é ser brasileiro.

Certa vez, um instrutor do nosso Método, expôs os ensinamentos deste autor num debate com adeptos de outra linha de yóga. Um deles fez cara de menosprezo, armou-se para discordar e perguntou com um tom de voz agressivo: "Esse DeRose é brasileiro?" O instrutor que estava sendo questionado, reportando-se às minhas origens, respondeu: "É francês.[115]" Imediatamente o questionador mudou o tom de voz, e disse: "Ah! Bom!" e não prosseguiu na contestação. É vergonhoso esse comportamento de o próprio brasileiro considerar os valores nacionais inferiores aos dos demais países. É preciso que o leitor não se cale, não se omita, diante de uma situação assim.

Sou brasileiro com muito orgulho[116]. Foi no Brasil que surgiu a codificação do mais completo Yôga técnico do mundo.

---

115 Um amigo meu, Rob Langhammer, entrando nos Estados Unidos, foi inquirido pelo policial da imigração:

– Você é alemão?

– Não. Sou brasileiro, conforme diz aí no meu passaporte.

– Mas o seu nome é alemão.

– Sim, sou descendente de alemães.

– Se um gato nasce dentro de um forno ele é um gato ou é um biscoito?

– Bem, é um gato.

– Então, você é alemão.

Visto por essa perspectiva, sou francês. Ou, talvez, italiano. Mas nasci num forno brasileiro.

116 Vergonha sobre as acadêmicas Dilaine Soares Sampaio de França e Dra. Maria Lucia Abaurre Gnerre, da Universidade Federal da Paraíba.

- Preconceito e discriminação contra autor brasileiro, porque não o citam, mas citam outros autores, por ser estrangeiros, os quais não são os autores nem do nome, nem do desenho do ashtánga yantra, atribuindo a eles a autoria que não tiveram.
- Falta de ética ao utilizar nome e imagem registrados por autor brasileiro sem lhe dar os devidos créditos.
- Erro ao afirmar inverdade.
- Plágio, porque usaram o nome e o desenho de um autor sem citar a fonte e sem respeitar o Direito Autoral.

Foi publicado um trabalho acadêmico na Universidade Federal da Paraíba, mencionando o ashtánga yantra, o símbolo do SwáSthya Yôga, em março de 2012. O nome ashtánga yantra foi criado por mim e, Inclusive, a ilustração que consta do trabalho acadêmico em questão foi retirada de um livro meu. No entanto, as acadêmicas que o escreveram não citaram o autor Prof. Dr. DeRose porque ele é brasileiro; e muito provavelmente por serem simpatizantes de alguma outra corrente de Yôga antagônica. Para fundamentar o símbolo que surgiu por minha percepção do insconsciente coletivo, citam autores estrangeiros (um francês e um estadounidense). Coisas assim são de causar indignação e vergonha alheia. Confirme por você mesmo:

derose.co/denunciadediscriminacao

Mas, o pior é que o símbolo que as autoras tentam, desastrosamente, fundamentar com a literatura estrangeira, não é o que está nos livros citados por elas: é o que eu escrevi nos meus livros e que elas copiaram. Nas minhas aulas em vídeo, que estão gravadas desde o século passado, eu informo que o ashtánga yantra é baseado em um outro símbolo, e que este outro símbolo consta no livro do autor francês Jean Rivière. As moças pegaram essa informação e citaram só o Jean Rivière. Mas erraram, porque o desenho que está no livro do autor francês **não é** aquele que elas surrupiaram anti-eticamente dos meus livros. A minha aula gravada em vídeo, com o devido esclarecimento, também consta do livro **Teoria e Prática do SwáSthya Yôga**, da Professora Waltraut Straube, publicado em São Paulo, na década de 1980. No meu livro **Yôga, Mitos e Verdades**, publicado na década de 1980, podemos ler: "O ashtánga yantra é o símbolo do SwáSthya Yôga. (...) Parte de sua estrutura é explanada no Shástra *Yantra*

AGRADECIMENTO

Desde o início do nosso trabalho na década de 1960 até o momento em que escrevo, a concorrência, com dor de cotovelo, envia cartas anônimas difamatórias (só por ser anônimos esses ataques ficam sem credibilidade) e dossiês falsos com dados adulterados para todos os lugares que eu frequento e para todas as instituições onde leciono. Nunca isso conseguiu me prejudicar, haja vista a quantidade de universidades em que ministro cursos há mais de 40 anos e a quantidade de honrarias que recebo de entidades governamentais, culturais, militares, humanitárias, policiais, acadêmicas e outras.

Temos nos fortalecido tanto com essas agressões que já há a suspeita de que é algum admirador nosso que as orquestra como estratégia para aumentar a admiração pelo nosso trabalho e causar repúdio aos que nos atacam.

Mas não foi nenhum admirador. Foi uma anta! Pois não percebeu como isso seria bom para nós. Ou, se percebeu, a inveja era tanta que o concorrente em questão não conseguiu resistir e postou assim mesmo. Agora deve estar se mordendo com os resultados a nosso favor.

Tais adeptos de outras correntes de Yôga não percebem que cada vez que cometem essa baixeza, tornam-me mais forte perante as pessoas e entidades, pois todos consideram tal atitude tão indigna que passam a simpatizar muito mais comigo e a me oferecer mais solidariedade. Os resultados têm sido tão bons que já estou cogitando em distribuir eu mesmo os benditos ataques.

Portanto, meu eloquente agradecimento a todos esses apoiadores anônimos, que me permitiram chegar onde estou agora.

Chintamani." As plagiadoras copiam, inclusive, essa frase do meu livro. Mas fizeram questão de não citar o autor brasileiro. Observe que eu escrevi "parte da sua estrutura"! O desenho e o nome que foram apropriados pelas acadêmicas Dilaine Soares Sampaio de França e Dra. Maria Lucia Abaurre Gnerre estão registrados há muitos anos na Biblioteca Nacional como Propriedade Intelectual e também no INPI, como marca registrada, além de constar de vários livros de minha autoria. Noutro país, esta denúncia seria suficiente para anular o trabalho e cassar o título de quem tivesse cometido semelhante falta.

Esta é a explanação completa que consta do meu livro *Tratado de Yôga*:

O ashtánga yantra é o símbolo do SwáSthya Yôga, o Yôga Antigo. Suas origens remontam às mais arcaicas culturas da Índia e do planeta. Parte de sua estrutura é explanada no Shástra *Yantra Chintamani*. Nessa obra clássica, sob a ilustração consta a legenda: "Este é o yantra que detém a palavra na boca do inimigo". Constitui um verdadeiro escudo de proteção, lastreado em arquétipos do inconsciente coletivo.

NOTA DO CAPÍTULO:

CRONOLOGIA DO SURGIMENTO DOS RAMOS DE YÔGA ACEITOS ATUALMENTE:

Os dados abaixo foram captados na Wikipédia (27/2/2017), logo, não são confiáveis.

Kundaliní Yôga – 1930, as bases sincretismo por Swami Nigamánanda e formatado em 1935, por Swami Sivánanda.

Kriyá Yôga – revivido por Lahiri Mahasaya e sistematizado em 1920 por Swami Yôgánanda.

Yôga Integral – 1926, criado por Srí Aurobindo.

Siddha Yôga – 1956, criado por Swami Muktánanda.

Iyengar Yôga – 1966, criado por B.K.S. Iyengar.

Power Yôga – 1980, criado nos Estados Unidos por Bryan Kest.

Portanto, são incompreensíveis as querelas de alguns, encolerizando-se por DeRose ter "criado" o SwáSthya Yôga. Precisamos estar o tempo todo relembrando que o SwáSthya não foi criado e sim sistematizado. É a codificação do Yôga Pré-Clássico (Dakshinacharatántrika-Niríshwarasámkhya Yôga). Apesar disso, as hostilidades continuam por parte dos praticantes e ensinantes de Yôga de outras modalidades. A única explicação que nos passa pela cabeça é a de que qualquer pessoa pode criar um novo tipo de Yôga, mesmo alguém jovem e nas Américas, como é o caso do Power Yôga, criado por Bryan Kest nos Estados Unidos, em 1980. Menos um brasileiro, na opinião de outros conterrâneos. Será complexo de inferioridade?

Na minha opinião, ninguém deve "criar" nenhum tipo de Yôga, pois, se for legítimo, todas as suas técnicas já existiam desde a antiguidade. Terá sido feita, no máximo, uma compilação do que sempre existiu. Esse é o caso do SwáSthya Yôga.

Fico perplexo com pessoas que afirmam praticar ou ensinar Yôga, pessoas que se dizem espiritualizadas, que vivem falando de Deus, amor, perdão, tolerância e não-agressão, mas cometem insultos e agressões sistemáticas contra outro professor por não compreender ou não concordar com ele.

Vou continuar relembrando: não criei nada! Eu me sentiria muito orgulhoso se tivesse criado algo tão grandioso, épico, completo, vasto, profundo, fascinante como o SwáSthya Yôga. Mas, por uma questão de honestidade e de bom-senso, tenho que prosseguir insistindo: o SwáSthya não foi criado por mim, foi sistematizado.

Proponho uma alegação eloquente que calará a boca de quem estiver querendo implicar:

"Se alguém criou o SwáSthya, então deve ser um gênio!"

Isso vai fazer muita gente ficar sem argumento e concordar com o fato de que não criei nada. Vai fazer muita gente se convencer de que ninguém teria conseguido criar uma tal quantidade de ensinamentos e de tanta profundidade. Tamanho volume de conhecimentos só pode ter sido acumulado durante séculos e pela contribuição de muitos estudiosos. O SwáSthya é apenas uma codificação desses conhecimentos.

Confira o que foi dito acima, consultando o ***Pequeno Extrato do Tratado de Yôga***:

derose.co/pequenoextrato-tratado

A MISSÃO DO PRATICANTE
ZELAR PELO NOSSO BOM NOME E PELA NOSSA BOA IMAGEM

*A Luz não deve temer a Treva,
pois quando as duas se confrontam
é sempre a claridade que faz a escuridão recuar
e nunca o contrário.*
DeRose

Há missões diferenciadas para o aluno e para o instrutor. No entanto, existe uma que é comum aos dois. Seja aluno, seja professor, todos são praticantes do DeRose Method.

A mais importante e nobre missão do(a) praticante é zelar ativamente pelo bom nome, pela boa imagem do seu Método, bem como do seu instrutor e da sua escola... através de ações efetivas.

Certa vez, um aluno declarou que queria muito cumprir a **missão do praticante**, mas não sabia como. Perguntou como poderia realizar essas ações efetivas. As explicações que dei a ele servem para todos, praticantes, estudiosos, leitores, simpatizantes, alunos e instrutores.

Você que está lendo agora estas palavras pode se tornar um paladino[117], através de duas ferramentas importantes:

1) **A primeira é a sua atitude.** O seu comportamento diz muito a respeito do seu instrutor, da sua escola e do seu Método. Por isso, é fundamental que você demonstre na vida uma atitude elegante, cordial, simpática, educada e, acima de tudo, honesta nos relacionamentos com os familiares, com os amigos, com os clientes, com os subordinados, com os desconhecidos, até mesmo com os

---

117 Paladino – indivíduo destemido sempre disposto a defender os oprimidos e lutar por causas justas. (Dicionário Houaiss)

inimigos. Você é o nosso cartão de visitas. É observando a sua atitude que as pessoas vão nos julgar bem ou mal. Cordialidade, civilidade e elegância devem ser nossa qualidade distintiva fundamental. Todos precisam gostar de nós, de cada aluno nosso, de cada leitor nosso. Não importa quem. Pode ser o nosso porteiro, carteiro, vizinho, mendigo, amigo, desamigo, colega ou familiar. Isso, para nós, é uma questão de honra.

2) **A segunda é o esclarecimento.** Todo o mundo gosta de esclarecimento. Doutrinação, jamais! Contudo, não perca a oportunidade de elucidar quando alguém lhe pedir uma informação ou quando afirmarem algum disparate. Leve em consideração que algumas pessoas quando desejam uma explicação parecem estar agredindo ou puxando discussão. Procure compreender o que há por trás dessa atitude um tanto tosca. Nem todos são tão educados quanto você. Se conseguir manter a civilidade e a simpatia enquanto esclarece alguma imagem eventualmente distorcida, você estará prestando um serviço não apenas ao nosso Método, ao seu Mestre ou à sua escola. Estará prestando um serviço a todos, já que a Nossa Cultura é um patrimônio da Humanidade.

Para poder defender, explicar, documentar o que estiver afirmando é preciso que você conheça o suficiente a fim de não dar informações errôneas, nem reticentes, nem hesitantes. Peço-lhe, portanto, que leia, releia e pesquise os livros recomendados.

Outra medida de apoio bastante conveniente é você ter sempre no bolso, na bolsa, no carro, no escritório, em toda parte, alguns exemplares do libreto **DeRose Method**. Trata-se de um *pocket book* bem pequeno e de custo irrisório, mas que contém uma grande quantidade de esclarecimentos relevantes. Esse livrinho foi escrito justamente para aclarar certas distorções surgidas pela desinformação. Quando está escuro não adianta brigar com as trevas ou tentar empurrar a escuridão para fora. Basta acender a luz que a escuridão sai sozinha.

Pondo os pingos nos ii s

Estes esclarecimentos se mostraram necessários e eu decidi prestá-los desta forma em respeito aos nossos alunos e amigos.

A decisão de ser anticomercial

Por um impulso natural, sou um dos mais desapegados dentre todos os professores, autores, escritores e empresários do nosso segmento, pois disponibilizo minhas aulas e até meus livros para *download* gratuito no nosso site. Permito a utilização da minha marca sem pagamento de *royalties* por parte dos instrutores filiados ao Método. Para ser filiados ao DeRose Method também não pagam nada[118]. Durante mais de trinta anos, mantive o aviso impresso nos meus cassetes de aulas: "É permitido fazer cópias desta gravação e distribuí-las por entre os interessados." Com o advento dos CDs, deixei de colocar esse aviso, desnecessário, já que os CDs também estão disponíveis gratuitamente no nosso site. No site, também disponibilizo centenas de vídeos de *webclasses* sem cobrar nada. E ainda divulgo no site da Uni-Yôga, sem nenhum custo, os dados de centenas de instrutores de diferentes linhas de Yôga. Ora, nenhum outro profissional da nossa área proporcionou tamanha demonstração de desapego pelo dinheiro. Então, por que algumas pessoas do *métier* não reconhecem isso? Vou lhe dizer por quê.

Antigamente, lá pelos idos de 1970, nós do Yôga éramos quase todos alternativos, hipongas-festivos (contra o Sistema, embora vivêssemos

---

118 **A filiação é gratuita**. Para o sistema funcionar, os instrutores filiados compram do distribuidor credenciado (pela metade do preço) o material didático de que necessitarem. Quando fornecem esses suprimentos pelo valor normal aos seus alunos, dobram o capital investido na aquisição. Ao mesmo tempo, permitem que a nossa editora exista e siga publicando os livros que consideramos sérios, úteis e importantes para os nossos estudantes. É uma espécie de ecossistema em que ninguém paga, mas todos ganham.

446 QUANDO É PRECISO SER FORTE

às custas dele), misticóides e de esquerda, conquanto não soubéssemos ou discordássemos disso.

Um dia, em 1971, decidi dar um curso na minha escola. Como eu não tinha dinheiro nem para comer, rodei, em casa mesmo, uns folhetos, no mimeógrafo a álcool para divulgar o dito curso. Ficaram péssimos, não se conseguia ler quase nada. E, não tendo recursos, imprimi apenas umas 200 cópias. Elas foram distribuídas precariamente pelos nossos alunos nas filas dos cinemas especializados em filmes de arte e contracultura. O resultado foi surpreendente. Compareceram tantos participantes que a sala não pôde comportar. Isso era inexplicável, pois, além de quase não se conseguir ler o que estava escrito, fora distribuída uma quantidade insuficiente. Dependendo apenas de folhetos, para colocar cem inscritos seria necessário, estatisticamente, distribuir mais de **dez mil** flyers.

Concluí que havia encontrado uma linguagem da qual as pessoas gostaram. Com o parco dinheirinho arrecadado no curso que dera certo, resolvi repetir a experiência, mas agora com impressos bem feitos. Utilizei exatamente o mesmo texto e as mesmas ilustrações, com o mesmo tamanho e a mesma distribuição na folha. A única diferença é que desta vez mandara imprimir decentemente, em *off-set*. Como em gráfica não se pode imprimir pouca quantidade, mandei rodar três mil. Os três mil foram distribuídos nos mesmos locais. Mas como eram muitos, também foram divulgados noutros lugares. A considerar os resultados obtidos com os impressos improvisados, deveríamos contabilizar uma grande procura. Se fosse proporcional, 200 produziram 100 inscrições, 3000 resultariam 1500. No entanto, não houve nenhuma procura. Resultado nulo.

Perplexidade!

Sem recursos para imprimir novamente em gráfica, rodei os próximos outra vez em casa, naquele famigerado mimeógrafo a álcool. Os impressos saíram terríveis como anteriormente. Ao distribuir os impressos, outra vez os resultados positivos foram impressionantes! Decidi consultar as próprias pessoas que foram sensibilizadas pelos prospectos caseiros e perguntei por que ninguém acorreu quando fiz impressos decentes. Todos, unanimemente, me responderam que os impressos caseiros demonstravam honestidade de propósitos, inspiravam confiança, sugeriam um professor que não tinha dinheiro, logo, honesto. E que os impressos bem feitos eram "muito comerciais", ainda que contivessem o mesmo texto e as mesmas ilustrações. Ao utilizar a gráfica de *off-set*, eu teria cedido ao *Establishment*!

Compreendi o mecanismo psíquico da contestação, mas eu não podia sacrificar a qualidade e a estética, nem ficar à margem da sociedade em nome do alternativismo. Queria fazer um trabalho honesto, sim, mas com excelência técnica e profissionalismo. Queria uma escola bem instalada. Queria livros bem impressos. Isso era imperdoável para a nossa profissão. Fui crucificado por fazer coisas bonitas e bem-acabadas, quando os demais faziam-nas de carregação. Quem as fazia mal-acabadas acusava-nos de que se nossos livros e escolas eram bem feitos isso exigia dinheiro. Então, tínhamos que tê-lo. E isso era uma heresia, um sacrilégio. Para eles, ser esculhambado era ser honesto.

Já não estamos na década hippie de 1970, mas certos comportamentos no ambiente do Yôga foram passando de geração em geração e ainda há muita gente hoje, no *métier*, que pensa exatamente da mesma forma.

Em 2016, publiquei na minha Fan Page, uma coreografia do DeROSE Method. Apressei-me em postar um aviso de que não se tratava de Yôga. Veja os comentários que se seguem:

> **DeRose** - Algumas pessoas estão enviando mensagens dizendo: "Que Yôga lindo" e outras frases semelhantes. Quero lembrar que isto não é Yôga. Conforme eu escrevi lá no post, isto é DeRose Method. DeRose Method é outra coisa.
>
> **Vinícius Maltauro** - Incrível a força e o equilíbrio da Anabella, parabéns pela dedicação! Por outro lado achei comercial e erotizado e realmente isto não se deve confundir com yoga.

Este último, considerou "comercial e erotizado" e, portanto, "não pode ser confundido com Yôga". Fiquei perplexo! Além do preconceito de que algo "comercial e erotizado" não possa ser Yôga (não entendi a relação!), eu pergunto: por que uma coreografia de ginástica rítmica ou de jazz não seria considerada "comercial e erotizada" e a nossa, sim? **A mim, me parece preconceito e discriminação, pura e simples.** Certamente, quem emitiu esse julgamento era alguém do submundo do Yôga, porque nenhuma pessoa normal consideraria esta coreografia como "erotizada" e, muito menos, "comercial".

Confira no vídeo: derose.co/coreografia-anabella

SÓ AULAS GRÁTIS

Foi-me perguntado se havia algum motivo para não divulgar que só ministro aulas gratuitas e que o faço há mais de trinta anos. Na verdade, não existe nenhuma razão. Só não me ocorrera motivo para divulgá-lo antes. Mas, para mero registro, fica a informação de que há mais de três décadas só ministro uma aula por semana. Essa aula sempre foi gratuita, portanto, todas as aulas que ministrei nos últimos trinta e poucos anos foram sem ônus para os interessados. Esse dado é conveniente como demonstração de que não trabalhamos visando dinheiro.

Com o tempo, a maior parte dos interessados nessas aulas veio a ser constituída pelos próprios instrutores, a quem demos prioridade nas vagas. Hoje, temos um salão sempre lotado no qual 95% das vagas são ocupadas por instrutores que acorrem de diversas cidades e países.

Única exceção: de uns tempos para cá, comecei a ministrar também uma prática avançada, uma vez por mês, em turma exclusiva para instrutores formados. Esse sádhana é a única aula regular que tem uma remuneração. Como se trata de uma turma fechada, só para instrutores formados, não é aberta ao público.

Fora as aulas, tenho a satisfação de ministrar os cursos, cada vez em uma cidade ou país diferente e esses sim, precisam de uma taxa de inscrição que cubra as despesas com deslocamentos aéreos, hotéis, alimentação etc, que pague a instalação em uma sala da Universidade Federal, Estadual ou Católica e que remunere os organizadores.

Não tenho nada contra o dinheiro, mas a vida me ensinou que há valores e satisfações mais importantes do que o nobre metal. Pelo mesmo motivo, nossos instrutores interrompem o trabalho que lhes dá o ganha-pão a fim de dedicar seu tempo a ações de responsabilidade social e humanitária.

DINHEIRO E DESAPEGO

Dinheiro não é o problema. Problema é o apego a ele ou o seu mal uso. Eu sempre fui muito desapegado de dinheiro e de propriedades. Devo isso ao fato de que minha formação foi bastante influenciada pela fase espiritualista na adolescência e, depois, pela contracultura dos anos 1970's, que abominava o *Establishment* (ou "*o Sistema*", como dizíamos).

Quando a Fernanda Neis foi convidada a administrar a Sede Central do DeROSE Method, em São Paulo, um dia ela me viu preenchendo um cheque e, um pouco preocupada, perguntou:

– Você não anota nada no canhoto do talão de cheques?

– Não.

– Então, como sabe quanto tem no banco?

– Eu não sei.

– E como controla a conta? Como nunca passa cheque sem fundo?

– Intuição!

Pelo sim, pelo não, a partir daquele dia, Fernanda começou a administrar minha conta bancária. Não que não confiasse na minha intuição. Era só por segurança!

Ao longo de mais de cinquenta anos de carreira, muita gente ficou me devendo dinheiro. Devem ter pensado que eram espertos e que eu não era. Acontece que conheço as leis universais. Quando se trata de dinheiro, eu sempre digo: "Não vou ficar mais pobre sem essa quantia." E, de fato! Os supostos espertos continuam mal de vida, alguns muito pior do que já estavam antes da falcatrua perpetrada. E eu estou cada vez mais próspero.

Há dois episódios envolvendo automóveis que podem bem ilustrar esse desapego. Em 1972 eu tinha um fusquinha. Era um automóvel popular, mas era tudo o que eu tinha. Estava estacionado, esperando uma amiga, quando um motorista deu uma fechada noutro e esse segundo, para desviar-se, abalroou o meu carro que estava parado. Os dois motoristas começaram a discutir para decidir quem deveria pagar o meu prejuízo. Então eu me aproximei e lhes disse: "Meus amigos, hoje é dia 24 de dezembro. É Natal. Vocês não precisam brigar. Vamos apertar as nossas mãos pela oportunidade de termos nos conhecido e fica cada um com o seu prejuízo, está bem?" Eles me olharam sem entender, mas concordaram e foi cada qual para o seu lado.

Quarenta anos depois, em 2011, eu havia comprado um automóvel bem mais caro, um Mercedes Benz novinho em folha. Logo na primeira semana da compra, quando o veículo ainda está com aquele cheirinho bom de saído da fábrica, minha secretária veio falar comigo com uma fisionomia de indisfarçável constrangimento e me confessou, meio insegura: "Mestre, eu fui sair da minha vaga na garagem e bati no seu carro novo." Não sei se ela esperava que eu reagisse com a neurose que afeta todos os proprietários de automóveis no mundo. Segundo Vivi talvez imaginasse, eu deveria fazer uma cena e brigar com ela. Pelo menos fazer uma cara feia e expressar uma exclamação de aborrecimento. Mas a minha reação foi dizer-lhe simplesmente: "Tudo bem. Depois, mandamos para o conserto." Pude testemunhar seu suspiro de alívio, a fisionomia de felicidade e uma lágrima de emoção que ela tentou disfarçar.

Baseado nisso, sempre dei boas gorjetas e contribuições para entidades que fazem um trabalho sério de filantropia. Dinheiro é importante, mas é preciso lidar com ele sob a égide do desapego. Quanto mais apegado, mais ele foge de você.

Eu acabei obtendo muito sucesso na vida, inclusive financeiro. Ensino meus supervisionados a ganhar bem, porque isso é fundamental para sua dignidade como ser humano, sua saúde, segurança para o caso de um acidente, ou doença e mesmo para a velhice. "Vencer na vida" é importante para os seus familiares e para contar com o respeito das pessoas. Contudo, ser dinheirista, mercantilista, apegado ao nobre metal constitui um defeito que espero evitar nos que seguem a nossa proposta profissional.

"Muito polêmico"

Este apodo me deixa abismado, pois, desde jovem, sempre fui conciliador e procurei sistematicamente evitar polêmicas. Por outro lado, os opositores continuamente polemizaram comigo. Então, quem merece o *elogio* de polêmico nessa história?

Toda a nossa proposta comportamental se alicerça em evitar conflitos. Nossa postura ética habitualmente foi e é a de não falar mal nem mesmo daqueles que nos ataquem. Desde 1960, constantemente divulguei os "concorrentes". Primeiro, em quadros de avisos, nos quais eu afixava os cartões e folhetos dos outros professores de todas as modalidades. Depois que comecei a publicar meus livros, passei a divulgá-los nas páginas finais. Você pode confirmar isso procurando nos sebos (alfarrabistas) os livros que eu publiquei de 1969 até 1977. Depois passei a divulgar os que realizavam trabalho compatível. E atualmente, publicito no site www.Uni-Yôga.org instrutores de diversos ramos de Yôga, Yóga, Yoga e ioga[119]. Regularmente, envio-lhes cartas e centenas de livros sem, contudo, receber qualquer resposta. Mas sinto que devo continuar dando essa demonstração de boa-vontade para tentar quebrar o costume da desconfiança e da animosidade que é tradicional na nossa área.

Jamais protagonizei bate-bocas com quem quer que fosse e até mesmo nos inúmeros debates na televisão consegui apaziguar os ânimos para que a discussão prosseguisse de forma civilizada.

O leitor encontrará no nosso blog diversos exemplos disso, em que adeptos de Yôga agressivos, irônicos e mal-educados obtiveram respostas minhas que, longe de polemizar, esclareceram-nos de forma tão cristalina que a atitude deles mudou diametralmente já na primeira réplica. Passaram a mostrar-se pessoas educadas e até carinhosas comigo. Está tudo registrado no blog do DeRose para sua consulta.

Para lhe dar uma ideia, reproduzo no próximo capítulo alguns desses diálogos.

---

119 Solicito ao leitor que me envie os dados (nome, endereço com CEP, telefone com DDD, e-mail) dos instrutores de qualquer linha para enriquecer nossa listagem que, acreditamos, seja o maior cadastro desse *métier* existente no nosso país.

Muita gente acha que está seguindo o DeRose Method,
mas, na verdade, está indo para o outro lado.

Quem nos faz oposição e por quê
(e como responder a eles)

Muitas vezes, as pessoas nos agridem por mera desinformação. Se, ao invés de perdermos a paciência, nós lhes dermos um pouco de atenção, aquelas pessoas que vinham se comportando como se fossem nossos inimigos mortais, convertem-se em nossos amigos e defensores.

Certo dia, abri meu blog e encontrei cinco comentários seguidos postados pela mesma pessoa, uma ensinante de ióga indignada, aparentemente, porque em algum *post* eu devo ter dito que jantaríamos às 23 horas (!).

O pseudônimo que ela usou para não ser identificada foi Uma Durga. Uma é outro nome da deusa Parvatí, principal esposa de Shiva. Durga é o nome de outra deusa, outra esposa de Shiva.

Depois, reproduzirei a comunicação com um praticante de outra linha, que adotou o pseudônimo de Vivekananda, nome de um Mestre de linha Vêdánta, para deixar bem claro que é de corrente antagônica à nossa, esta fundamentada pelo Sámkhya.

Preciso esclarecer ao leitor que nós, no DeRose Method, não utilizamos pseudônimos. Fazemos questão de assinar nosso próprio nome legal e responsabilizar-nos pelo que dissermos ou fizermos ao longo da vida.

Vou "copiar e colar" *ipsis litteris* o texto enviado por eles e as respostas que eu dei. Tenho dois objetivos ao publicar estes textos. Um deles é mostrar o perfil cultural e psicológico de quem nos faz oposição; o outro é o de demonstrar que a maior parte dessas pessoas não tem más intenções e, se for tratada com consideração, pode mudar de atitude com relação a nós. Nunca devemos responder com agressividade, nem impaciência, nem humildade, nem devemos nos justificar. Devemos sempre esclarecer. Observe como os dois mudaram o tom depois que eu lhes respondi.

Comentários de Uma Durga

Primeiro comentário em 27 de dezembro de 2010:

! jantar apos as 23h? sou paulistana e nunca ouvi sobre isso... ainda mais praticantes de yoga, solares, ou o senhor eh pitta–pitta–pitta ou ha algo fora do contexto....

Segundo comentário no mesmo dia, em 27 de dezembro de 2010:

há algum livro, que não seja de derose, indicado para leitura dentro do "metodo de rose", sobre os pradipikas, os sutras, e as passagens ludicas do hinduismo, a cosmogonia...e o bhagavad gita? e o ramayana? porque enclausular quando a meta do yoga é "moksha", tambem libertação? foi apenas quando descobri outros autores e as outras janelas do yoga que compreendi como estava enjaulada dentro do metodo de rose, comod escobri tambem como o yoga é vasto, libertador, enriquecido quando livre do apego aas açoes... o despertar acontecera...em algum momento....

Terceiro comentário no mesmo dia, em 27 de dezembro de 2010:

concordo com a flores. estudo, pratico e ensino yoga ha mais de 15 anos, comecei com de rose, mas 2 meses depois, na unidade que fazia, percebi algo errado....como sempre fui autodidata, conhecia mais do yoga do que asanas, e percebi que todo o material de literatura e extensao de conhecimento era do derose...havia algo errado.enfim, fest-yoga nomeia o yoga como tema de algum festival, e o metodo de rose eh apenas uma parte pequena do vasto mundo do yoga. sugestoes como festival do derose, etc, seriam muito mais adequadas. pensem nisso.

Quarto comentário no mesmo dia, em 27 de dezembro de 2010:

céus...nao se pode mais falar yoga agora? voces estão piro do que eu pensava....há tempos nao ouvia algo histerico deste genero. ahco que vcs estao partindo para a histeria nesse momento "histórico"....

Quinto comentário no mesmo dia, em 27 de dezembro de 2010:

derose...voce aplica marketing (obviamente norte–americano) de qual decada, 50, 60, 70 ou 80? ja andou lendo sobre o mkt atual na terra dos hiper-consumistas? a quem pensa enganar? seu karma pode estar ficando cada vez mais pesado. quiça nao estenda-se este para o plano físico. voce nao esta sozinho em suas lubridiações...assim, acho que nao vai pro ceu quando cair sem prana no organismo, hein?

RESPOSTA QUE EU DEI

Olá, Uma.

Por um feliz acaso (ou seria uma sincronicidade?) os nossos moderadores não filtraram esta sua mensagem, o que me deixa muito feliz. Os organizadores do blog decidiram que para me poupar, responderiam eles mesmos a maior parte das mensagens ou deletariam as que bem entendessem. Assim, quase nunca eu tenho a oportunidade de dialogar com quem tenha alguma discordância, como é o seu caso. Já que não tenho muito tempo, pois estou o tempo todo escrevendo meus livros, ou viajando para dar cursos, aceitei essa proposta dos moderadores.

Acontece que eu gosto muito de conversar com meus amigos de outras modalidades, porque isso nos enriquece a ambos. Pelo menos, a mim enriquece a minha cultura e tolerância.

Gostei de saber que você ensina yoga há mais de 15 anos. Fico feliz quando encontro alguém que faz um trabalho com convicção em prol da humanidade, como deve ser o seu caso.

Tenho pena que na escola em que você estudou só indicassem os meus livros, já que nesses meus livros eu recomendo obras de vários autores e de outros tipos de Yôga, inclusive os textos clássicos. Indico cerca de 20 autores, entre eles, Sivánanda, Georg Fuerstein, Tara Michaël, Theos Bernard, Purôhit Swami, Kastberger, Sir John Woodroffe, Monier-Williams, Van Lysebeth, Mircea Eliade e outros.

Fiquei com pena que você em apenas dois meses de prática já se considerou enjaulada dentro do Método DeRose. Lamento sinceramente. No entanto, há uma correção: você não praticou o Método DeRose. Talvez tenha praticado apenas o SwáSthya. Ou talvez nem ele, pois em dois meses é possível que você tenha ficado na turma de pré-Yôga. Não obstante, o Método DeRose não é Yôga. É outra coisa que, certamente, a escola em que você se matriculou não teve tempo de ensinar.

De qualquer forma, isso não tem problema algum. Precisamos respeitar a liberdade de escolha e a diversidade de opiniões, senão não estaríamos ensinando Yôga. Já imaginou se todos só gostassem do Hatha, o que seria do Rája Yôga, do Karma Yôga e das outras modalidades?

Quanto a não mencionar Yôga, obviamente, refiro-me a um contexto em que não se tratar de Yôga e sim do Método (que, já disse, é outra coisa), ou quando o interlocutor não tiver conhecimento suficiente sobre o assunto e for nos cobrir de preconceitos e discriminações. Nesse caso, como as palavras existem para que nos comuniquemos, se uma palavra vai atrapalhar a comunicação, essa palavra não pode ser usada com aquela pessoa.

A respeito de marketing estado-unidense, deve haver algum equívoco por duas razões: uma, é que só fui aos Estados Unidos uma vez há mais de 30 anos e nunca mais voltei[120]. Prefiro dar meus cursos na Europa. E segundo, porque profissionais da área já me esclareceram que eu aplico o antimarketing. O marketing consiste em dar às pessoas aquilo que elas querem, e o que nós fazemos é o contrário, pois nos recusamos a deturpar os ensinamentos dos Mestres ancestrais e jamais adaptá-los às exigências de uma opinião pública consumista.

Sobre a sua sugestão para que o Festival se denomine Festival DeRose, como não sou eu quem os organiza, não posso interferir. Participo somente como convidado. Mas vou encaminhar a eles a sua sugestão.

Há muitos anos estou afastado de áreas administrativas, na verdade, desde que me aposentei do cargo de Diretor de escola, há mais de 20 anos. Hoje, graças a Shiva, não tenho mais que tomar nenhuma decisão. Quem decide tudo é o Colegiado de Presidentes de Federações em comum acordo com os instrutores das escolas do Brasil, França, Inglaterra, Itália, Espanha, Portugal, Estados Unidos e Argentina (onde estou neste momento). Sinto-me bem contente que seja assim, para que eu possa dispor de mais tempo para escrever e ensinar.

Ah! Você se referiu a praticantes de Yôga solares? Nós somos shivaístas, portanto, lunares. A meia lua se encontra na cabeça de Shiva, o criador do Yôga. O disco solar, no entanto, encontra-se no dedo de Vishnú, classificando-o como solar. Deduzo, assim, que você deve ser vishnuísta. É uma linha bem diferente da minha, mas, nem por isso, devemos nos agredir.

Estimada amiga, obrigado por esta oportunidade. Espero que possamos conversar mais. Para que os moderadores não deletem os seus comentários, a fim de que eu possa lê-los, sugiro que você mesma modere a mensagem antes de enviá-la. Por mim, não tem problema, pois nestes 50 anos de magistério tenho conversado com todos os tipos de debatedores, dos mais educados e evoluídos até os mais emocionalizados e com ódio no coração. Eu gosto de todos os debatedores por que eles me ajudam e você não imagina o quanto. Che-

---

120 Retornaria aos Estados Unidos em 2011.

guei aqui graças a eles. Foi por isso que dediquei o **Tratado de Yôga** ao coronel. Mas não queria que nossa conversação fosse interrompida pelo moderador.

Um abraço deste seu amigo e os votos de um Ano Novo pleno de felicidade, compreensão, diálogo e generosidade para você e todos os seus.

RESPOSTA DADA PELA UMA DURGA

namaste, de rose.

obrigada por responder.

como sempre, educado. partilhamos do mesmo signo solar, aquario. uma das caracteristicas aquarianas (mito de prometeu) eh sempre tentar levar ao homem (teandrico) o poder dos deuses. aquario tambem possui uma energia poderosa interna, fisica mesmo, ou melhor, eletrica. nao sei onde vc ascende (ascendente) mas deve perceber a eletricidade como uma corrente ininterrupta em si. a mim, meditaçao colabora, assim como os pranayamas.

nao tenho nada contra a rede franquiada de rose, a meu ver, eh apenas mais uma forma de manter-se na vida financeiramente fazendo algo em que acredita e gosta, vc entao é um dos contemplados, pois sabemos que, como num mundo globalizado, hoje esta cada vez mais dificil arrumar uma ocupaçao rentavel em algo que acreditemos e gostamos....afe...queria eu (ou melhro, quero ainda) poder estar assim atulmente.

enfim, como conheço o "universo do yoga" brasileiro, ou seja, escolas e formadores de futuros professores, ja que trabalhei em editoras que fomentam este meio, tive a oportunidade de me deliciar e de me recolher diante de tanta coisa...um jardim com flores e e ervas daninhas, mas..como sou naturalista, ao menos na natureza inclusive elas, as daninhas, sao necessarias. pesquizei, editei e produzi diversos eventos de yoga em varios estados, como o yoga pala paz, shadana, etc etc etc...sempre me deparei com egos expostos de forma bastante clara, onde deveriam estar, digamos, sob controle.

enfim, dai por diante, busco agora o mundo recluso e discreto do yoga, longe da midia, onde yamas e nyamas sao a estrutura para se chegar, sentar e seguir.

desejo a voce, entao, bons pensamentos, e que Deus, pois acredito em Deus, este, com d maiusculo mesmo, portanto, tenho fe e nao questiono mais isso, ilumine seus pensamentos secretos, solitarios (em solitude) e fomente seu espirito, ja qeu conseguiu ser um empresario responsavel por outras pessoas, de forma etica, embasada nos yamas e nyamas.

nao sou nem shivaista, nem adoradora de brahma ou vishnu. apesar de ter bastante imagens de shiva, esta eh uma deidade que me chama pelo poder que envoca de transformaçao, meu codinome eh uma, deidade devi, tb força transformadora... sobre o solar ou lunar, desde que me entreguei ao caminho espiritual, entre eles o yoga, tornei-me naturalmente solar, nao frequento mais a noite, nem o uso de substancias que me tirem a consciencia ativa, por isso me penso, erroneamente, que pessoas que tb trilham um caminho de devoçao e conduta visando aprimoramento espiritual façam o mesmo.... rs... calma... nao eh como ser santo, estamos longe disso, mas sabemos todo o misterio que a noite abre e encerra, nao eh? enfim...sigamos.

bons dias, bons sois, boas luas. bons pensamentos.

namaste.

Resposta que eu dei

Uma, não sabe como me fez feliz com a sua resposta! Então vamos lá:

1. Meu ascendente também é aquário.

2. Não trabalho com franquia. As escolas, associações e federações que se filiam são independentes, cada qual tem seu diretor, presidente ou proprietário e não me pagam *royalties*.

3. Gostaria que você me honrasse com a sua amizade. Quando vier ao Brasil me avise para que possamos conversar um pouco.

4. Eu também ficaria feliz se você lesse o nosso livro ***Quando é Preciso Ser Forte***, da Editora Nobel, que relata muitas coisas boas do Brasil e da Índia. No nosso site estão disponibilizados gratuitamente mais de dez livros meus para *download*. Assim, nos aproximaríamos mais.

Desejo-lhe toda a felicidade que você merece. Que Shiva a ilumine e lhe conceda a evolução cada vez mais rapidamente pelo poder da transformação.

SwáSthya!

Resposta dada pela Uma Durga

bom dia.

nao estou fora do brasil..

estou em sao paulo. moro atualmente em florianopolis, no meio do mato, nao tenho internet, por isso, aqui em sp, na casa de minha mae, estou quase sempre online.

se seu ascendente eh aquario, e o solar tb eh aquario, entao, vc acende no oposto, leao. uma das maravilhas da astrologia eh investigar as entrelinhas. astrologicamente, o objetivo de cada signo eh chegar no positivo de seu direto oposto....como vc vai entao pra leao, entao seu objetivo eh chegar no aquario–positivo. eh uma dica.

sobre seu livro, quando eh preciso ser forte, ja adianto que....quase sempre (no meu caso) isso eh necessario, devido aos karmas acumulados de vidas passadas e desta....rs....tb esqueci de dizer algo sobre a vida noturna, ja que li que gosta de jantar as 21hs....adepta da ayurveda, aprendi a fazer as refeiçoes leves ate aas 19h, 20h, depois, o repouso. para uma boa manutençao de vida e saude em estado natural, penso ser isso o mais proximo do ideal. uma vida diurna e noturna (nao sei como eh a sua neste aspecto, falando em saude mesmo, fisica), pode gerar estados de tensao e estresse, e pelo qeu sinto, vc ainda parece ser um pouco controlador (leao), quando ainda pensamos estar no controle, intimamente (leia-se inconsciente.mente) geramos estados de estresse, o que pode agravar o estado de saude no corpo fisico.

cuidado....nao sei como anda, como disse, nao o conheço pessoalmente e ja me abstive ha tempos de falar dos outros, entao, eh apenas uma dica instintiva.

uma vez, derose, ha anos atras, eu, viajando bastante a trabalho,estava em sp, e me reuni com alguns amigos, professores de yoga, pois tinha a ideia de fazer uma conferencia com todos aqueles que formavam professoresde yoga aqui, no brasil. eu via que estava (esta) tudo um pouco distorcido e a enfase ao aspecto fisico e margeal do yoga estava grande. nao havia profundidade e algumas "modalidades" apenas reforçavam o ego errado devido aa enfase aas posturas meramente fisicas, acrobacias, lindo aos olhos mas denso demais. nao me contentava, naquela epoca, com isso (hoje, depois de mais estudo e svadhyaya, penso diferente), e queria reunir esses profissionais. conversei com muitos, poucos concordaram, entre eles, anderson, marco shultz, pedro, alguns dadas, mas muitos nao acreditaram ou nao quiseram seguir adiante. enfraqueci, e desisti. meu lado sagitus nao filosofou o suficiente....o tempo tudo arruma, nos que nao compreendemos como este age. ha, somos apenas meros humanos desumanos....rs.

outra coisa...uma vez, trabalhei e produzi um evento de yoga em ubatuba, faz uns 4, 5 anos, com marco s. e **[identidade preservada]** e este, posso dizer, conseguiu chegar, nesta vida, num estado de luz tremendo. diria mais...inspirador. como vc citou que dedicou um livro seu a ele, e como ja ouvi comentarios desrespeitosos sobre ele quando praticava em uma unidade, la na aclimaçao, de swasthya, penso que a relacao entre vc e ele nao deveria ser de uniao. e depois ja ouvi comentarios desses que falam demais, a respeito disso. do que vale a vida , senao, servir ....penso ser isso o yama brahmacharya....como vc entao esta no leao....e sabemos bem ser este um perfil extremamente autoritario, dominador, rigido, orgulhoso, mas tb poderoso em seu sol, generoso, etc, pense no melhor de aquario...este eh o caminho seu astrologico.enquanto isso fico por aqui, curtindo a internet e cuidando de uma infecçao de garganta.

bons pensamentos!

uma

Resposta que eu dei

Bem, Amiga, vamos a estas questões:

1. Não sei onde foi que escrevi que gostava de me alimentar à noite. Devo ter me expressado mal. Meu princípio é não comer à noite. Durante muitos anos meu horário de dormir foi 19 horas e de despertar, 2 da manhã. Praticava na praia até às 5 quando começava a passar gente e o dia clarear. Então, eu voltava à casa para a primeira refeição. Era uma rotina muito boa com 7 horas de prática, 7 de estudo e 7 de sono. No entanto, hoje com tantos cursos e viagens (já estou de volta ao Brasil), muitas vezes sou obrigado a jantar com as pessoas que me recebem tão carinhosamente em suas cidades e países.

2. Se você se animar a reunir os instrutores de Yôga, Yoga, Yóga e ioga, eu acho ótimo. Já imaginou conseguir diálogo entre todos esses batalhadores pela atenuação do ego?

3. Existe uma escola que ensina SwáSthya naquele bairro, mas não é filiada ao nosso trabalho. De qualquer forma, a todos sempre recomendo que nossa marca deve ser a elegância e a fidalguia ao tratar sobre o trabalho dos nossos colegas. A norma é não falar mal de

ninguém. Eventualmente, eu brinco, sem maldade, a respeito do nosso *métier*. No entanto, reconheço que sou excessivamente veemente no falar e isso é um erro, pois posso passar uma impressão que não corresponde à minha intenção. Certamente, a culpa é minha por não ter sabido me explicar direito. Pelo que eu tiver falado e que possa ter insultado a alguém sem querer, peço a quem venha a ler este texto, que me perdoe. Mas, de fato, como você disse, as pessoas falam demais e aumentam o que ouviram sem constatar se é verdade. Ouvi muitas coisas atribuídas a mim, coisas que eu nunca disse nem escrevi.

4. Você mencionou "servir". Meu lema em esperanto, adotado quando eu tinha 18 anos de idade é **Ellerni kaj Servi**, que significa "aprender e servir".

5. Fui casado com uma astróloga extremamente sensitiva que me ajudou muito para administrar os lados menos positivos dos meus aspectos e acho que ela foi bem-sucedida. Mas ainda estou trabalhando para melhorar. Chama-se Eliane Lobato e somos amigos há mais de 40 anos! Acho que os casamentos não devem terminar. Devem evoluir para um patamar mais elevado, no qual tornamo-nos mais do que irmãos.

6. A respeito dos ásanas, no *Tratado de Yôga* escrevi: "Ásana, por ser orgânico, restringe-se a uma conquista muito limitada nesta grande jornada. A excelência técnica pode desenvolver em alguns praticantes um distúrbio de hipertrofia do ego. Tal moléstia faz eclodir uma absurda arrogância [...]. Contudo, isso só corre se o estudante já for portador de uma falha psicológica nessa área e jamais nas pessoas emocionalmente equilibradas. [...] Que esta advertência possa atuar como uma vacina, uma medida preventiva, que salve você daquela hedionda enfermidade a qual vem ceifando tantos promissores yôgins, condenando-os à execração, bloqueando sua evolução pessoal e impedindo qualquer progresso verdadeiro." Se você gostar do texto pode citá-lo onde quiser. Só lhe peço que mencione a fonte (*Tratado de Yôga*, DeRose, Editora Nobel).

7. Para a garganta, faça gargarejo com chá de casca de romã, alternado com gargarejo de gengibre. Tomar chá dessas duas plantas também é ótimo. Deixar um pedacinho de cada um na boca o dia todo dá um reforço.

Beijos.

Não houve mais comunicação.

Comentários de Vivekananda

Qui qui é issu? O Yoga tem 5 mil anos de existência. E a Medicina? Se contarmos a partir de Hipócrates, cerca de metade disso. Daquele tempo até os dias de hoje, muita coisa mudou, a medicina progrediu e muito. Esperava-se que o Yoga (assim como todos os ramos do conhecimento humano) também tivesse um progresso natural. Mas, qual o que, o Yoga bom mesmo é o "original", o pré-histórico, que chegou a nossos dias graças a... a quem mesmo? Segure-se para não cair no chão rolando de tanto rir, mas foi graças a um guru invisível. Ele transmitiu por via espiritual tais conhecimentos originais a um brasileiro[121] que recebeu a dádiva e divulgou-a em sua imaculada forma.Muito bom! Ensino puro, original, sem progresso (pra que?) e transmitido por meio místico – nada mau para alguém que renega o misticismo no Yoga... Vamos pegar os livros originais de Hatha Yoga e respeitar sua letra, onde afirma-se que o ar inspirado vai para o estômago... Afinal, o livro é antigo, "puro e perfeito"... Vamos negar a influência do Hatha Yoga de Caio Miranda, autor muito anterior a de Rose que já usava a incomum expressão "não abastardar o sexo" em seus livros. E o que dizer da ameaça para quem procurar conhecimentos de outras variedades do Yoga? Apenas o "original" tem valor, o resto são deturpações. E não busquem conhecimentos fora disso, as egrégoras se misturam, o buscador vai se dar mal. Não, não há misticismo nisso, tudo é bem racional.

Resposta que eu dei

Bom dia, viveka. Pela sua redação você é uma pessoa inteligente, portanto, entendo que um diálogo entre nós pode enriquecer-nos a ambos. Muitas vezes, os debates entre aqueles que discordam são os mais produtivos.

Apesar do seu texto ser muito lúcido, não entendi algumas passagens sobre as quais você poderá me esclarecer. Não compreendi a expressão "puro e perfeito". Não me lembro de ter escrito isso. Também não entendi por que você quer negar a influência do Mestre Caio Miranda ("Vamos negar a influência do Hatha Yoga de Caio Miranda, autor muito anterior a de Rose que já usava a incomum expressão "não abastardar o sexo" em seus livros."). É preciso prestar a ele o devido reconhecimento, como faço nos meus livros, afinal suas obras muito me ensinaram quando as estudei em 1960 (*A Libertação pelo Yôga*) e 1962 (*Hatha Yóga, a ciência da saúde perfeita*). Por isso, também, fiz uma dedicatória

---

121 Leia o capítulo *Brasileiro não gosta de brasileiro* mais atrás.

em memória a ele no nosso livro *Tratado de Yôga*.

Acho que você é um estudioso bem-intencionado. Por isso, gostaria de manter uma conversação adulta e polida entre nós. Afinal, estamos do mesmo lado: o lado do Yôga.

RESPOSTA DADA PELO VIVEKANANDA

Olá, obrigado, por manter as portas abertas para o diálogo; vivemos tempos difíceis, não são todos os que tem grandeza suficiente para isso. O que não entendi foi o que me pareceu ser uma contradição: escreveu-se um exemplo hipotético de deturpação da capoeira, objetivando (obviamente) fazer um paralelo sutil com supostos séculos ou milênios de deturpação no ensino do Yoga, não é mesmo? O assunto é muito extenso, vou procurar mostrar alguns pontos que não entendi – talvez até por não ter dedicado muito tempo a um aprofundamento sobre o assunto. Vou direto a alguns pontos básicos que me motivaram a escrever meu comentário: quem garante que aquele que escreve sobre deturpação não tenha agido assim quando codificou o Swasthya? Onde acessar as fontes da origem do Swasthya, que me garantem que seu ensinamento não é uma deturpação? Ao escrever isso, passa-se a ideia de que existe um sistema superior a outros. Minha interpretação está correta? Há algum tempo vi alguns vídeos sobre coreografias do Swasthya. Achei bonito e interessante, mas a pergunta foi inevitável: isso é Yoga? Yoga é dança? Ou seja, a pergunta volta à questão: isso também não seria mais uma deturpação do Yoga?

RESPOSTA QUE EU DEI

Eu é que lhe agradeço por aceitar o meu convite ao diálogo.

1) Sua questão é válida. Não há nenhuma certeza sobre as propostas do SwáSthya. O que existe é um esforço sincero para buscar as raízes mais antigas e a constatação pela prática de que as premissas estão sendo confirmadas, em função dos resultados obtidos.

2) As fontes são, em parte, históricas e arqueológicas. Em parte, estão na mitologia e nas lendas. Algumas constam na bibliografia mais séria (Mircea Eliade, Van Lysebeth etc., assinalados nos meus livros). Outras foram colhidas em 24 anos de viagens à Índia e na transmissão oral. A fundamentação está publicada nos dois livros *Quando é Preciso Ser Forte* e *Tratado de Yôga*. É muita documentação para re-publicar aqui.

3) Sua dedução está correta. Passa-se a ideia de que existe um sistema

que é mais antigo e, portanto, satisfaz as expectativas dos que buscam um acervo anterior à ocupação ariana. Ao inspirar autoconfiança e incentivo ao estudante, trata-se de um recurso da pedagogia hindu tradicional. Sivánanda escreveu muitos livros sobre diferentes ramos de Yôga. Quando escreveu sobre Kundaliní Yôga dava a impressão de que fazia apologia de que esse era superior a todos os demais ramos. Mas quando escreveu sobre Hatha, deu a mesma impressão. E quando escreveu sobre Tantra também deu a mesma sensação.

4) O criador mitológico do Yôga tinha o título de Rei dos Bailarinos. Se o Yôga tivesse sido criado por um artista marcial, seria lógico que fizesse recordar uma luta. Tendo sido criado por um bailarino, faz sentido que pareça uma dança. Mas isso foi alterado com o tempo, principalmente após a colonização inglesa que produziu uma contaminação do Yôga indiano pela ginástica britânica dos séculos XVII, XVIII, XIX e XX. Entre outros desnaturamentos está a repetição dos ásanas três vezes, cinco vezes e até setenta vezes! O Yôga primitivo inspirava-se nos movimentos do animais e estes não fazem repetições ao exercitar-se. Alongam-se uma só vez com as patas dianteiras, uma só vez com as traseiras, mas não aplicam o "um, dois, um, dois" da ginástica ocidental. A repetição foi inserida no contágio causado pelos ocidentais. Havendo repetição, não pode ocorrer encadeamento de técnicas que permitem o vínculo com as origens proto-históricas na dança e nos movimentos de alongamento dos animais.

É interessante, porque quando declaro que é Yôga, sempre encontro alguém que questiona que isso não é Yôga. Mas quando apresento como Método DeRose as pessoas declaram: "Ah! Isso é Yôga..." Ossos do ofício!

Espero ter esclarecido as suas questões. Um forte abraço pelo seu interesse.

Não houve mais comunicação.

Inseri este capítulo para ilustrar como é possível realizar a frase de Abraham Lincoln: "*Eu destruo meus inimigos quando os torno meus amigos.*" Se você conseguir dar respostas semelhantes, sem ser agressivo e sem se rebaixar, preservando a elegância e a fidalguia, estará prestando um grande serviço à nossa imagem e à nossa obra.

The Rest is History

Considero que isto será bem ilustrativo a respeito do que as pessoas pensam sobre o Yôga e acerca do nosso trabalho. Neste capítulo, reproduzirei trechos selecionados de um *post* um pouco longo do Prof. Roberto Serafim Simões, no qual ele comenta por que DeRose teve 2525 acessos no seu (dele) site de ioga, que é simpatizante dos nossos opositores. Causou admiração, pois os demais instrutores de Yôga, Yóga, Yoga e ioga ficaram muito abaixo; os mais próximos, ficaram com 670 e 574 acessos, sendo que o coronel Hermógenes não apareceu no *ranking*.

Escreve Roberto Simões:

"Penso que a polaridade Hermógenes e DeRose[122] que se configurava entre os anos 1980-2000 se modificou. Hermógenes não parece ter conseguido substituir o seu carisma de grande divulgador como líder/referência; não apenas pelo reduzido número de acessos, mesmo porque o áudio dele foi bastante prejudicado pela captação em face a saúde do nosso querido Professor; entretanto, as respostas foram conduzidas muito bem pela intermediação de seu neto. Mas, e isso é interessante perceber também, o professor Hermógenes possui seus "discípulos/simpatizantes" entre os iogues entrevistados também. É evidente que Glauco Tavares, Marco Schultz, Duda Legal e Marcos Rojo compartilham muito mais dos ideais ioguicos de certo hibridismo com catolicismo/budismo e terapia do que outros mais "tradicionalistas" e fechados com suas próprias linhagens iniciáticas, o que conjura que poderia haver um grande número de acesso (leia-se, interesse no que estes têm a dizer sobre o ioga pelas similaridades de objeto com Hermógenes) por parte dos

---

[122] Considero importante deixar claro que nunca competi com o Coronel Hermógenes e jamais quis o lugar dele. A razão é simples: nosso trabalho era diferente e o nosso público não tinha nenhuma semelhança. Quem supusesse que havia tal pretenção, não tinha a mínima ideia do que eu ensinava. Seria como imaginar que o Campeão Kelly Slater ou o célebre ícone brasileiro Pepê quisesse tomar o lugar do Arcebispo Dom Hélder Câmara (https://fratresinunum.com/2015/04/10/quem-foi-realmente-dom-helder-camara/). São dois universos totalmente diferentes e um não tem nada a ver com o outro.

mais simpatizantes ao hibridismo e o ecletismo hermogeano. Em outras palavras, venceu o sectarismo e o elitismo deroseano, por quê?

"Hoje, se nós observarmos com maior atenção a tabela ao lado, as duas lideranças com maiores escores – depois de DeRose – foram alunos deste. Em outras palavras, não é totalmente incorreto pensar, mesmo com claras distinções de ensino e posições intelectuais atuais, o ioga no país descende – você gostando ou não – de um líder/referência em comum: DeRose.

"Calma, as construções dos ideais de ioga destes (Pedro e André) se diferenciaram, mas o modelo empresarial continuam o mesmo e fora incorporado por todos os outros iogues entrevistados também (e quase todos que você conhece). Para se ter uma ideia do que quero dizer, o Prof Hermógenes nunca produziu nenhum "curso de formação" e nem se preocupou em expandir as suas unidades de ensino. O máximo de produtos que produziu foram livros didáticos e de poesia. Pelo contrário, é o seu neto agora que tenta brecar esse "avanço" da marca do avô, pois há muitos que, percebendo essa lacuna no mercado ioguico, pretendem inaugurar uma "Academia de Yoga Hermógenes" e se beneficiar de todo capital simbólico que ele acumulou no país. E perceba, não faço nenhum juízo de valor aqui, quero mais que se expanda mais e mais escolas de sucesso do método de Hermógenes. Entretanto, o modelo mercantil[123] que se configura hoje como um "case" de sucesso ioguico foi consolidado por DeRose e não por Hermógenes, sobretudo por: 1) Curso de Formação e Aprofundamento no Yoga; 2) Venda de produtos dos mais diversos relacionados à sua marca; e 3) Viagens (de peregrinação) a Índia (e hoje a outros locais "sagrados ao yoga" pelo mundo - de Jerusalem ao Japão, passando por Machu Pichu e culto a Pacha Mama e beberagem de ayahuasca). E, vejam bem, há uma crescente da inclusão de técnicas de coaching também surgindo. Ou seja, esse modelo mercantilizado e de sucesso é "deroseano" e não "hermogeano".

[Isto não é verdade, Prof. Roberto Serafim Simões. Nunca fiz nem organizei "viagens de peregrinação" à Índia nem a locais sagrados ao Yôga pelo mundo. Nunca fui a Jerusalém nem a Machu Pichu. Não sei quem é Pacha Mama. E sempre fui vigorosamente contra pessoas que dizem praticar Yôga utilizarem ayahuasca ou assemelhados.]

---

[123] Leia o subcapítulo *A decisão de ser anticomercial*, no capítulo **Pondo os pingos nos ii**, algumas páginas atrás.

DeRose 467

"Dessa contenda, acreditem, ninguém vai recuar, pois o modelo de-roseano é muito mais lucrativo do que o hermogeano economicamente; assim, os tradicionalistas se organizarão em grupos mais fechados e sectários para preservar a sua autonomia, e os híbridos a expandir mais e mais seu terreno com novos tipos de ioga. Enquanto os primeiros continuarão a desferir golpes fortes a todos que se declaram "iogues", mas que não obedecem às suas dogmáticas - como por exemplo, que o vedanta é infalível ou dever obediência as condutas morais de yamas e niyamas -, os segundos lutarão formando mais professores e oferecendo mais aulas de seus métodos erigidos sem a legitimidade da "tradição" a torto e à direita.

"Entretanto, o modelo mercantil **[Isto não foi delicado e não é verdade.]** *do ioga consolidado por DeRose é utilizado pelos dois grupos e não se alterará tão cedo, a não ser que surja outro mais lucrativo - ou uma nova sociedade não baseada no consumo. Vivemos em um mundo pós moderno, aonde o capital, é o guia, e as religiões/espiritualidades acompanham esse modelo também (todas as religiões - veja os carismáticos e os evangélicos, ou mesmo a lojinha de japa-malas no espaço zen da Monja Coen ou a sua agenda na celebração de casamentos e o valor de seus cursos na Casa do Saber em SP).*

"E você, simples consumidor desse mercado religioso, o que fará? Continuará alienado como está agora, comprando mais e mais coisas ioguicas e exigindo uma apostila e certificação de cada curso/workshop/aula que pagar, pois a grande maioria sempre será massa de manobra/leiga e medrosa, por isso mesmo investem tanta grana preta filiando-se a este ou aquele jeito de "ser iogue", pois recuam frente a liberdade de Serem (vestindo-se igual, andando igual, reproduzindo os mesmos discursos, comendo os mesmos alimentos orgânicos/vegânicos, lendo os mesmos livros, assistindo os mesmos filmes...), pois Libertar-se da Ignorância mesmo, como preconiza o conceito de Kaivalya, exigiria dos praticante de ioga, em algum momento, romper com o status quo do ioga que professam e os obrigaria a perceber que não existem modelos ioguicos a seguir; precisariam, para serem Livres, coragem para criar o seu próprio método de ioga; e, conseguindo isso, não vendê-lo, pois ele servirá apenas para você.

"Mas aí meu amigo: primeiro: vai viver do quê os professores de ioga? segundo: você terá que lutar contra o mundo (do ioga brasileiro é claro)

lhe dizendo o quanto está errado por sustentar-se com as suas próprias pernas, pois é preciso um líder/referência a seguir, afinal, "quem é você para erigir um ioga? O ioga tem séculos e não precisa ser criado". Aí, você, iogue corajoso, poderia responder: "Sim, mas eu não sou Patanjali, Shankara, Vyasa, Jois ou Iyengar, por ser diferente e único, preciso de um Ioga-Eu e não um Ioga-Outro". Vai encarar? Hmm, acredito que não. Vou seguir venerando quem for, pois preciso de um mestre (de Marx, passando por Freud ou o mais liberal dos iogues).

"Deus nos livre de sermos Normais e nos dê forças para Sermos Fortes.

"PS: Espero que alguns compreendam esta última frase como uma espécie de reconciliação no ioga do Brasil."

Resposta que eu dei no site do Roberto Simões:

Como sempre, meu amigo Roberto, amei a sua lucidez. Só sinto que foi injusta a sua colocação de que o modelo DeRoseano inclua, como você disse [copio e colo]: *"Viagens (de peregrinação) a Índia (e hoje a outros locais 'sagrados ao yoga' pelo mundo – de Jerusalem ao Japão, passando por Machu Pichu e culto a Pacha Mama e beberagem de ayahuasca)".*

Discordo veementemente, pois nunca fiz nem organizei "*viagens de peregrinação*" à Índia nem a locais sagrados ao Yôga pelo mundo. Nunca fui a Jerusalém nem a Machu Pichu. Não sei quem é Pacha Mama. E sempre fui vigorosamente contra pessoas que dizem praticar Yôga utilizarem ayahuasca ou assemelhados.

Sei que você não se referiu a mim, mas foi o que o texto deu a entender.

Para esclarecer a você e aos pesquisadores sobre o que eu realmente proponho, nada melhor que lhes oferecer de presente um conciso livro que é o Pequeno Extrato do Tratado de Yôga, de minha autoria:

derose.co/pequenoextrato-tratado

Deixo-lhe o meu afetuoso abraço com votos de que nos encontremos mais para trocar ideias.

DeRose

Resposta do Roberto Simões:

"Claro q não me referi ao vosso trabalho e me desculpe a dupla interpretação. O que me referi é o start para os iogues brasileiros se aventurarem a conhecerem o ioga da Índia (dentre outros profs, li em sua autobiografia e entrevista, que foi conhecer diversos iogues indianos nos anos de 1970-80, o que incentivou parte de vossa sangha da época, como os dois iogues na tabela anexada, a visitarem e conhecerem a Índia) e, a partir disso, muitos outros iogues começaram a organizar viagens espirituais para este país. Dessa forma, mesmo não organizando "peregrinações" à Índia propriamente dito, foi um dos primeiros a iniciar esse caminho de volta aos país dos iogues. A partir daí (e de outros professores e professoras, é importante ressaltar), os iogues brasileiros começaram a conhecer o ioga praticado na Índia e a comparar com o que praticavam e professavam no Brasil, muitas vezes, antagônico ao de lá. A questão dos sincretismos não quis me referir ao swásthya especificamente, mas o que se deu início a partir dessa decodificação. Espero ter esclarecido melhor a questão. E muito obrigado por me permitir esclarecer esse ponto"

Nossa resposta:

"Você sempre foi um cavalheiro. Isso, muito me lisonjeia. Seria tão bom se pudéssemos ter esse tipo de diálogo polido entre adeptos de linhas de Yôga diferentes, para que todos dialogassem com fidalguia! Quem sabe se você vai ser o conciliador histórico entre pessoas que pensavam ser inimigas entre si, só porque praticavam tipos diferentes de Yôga?"

Como eu não quis armar polêmica, preferi não discutir outras injustiças cometidas, a meu ver, no post. Mas acredito que devam ser esclarecidas aqui.

Em primeiro lugar, não lido com religião e sim com profissão. Devo também relembrar ao prezado leitor que eu me desliguei do segmento profissional do Yôga há mais de dez anos, na data em que escrevo esta nota, ano de 2017. Se quiser uma explanação completa sobre minhas razões para afastar-me daquele setor, acesse o link:

derose.co/50anosdemagisterio

No entanto, uma razão que não mencionei naquele capítulo do meu livro **Tratado de Yôga**, capítulo esse que consta do link acima, foi justamente o fato de que a opinião pública, por alguma razão que foge à minha compreensão, não aceita que um professor de Yôga tenha o justo direito de sustentar a família com o seu trabalho. Você também estranhou essa lógica transversal? Tenho a certeza de que sim. Para quem não entendeu nada, vou explicar melhor.

Qualquer que seja a sua profissão, as pessoas aceitam como procedimento normal que você cobre pelos seus serviços e que procure progredir na vida, ter sucesso, constituir patrimônio para o conforto e segurança dos seus filhos, bem como a sua própria, para o caso de doença, acidente e como uma garantia para a sua velhice. Mas os professores de Yôga bem sucedidos são criticados por agir da mesma forma. "Ah! É porque muita gente associa o Yôga com coisas espirituais!" Não é verdade. Mesmo em se tratando de religião, até padres e pastores cobram por seus serviços ao oficiar casamentos e batizados.

Trabalhei muito, meu amigo. Todos os sábados e domingos do ano, durante quase 60 anos de magistério (uma pessoa comum se aposenta aos 35 anos de trabalho), labutei dando cursos e viajando por este Brasil imenso e pelo resto do mundo. Você sabe por que trabalhei tanto? Eu o fiz porque acredito no que eu faço. Acredito no meu Método. Acredito nas pessoas que estão comigo nesta empreitada. E acredito no ser humano. Caso contrário, eu teria desistido há muito tempo.

Com mais de setenta anos de idade, espargi o conhecimento milenar, incrementei qualidade de vida, saúde, vitalidade, harmonia e felicidade nas pessoas. Mudei a vida de muita gente, de muitas famílias. Sou consciente de ter salvado a vida de milhares de jovens ao evitar que se envolvessem com drogas, bebidas e fumo. Trabalhei muito, muito mesmo. Até quando estava doente, continuei viajando e ministrando cursos. Quantas vezes, enfermo, saí da cama, dei aula e voltei para a cama! Não sei quantos foram capazes de fazer isso. Escrevi dezenas de livros publicados nas Américas e na Europa. Ergui bem alto o nome do Brasil noutras nações. Não admito que pessoas que recebam pagamento pelas suas respectivas profissões venham me censurar por haver cobrado pelos meus cursos e pelos meus livros.

Por isso, também, eu saí do segmento do Yôga. Cansei de gente complicada, intolerante e preconceituosa.

Insultar um profissional, ainda mais um da área de ensino, porque cobre por suas aulas, chamando-o de mercantilista, não é só uma injustiça: para mim, é indício de distúrbio psiquiátrico de todo um grupo de pessoas que, sei lá por qual razão, estão todas agrupadas no ambiente do Yôga e assemelhados. Lembra-me a frase da sabedoria popular que diz: "Enquanto não rasgar dinheiro, não é maluco." Essa turma está querendo rasgar dinheiro – o alheio!

Instrutores que participaram do evento DeROSE Pro – Estratégico 2015, apenas um décimo do número total de profissionais do DeROSE Method pelo mundo afora.

Prof. DeRose recebendo o título de Comendador
pela Ordem do Mérito Farmacêutico Militar,
das mãos do Comandante Ir∴ Cel. Szelbracikowski.
Ao lado, nosso confrade, o Delegado Dr. Joaquim Dias Alves.

Fábula sobre a Síndrome de Caim

Quando surgiu o gênero *Homo*, de onde viria a desenvolver-se a espécie *Homo sapiens*, havia duas subespécies: *Homo amābilis* e *Homo malīgnus*. Essas subespécies eram tão semelhantes que até podiam cruzar e eventualmente o faziam, gerando uma descendência híbrida. Mas havia uma diferença entre elas. O *Homo amābilis* era um animal doce e querido, de sentimentos francos e comportamento dócil. Jamais agredia, nem para se defender. Repartia a comida (frutos, raízes, folhas, mel), dividia a caverna, compartilhava as ferramentas. Nunca esperava uma agressão ou traição por parte do *Homo malīgnus*. Este, por sua vez, era o oposto. Sempre tramando ardis para roubar a comida, as ferramentas, a moradia e tudo o que o *Homo amābilis* possuísse. Há quem diga que o relato bíblico de Abel e Caim, os primeiros homens sobre a Terra, referia-se àquelas duas subespécies.

Havia, na época, alguns poucos milhares de exemplares da espécie *Homo* no planeta e não se esperava que ela vingasse, pois era menos aparelhada para sobreviver que os outros animais. Não dispunha de presas, garras, chifres, veneno, velocidade, nada. Mas uma das subespécies parecia ter desenvolvido, como arma secreta, uma astúcia maligna. Com ela, engendrava ciladas para os animais, inclusive os da mesma espécie, a fim de levar vantagem, destruí-los e tomar tudo o que eles tinham.

Com o tempo, o *Homo amābilis* entrou em extinção por razões ainda não muito claras, enquanto o *Homo malīgnus* sobrepujou e sobreviveu. Dele, evoluiu o *Homo sapiens*. Por isso, temos tantas invejas, tanto ódio, tanto prazer em destruir, em falar mal. Por isso, existem crimes e guerras. Por isso, o ser humano destrói o meio ambiente, desmata as florestas, polui as águas. Por isso, ele tortura e mata sem sensibilidade tanto outros humanos quanto os animais e devora suas carnes.

O *Homo malīgnus* só não destruiu totalmente a vida no planeta porque alguns espécimes trazem os genes recessivos do *Homo amābilis*, adquiridos por ocasião dos cruzamentos acidentais entre as duas subespécies na aurora desse "*pithecos*" que se diz *Homo*. Um bom número dos que trazem os genes do *Homo amābilis* são hoje praticantes do DeRose Method e vegetarianos convictos. E é por isso que ainda há esperança para a humanidade e para o planeta.

Festival Internacional do DeRose Method

Em fevereiro temos um evento que se realiza no Porto, Portugal; março, no Hawaii, USA; março, em Curitiba, Brasil; maio, em Florianópolis, Brasil; junho na cidade de Viseu, Portugal; julho, reservado para Ibiza, Espanha; agosto, em São Paulo, Brasil; setembro, em Buenos Aires, Argentina; outubro, em New York, USA; outubro, também em São Paulo, Brasil; novembro, em Paris, França; dezembro, em São Paulo, Brasil.

Meu relacionamento hoje com os instrutores de outras vertentes

Um acordo de cavalheiros

Por que indicamos gratuitamente no nosso *site* os endereços de centenas de instrutores de outras linhas de Yôga e de Yóga que não fazem parte da nossa rede de credenciados? Bem, nós temos um acordo tácito com muitos deles e que consiste no seguinte: uma vez que nós não trabalhamos com o foco nos benefícios, quando somos procurados por interessados em terapias, em aulas para gestantes, para crianças, para a terceira idade ou em misticismo, nós indicamos profissionais das outras modalidades que se dediquem a essas especializações. Só em São Paulo contabilizamos cerca de duas mil visitas e telefonemas por mês. Em um ano são 24.000 interessados[124].

Como nossas escolas costumam estar cheias, direcionamos também o "excesso de contingente" às escolas das demais propostas de Yôga e de Yóga. Com isso estamos mantendo muitas delas e preservando a existência da diversidade de opções, pois seria muito triste se o SwáSthya ocupasse todos os espaços e não existissem mais as inúmeras vertentes desta filosofia. Evidentemente, observamos a ética da reciprocidade. Não enviamos alunos para os que nos atacam e caluniam, porquanto isso não seria justo.

---

124 As visitas aos mais de 500 *sites* e *blogs* do DeRose System passam de **três milhões** por mês!

Então, divulgamos a "concorrência"?

Instrutores das outras modalidades não são os nossos concorrentes, já que trabalhamos com outra coisa e lidamos com outro público. Nossos concorrentes são os cursos de línguas, os campos de golfe, as quadras de *squash*, os clubes de pólo e de equitação, os cruzeiros marítimos, as escaladas às montanhas do Nepal, atividades essas cujo tempo tem que ser dividido com a frequência nas nossas escolas.

Atualmente tenho muitos amigos que lecionam várias linhas de Yôga e de Yóga e sinto que nossos laços de amizade estão se fortalecendo com o tempo. Isso me faz muito feliz, pois no passado quando um instrutor lecionava uma denominação achava que deveria ser inimigo de todos os demais. Era uma atitude lamentável que inclusive comprometia a boa imagem do próprio profissional que agia dessa forma.

Homenagem aos mais antigos professores de Yôga, no Teatro Scala, Rio de Janeiro, em 2004

Alexandre dos Santos (Hatha Yoga), Humberto de Oliveira (Hatha Yoga), Leda Miranda (Hatha e Layá Yoga), Eloah Esteves (Hatha Yoga), Miryam Both (Hatha e Layá Yoga), Sohaku, Horivaldo Gomes (Yoga Integral), DeRose (SwáSthya Yôga), Helder de Carvalho (Yoga), Marilda Velloso (Hatha Yoga).

Obs.: Alexandre dos Santos, embora não seja da Velha Guarda, foi homenageado por ser o presidente da ABPY; e Sohaku, embora não seja professor de Yôga, foi homenageado por sua notoriedade e pelos anos de trabalho em área paralela. Leda Miranda é filha do General Caio Miranda, o primeiro autor brasileiro a publicar um livro de Yôga. Uma curiosidade: dois dos professores que se encontram na foto (Helder e Sohaku) foram citados no capítulo *Contos Pitorescos*, em *A visão do monge na caverna*.

Quantos e quantos alunos eu ganhei porque ouviram fulano ou sicrano falando mal de mim e acharam aquele comportamento tão feio que abandonaram o instrutor maledicente. (Bem feito!) Depois, por curiosidade, eles vinham conferir se eu era tudo aquilo que o outro futricara. Imediatamente constatavam que aquela atitude não passava de inveja, dor-de-cotovelo e mesquinharia. A maioria dos alunos que ganhei dessa forma permanece comigo, fiel, até hoje.

O que importa é que essas coisas tendem a acabar e que cada vez mais os instrutores e instituições de outras vertentes estão me convidando para dar palestras e cursos em suas sedes, escrevem-me, visitam-me, convidam-me para visitar suas escolas.

Que bom! Pensei que não fosse viver para ver isso.

DeRose ministrando um curso na AYPAR – Associação de Yoga do Paraná, a uma turma lotada, constituída por instrutores de Hatha Yoga, Yoga Integral, SwáSthya Yôga e outras modalidades. Na primeira fileira sua Presidente, Tânia Fraguas. Vale lembrar que a AYPAR não faz parte das entidades vinculadas à Uni-Yôga, e sim aos que nos faziam oposição, o que tornou o evento mais importante. Nossos cumprimentos à AYPAR, à sua Presidente Tânia Fraguas e a todos os yôgins e yôginís que apoiaram a iniciativa, dando uma belíssima demonstração de civilidade, de tolerância e da tão propalada (mas tão rara) união entre adeptos desta filosofia que pretende a evolução interior do ser humano.

Comendador DeRose envergando o Fardão de Imortal da Academia Brasileira de Arte, Cultura, História e Ciência.

Minha relação com a Imprensa

Tenho uma grande admiração pela Imprensa do nosso país. Preciso confessar aqui um voto de agradecimento aos jornalistas que me entrevistaram nestes mais de 50 anos de profissão. Quando começaram a me entrevistar, na década de 1960, eu era apenas um jovem que de bom só tinha as boas intenções, mas não havia realizado ainda nenhum trabalho digno de nota. Concederam-me um voto de confiança e o resultado aí está: é a nossa obra que reúne tanta gente de talento, em vários países.

Guardo inúmeras caixas de matérias publicadas em jornais e revistas. Foram mais de 40 anos de reportagens, artigos e entrevistas sérias, honestas, carinhosas, elogiosas, sem cujo apoio certamente nosso trabalho não teria alcançado a relevância que hoje é pública e notória. Tenho a plena consciência de que se não houvesse contado com a generosidade da Imprensa nada disto teria acontecido.

O Brasil tem hoje um excelente jornalismo investigativo.

A Imprensa é uma faca de dois gumes.
Mas o que seria da Civilização sem uma boa faca?
DeRose

Não é pouca coisa, mais de quarenta anos de matérias elogiosas! Bem... e uma ou duas cuja pauta exigia que o Mestre de Yôga fosse achincalhado. Mas mesmo nessas, preciso reconhecer, o trabalho foi muito bem feito. Certa vez, pelas perguntas, notei que o objetivo da entrevista era rastrear alguma falha ou contradição. Então informei ao entrevistador que ele poderia encontrar mais elementos no cartório em que eu havia registrado legalmente a Universidade de Yôga. Ele me disse que já havia obtido essa documentação no cartório. Mais adiante, respondendo a uma questão sobre o reconhecimento do meu trabalho pela Índia, complementei declarando que ele poderia se informar a meu respeito no Consulado da Índia. Ele já tinha ido lá! Mesmo o editor dos meus livros, na época, foi investigado. O jornalista entrevistou até minha ex-esposa que morava em Porto Alegre, pois, em geral, ex-mulheres falam mal dos ex-maridos. Mas ela não falou mal. Depois ela reclamou que as declarações positivas que fizera não foram publicadas.

Praticamente todos os meus desamigos foram contatados. O redator não encontrou nada de concreto contra mim. Só uns disse-me-disses. Então, publicou meia dúzia de ironias, formou opiniões erradas a meu respeito em algumas centenas de pessoas e depois me deixou em paz. Contudo, a eficiência com que minha vida foi escarafunchada deixou-me muito otimista e com a fé redobrada na Imprensa, pois se foram tão competentes ao investigar um simples professor de Yôga, imagino o que fariam com um criminoso do colarinho branco ou com um político corrupto. Por isso sinto muito orgulho destas últimas gerações de jornalistas que estão aí para ser a nossa voz, para denunciar o que precisa ser denunciado e para defender aquilo que precisar ser defendido.

Se durante toda a minha vida fui tratado com respeito e consideração pelos jornalistas, não há de ser algum caso isolado que vai comprometer meu bom relacionamento de longa data com a Imprensa. Até porque a Imprensa é constituída por pessoas como eu ou você, pessoas com sentimentos e com opinião própria. Se um ou outro não concorda com alguma coisa, eu preciso respeitar sua opinião e continuar colaborando com suas pesquisas; preciso lhe fornecer a maior quantidade possível de subsídios, mesmo que ele pretenda me criticar. Foi graças às críticas que consegui detectar meus erros e pude melhorar. Além do mais, só posso manifestar um sentimento de gratidão pela forma atenciosa com que tenho sido acolhido na maior parte das entrevistas.

Por ocasião dos 40 anos da revista *Claudia*, a Editora Abril confeccionou vários painéis nos quais reunia as fotos mais expressivas desse período, e os afixou nos *shopping centers*. Numa das fotos, estava DeRose, ainda jovem, em meditação com alguns alunos, na década de 1970 (o tratamento com a ampliação do texto foi cortesia de um aluno nosso, para melhor visibilidade).

Veja São Paulo

DeRose, com Alckmin: ioga para ajudar na campanha?

Agenda Universitária, da Argentina

El Maestro DeRose en la Argentina

Del 21 al 24 de noviembre, el Maestro DeRose, una de las mayores autoridades de Yôga del mundo visitará nuestro país. El viernes, a las 20, presentará su nuevo libro *Todo sobre Yôga*, en la librería Yenny-El Ateneo, avenida Santa Fe 1860. Además, los restantes días dictará cursos diversos a los que asistirán alumnos e instructores de Argentina y Brasil. El Maestro DeRose, instructor desde los años '60, es conocido por la energía inagotable con que divulgó el Yôga en los últimos 30 años en libros, diarios, revistas, radio, televisión, conferencias, cursos y viajes. Además de haber formado a más de 5.000 instructores, ayudó a fundar miles de escuelas de Yôga, asociaciones profesionales y federaciones, tanto en la Argentina como en Brasil. Para más información, visitá el sitio de internet www.unioninternacionaldeyoga.com o llamá al 4864-7090.

PROGRAMA CALDEIRÃO DO HUCK,
REDE GLOBO

Luciano Huck e DeRose em um lindo momento do Projeto Bela Ação, em que os parceiros Comendador DeRose e Dr. Wagner Montenegro doaram uma padaria para pessoas carentes no programa do Huck.

JORNAL O GLOBO, DO RIO DE JANEIRO

Os dias da i(y)o(ô)ga em debate na CCJ

Reforma e crise ficam fora da pauta

Isabel Braga

● BRASÍLIA. Qual a diferença entre ioga e yôga? Talvez pela dificuldade para responder à pergunta, os deputados aprovaram ontem, na Comissão de Constituição e Justiça, dois projetos de lei instituindo dias distintos no Brasil para a comemoração da milenar prática indiana: 18 de fevereiro, como Dia nacional do Yôga, e 22 de setembro como Dia da Ioga. Os projetos, que seguem agora para o Senado, suscitaram duas horas de debate na CCJ, o que tirou do sério o presidente, Antonio Carlos Biscaia (PT-RJ).

— Estamos reunidos há uma hora e 15 minutos para discutir um tema deste — apelou ele.

Como os debates continuaram, o presidente da CCJ insistiu pela conclusão da discussão:

— Por favor! Não estamos discutindo aqui a gravidade da crise, nem a reforma política, mas uma matéria de menor relevância!

O primeiro projeto, que cria o dia 18 como Dia Nacional do Yôga, foi apresentado ano passado pelo deputado Marcelo Castro (PMDB-PI). O dia coincide com o aniversário de um dos mestres do Yôga, professor De Rose, o que motivou o deputado Roberto Gouveia (PT-SP) a apresentar outro projeto, criando o Dia da Ioga — num paralelo ao que já existe na cidade de São Paulo.

A briga entre as duas linhas contamina os próprios deputados.

— Estamos aqui nos prestando a esse papel ridículo, temos de ter coragem de dizer isso. O estado é laico, é um absurdo discutirmos — afirmou o deputado Carlos Motta (PL-MG).

— Yôga é filosofia, não é religião — rebateu o relator do projeto do Dia do Yôga, deputado Sérgio Miranda (PDT-MG).

Foram 20 intervenções durante a sessão de uma hora e 40 minutos quando debates filosóficos sobre a diferença entre as duas práticas mais confundiam do que esclareciam. O próprio Biscaia, que acompanhou os debates, não estava tão certo sobre a diferença:

— A Yôga seria uma linha dentro da Ioga, que é uma filosofia mais ampla, de sanidade física e mental. A Ioga é praticada por mais idosos e o Yôga seria mais um culto ao corpo.

Na platéia, os adeptos da prática do Yôga, a maioria jovens, trajavam camisetas laranjas com a inscrição "Dia 18 de fevereiro, dia do Yôga". Havia também representantes das outras correntes de ioga, mas com roupas convencionais.

Roberto Stuckert Filho/6-9-2005
BISCAIA: contrariedade

Givaldo Barbosa/12-4-2005
MIRANDA: "Filosofia"

DeRose

DIÁRIO A CAPITAL, DA ARGENTINA

La Ciudad y La Zona | Salud

El reconocido maestro DeRose analiza la disciplina que suma cada vez más cultores

La disciplina del yoga como una filosofía sustentable

Maestro De Rose.

REVISTA GOWHERE,
UMA DAS MAIS PRESTIGIADAS DE SÃO PAULO

De Rose
Mestre em Yôga e inspirador
do espaço De Rose Concept

Há mais de 45 anos dedicado à prática e ao conhecimento do amplo universo da Yôga, De Rose impressiona pela vibração, pelo olhar, pela tranquilidade que confere a tudo que o cerca. O belíssimo espaço que leva seu nome, o De Rose Concept, na Rua Estados Unidos, é um desses oásis de sonho, em pleno coração dos Jardins. A competente arquitetura de Sérgio Pellegrini combinou os ambientes dos cursos e atividades ao delicioso paisagismo do jardim, antecedido por um agradável espaço gastronômico e uma convidativa sala de estar. O destaque vai para o orientalismo singelo da pontezinha de madeira em clima de lost paradise, pronto para ser reencontrado, ao lado de uma centenária jabuticabeira tombada. Um espaço de cultura e bem-estar é a proposta do lugar. Nele se podem passar horas ou quinze minutos aprendendo a respirar ou relaxar ou dedicando-se à meditação, a técnicas corporais, em grupo ou com um personal trainer. Imperdíveis são as massagens no tatame ou o desestressar de banho de ofurô. O lugar convida ao desfrute de boas companhias, ao sabor do maravilhoso chá, instigante chá de especiarias indianas, tomado à l'anglaise com algumas gotas de leite, ao som de Debussy, Liszt ou Chopin. Puro enlevo.
Regina Porsas e Marianna Keller respondem pela idealização e implementação do projeto. Responsável por levar a yôga a diversas universidades, De Rose criou a primeira Universidade de Yôga do Brasil em 1994. Há 25 anos atuando também em Portugal e há dez, em Paris, são incontáveis suas viagens à Índia, berço de toda essa milenar sabedoria.
De Rose começou a lecionar em 1960 e coleciona realizações e homenagens por sua vida dedicada ao ensino, prática e divulgação da yôga, sendo um dos poucos mestres de notório saber do Brasil. Seus livros são sucesso pela profundidade do ensinamento em linguagem atraente, simples e direta. Sua revista Yôga é igualmente pioneira e bem-sucedida como tudo o que De Rose empreende. Suas fotos recentes em Paris, na escola que orienta e em Portugal, onde foi homenageado pelos 25 anos de atividade no país, em mais de vinte escolas, evidenciam o respeito pela cultura e sabedoria a que devotou mais esta vida.

1. O mestre na Índia. 2. Com as alunas de Paris. 3. Com a mulher, Fernanda, em Paris e, ao fundo, o Pont Neuf.

JORNAL DA TARDE, DE SÃO PAULO
Sua Vida

caderno C 2

Ioga com elegância

É verdade que quem pratica ioga deve ter mais facilidade para caminhar com um livro na cabeça, mas etiqueta requer mais do que isso. No livro *Boas Maneiras no Yôga*, o Mestre De Rose discorre sobre respeito e discrição

LEANDRO QUINTANILHA

Ioga são boas maneiras, simplifica o Mestre De Rose, ao ser perguntado, logo no começo da entrevista, sobre o que, afinal, milenar sistema filosófico e ritualístico indiano tem a ver com etiqueta. "O que nós fazemos senão pensar na melhor forma de viver, respirar, se exercitar e se relacionar? Boas maneiras têm tudo a ver com ioga."

De Rose, que já vendeu mais de 1 milhão de livros sobre a história e a prática da ioga (observe a foto ao lado, toda essa pilha é composta por livros dele), acaba de publicar *Boas Maneiras no Yôga*, uma coletânea de observações sobre etiqueta que vão muito além do mundo da ioga (leia quadro). A idéia surgiu numa viagem que fez à Europa com discípulos, cujas gafes e trapalhadas o deixaram severamente constrangido. E inspirado.

Fácil de consultar, o livro é organizado em cerca de 50 capítulos, com tópicos que abordam do aperto de mão à atividade sexual. Mas, para resumir, suas lições são todas fundamentadas em duas premissas básicas: a sutileza e o respeito ao espaço vital (a necessidade que os seres vivos têm de manter uma certa área livre ao seu redor). Ele recomenda, portanto, parcimônia nos ruídos, nas gargalhadas, nos gestos, nos movimentos. E o respeito pela privacidade alheia.

"Os espaçafatosos perturbam a ordem do universo", diz. "Antes de qualquer ação, é preciso antever se vai incomodar ou agredir alguém". No livro, De Rose discorre sobre etiqueta à mesa e bons hábitos de higiene. Poucas dicas são, de fato, restritas aos iogues, mas há capítulos sobre peculiaridades da cultura hindu (como o teor ofensivo de expor as solas dos pés ao interlocutor) e até a transcrição de um código de ética na ioga.

"Os iogues são muito alegres, mas precisam cuidar para que esse entusiasmo todo não incomode quem é de fora". Num mundo cheio de tristezas, uma alegria exuberante pode ser uma forma de ostentação.

O Mestre De Rose criou também um curso de etiqueta na Uni-Yôga. Mais informações no site www.uni-yoga.org.br

Para De Rose, os mais exaltados perturbam a ordem do universo. "Antes de agir, é preciso pensar se vai incomodar ou agredir alguém"

DEUTSCHE ZEITUNG

Yoga-Lehrer De Rose und seine Schülerinnen Fernanda Redondo und Fernanda Neis

Deutsche Zeitung

Jornal do Brasil (Rio de Janeiro)

■ Artista plástico elogiado pela crítica eu
Cabelo grava seu primeiro CD solo. A produç
de Lulu Santos.

Anna Ramalho
ul@jb.com.br

Maria Clara Hall

Agraciado com a medalha Tiradentes, mestre De Rose discípulos na arte da Yoga: André do PV, Tânia Alves e

JORNAL DO BRASIL (RIO DE JANEIRO)
PRIMEIRA PÁGINA
ESTA FOI A SEGUNDA VEZ NO MESMO ANO EM QUE FOTO NOSSA GANHA A PRIMEIRA PÁGINA DESSE CONCEITUADO VEÍCULO

Entrevista na Yogi Times,
dos Estados Unidos,
citando o Prof. DeRose

Nubia dove into Bhakti and Hatha Yoga; learning mantra, pranayama, kriya, asana, meditation and relaxation practices. Then for six years, she studied all aspects of yoga practice and philosophy with the great Brazilian teacher, De Rose. She earned certifications in Brazil, as well as studying yoga in many other countries, including India.

Entrevista no jornal
Diário Catarinense de 28 de maio de 2006

FOLHA DE S. PAULO, 4 DE JULHO DE 2000

Autor brasileiro vende 1 milhão de livros

FOLHA DE S.PAULO – caderno DINHEIRO B 2 segunda-feira, 4 de julho de 2005

Mestre De Rose, em seu escritório, nos Jardins, em São Paulo

MESTRE NA PRATELEIRA

Mais de 35 anos após a publicação de sua primeira obra, o professor de ioga Mestre De Rose acaba de superar 1 milhão de livros vendidos no Brasil e no exterior, segundo cálculos próprios e de editoras que os lançaram. Apesar de conhecido por ter sido um dos responsáveis pela difusão da ioga no país, soma 22 livros desde 1969 em variadas áreas, da gastronomia ("Alimentação Vegetariana: Chega de Abobrinha!") ao comportamento humano ("Alternativas de Relacionamento Afetivo"). Sobre o fato de não figurar entre os best-sellers, diz que seus livros são mais vendidos em escolas e institutos de ioga, que não entram nas listas. Um de seus últimos livros, "Faça Yôga Antes que Você Precise", vendeu, desde janeiro, 7.000 exemplares, além de 1.200 consignados, segundo a Editora Nobel.

REPORTAGEM NO JORNAL CLARÍN,
UM DOS MAIS PRESTIGIOSOS DA ARGENTINA,
PUBLICADA EM 10 DE SETEMBRO DE 2007

LUNES 10 DE SETIEMBRE DE 2007 ∥ LA CIUDAD ∥ CLARIN ∥ 35

VIDA SANA. CLASE ABIERTA DE YOGA, AYER EN PLAZA FRANCIA. FUE DE SWASTHYA, UNA DE LAS ESPECIALIDADES.

MAS DE 200 PERSONAS, EN UNA ACTIVIDAD EN PLAZA FRANCIA

El furor por el yoga, en una clase al aire libre

La semana pasada **Clarín** dio cuenta del boom del yoga en la Ciudad: en los últimos dos años se duplicó la cantidad de gente que práctica la actividad.

Y como muestra vale una clase abierta. Como la que ayer se hizo en Plaza Francia y que convocó a **más de 200 personas**. Organizada en el marco del 4° Festival Internacional de Yoga de Buenos Aires, contó con la presencia del Maestro DeRose, una de las personalidades mas importantes a nivel mundial de la milenaria disciplina.

Entre los participantes hubo **muchos turistas extranjeros**. Como la española Clara Medina. "Vine a conocer la feria de Plaza Francia y terminé en una clase de yoga. Buenos Aires da para todo", contó.

DIÁRIO CULTURA, DA ARGENTINA, COMENTANDO O SUCESSO DO LIVRO *YÔGA AVANZADO* NA FEIRA DO LIVRO EM BUENOS AIRES.

Curiosamente, una temática que no suele despertar una furia masiva en este perfil logró convertirse en una de las vedettes de la Feria. La oficialización del libro "Yoga avanzando" del maestro DeRose, publicado por la Editorial Deva's, despertó un boom imprevisible cuando el reconocido maestro de esta disciplina se hizo presente el pasado lunes en esta muestra, donde dialogó con centenares de asistentes y fans, registrándose una venta de casi 600 ejemplares en un término de dos horas y media, alternativas que superaron las previsiones de su sello que debió salir a las apuradas a buscar ejemplares del depósito en Capital para atender los innumerables pedidos que

Tradução: "Curiosamente, uma temática que não costúma despertar uma fúria massiva neste perfil conseguiu converter-se em uma das vedetes da Feira. O lançamento do livro Yôga Avanzado, do Mestre DeRose, publicado pela Editora Deva's, despertou um *boom* imprevisível quando do o reconhecido mestre desta disciplina se fez presente na segunda-feira passada nessa mostra, onde dialogou com centenas de assistentes e fãs, registrando-se uma venda de quase 600 exemplares ao fim de duas horas e meia, alternativas que superaram as previsões de sua editora que precisou sair às pressas para buscar exemplares no depósito em Buenos Aires para atender os inumeráveis pedidos que..."

Paris: Conférence de Maître De Rose au Consulat du Portugal

L'éducateur et écrivain brésilien De Rose, «une personne commune que se dédie à écrire sur différents thèmes, à savoir comportement, fiction, politesse, contes, cuisine, biographie, philosophie, etc.» donne une conférence sur «Méditation et Samâdhi», ce samedi 17 novembre à 15h00 au Consulat du Portugal à Paris (salons Eça de Queiroz).

De Rose a écrit plus de 20 livres, édités à travers plusieurs pays et dont le nombre d'exemplaires vendus dépasse le million. Il a quasiment mis de coté toutes ses autres activités pour se dédier à la rééducation de ses lecteurs afin, qu'ils se transforment en personnes meilleures, plus éduqués, plus ouvertes, plus raffinés, plus civilisés, plus cultivés et qu'ils perfectionnent même leur langage et politesse» explique au LusoJornal Sónia Saraiva, jeune portugaise de la Fédération française de Yôga. «Il suggère une révolution comportementale, qui propose une forme plus sensible et affectueuse de relation avec la famille, avec le partenaire affectif, avec les amis, les subordonnés et avec les inconnus. Il recommande que les conflits soient solutionnés avec politesse et sans violence. Il enseigne aussi différentes rééducations: respiratoire, posturale, alimentaire, etc. afin de procurer des conditions culturelles et sociales pour que les jeunes se maintiennent loin des drogues.

Ce vendredi De Rose présente le livre «Tratado de Yôga» dont la traduction vers le français est en cours et donnera un spectacle de chorégraphies ce dimanche. Lors de son récent passage à Paris, Maître De Rose a déjà fait une conférence à l'Institut Camões de Paris.

Maître De Rose

"Yo no propicio que se haga yoga por los resultados... Estoy convencido de que si un alumno practica ballet o violín, aunque tenga que invertir mucho esfuerzo en su práctica, lo hace porque le gusta, y no por los beneficios".

del yoga proporciona resultados estéticos sobre la musculatura y el peso. Pero esto debe ser interpretado como un efecto secundario. Las alumnas no tienen que ver al yoga como un método de adelgazamiento aun cuando adelgacen porque el secreto del yoga antiguo es, justamente, sacar la ansiedad y lograr relajarse.

–¿No es una paradoja que cuanto mayor sea el ritmo de vida en las ciudades mayor sea el éxito del yoga?

–Sí, es interesantísimo que las ciudades que más aceptan la práctica del yoga como filosofía, no del yoga "fast food" o "de comercio", sean las más dinámicas. Pero no es una contradicción, sino una tendencia natural para obtener un balance. Cuando uno está muy volcado a una vida muy activa queda un vacío para la parte filosófica de autoconocimiento, y el yoga viene para complementar eso. Además, también hay un incentivo por la búsqueda de pertenencia a una "tribu", que cada uno va conformando con los otros alumnos que practican yoga –la "gente linda", y no en el sentido hollywoodense– en estas grandes ciudades.

–¿No es un contrasentido vivir corriendo y también tener que correr para llegar a tiempo a una clase de autoconocimiento y trabajo corporal?

–No, porque los practicantes de yoga pueden hacer todo eso a un ritmo más fuerte todavía. El yoga no calma, sino que da energía. No es una contradicción porque nuestro yoga dinámico. El yoga antiguo torna a las personas más agresivas.

–¿Y eso es bueno?

–¡Excelente!

–¿Acaso la agresividad no es uno de los males modernos?

–No, la violencia es el mal. Y la violencia es la agresividad mal educada. En cambio, la agresividad bien educada uno la puede aplicar en su trabajo, en su estudio, en su deporte y en su vida, y con eso vence y obtiene cosas que los otros no consiguen. Por eso, nuestro yoga lo practican empresarios, porque no están relajados sino con un nivel de administración y control del estrés pero, a la vez, con más creatividad. Nuestra filosofía es vencer en la competencia, pero no ser competitivos ni estar pendientes de si el otro es mejor que nosotros, sino en ser nosotros mejor que nosotros mismos cada día. Y con este proceso de perfeccionamiento terminamos siendo mejores en la competencia, pero sin la preocupación de tener que ser mejores que los demás.

(Más información: Uni-Yoga Maestro DeRose: tel.: 4864-7090, en la web: www.uni-yoga.com.ar / www.uni-yoga.org).

Yoga professor brings his teachings to BA

BY ANNE AUSTIN
FOR THE HERALD

Aside from his bristly gray beard, a few well-worn grooves on his forehead and slight puffs underneath his otherwise youthful eyes, Maestro DeRose is not much different from the young followers that surround him. He has the same radiating innocence, the same undying energy and, even in his late fifties, the same ability to stretch himself into a backbend.

DeRose, a respected yoga professional and author of 20 books on the topic, was in Buenos Aires this past weekend to present and sign copies of his most recent and somewhat controversial book *Tantra, La sexualidad sacralizada*. He also took advantage of the trip to visit with the community of young instructors and students of the seven accredited schools of his International Yoga Union located within the city.

The International Yoga Union is an association of Swásthya Yoga institutes with more than 5000 instructors that stretches across the globe. The union began with DeRose's first school, the Brazilian Yoga Institute, which he founded in 1964, and has since given birth to 205 institutes in Brazil alone, ten in Argentina, and dozens more spread throughout Europe and New Zealand. And its popularity continues to grow, especially among the young, energetic and agile toward whom the practice is directed.

DeRose's Swásthya yoga is part of 108 different true branches yoga that exist today that are based on pre-classic yoga practiced around 5000 years ago. Unlike other types of yoga that concentrate on isolated an repeated positions or asanas, Swásthya takes the form of a slow moving dance, in which participants rely on supreme strength and balance to glide their bodies into unimaginable contortions.

According to DeRose, this is exactly the way it was done nearly 5000 years ago in the matriarchal Drávida civilizations of India. "All of our efforts are directed toward not adding anything modern to this tradition. We want to keep it how it was. We don't mix it with religion, thai chi, macrobiotics, theosophy, or any kind of contemporary fashion that arises, not even with therapy."

DeRose himself has been practicing yoga since he was a boy, although he admits he didn't know then that the series of stretches and choreographed movements actually had a name. He likens his experience to that of the movie character Billy Elliot, the son of a coal miner who was born with the insatiable and inexplicable desire to dance. DeRose's passion, however, was Yoga, but it was only after he saw French deep-sea diver Jacques Mayol demonstrate the wonders of yoga on TV that he realized the actions had a name.

Still an adolescent, with this fascinating word at the tip of his tongue, he delved into literature surrounding the topic and was immediately surprised by the amount of contradictions he saw in the writings of different yoga branches. "I already knew that there were different lines of yoga," he says today, "but if yoga means 'unión' in Sanskrit, then how is it possible that different lines of yoga can have opposite opinions?"

A few years after becoming the youngest yoga instructor in Brazil at the age of 16, DeRose made his first trip to India. He was on a mission to discover the most original form of yoga. "Modern yoga wasn't satisfying," he says, "because it had converted into a very poor thing, very simplified, adapted to the occidental world. It had become therapy when it was never meant to be therapy."

During constant trips to India conducted over the course of twenty years, DeRose explored the schools of modern yoga, medieval yoga and classic yoga until he discovered the hidden and almost completely erased history of what he calls pre-classic yoga. This form of yoga, he says, was practiced by matriarchal societies and based on the teachings of Shiva, but was destroyed by the invasion of warrior civilizations around 1500 b.C.

From this ancient discovery came DeRose's Swásthya yoga, which formed the foundation of his International Union. He opened the first official University in 1995 in São Paulo, Brazil, and still teaches there as well as transmitting a weekly course via satellite to each of the affiliated schools.

Some in the field, including the Yoga Federation of India, have embraced his teachings since the beginning, but there are still others that refuse to adopt the philosophy he advocates.

And, despite the fact that he has dedicated his life to practicing Swásthya, DeRose does not encourage everyone to subscribe to its teachings. He emphasizes practice for the sake of pure enjoyment, without the ulterior motives of curing an illness, tightening your buns or seeing god. "The focus on benefit is very characteristic of the consumer's yoga, a more commercial yoga," he says.

For this reason, those drawn to Swásthya yoga tend to fall into a different category. Many of the instructors running their own accredited institutes are still in their early twenties, many of the students are surfers and all are encouraged to be drug-free and vegetarian. The instructors organize regular parties, pot lucks, treks, seminars, movie screenings and, in Brazil, even surfing outings. Those who are most dedicated practice for fun, nothing more, nothing less, and much like Maestro DeRose, they can't imagine their lives without it.

"If you try to keep an artist from painting," says DeRose, "he's going to paint with a piece of charcoal, and if he doesn't have charcoal, he's going to draw his blood and paint with his blood, but he's going to paint. These are the kind of people that are our kind of people in regards to Yoga."

DeRose himself has dedicated more than forty years of his life to the practice of Swásthya, and no one has been able to stop him yet.

[pt actualidad]

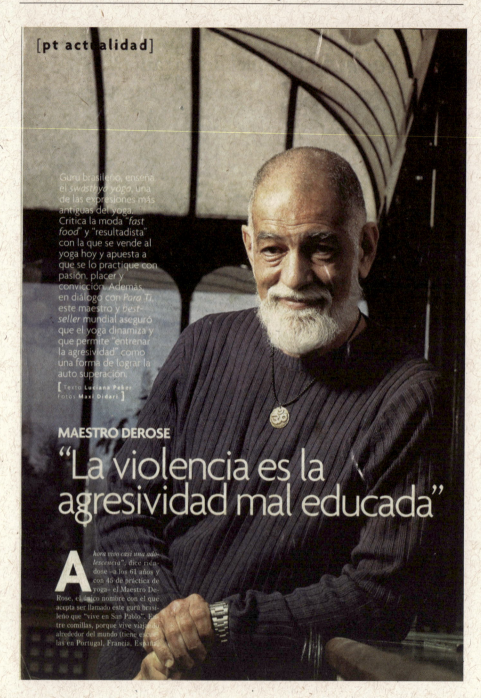

Guru brasileño, enseña el *swásthya yôga*, una de las expresiones más antiguas del yoga. Critica la moda "*fast food*" y "resultadista" con la que se vende al yoga hoy y apuesta a que se lo practique con pasión, placer y convicción. Además, en diálogo con *Para Ti*, este maestro y *best-seller* mundial aseguró que el yoga dinamiza y que permite "entrenar la agresividad" como una forma de lograr la auto superación.

[Texto **Luciana Peker**
Fotos **Maxi Didari**]

MAESTRO DEROSE

"La violencia es la agresividad mal educada"

Ahora vivo casi una adolescencia", dice riéndose –a los 61 años y con 45 de práctica de yoga– el Maestro DeRose, el único nombre con el que acepta ser llamado este gurú brasileño que "vive en San Pablo". Entre comillas, porque vive viajando alrededor del mundo (tiene escuelas en Portugal, Francia, España,

FILOSOFÍA DE VIDA

El maestro De Rose predica una revolución cultural con el yoga

Referente del yoga preclásico, ya formó a más de cinco mil instructores en América Latina y Europa. Asegura que el mundo vivirá un tercer paradigma en el que no existirán el dinero ni el empleo, y nadie dedicará tiempo a actividades que no le generen placer. En su visita a Buenos Aires, habló con PERFIL sobre su filosofía de vida.

**MARÍA VANESA COLACILLI
ROMINA RYAN**

Lo llaman Maestro, pero él prefiere sólo su apellido, De Rose. Sin precisar su edad, reconoce estar cerca de los 70. Desde los 18, viaja por el mundo para difundir "los valores culturales del SwáSthya Yôga".

"No quiero llamarlo yôga", exclama De Rose. "Esa palabra nos pone en una caja negra, es el producto adaptado al consumo". Y prefiere hablar del SwáSthya Yôga "como cultura, porque está más allá de las técnicas aprendidas en una clase: incluye la alimentación, el descanso, la relación con los demás". También trae aparejadas mayor vitalidad y una sexualidad más activa, pero en función del conjunto integral del estilo de vida que propone: "El problema es que en Occidente separamos cuerpo, trabajo, placer. Entonces, también tendemos a dividir la sexualidad, pero forma parte del ciclo vital de cada persona".

Sin religión. "¡Herejía!", responde cuando se le pregunta si tiene algún tipo de fe religiosa. "El yôga verdadero, preclásico, tiene una estructura fundamentada por una filosofía llamada samkhya, considerada como ateísta y materialista. Por eso es alucinatorio decir que un practicante contemporáneo pueda tener alguna religiosidad o misticismo", sostiene. "Están equivocados", replica cuando se le sugiere que entre los seguidores del yôga hay muchos creyentes. Considera que la visión religiosa que sostiene que no debe hacérsele al prójimo lo que a uno no le gustaría que le hicieran es una falsa visión. "Es una postura egocentrista, porque considera que lo que yo quiero es lo que también quiere el otro, y no suele ser así". Al ser consultado sobre su papel de líder, confiesa: "Toda mi vida pensé que iba a ser el

VATICINIO. "Los humanos se dedicarán sólo a lo que quieran".

segundo. Me expuse de manera poco conveniente pero ahora ya estoy familiarizado".

Cultura de elite. De Rose sostiene que el SwáSthya Yôga no está dirigido a todos. "Existe un impulso democratizante que hace desear y pensar que las cosas son universales, pero las personas nacen con determinadas cualidades." Reconoce que sus seguidores sienten el impulso irresistible de transmitir su forma de vida a más personas e intentar cambiar al mundo. "Sabemos que es imposible, pero la simple tentativa es una experiencia fascinante", dice. Además, afirma que "su propuesta cultural es para individuos sensibles, educados, pulidos, cultos; si no, no comprenden". "Más que una práctica, se trata de una revolución de comportamiento: todas las personas que practican esta cultura son líderes", dice.

"América latina es la América mayoritaria. Es un mercado superlativo, una cosa a respetar", opina De Rose. "La región está viviendo una evolución muy rápida, ya que sólo cuenta con 500 años de historia. Viajé por todo el globo y estoy en condiciones de asegurar que no somos el Tercer Mundo; en la peor de las hipótesis, somos el segundo", asegura. Considera que el futuro del planeta está marcado por un tercer paradigma que tiene como base a la libertad absoluta: "No se utilizará dinero, no habrá empleos, no existirán las obligaciones porque todos los seres humanos se dedicarán sólo a lo que realmente quieren".

COSTUMBRES

Fiestas "light": ahora se baila sin alcohol, cigarrillos ni estimulantes

MARIA VANESA COLACILLI

Lejos del clásico consumismo, existe un ámbito social en el que se está gestando una nueva forma de diversión: no drogas, no cigarrillos, no alcohol. Su origen se encuentra en la Unión Internacional de Yoga del maestro DeRose, fundamentada en la sistematización del yoga antiguo denominado SwáSthya, y sus enseñanzas alcanzan también a las salidas nocturnas.

La Uni-Yóga comprende seis unidades en Argentina y cada una propone una vez al mes un lugar de encuentro distinto para que alumnos e invitados puedan divertirse. Las fiestas tienen tres únicas condiciones: nada de alcohol, nada de drogas y nada de cigarrillos: sólo jugos, agua y tortas de diferentes gustos. Y a bailar y divertirse.

Para Daniel Fersztand, instructor de la Unidad de Belgrano, "las fiestas están orientadas a crear un ámbito de diversión e integración entre todos los practicantes de las escuelas, donde el único fin es escuchar buena música, bailar y disfrutar. La vitalidad que genera la práctica de SwáSthya Yóga da como resultado una fiesta que no para en toda la noche".

Las fiestas, argumentan quienes las frecuentan, no se transforman en una catarsis tendiente a canalizar el estrés y la violencia reprimida por medio de conductas agresivas. Ilaria, alumna de la sede de Belgrano, comentó: "Si hace un par de años me hubiesen invitado a una fiesta sin puchos ni alcohol, posiblemente no habría ido. Hoy, gracias al yoga, disfruto de esta forma sana de divertirme, de gozar de la música y de los amigos. Entendí cuán importante es el hecho de estar consciente de cada instante de la vida, de cada acto, incluso a las tres de la mañana en una pista de baile".

Natalia Bruchilari, invitada por una alumna, disparó: "Nunca pensé que pudiera ser tan divertida e interesante. Se conoce gente macanuda y sin caretas. La próxima fiesta no

A PLENO. Sólo se consume agua, jugos y diversos tipos de tortas.

EL "YOGA NIGHT"

● Los principios del SwáSthya Yóga se asientan sobre las bases del yoga antiguo.

● Su precursor es el maestro DeRose, presidente de la Confederación Nacional y la Unión Internacional de Yoga.

● En la Ciudad de Buenos Aires, existen seis representaciones situadas en los barrios porteños de Abasto, Belgrano, Recoleta, Palermo y Barrio Norte.

● Sostienen que la diversión sana y la filosofía no están reñidas, y que el disfrute es mucho mayor cuando están unidas.

me la pierdo". Los participantes afirman que en estas reuniones hay mucha "energía", y que es muy común la expresión a través del cuerpo.

A las fiestas concurren unas 200 personas de diferentes sedes, y aseguran que los invitados son cada vez más. "Yo no practico yoga ni creo mucho en eso, pero fui por curiosidad; quería ver qué hacían en una fiesta que, pensaba, iba a ser un re-plomo. Y me sorprendí. Incluso conocía a una mina bárbara", dijo Rafael, un novato en estas lides.

Para acceder a estas fiestas hay que estar invitado y abonar 15 pesos, la entrada. La recaudación se destina a solventar los gastos que genera el evento y financiar actividades culturales en la sede organizadora. Una propuesta diferente que se instala en las noches porteñas, donde diversión y esparcimiento son lo más importante, principalmente cuando el alcohol, las drogas y el cigarrillo dejan de ser protagonistas.

24 / primera selección / FOTOGRAFÍA / LIBROS / CINE / MÚSICA / TEATRO /

> FIESTAS / "CLEAN" EN BUENOS AIRES

LIMPITOS, LIMPITOS

No fumar, no tomar alcohol ni ingerir otras sustancias. Bajo estas tres consignas, un sábado por mes, se realizan las llamadas fiestas "Clean" en el marco de las actividades culturales de la Unión Internacional de Yôga. Esta escuela cuenta con seis sedes que, eventualmente, son las anfitrionas de este nuevo tipo de encuentros nocturnos.

Organizadas por instructores, y con los mismos horarios que otras fiestas, tienen la particularidad de desarrollarse en ambientes libres de humo, bebidas alcohólicas y estimulantes de cualquier tipo y tamaño. Según los miembros de la Unión, la propia energía y vitalidad de los chicos y chicas que asisten es lo que da el foque de diversión. Es decir, la idea es, si se puede, entretenerse cambiando los hábitos ya comunes de la noche porteña por DJ'S- que sólo pasan marcha-, jugos, licuados, tortas y comida vegetariana. Sin embargo, lejos de ser una campaña ambientalista, naturista, ni mucho menos, estas reuniones son un condimento más del desarrollo de una cultura "para vivir mejor" a través de técnicas del Swásthya Yôga, el Yôga más antiguo. Por el momento, el público que puede entrar es acotado (miembros y alumnos más algunos invitados) pero en breve van a abrir las fiestas a todo aquel que quiera ser parte. "No queremos que se desvirtúe la idea original que le damos a las fiestas. Esta es, para nosotros, una nueva manera de transgredir", comenta Diego Ouje, director de la sede Recoleta. Así que ya saben, si quieren darle un vuelco sano a su vida tienen dos posibilidades: juntar plata y empezar con los cursos que se ofrecen o no desesperar, que pronto serán bienvenidos. Ideal para todo aquel rebelde que tenga ganas de dejar de lado las típicas formas de ser controvertido.

// POR SILVINA MORVILLO

Más info:
info@uni-yoga.com.ar
www.uni-yoga.com.ar

Time Out – New York - 2011

Spas & Sport
Best outdoor fitness classes

DeRose Method

Free DeRose Method classes
Sure, spending your Sunday sunbathing in Sheep Meadow is free, but, lazybones, so is this unique workout session. The DeRose Method teaches practitioners how to improve breathing, flexibility, strength and body awareness, and how to develop effective concentration and stress-management skills. Every DeRose Method class is different because it offers more than 2,000 different techniques, so you're guaranteed to never get bored. Central Park, Sheep Meadow, enter at Central Park West and 67th St (718-532-6634, derosemethod.us). Sun 5–6pm. June 1–Aug 1.

JORNAL O GLOBO, 29 DE ABRIL DE 2017

Link com o texto na íntegra:

derose.co/entrevista-oglobo

THE SUNDAY TIMES, LONDON

Bendy life beckons

After a long and painful search for his ideal class, our columnist discovers a winning combination of yoga, meditation and masochism

Matt Rudd

In a small, padded room, I'm taking long breaths — four seconds in, four seconds out. Thinking calm thoughts. Trying to release the stress. I'm not alone (it's not that kind of padded room). There are four other heavy breathers and the instructor, a green-eyed, grinning Brazilian called Paulo Pacifici.

"As you breathe in, your stomach goes out," he says. "As you breathe out, your stomach goes in." This is the correct way to breathe, using the diaphragm, he says. All these years, I've been doing it wrong. I bet you have, too.

"Now, breathe out through the nose, short and fast."

The room fills with the sound of sharp, rhythmic nasal exhalations, like a steam train, only more moist. Paulo walks around the room handing out tissues.

This is not a normal fitness class. This is the DeRose method, a "fusion of powerful physical techniques and philosophical concepts, inspired by ancient techniques". It's breathing, then yoga, then meditation intensified into the sort of shenanigans you'd find halfway up a mountain at the start of a martial arts movie.

The yoga, for one, is bordering on sadistic. Each position is held, rather than repeated. You use your breathing to deepen each stretch and hold and hold and hold until you think something might pop or splinter. "Locate your consciousness where you feel it the most," says Paulo. By which I think he means feel the bit that hurts and make it stop. Which works, to a degree.

By the time we get to the plank, with one leg tucked up under the chest, my tiny biceps are burning. And then it goes black belt — a headstand of sorts and a low, knotted handstand, with your body and legs wrapped to make it easier. Each pose is designed to get the blood flowing to the brain. They are hard, really hard, but also hugely satisfying. With the benefit of all that extra brain blood, I'm already planning on moving to Brazil, home of DeRose, to devote the rest of my life to headstands.

"Keep breathing," says Paulo as he patrols the room, adjusting errant limbs to his satisfaction. After what feels like minutes but is closer to an hour, we move into a meditation. It's yoga nidra, a state of consciousness between waking and sleeping, a state in which I usually lie worrying about unrenewed car tax, unreturned library books, unrealised hopes and dreams. But I'm so wiped out from the pretzel phase, I just lie there, like an anaesthetised Mr Tickle, "melting into the ground", as Paulo puts it.

Eighteen months I've been doing this column. Eighteen harrowing months of treadmills, shouty knuckle-draggers and infuriatingly positive mental attitudes. Finally, I've found the class for me. Five stars ∎
derosemethod.club; trial week of unlimited classes, £50

A História Oficial

É difícil obter o triunfo da verdade.
Pasteur

Os historiadores sabem-no bem: não é à toa que *história* e *estória (History & story)* têm a mesma origem semântica. Em inglês é muito significativo que a palavra *History* pareça composta de *his+story* (sua estória, sua versão).

No fundo, é tudo mitologia. Se lhe perguntarem: "qual é a cor do cavalo branco de Napoleão?", não responda que era cinzento e que *branco* era seu nome. Na verdade ele era branco mesmo e o nome era *Le Vizir*. Se ouvir que Ivan, *o Terrível* era terrível, duvide. Alexandre, *o Grande,* era pequeno. Rasputin era muito mais santo que demônio. E, afinal, os peles-vermelhas não eram uns selvagens desalmados como se quis fazer crer durante séculos.

A História sempre foi torcida por quem a escreveu. Qual terá sido a verdadeira história da revolução russa ou da revolução francesa? Comunistas comiam criancinhas? Os químicos da idade média eram mesmo bruxos emissários do diabo? Joana d'Arc era o que diziam os ingleses (uma bruxa francesa), o que diziam os franceses (uma santa) ou ainda o que diria Freud (uma portadora de psicose obsessiva com alucinações)? Não faria diferença: ela seria queimada de qualquer maneira.

Na mesma fogueira são torrados o nome, a reputação e a paz de espírito de todos aqueles que ousam ser mais lúcidos que a massa ignara, ou simplesmente diferentes. O próprio Freud foi impiedosamente perseguido e difamado enquanto vivo. Depois de morto, tornou-se venerado como gênio. Anos depois, outra vez, atacado e injuriado. Pelo jeito esse processo cíclico vai continuar se repetindo.

Galileu foi preso por dizer a verdade, libertado por admitir a mentira. Giordano Bruno, Miguel Servet e outros tantos, não se calaram: foram torturados e queimados vivos em praça pública. O psicanalista Wilhelm Reich saiu da Alemanha nazista e foi para o país da liberdade: lá foi preso por suas ideias libertárias e morreu na prisão.

Quantos passaram à História como loucos e eram iluminados; quantos passaram como iluminados e eram loucos!

A esta altura já acho que *honesto* é o adjetivo que se aplica a todo aquele que não foi desmascarado. E, em contrapartida, *desonesto* é o que não conseguiu provar sua inocência, ainda que verdadeira. Ah! Quanta gente honesta você conhece, não é?

Curioso é que embora a lei diga que todos são inocentes até que se prove o contrário, o povo faz o inverso. Em vez de exigir as provas ao que acusa, exige-as ao acusado! Então, para o populacho ele passa a ser culpado até que se prove a sua inocência.

Pensando bem, na Justiça também é assim. Se você for acusado falsamente terá de provar que a acusação é falsa, senão vai preso! Então... e aquela estória de que "ao acusador cabe o ônus da prova"?

Hoje, quando estoura algum escândalo envolvendo personalidades públicas em seus supostos envolvimentos amorosos "provados", corrupções "documentadas" e outras pilantragens "testemunhadas" penso cá comigo o quão possível é que tenham apenas sido vítimas de complôs para desmoralizá-los e, assim, afastar concorrentes realmente fortes por ser incorruptivelmente honestos.

Mas o que esperar da humanidade se os seus mais ilustres sábios têm nos dado mostras de sandice desde a antiguidade até os nossos dias? É o próprio Camille Flammarion quem nos conta estas:

"Assistia eu, certo dia, a uma sessão da Academia de Ciências, dia esse de hilariante recordação, em que o físico Du Moncel apresentou o fonógrafo de Edson à douta assembleia. Feita a apresentação, pôs-se o aparelho docilmente a recitar a frase registrada em seu respectivo cilindro. Viu-se, então, um acadêmico de idade madura, saturado mesmo das tradições de sua cultura clássica, nobremente revoltar-se contra a audácia do inovador, precipitar-se sobre o representante de Edson e agarrá-lo pelo pescoço, gritando:

– 'Miserável! Nós não seremos ludibriados por um ventríloquo.'

"Senhor Bouillaud chamava-se esse membro do Instituto. Foi isso a 11 de março de 1878. Mais curioso ainda é que, seis meses após, a 30 de setembro, em uma sessão análoga, sentiu-se ele muito satisfeito em declarar que, após maduro exame, não constatara no caso mais do que simples ventriloquia, pois *não se pode admitir que um vil metal possa substituir o nobre aparelho da fonação humana*'.

"Quando Lavoisier procedeu à análise do ar e descobriu que o mesmo se compõe principalmente de dois gases, o oxigênio e o azoto, esta descoberta desconcertou mais de um espírito positivo e equilibrado.

"Um membro da Academia de Ciências, o químico Baumé (inventor do aerômetro), acreditando firmemente nos quatro elementos da ciência antiga, escrevia doutoralmente:

– 'Os elementos ou princípios dos corpos têm sido reconhecidos e confirmados pelos físicos de todos os séculos e de todas as nações. Não é presumível que esses elementos, considerados como tais durante um lapso de dois mil anos, sejam postos, em nossos dias, em um número de substâncias compostas, e que se possa dar como certos tais processos para decompor a água e o ar e tais raciocínios absurdos, para não dizer coisa pior, com que se pretende negar a existência do fogo ou da terra.'

"O próprio Lavoisier não está indene da mesma acusação contra os que supõem tudo descoberto, pois ele dirigiu um sábio relatório à Academia para demonstrar que não podem cair pedras do céu. Ora, a queda de aerólitos, a propósito da qual ele escreveu esse relatório oficial, tinha sido observada em todos os seus detalhes: tinha-se visto e ouvido o bólido explodir, bem como o aerólito cair, tendo sido levantado do chão ainda ardente, para ser em seguida submetido ao exame da Academia. E esta Academia declarou, pelo órgão do seu relator, que a coisa era inacreditável e inadmissível. Assinalemos também que há milhares de anos caem pedras do céu diante de centenas de testemunhas, que tem sido apanhado grande número dessas pedras, tendo sido conservadas diversas nas igrejas, nos museus, nas coleções. Mas faltava ainda, no fim do século, um homem independente para afirmar que de fato caem essas pedras do céu: tal homem foi Chladui.

"Na época da criação dos trens de ferro, houve engenheiros que demonstraram que esses trens não caminhariam e que as rodas das locomotivas rodariam sempre sobre o mesmo lugar. Na Baviera, o Colégio Real de Medicina, consultado, declarou que as estradas de ferro causariam, se fossem construídas, os mais graves danos à saúde pública, já que um movimento assim tão rápido, provocaria abalos cerebrais nos viajantes e vertigens no público exterior. Em consequência, recomendou o encerramento das linhas entre duas cercas de madeira à altura dos vagões."

Todo este extenso texto foi retirado do livro *O Desconhecido e os Problemas Psíquicos,* editado no Rio de Janeiro no ano de 1954.

O leitor poderá argumentar que o texto de Flammarion se refere a uma época pretérita e que hoje não é mais assim. Deploro a ingenuidade de quem pensar dessa forma. O texto foi justamente escolhido por referir-se a atitudes absurdamente ridículas aos nossos olhos de hoje, para que possamos ter uma ideia de como serão tachadas mais tarde as que estamos cometendo agora.

Seja bem-vindo! Estamos de braços abertos para você!
É o que lhe dizem os instrutores do DeRose Method que estão nesta foto. Instrutores do Brasil, Argentina, Chile, Portugal, Espanha, Itália, França, Inglaterra, Escócia, Suíça, Alemanha, Estados Unidos e outras nações das três Américas e da Europa.

Como a Humanidade trata seus luminares

A descoberta das pinturas rupestres

No final do século XIX um arqueólogo, Marcellino de Sautuola, estava pesquisando o solo de uma caverna na Espanha que continha traços de fogueiras e ossos de animais usados na alimentação dos homens pré-históricos. Nessa ocasião não prestou atenção senão ao solo, de onde retirava restos de ossos. Os arqueólogos sempre olhavam para o chão, era o seu paradigma.

Um dia, no verão de 1879, levou consigo sua filha Maria, de 12 anos de idade. Foi ela quem primeiramente observou as pinturas numa parede da caverna. As crianças estão habituadas a olhar para cima, pois o mundo que as cerca é um universo de adultos, em que as coisas são mais altas do que elas. Assim, ela olhou, não para o chão, mas para as paredes da caverna. Viu algo interessante e chamou o pai, mas este estava muito ocupado para dar atenção aos devaneios de uma criança. Ela insistiu e ele admoestou-a. Afinal, ele estava trabalhando. Estava encontrando fragmentos de carvão muito interessantes...

Até que, em dado momento, devido à insistência da pequena, ele acedeu e olhou para cima. Diante deles, enormes obras de arte rupestre fizeram o coração de Marcellino bater mais forte. Havia pinturas executadas com uma magnífica policromia em tons de vermelho, negro e violeta, a maioria medindo cerca de 9x18 metros. Majestosos bisontes, cavalos e outros animais lindamente pintados em cores, perfeitamente preservados após todos aqueles milhares de anos! Nunca antes tais pinturas haviam sido encontradas. Que descoberta revolucionária sobre a natureza dos homens das cavernas!

Era mesmo uma descoberta notável, que iria contribuir enormemente com a arqueologia. Ao invés de olhar para o chão e revirar lixo paleolítico, os cientistas olhariam para cima e estudariam arte! Conceitos sobre a rudeza e sobre os limites do cérebro dos trogloditas seriam revistos. Seu nome ficaria para sempre famoso e reverenciado. Os livros escolares mencionariam sua descoberta. Ele apressou-se a reproduzir em papel os desenhos encontrados e comunicou a Academia de Ciências.

Colegas cientistas nem sequer visitaram a caverna de Altamira, onde foram descobertas as primeiras pinturas rupestres da história. Apenas analisaram cuidadosamente a reprodução das pinturas no livro de Sautuola e emitiram suas doutas opiniões: o descobridor era um charlatão. Homens das cavernas não seriam capazes de pintar tão belos animais e com técnicas de tal forma sofisticadas. Mesmo que o fizessem, as pinturas não durariam tantos milhares de anos desprotegidas, dentro de cavernas úmidas. *Veredictum*: o arqueólogo teria pintado, ele mesmo, as paredes de pedra para fazer-se passar por um grande descobridor e ficar célebre.

Como retribuição por ter feito uma das mais importantes descobertas arqueológicas, Sautuola foi acusado de haver forjado as pinturas dentro da caverna! Como sempre ocorre nesses casos, havia um perseguidor-mor que orquestrou a difamação e conseguiu que ele fosse expulso da Academia. Acusado de fraude numa campanha impiedosa movida contra ele pelo idoso pré-historiador francês Éduard Cartailhac, Sautuola foi expulso de todos os círculos científicos. Ninguém lhe concedeu direito de defesa e seu nome passou a ser sinônimo de charlatanismo. Tornou-se impiedosamente perseguido, injuriado como um vigarista. Seu nome foi enlameado pela imprensa. Nos anos que se seguiram, não podia nem mesmo sair à rua, pois era agredido verbalmente pelos transeuntes.

Certa vez, ao sair para tomar um pouco de sol, um desconhecido cuspiu-lhe na cara, gritando: "Impostor!" para que os circunstantes escutassem. Todos os demais cientistas, a imprensa e a opinião pública passaram a difamar e humilhar tanto o pobre homem que pouco depois, em 1888, Sautuola morreu de desgosto.

Decorridos alguns anos, entre 1895 e 1901, outros arqueólogos encontraram pinturas semelhantes em cavernas na França e em toda a Europa.

Não havia outra saída para o ilustre cientista que difamara o pobre descobridor das pinturas rupestres, senão confessar que errara e apresentar suas desculpas póstumas à filha do arqueólogo injustiçado, agora adulta. Maria, com toda a razão, não aceitou as desculpas e acusou Cartailhac publicamente de ser o responsável pela humilhação e pela morte do pai. Nenhum pedido de desculpas compensaria a amargura dos ultrajes sofridos ou a própria morte. Como diz a máxima: "A verdade sempre resplandece no final, quando todos já foram embora."

"WRIGHT" OR WRONG

Consta que Santos Dumont fora internado num hospício porque seus compatriotas brasileiros o consideravam louco. Imagine, falar sobre seus devaneios de querer voar! Imagine, querer carregar no pulso um relógio. Afinal, todos sabem que o lugar de relógio é no bolso do colete. Mas ele inventou o relógio de pulso masculino que toda a Humanidade usa até hoje... no pulso!

Existe toda uma barreira cultural praticamente intransponível às idéias que surgem fora das fronteiras dos países que fazem parte do clube. Eles não reconhecem o fato histórico de que o primeiro a conseguir o voo de um aeroplano mais pesado que o ar foi o brasileiro Alberto Santos Dumont e insistem na balela de que foram os irmãos Wright.

Somente os brasileiros e os franceses reconhecem que o primeiro a conseguir o voo de um aeroplano mais pesado que o ar foi o brasileiro Santos Dumont, embora os estado-unidenses, para ficar com os louros históricos, insistam na lenda de que foram os irmãos Wright. Filmes da época provam que o aparelho deles não venceu a força da gravidade, não decolou, mas foi catapultado por uma torre de impulsionamento e depois planou com o auxílio de um motor. Na verdade, planou como uma pedra, pois teria "voado" quarenta e poucos metros, menos que o comprimento da classe econômica de um Boeing 747!

Mesmo assim, seu "voo histórico" ter-se-ia realizado sem testemunhas, sem a imprensa, sem a presença de autoridades, ao contrário de Santos Dumont que realizou seu grande feito com testemunhas, jornalistas e autoridades. Depois que ele voou com o mais pesado que o ar, os irmãos

Wright afirmaram que já haviam feito isso antes, na sua fazenda, sem testemunhas. Nunca, no mundo científico, aceitou-se tamanho absurdo.

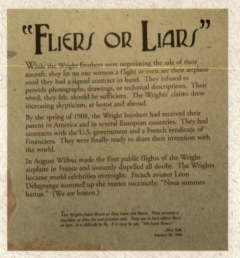

Painel que se encontra no Smithsonian Institute, ao lado do aeroplano original dos irmãos Wright. Foto feita em 15 de outubro de 2017.

Em 2004, para comemorar os 100 anos da data que os irmãos Wright declararam ter voado, cientistas nos Estados Unidos reconstruíram o aeroplano Wright com tecnologia do século XXI, baseados no projeto original. E... suprema humilhação! Nem com a tecnologia do Terceiro Milênio a geringonça conseguiu voar! Pior: o fiasco foi documentado e levado ao ar em todo o mundo pela Discovery Channel e reprisado várias vezes.

Cientista benfeitor é internado como louco

Em meados do século XIX, as parturientes morriam de uma misteriosa febre puerperal após dar à luz. O médico húngaro Ignaz Philip Semmelweis (1818-1865) começou a observar que as mulheres que eram assistidas por parteiras tinham um índice pequeno de falecimentos pela febre puerperal, mas as que eram atendidas por médicos morriam em muito maior proporção. Isso era um mistério. E era inadmissível, afinal, médicos têm que ser mais competentes que simples parteiras iletradas. Semmelweis ficou atento.

Certo dia, um colega médico, ao proceder à autópsia de uma das pacientes, cortou-se com o bisturi. Logo após, foi acometido da mesma febre e morreu. Então, como a medicina ainda não sabia da existência de vírus e bactérias, Semmelweis deduziu que havia algo – talvez tóxico – no sangue daqueles enfermos e que era transmissível. A partir daí, adotou o procedimento de lavar as mãos, limpando-as do sangue da parturiente anterior, antes de atender a próxima. Com isso, as mortes em sua enfermaria reduziram-se drasticamente. Em consequência, declarou: "Quantas mulheres levei à morte prematuramente; e quantas nós médicos, que as deveríamos salvar, estamos matando!"

Merecia ter sido louvado por sua descoberta. Mas não foi. Seus colegas voltaram-se contra ele. Afinal, não poderiam aceitar que estivessem sendo os causadores de tantas mortes. Admitir que ele estivesse com a razão seria reconhecer a curteza dos conhecimentos da medicina que eles haviam estudado tanto. E mais: quem ele pensava que era para mandá-los lavar as mãos? Assim, seus colegas desencadearam uma campanha tão feroz contra Semmelweis que fizeram-no perder sucessivamente o bom nome, o emprego, as propriedades e finalmente até a liberdade. Depois de levá-lo à miséria, conseguiram interná-lo como louco. Trinta anos após a morte, sua descoberta foi reconhecida e uma estátua foi erigida em sua homenagem! Lamento, mas agora não adianta mais.

DESTRUÍRAM O HOMEM QUE DESCOBRIU O USO DA ANESTESIA

A diferença entre um médico e Deus é que Deus não pensa que é médico.
Reinaldo Pimenta, no livro A Casa da Mãe Joana

Horace Wells, dentista, nasceu em Hartford, Estados Unidos, a 21 de janeiro de 1815. Em 1844 percebeu que o óxido nitroso, o "gás hilariante" tinha propriedades anestésicas. Ele era utilizado popularmente em shows e feiras por produzir o riso incontrolado, por isso era chamado "o gás do riso". Bem, já começamos mal. Esse gás não tinha lá uma fama de coisa séria! No entanto, Wells notou que uma das pessoas se ferira enquanto usava o gás e não sentiu a dor como seria natural.

Começou a utilizar o óxido nitroso em sua clínica com grande sucesso. Imagine que até então, todos os procedimentos odontológicos eram feitos a frio! Um dentista que tratasse os pacientes sem dor, seria mesmo uma revolução. Então, Wells cometeu a ingenuidade de querer fazer uma demonstração científica no Massachusetts General Hospital. Ocorreu que o gás não fez efeito no *sujet* e Horace Wells foi ridicularizado e saiu dali escorraçado por entre insultos e chacotas. Alguns historiadores da medicina acham que ele utilizou menos gás do que o necessário, mas outros afirmam que o experimento teria sido sabotado pelos próprios médicos que não queriam admitir o mérito do dentista.

Depois de sofrer sucessivas humilhações, difamação e falta de reconhecimento por sua descoberta, Horace Wells, falido, foi preso em New York e suicidou-se na cadeia. Em seguida a Societé Medical de Paris reconheceu publicamente o mérito da sua descoberta. Tarde demais. Ele não estava mais vivo para desfrutar o reconhecimento.

MÉDICO PIONEIRO DESCOBRE O CATETERISMO E É OBRIGADO A ABANDONAR A CARDIOLOGIA

> *Não há boa ação que não seja punida.*
> *Benjamin Franklin*

Werner Forssmann, nasceu em Berlim a 20 de agosto de 1904. Formou-se em medicina em 1928. Desenvolveu uma teoria que ninguém aceitava: a de que seria possível introduzir uma sonda por via intravenosa e conduzi-la até o interior do coração, sem matar o paciente. Obviamente, não poderia usar cadáveres, pois já estavam mortos. Tentou autorização dos seus superiores no hospital para levar a efeito a experimentação em algum paciente. É claro que não foi autorizado. Então, não podendo utilizar cobaias humanas, usou o seu próprio corpo.

Cortou uma veia do braço e introduziu um cateter (a pronúncia correta é catetér e não catéter) e foi empurrando-o até que atingiu o órgão cardíaco. Para provar que havia conseguido e que tal procedimento não matava o paciente, foi até a sala de raios-x e, sob os protestos dos colegas, bateu uma chapa. Era incontestável! Ninguém poderia questionar sua descoberta que viria a salvar tantas vidas no mundo inteiro. Sua recompensa? Foi tão punido, criticado e atacado que teve de abandonar a cardiologia!

Durante mais de duas décadas não era convidado para nada e se ousasse comparecer a algum congresso tinha que sofrer o constrangimento de ser apontado pelos seus pares como um indesejável. Após 25 anos de humilhações e exclusões, finalmente, o reconhecimento. Em 1956, recebeu o Prêmio Nobel de Medicina.

O vanguardeiro automóvel Tucker

Esta é a história real de um sonhador, Tucker, que elaborou o projeto de um automóvel superior a todos os demais: mais forte, mais bonito, mais seguro, mais prático. Era tão superior aos demais que a Ford e a Chrysler ficaram com medo da sua superioridade e começaram a persegui-lo, boicotá-lo, sabotá-lo, difamá-lo e, finalmente, processaram-no e levaram sua empresa à falência.

Comenador DeRose e o automóvel Tucker,
no Smithsonian Institute, em Washington, USA

Tucker morreu amargurado poucos anos depois. No entanto, tão bons eram os automóveis que, dos únicos 50 carros Tucker que ele conseguiu produzir, 47 continuaram rodando até o momento em que este livro foi escrito, meio século depois. E Hollywood realizou um filme sobre a sua luta, intitulado *Tucker, um homem e o seu sonho*. Para compreender melhor este livro, recomendamos que assista ao filme citado e ao do próximo subtítulo.

O revolucionário avião supersônico Avro Arrow

No Canadá, um empresário de sucesso conseguiu projetar e fabricar, na década de 50, um avião, Avro Arrow, que atingia a incrível marca de duas vezes e meia a velocidade do som e uma altitude de 35.000 pés! Era indiscutivelmente o melhor avião de combate do mundo. No entanto, por inveja e politicagens, os inimigos do empresário, para prejudicá-lo, conseguiram passar uma lei que interrompia a fabricação da aeronave.

Quando a fabricação foi proibida pelo Governo Canadense chegou a notícia de que a França fizera um pedido de 400 unidades das turbinas do ARROW e os Estados Unidos queriam comprar todos os aviões disponíveis. Diante disso, a anta que era então Primeiro Ministro declarou que iriam fazer papel de idiotas perante o mundo se a França e os Estados Unidos tivessem o melhor caça jamais construído e eles, canadenses que o construíram, não o possuíssem. Então, recusou-se a vender àqueles dois países e deu ordens de que destruíssem todos os aviões, arquivos, filmes, fotografias, pesquisas, projetos, documentos, qualquer coisa que pudesse atestar a existência de semelhante aeronave.

O empresário que projetou e construiu o Avro Arrow morreu na miséria poucos anos depois da falência. Dez anos depois, a Inglaterra construiu o supersônico Avro Vulcan, segundo algumas fontes, baseando-se em dados obtidos dos engenheiros que haviam participado do projeto Canadense. Inacreditável? Pois é uma história real que virou filme, *Arrow – o desafio*. Recomendamos que assista à película como apoio de documentação a este livro.

JOHN GORRIE, O INVENTOR DA GELADEIRA
MORREU DIFAMADO, AMARGURADO E POBRE

Texto inspirado em um artigo da revista Superinteressante.

Todos os dias da minha vida eu bendigo a santa alma que inventou o ar condicionado. E, todas as vezes que tiro algo geladinho do refrigerador, agradeço ao iluminado que inventou essa máquina maravilhosa. Na verdade, foi a mesma pessoa e tudo começou como uma invenção só. O nome desse benfeitor da humanidade era John Gorrie, devotado médico estado-unidense que passou boa parte da vida interessado em melhorar as condições dos doentes. Em 1838, ele teve a idéia de pendurar sacos de gelo nas dependências do seu hospital para tornar mais ameno o ar que os pacientes respiravam. Acontece que era difícil conseguir gelo e o preço, exorbitante. Nessas circunstâncias Gorrie, impulsionado pela necessidade, teve um lampejo de genialidade e inventou uma máquina capaz de fabricar gelo. Dela surgiram a geladeira e o ar condicionado. Hoje, praticamente, não há uma casa no mundo que não tenha uma geladeira. Na maior parte dos países civilizados, quase todos os escritórios, residências e automóveis contam com o conforto do ar condicionado. Além do conforto que proporcionou ao gênero humano, sua invenção salvou muitas vidas. E o que John Gorrie ganhou com isso?

O jornal *The New York Times* foi contundente em sua crítica: "Existe um excêntrico na cidade de Apalachicola, Flórida, que pensa poder fazer gelo tão bem quanto Deus Todo-Poderoso." Imagine o efeito devastador que um comentário intolerante desses, instilado em plena provinciana e preconceituosa sociedade do século XIX, pode ter tido na vida profissional e na reputação do cientista.

O abençoado médico, a quem eu agradeço todos os dias em minhas preces, morreu difamado, desacreditado, amargurado e pobre em 1855.

Graham Bell, o "charlatão"

Desde bem jovem o cientista Graham Bell começou a trabalhar no projeto que o imortalizaria: o telefone. E, como sempre acontece, pagou caro por isso. Bell queria casar-se com uma jovem. Certo dia o pai da donzela mandou chamar o pretendente à sua casa e humilhou-o de todas as formas, acusando-o de ser um vagabundo, dizendo que não trabalhava, que não tinha futuro, que era um João Ninguém e que se persistisse com a intenção de casar-se com sua filha, deveria abandonar aquelas idéias malucas de inventar um tal de telefone e arranjar um emprego.

Graham Bell não podia perder tempo com emprego, já que agasalhava um ideal muito maior. Ele tinha objetivo e sabia o que queria. Sabia que era possível transmitir a palavra pelos fios telefônicos, coisa tida na época como quimera. Ele sofria muita necessidade, passava muita fome e não tinha roupas decentes para cortejar sua eleita. Às vezes, alguma boa alma o convidava para jantar e isso era o que o mantinha vivo.

Trabalhando dia e noite, certo dia conseguiu fazer o telefone funcionar. Aquele jovem acabara de inventar o aparelho de comunicação que um século depois estaria em todas as residências e empresas do mundo! Mas... o inesperado ocorreu. Um concorrente invejoso, querendo para si os direitos da descoberta, conseguiu convencer a opinião pública de que Graham Bell era um charlatão e o legítimo inventor do telefone foi processado. Durante o julgamento foi insultado e ultrajado. Os jornais os chamaram de vigarista e charlatão. Ele foi coberto de vergonha e exprobração. Como consolo, no final de muito sofrimento, Graham Bell ganhou a questão judicial e teve o seu nome limpo.

A INGLATERRA DESTRUIU O HOMEM QUE SALVARA MILHÕES DE VIDAS

Alan Turing, pai da computação moderna (praticamente, o inventor do computador), foi o herói nacional que conseguiu decodificar a máquina alemã Enigma, feito esse que permitiu aos ingleses decifrar mensagens secretas do inimigo e, com isso, saber o que ele pretendia e onde iria atacar. Foi Turing quem impediu o bombardeio pelos submarinos nazistas contra inúmeras embarcações da Marinha Mercante e naves militares. Foi, dessa forma, o benfeitor que abreviou a guerra, fazendo-a terminar dois anos mais cedo, salvando um número estimado em 14 milhões de vidas britânicas e aliadas durante a Segunda Grande Guerra. Deveriam ter erigido um monumento em gratidão a esse homem. Em vez disso, após a guerra, em 1952, foi destituído do seu posto no Bletchley Park, o centro inglês de decodificação, e castrado quimicamente. Seu crime? Tinha uma preferência sexual diferente da maioria! Até 1967, a homossexualidade era ilegal no Reino Unido. Morreu dois anos depois, amargurado, injustiçado, perseguido, humilhado. Diz-se que foi suicídio por intoxicação de cianeto. Outros, minimizam e declaram que o envenenamento deveu-se a remédios que ele tomava. Em 2014, a Rainha Elizabeth II "perdoou-o" postumamente. Um herói de guerra que salvou tantas vidas, teve a sua própria vida estraçalhada e ceifada pela intolerância moral e religiosa do século XX. Não estamos falando da Idade Média.

Comendador DeRose com a máquina Enigma,
no Smithsonian Institute, em Washington, USA.

O MÉDICO ALEMÃO DESCOBRE A CURA DO CÂNCER E COMO RECOMPENSA É CASSADO, PERSEGUIDO E DIFAMADO

Dr. Max Gerson descobriu como reverter o câncer e provou isso tratando centenas de pessoas nos Estados Unidos a partir da década de 1940. Diante de evidências inquestionáveis, o Dr. Max Gerson foi autorizado pelo National Cancer Institute a ministrar seu tratamento sem drogas, apenas com alimentação vegetariana estrita, sucos e enemas. Raymond Gram Swing, da NBC, deu a notícia na rádio. Duas semanas depois, foi demitido. A indústria farmacêutica e o *medical stablishment* da época não gostaram nada dessa descoberta. O projeto anticâncer de Pepper Neel de 1946, documento nº 8947, foi arquivado. Não interessava a quem ganhava muito dinheiro com a existência da doença.

Dr. Gerson deveria ter recebido o Prêmio Nobel de medicina, mas, em vez disso, teve sua licença de médico cassada, foi excluído, insultado, difamado, perseguido e morreu um ano depois, envenenado por arsênico. Quem o terá envenenado? Nunca mais ninguém ouviu falar dele no mundo da medicina. Consultei vários médicos, inclusive oncologistas, e nenhum deles jamais ouvira falar no Dr. Gerson.

Qualquer terapia natural de tratamento de câncer foi proibida nos Estados Unidos. Por esse motivo, até hoje, existe a Clínica Max Gerson, em Tijuana, México, a poucos quilômetros de San Diego. Não obstante, sua clínica continua salvando vidas – sem químio e sem radioterapia!

DIFAMAÇÕES CONTRA BLAVATSKY, A FUNDADORA DA TEOSOFIA

Antigamente queimavam os hereges com lenha.
Agora, queimam-nos com jornais.
DeRose

Helena Petrovna Blavatsky, uma sensitiva com dons paranormais, foi quem fundou a Sociedade Teosófica. Sofreu tão pavorosas perseguições e difamações, que fez publicar o seguinte anúncio no jornal *New York World*, em 6 de maio de 1877:

"Desde o primeiro mês de minha chegada a New York comecei, por motivos misteriosos, mas, talvez inteligíveis, a provocar ódio entre aqueles que pretendiam ser dos meus melhores amigos e manter comigo boas relações. Informações aleivosas, insinuações vis e indiretas pouco ele-

gantes choveram sobre mim. Mantive silêncio por mais de dois anos, embora a menor das ofensas que me lançaram fosse calculada para excitar a repugnância de alguém com o meu temperamento. Consegui livrar-me de um número regular desses varejistas de difamações, mas, achando que estava atualmente, sofrendo na estima de amigos cuja boa opinião me é valiosa, adotei uma política de auto-exclusão.

"Por dois anos, meu mundo esteve restrito ao apartamento que ocupo, e dezessete horas por dia, em média, estive sentada à secretária, tendo os livros e manuscritos por únicos companheiros.

"Sou uma velha e sinto necessidade de ar fresco como qualquer pessoa, mas minha aversão por esse mundo, caluniador e mentiroso, que se acha fora das fronteiras dos países incivilizados e pagãos foi tal que, em sete meses, creio ter saído de casa apenas três vezes. Contudo, nenhum retiro é seguro bastante contra os caluniadores anônimos que se valem do serviço postal. Cartas inúmeras foram recebidas por amigos leais, contendo as calúnias mais imundas contra a minha pessoa.

"Por várias vezes fui acusada de alcoólatra, embusteira, espiã russa, espiã anti-russa, de não ser russa, de aventureira francesa, de ter estado em cárceres destinados a ladrões, de ter assassinado sete maridos, de bigamia etc. Outras coisas poderiam ser mencionadas, mas a decência não permite. Desafio qualquer pessoa em toda a América a vir provar uma só das imputações contra minha honra. Convido qualquer pessoa de posse de tais provas a publicá-las nos jornais, sob sua assinatura."

Não é preciso dizer que ninguém assumiu a autoria das difamações. Blavatsky não foi a primeira nem a última a sofrer esse tipo de agressão. Foram incompreendidos, perseguidos, atacados, insultados, difamados seres de luz como Galileu Galilei, Charles Darwin, Giordano Bruno, Santos Dumont, Marcellino de Sautuola, Miguel Servet, Sigmund Freud, Carl Gustav Jung, Wilhelm Reich e tantos outros pela História a fora. Afinal, estamos em boa companhia.

Do fundo da alma

Artigos diversos

Este capítulo é uma coletânea de artigos publicados na revista *Yôga Review* e noutros veículos. Por isso, cada subtítulo tem um clima diferente e algumas repetições são inevitáveis.

Esclarecimentos aos que valorizam a transparência

A liberdade é o nosso bem mais precioso.
No caso de ter que confrontá-la com a disciplina,
se esta violentar aquela, opte pela liberdade!
DeRose

Desaprovamos o sectarismo porque ele compromete o senso crítico, a capacidade de julgamento e a liberdade de ação do indivíduo. Nossos alunos e leitores são pessoas cultas, educadas, lidas e viajadas. Em suma, pessoas amadurecidas e lúcidas. Isso é uma verdadeira vacina contra seitas, sejam elas de cunho espiritual, político ou qualquer outro.

Pleno de coerência, nosso Axioma Número Um, declara laconicamente: **Não acredite.** Não acredite em mim e não acredite naquele que fala contra mim. Não acredite na propaganda, nem nas notícias que chegam pelos jornais. Não acredite na informação mais honesta, transmitida pela pessoa mais sincera, pois até essa sofreu distorção. Porque todas as "verdades" são relativas a uma óptica particular, dependendo do observador. Todas as afirmações aureoladas como verdades, sofreram as distorções de cultura, neuroses e interesses dos que as aceitam como reais.

Doutrinação não funciona para a nossa proposta. Pessoas suscetíveis a aceitar catequese, de quem quer que seja, <u>não são</u> o nosso público. Não queremos entre os nossos a síndrome de rebanho. Costumamos dizer que não somos nem mesmo ovelhas negras, pois não admitimos sequer ser ovelhas. É preciso saber pensar livremente. Livre pensar não é sinônimo de questionar compulsivamente. Também por isso não somos ovelhas, nem negras, pois não estamos contestando a forma de viver dos outros. Somos adeptos da diversidade de opções e da liberdade de escolha.

O fato de não professarmos nenhum credo, não preconizarmos nenhuma terapia, não oferecermos nenhum benefício, torna nossa proposta cultural protegida contra qualquer eventual equívoco. Refiro-me ao fato de que o ser humano carrega em seu genoma um erro de projeto que o induz criar religiões, seitas, fundamentalismos e fanatismos. Só pode ser erro de projeto. Não me entenda mal. Não estou criticando as religiões. Estou apenas exercendo a observação de uma tendência de toda a Humanidade. Por isso, quando, na extinta União Soviética, a religião foi proibida, imediatamente substituiu-a o culto a Stalin. As pessoas são assim, precisam cultuar alguma coisa ou pessoa, mesmo sob os protestos do objeto do seu culto. Espero que, quando eu morrer, não encasquetem de criar uma religião com o que eu ensinei.

Só tenho uma escola, não trabalho com franquia, não cobro royalties

Não trabalho com franquia. Utilizo o sistema de credenciamento de entidades autônomas. As Unidades Credenciadas (escolas, espaços culturais, associações, federações) são todas autônomas e cada qual tem o seu proprietário, diretor ou presidente. Essas entidades autônomas não me pagam nada, não têm nenhum vínculo jurídico, administrativo, fiscal, comercial nem trabalhista com o DeRose.

Então, o que eu ganho com isso? Dignidade e um bom nome valem mais do que dinheiro. Trata-se de um acordo de cavalheiros. Os credenciados nos proporcionam um trabalho sério, o qual beneficia o Nome; em retribuição têm o direito de usar nos seus produtos a mesma Marca. Isso gera um círculo virtuoso que acaba beneficiando a todos e estimulando a opinião pública a buscar o ensinamento da Nossa Cultura em estabelecimentos sérios e em bons livros.

Eu só tenho uma sede, em São Paulo, na Alameda Jaú, 2000. Chamamos de Rede DeRose ao conjunto de entidades que reconhecem a importância da nossa obra e que acatam a metodologia proposta por nós. É como a rede mundial de escolas Montessori. São milhares. Nem por isso alguém acha que são filiais ou franquias da professora Maria Montessori.

A LIFESTYLE

Há cinquenta anos, quando eu era novo neste magistério, se alguém declarava: "DeRose é outra coisa", eu interpretava essa afirmação como pejorativa. Hoje percebo que não era. Tratava-se da simples constatação de uma pura verdade.

Na década de 1980, tivemos como aluna, em Lisboa, uma senhora chamada Sílvia, cujo marido era editor na Inglaterra. Certo dia, ela lhe propôs:

– Você não gostaria de publicar um livro de Yôga?

E ele contestou com empáfia britânica:

– Não. Yôga, não! Por quê?

A esposa, chocada, respondeu:

– Bem, eu estou praticando no DeRose...

E para seu espanto, escutou:

– Ah! DeRose, sim, eu publico.

– Como assim? – perguntou ela, desorientada – Por que "Yôga, não" e "DeRose, sim"?

A resposta foi bastante lisonjeira:

– DeRose é outra coisa!

Estava muito claro, para aquele editor europeu, bem esclarecido, que o meu trabalho era, digamos, *diferente* da maioria daqueles que alardeavam ensinar a citada filosofia hindu. A partir de outros casos semelhantes, passei, pouco a pouco, a admitir a frase como um elogio. Gente que tinha resistência contra aquele *métier* admirava e respeitava a maneira como eu expunha a minha proposta. Soava-lhes como algo *unique*, algo com uma outra consistência. Nosso trabalho é diferente. Nem melhor, nem pior, mas diferente. Com o tempo, eu também aceitei o fato e passei a repetir com o coro: "DeRose é outra coisa".

Esse estribilho me salvou inúmeras vezes de ter meu trabalho confundido com o dos oportunistas. Estes aproveitaram a coqueluche da moda e a falta de regulamentação para ingressar nesta área, sem pré-requisito algum. Certamente, vendiam gato por lebre, prometiam terapias infundadas, difundiam misticismo apócrifo, geravam imagem "zen" e afetavam a reputação dos profissionais sérios.

NOSSO TRABALHO NÃO É ALTERNATIVOIDE

Depois que esta metodologia virou moda e aventureiros de todas as laias poluíram o nosso campo profissional, está ficando cada vez mais complicado declarar que ensinamos Yôga[125]. Por esse nome, o interlocutor sempre entende outra coisa. Em março de 2005, a Presidente do Sindicato Nacional dos Profissionais de Yôga, Profa. Rosana Ortega, promoveu a IV Semana Internacional de Yôga em São Paulo. O entrevistador de um respeitado jornal de São Paulo nos procurou. Explanamos com uma experiência de mais de 40 anos falando com a Imprensa e deixamos bem claro que nosso trabalho é técnico e nosso público é formado por pessoas cultas e esclarecidas. Então, o jornalista perguntou qual a relação de Yôga com religião. Recebeu um enfático "**Jamais! Yôga não tem nenhuma relação com isso**". Não obstante, no dia seguinte quando os organizadores do evento foram procurar a matéria, reviraram o ilustre periódico e nada. Não havia saído coisa alguma sobre a IV Semana Internacional de Yôga. Mas encontraram um artigo sobre Harê Krishna. Lendo essa matéria, encontraram, lá embaixo, como apêndice do artigo que falava sobre essa religião, uma notinha dizendo

---

125 Por isso optamos por expandir o nosso trabalho, passando a ensinar outro produto cultural, o DeROSE Method, que não é Yôga, embora o abranja na divisão de técnicas.

DeRose

que quem quisesse saber mais poderia ir à tal da Semana de Yôga. Isso é inacreditável! Mas acontece todos os dias.

UM MÉTODO QUE NÃO É ZEN

Nosso trabalho não é "zen"[126]. Nossos alunos e instrutores são engenheiros, advogados, médicos, arquitetos, cientistas, universitários, artistas plásticos, escritores, intelectuais e atletas. Nenhum deles é adepto de seitas ou modismos alternativoides nem naturébas. Atuamos com profissionalismo, pagamos nossos impostos, participamos de ações sociais e estamos inseridos na sociedade como qualquer outra pessoa. Basta olhar – sem preconceito! – para um dos nossos praticantes e constata-se que o DeRose Method não tem nada de "zen". Aliás, todos nós lamentamos a desinformatite quando lemos uma reportagem ou entrevista e encontramos alguma referência discriminatória que nos classifica aleatoriamente como "zen" sem que tenhamos dado motivo algum para essa generalização.

Em novembro de 2005, um importante jornal carioca noticiou que o restaurante Doce Delícia, do Leblon, Ipanema e Fashion Mall, estaria inserindo no cardápio um prato intitulado Strogonoff DeRose. Sem mais pensar a respeito, quem compôs o texto passa a declarar: "O Strogonoff Zen (que leva parmesão, mozarela e provolone ao molho cremoso de tomate, noz-moscada, champignon e palmito) foi criado em homenagem ao Mestre DeRose [...]". De onde a pessoa que redigiu o texto tirou a qualificação "zen"? Será que era por causa do queijo parmesão, da mozarela, ou do provolone? Será que era o molho de tomate, o champignon, o palmito? Ou será que era por ser em homenagem ao Preceptor DeRose, que é referência no Yôga e o redator já havia decidido que sendo Yôga tem que ser "zen" e está acabado?

Na mesma semana, a maior revista do país publicou sobre nós uma belíssima reportagem que começa assim: "O agito na Praia de Ipanema

---

126 Zen é a denominação de uma variedade de budismo especialmente desenvolvido no Japão. Não tem nada a ver com o Yôga. Budismo é uma religião. Yôga é classificado como filosofia. Se analisarmos por esse lado já percebemos que é um equívoco qualificar o Yôga como Zen. Contudo, se quisermos invocar a gíria que denomina "zen" qualquer coisa que seja oriental, estranha, naturéba, alienada, caricata, pior ainda, pois os praticantes de SwáSthya Yôga são gente culta, bem ajustada, saudável e dinâmica.

vai abrir espaço para uma prática zen [...]". Como assim? Não era uma prática "zen"! Era uma prática de SwáSthya Yôga, a modalidade mais avessa a atitudes estereotipadas e a comportamentos esquisitoides.

Na mesma semana, um dos mais importantes jornais de São Paulo publicou a matéria intitulada *Yôga com elegância*, a respeito de um livro meu. A matéria foi muito bem escrita e extremamente simpática. Mas... quando menos se espera, saído do nada, leio "Yôga são boas maneiras, simplifica o Mestre DeRose, ao ser perguntado [...] sobre o que, afinal, o milenar sistema filosófico e ritualístico indiano tem a ver com etiqueta". Como assim ritualístico? De onde saiu essa dedução? Eu não disse nada que pudesse induzir a tal interpretação, nem encontrei essa palavra em nenhum dos meus 25 livros (na época eram 25). É que sendo Yôga cai imediatamente na caixa preta, num *drive* com defeito de formatação.

Tudo isso ocorreu na mesma semana, em três das mais importantes publicações do país, escritas pelos mais informados jornalistas. Conclusão: é preciso fazer alguma coisa, é urgente tomar alguma providência para esclarecer a opinião pública de que o DeRose Method, não tem nada de "zen" e não se encaixa em nenhum estereótipo ou modismo contemporâneo.

É melhor evitar o tratamento de Mestre

Numa tarde ensolarada na cidade de São Paulo, terminei minha aula de Aikidô com o Mestre Ricardo Leite – um jovem de vinte e tantos anos na época – e dirigi-me ao meu curso de xadrez com o Mestre Ángel Gutiérrez. Mestre daqui, Mestre dali, comecei a caminhar pela rua pensando com os meus botões: todo o mundo aceita serenamente que meu professor Ricardo Leite seja Mestre de Aikidô. Ninguém questiona o título de Mestre que a Federação de Xadrez concedeu ao Ángel Gutiérrez. Por que será que meu título de Mestre de Yôga parece perturbar algumas pessoas?

Durante os primeiros 40 anos de ensino, fui o Prof. DeRose e não houve problemas. Ninguém me incomodou nem questionou o título de professor, desde a juventude em 1960 quando comecei a dar aulas e entrevistas, até o ano 2000. Depois de velho, quando recebi o grau de

Mestre começaram os problemas com relação ao título. Desconfianças, insultos, entrevistas insolentes, questionamentos irracionais de que "Mestre só Jesus"! É como se as pessoas se sentissem ultrajadas pelo fato de um profissional de Yôga ostentar o mesmo grau que tantos outros profissionais exibem sem causar nenhuma revolta. Ora, o próprio **CBO – Catálogo Brasileiro de Ocupações**, do Ministério do Trabalho, relaciona mais de trinta profissões com o título de Mestre, entre elas, Mestre de Corte e Costura, Mestre de Charque, Mestre de Águas e Esgotos etc. Mas de Yôga não pode. Por quê?

Afinal, nem tenho vinte e tantos anos de idade como o Mestre de Tai-Chi ou de Karatê, tenho mais de setenta e as barbas brancas. Oficialmente, estou na terceira idade, os cinemas me concedem 'meia-entrada de idoso', sou avô e, a qualquer momento, bisavô! Por que a sociedade admitiria sem problemas que com um terço da minha idade eu fosse Mestre de Reiki, ou Mestre de Obras, ou Mestre de Capoeira, mas cobra-me sistematicamente explicações quanto ao meu título legítimo de Mestre em Yôga?

Chega a soar ridículo quando alguém me diz, ou a algum aluno meu: "Mestre? Como assim, Mestre?" Alguns estudantes respondem à altura, declarando que tratam de Mestre os professores das suas respectivas faculdades, portanto não entendem o que o interlocutor está querendo insinuar. Mas outros deixam-se intimidar e não sabem o que redarguir. Daí, a necessidade deste artigo.

Um coronel usa o título antes do nome, Cel. fulano e é chamado *coronel* ou *meu coronel*. Um médico usa o título antes do nome, Dr. sicrano e é tratado por *doutor* ou *senhor doutor*[127]. Um padre usa o título antes do nome Pe. beltrano e é chamado *padre*. O pastor é chamado de Rev. mengano e é tratado por *reverendo*. O juiz é tratado por *Meritíssimo* e o reitor por *Magnífico Reitor*. O mestre de Aikidô é tratado por *Sensei* e o mestre de capoeira é tratado por *Mestre*. O Mestre Maçom instalado é chamado de *Venerável Mestre*. No entanto, em se tratando de Yôga paira um pre-

---

127 O mais curioso é que os **MÉDICOS E OS ADVOGADOS NÃO SÃO DOUTORES**, pois, via de regra, não fizeram doutorado! No entanto, todos os tratam por doutor e ninguém implica com isso. Ninguém os desacata ao escrever "doutor", entre aspas. Não questiono seu tratamento. Acho justo. Apenas, pergunto-me qual seria a reação das pessoas se isso acontecesse com um profissional da nossa área.

conceito lancinante que gera logo a predisposição para questionar quem use seu título legítimo.

Pessoalmente, gosto muito de chamar o contestador à razão, comparando-me aos Mestres de profissões humildes e até iletradas. Quando alguém me cobra acintosamente o direito ao título, prefiro perguntar se ele faria essa cobrança ao Mestre de Capoeira ou ao Mestre de Jangada. Pois, se não o faria, mas faz-me a mim, trata-se inequivocamente de uma discriminação.

Agora, tantos anos depois, com cinco títulos de Mestre não-acadêmicos, conferidos por duas universidades brasileiras, duas européias e uma faculdade paulista, várias Comendas e alguns títulos de Doutor *Honoris Causa* (o mais recente pelo Complexo de Ensino Superior de Santa Catarina) percebo que não preciso ostentar nenhum deles. Interiormente, sinto que foram extrapolados.

Particularmente, não faço questão de título algum. Meu nome já representa uma carga de autoridade que se basta por si mesma. Não obstante (que ironia!), agora as instituições, as autoridades e os Governos fazem questão de me tratar por Comendador e por Mestre!

> *"Na minha terra, as mãos produzem comida, e a cabeça, confusão."*
> Mestre Vitalino, artesão nordestino,

PARA EVITAR O TRATAMENTO DE MESTRE

Com o objetivo de evitar constrangimentos, sugiro que, fora do nosso ambiente de escola, não me chamem de Mestre, nem se refiram a mim com seus amigos ou parentes utilizando aquele tratamento. Há uma porção de alternativas que você pode utilizar:

Sistematizador é um tratamento adequado para assuntos referentes ao nosso Método ou à nossa modalidade filosófica.

Exemplo de utilização: "Prof. Joris Marengo é supervisionado pelo Sistematizador DeRose desde 1976."

Supervisor, para referências sobre a supervisão profissional.

Exemplo de utilização: "O Supervisor DeRose solicita aos supervisionados que apliquem sempre os testes mensais aos seus alunos."

DeRose

Escritor, quando se tratar de assunto editorial, livreiro ou que diga respeito, de alguma forma, à literatura e a textos extraídos de algum livro de nossa autoria.

Exemplo de utilização: "A mais contundente obra do escritor DeRose é seu livro 'Quando é Preciso Ser Forte'."

Professor Doutor (*Honoris Causa*, título conferido pelo CESUSC – Complexo de Ensino Superior de Santa Catarina) pode ser usado apenas em contexto acadêmico.

Exemplo de utilização: "Curso ministrado na Universidade Federal pelo Prof. Dr. DeRose."

Comendador, quando se tratar de ambiente oficial, protocolar, governamental, militar, empresarial, solenidade, outorga, entidade cultural, heráldica, filosófica, humanitária etc.

Exemplo de utilização: "Contamos com a presença do Comendador DeRose na solenidade."

Companheiro, no âmbito do Rotary.

Exemplo de utilização: "O Companheiro DeRose convida os rotarianos para o lançamento do seu livro."

Preceptor pode substituir o título de Mestre, se nenhum outro tratamento for adequado.

Educador. Esse é um tratamento de que eu não gosto, porque minha formação não inclui a pedagogia. Prefiro que não seja utilizado.

"O SENHOR FICOU RICO COM 'A IÓGA'?"

Um dia fui procurado pela jornalista de um importante veículo de comunicação. Disse que a entrevista seria sobre o Yôga ("a ióga", como ela insistia em pronunciar erradamente).

Primeira pergunta: "Comendador, o senhor ficou rico com 'a ióga'?"

Resposta perplexa: "Por que você me pergunta esse tipo de coisa e não a perguntaria ao dono daquela escola infantil ali em frente, cujo imóvel é muito maior que o meu, também tem muito mais alunos que eu e ainda cobra muito mais caro? Por que não o perguntaria ao dono de uma academia de musculação ou de um curso de línguas: 'o senhor ficou rico ensinando línguas?' Ou 'o senhor ficou rico com a Educação Física?'"

Essas perguntas seriam consideradas acintosas, rudes e absurdamente fora de contexto. Por que acham que está bem fazer tal questionamento a um profissional da nossa área? Será que estamos diante de um flagrante preconceito e inconstitucional discriminação contra a nossa profissão? Ou será que é ignorância endêmica e as pessoas acham que o Yôga é algum tipo de religião? Mas não é: é uma profissão! E nossas escolas e associações são empresas como qualquer faculdade e como qualquer clube. Não consigo compreender certas insinuações.

Em virtude de tudo isso, não se surpreenda se, depois de trabalhar durante mais de cinquenta anos com este magistério, algum dia eu me retirar da área profissional do Yôga.

"DeRose, qual é o seu nome verdadeiro?"

No dia 19 de setembro de 2005 realizei o lançamento de mais um livro na Argentina. Segundo me disseram (não acredito!), Vargas Llosa havia visitado o país para lançar um livro e vendera 120 exemplares. Umberto Eco visitara depois para realizar uma noite de autógrafos e vendera menos de 100 livros. DeRose, porém, autografara 170, depois de um outro lançamento em que vendera quase 600, conforme noticiou o Diário Cultura, da Argentina (a reprodução do texto publicado encontra-se no capítulo *A introdução do DeRose Method na Argentina*, páginas atrás).

Terminado o árduo trabalho de assinar todos aqueles exemplares, o gerente da livraria dirigiu-se ao autor de sucesso e disse com a maior sem-cerimônia:

– Posso fazer-lhe uma pergunta? Como é o seu nome verdadeiro?

Ora, essa pergunta ultrajante me é feita há décadas e com muita frequência. Por que partem os interlocutores da pré-suposição de que meu nome não é esse? Só porque ensinava Yôga? Isso é uma indelicadeza só explicável pelo preconceito e pela discriminação que assola a referida profissão.

Alguém cogitaria em perguntar qual o seu nome verdadeiro ao Padre Rosário, ao Deputado Nonô, ao jornalista Índio do Brasil, ao médico

Doutor Pinoti, ao General Aramburu ou ao notário Penafiel? Então, como é que acham natural perguntar qual o nome verdadeiro do escritor DeRose?

Por que é que tratando-se de outra profissão ninguém se atreve a cogitar que um nome esdrúxulo seja falso, mas o nome perfeitamente normal, só que francês, do Comendador DeRose deve despertar desconfiança de que seja nome suposto? Jamais alguém perguntou ao meu primo psiquiatra Dr. DeRose ou à minha irmã psicóloga Lucia DeRose ou ao meu irmão coronel DeRose qual era o seu nome verdadeiro. Por que – e com que direito – permitem-se me perguntar tal coisa?

Não é que a discriminação não existisse antes. É que agora me indigna mais. Na década de 1960 eu sentia o preconceito me ferir a alma, mas aceitava-o com a justificativa de que assim seria por eu estar jovem. Depois, por vivermos numa ditadura. Depois, por eu ainda ser um "excluído economicamente". Mas e agora que não sou mais jovem, não estamos mais numa ditadura e não sou mais indigente? Agora estou numa idade que exige respeito. Realizo um trabalho sério. Produzi uma obra relevante durante mais de meio século de ensino e como escritor.

Considero uma deselegância que me perguntem qual é o meu nome verdadeiro.

VENDEM-SE CRAVOS

Certo dia, um comprador viu a placa na porta de uma loja: "Vendem-se cravos". Como estava precisando de uns condimentos, entrou. Pediu ao proprietário:

– Quero duzentos gramas de cravos, por favor.

Ao que o lojista respondeu:

– Desculpe, cavalheiro. Não trabalhamos com esse produto.

Para não perder a viagem, o freguês tentou adquirir outra especiaria:

– Então, dê-me duzentos gramas de orégano.

O vendedor, sem perder a elegância, informou:

– Sinto muito, meu senhor. Não trabalhamos com temperos.

O consumidor, indignado, contrapôs:

– Mas o senhor colocou um luminoso lá fora dizendo que vende cravos!

E o dono da loja esclareceu:

– Exatamente. Vendemos cravos, os nobres instrumentos renascentistas, predecessores dos pianos. Acho que não é o que o senhor está procurando.

Essa história acontecia todos os dias nas escolas credenciadas pela Universidade de Yôga. Muitos candidatos liam a palavra Yôga e pensavam tratar-se de academia, ou de terapia, ou de alguma outra amenidade. No entanto, o que nós oferecemos é uma cultura, uma proposta de reeducação comportamental, um estilo de vida.

Por isso, em várias escolas filiadas, em diversos países da Europa, os Diretores optaram por não ostentar o rótulo Yôga em suas placas e letreiros. Estão utilizando somente DeROSE Method[128] e revelam-se bem satisfeitos. Ninguém mais entra equivocado procurando por cravos da Índia. Com isso, o trabalho de atendimento ao público passou a consumir-nos menos e não ocorre mais o constrangimento de esclarecer que não trabalhamos com aquilo que o interessado antes vinha buscar.

A GALERA JOVEM

Surpreendentemente, é o público jovem, entre 18 e 30 anos de idade, que mais busca as nossas escolas. Por que será? Acreditamos que seja pelo fato de os jovens terem um senso crítico mais exacerbado e um sentimento de esperança na Humanidade. Assim sendo, por mais que se criem novidades na California ou em New York para mero consumo, boa parte da opinião pública manifesta uma grande receptividade para as linhas ancestrais. Essas são, necessariamente, menos comerciais. Não têm o foco nos benefícios, pois não desejam aliciar. Não são correntes místicas, pois não querem doutrinar ninguém. A principal linhagem filosófica que preconiza essa orientação tradicio-

---

128 Consulte o próximo capítulo *A transição para o DeROSE Method*.

nal é o SwáSthya Yôga, no Brasil há mais de cinquenta anos. Contudo, ninguém é perfeito, o SwáSthya é um tronco de Yôga radical. Tem que sê-lo para conseguir preservar as propostas ortodoxas que os ocidentais geralmente não cumprem e, muitas vezes, nem conhecem como, por exemplo, não usar drogas, nem álcool, nem fumo e observar uma alimentação saudável.

Os ocidentais, geralmente, não conhecem as vertentes antigas, pois a maciça maioria dos ramos que chegaram ao Ocidente surgiu na Idade Média. Para você, medieval é antigo. Contudo, para a estirpe ancestral, que tem mais de 5000 anos de idade, as linhas criadas nos séculos VIII a XIII depois de Cristo pertencem à divisão moderna. Nasceram nada menos que 4000 anos depois da origem do Yôga primitivo!

Mesmo quando os ocidentais são informados a respeito das propostas comportamentais do Yôga Antigo, muitos não o assimilam, pois precisariam mudar hábitos e vícios arraigados durante toda uma vida desregrada. O sistema antigo não abre concessões: o praticante não deve fumar, nem tomar bebidas alcoólicas, nem ingerir drogas, nem comer carnes de animais mortos. No entanto, o que se vê são praticantes e até instrutores de linhas modernosas que descumprem as recomendações milenares. Seu argumento é o de que estamos no Ocidente, estamos no século XXI, as pessoas não aceitariam uma proposta mais séria. Essa premissa é falsa. As pessoas querem, sim, um Yôga mais purista, mais exigente. A prova é o número de praticantes de SwáSthya: mais de um milhão hoje, só no nosso país. Ora, um instrutor que use drogas é um perigo para a população, pois pode muito facilmente induzir seus alunos ao vício e ainda lhes traficar o entorpecente ou alucinógeno.

Sempre lecionei para jovens e sei o quanto essa ameaça social é uma realidade e está acontecendo agora mesmo em tantos antros de aliciamento. Por esse motivo, em meus livros, cursos e eventos há mais de 50 anos tenho orientado a moçada no sentido de que um Yôga legítimo exige a abstenção de drogas, álcool e fumo de qualquer espécie. Se não for assim, desculpe, não é Yôga.

Além disso, a prática do SwáSthya é totalmente diferente da imagem que as pessoas em geral têm do Yôga. Ele é praticado sob a forma de coreografias lindíssimas, tão bonitas que foi criada a DeRose ArtCompany para apresentar demonstrações em teatros de diversas capitais das Américas e da Europa. Todos quantos assistem concordam: o Yôga Antigo é tão bonito quanto a dança. O que ele tem a ver com dança e com coreografias? Simples. Seu criador foi um dançarino, Shiva, que tinha o título de Natarája, Rei dos Bailarinos!

Bem, por outro lado, os seguidores de modalidades mais modernas, ao ver um método tão antigo e tão diferente, nem mesmo o reconhecem como Yôga, a não ser pelos mantras e pela meditação, que também fazem parte do acervo. Se estudassem a literatura especializada compreenderiam a fundamentação dessa escola primitiva. Mas não querem nem saber de travar contato com uma bibliografia que os demova da sua posição cristalizada e preconceituosa. Paciência! Temos que conviver com isso por mais alguns anos. Afinal, dizem que as boas coisas não vencem por seus próprios méritos, e sim porque seus opositores vão morrendo. Eu posso esperar.

JOVENS AJUDANDO JOVENS A SE MANTER LONGE DAS DROGAS

O grande sonho de todo pai ou mãe é ter a certeza de que seu filho ou filha está em boa companhia e não vai se envolver com drogas, nem sair para a balada conduzido(a) por um amigo alcoolizado na direção de um veículo assassino.

No final de um curso da Nossa Cultura, o jovem Vinicius Machado veio falar comigo e fez uma declaração pública que comoveu os presentes:

– Professor. Quero lhe agradecer, porque você salvou a minha vida.

Respondi que ele também estava salvando a vida de muita gente, pois também era instrutor do DeRose Method. Mas Vini explicou:

– Não. Você salvou mesmo a minha vida. Eu tinha um amigo e costumava sair com ele para a *night*. A gente enchia a cara e saía por aí. Hoje, depois da aula, eu estou indo ao velório dele. Encheu a cara, bateu com o carro e morreu. Eu podia estar lá, mas estou aqui, vivo. Por isso, digo que você salvou a minha vida.

DeRose

Os pais reconhecem isso. Frequentemente perguntam-me como conseguimos que tantos jovens aceitem não usar drogas, nem fumo, nem álcool sem partirmos para a repressão e sem usar doutrinação. A resposta é muito simples. O ser humano é bastante influenciado pelo grupo. Ora, o ambiente do DeRose Method é extremamente alegre e descontraído, muito diferente de outros agrupamentos, escolas ou associações. Os adeptos são jovens "cara-limpa", saudáveis, desportistas, acadêmicos, gente bonita, educada, sensível e com corpos sarados. É perfeitamente compreensível que o recém-chegado fique fascinado e adote os bons hábitos desse grupo. Ele vê a moçada bonita, pessoas alegres, felizes e quer participar daquela tribo. Mas para ser aceito pela galera tem que ser *cara-limpa*.

Portanto, na verdade, quem consegue isso é o ambiente saudável, é a boa companhia, são os demais jovens com quem o recém-chegado vai conviver. Esse é o segredo do nosso sucesso com a juventude.

E as *raves*! Você já imaginou uma *rave* sem fumo, sem álcool e sem drogas? Nossa garotada vira a noite se divertindo, dançando, na maior alegria e numa disposição inacreditável, sem uma gota de álcool (nem cerveja), sem fumo (nem natural) e sem drogas (nem as legalizadas). Quando o nosso pessoal vai a alguma outra *rave*, nossa turma é a mais animada, tão mais animada que os outros ficam nos assediando para pedir um pouco do que nós tomamos! E não adianta dizer que foi água mineral. Invariavelmente escutamos:

– Pô, cara. Divide aí, vai. Eu sei que você tá com *algum barato*.

E achamos muita graça, pois não precisamos disso e temos muito mais energia.

AO LONGO DE 5000 ANOS
MUITA DETURPAÇÃO PODE ACONTECER

O Yôga tem 5000 anos de existência. Nesses cinco milênios, foi desvirtuado sucessivas vezes pelas invasões que a Índia sofreu. Façamos uma comparação. Estamos no século XXI da Era Cristã. Muito bem. Existe uma luta chamada Capoeira, que é legitimamente brasileira. Tem suas raízes em tradições africanas, porém nasceu no nosso país.

Imaginemos que dentro de alguns anos, a Amazônia será invadida por uma outra nação com o pretexto de ocupá-la para salvar tão precioso patrimônio da humanidade das mãos desses latino-americanos irresponsáveis que a estão destruindo.

Tal como os drávidas que viviam na Índia há 5000 anos, os brasileiros não têm tradição guerreira. Já os nossos invasores imaginários desta história contabilizariam uma história de guerras e conquistas.

Como ocorreu com o Império Romano, que ia incorporando outras culturas (ao absorver do Lácio o latim, da Grécia a arquitetura, escultura, mitologia etc.), esse novo império absorve a Capoeira. Em pouco tempo, digamos, um século, classificam-na como dança (*"afinal, eles não dançam?"*). E a reestruturam, pois isso de bater atabaques e tocar um instrumento de cordas com uma corda só é muito primitivo. Eliminam os tambores e substituem o berimbau pela guitarra eletrobioplásmática, com acompanhamento de "sincretizador" (que substituirá o computador, aquela máquina primitiva que vivia "dando pau" e pegando vírus).

Passam-se mil anos. Lá pelo ano 3000 da era Cristã, ocorre outra invasão. O Brasil é ocupado por uma terceira etnia e novos Mestres de Capoeira introduzem uma codificação que a define como religião (*"afinal, eles não se benzem antes de jogar?"*). Uma dança religiosa, uma dança ritual. Surgem mosteiros, templos e igrejas do culto Capoeirista. Essa vertente passa a ser conhecida como Capoeira Clássica.

Passado mais um milênio, e em torno do ano 4000, já não se fala a mesma língua, nem habita neste território o mesmo povo. Surpreendentemente, a Capoeira sobreviveu e tem mesmo um sólido sistema cultural que a preserva. Só que agora, após alguns concílios, decidiram que Capoeira é uma terapia. Passa a ser uma dança espiritual terapêutica.

Mais um milênio se passa. Estamos lá pelo ano 5000 d.C. Ninguém mais se lembra das suas origens. Criam mitologias. Surgem versões negando que a Capoeira tenha surgido em uma nação mítica chamada Brasil, a qual teria existido há tanto tempo que caiu no esquecimento. Alguns eruditos defendem que a Capoeira teria sido criada pelos negros escravos, mas a etnia então dominante nega-o peremptoriamente, e ameaça de punição quem se atrever a insistir nessa invencionice subversiva. A Capoeira é institucionalizada como uma prática para a terceira idade. Torna-se uma dança espiritual terapêutica para idosos.

Outros mil anos são transcorridos. Estamos agora no ano 6000 da Era Cristã. Todas as evidências de uma civilização latino-americana desapareceram, apagadas intencionalmente pelos cientistas e religiosos desse novo período histórico. A opinião pública de então, decide que Capoeira é para mulheres, que é ótima para TPM, gestação, rugas, celulite, varizes e que rejuvenesce. A Capoeira passa a ser classificada como uma dança espiritual, terapêutica, para idosos e para mulheres. Quem afirmar que a Capoeira legítima é uma luta, destinada a pessoas jovens e saudáveis, passa a ser acusado de discriminar os enfermos, os idosos e as mulheres; é acusado de ser polêmico; torna-se perseguido e severamente castigado com a difamação, exclusão, execração e ameaças de morte.

Bem, no caso da Capoeira, nós só abordamos 4000 anos de deturpações, do ano 2000 ao ano 6000 d.C. No caso do Yôga precisamos computar mais um milênio de distorções, já que essa filosofia conta com cinco mil anos de existência.

Oh! Céus! Eu disse filosofia? Foi sem querer. Juro. Eu quis dizer uma terapia mística para enfermos, mulheres e idosos.

MAS COMO É NA ÍNDIA?

Eu viajei para a Índia durante 25 anos. Frequentei vários tipos de estabelecimentos, desde as escolas até os mosteiros, dos mais sérios aos que já estavam contaminados pelo consumismo ocidental – e percebi as diferenças. Mas, em todos eles, ocorria um mesmo fenômeno. Os alunos hindus entravam na sala de aula com cara normal e roupa normal, muitas vezes praticando de calça e camisa. Os ocidentais, no entanto, pareciam um bando de alucinados que se destacavam dos hindus por serem os únicos a estar vestidos com "roupa indiana", isto é, o equivalente àquelas camisas hipercoloridas e cheias de flores que os turistas estrangeiros usam no Brasil por acharem que aqui é assim que o povo se veste. Será que os turistas não percebem que nenhum brasileiro está portando aquelas camisas espalhafatosas, ou que nenhum hindu está vestindo a tal de "roupa indiana" (especialmente as famosas "saias indianas", que nenhuma indiana veste)?

Durante a aula de Yôga, os hindus preservam a fisionomia de pessoas perfeitamente normais, sorriem, interagem com os colegas e com o instrutor, às vezes, até fazem gracejos. Os ocidentais, pelo contrário, mantêm-se muito taciturnos, com cara de santo cristão e, às vezes, babam um pouco. Frequentemente os instrutores que levei em minhas viagens, para conhecer o verdadeiro Yôga da Índia, observaram:

— DeRose, você já percebeu que os ocidentais ficam com cara de malucos quando entram numa sala de Yôga e que os hindus são como nós do SwáSthya e preservam a cara normal?

Pois é. Aí está o x da questão. O ocidental vai à Índia, olha, mas não vê. Ouve, mas não escuta. Tanto que volta falando "ióga", embora todos lá pronunciem Yôga, com $\hat{o}$ fechado. É uma questão de paradigma. O ocidental enfurnou no bestunto que Yôga deveria ser de uma determinada forma. Depois ele viaja para a Índia e não consegue perceber que lá é diferente do clima cristianizado, naturéba, ortoréxico e alternativoide que grassa no Ocidente.

Uma das fantasias é que na Índia – e nas escolas de Yôga desse país – só se coma pão integral, arroz integral, açúcar mascavo e outros modismos ocidentais. Só que não é assim. Nas escolas de Yôga come-se muito bem, desfruta-se uma comida deliciosa, bem temperada e, fora isso, normal (sem carnes, é claro!). Certa vez, uma pessoa que estava no nosso grupo pediu arroz integral ao garçom do restaurante em Nova Delhi. O empregado trouxe arroz branco. A brasileira mandou voltar e instruiu-o com mais ênfase:

— Olha, meu filho, eu quero arroz integral, compreendeu? Arroz in-te-gral!

O coitado voltou com outra porção de arroz branco. Percebendo que não agradara, explicou:

– Mas o arroz está inteirinho. Eu mesmo ajudei o cozinheiro a catar só os grãos que não estavam quebrados.

Hoje já há alguns estabelecimentos com opções integrais para atender a turistas, assim como já existem escolas de Yôga para satisfazer os devaneios dos que pagam bem para que lhes vendam o que eles querem comprar, ou seja, aquilo que o ocidental pensa que o Yôga é. *"Eppur, non è!"*

CONCESSÃO A UMA PITADA DE VEEMÊNCIA

Eu vivi todos os escalões de aceitação e de rejeição,
de louvor e de execração, de reverência e de difamação
que um ser humano poderia experimentar.
DeRose

Tenho consciência de que meu discurso é muito categórico. Nutro boas razões para tanto. Contudo, não é minha intenção agredir ou ofender ninguém. A nós brasileiros e latino-americanos é-nos concedido carregar um pouco nas tintas quando nos referimos ao nosso valor. Tomamos essa liberdade para contrabalançar a atitude internacional com relação ao nosso país e à América Majoritária, chamada de Latina. Disso temos um duplo orgulho, primeiro porque foram os latinos que difundiram o latim, língua nobre do Ocidente; segundo, porque se somarmos os habitantes das Américas do Sul, do Centro e a porção ocupada pelo México na América do Norte, teremos o que chamo de América Maior, com um número esmagador de habitantes (perto de um bilhão, sendo que um quinto desse número habita o Brasil), um mercado que merece respeito, uma enorme riqueza mineral, florestal e agrária capaz de alimentar o mundo todo.

AINDA EXISTEM FOCOS DE OPOSIÇÃO NO BRASIL

A detração é o ônus da notoriedade.
DeRose

Por que um ensinamento como a nossa revolução comportamental está se difundindo e conquistando tantos países como Argentina, Chile, Peru, Guatemala, Santo Domingo, Colômbia, México, Portugal, Espa-

542 QUANDO É PRECISO SER FORTE

nha, França, Inglaterra, Alemanha, Holanda, Itália, Bélgica, Suíça, Polônia, Escócia, Finlândia, Estados Unidos (incluindo o Havaí), Austrália, Indonésia e outros, contudo no Brasil ainda encontra intriguinhas provincianas e mexericos de sinhá?

É, sem dúvida, a indefectível inveja. "Inveja não é desejar possuir o que o outro tem, é querer que ele não tenha". Falando sobre a inveja, Gustave Eiffel, o arquiteto que construiu a Torre Eiffel, declarou certa vez: "Na minha terra, a cada moeda recebida ganhamos um inimigo". Bem, se for essa a razão de tanto ressentimento, posso tranquilizar meus detratores. Não fiquei rico e não quero isso para mim. A expressividade do nosso trabalho poderia ser direcionada para o ganho financeiro. Acontece que acolho a firme convicção de que as pessoas precisam ter apenas o suficiente para uma vida com dignidade.

Como pode uma cultura tão nobre, tão bonita e tão autêntica, não estar mais notabilizada na nação que hospedou sua sistematização? Por que o sistematizador não é mais reconhecido no seu país? Primeiramente, porque ninguém é profeta em sua própria terra. Mas há outros fatores. Somos latino-americanos e padecemos de baixa autoestima supurada. Para algo ser bom tem que vir de fora. Por isso alardeamos nos anúncios: "produto importado", como se isso bastasse por si só para ser melhor.

Por outro lado, o mesmo fenômeno cultural ocorre de fora para dentro, ou seja, os que se intitulam Primeiro Mundo e a nós, Terceiro Mundo, também alimentam esse tipo de discriminação. Quem viaja por alguns países da África e da Ásia fica indignado ao perceber que o Brasil não poderia em hipótese alguma ser equiparado a eles e ficar classificado como Terceiro Mundo, ao lado daquelas nações canhestramente desestruturadas.

O RECONHECIMENTO DO IMPÉRIO ROMANO

Isso nos faz pensar. Praticamente tudo o que no Ocidente conhecemos e incorporamos no nosso passado, está restrito à cultura greco-romana. O direito que utilizamos é o Direito Romano, a língua morta de referência é o latim e "o mundo todo" a que nos referimos quando dizemos que Napoleão conquistou o mundo é, praticamente, o mundo romano. Até a cultura grega, chegou a nós através dos romanos, que colonizaram e anexaram a Grécia ao seu Império. O Cristianismo chegou a nós através do Império Romano que estava lá em Jerusalém quando tudo aconteceu e, progressivamente, absorveu suas propostas. Tudo o que era incorporado ou aceito pelo Império Romano passava a "existir" e teria direito a ser perenizado. O que ficasse restrito a outras culturas estava destinado à desconhecença por parte do restante da civilização e seria condenado ao ostracismo pela História. Quantas descobertas cruciais para a Humanidade ocorridas entre os babilônicos, sumérios, fenícios, hititas, drávidas, etruscos, celtas estão simplesmente perdidas, apenas porque não foram escritas em latim!

Atualmente, restringimo-nos aos registros em inglês. O que conhecemos do Egito ou da Índia, é porque foi escrito ou traduzido originalmente para o inglês. Só conhecemos o Kama Sútra porque o inglês Richard Burton, que foi Cônsul Britânico no Brasil Império, o traduziu para a sua língua. Só conhecemos os Tantras porque o magistrado britânico Sir John Woodroffe os traduziu para o inglês. A Bhagavad Gítá, traduzida em 1784 por Charles Wilkins, é um dos muitos textos que vieram a se tornar mais populares na própria Índia depois que foram passados para o idioma britânico. Assim ocorreu com todas as demais escrituras hindus vertidas para o inglês: os Vêdas, o Yôga Sútra etc.

No início do século XX, havia um Mestre chamado Ramana Maharishi[129], que vivia em Arunachala, Tiruvanamalai, a uns 200 quilômetros ao Sul de Madrás. Nunca ninguém ouvira falar dele, embora fosse um grande sábio. E teria passado pela Terra em brancas nuvens, sem que jamais a história registrasse sua existência ou o valor do seu ensinamento, se um anglo-saxão, Paul Brunton, não tivesse, um dia, visitado seu ashram e escrito sobre ele.

Esse é o caso do curare, que os índios brasileiros durante milênios usavam para pescar e que na segunda metade do século XX foi desco-

---

129 Ramana Maharishi é o Mestre de Jñana Yôga que faleceu no início do século XX. Não o confunda com o Maharishi Mahesh Yôgi, que foi o Mestre dos Beatles e fundou a Universidade de Meditação Transcendental, nos Estados Unidos.

544   QUANDO É PRECISO SER FORTE

berto pela literatura em inglês, passando a ser adotado no mundo todo como anestésico nas grandes cirurgias.

Esse também é o caso dos bacteriófagos que os soviéticos vinham utilizando há quase um século no lugar dos antibióticos, com muito mais eficiência e menos inconvenientes, mas ninguém tomava conhecimento pelo fato de a literatura não estar escrita em inglês ("se não está escrito em inglês, não é ciência.")!

O BRASIL ESTÁ EXPORTANDO CULTURA

A coisa mais rara é a Europa comprar cultura do Brasil. Tivemos um filósofo brasileiro, falecido na década de 1980, que era um verdadeiro gênio. Seu nome, Huberto Rohden. Escreveu mais de 60 livros, traduziu o Novo Testamento, traduziu também a escritura indiana Bhagavad Gítá. Quando jovem ele esteve na Alemanha e, na época, escreveu um livro de filosofia em alemão impecável. Enviou a obra a um editor que a aceitou *incontinenti*. Mandou chamar o autor para firmar o contrato de edição. No entanto, quando Rohden abriu a boca o editor percebeu tratar-se de brasileiro e voltou atrás, recusando-se a editar o livro. "De brasileiros nós não compramos cultura. Só compramos café", disse o preconceituoso germânico.

Pois esse panorama está mudando graças, em grande parte, à atuação da Universidade de Yôga, fundada em São Paulo, em 1994. Na verdade, esse trabalho já vem sendo desenvolvido no Brasil há mais de 50 anos, sendo mais de 40 junto às Universidades Federais e Católicas de vários estados. O nome DeRose é cada vez mais respeitado lá fora, e hoje brasileiros estão sendo convidados sistematicamente para ir ensinar a nossa Reeducação Comportamental na União Européia e nas três Américas.

O que proporcionou seu tão expressivo crescimento no Brasil e aceitação no resto do mundo foi o fato de que a Uni-Yôga ensinava uma modalidade diferente que não se enquadrava nos estereótipos. Quem não conhecia o assunto a fundo, supunha tratar-se de uma novidade. Na verdade, era uma antiguidade. Só era novo para quem desconhecia nossa asserção de resgate do Período Pré-Clássico, pré-vêdico, pré-ariano. Trata-se do tronco mais antigo, o qual, certamente, é bem distinto da imagem ingênua que o consumismo ocidental atribuiu àquela tradição milenar, patrimônio cultural da Humanidade.

No início foi um pouco difícil fazer a opinião pública compreender que a interpretação habitual que ela conferia ao Yôga não se adequava ao nosso trabalho. Mas, finalmente, toda a sociedade – e com ela, os jornalistas – começou a entender que professávamos um aspecto mais sério e profundo. Na verdade, esse foi um fenômeno que ocorreu de fora do nosso país para dentro. Primeiro nosso trabalho passou a ser respeitado lá fora, enquanto que no Brasil tínhamos de engolir deboches e difamações veiculadas por concorrentes que queriam comprar uma briga comercial. Não compreendiam que teriam de ficar brigando sozinhos, pois, primeiro, não fazemos um trabalho comercial; e, segundo, não somos concorrentes deles, já que trabalhamos com outro público e temos outra proposta. Aí, pouco a pouco, com a generosidade da Imprensa, começamos gradualmente a conquistar também dentro do Brasil o mesmo conceito de que usufruímos lá fora.

Hoje, é de domínio público que se o interessado quiser aprofundar-se em um estudo técnico e sério, orientado por profissionais dedicados, isso ele encontrará no DeRose Method, tanto no Brasil, quanto em outras nações pelas quais nosso método se difundiu.

PORQUE O NOSSO MÉTODO É TÃO RESPEITADO NO EXTERIOR

Conseguimos inverter o fluxo nas correntes da transmissão de conhecimento. Durante séculos, o Brasil só teve o privilégio de comprar cultura. Nunca o de transmiti-la.

Pois bem, a Universidade de Yôga foi a primeira entidade cultural brasileira a exportar cultura para a Europa, sistematicamente, durante décadas.

Perguntaram-me, certa vez: "Mas... por que logo um brasileiro?" Em primeiro lugar, **por que não**? Será este questionamento um resquício dos complexos de inferioridade da ex-colônia? Quem domina o Jiu-jitsu no mundo não são os japoneses e sim os brasileiros. O melhor boxeador peso galo de todos os tempos foi o vegetariano brasileiro Éder Jofre. O mesmo ocorreu com o *football*, difundido pelos ingleses, mas que teve por pentacampeões mundiais nada menos que os habitantes da Terra de Santa Cruz. Os vencedores da Fórmula Um foram, repetidamente, os brasileiros Emerson Fittipaldi e Ayrton Senna. E ninguém precisa ir à Índia para encontrar o melhor Yôga técnico do mundo, precisa, sim, ir ao Brasil[130], pois é onde ele está nos albores do Terceiro Milênio.

A curiosidade é: como o Brasil se tornou o berço dessa reviravolta e desse resgate histórico, muito bem representado pelo presente livro?

A resposta é simples. Na década de 70 do século passado eu introduzi o Yôga nas Universidades Federais, Estaduais e Católicas de muitos estados do nosso país como curso de extensão universitária para a formação de instrutores. Isso fez toda a diferença, já que os estudantes passaram a levar sua preparação muito mais a sério. Antes, era o mesmo professor, a mesma matéria, os mesmos livros, mas ninguém se dedicava, nem estudava, nem acatava os testes mensais, nem fazia os trabalhos escritos. Depois que introduzi nossa metodologia como extensão universitária nas Universidades Federais, Estaduais e Católicas, continuava sendo o mesmo professor, a mesma matéria e os mesmos livros, mas então todos se dedicavam, estudavam, acatavam os testes mensais e faziam os trabalhos escritos. Por que isso? Os alunos me respondiam candidamente: "Ah! Professor, agora é universidade, né?"

Como os cursos de formação de instrutores nos outros países não entraram nas universidades (a não ser os que fiz introduzir mais tarde em Portugal e na Argentina) isso, em mais de quarenta anos de gerações sucessivas de novos profissionais cada vez melhores, teve como consequência um salto evolutivo que colocou os brasileiros entre os melhores profissionais da área no mundo. Estamos mais de duzentos anos à frente da maior parte dos países autodenominados como "Primeiro Mundo". Em quase todos eles a formação profissional de Yôga se processa (ou processava, quando este livro foi escrito) em um *week-end*. Ora, que qualidade pode ter um *Yôga teacher* que entrou como aluno na sexta-feira e saiu como profissional na segunda-feira? Se não acredita, leia os anúncios dos cursos de *Yôga teachers* nas revistas de Yôga publicadas na época.

---

130 E agora também à Argentina e a Portugal.

DeRose

Outra consequência da boa formação dos nossos profissionais foi que no Brasil, nestes meus mais de cinquenta anos de luta pela regulamentação passamos a contar com uma infra-estrutura de exames, documentação, supervisão, ética, federações, confederação e Sindicato Nacional de Yôga como não existia em nenhum outro país.

Com a criação da Universidade de Yôga, conseguimos que o mundo aceitasse nos escutar e aprender conosco, porque detínhamos o melhor *know-how* de Yôga técnico. Não é vaidade. É orgulho sadio que quero compartilhar com você, meu estimado leitor, e com todos os brasileiros.

Os brasileiros não são melhores do que os de outras nacionalidades, mas este capítulo é necessário justamente porque meus conterrâneos têm muito baixa auto-estima e precisam ser içados em seu amor-próprio, caso contrário sempre acham que não valem nada e que os de outros países é que são bons. É o nosso tão propalado complexo de vira-lata.

NOSSA CULTURA – DeRose METHOD [131]

Atualmente, os candidatos, quando nos procuram, não estão interessados em paliativos para mascarar as mazelas do trivial diário. Eles estão interessados em absorver uma **cultura**.

Esta proposta seleciona o público mais afeito à cultura e faz alusão ao fato de que não ensinamos apenas algumas técnicas, mas que **transmitimos uma cultura**. Como consequência, ficamos atrelados ao Ministério da Cultura e não ao Ministério da Educação. Em reunião que tive em Brasília com o, então, Ministro Gilberto Gil, ele me disse uma frase memorável: *"Conhecimento é com o Ministério da Educação. Autoconhecimento é com o Ministério da Cultura"*, que é o nosso caso.

Procuro reeducar meus leitores para que se tornem pessoas melhores, mais polidas, mais viajadas, mais refinadas, mais civilizadas, mais cultas, que aprimorem inclusive sua linguagem e boas maneiras. Sugiro uma revolução comportamental, propondo uma forma mais sensível e amorosa de relacionamento com a família, com o parceiro afetivo, com os amigos, com os subordinados e até mesmo com os desconhe-

---

131 Consulte o próximo capítulo *A transição para o DeROSE Method*.

cidos. Recomendo que eventuais conflitos sejam solucionados polidamente, sem confrontos.

Como complemento a esta proposta, ensino reeducação respiratória, reeducação postural, reeducação alimentar etc., proporcionando condições culturais e sociais para que as pessoas tenham uma qualidade de vida melhor e os jovens, e todos os demais cidadãos, se mantenham longe das drogas. Tudo isso junto, em última análise, contribui para o autoconhecimento.

Alguns homens lutam um dia e são bons;
outros lutam um ano e são melhores;
os que lutam vários anos são ótimos;
mas os que lutam a vida toda...
...esses são imprescindíveis.
Bertolt Brecht

Elenco internacional da DeRose ArtCompany, em 2016.

2008 – A transição para o DeRose Method

Após trabalhar 50 anos com Yôga, fui mais além

Ao comemorar minhas bodas de ouro na carreira de professor dessa filosofia hindu, após 25 anos de viagens à Índia, tendo sido o primeiro a introduzir o Yôga nas universidades federais, estaduais e católicas do Brasil, bem como em universidades de outros países da América e da Europa[132], senti que minha experiência de vida como *magister*, recomendava uma mudança de abordagem. Era preciso ampliar o campo de atuação do que ensinava.

Depois de tantas décadas transitando pelo ambiente do Yôga, convivendo com tanta, mas tanta, gente do *métier*, vi que, se algo não mudasse, ficaríamos patinando no mesmo lugar.

O Yôga não funciona

Depois de meio século ensinando essa matéria, cheguei à surpreendente conclusão de que o Yôga não funciona.

---

[132] O Yôga foi introduzido nas universidades como curso de extensão universitária para formação de instrutores de Yôga. Os primeiros cursos foram na década de 1970, na PUC – Pontifícia Universidade Católica de São Paulo, Federal de Minas Gerais, Federal do Rio Grande do Sul, Federal do Paraná e Federal de Santa Catarina. Na década seguinte, expandimos para a Federal do Rio de Janeiro, PUC da Bahia, PUC de Minas Gerais, PUC do Rio Grande do Sul, Federal do Ceará, Federal do Rio Grande do Norte, Federal do Maranhão, Federal do Piauí, Federal de Pernambuco e Federal do Pará. Na década de 1990, introduzi o curso de formação de instrutores na Universidade do Porto e Universidade Lusófona, de Lisboa, e Universidade Tecnológica Nacional, da Argentina. Em 2017, École de Finances et Management de Paris, França.

O Yôga, sem os conceitos de reeducação comportamental, não funciona. Ou seja, sem mudar sua atitude, sua alimentação, sem eliminar o uso do fumo, do álcool e das drogas, sem um bom relacionamento humano e sem um bom relacionamento afetivo, não funciona.

Serve para dar flexibilidade, tônus muscular, melhora o rendimento nos esportes, nos estudos e no trabalho, tem impacto na vitalidade e tudo o mais que nós já sabemos.

No entanto, como já expliquei no capítulo *Efeitos da etapa inicial do SwáSthya Yôga*, do meu livro **Tratado de Yôga**, esses resultados são meras consequências, efeitos colaterais da prática, migalhas que caem da mesa de jantar e não a meta em si.

Yôga é qualquer metodologia estritamente prática que conduza ao samádhi. Ou seja, ele pode ser qualquer coisa[133], mas precisa ser estritamente prático, porque o darshana em questão não tem teoria[134]. E tem que ter a proposta de conduzir à meta do Yôga, o samádhi[135].

Ora, esse estado de megalucidez denominado samádhi não pode ser conquistado por alguém que não consiga sequer ser equilibrado emocionalmente, alguém que se desentenda com o colega ou com o cônjuge, alguém que fale mal de um praticante ou instrutor por ele ser de outra linha da mesma filosofia. Não pode ser alcançado por alguém que na aula faz meditação e põe as mãos "em prece" com cara de santo arrependido e quando termina a aula briga com o empregado, porteiro, motorista, amigo, desamigo, conhecido, desconhecido, namorado, ex-namorado, cliente, fornecedor etc.

---

133 Pode ser uma metodologia corporal ou mental; pode ser devocional ou ao contrário; pode ser espiritualista ou não; pode ser algo que se alcance com mantras, ou com meditação, ou com qualquer outra técnica.

134 O que nós autores escrevemos nos nossos livros pode ser a fundamentação do Yôga segundo o Sámkhya ou segundo o Vêdánta; pode ser a história, a nomenclatura, as regras, a casuística, as opiniões do autor; pode ser a "teoria da prática"; ou, até mesmo, as mesclas que alguns escritores fazem com outras coisas que nada têm a ver com o Yôga. Existe muita salada mista nos livros que pretendem dissertar sobre o tema.

135 Quem disse que essa é a meta? Quem afirmou isso foi o codificador do Yôga Clássico, o sábio Pátañjali, em sua obra do século III antes de Cristo. É o fim último a ser alcançado. Por quê? Porque a meta é a expansão da consciência que proporciona o autoconhecimento.

Noutras palavras, cheguei à amarga conclusão de que sem aplicar os conceitos comportamentais de reeducação, o Yôga não funciona porque não leva à meta do Yôga, que é o samádhi.

Eu já havia concluído isso há muito tempo, tanto que tinha publicado nos meus livros, desde a década de 1990, insistentes apelos a que todos participassem das atividades culturais como meio para compartilhar, pela convivência, um código comportamental e de valores. Mas os praticantes e instrutores daquela época não queriam saber. Estavam sofrendo paralisia de paradigma, pois entraram nas nossas escolas pelo canal da palavra Yôga e achavam que essa coisa deveria consistir apenas em uns contorcionismos exóticos e uns relaxamentos. Achavam que não tinha nada que interferir com o comportamento.

Então, por uma sincronicidade que contarei mais adiante, surgiu, oficialmente, na França, o DeRose Method[136]. A partir de então, como era outro produto cultural, as pessoas não só aderiram às atividades sociais como também manifestaram sua alegria por elas existirem nas nossas escolas. Como assim, outro produto? Não mudamos apenas o nome e continuamos ensinando a mesma coisa? Não!

Eu ensinei Yôga desde antes de você nascer
Talvez, desde antes de o seu pai nascer.

Fui um dos introdutores do Yôga no Brasil (1960), um dos primeiros autores (1969), uma das primeiras escolas (1964), o primeiro a introduzir o Yôga nas faculdades (1976), o primeiro a introduzir o Yôga nas universidades federais e PUCs (1979), promovemos o primeiro curso superior de Yôga, sequencial, numa Universidade Estadual (2008). Sou o mais antigo, ainda vivo, dos professores e escritores de Yôga do Brasil. Ao longo de 25 anos de viagens de estudos à Índia – onde aprofundei o conhecimento do Yôga tradicional nos Himálayas – e mais de 50 anos de magistério no Brasil e noutros países. Creio que isso me torna merecedor da sua consideração.

---

136 Na França, surgiu com o nome de Méthode DeRose.

Com toda essa carga de experiência, meu método de Yôga foi evoluindo e se transformando noutra coisa. Por isso, quando meus colegas de outras correntes começaram a me alertar que aquilo já não era mais Yôga, era outra coisa, eu concordei. Coincidentemente, uma das nossas escolas em Paris pediu para não usar mais o nome de Yôga. Pediu para usar o meu nome, que é francês. Assim, surgiu na França, la Méthode DeRose. Dali, o Método foi para a Inglaterra, onde recebeu o nome DeRose Method, o qual se tornou a marca internacional. Portanto, está com a razão quem afirma que o DeRose Method não é Yôga. Não é mesmo.

Durante toda essa trajetória de mais de meio século e vinte livros escritos, nós não falávamos de DeRose Method. Começamos a mencioná-lo, em torno de 2006. Quem se referia ao "Método DeRose", eram os professores e praticantes de outras modalidades. De fato, foram eles que nos incentivaram a utilizar a marca que surgiu em Paris. A partir de 2008 fomos importando aos poucos esse nome para o Brasil.

DeRose Method não é Yôga com outro nome
Não adianta trocar seis por meia dúzia

Cruzei meu Rubicão. Hoje, já não atuo mais na área profissional de Yôga. Atualmente trabalho com o DeRose Method. Será que o Método é Yôga com outro nome? Não. DeRose Method é outra coisa. Vou demonstrar o que acabo de dizer.

Por definição, "Yôga é qualquer metodologia estritamente prática que conduza ao samádhi". Ora, o DeRose Method transcendeu o "estritamente prático". No momento em que os conceitos de reeducação comportamental ocupam mais de 80% do tempo do praticante durante o seu dia, restam menos de 20% para a prática regular convencional. Logo, o Método não é estritamente prático. Consequentemente, não é Yôga.

Não abandonei o Yôga. Ele está preservado intacto no setor de técnicas. Mas o segmento profissional em que nos inserimos já não é mais restrito a essa filosofia, nem está mais sujeito aos estereótipos que lhe foram impostos pela opinião pública ocidental. Ao nosso acervo acrescentamos um formidável patrimônio de conceitos comportamentais aplicáveis ao mundo real do praticante: à sua profissão, à sua faculdade, ao seu esporte, à sua família, ao seu relacionamento afetivo.

QUANDO SURGIU O DeRose Method

Ocorreu uma lenta transição – de quase 50 anos – do trabalho com Yôga para o trabalho com o Método. Podemos declarar que o DeRose Method foi importado da França porque foi nesse país que primeiro começou a ser utilizado como marca. Dali, foi para a Inglaterra, depois para Portugal e, só então, para o Brasil, onde chegou **como marca** em 2008.

No entanto, também podemos declarar que o Método surgiu em 1960, porque desde que ministrei naquele ano as minhas primeiras aulas, os ensinantes de outras linhas referiram-se ao meu trabalho como "o método do DeRose" uma vez que, já de início, era muito diferente da versão moderna e utilitária que conheciam como Yôga. Devido ao cacófato *"dodo-de"*, logo passaram a se referir ao "Método DeRose". Todos, menos eu, se referiam ao nosso trabalho por aquele nome. Gradualmente, fui acatando essa nomenclatura. Porém, não queria aplicá-la às aulas de Yôga. Então, fui enfatizando progressivamente os conceitos de reeducação comportamental. Não subtraímos nada. Agregamos muita coisa.

O QUE É O DeRose Method

O DeRose Method é uma proposta de boas coisas: boa qualidade de vida, boas maneiras, boas relações humanas, boa cultura, boa alimentação, boa forma, bom ambiente e bons ideais.

O DeRose Method é recomendável ao público masculino, mas também pode ser praticado por ambos os sexos.

No início, o aluno vai passar um tempo se familiarizando com as técnicas. Depois, assimila a filosofia comportamental. No primeiro momento, aplicamos a reeducação respiratória, as técnicas orgânicas, exercícios de concentração e de gerenciamento do stress. Depois, à medida que o praticante vai se entrosando, avança para o Método propriamente dito e começa a conhecer o que o diferencia do Yôga: os conceitos comportamentais que vão mudar a sua vida.

O DeRose Method NÃO SERVE COMO TERAPIA

O Método <u>não é recomendado</u> aos portadores de problemas psicológicos, psiquiátricos ou neurológicos. Também não é indicado para crianças, nem para idosos, nem para gestantes, nem para enfermos.

NOSSA REDE *ALL OVER THE WORLD*

Centenas de escolas independentes adotam o DeRose Method em vários estados do Brasil (no Sul, Sudeste, Norte, Nordeste e Centro-Oeste), França (três em Paris), Inglaterra (duas em Londres), Escócia, Itália, Espanha, Portugal (várias no Porto e Lisboa), enfim, na maioria dos países da Europa Ocidental e também nos Estados Unidos (duas escolas em New York e uma no Hawaii), Chile, Argentina (Buenos Aires, Córdoba, Mendoza, Bariloche) etc. Se você estiver inscrito em qualquer uma das Unidades Credenciadas, terá o direito de frequentar diversas outras quando em viagem (conveniência esta sujeita à disponibilidade de vaga), desde que comprove estar em dia com a sua unidade de origem e apresente os documentos solicitados.

Fora os países acima, onde temos escolas, também há outros em que não contamos com unidades certificadas, mas temos instrutores nossos que ainda não podem usar a marca. No entanto, ensinam praticamente o mesmo conteúdo: San Diego e Savannah (USA), Haya (Holanda), Santo Domingo (República Dominicana), Génève (Suíça), Berlin (Alemanha), Milano (Itália), Ibiza (Espanha), Guatemala, Finlândia, Austrália, México etc. Estão previstas para breve novas escolas no Canadá (uma em Montreal e outra em Vancouver), nos USA (San Diego, San Francisco, Los Angeles e Orlando), Argentina (mais uma em Buenos Aires e mais uma em Mendoza), Portugal (mais uma no Porto) e noutros países.

NOSSA PROPOSTA CULTURAL

Nossa Cultura é uma reeducação comportamental que contempla especialmente o bom relacionamento entre os seres humanos e tudo o que possa estar associado com isso. Ao cultivar essa reeducação, estamos incorporando em nossa maneira de viver os *"padrões de comportamento, crenças, conhecimentos, costumes etc."*, que nos distinguem. O DeRose Method visa a tornar as pessoas melhores, mais polidas, mais viajadas, mais refinadas, mais civilizadas, mais cultas, que aprimorem até sua linguagem e suas boas maneiras.

Propomos uma forma mais sensível e amorosa de relacionamento com a família, com o parceiro afetivo, com os amigos, com os subordinados e com os desconhecidos. Recomendamos que eventuais conflitos sejam solucionados elegantemente, sem confrontos. De quebra, ensinamos como respirar melhor, como relaxar, como concentrar-se e cultivar a qualidade de vida, proporcionando condições culturais e sociais para que os jovens se mantenham longe das drogas, do fumo e do álcool. Por isso, a maior parte dos nossos alunos é constituída por homens entre dezoito e trinta e poucos anos. Porque os jovens aceitam melhorar, até mesmo como um desafio fascinante. Já os "nem-tão-jovens" não querem mudar os seus hábitos e costumes.

O MÉTODO COMO INSTRUMENTO DE TRANSFORMAÇÃO DO MUNDO

As técnicas aprimoram o indivíduo, porém os conceitos permitem mudar o mundo, criando ondas de choque com as quais o praticante do DeROSE Method influencia, mediante o exemplo de bons hábitos, primeiramente, o círculo familiar; depois, o círculo de amigos e colegas de trabalho, de faculdade, de esporte; por último, o círculo das pessoas com as quais nós cruzamos na nossa vida, inclusive os clientes, os fornecedores e os desconhecidos.

É que as técnicas só beneficiam quem decidiu praticar formalmente o Método, senta e faz os exercícios. Mas esse praticante, quando incorpora os conceitos, contagia os familiares e os amigos que acabam praticando a Nossa Cultura. É o marido ou esposa; é o filho, ou o pai, ou o irmão o qual supõe que "ainda" não aderiu ao DeROSE Method porque não colocou um rótulo, no entanto, já absorveu um *lifestyle*, um *modus vivendi*, adotou hábitos, atitudes, comportamentos saudáveis que são o cerne do nosso Método.

OS CONCEITOS SÃO TRANSMITIDOS PELO EXEMPLO, NA CONVIVÊNCIA

Como não queremos fazer doutrinação, o ensinamento dos conceitos de reeducação comportamental só pode ser passado pela convivência nas atividades culturais e sociais preconizadas pelo Método, a saber: reuniões para estudo, leitura, mostras de vídeo, degustação, reforço dos arquétipos, cursos, festas, eventos, passeios, viagens, concertos, exposições, jantares, teatro, entre várias outras. Nessas atividades culturais o aluno novo observa e aprende como os mais antigos se comportam. Nota que ninguém fuma, nem toma álcool, nem usa drogas. Percebe que nossa maneira de agir e de lidar com as pessoas é extremamente educada, afetuosa e que cultivamos as boas relações humanas como estilo de vida. Dessa forma, os instrutores que só ensinarem a prática regular, mas não incentivarem seus alunos a participar das atividades culturais não estarão ensinando o DeRose Method, mas apenas o SwáSthya Yôga.

Quem pode ensinar o Método

O Método, em si, qualquer pessoa pode compartilhar e, de fato, é o que fazem os nossos alunos aos seus familiares e amigos. No entanto, só está autorizado a utilizar o Nome e a Marca **DeRose Method**® ou **Método DeRose**® quem tiver sido aprovado nessa modalidade pela Federação do seu estado ou país, desde que esteja revalidado por ela (Federação), quite com a supervisão e com a monitoria, e que seja vinculado a uma Unidade Certificada pelo Diretório Central do DeRose Method para utilizar essa marca registrada.

Noutras palavras, a divulgação dos conceitos comportamentais que preconizamos pode e deve ser feita por qualquer praticante ou simpatizante. Mas ninguém pode declarar em seu site, blog ou redes sociais, impressos, cartazes, letreiros, nem mesmo verbalmente que ensina o DeRose Method, a menos que seja Empreendedor do DeRose Method, formado, revalidado e vinculado a uma entidade certificada para a utilização de dita Marca. A certificação é válida por um ano.

Onde obter mais esclarecimentos

O DVD *Entrevista sobre qualidade de vida* acompanha um libreto que disserta a respeito do Método. Os dois, texto impresso e entrevista gravada, esclarecem muito bem sobre qual é a nossa proposta.

derose.co/inspiresuaessencia
derose.co/entrevistaestadao
derose.co/conversascomrumo

Onde encontrar mais sobre os conceitos comportamentais

Os conceitos são expostos nos nossos livros:
Método de Boas Maneiras – Selo Editorial Egrégora
Método de Boa Alimentação – Selo Editorial Egrégora
Método para um Bom Relacionamento Afetivo – Selo Editorial Egrégora
Eu me lembro... – Selo Editorial Egrégora
Anjos Peludos – Método de educação de cães – Selo Editorial Egrégora
Poster com o Juramento do Método DeROSE
Quando é Preciso Ser Forte – Selo Editorial Egrégora
E no DVD *Entrevista sobre qualidade de vida* – Selo Editorial Egrégora.

> *As pessoas não sabem o que querem*
> *até você mostrar a elas.*
> Steve Jobs.

O NOSSO NÃO FOI O PRIMEIRO MÉTODO NEM SERÁ O ÚLTIMO A SURGIR DO YÔGA
ALGUNS MÉTODOS QUE SURGIRAM A PARTIR DO YÔGA, EXTRAPOLARAM SEUS LIMITES E GANHARAM IDENTIDADE PRÓPRIA

Método Pilates – inspirado no Yôga com fisioterapia:

O método Pilates foi idealizado pelo alemão Joseph Hubertus Pilates, no início da década de 1920. Seu programa envolve condicionamento físico e mental e tem como objetivo melhorar o equilíbrio entre a performance e esforço, através da integração do movimento, a partir do centro estável e sinestesia realçada. Para tanto, Joseph Pilates juntou os melhores aspectos das disciplinas dos exercícios orientais e ocidentais e é o equilíbrio desses dois mundos. Do Oriente, Pilates trouxe as filosofias de contemplação, relaxamento e a ligação entre corpo e mente. Do Ocidente, trouxe a ênfase no enrijecimento muscular e a força, a resistência e a intensidade de movimento. Essa mistura resultou no método Pilates, que hoje traz diversos benefícios para pessoas de todas as idades. (Fonte: derose.co/pilates consultado em 17 e agosto de 2017.)

Treinamento autógeno – baseado no yôganidrá:

O treinamento autógeno é uma técnica de relaxamento baseada nas ordens mentais criada pelo psiquiatra alemão Johannes Heinrich Schultz (1884-1970). Seu livro "Das autogene Training", obra básica sobre o método, foi publicado em 1930 e desde então o método se difundiu muito, tornando-se uma parte essencial no tratamento de estresse e de outros transtornos psicossomáticos. O termo "autógeno" é derivado das palavras gregas "autos" (si mesmo) e "genos" (gerar) e refere-se ao fato de o relaxamento não ser induzido mas gerado pelo próprio praticante. Schultz nunca confessou que o treinamento autógeno foi baseado no yôganidrá. (Fonte: Wikipédia, 17 de agosto de 2017)

Sofrologia médica – baseado no Yôga e no Zen:

A sofrologia foi criada em 1960 pelo Dr. Lozano Alfonso Caycedo, médico neuropsiquiatria colombiano. Caycedo mudou-se para a Índia, onde estudou com os mais importantes yôgis, experimentando formas de meditação que produzem modificações no estado de consciência. Lá, Caycedo escreveu o livro "A Índia dos yôgis". Sofrologia é uma escola inspirada na fenomenologia, que tem como objetivo o estudo da consciência e a conquista dos valores existenciais do ser. Tem fins terapêuticos e/ou profiláticos. A Sofrología é a ciência médica que estuda e investiga como estimular as forças responsáveis pela harmonia biológica do ser humano natural, reforçando a consciência (que para a sofrologia é a força que integra as estruturas psicofísicas do ser humano) através da estrutura que a organiza e lhe dá sentido: o corpo. "Em outras palavras, sofrologia é Yôga para ocidentais." (Fonte: Wikipédia, 17 de agosto de 2017)

No século XXI surgiram muitos outros métodos baseados no Yôga, como mindfulness, biohacking, unbeatable mind, O-DGI etc∞.

Salma Hayek, aluna do DeRose Method de London, do instrutor Paulo Pacifici, com DeRose em seu apartamento em New York.

Três-vezes-três ações de civilidade por dia

Um bom exemplo de proposta comportamental do DeRose Method, na área de *conceitos*, é a ação efetiva para transformar o mundo através da civilidade. A isto, podemos chamar de *boas maneiras* ou, até, de *boas ações*. Todos os dias vamos computar quantas ações louváveis protagonizamos.

Três-vezes-três

O três é um dos números reverenciados nas nossas raízes hindus. Vamos, então, fazer nossa contagem a partir dele.

Se você realizar hoje menos de três boas ações, considere este como um dia de chumbo.

Se realizar três ações de boas maneiras, este foi um dia de bronze.

Com duas-vezes-três ações meritórias, seu dia terá sido de prata.

Conquistando três-vezes-três ações de civilidade, comemore um dia de ouro.

Mas se conseguiu realizar mais de três-vezes-três ações, você é o nosso herói e o seu dia foi de diamante!

Depois que você se acostumar e colocar estas atitudes no seu "piloto automático", verá que é muito fácil praticar três-vezes-três ações meritórias por dia. As oportunidades estão ao nosso redor, o tempo todo, na nossa vida. É apenas uma questão de criar o hábito de ser gentil com toda gente e de cultivar a cordialidade, principalmente com os que não a merecem, porque é fácil ser gentil quando o outro também foi. Difícil e meritório é ser educado e cordial quando o outro estiver sendo grosseiro. Sempre devemos colocar-nos no lugar do outro e imaginar se ele não está sendo rude devido a algum problema em sua vida pessoal, se seu filho não está doente e ele está passando por dificuldades financeiras, se ele não acabou de ser humilhado pelo cônjuge, pelo chefe ou pelo freguês, se não está com enxaqueca ou com cólica e precisa trabalhar assim mesmo. Quando nos colocamos no lugar do outro, é muito fácil reagirmos com tolerância e compaixão.

QUE AÇÕES PODERIAM SER ESSAS?

Dê comida a quem tem fome.

Dê um agasalho a quem tem frio.

Dê um sorriso, uma atenção, um afeto a quem esteja precisando disso tanto quanto o que tem fome e o que tem frio.

Salve um cão abandonado.

Dê uma informação útil a alguém.

Regue as flores do jardim do seu vizinho, desinteressadamente.

Pare o carro a fim de dar passagem a um pedestre que esteja querendo atravessar a rua, mesmo fora da faixa.

Socorra um desconhecido que esteja caído na calçada tendo um ataque epilético.

Dê flores a um amigo.

Não se abale quando outro motorista for mal educado, der uma fechada ou mesmo bater no seu carro.

Peça desculpas, mesmo quando tiver a certeza de que está com a razão.

Trate bem um mendigo que venha pedir dinheiro.

Telefone para um amigo, colega ou parente, só para perguntar como vai.

Converse amenidades com um desconhecido no supermercado ou no shopping center.

Dê a mão a uma senhora para sair do carro.

DeRose

Ofereça-se para ajudar a carregar as compras ao vizinho no prédio em que mora ou ao desconhecido no estacionamento.

Segure a porta do elevador para alguém entrar ou sair.

Carregue a bolsa pesada da sua amiga.

Ouça o desabafo de quem precise falar sobre um problema.

Jogue no lixo algo que alguém tiver deixado cair fora da lixeira.

Acaricie um cão.

Elogie o filho de alguém.

Dê os parabéns a um colega ou concorrente por uma conquista ou por um projeto vitorioso.

Dê uma gorjeta mais substancial do que o mínimo de praxe.

Agradeça pelo serviço e elogie a atuação do garçom ou de outro profissional.

Diga "você está com a razão".

No trânsito, dê passagem. Na vida, conceda a precedência.

Sorria para as pessoas no clube, nas lojas, na sua empresa.

Trate com cortesia o seu porteiro, a sua auxiliar de limpeza e todo o pessoal subalterno.

Recicle.

Dê informações, auxilie, oriente (na empresa, no trânsito, na faculdade).

Converse com os funcionários que o atendem.

Escute as reivindicações do cônjuge (esposa ou maridão). E atenda-as.

Diga obrigado e sorria para alguém na rua, no trânsito, nas compras.

Responda com gentileza a um vizinho irritado.

Acalme um colega, um familiar ou um amigo quando ele estiver zangado com você.

Não insulte a quem bem merecia.

Quando não precisar de algum objeto ou roupa não o guarde nem o jogue fora: procure quem esteja precisando e faça-lhe presente. O que não presta para um pode ser uma bênção para outro.

Efetue uma doação a alguma instituição de assistência social séria.

Participe como voluntário em alguma campanha filantrópica.

Envolva-se de corpo e alma com as campanhas da Defesa Civil da sua cidade.

Que outras ações você sugere?

DeRose ArtCompany
Instrutora Yael Barcesat (Buenos Aires – Argentina)
Foto de Rubén Andón
As fotos ilustram apenas os procedimentos orgânicos, na divisão de TÉCNICAS, ínfima parte da constelação de recursos ensinados no DeROSE Method.

Juramento do DeRose Method

Como praticante do DeRose Method, juro e prometo, pela minha honra e pela minha vida, dedicar todos os meus esforços para tornar-me uma pessoa melhor: um melhor filho, melhor irmão, melhor cônjuge, melhor amigo, melhor cidadão.

Como praticante do DeRose Method, juro e prometo não fazer uso de substâncias intoxicantes, que gerem dependência ou que alterem o estado da consciência, mesmo que tais substâncias sejam naturais, ainda que sejam legais.

Como praticante do DeRose Method, juro e prometo reeducar meus impulsos emocionais, sublimar as emoções e contornar eventuais conflitos, aprimorando assim minhas boas relações humanas no trabalho, nas amizades e na família.

Como praticante do DeRose Method, juro e prometo propugnar pela justiça e pela verdade. Ao ouvir uma acusação ou difamação, juro e prometo advogar em defesa do acusado, seja ele quem for, indefeso por ausência.

Como praticante do DeRose Method, juro e prometo trabalhar com dedicação e afinco, sem esmorecimento, pelo bem-estar, segurança e prosperidade minha e daqueles que dependerem de mim, daqueles que trabalharem comigo e, por extensão, de toda a sociedade.

Como praticante do DeRose Method, juro e prometo ser honesto no meu trabalho e em todas as minhas atitudes, desde as mais insignificantes do dia-a-dia, professando em tudo a seriedade superlativa e uma obstinada honestidade.

Como praticante do DeRose Method, juro e prometo auxiliar os necessitados, propondo ações efetivas que possam melhorar as condições de vida dos meus semelhantes.

Como praticante do DeRose Method, juro e prometo ser leal, apoiar e ajudar os meus companheiros do Método em tudo o que for possível, empenhando-me diligentemente.

Como praticante do DeRose Method, neste ato solene, proclamo o meu compromisso de honrar com amor e dedicação todos os princípios que caracterizam a Nossa Cultura, consubstanciando o valor de cada palavra aqui proferida.

Certificado emitido em parceria com as Universidades Federais e particulares.

A Empresa

Há mais de 10 anos, mudamos de área profissional

Em 2008, operamos uma mudança de segmento. Foi um grande passo! Desde então, a opinião pública compreendeu melhor qual era a nossa proposta. O que atrapalhava era o rótulo.

Hoje atuamos no segmento de **cursos livres** e palestras sobre alta performance, comportamento, bom relacionamento humano, boas maneiras, boas relações afetivas, boa alimentação, boa forma, boa qualidade de vida, boa cultura etc. Só coisas boas!

Algumas pessoas não compreenderam o porquê da mudança e insistem em nos enxergar como sendo da área anterior. Então, vamos exemplificar com outra profissão.

Imagine um célebre fotógrafo que tenha trabalhado toda a sua vida nesse *métier* e nele tenha angariado o reconhecimento público e a notoriedade. Após cinquenta anos de trabalho bem-sucedido, decide que não quer mais ser fotógrafo. Alguém insiste em chamá-lo de fotógrafo e quer sua prestação de serviços para fotografar um casamento. Então, o prestigiado profissional esclarece:

"O fotógrafo que não fotografa mais e passa a escrever livros e proferir palestras sobre psicodinâmica das cores, sobre óptica, sobre a fisiologia do olho humano, sobre fabricação de lentes, sobre percepção psicológica, sobre arte, pintura, escultura, ele transcende a profissão de fotógrafo e passa a atuar em outro segmento profissional.

"Ele abraça a pintura hiperrealista. Passa a expor em galerias de arte e a dar classes a pintores. Como parte meramente técnica, continua dando classes de fotografia e escrevendo sobre fotografia para que os iniciantes possam estudar as relações entre luz e sombra, bem como sobre as cores e suas manifestações sob o sol e sob a lua.

"Então, um dia ele declara: '*Estou fora do segmento de fotografia.*' Ele poderia ser mais específico e declarar: '*Eu não fotografo casamentos. Eu pinto paisagens.*' "

A MARCA DeROSE

Como nossa atuação é muito dinâmica, as informações abaixo só são válidas por um ano a contar da data em que foram escritas[137]. Estamos sempre nos aprimorando, mudando paradigmas e alterando a estrutura para nos adaptar ao nosso crescimento que é muito rápido. Em apenas cinco anos expandimo-nos para mais de dez países. Felizmente, não nos deixamos inebriar pelo sucesso, já que ele veio aos poucos. Contamos com um sólido alicerce empresarial que foi urdido pelo tempo e pela experiência.

NOSSO TEMPO DE EXISTÊNCIA

Estamos no mercado há mais de cinquenta anos, desde 1960. Sobrevivemos a todos os choques econômicos, sete mudanças de moeda, inflação acumulada de 13.342.346.717.617,70% (mais de 13 trilhões por cento) nos quinze anos que antecederam o Plano Real[138] e reveses diversos a que o nosso país foi submetido.

Nos últimos 50 anos fecharam as portas 99,99% de todas as empresas que estavam abertas no nosso país antes de 1964. Só em 2015, 1.800.000 empresas foram fechadas, segundo o Estadão[139]. Nós continuamos aqui, como um empreendimento sólido que a tudo resistiu.

---

137 Texto escrito no dia 2 de abril de 2014.

138 http://oglobo.globo.com/economia/o-pais-que-domou-inflacao-de-133-trilhoes-por-cento-2769861#ixzz3A8jodq9Y

139 http://economia.estadao.com.br/noticias/geral,1-8-milhao-de-empresas-fecharam-em-2015,10000050202

O NOSSO CRESCIMENTO

Somos um dos empreendimentos que mais cresceram no Brasil. Expandimo-nos para dezenas de cidades e estamos em todas as regiões do país: Sul, Sudeste, Centro-Oeste, Norte e Nordeste. Depois a expansão continuou para a América Latina, Estados Unidos e Europa. Temos escolas em New York e Hawaii (USA), Paris (França), Londres (Inglaterra), Roma (Itália), Barcelona (Catalunya), Edimburgo (Escócia), Lisboa e Porto (Portugal), Buenos Aires, Córdoba, Mendoza e Bariloche (Argentina), Santiago (Chile) e diversos outros países em instalação.

NOSSOS DIFERENCIAIS

Somos uma das únicas empresas brasileiras a exportar cultura para a Europa e a única a fazer isso ininterruptamente por mais de trinta anos. Iniciamos em 1975, com o primeiro curso em Paris e anualmente a partir de 1980.

Lançamos uma maneira nova de administração participativa em que quase todas as decisões são tomadas em conjunto. Mais à frente, vamos explicar de que maneira (consulte o subtítulo *Administração participativa*).

Propusemos uma nova forma de democracia que denominamos "democracia consensual", mais abrangente e que concede mais liberdade a todos.

Não temos empregados nem patrões, porque a escola não paga nada aos Empreendedores do DeRose Method (os "Microempreendedores Individuais não-estabelecidos"), mas ao contrário, estes é que pagam para poder ter o privilégio de trabalhar em uma das escolas, pois isso proporciona *curriculum*. E os alunos pagam ao seu respectivo instrutor.

O QUE É A NOSSA EMPRESA

Para começar, não somos uma empresa, mas um conjunto de centenas de empresas autônomas e independentes umas das outras. Cada empresa pratica preços diferentes e tem normas diferentes.

Cada qual pertence a um proprietário ou, se for associação, cada uma tem seu presidente. Umas são escolas, outras são associações, muitas casas de cultura, algumas federações, uma editora, uma administradora de cursos livres, uma distribuidora de material didático para as entidades filiadas e uma distribuidora de livros na rede livreira. Cada empresa preserva sua autonomia jurídica, de forma que se alguma delas por desventura quebrasse, ou tivesse dívidas, ou algum problema de qualquer natureza, a responsabilidade seria só dessa empresa e não comprometeria nenhuma outra.

A independência jurídica de cada uma é um ponto importante. Por exemplo, a distribuidora compra os livros da editora e os fornece às livrarias. Juridicamente, pode distribuir livros de outros editores e pode não comprar os nossos. Mas, por uma questão de conveniência e apoio recíproco, dá preferência aos livros dos nossos colegas.

NÃO TRABALHAMOS COM FRANQUIA

Não trabalhamos com *franchising* nem com nada semelhante. Os filiados não pagam *royalties* pela utilização do Método nem pelo licenciamento de marca. Basta que estejam filiados e cumprindo todas as obrigações contratuais para ter direito ao uso do Método e da Marca.

O Fundador tem uma editora. Atualmente, não tem nenhuma escola[140] e não dá aulas regulares para alunos. Ministra cursos de extensão universitária quase que exclusivamente para profissionais do DeRose Method e palestras sobre qualidade de vida, boas relações humanas e administração de conflitos para grandes empresas.

As escolas e associações que desejarem trabalhar com o DeRose Method não atuam como franquias[141], não pagam nada pela filiação nem para utilizar a Marca.

A editora fornece o material didático, que for solicitado por elas, com 50% de redução para as escolas e associações credenciadas (ou 30% para as entidades agregadas).

Quando aqueles estabelecimentos – os credenciados – adquirem os livros, colocam em funcionamento um círculo virtuoso e sustentam economicamente toda a proposta.

---

140 Sua única escola, situada à Alameda Jaú, 2000, em São Paulo, está arrendada e é conduzida por outra pessoa.

141 Na década de 1980, experimentamos o sistema de franquia, mas logo verificamos que não era adequado para a nossa proposta e nunca mais quisemos saber de *franchising*.

DeRose

Ao revenderem o material didático, dobram o capital investido em cada operação de aquisição e fornecimento de livros e outros suprimentos.

Essa é uma boa razão para que permaneçam no nosso sistema e não queiram desligar-se. Isso explica, em parte, o nosso crescimento. Há outras razões para que as entidades sintam-se incentivadas a permanecer filiadas.

POR QUE PERMANECEM FILIADOS

Estar ligados a um nome forte e a uma família grande, atuante, incrementa o número de alunos e fortalece a reputação dos instrutores filiados.

Conseguimos alcançar a excelência mediante permuta de *know-how*, treinamento e reciclagem constante, através de correspondência regular com informações atualizadas, seminários, cursos, *workshops*, debates, colóquios, congressos e festivais, com preços privilegiados, cuja redução pode chegar a 50% ou mais, e ainda promoção de viagens culturais.

Além de tudo isso, os Credenciados ganham divulgação de seus nomes e endereços no nosso *website*, o que lhes proporciona credibilidade e repercussão positiva. Consulte o subtítulo CONVENIÊNCIAS E FACILIDADES PROPORCIONADAS, **no** final deste capítulo.

COMO ATUAM AS ESCOLAS E ASSOCIAÇÕES FILIADAS

As escolas e associações filiadas têm por atribuição contribuir para uma melhor qualidade de vida e alta performance aos profissionais, desportistas e estudantes universitários.

Para alcançar nossos objetivos, utilizamos técnicas e conceitos comportamentais. Os conceitos comportamentais são: boa qualidade de vida, boas relações humanas, boas maneiras, boa cultura, boa alimentação, boa forma, bom ambiente e bons ideais. Só boas propostas. As técnicas são exercícios respiratórios, procedimentos corporais, administração do stress, concentração etc. Visando a esses objetivos, as entidades filiadas organizam atividades culturais variadas, de segunda a sábado ou até aos domingos. Alguns eventos são internos e outros, externos.

As atividades culturais internas podem ser cursos (sobre vários temas pertinentes), noites de *gourmet* (para ensinar a preparar e depois degustar as receitas deliciosas do sistema alimentar preconizado), exibição de vídeos leves para descontração, círculos de leitura (tertúlias literárias), círculos de reforço de companheirismo, grupos de coreografia, de vocalização, *network business meetings*, jantares em família (convidando os familiares dos alunos), festas de aniversário dos praticantes e muitas outras.

As atividades culturais externas podem ser cursos realizados noutros locais, saídas para teatro, cinema, exposições, vernissages, *trekkings*, piqueniques, passeios, viagens, participação nos nossos festivais etc. Realizamos cerca de 12 grandes festivais por ano, vários no Brasil, mas também em Buenos Aires, Porto, Paris, New York e Hawaii.

O objetivo das atividades culturais é o de incentivar o convívio e, através dele, ensinar os conceitos comportamentais da nossa cultura. Como não acreditamos em sermão, nossa forma de ensinar é pelo exemplo e este assimilado pela convivência gerada nos encontros.

Além das atividades culturais, nossas escolas e associações oferecem práticas regulares com técnicas de reeducação respiratória, administração do stress, incremento do tônus muscular, flexibilidade, concentração e meditação.

INTERCÂMBIO ENTRE EMPREENDEDORES

Dispomos de um sistema de intercâmbio em que o Empreendedor do DeRose Method troca de lugar com o de outro país pelo período de um mês.

Viajará (quem não gosta de viajar?) durante trinta dias, aprenderá a língua e os costumes da outra terra, mudará de ares e não gastará nada a não ser a passagem.

Poderá ficar hospedado com os colegas daquele outro país ou mesmo combinar como parte do acordo de intercâmbio a troca também de casa: cada um poderá ficar na casa do outro, se isso for conveniente a ambos.

Como consequência adicional, se gostar daquele outro país, poderá se organizar para transferir-se definitivamente, ou por um período, àquela outra nação. Toda a nossa comunidade ajudará, dentro da lei, no que for preciso.

Por isso, é tão importante que os Empreendedores participem de todos os cursos e eventos, a fim de cultivar um valioso círculo de amizades. Os amigos são também a sua rede de indicação de alunos. E, quando tiver um produto ou serviço a oferecer, serão os seus amigos que apoiarão, adquirirão e recomendarão esse produto ou serviço.

QUEM DIRIGE TUDO

Quem dirige quase todos os desígnios dos nossos trabalhos são os próprios filiados através de um Colegiado de Presidentes de Federações e de um Conselho Administrativo formado por cerca de doze Diretores de escolas ou associações certificadas. Esses órgãos representam os interesses dos filiados nas áreas de divulgação, boa imagem, estratégias de trabalho, orientação, logísticas etc.

Metade dos Conselheiros é eleita pelos demais Credenciados, de acordo com o Regulamento Interno devidamente registrado. Os Conselheiros têm mandatos de dois anos com a possibilidade de reeleição.

Se tiver mais de uma falta por mês, é exonerado do Conselho. Se não tiver capacidade de se relacionar bem com os demais também é convidado a não participar mais. Esta última medida preserva o clima de amizade e cordialidade nas reuniões.

Além do Conselho, dispomos de um outro órgão independente que é o Colegiado Internacional de Presidentes de Federações, o qual se encarrega da qualidade técnica, ética, pedagógica, exames, emissão de habilitações e aplicação de repreensões, se for o caso.

NÃO TEMOS CONCORRENTES

Em virtude de tudo o que foi esclarecido até aqui, o leitor percebe o motivo pelo qual não temos concorrentes no mercado. Desenvolvemos um nicho que ninguém preencheu até agora.

Muitos profissionais de outras áreas se confundem supondo que nós sejamos concorrentes deles, mas é um equívoco. Como não trabalhamos com terapias, os que trabalham nessa área não são nossos concorrentes. Como não trabalhamos com autoajuda, os que trabalham nessa área também não são nossos concorrentes. Como não trabalhamos com atividade física nem desportiva, os que trabalham com Educação Física não são nossos concorrentes. Também não atuamos no setor motivacional.

Qualquer que seja o estereótipo em que alguém queira nos encaixar, o DeROSE Method é outra coisa.

NÃO PRECISAMOS DE PROPAGANDA

Também em função da nossa atuação, mais de 90% dos interessados clientes chegam às escolas do DeROSE Method pela indicação de amigos que praticam e estão satisfeitos com os resultados.

Assim sendo, o Diretório Central do DeROSE Method não utiliza verba de publicidade nem de marketing[142]. Trata-se de um outro paradigma no mundo empresarial.

SEMELHANÇAS E DIFERENÇAS ENTRE O FENÔMENO SANDÁLIAS HAVAIANAS E O DeROSE METHOD

Durante cerca de 40 anos as Sandálias Havaianas ofereceram um produto de preço baixo e dirigiram seu marketing a uma faixa de público baixa renda. A partir de um dado momento, mudaram seu público alvo. Pessoas que jamais poriam umas Havaianas nos pés, passaram a exibi-las com orgulho. Virou moda. Os preços que eram em torno de cinco reais, saltaram para mais de trezentos reais em alguns modelos. A H. Stern teve um modelo de sandálias Havaianas pelo preço de R$58.000. Você leu certo: cinquenta e oito mil reais! Isso foi uma proeza de marketing!

Pois bem, as Havaianas trocaram de público e de preço, mas continuaram com o mesmo nome e com o mesmo produto (sandálias). Nós realizamos uma proeza muito mais arrojada e admirável. Mudamos também **a Marca e o produto!**

---

142 Se ocorrer alguma publicidade, quase sempre ela não terá sido promovida pelo Diretório Central do DeROSE Method, mas sim, eventualmente, pelos próprios filiados.

Fizemos isso sem perder os clientes que, em sua maciça maioria, ficaram entusiasmados com a proposta e mudaram conosco! Centenas de profissionais, dezenas de milhares de clientes, em inumeráveis estabelecimentos por todo o Brasil, América Latina, Estados Unidos e Europa nos acompanharam no *upgrade* proposto.

Se consultássemos os especialistas, todos nos afirmariam categoricamente que essa aventura não daria certo e que iríamos quebrar a empresa. Imagine, mudar de produto e trocar de marca, tudo ao mesmo tempo!

No entanto, ela não só continua aí como cresceu muito e sua imagem pública melhorou superlativamente. Desde a transição, nossos profissionais mais que dobraram seus rendimentos. Em alguns casos, cresceram até 500% ou mais.

Por essas e outras, quando algum instrutor cogitar em oferecer resistência branca aos novos paradigmas propostos, sugerimos que ele dê um crédito de confiança e procure seguir a experiência empresarial de quem está no ramo há mais de meio século, alguém que é inquestionavelmente o profissional mais bem-sucedido do ramo.

AUSÊNCIA DE VÍNCULO ADMINISTRATIVO, FISCAL, COMERCIAL OU TRABALHISTA

Utilizamos o sistema de credenciamento de entidades autônomas. Essas entidades autônomas não pagam nada ao DeRose, não têm nenhum vínculo administrativo, fiscal, comercial ou trabalhista com o DeRose.

Então, o que o DeRose ganha com isso?

Um bom nome vale mais do que dinheiro. Trata-se de um acordo de cavalheiros. Os credenciados nos proporcionam um trabalho sério, o qual beneficia o nome; em retribuição têm o direito de usar nos seus produtos a mesma Marca, que é muito respeitada no Brasil e fora dele. Isso gera um círculo virtuoso que acaba beneficiando a todos e estimulando a opinião pública a buscar o ensinamento da Nossa Cultura em estabelecimentos sérios e em bons livros.

Levam o nome DeRose as entidades (escolas, núcleos, associações, espaços culturais, federações) que reconhecem a importância da nossa obra e que acatam a metodologia proposta por nós. É como a rede mundial de escolas Montessori. São milhares. Nem por isso alguém acha que são filiais ou franquias da professora Maria Montessori.

QUEM PAGA A QUEM

Os Empreendedores, que alugam espaços ou horários, pagam à respectiva escola para ministrar aulas aos seus alunos. As escolas têm como fonte de arrecadação apenas a locação das suas instalações aos Empreendedores e o fornecimento de material didático. Quem trabalhar de forma diferente estará agindo em desacordo com as nossas normas.

CADA CREDENCIADO PODE VENDER PRODUTOS E SERVIÇOS A TODOS OS DEMAIS

Cada uma das empresas ou associações credenciadas pode criar produtos e fornecê-los a todos os demais filiados, desde que respeite os preços especiais com reduções máximas de 50% para credenciados e 30% para agregados. Podem exportar para todos os países em que temos escolas. Também podem distribuir e vender para fora da rede. Não precisam pagar percentual algum ao credenciador e não precisam pagar por licenciamento de marca.

COMPARTILHAMENTO DE INFORMAÇÕES

Diferentemente de quase todas as demais áreas e empresas, nossos colegas fazem questão de compartilhar *know-how*, dicas e informações preciosas, tanto técnicas, quanto contábeis e fiscais, até mesmo indicando seus fornecedores ou prestadores de serviços. Ninguém esconde segredos aos seus companheiros. Ninguém quer passar por cima do colega para ascender na carreira. Quem fizer isso corre o risco de ficar antipatizado por todos e acabará sentindo-se compelido a se distanciar da nossa família.

A palavra dada é sagrada. Todos cumprem os compromissos e honram suas dívidas. Vários negócios são feitos entre colegas com base apenas na palavra e dá tudo certo. Há um zelo extremo pelo bom nome e pela boa reputação.

A mensagem postada pela Diretora Luciane Ogata, da Unidade Bom Retiro, em Curitiba, exemplifica como funciona o apoio recíproco:

"Venho compartilhar com vocês a minha experiência em estar integrada a um grupo tão seleto de pessoas, em especial em Curitiba, e minha relação com meu monitor Ric Poli.

"Para quem não sabe a Unidade Bom Retiro fica a pouco mais de 1 km da Unidade Centro Cívico. Em qualquer outra empresa acredito que isso seria motivo para concorrência e, ao contrário do que pessoas de fora possam imaginar, o Ric faz acompanhamentos periódicos com relação ao crescimento da Unidade Bom Retiro.

"Eu participo do grupo no facebook de sua equipe e ele do meu, me dá ideias para minha realidade de trabalho por ser uma equipe de três pessoas em que duas estão atuando como podem por possuírem outras empresas em paralelo.

"Assim, tenho me esforçado para crescer, com uma injeção de confiança vinda através de visitas de outros diretores na nossa Escola.

"Ontem Rogério Brant, hoje o Ric Poli. Agradeço também ao Nilzo Andrade Jr. e a Maria Helena Aguiar e outras pessoas que mesmo mais longe estão também me apoiando.

"Enfim, o que queria expor aqui é que é realmente muito bom trabalhar em conjunto com estes dois pilares: filosofia e profissão! Só [escrevi isto] para reforçar o quanto somos felizes.

"Obrigada, DeRose, por nos confiar seu trabalho e proporcionar este maravilhoso estilo de vida! Beijos e feliz ano para todos nós!"

Quem pode participar como Empreendedor

Só pode participar como profissional do DeRose Method quem começar na qualidade de aluno e receber toda a nossa formação que leva quatro anos. Durante a preparação, passa por vários filtros que avaliarão o perfil do candidato. Se as avaliações forem favoráveis, poderá se inscrever no "módulo profissional".

A partir do primeiro ano de estudos, se obtiver autorização, já pode atuar na Rede, o que produz retorno financeiro e faz com que, mesmo como aluno, já ganhe mais do que paga pela formação.

Quando estiver apto, é encaminhado aos exames da respectiva federação. Depois, aos cursos de extensão universitária.

Na sequência, inscreve-se para um estágio na Sede Central, em São Paulo.

Cumpridas todas as etapas, o estudante recebe seu certificado de Empreendedor.

COMO OS EMPREENDEDORES PARTICIPAM DAS EQUIPES

Uma vez autorizados, os Empreendedores do DeRose Method que desejarem participar das atividades de uma escola ou associação, deverão ser assinar um contrato de co-working entre sua empresa e a empresa que administra o espaço da escola.

Já, para tornar-se Diretor Proprietário de Escola, é preciso que tenha trabalhado em uma unidade vencedora por, no mínimo, quatro anos e precisa contar com um "padrinho" que confie nele e se responsabilize por ele: o Interveniente Garantidor.

Se for egresso (proveniente) de uma escola de sucesso insatisfatório, não será aceito para dirigir.

Como você percebe, é muito diferente do sistema de franquia.

COMO NOSSA QUALIDADE É GARANTIDA

Todos os Empreendedores do DeRose Method precisam ter um monitor, um Supervisor e fazer revalidação anual na federação do estado.

Nossa profissão é, talvez, a única em que o profissional tem que prestar exames de revalidação todos os anos para poder prosseguir trabalhando na Rede.

O monitor é o Formador de Formadores que o conduziu à formação profissional e seguirá para sempre monitorando o Empreendedor, orientando

DeRose

de perto, todas as semanas, aconselhando, respondendo perguntas, proporcionando treinamento prático e propiciando tudo o que o novo Empreendedor necessitar.

O Supervisor é o preceptor mais antigo, que precisa ter mais de cinquenta anos de idade, mais de um livro publicado e o grau de Mestre. O Supervisor é quem sana as dúvidas mais profundas ou dificuldades mais sérias que eventualmente surjam. É o aconselhador sênior para todas as questões mais importantes e que os monitores não tenham conseguido solucionar.

As revalidações anuais são como exames de ordem que os profissionais do DeRose Method precisam prestar todos os anos para poder continuar trabalhando dentro do Sistema.

Estes três dispositivos (monitor, Supervisor e exames anuais de revalidação na federação do estado) constituem nossa apólice de seguro, nossa rede de segurança, em benefício do aluno, mas também do profissional.

É graças a essas medidas que o DeRose Method tem crescido tanto, para tantos países e preservando sua proverbial qualidade. Temos muito orgulho dessas três exigências.

ADMINISTRAÇÃO PARTICIPATIVA

A administração participativa que recomendamos consiste, simplificadamente, no seguinte:

1) Os alunos pagam aos Empreendedores;
2) Por uma questão de comodidade, os Empreendedores podem solicitar que um colega receba por eles e lhes repassem os pagamentos dos seus alunos, gentileza essa que será retribuída;
3) Uma percentagem do que o Empreendedor recebe dos seus alunos é paga por ele à empresa, cujo espaço alugou para dar as suas aulas. Essa percentagem pode variar em função de diversos fatores.

Os detalhes são discriminados no Instrumento Particular de Cessão Temporária de Horários.

POTENCIAL DE GANHO

Não se deve escolher uma profissão pelo seu potencial de remuneração e sim pela vocação e prazer de exercer a atividade.

Como em qualquer profissão, temos Empreendedores ganhando muito bem e outros ganhando muito mal. A existência daqueles que estão ganhando muito bem demonstra que os outros precisam se esforçar mais. Fui informado, uma Empreendedora de que, trabalhando exclusivamente com o DeRose Method em São Paulo, ela estava ganhando mais do que o Diretor da Financeira BMW da Espanha (observadas as conversões monetárias).

No entanto, sejamos honestos, tudo depende da vocação, talento e esforço próprio do profissional. Se ele não se esforçar, ninguém poderá fazer milagre por ele. E isso vale para qualquer profissão.

DEMOCRACIA CONSENSUAL

Exemplificando de forma simples, a democracia consensual funciona assim: quatro amigos decidem ir ao cinema. Três deles escolhem um filme de ação. A quarta pessoa declara que sente-se muito mal com filmes violentos e escolhe uma película romântica. Em uma democracia, ela seria obrigada a assistir ao filme que não queria, porque seriam três votos contra um.

No nosso sistema de democracia consensual, a minoria pode propor à maioria uma alternativa e, se os outros três não se importarem, poderão abrir mão voluntariamente do seu voto anterior e os quatro irem assistir ao filme proposto pela quarta pessoa, que representa uma minoria com 25% dos votos.

O princípio acima, quando aplicado na administração de um grupo de trabalho, proporciona uma camaradagem muito especial e um excelente ambiente profissional.

NOSSA FORMA DE LIDERANÇA

Quem estiver no comando sempre consulta e ouve as equipes, comissões etc. A liderança não é impositiva nem arrogante. Ninguém manda em ninguém. Todos dialogam, parlamentam e decidem em conjunto.

Os mais novos podem emitir opiniões e até mesmo críticas aos que estão em cargos mais antigos, desde que tudo seja feito com bom-senso, elegância e afeto.

Não se admite clima de emocionalidade, melindres, nervosismo, agressividade ou falta de delicadeza.

Se alguém se estressar e cometer algum rompante ou disser algo desrespeitoso a qualquer colega, todos, inclusive os de hierarquia mais baixa, têm a liberdade de chamar sua atenção, educadamente, para que não faça assim. Todos os colegas auxiliam na preservação do bom clima de respeito e afeto.

PRESERVAÇÃO DA ORDEM E PROGRESSO

Por outro lado, a liderança é muito respeitada. Todos têm consciência de que é preciso haver um cabeça, já que nenhum organismo acéfalo consegue sobreviver. Qualquer clube ou associação precisa ter seu presidente e seus diretores. Se a liderança precisar ser exercida, há dispositivos legais e jurídicos que preservam os direitos do proprietário de cada empresa.

Contudo, há muitos anos que nenhum Diretor de Estabelecimento de Ensino precisa lançar mão desses dispositivos.

AÇÕES SOCIAIS E HUMANITÁRIAS

Em 2008, fomos agraciados pelo Governador do Estado de São Paulo com o Diploma *Omnium Horarum Homo* ("Homem para todas as horas"), da Defesa Civil.

Em virtude das nossas atuações nas causas sociais e humanitárias, no dia 2 de dezembro, recebemos uma medalha da Associação Paulista de Imprensa.

No dia 4 de dezembro, fomos agraciados com a medalha Sentinelas da Paz, pelos Boinas Azuis da ONU de Joinville, Santa Catarina.

No dia 5 de dezembro, recebemos, na Câmara Municipal de São Paulo, a Cruz do Reconhecimento Social e Cultural.

580 QUANDO É PRECISO SER FORTE

No dia 9 de dezembro, recebemos, no Palácio do Governo, a medalha da Casa Militar, pela Defesa Civil, em virtude da participação nas várias Campanhas do Agasalho do Estado de São Paulo e na mobilização para auxiliar os desabrigados da tragédia de Santa Catarina.

No dia 22 de dezembro, recebemos mais um diploma de reconhecimento da Defesa Civil, no Palácio do Governo.

Mencionamos esses reconhecimentos, que aconteceram **em um único mês,** apenas para ilustrar o engajamento e participação dos nossos alunos e instrutores nas causas sociais e humanitárias. Imagine o que realizamos em cinquenta anos, bem como a quantidade de homenagens e condecorações com que a sociedade demonstra o seu apoio e reconhecimento ao nosso trabalho.

AULAS GRÁTIS ABERTAS AO PÚBLICO

Paralelamente ao trabalho realizado pelas nossas escolas em suas dependências, mantemos práticas gratuitas e abertas a todos. Essas aulas são ministradas em parques, jardins e praias em várias cidades do Brasil e em diversos outros países pelos quais o nosso Método se difundiu.

Saiba mais, visitando o site: www.MetodoDeRose.org.

AS DIFERENÇAS ENTRE CREDENCIAMENTO E FRANQUIA

1. O credenciado <u>não paga</u> *royalties*.

2. No credenciamento não há proteção territorial.

3. Tanto o credenciado pode comprar produtos do credenciador como também pode vendê-los a ele. Isso significa que não apenas paga, mas pode receber do credenciador. Poderá até receber mais do que paga.

4. Na verdade, o credenciado <u>não paga nada</u>, pois, a cada compra que efetua, recebe imediatamente de volta o mesmo valor em suprimentos. Mais do que isso, costuma receber até o dobro.

5. O credenciado pode criar produtos para fornecer aos demais credenciados da rede. Isso não existe na franquia. Na franquia, só o franqueador vende. O franqueado só compra. E só compra do fran-

DeRose

queador. O franqueado não pode vender aos outros franqueados. No credenciamento pode ter um produto seu, vendê-lo ao credenciador e, também, fornecê-lo aos demais credenciados.

6. O credenciado precisa ter ingressado como aluno, tem que estudar bastante, prestar vários exames e só muito depois (no mínimo, quatro anos depois) poderá candidatar-se ao privilégio de assinar um contrato de credenciamento. O credenciado não pode fumar, usar bebidas alcoólicas ou tomar drogas. Precisa cumprir um código comportamental rígido em sua vida privada. No entanto, para comprar uma franquia, basta ter dinheiro e um bom nome comercial na praça. É apenas um negócio. Sua vida pessoal não interessa. Se tiver vícios, isso não interfere no negócio. Não há código comportamental aplicável em sua vida privada. É muito diferente do credenciamento.

7. No credenciamento existe uma relação de respeito e carinho entre os credenciados e o credenciador. No sistema de franquia os franqueados alinham-se de um lado e o franqueador de outro, cada qual defendendo os seus interesses comerciais. No credenciamento estamos todos do mesmo lado. Ainda assim, há um Conselho Administrativo constituído pelos próprios filiados para representar seus interesses.

8. Tal como médicos credenciados por um seguro-saúde podem ser descredenciados a qualquer momento, também os nossos podem, igualmente, ser descredenciados a qualquer momento. Uma vez descredenciada, a escola pode continuar adquirindo livros do DeRose Method e até mesmo continuar aplicando as técnicas e conceitos preconizados pelo Método. Só não poderá continuar utilizando a marca "DeRose Method" ou "Método DeRose".

Como vemos, credenciamento é muito diferente de franquia e é um conceito que está séculos à frente.

CONFIDENCIALIDADE

Não se preocupe o leitor com as informações que demos neste esclarecimento. Só divulgamos as informações que podem chegar aos ouvidos da suposta concorrência e dos eventuais desamigos que todo o mundo tem.

Mesmo que tivéssemos divulgado alguma informação essencial, também não haveria nenhum problema, pois nós mudamos muito rápido.

Estamos o tempo todo nos aperfeiçoando e, para isso, o tempo todo alteramos a nossa estrutura e funcionamento. Somos um grupo de profissionais extremamente ágil e flexível. Tudo isso, sem perder o norteamento. Preservamos sempre os nossos valores essenciais.

CONVENIÊNCIAS E FACILIDADES PROPORCIONADAS

SOB O PONTO DE VISTA DO CREDENCIADOR

PRIVILÉGIOS E FACILIDADES AOS ALUNOS

Possibilidade de praticar, quando em viagem, noutras Escolas, em várias cidades de todas as regiões do Brasil e no exterior, nas capitais dos principais países da Europa e das Américas. O aluno não precisa interromper seu programa de práticas. Para isso, deve levar sempre o passaporte do DeROSE Method.

Redes de amizades travadas com pessoas interessantes, viajadas, cultas, bonitas, divertidas, descontraídas. São as melhores amizades das nossas vidas!

Garantia de praticar com profissionais formados em cursos de extensão universitária nas universidades federais, PUCs e nas melhores faculdades particulares.

Garantia adicional de saber que seus instrutores são reavaliados todos os anos pela Federação do respectivo estado ou país.

Vivência de um Método ultra completo, que só é encontrado na Rede DeROSE.

Ambiente acolhedor, com instrutores amáveis e com colegas muito queridos.

Convênios com lojas e profissionais que oferecem preços especiais ou brindes.

Carteirinha de aluno para obter preços reduzidos nos teatros, cinemas, shows e casas de espetáculos que as aceitem, bem como nas lojas conveniadas.

Participação em cursos com valores reduzidos, diferenciados conforme o seu grau de aluno.

Participação e valores especiais em Festivais (quando ocorrem em São Paulo, Florianópolis, Buenos Aires, Portugal, Paris, New York e Hawaii, alguns anuais, outros esporádicos).

Incentivo e facilidades para viagens a outros países, eventualmente, com hospedagem em casa de colegas, cujas amizades tenham sido cultivadas nos nossos eventos internacionais.

Networking (DeRose Business Network).

Atividades culturais (jantares, tertúlias literárias, recitais, exibição de vídeos, festas, cursos, passeios, viagens, trekkings, praias, surfing, saídas para teatros, exposições, cinemas, restaurantes).

Para os alunos na formação profissional, desenvolver e comercializar produtos dentro da Rede.

Aulas esporádicas e cursos com o Sistematizador do DeRose Method.

Um sistema genial de descartar objetos, livros, CDs, DVDs, eletrônicos, eletrodomésticos, computadores, móveis, quadros, qualquer coisa e anunciá-los no site *Descartes com Método*. Quem estiver interessado, vai lá buscar sem nenhum custo. Conhecemos gente que mobiliou o apartamento dessa forma. (NB: o acesso é feito por meio do seu instrutor.)

Contar com um ambiente sadio, sem fumo, sem álcool, sem drogas e com incentivo a uma boa, alimentação, boa forma, boas relações humanas, boa cultura, em suma, tudo de bom!

PRIVILÉGIOS E FACILIDADES AOS INSTRUTORES

Acesso a uma profissão cujo mercado é ávido e em crescimento.

Intercâmbio cultural em outros países, podendo, inclusive, combinar com algum colega instrutor que troquem de lugar: ele venha para o seu país e você vá ao país dele, cada qual dando aulas para os alunos, um do outro, durante um a três meses. Pode ser combinado, até mesmo, que cada um fique hospedado na casa do colega que viajou.

Reavaliação e revalidação anual pela Federação do seu respectivo estado ou país.

Redução expressiva dos preços em cursos com o Sistematizador.

Preços privilegiados em cursos com todos os ministrantes da Rede.

Preços especiais em Festivais e outros eventos culturais.

Aulas, sem custo, com o Sistematizador, às terças-feiras, na Sede Central, em São Paulo.

Possibilidade de produção de suprimentos, com um mercado já garantido, inclusive para exportação.

Orientação e aconselhamento na hora de criar um produto.

Apoio dos colegas Empreendedores, com troca de informações e *know-how*.

Possibilidade de participação em todos os eventos de aprimoramento profissional da Rede (três por ano), sendo que um deles, o "Empreender", é *free*, como cortesia do Office Brasil.

Acesso ao Sistema de Monitoria, com a orientação próxima e sistemática do seu antigo instrutor.

Acesso ao Sistema de Supervisão, com a orientação superior e sempre que necessária, por parte de um Supervisor Sênior.

Facilidades e orientação para escrever e publicar livros.

Acesso a uma literatura própria da Rede, obras excelentes, escritas por autores nossos.

PRIVILÉGIOS E FACILIDADES ÀS ESCOLAS CERTIFICADAS

Utilização da marca DeROSE

Força da marca.

Força do trabalho em Rede.

Correspondência regular informativa com dicas, avisos, notícias, campanhas, aconselhamento e orientação.

DeRose

Relação com 40 suprimentos diferentes (nesta data) que podem ser adquiridos para revenda aos seus alunos para fins didáticos, ou utilizados para finalidades tático-estratégicas em benefício da sua própria escola.

Preços especiais na compra dos produtos disponíveis na filiação (podem ser com reduções de 40%, 50% e, em alguns casos, mais do que isso).

Apoio recíproco, troca de figurinhas com outros Diretores e indicação mútua de alunos.

Marketing global, um serviço organizado pelos próprios filiados em benefício de todos.

Quando for Diretor de Escola que tenha grau de Docente ou Mestre, a possibilidade de ministrar cursos em todas as escolas, de todos os países.

Intercâmbio de produtos e serviços para outras escolas.

Troca de *know-how* nas questões administrativas e operacionais.

Auditorias de certificação: na verdade, consultorias que auxiliam a manter o padrão de qualidade.

AGORA, A MESMA COISA SOB O PONTO DE VISTA DO FILIADO

Luciano Melo Na minha opinião a revalidação anual deveria ser para todas as profissões, isso mostra o nível de profissionalismo, respeito e comprometimento para o público que queremos trabalhar e para o mundo. A vantagem de intercâmbio, a troca de experiências entre os empreendedores, a visão de sermos uma grande família e permanecermos unidos, acaba sendo um ambiente incrível e idealizador para os profissionais da nossa instituição e para os alunos.

Fabiula Blum Estar com a galera, participar de eventos e cursos, fazer muitos amigos e estar perto de você, Mestrão, já seria maaaais que suficiente. Mas queria aproveitar para compartilhar uma outra percepção. Na minha primeira empresa, tive que descobrir praticamente tudo sozinha. Mesmo concluindo a faculdade e buscando inúmeros cursos complementares, não consegui encontrar um conhecimento que me ajudasse no dia a dia, que me mostrasse o que fazer para ter mais clientes, mais sucesso, oferecer um bom serviço, precificar o trabalho e até mesmo identificar as reais necessidades dos meus clientes. Nem tinha com quem conversar a respeito. Fui descobrindo na prática, errando e acertando, ao longo de 12 anos de muito garimpo. Já no DeRose Method, encontrei tudo pronto. Além da identificação com o Mestrão, com a filosofia e com a egrégora, tudo o que eu preciso para crescer alguém já idealizou, já fez e compartilhou o caminho das pedras. Existem inúmeros pontos de partida, além de uma infinidade de materiais. O que preciso ter é força de vontade e algumas poucas ideias para girar o que já está funcionando. Isso é magnífico! Outra coisa maravilhosa é que em algum lugar do planeta tem alguém, assim como eu, tendo ideias que um dia podem ajudar todos a crescerem juntos e isso será compartilhado com o grupo. Não para nunca \0/

Ana Meireles Pela minha curta experiência, de apenas 6 meses como Empreendedora (do DeRose Method), a filiação traz uma série de vantagens: -sempre que tenho um projeto em mente o facto de poder contar com o aconselhamento e ajuda dos restantes colegas e escolas torna todo o percurso mais simples e menos dispendioso, quer em tempo, quer em dinheiro; -a partilha de conhecimento e experiências dos restantes colegas também me permite já iniciar um percurso com menos "erros básicos" que caso eu tivesse de descobrir por mim tornaria a minha evolução profissional mais lenta. Assim bem resumidamente, apenas tenho 6 meses como empreendedora e considero que a minha arrecadação já está a ficar boa (está bem melhor que a praticamente todos os meus colegas que terminaram a faculdade comigo!!!), tudo isto sempre a aprender mais e a evoluir. Porém tudo isto só é possível estar a ser assim rápido e fácil devido à filiação. Por isso estou muito grata a todos os demais empreendedores (e particularmente ao nosso querido Mestre) que "penaram", para estarem no patamar que estão e por levarem a nossa cultura tão longe e por tornarem a nossa marca tão séria, pois é graças à vossa partilha de experiências e ao vosso conhecimento que para nós o trabalho é tão fácil

Shantala Casanova Como instrutora o fato de ter inúmeras pessoas com quem contar, trocar experiências, erros, acertos, é uma das principais vantagens. Não nos sentimos sozinhos. E para os alunos, me baseando em relatos que já escutei dos meus, é principalmente poder viajar e praticar em qualquer lugar do Brasil e do mundo. Eles ficam fascinados com isso! Voltam de viagem elogiando as escolas que visitaram e dizendo que se sentiram em casa. Também percebo que eles admiram muito termos que fazer revalidação todos os anos, isso passa segurança de que nosso trabalho é sério.

Maria Cruz Vínculo mais próximo com a instituição, com o preceptor e com os membros (diretores, instrutores, alunos da rede); segurança de pertencer a uma instituição séria, ética e de sucesso; poder atualizar-se sempre que puder, pois há muitos cursos, festivais, eventos de negócios, de empreendedorismo etc., para crescer, ter sucesso tornando-se um profissional bem sucedido etc. Também quando nossos alunos viajam a outros lugares que tenham representação do Método, podem usufruir de boas companhias ao fazer suas práticas, sem ônus ou simplesmente conhecer outras escolas mais desenvolvidas. A meu ver só vantagens. Amo isso tudo.

Eduardo Saldanha Para além do que os colegas já referiram destaco o acesso com desconto **(devemos evitar o termo "desconto")** a um dos principais ativos que são os nossos livros e produtos. Ninguém tem livros como nós, ou se tiverem é apenas um! Os livros são um diferencial estratégico muito importante.

Ana Fior Somos uma instituição formada por muitas escolas que primam por fazer um excelente trabalho! Além de cursos e consultorias para aprimoramento, possuímos vários eventos que contribuem para o rápido desenvolvimento dos nossos profissionais. Isso faz com que um instrutor mesmo em início de carreira realize um bom trabalho. Nossas trocas de experiências e *know-how* são intensas e enriquecedoras!

Eduardo Cirilo Fazer parte da família sempre foi a maior vantagem de ser filiado... o material didático é um bónus. Sempre pensei assim, quer como mero instrutor (1999), quer depois como Diretor (desde 2004).

Lêda Santos O vínculo é muito fortalecedor. Contar com a troca de experiências, constante aperfeiçoamento, material didático, visão estratégica e tática... Tudo isso redimensiona o poder de realização. A estrutura da Rede é incrível.

Mário Vendas Partilha de *know-how*; ampliação do círculo de amizades; renovação e melhoria das nossas competências; maior probabilidade de dar certo financeiramente e não fracassar; oportunidade de viajar e ampliar horizontes etc.

Aurora Milanez Credibilidade!

Daniel Suassuna Possibilidade de viabilizar grandes eventos

Márcia Cordoni Para o aluno a certeza de ter profissionais competentes, pois todos passam por revalidações anuais, confirmando sua excelência técnica e pedagógica. Direito a continuar praticando quando em viagem para outra cidade ou país. Redução dos valores em cursos, eventos e festivais. É o respaldo de um trabalho com mais de 56 anos no mercado.
Para o Empreendedor do nosso Método, estar credenciado significa partilhar todo conhecimento nas áreas filosóficas e profissionais, fazer parte de uma escola de características únicas no mundo, participar com valores reduzidos em cursos, eventos, festivais e viagens. E sobretudo estar vinculado a um grupo de pessoas que têm os mesmos ideais.

Carla Mader Estar junto dos mais experientes, ter o carinho e apoio da família DeRose.

Cecilia Sampaio Credibilidade; Contar com uma imensa rede de apoio e orientação, em táticas e estratégias; Aumentar o círculo de amizades e convivência com ideais semelhantes; Realizar mais com menos: adquirir produtos que fidelizam e oferecem uma excelência na formação profissional; Descontos* justos pela filiação.
*[*Devemos evitar o termo "desconto".]*

Fernanda Lima É uma garantia de excelência, pois permanecemos ligados a pessoas com grande experiência e grande conhecimento.

Michele Thaysa de Souza - Nosso segmento é único, por isso, vejo os eventos profissionais como uma grande vantagem!! Não há ocasião melhor para aprendermos a crescer. - A segurança, por estarmos respaldados por diversas instituições militares, políticas, etc. - A credibilidade, por estarmos no mercado há 56 anos e por estarmos presentes no mundo todo. - Ter infinitas possibilidades de empreender, dentro da rede. - A força da egrégora.

Denise Trombani ✔ Credibilidade✔ Intercâmbio de competências e informações valiosas ✔ Respaldo de profissionais super experientes ✔ Sensação de pertencimento

Sergio Ferreira Aprendizado constante; Credibilidade instantânea: Fazer grandes amizades; Ter o reforço da energia de uma egrégora poderosa; E muitas outras coisas.

André Guilherme Novo Acho que o mais incrível de estarmos em rede é o apoio mútuo e a troca de *know-how*. Outra grande vantagem que também abrange os alunos é encontrar amigos sinceros que compartilham dos mesmos hábitos em vários países.

Mara Amaral Uma marca estável e sincronização do nosso trabalho. São tantas coisas!

Alexandre Meirelles Ter um Sistematizador vivo que nos coordena. Participação nos eventos. *Know-how* compartilhado. Poder adquirir material didático com descontos. Organizar eventos com outras Escolas. Orientação vertical (Supervisor) e horizontal (monitor). Apoio de colegas com produtos e livros.

Daniela Areal Privilégio de poder aprender diretamente e presencialmente com o Mestre* DeRose; de fazer parte de uma egrégora forte (ao nível de laços de amizade, de sentimento de família e ao nível de estrutura de apoio profissional e pessoal); garantia de excelência técnica e estimulo à melhoria contínua; Participação em Festivais.

[*Solicitamos que o tratamento Mestre não seja utilizado fora das salas de aula.]

Francisco Lozano Figueroa Identidad, reputación, seriedad y la capacidad de aprender de personas que ya han transitado ese camino. Asimilando desde el día uno, ese conocimiento práctico que sólo años de profesión pueden brindar. Ser parte de un equipo inmenso de personas que buscan tornarse mejores individuos y transformar el mundo en un lugar mejor.

O STATUS QUE O NOME DeRose PROPORCIONA AOS NOSSOS ALUNOS

O aluno Lucas Augusto Rodrigues de Oliveira estava voltando de carro para casa com a namorada após um jantar e foi parado por uma blitz, sexta feira dia 18 de agosto de 2017, às 23:30, na rua 148, Setor Marista, em Goiânia. Ele ficou bem preocupado porque não estava encontrando o documento do carro. Depois que conseguiu encontrar, o policial perguntou se ele se importava em descer do carro e se poderia fazer o teste de bafômetro. O aluno já faz parte do aprofundamento filosófico e está bem identificado com nosso estilo de vida, então, prontamente se propôs a fazer o teste. Quando ele foi descendo do carro, o policial viu a insígnia de aluno do DeRose Method no peito do Lucas e disse: "Não cara, você faz DeRose. Essa galera é diferenciada! Pode ir pra casa." E liberou o aluno.

Lendo o texto acima, Mariana Oliveira Beluco, nos enviou esta mensagem:

"Aconteceu parecido conosco ano passado (2016) quando passávamos pela fronteira Chile/Argentina próximo a Mendoza. Estavam revistando todos os carros e a fila estava enorme, quando chegou a nossa vez o agente de fronteira viu minha camiseta do Método e disse 'vocês são do Método DeRose? Então são gente boa, podem passar', sem ao menos olhar o nosso carro."

Quem é essa gente do DeRose Method? É outro universo!

"Escrevo para compartilhar com você um pouco da grande alegria que foi a ida ao festival de Buenos Aires. Nos hospedamos na casa da Marie Docena, que nunca antes havia conhecido, e fomos (Mara e eu) tão bem acolhidas! Ela nos deixou uma torta quente e cheirosa no forno e um bilhetinho dizendo que era para nós, mas que se preferíssemos poderíamos pedir uma pizza. Anotou o telefone de uma pizzaria e nos deixou um pouco de dinheiro! Além disso, havia junto ao bilhete, 2 alfajores, um lindo bule de chá com duas xícaras ao lado e algumas opções de sabor. Na cama, toalhas dobradas com um sabonete sobre elas, novo e embrulhado.

"No dia seguinte, ao chegarmos no ponto de encontro de onde os ônibus para [*a cidade de*] Luján sairiam, fomos super bem recebidas, com abraços e sorrisos, e todos querendo ajudar com as malas. O festival, foi incrível: hotel impecável, organização excelente, comida saborosa e farta, vivências muito gostosas, festas divertidas!

"Levei produtos para vender lá e a organização deles também me impressionou: ágeis, colaborativos e simpáticos! Já voltei ao Brasil com o acerto feito em reais! Mas o mais impressionante foi mesmo a egrégora: pessoas que nunca tinha visto antes nos recebendo de braços abertos em suas escolas, suas casas, nos levando para passear em uma época que sabíamos que estavam super ocupados e cansados! Com certeza, fiz amigos que agora trago para toda a vida! Já estava, antes desta viagem, com uma sensação de que nunca antes em minha vida fui tão feliz. Mas, agora, tenho certeza disso. A viagem me fez muito bem pois além de me proporcionar uma melhor compreensão da dimensão de nosso trabalho, fortaleceu laços, e me encheu de amor. Voltei para casa com ganas de trabalhar como eles: unidos, organizados, ágeis e com muita alegria! Foi especial participar da outorga das insígnias por lá! Gracías por todo!"

Juliana Diniz, de São Paulo

Nota sobre o nosso símbolo

A FLOR DE LIS

Adotei este desenho específico da flor de lis como emblema do meu Método ainda na década de 1960. Ela foi impressa como logomarca da nossa escola no meu primeiro livro em 1969. Depois, deixei de utilizá-la por cerca de quarenta anos. Quando passei a utilizar a marca DeRose Method, a flor de lis ressuscitou no inconsciente coletivo do nosso trabalho.

Se o leitor consultar as imagens no Google, vai confirmar que, de todas as representações da flor de lis, a nossa é a mais artística, a mais bonita e a mais poderosa. Nossa flor de lis tem suas pétalas desenhadas sob a inspiração das folhas de acanto do capitel coríntio. A flor de lis sugere nobreza, no caso, a nobreza dos nossos ideais, e o acanto remete ao conceito de classicismo greco-romano, aquele sobre o qual está alicerçada a civilização ocidental.

Nosso desenho da flor de lis está registrado como propriedade intelectual na Biblioteca Nacional e como marca registrada no INPI.

AS FOLHAGENS DO ACANTO
Texto extraído da Wikipédia

Vitruvius descreve a ordem Coríntia como inventada por Callimachus, um arquiteto e escultor que se inspirou em um cesto de acantos. Nas palavras de Vitruvius, em seu Livro 4, *Da Arquitetura*:

"Uma jovem mal chegada à idade núbil, cidadã de Corinto, acometida por uma enfermidade, faleceu. Após seu sepultamento, sua ama reuniu e dispôs num cesto as poucas coisas às quais ela se afeiçoara enquanto vivera. Levou-as a seu túmulo e as colocou sobre ele, e, para que elas se conservassem dia após dia, teceu por cima delas um pequeno teto. O cesto havia sido colocado casualmente sobre raízes de acanto, e, nesse ínterim, premidas por seu peso, verteram na primavera, folhagens e hastes em profusão.

"As hastes do acanto, crescendo ao longo das bordas do cesto e empurradas pela beira do teto, em razão do seu empuxo, foram forçadas a curvar suas extremidades. Calímaco, então, que em virtude da elegância e da graça de sua arte de trabalhar o mármore foi denominado pelos atenienses o príncipe dos artífices, passando perto desse monumento, reparou no cesto e na delicadeza da folhagem que medrava ao redor, e, encantado com a novidade das formas produzidas, executou para os coríntios colunas segundo esse modelo e instituiu suas proporções, e atribuiu as relações da ordem coríntia a partir daquilo que está presente na perfeição de suas obras".

A MELHOR BATALHA É AQUELA QUE NÃO FOI TRAVADA

A melhor incomodação é aquela que o encrenqueiro não se atreveu a começar; e o melhor inimigo é aquele que não tivemos a necessidade de esmagar. Nós não queremos arrumar encrenca com ninguém, mas se nos obrigarem, teremos poder para revidar com vigor. Estamos dispostos a pagar para não entrar em conflito com ninguém, mas se nos forçarem a entrar numa contenda, é preciso que os opositores estejam advertidos de que será "briga de cachorro grande".

Hoje, com tantos alunos, amigos, companheiros e Irmãos na Polícia Civil, na Polícia Militar, no Exército, no Poder Judiciário, na Assembleia Legislativa, na Câmara Municipal, na Prefeitura, na OAB, na Receita Federal e Estadual, no CONSEG – Conselho de Segurança da Secretaria de Segurança Pública de São Paulo e em tantas outras esferas, sentimo-nos imensamente prestigiados e protegidos. Ficamos consolados em saber que aqueles que tentarem prejudicar-nos provarão o sabor amargo da espada da Justiça, tudo dentro da Lei como prevê a nossa digna Constituição.

Temos um sadio orgulho em constatar que dezenas de deputados, delegados, advogados e magistrados olham por nós para que a Justiça seja feita de forma honesta, sem privilégios, mas também sem prevaricação de nenhuma das partes.

Contamos com alunos e amigos em muitos círculos influentes da sociedade: Rotary, Maçonaria, Governo, todos eles Pessoas do Bem, que querem ajudar-nos a realizar nossos ideais edificantes de orientação para uma juventude sem drogas e para as obras sociais e filantrópicas. Todos querem nos ajudar.

Nós temos dezenas de milhares de alunos, ex-alunos, leitores dos nossos livros (já com mais de um milhão de exemplares vendidos) e alguns milhões de alunos à distância que estudam gratuitamente pela internet, pelos nossos áudios, vídeos e livros. Contamos hoje com mais de 100 websites do DeRose Méthod, em vários estados. É uma responsabilidade muito grande gerenciar o poder que isso nos traz. Mesmo que não seja o nosso objetivo, acabamos tendo muito poder.

Não é de se admirar que tenhamos tantos alunos à distância, já que o nosso *site* não vende nada e proporciona uma miríade de informações, *free downloads* dos nossos livros, MP3 de CDs com material didático e aulas práticas, endereços de centenas de instrutores da nossa linha e de outras correntes não ligadas a nós, bem como inúmeros outros serviços de utilidade, tudo gratuito. Poderíamos estar ganhando um dinheirão, mas fazemos questão de que a nossa proposta não seja comercial. Claro que é importante ganhar dinheiro, mas essa não é a nossa prioridade.

Com uma legião tão expressiva de estudantes, colaboradores e simpatizantes, seria um pecado não mobilizar todo esse exército para ações sociais, humanitárias e ambientais, colaborando com a Defesa Civil, com o Rotary e com as demais entidades assistenciais e culturais às quais estamos vinculados.

Estou escrevendo este texto para lhe relembrar: juntos, nós temos muito poder. Separados seríamos fracos! Portanto, vamos usar essa força sempre construtivamente. Vamos usá-la para melhor servir à Humanidade, ensinando à juventude um ideal de estilo de vida sem drogas, sem álcool e sem fumo e oferecendo-lhes a possibilidade de uma formação profissional na nossa área. Com isso, certamente, vamos reduzir a criminalidade por causa das drogas, vamos diminuir os acidentes por causa do álcool e vamos minimizar as enfermidades causadas pelo tabaco. Se só conseguíssemos isso com nossos alunos imediatos, já seria um belo trabalho social. Mas se os formarmos empreendedores do DeRose Method, torná-los-emos replicadores da nossa filosofia de vida e poderemos multiplicar por cem ou por mil o número de pessoas que serão beneficiadas com o nosso trabalho.

Não permitamos que nenhum concorrente invejoso tente impedir o nosso trabalho.

DeRose (ABFIP ONU, SASDE, ADESG)

Membro do CONSEG – Conselho de Segurança e das seguintes entidades:

COMENDAS E HONRARIAS
COM QUE O AUTOR FOI AGRACIADO

A partir de 2001 passei a receber medalhas e comendas outorgadas por inúmeras entidades governamentais, militares, filantrópicas, culturais e humanitárias em uma quantidade que eu jamais poderia algum dia ter sequer sonhado. Frequentemente, meus alunos perguntam porque fui alvo de tantas honrarias ao mérito. Respondo-lhes que, certamente, estou sendo homenageado pelo que os nossos instrutores e alunos têm realizado de bom e de notável em ações de responsabilidade social, que eles protagonizam há décadas em todo o país e noutras nações. Nessa orquestra eu não toco nenhum instrumento: apenas agito a batuta de regente.

Quando completei cinquenta anos de ensino, em 2010, meus supervisionados editaram um livro comemorativo intitulado *Histórico e Trajetória*, que reunia alguns acontecimentos (não todos) e, da mesma forma, algumas fotos, algumas condecorações e alguns documentos para efeito de registro histórico. Com esse mesmo intuito, sendo esta uma biografia, tomo a liberdade de reproduzir, nas páginas seguintes, o texto e parte do acervo da mencionada obra.

Como a redação original está na terceira pessoa, achei por bem preservar o texto como ele foi publicado.

Observe-se, no entanto, que sempre esta compilação estará desatualizada, pois as outorgas se sucedem em um ritmo tal que enquanto os originais deste livro estiverem na gráfica ocorrerão mais algumas que não contarão com tempo hábil para a publicação.

Na capítulo seguinte, inicia-se a reprodução do livro *Histórico e Trajetória*.

Vídeo de outorga do Grão-Colar Cruz do Anhembi: derose.co/outorgaderose1
Vídeo de posse como imortal da academia ABRASCI: derose.co/outorgaderose2
Vídeo de outorga da Medalha da Constituição derose.co/outorgaderose3

REPRODUÇÃO DO TEXTO E FOTOS DO LIVRO *HISTÓRICO E TRAJETÓRIA* NAS PRÓXIMAS PÁGINAS.

Ordo Military et Hospitaller
Sancti Lazari Jerusalem

Magna Canellaria his litteris notum facit quod

Comendador De Rose

Admissum est in Ordo Military Hospitaller
Saint Lazari Jerusalem

Sicut Médaille de la Terre Saint

Die   20   Mensis   Setembro   Anni 2011

Et destinatus est Jurisdictioni Grão Priorado do Brasil

Capitular
Dr. Osmir Bifano

Chanceler
Ivair Antonio Cantelli de Oliveira

Grão Prior do Brasil
Dr. Carlos Roberto P. Randy

Registro Nº 826/11

Apresentação

Ao compilarmos os dados, os diplomas e as reportagens (apenas uma pequena parte) do nosso amigo e professor DeRose para publicar na forma de livro, precisamos esclarecer algo fundamental. DeRose nunca deu importância a títulos e diplomas para si mesmo.

Como pesquisador e escritor recluso, não via porque um pedaço de papel devesse merecer a credibilidade de refletir o valor do indivíduo. Com isso, deixou de buscar vários certificados a que tinha direito; e outros, que conseguiram lhe chegar às mãos, terminaram no fundo de gavetas, estragados pelas décadas ou extraviados.

Assim foi de 1960 a 2001. Mas o destino é mesmo interessante. Como ele não corria atrás de títulos nem de exaltação pessoal, essas coisas correram atrás dele e, finalmente, alcançaram-no. Com mais de quarenta anos de profissão, a partir do novo século que despontava, DeRose começou a concordar em receber este e aquele reconhecimento.

Depois de mais de cinco décadas ensinando e formando instrutores, contando já então com uma legião de bons profissionais admiradores do seu ensinamento, DeRose decidiu que tais comendas, medalhas, láureas e títulos eram mérito, não dele, mas de todos os instrutores que estavam no *front*, trabalhando com o público e realizando boas obras.

Entendendo que tais profissionais, bem como a própria filosofia que eles professavam, mereciam o justo reconhecimento do público, das autoridades, do Governo e da Imprensa, passou a comparecer às solenidades de outorga. Mas sempre fez questão de registrar:

"As honrarias com que sou agraciado de tempos em tempos pelo Exército Brasileiro, pela Assembleia Legislativa, pelo Governo do Estado, pela Câmara Municipal, pela Polícia Militar, pela Defesa Civil, pela Associação Paulista de Imprensa, pelo Rotary e por outras entidades culturais e humanitárias tratam-se de manifestações do

respeito que a sociedade presta à nossa filosofia e ao trabalho de todos os profissionais desta área. Assim, sendo, quero dividir com você o mérito deste reconhecimento."

Várias das comendas e condecorações que recebeu em número impressionante estão reproduzidas fotograficamente nas páginas deste histórico. Mesmo assim, só concordou com a divulgação deste material mediante a expressa declaração abaixo:

"A divulgação destas homenagens e condecorações não tem justificativa na vaidade pessoal. É muito bom que ocorram essas solenidades de outorga, pois a opinião pública, nossos instrutores, nossos alunos e seus familiares percebem que há instituições fortes e com muita credibilidade que nos apoiam e reconhecem o valor do trabalho que realizamos pela juventude, pela nação e pela humanidade."

Dessa forma, aqui está um pequeno acervo de histórico, fotografias, documentos e entrevistas que conseguimos resgatar e publicamos como presente de aniversário do nosso Mestre em Estilo de Vida, construtor da Nossa Cultura e lutador exemplar.

Comissão Editorial

DeRose recebendo a Comenda D. Pedro I, do Instituto Histórico e Geográfico de São Paulo.

Histórico e trajetória do Comendador DeRose
Resumo da história recente, com o acréscimo de fatos que ocorreram depois de concluído e publicado este livro.

Um registro histórico do Yôga no Brasil
Texto resumido.

> "Chamam-me Mestre, chamam-me Doutor,
> tenho milhares de discípulos, mas tudo isso é vão."
> Fausto, de Von Goethe

Em 1960, DeRose começou a lecionar gratuitamente numa conhecida sociedade filosófica, tornando-se assim um dos primeiros professores de Yôga do Brasil.

Em 1964, fundou o Instituto Brasileiro de Yôga, no qual conseguiu conceder centenas de bolsas de estudo, mantendo mais da metade dos alunos em regime de gratuidade total de 1964 a 1975.

Em 1966, realizou a primeira aula gravada no mundo com uma aula completa de Yôga. Antes disso só havia gravações com relaxamento.

*Em 1969, publicou o primeiro livro (**Prontuário de Yôga Antigo**), que foi elogiado pelo próprio Ravi Shankar, pela Mestra Chiang Sing e por outras autoridades.*

Em 1974, viajou por todo o país ministrando cursos e percebeu que a maior parte dos professores era constituída por gente muito boa e que estava ansiosa por acabar com a desunião reinante entre aqueles que pregavam a paz e a tolerância. Estavam todos querendo que surgisse uma instituição que os congregasse e conciliasse. Pediu que esperassem sua volta da Índia para fundar o movimento de união de todas as modalidades.

Em 1975, foi à Índia pela primeira vez. Retornaria aos Himálayas durante 24 anos. Estudou com Krishnánanda, Nádabrahmánanda, Turyánanda, Muktánanda, Yôgêndra, Dr. Gharote e outros. Segundo os hindus, eles foram os últimos Grandes Mestres vivos, os derradeiros representantes de uma tradição milenar em extinção. Quando voltou da primeira viagem à Índia, sentiu muito mais força, agora investido da bênção dos Mestres e do poder milenar dos Himála-

598 QUANDO É PRECISO SER FORTE

yas. Com essa energia fundou a União Nacional de Yôga, a primeira entidade a congregar instrutores e escolas de todas as modalidades de Yôga, sem discriminação. Desencadeou uma grande corrente de apoio por parte dos colegas de diversos ramos de Yôga. Isso coincidiu com a cessação dos exames pela Secretaria de Educação do Estado da Guanabara, o que, forçosamente, levantou o outro braço da balança, projetando o Prof. DeRose como preparador dos futuros instrutores. Estava sendo lançada a sementinha da Primeira Universidade de Yôga do Brasil, que surgiria duas décadas depois, em 1994.

*A partir da década de 1970, introduziu os **Cursos de Extensão Universitária para a Formação de Instrutores de Yôga** em praticamente todas as Universidades Federais, Estaduais e Católicas do Brasil, daquela época.*

Em 1976, implantou o Curso de Formação de Professores de Yôga na Universidade Espírita de Curitiba (documentação comprobatória no livro "Quando é Preciso Ser Forte", 44ª. edição).

*Em 1978, o Prof. DeRose liderou a campanha pela criação e divulgação do **Primeiro Projeto de Lei visando à Regulamentação da Profissão de Professor de Yôga**, o qual despertou viva movimentação e acalorados debates de Norte a Sul do país.*

Em 1979 e seguintes, introduziu o Curso de formação de Instrutores de Yôga nas Universidades Federais, Estaduais e Católicas de todas as regiões do Brasil.

Em 1980, começou a ministrar cursos na própria Índia e a lecionar regularmente para instrutores de Yôga na Europa (o primeiro curso havia sido em Paris, 1975).

*Em 1982, realizou o **Primeiro Congresso Brasileiro de Yôga**. Ainda em 82, lançou o primeiro livro voltado especialmente para a orientação de instrutores, o **Guia do Instrutor de Yôga**; e a primeira tradução do **Yôga Sútra de Pátañjali**, a mais importante obra do Yôga Clássico, já feita por professor de Yôga brasileiro.*

*Em 1994, completando 20 anos de viagens à Índia, fundou a **Primeira Universidade de Yôga do Brasil** e a **Universidade Internacional de Yôga** em Portugal.*

*Em 1997, DeRose lançou os alicerces do **Conselho Federal de Yôga** e do **Sindicato Nacional dos Profissionais de Yôga**. Pouco depois, retirou-se e entregou a direção do Conselho aos colegas de outras modalidades de Yôga a* *fim de tranquilizá-los no sentido de que não pretendia ser presidente dessa instituição e muito menos usá-la para benefício próprio.*

*Em 1998, DeRose foi citado nos Estados Unidos por Georg Feuerstein no livro **The Yoga Tradition**.*

*Em 2000, vários pensamentos de DeRose são citados no livro **Duailibi das Citações**, do publicitário Roberto Duailibi, da DPZ.*

Em 2002, abandonou qualquer participação ativa na luta pela regulamentação. Tomou essa decisão para que os colegas de outras linhas de Yôga, Yóga, Yoga ou ioga ficassem bem à vontade para assumir a liderança e decidir, eles mesmos, como querem que seja realizada a tão importante regulamentação da profissão de instrutor de Yôga.

*Em 2003, DeRose foi referido novamente por Georg Feuerstein no livro **The Deeper Dimension of Yoga**, Shambhala Publications, Inc.*

*Em 2007, publicou a obra mais completa sobre esta filosofia em toda a História: o primeiro **Tratado de Yôga** escrito no mundo, com cerca de mil páginas e mais de duas mil fotografias.*

Em 2008, o primeiro Curso Superior de Yôga do Brasil, sequencial, foi promovido por nós na Universidade Estadual de Ponta Grossa (documentação comprobatória no livro "Quando é Preciso Ser Forte", 44ª. edição).

*Em 2009, DeRose é citado no livro **Paris Yoga**, de Lionel Paillès, Editora Parigramme.*

*Em 2009, DeRose é citado pela revista **Time Out**, de New York.*

*Em 2010, DeRose é citado diversas vezes no livro **Lei de Diretrizes e Bases da Educação Nacional**, do Prof. Hamurabi Messeder.*

*Em 2010 recebeu o título de Professor **Doutor Honoris Causa** pelo Complexo de Ensino Superior de Santa Catarina.*

*Em 2011, DeRose é citado em uma extensa reportagem do jornal londrino **Evening Standard** de 23 de fevereiro de 2011, sobre o crescimento do DeRose Method na Inglaterra.*

*Em 2012 é citado e homenageado em um livro publicado na França, intitulado **Le Yôga est un jeu**, de Éric Marson et Jaime F. Gamundi Montserrat, publicado pela Editora Librio.*

*No Brasil, por lei estadual, a data do aniversário do Prof. DeRose, 18 de fevereiro, foi instituída como o **Dia do Yôga** em **14 ESTADOS**: São Paulo, Rio de*

Janeiro, Paraná, Santa Catarina, Rio Grande do Sul, Minas Gerais, Bahia, Mato Grosso, Mato Grosso do Sul, Pará, Goiás, Piauí, Ceará, Amapá *e mais o Distrito Federal.*

Atualmente, DeRose comemora mais de 30 livros escritos, publicados em vários países e mais de um milhão de exemplares vendidos. Por sua postura avessa ao mercantilismo, conseguiu o que nenhum autor obtivera antes do seu editor: a autorização para permitir free download de vários dos seus livros pela internet em português, espanhol, alemão e italiano, e disponibilizou dezenas de webclasses gratuitamente no site **www. DeRoseMethod.org**, *site esse que não vende nada.*

Todas essas coisas foram precedentes históricos. Isso fez de DeRose o mais citado e, sem dúvida, o mais importante escritor do Brasil na área de autoconhecimento, pela energia incansável com que tem divulgado a filosofia hindu nos últimos quase 60 anos em livros, jornais, revistas, rádio, televisão, conferências, cursos, viagens e formação de novos instrutores. Formou mais de 10.000 bons instrutores e ajudou a fundar milhares de espaços de cultura, associações profissionais, Federações, Confederações e Sindicatos. Hoje tem sua obra expandida por: Argentina, Chile, Portugal, Espanha, Itália, França, Inglaterra, Escócia, Alemanha, Finlândia, Austrália, Estados Unidos (incluindo o Havaí) etc.

A partir de 2014, o Comendador DeRose decidiu comunicar a todos que estava se retirando do segmento profissional do Yôga e passou a dedicarse a outra atividade: o DeRose Method – *que não é Yôga.*

FORA DO AMBIENTE DO YÔGA

Pobre do homem que é conhecido por todos,
mas não se conhece a si mesmo.
Francis Bacon

RECONHECIMENTO PELA

Assembleia Legislativa, Governo do Estado, Defesa Civil, Câmara Municipal, Exército Brasileiro, Polícia Militar, Rotary, Associação Paulista de Imprensa, Câmara Brasileira de Cultura, Ordem dos Parlamentares do Brasil, ABFIP **ONU Brasil, OAB** *etc.*

Comemorando 40 anos de carreira no ano 2000, recebeu em 2001 e 2002, o reconhecimento do título de **Mestre** *(não-acadêmico) e* **Notório Saber** *pela FATEA – Faculdades Integradas Teresa d'Ávila (SP), pela Universidade Lusófona, de Lisboa (Portugal), pela Universidade do Porto (Portugal),* *pela Universidade de Cruz Alta (RS), pela Universidade Estácio de Sá (MG), pelas Faculdades Integradas Coração de Jesus (SP), pela Câmara Municipal de Curitiba (PR).*

Em 2001, recebeu da Sociedade Brasileira de Educação e Integração a Comenda da Ordem do Mérito de Educação e Integração.

Em 2003, recebeu outro título de Comendador, agora pela Academia Brasileira de Arte, Cultura e História. Mais tarde, receberia o grau de Comendador pela Ordem do Mérito Polícia Judiciária.

Em 2004, recebeu o grau de Cavaleiro, pela Ordem dos Nobres Cavaleiros de São Paulo, reconhecida pelo Comando do Regimento de Cavalaria Nove de Julho, da Polícia Militar do Estado de São Paulo.

Comendador DeRose recebendo a Medalha da Paz, da ABFIP ONU Brasil, em 2006.

Em 2006, recebeu a Medalha Tiradentes, pela Assembleia Legislativa do Estado do Rio de Janeiro, e a Medalha da Paz, pela ABFIP ONU Brasil. No mesmo ano, recebeu o reconhecimento do título pela Câmara Brasileira de Cultura, pela Universidade Livre da Potencialidade Humana, e o Diploma do Mérito Histórico e Cultural, no grau de Grande Oficial. Foi nomeado Conselheiro da Ordem dos Parlamentares do Brasil.

Em 2008, recebeu a Láurea D. João VI, em comemoração aos 200 anos da Abertura dos Portos. No seu aniversário, dia 18 de fevereiro, recebeu, da Câmara Municipal, o título de Cidadão Paulistano. Em março, foi agraciado, pelo Governador do Estado de São Paulo, com o Diploma Omnium Horarum Homo (homem para todas as horas), da Defesa Civil. Neste mesmo ano, recebeu a Cruz da Paz dos Veteranos da Segunda Guerra Mundial, a Medalha do Mérito da Força Expedicionária Brasileira, a Medalha MMDC, pelo Comando da Polícia Militar do Estado de São Paulo, a Medalha do Bicentenário dos Dragões da Independência do Exército Brasileiro e a Medalha da Justiça Militar da União.

Em novembro de 2008, foi nomeado Grão-Mestre Honorário da Ordem do Mérito das Índias Orientais, de Portugal.

Em virtude das suas atuações nas causas sociais e humanitárias, no dia 2 de dezembro, recebeu uma medalha da Associação Paulista de Imprensa. No dia 4 de dezembro, foi agraciado com a medalha Sentinelas da Paz, pela A. Boinas Azuis da ONU de Joinville, Santa Catarina. No dia 5 de dezembro, recebeu, na Câmara Municipal de São Paulo, a Cruz do Reconhecimento Social e Cultural. No dia 9 de dezembro, recebeu, no Palácio do Governo, a medalha da Casa Militar, pela Defesa Civil, em virtude da participação nas várias Campanhas do Agasalho do Estado de São Paulo e na mobilização para auxiliar os desabrigados da tragédia de Santa Catarina. No dia 22 de dezembro, recebeu mais um diploma de reconhecimento da Defesa Civil, no Palácio do Governo.

Comendador DeRose recebendo a Medalha Marechal Falconière, em 2007. Na foto, também estão sendo agraciados o coronel Ventura, Presidente da Sociedade Veteranos de 32; o coronel Mendes, do Grande Oriente do Brasil; e o Prior *Knight Grand Cross of Justice*, Dr. Benedicto Cortez, da *The Military and Hospitaller Order of Saint Lazarus of Jerusalem.*

Comendador DeRose recebendo a Medalha Internacional dos Veteranos das Nações Unidas e dos Estados Americanos, em 2007, das mãos do coronel Lemos.

Em janeiro de 2009, recebeu o diploma de Amigo da Base de Administração e Apoio do Ibirapuera, do Exército Brasileiro.

Em 2010, recebeu o título de Professor Doutor Honoris Causa pelo Complexo de Ensino Superior de Santa Catarina.

DeRose é apoiado por um expressivo número de instituições culturais, acadêmicas, humanitárias, militares e governamentais, que reconhecem o valor da sua obra e tornaram-no o preceptor de Yôga mais condecorado no Brasil com medalhas, títulos e comendas. Contudo, ele sempre declara:

"As honrarias com que sou agraciado, de tempos em tempos, tratam-se de manifestações do respeito que a sociedade presta a esta filosofia e ao trabalho de todos os profissionais desta área. Assim, sendo, quero dividir, com você, o mérito deste reconhecimento."

Comendador DeRose no Museu da Marinha do Brasil, recebendo a Láurea D. João VI, em comemoração aos 200 anos da Abertura dos Portos, em 2008.

Na Câmara Municipal de São Paulo, o Comendador DeRose recebeu o título de Cidadão Paulistano, no dia 18 de fevereiro de 2008. Na foto, da esquerda para a Direita: Comendador DeRose; o Presidente do Rotary São Paulo Morumbi, Dr. Gianpaolo Fabiano; o Presidente da Ordem dos Parlamentares do Brasil, Deputado Dr. Dennys Serrano; o Vereador José Rolim; o Presidente da Associação Brasileira dos Expedicionários das Forças Internacionais de Paz da ONU, Dr. Walter Mello de Vargas; e o coronel Alvaro Magalhães Porto, Oficial do Estado Maior do Comando Militar do Sudeste.

O Comendador recebendo, em 2005, a medalha comemorativa aos 25 anos de DeRose em Portugal. Da esquerda para a direita: o escultor Zulmiro de Carvalho, os professores Luís Lopes, DeRose, António Pereira e o Vereador da Câmara Municipal de Gondomar, Fernando Paulo.

Comendador DeRose na solenidade de recebimento da Medalha MMDC, dos Veteranos de 32, em 2008.

Comendador DeRose recebendo a
Medalha do Bicentenário dos Dragões da Independência, em 2008.

Comendador DeRose, recebendo a Medalha da Justiça Militar da União, em 2008.

Comendador DeRose com o Prior *Knight Grand Cross of Justice,* Dr. Benedicto Cortez, da *The Military and Hospitaller Order of Saint Lazarus of Jerusalem,* ambos com a Medalha da Justiça Militar da União.

Comendador DeRose, portando o Colar José Bonifácio e outras comendas, com Fernanda Neis, no evento de congraçamento e premiação aos melhores profissionais do ano de 2008, realizado pela Academia Brasileira de Arte, Cultura e História.

Comendador DeRose presidindo a Mesa de Honra, no evento de congraçamento e premiação aos melhores profissionais do ano de 2008.

Comendador DeRose recebendo o Diploma de Conselheiro da Academia Brasileira de Arte, Cultura e Histéira

Comendador DeRose discursando no Palácio do Governo, em 2009, após receber a Medalha da Casa Militar, do Gabinete do Governador do Estado de São Paulo.

Comendador DeRose discursando novamente no Palácio do Governo, em 2010, após receber a Medalha da Defesa Civil.

O Governador Serra, do Estado de São Paulo, cumprimentando o Comendador DeRose, após agraciá-lo com o Diploma **Omnium Horarum Homo,** pelo "seu comprometimento com a causa humanitária".

Comendador DeRose com o Governador do Estado de São Paulo, Dr. Geraldo Alckmin.

Comendador DeRose recebendo, das mãos do Comandante PM Telhada, a Medalha da Academia Militar do Barro Branco, em 25 de novembro de 2009. Ao lado, o Prior *Knight Grand Cross of Justice,* Dr. Benedicto Cortez, da *The Military and Hospitaller Order of Saint Lazarus of Jerusalem. Atrás,* o Digníssimo Senhor Presidente da ABFIP ONU, Dr. Walter Mello de Vargas. Perfiladas, outras autoridades.

Comendador DeRose recebendo medalha da OAB
(Medalha Prof. Dr. Antonio Chaves da OAB SP)

Outorga do grau de Grande Oficial da Ordem dos Nobres Cavaleiros de São Paulo, em 29 de janeiro de 2010.

Comendador DeRose recebendo, das mãos do Prof. Michel Chelala, o Colar Marechal Deodoro da Fonseca, no Polo Cultural da Casa da Fazenda do Morumbi.

Comendador DeRose laureado com o Colar da Justiça Militar, ao lado do Excelentíssimo Senhor Ten. Brigadeiro-do-Ar Carlos Alberto Pires Rolla, agraciado com a Medalha da Justiça Militar.

Comendador DeRose no Batalhão Tobias de Aguiar (ROTA), recebendo a "Medalha Brigadeiro Sampaio, Patrono da Infantaria". À direita, o Desembargador Dr. Júlio Araújo Franco Filho.

No primeiro plano, o Comandante Geral da Polícia Militar do Estado de São Paulo, coronel PM Alvaro Batista Camilo, cumprimentando o Comendador DeRose, no Batalhão Tobias de Aguiar (ROTA), após a outorga da "Medalha Brigadeiro Sampaio, Patrono da Infantaria". Atrás, à esquerda, o Digníssimo Senhor Presidente da ABFIP ONU, Dr. Walter Mello de Vargas, que concedeu a honraria em 16 de junho de 2010.

Comandante Geral da PM coronel Camilo, com o Comendador DeRose

Comendador DeRose, recebendo a Medalha do Mérito Ambiental, outorgada pelo, então, Major PM Benjamin (hoje, Ten. Cel.), Comandante do 7º. Batalhão de Polícia Militar do Estado de São Paulo.

Comendador DeRose, sendo agraciado com o Grão-Colar da Ordem dos Nobres Cavaleiros de São Paulo, no 1º. Batalhão de Polícia de Choque da Polícia Militar do Estado de São Paulo.

Comendador DeRose recebendo a Medalha do Jubileu de Prata da ABFIP ONU (alusiva à Peregrinação a Jerusalém pelos expedicionários do Canal de Suez), sendo cumprimentado pelo General Adhemar, Comandante do Comando Militar do Sudeste, ao lado de Sua Alteza Imperial e Real, o Príncipe Dom Bertrand de Orleans e Bragança, no 8º. Batalhão de Polícia do Exército, em dezembro de 2011. Na ocasião, o General Adhemar também foi agraciado com a mesma medalha, que leva posta em seu peito.

Comendador DeRose condecorando oficiais da Polícia Militar.

Comendador DeRose, quando recebeu a Medalha Marechal Trompowsky, na ROTA. Discursando, o Exmo. Sr. General Santini.

Comendador DeRose recebendo o Grão-Colar da Sociedade Brasileira de Heráldica e Humanística, conferido pelo Venerável Grão-Prior Dom Galdino Cocchiaro.

Sua Alteza Imperial e Real, o Príncipe Dom Luiz de Orleans e Bragança, Chefe da Casa Real do Brasil, recebeu homenagem entregue por comandantes do 8º. Distrito Naval.

Foto publicada no jornal *Mundo Lusíada*, de 12 de outubro de 2011, derose.co/mundolusiada.

Dra. Telma Angélica Figueiredo (Juíza-Auditora Diretora do Foro da 2ª. Circunscrição Judiciária Militar) e Comendador DeRose, após descerrarem juntos o quadro que foi oferecido a Sua Alteza D. Bertrand de Orleans e Bragança.

Dr. Walter Mello de Vargas, Presidente da ABFIP ONU; Comendador DeRose, Grão-Mestre da Ordem do Mérito das Índias Orientais; e o adesguiano Gustavo Cintra do Prado✝, da Chefia da Casa Imperial do Brasil.

Comendador DeRose recebendo, na Câmara Municipal de São Paulo, o Grão-Colar da Sociedade Brasileira de Heráldica e Humanística, das mãos do Senador Tuma e sob a tutela do Venerável Grão-Prior, Dom Galdino Cocchiaro, à direita.

Exmo. Sr. General Vilela, Comandante Militar do Sudeste; Dr. J.B. Oliveira, da OAB; Comendador DeRose, recebendo a Cruz do Anhembi; Vereador Quito Formiga; Prof. Michel Chelala, do Polo Cultural Casa da Fazenda; Exmo. Sr. coronel PM Alvaro Batista Camilo, Comandante Geral da Polícia Militar do Estado de São Paulo.

Comendador DeRose com o Grão-Colar de 50 anos da Sociedade Brasileira de Heráldica e Humanística

Comendador DeRose ministrando a Aula Magna, após receber o título de Professor Doutor *Honoris Causa*, em 2010, no Complexo de Ensino Superior de Santa Catarina, SC.

Comendador DeRose, presidindo a Mesa de Honra, durante solenidade de outorga de comendas do Instituto Histórico e Geográfico de São Paulo, na ABACH.
À esquerda o coronel PM Mendonça e o coronel PM Ferraz. À direita o Dr. Albery Mariano, Presidente da Academia de Letras e Artes de Caldas Novas, e o Desembargador Dr. Benedicto Cortez, Prior Knight Grand Cross of Justice da The Military and Hospitaller Order of Saint Lazarus of Jerusalem.

Comendador DeRose, recebendo a Medalha Simon Bolívar, no Museo Metropolitano, em Buenos Aires.

Dr. Geraldo Alckmin, Governador do Estado de São Paulo, com o Comendador DeRose, no Desfile Militar de 9 de Julho, comemorativo à Revolução Constitucionalista de 1932.

Dr. Marcos Carneiro Lima, Delegado Geral de Polícia, condecorando o Comendador DeRose.

Comendador DeRose, Grão-Mestre da Ordem do Mérito das Índias Orientais; Prof. Adilson Cezar, Presidente do Conselho Estadual de Honrarias ao Mérito; e Dr. Alfredo Duarte dos Santos, do Departamento de Inteligência da Polícia Civil.

Comendador DeRose conversando com o Dr. Ives Gandra, prestigiado jurista brasileiro.

Comendador DeRose recebendo o Busto da Justiça Militar, ao lado da Dra. Telma Angélica Figueiredo (Juíza-Auditora Diretora do Foro da 2a. Circunscrição Judiciária Militar). Também foi agraciado o Dr. J.B. Oliveira, da OAB, à esquerda da foto.

Comendador DeRose cumprimentando o coronel PM Alvaro Batista Camilo, Comandante Geral da Poliícia Militar do Estado de São Paulo, e o Exmo. Sr. Dr. Geraldo Alckmin, Governador do Estado de São Paulo, em solenidade na ROTA.

Comendador DeRose, recebendo das mãos do Exmo. Sr. Dr. Geraldo Alckmin, Governador do Estado de São Paulo, a Medalha Comemorativa dos Cem Anos da ROTA.

A DIVULGAÇÃO DESTAS HOMENAGENS E CONDECORAÇÕES NÃO TEM JUSTIFICATIVA NA VAIDADE PESSOAL

É muito bom que ocorram essas solenidades de outorga, pois a opinião pública, nossos instrutores, nossos alunos e seus familiares percebem que há instituições fortes e com muita credibilidade que nos apoiam e reconhecem o valor do trabalho que realizamos pela juventude, pela nação e pela humanidade.

Particularmente, não faço questão de título algum. Meu nome já representa uma carga de autoridade que se basta por si mesma. E sinto que é muito mais carinhoso me tratarem simplesmente por 'DeRose', sem o nome ser precedido por nenhum pronome de tratamento. No entanto, para muita gente, os títulos são necessários para que respeitem a nossa profissão e o nosso ofício.

Vídeo de outorga do Grão-Colar: derose.co/grao-colar

O TRAJE FORMAL HINDU

O nome internacional do traje formal hindu é *Nehru suit*, em referência ao Primeiro-Ministro da Índia, Nehru, que o tornou conhecido por comparecer a reuniões com chefes de estado e a solenidades com a sua indumentária tradicional. Outro nome da "hindumentária" é *bandhgalá*.

Na verdade, vestimentas tradicionais são aceitas em muitos lugares do mundo, para substituir o *smoking* (*tuxedo*), como, por exemplo, o traje típico do Rio Grande do Sul. Em recepções que exijam *black-tie*, se o gaúcho comparecer pilchado, isto é, de calça bombacha, botas, guaiaca e demais paramentos, essa vestimenta é aceita como de gala.

Algumas Comendas, medalhas e condecorações
com que o Comendador DeRose foi agraciado por instituições culturais, humanitárias, militares e governamentais, que o tornam o professor de Yôga mais laureado da História do Brasil

"Aceito essas homenagens porque elas não são para engrandecer o ego de uma pessoa, mas servem como reconhecimento à nossa filosofia, pela sociedade e pelas instituições. É a nossa filosofia que está sendo condecorada." DeRose

1. Medalha Tiradentes, da Assembleia Legislativa do Rio de Janeiro.
2. Medalha Internacional dos Veteranos das Nações Unidas e dos Estados Americanos.
3. Medalha da Paz, pela ABFIP ONU Brasil.
4. Medalha Marechal Falconière.

5. Comenda da Sociedade Brasileira de Educação e Integração.
6. Comenda do Mérito Profissional, da Academia Brasileira de Arte, Cultura e História.
7. Cruz Acadêmica, da Federação das Academias de Letras e Artes do Estado de São Paulo
8. Medalha Paul Harris, da Fundação Rotária Internacional.

9. Cruz do Mérito Filosófico e Cultural, da Sociedade Brasileira de Filosofia, Literatura e Ensino.
10. Cruz de Cavaleiro, da Ordem dos Nobres Cavaleiros de São Paulo.
11. Medalha do Mérito Histórico e Cultural, da Academia Brasileira de Arte, Cultura e História.
12. Cruz do Reconhecimento Social e Cultural, da Câmara Brasileira de Cultura.

13. Colar José Bonifácio, da Sociedade Brasileira de Heráldica e Medalhística.
14. Comenda da Câmara Brasileira de Cultura.
15. Medalha de Reconhecimento, da Câmara Brasileira de Cultura.
16. Medalha do 2º. Centenário do Nascimento de José Bonifácio de Andrade.

17. Medalha Ulysses Guimarães, da Ordem dos Parlamentares do Brasil.
18. Medalha da UNICEF da União Européia.
19. Medalha Comemorativa dos 25 Anos do Comendador DeRose em Portugal.
20. Esplendor do Mérito Histórico e Cultural.

21. Medalha Comemorativa aos 200 Anos da Justiça Militar da União.
22. Medalha Brigadeiro Sampaio, Patrono da Infantaria.
23. Láurea D. João VI, em comemoração aos 200 anos da Abertura dos Portos.

24. Medalha do Bicentenário dos Dragões da Independência, do Exército.
25. Medalha do Bicentenário dos Dragões da Independência, do Exército.
26. Cruz da Paz dos Veteranos da Segunda Guerra Mundial.
27. Medalha do Rotaract.

28. Medalha Olavo Bilac, da Academia de Estudos de Assuntos Históricos (MS).
29. Medalha do Mérito da Força Expedicionária Brasileira.
30. Medalha MMDC, comemorativa à Revolução Constitucionalista de 1932.
31. Medalha Ulysses Guimarães, da Ordem dos Parlamentares do Brasil (segunda).

32. Cruz do Reconhecimento Social e Cultural.
33. Grão-Colar da Sociedade Brasileira de Heráldica e Humanística.
34. Colar Marechal Deodoro da Fonseca, no Polo Cultural da Casa da Fazenda do Morumbi.
35. Medalha Ulysses Guimarães, da Ordem dos Parlamentares do Brasil (terceira - prata).

36. Medalha Sentinelas da Paz - Batalhão Suez - UNEF.
37. Medalha da Defesa Civil do Estado de São Paulo.
38. Medalha Prof. Dr. Antonio Chaves da OAB SP.
39. Medalha da Casa Militar, do Gabinete do Governador do Estado de São Paulo.

40. Resplendor do grau de Grande Oficial da Ordem dos Nobres Cavaleiros de São Paulo.
41. Cruz do Anhembi, da Sociedade Amigos da Cidade.
42. Medalha Marechal Trompowsky, Patrono do Magistério do Exército.
43. Medalha Solar dos Andradas, da Soc. Amigos do CPOR - Centro de Preparação de Oficiais da Reserva.

Não constam aqui as condecorações posteriores.

**Quem julgar desnecessário este capítulo sobre as outorgas
e reconhecimentos não sabe nada da nossa luta.**

A Ordem da Jarreteira

"Honi soit qui mal y pense"
"Envergonhe-se quem pense mal disto!"
(Em francês atual, *honi* escreve-se com dois *nn*.)

Divisa da Ordem da Jarreteira (Order of the Garter), a mais antiga ordem de cavalaria da Inglaterra, fundada em 1348 por Edward III, baseada nos nobres ideais da demanda ao Santo Graal e da corte do Rei Arthur. É vista como a mais importante Comenda do sistema honorífico do Reino Unido, desde aquela época, até aos dias de hoje.

Um abismo entre vaidade e contingência

Estou ciente de que muita gente no nosso meio precisa se pavonear, por uma questão de vaidade pessoal. Gostaria que o prezado amigo compreendesse qual é a minha posição perante títulos e condecorações.

Durante cinquenta anos, trabalhei com Yôga. Foram cinquenta anos pugnando pelo reconhecimento e respeito à nossa profissão. Luta inglória, uma vez que, do outro lado, está a mídia internacional divulgando, sistematicamente, uma imagem distorcida e fantasiosa sobre o tema. Desde 1978, tentei a regulamentação da nossa profissão. A de peão de boiadeiro foi regulamentada, mas a nossa foi rejeitada. Desde 1970, vários colegas tentaram fundar uma faculdade de Yôga. Nenhum deles conseguiu que o MEC aprovasse seus projetos. Nesse meio tempo, foram aprovadas faculdades de cabeleireiro e de mais uma porção de profissões humildes. Conclusão: por não ser levada a sério pela Imprensa, nossa profissão, apesar de ser uma filosofia e exigir muito estudo, é situada preconceituosamente abaixo da de cabeleireiro e da de peão de boiadeiro, embora estes sejam respeitáveis ofícios.

O próprio Rotary, em seu Credo Rotário, declara: *"reconhecer o mérito de toda ocupação útil, não fazendo distinções entre profissões, desde que legalmente reconhecidas."* A nossa não era legalmente reconhecida, logo, mesmo o Rotary não reconheceria o valor da profissão com a qual eu ajudei a tanta gente durante mais de meio século de magistério, implementando a saúde, incentivando os bons costumes e preservando as famílias unidas.

Temos profissionais extremamente cultos, sérios e que ocupam posições destacadas na sociedade. Não obstante, se eu for apresentado como Mestre de Yôga, o que se passa imediatamente pela sua cabeça é que eu trabalhe com relaxamento, com algo zen, algo místico ou com terapia. Ou, quem sabe, com alguma amenidade supostamente boa para celulite. Na sequência, alguém me pergunta se eu fico de cabeça para baixo ou qual é o meu nome verdadeiro. Disparates aviltantes!

Por isso, meu amigo, por uma contingência da profissão, no nosso caso, é determinante que contemos com o beneplácito da sociedade, na forma de títulos e condecorações. Eles não são incorporados como artifício para insuflação do ego desta *persona*, e sim para implementar reconhecimento à nossa nobre profissão, por parte dos poderes constituídos: Governo do Estado, Assembleia Legislativa, Forças Armadas, PM, ONU, OAB, API, entidades culturais, filantrópicas, heráldicas e nobiliárquicas.

Dessa forma, esperamos que os pais dos nossos alunos concedam, a eles, mais apoio e compreensão, quando seus filhos lhes comuniquem que desejam formar-se conosco e seguir a nossa carreira. Uma carreira que tem mantido dezenas de milhares de jovens longe das drogas, do álcool e do fumo. Se para nada mais servisse a nossa filosofia, somente por isto já seria justificável o respaldo da sociedade brasileira e da Imprensa, bem como o apoio dos pais.

Comendador DeRose (ABFIP ONU, ADESG, SASDE)
Professor Doutor *Honoris Causa* pelo Complexo de Ensino Superior de Santa Catarina
Membro do CONSEG – Conselho de Segurança e das seguintes entidades:

Município de São Paulo
Título de Cidadão Paulistano

A Câmara Municipal de São Paulo, atendendo ao que dispõe o Decreto Legislativo nº 85/2007, concede ao Senhor

Comendador DeRose

o título de

Cidadão Paulistano

Palácio Anchieta, 27 de junho de 2007

Antonio Carlos Rodrigues
Presidente

Donato
1º Secretário

José Rolim
Vereador Proponente

New York, November 06th, 2011

Dear Ms. Alessandra M. S. Roldan;

Your request has been received and will be answered within 90 days.

We have great pleasure in knowing the history of the Lord LSADeRose and his struggle to keep youngsters away from drugs and alcohol.

It is a pleasure for us to recognize how this works.

With votes from consideration.

Our best regards and thanks;

Mr. Ban Ki-moon

FACULDADE PITÁGORAS

EXPEDE O PRESENTE CERTIFICADO DE

NOTÓRIO SABER

Ao Prof. DeRose, L.S.A., no grau de Mestre em Yôga, em reconhecimento aos tantos anos em que ministrou o Curso de Formação de Instrutores de Yôga nas Universidades Federais, Estaduais e Católicas do Brasil, desde a década de 1970.

Belo Horizonte, 14 de junho de 2008.

Assinatura
Nome e cargo MARIA LÚCIA RODRIGUES CORRÊA - COORDENADORA DE PÓS-GRADUAÇÃO

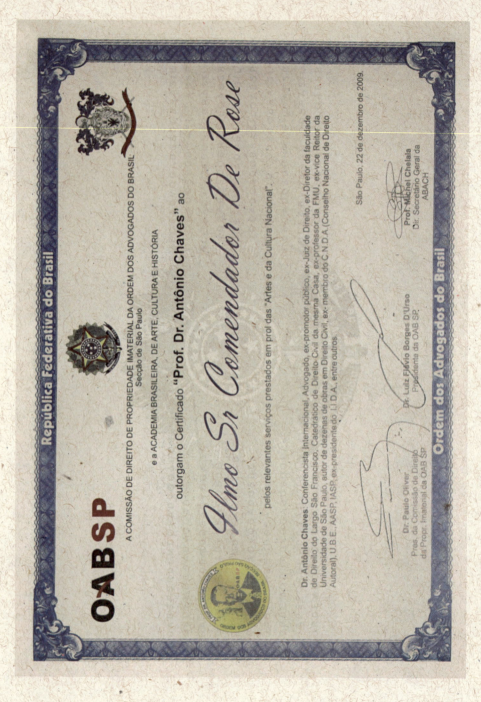

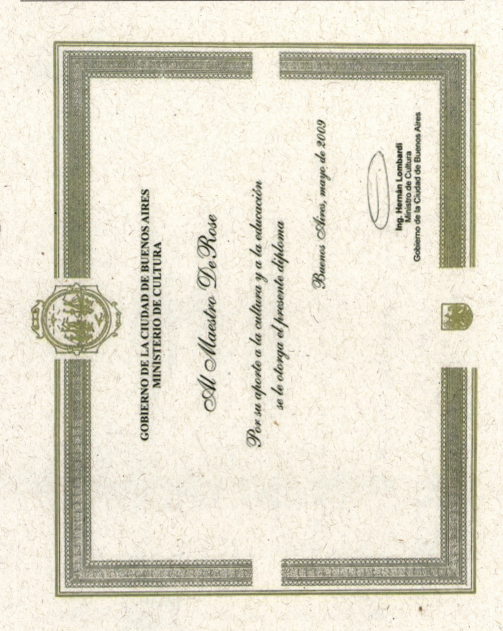

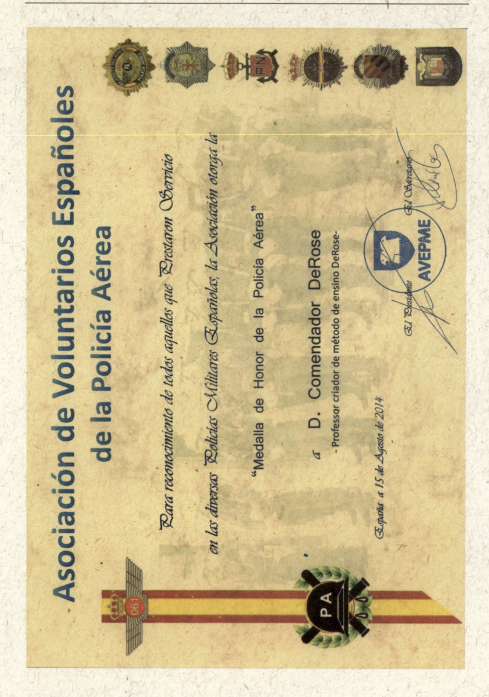

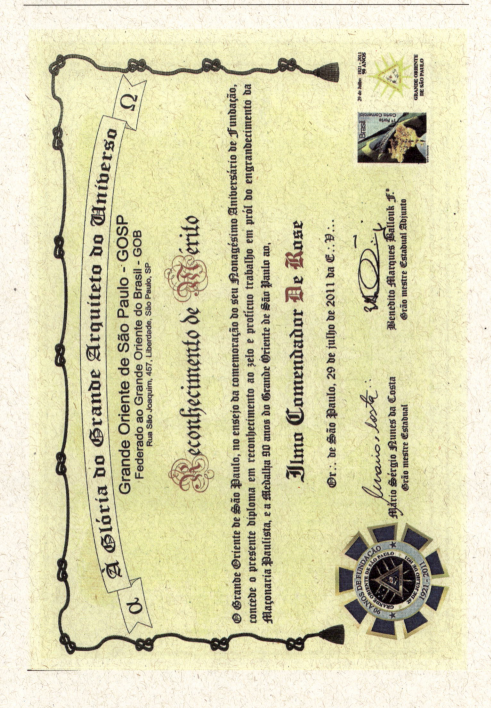

REPÚBLICA FEDERATIVA DO BRASIL
ACADEMIA BRASILEIRA DE FARMÁCIA MILITAR

Ordem do Mérito Farmacêutico Militar

O Egrégio Superior Conselho, atento as exigências Estatutárias e, tendo em vista as qualidades morais, intelectuais e por suas relevantes contribuições prestadas à Ciência e ao engrandecimento da profissão Farmacêutica, confere na conformidade dos seus estatutos a Ordem do Mérito Farmacêutico Militar da Academia Brasileira de Farmácia Militar - ABRAFARM ao

Ilmo Sr Comendador DeRose

No grau de

Comendador

Pelo qual, passa como dignitário, a usufruir de todos os privilégios e vantagens decorrentes desta alta investidura que lhe é deferida.

Rio de Janeiro, 25 de maio de 2016.

Acad. Dr. Júlio Lopes Queiroz Filho - Cel Farm E.B
Presidente da Academia Brasileira de Farmácia Militar
ABRAFARM

MEDALHA DA CONSTITUIÇÃO

A Assembleia Legislativa do Estado de São Paulo, por meio da comissão da "Medalha da Constituição", pelos seus Membros e para cumprimento dos termos dos Artigos 4º e 5º item 1, da Resolução nº 330, de 25 de junho de 1962, resolve agraciar com a Medalha da Constituição, o Sr.

COMENDADOR DE ROSE

São Paulo, 9 de julho de 2016

Deputado Estadual Fernando Capez
Presidente da Assembleia Legislativa
do Estado de São Paulo

Deputado Estadual Coronel Telhada
Presidente da Comissão da Medalha

EMBASSY OF INDIA
Rua das Amoreiras, 72-D.B.
1200 LISBON

No. LIS/551-1/86   July 1, 1986

    I am happy to have known UniYoga - União Nacional de Yoga de Portugal, led by Prof. De Rose, with Head Office in Lisbon. I appreciate its dedicated and serious efforts in practising and making better known the ancient system of Yoga, whose value continues to be recognized in modern times. I wish success to those efforts, and commend all assistance and support to the work of UniYoga centres and the publication of their magazine "UniYoga".

(A.N.D. Haksar)
Ambassador of India

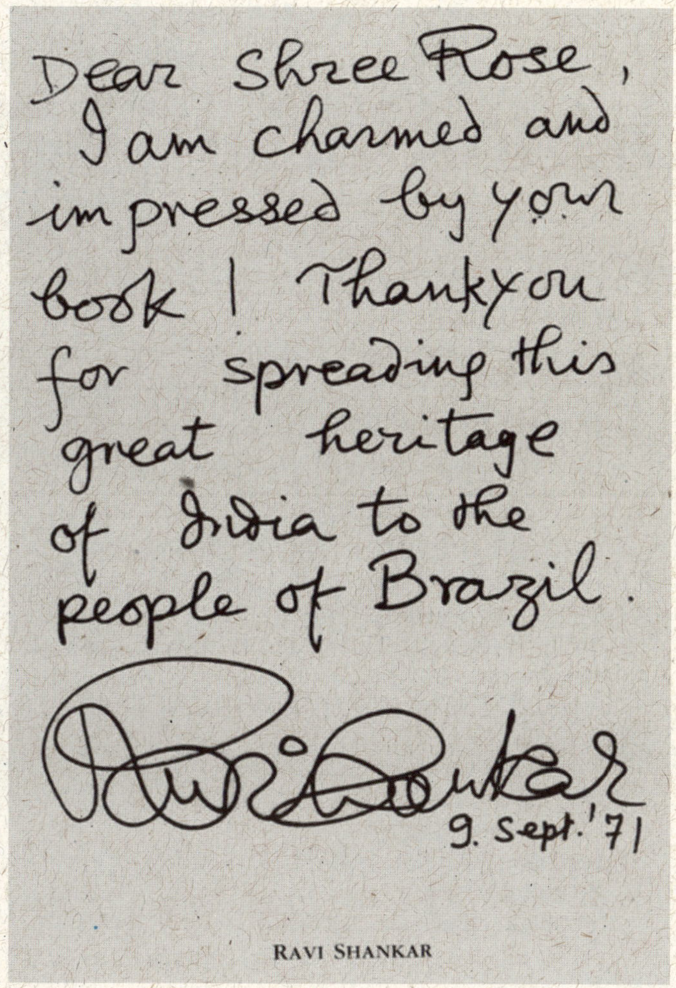

Dear Shree Rose,
I am charmed and
impressed by your
book! Thankyou
for spreading this
great heritage
of India to the
people of Brazil.

9. sept. '71

RAVI SHANKAR

O DIA DO ANIVERSÁRIO DO MESTRE DeROSE AGORA É O DIA DO YÔGA NO ESTADO DE SÃO PAULO.

Diário Oficial
Estado de São Paulo
GERALDO ALCKMIN
GOVERNADOR

PODER EXECUTIVO

SEÇÃO I

LEI Nº 11.647, DE 13 DE JANEIRO DE 2004

(Projeto de lei nº 504/2001, do deputado Edson Aparecido - PSDB)

Institui o "Dia do Yôga"

O GOVERNADOR DO ESTADO DE SÃO PAULO:
Faço saber que a Assembléia Legislativa decreta e eu promulgo a seguinte lei:

Artigo 1º - Fica instituído o "Dia do Yôga", a ser comemorado, anualmente, no dia 18 de fevereiro.

Artigo 2º - Esta lei entra em vigor na data de sua publicação.

Palácio dos Bandeirantes, 13 de janeiro de 2004.
GERALDO ALCKMIN
Cláudia Maria Costin
Secretária da Cultura
Arnaldo Madeira
Secretário - Chefe da Casa Civil
Publicada na Assessoria Técnico-Legislativa, aos 13 de janeiro de 2004.

Ao todo são agora CATORZE ESTADOS que instituíram por lei estadual o dia 18 de fevereiro como Dia do Yôga: São Paulo, Rio de Janeiro, Paraná, Santa Catarina, Rio Grande do Sul, Minas Gerais, Bahia, Mato Grosso, Mato Grosso do Sul, Pará, Goiás, Piauí, Ceará. E mais o Distrito Federal

Conheci o Rotary

Um belo dia, recebi o convite para ser agraciado com a Medalha Paul Harris e o diploma de Membro Hornorário do Rotary Club "por relevantes serviços prestados à sociedade". Senti-me tão lisonjeado com a homenagem que fiz questão de efetivar a minha filiação a essa prestigiosa instituição humanitária internacional.

Para que você tenha uma ideia da relevância dessa entidade, a USP – Universidade de São Paulo surgiu em uma reunião do Rotary[143]; a Organização das Nações Unidas teria sido idealizada em uma reunião do Rotary[144]; e é sabido que o Rotary está erradicando a pólio no mundo, mediante o envio de milhões de vacinas, gratuitamente, para todos os países que ainda tenham a infame paralisia infantil.

O Rotary é uma reunião de empresários e profissionais bem-sucedidos, os mais influentes de cada cidade ou país, que atuam na sociedade *doando de si sem pensar em si*, para realizar boas ações em prol de um mundo melhor.

Agora, que obtive o apoio e o reconhecimento da opinião pública, das instituições, das autoridades, sinto a necessidade de retribuir à humanidade pelo sucesso com que fui contemplado. Para isso, nada melhor que me filiar ao Rotary e a outras instituições com finalidades semelhantes.

Hoje, estou filiado a uma dúzia de importantes confrarias humanitárias, filantrópicas, de responsabilidade social e ambiental. Quase não tenho tempo de frequentar a todas elas, até porque os dias de reunião, às vezes, são coincidentes. Mas, pelo menos, ajudo-as financeiramente, dentro das minhas posses, e divulgo suas campanhas por entre os

---

143 Na reunião de 19 de julho de 1929, Geraldo de Paula Souza discorreu sobre a necessidade da criação de uma universidade para São Paulo. A partir daí foi criada uma comissão para coligir subsídios e dados para a campanha de criação de uma universidade para São Paulo, que culminou com a fundação da Universidade de São Paulo, em janeiro de 1934.

144 Informações não confirmadas.

nossos instrutores e alunos, exercendo um fator multiplicador que atinge milhões de pessoas.

Eliane Lobato, a amiga mais antiga, e sua filha,
na cerimônia em que DeRose foi agraciado com o título de Sócio Honorário do Rotary,
na qual recebeu a Medalha Paul Harris por relevantes serviços prestados à sociedade.

ROTARY INTERNATIONAL

Certificado de
Sócio Honorário

O Conselho Diretor do Rotary Club de São Paulo – Morumbi, deliberou por conceder o presente **Certificado de Sócio Honorário** ao companheiro **DE ROSE**, em reconhecimento aos relevantes serviços prestados ao Rotary International, e ao apoio sempre prestado às iniciativas do servir empreendidas pelo **Rotary Club de São Paulo – Morumbi**.

São Paulo, 04 de junho de 2007.

Adecir Gregorini
Presidente
2006/2007

Um dia, compareci a uma reunião de Rotary em Paris, no Hotel Bedford (17, rue de l'Arcade, 75008). No meio da reunião, um dos companheiros me perguntou: "Você veio a este Rotary porque ele se reúne no hotel em que viveu o seu Imperador?"

— O quê? – retruquei.

— Há uma placa de bronze comemorativa na fachada do prédio.

Imediatamente, fui lá fora olhar. Lá estava uma linda placa com os dizeres:

"DANS CETTE MAISON A VECV SES DERNIERS JOVRS L'EMPEREVR DV BRESIL, DOM PEDRO II, GRAND PATRIOTE, PROTECTEVR DES SCIENCES ET DES ARTS, AMI DE SON PEVPLE"[145].

Mas, para minha ainda maior surpresa, acima havia uma outra placa, esta de mármore, com os dizeres:

---

[145] "Nesta casa, viveu seus últimos dias o Imperador do Brasil, Dom Pedro II, grande patriota, protetor das Ciências e das Artes, amigo do seu povo."

"Neste hotel habitou, de 1952 a 1959, o compositor brasileiro Heitor Villa-Lobos, grande intérprete da alma de seu país."

Era emoção demais para um só momento!

Fachada do Hotel Bedford, em Paris

Voltando ao Brasil, fiquei predisposto a conhecer melhor a nossa história e a nossa monarquia. Fiquei mais atento às solenidades a que me convidavam. Quando você gera um arquétipo de algo que queira ver realizado, o universo passa a conspirar a seu favor. Chamamos de mentalização a essa criação de arquétipos. No próximo capítulo, vou relatar a consequência disso.

Meu encontro com a Monarquia

*Se eu não fosse imperador, desejaria ser professor.
Não conheço missão maior e mais nobre
que a de dirigir as inteligências jovens
e preparar os homens do futuro.*
Imperador D. Pedro II

Com a sucessão de outorgas e solenidades que se repetiram desde 2001, acabei travando contato com muitas autoridades e personalidades de destaque da nossa sociedade.

Certa vez, recebi uma comenda em um evento conjunto da Marinha do Brasil e Instituto Histórico e Geográfico de São Paulo, ocasião em que fui apresentado a Sua Alteza Imperial e Real, o Príncipe D. Luiz de Orleans e Bragança. Sua dignidade me impressionou sobremaneira.

Foto publicada no jornal *Mundo Lusíada*, de 12 de outubro de 2011.

Tempos depois, tive o privilégio de receber a Medalha da Justiça Militar, na mesma solenidade em que S.A.I.R.[146], o Príncipe D. Bertrand de Orleans e Bragança também recebera a mesma honraria. Na ocasião, D. Bertrand discursou sobre a História do Brasil com tanta clareza e tanta cultura que me conquistou imediatamente. A partir daquele dia, eu passei a estudar mais a nossa História e a nossa Monarquia.

Dra. Telma Angélica Figueiredo (Juíza-Auditora Diretora do Foro da 2ª. Circunscrição Judiciária Militar) e Comendador DeRose, após descerrarem juntos o quadro que foi oferecido a Sua Alteza D. Bertrand de Orleans e Bragança.

Em outra ocasião, tive a honra de ser convidado para a solenidade de comemoração dos setenta anos do Príncipe D. Luiz, transcorrida no Polo Cultural Casa da Fazenda do Morumbi, em São Paulo.

---

146 S.A.I.R.: Sua Alteza Imperial e Real.

Tempos depois, contei com a mesma distinção ao ser convidado para o jantar de comemoração do aniversário de setenta anos do Príncipe D. Bertrand, em 2 de fevereiro de 2011.

Cada dia mais, eu sentia uma crescente admiração pelas atitudes e pelas palavras dos nossos Príncipes, pela cultura que possuíam e pela força de caráter que emanavam. Julguei que precisava fazer alguma coisa concreta para colaborar e, assim, filiei-me à Pró-Monarquia, a fim de auxiliar de todas as formas que estivessem ao meu alcance. Imagino que uma dessas formas é escrevendo estas palavras, para que os nossos compatriotas saibam um pouco mais sobre a Família Imperial Brasileira e sobre a Monarquia. Considerando que a maior parte dos nossos leitores é formada por jovens, que mais tarde serão nossos administradores, empresários, deputados e ministros (ou, pelo menos, eleitores pelos próximos quarenta ou cinquenta anos), espero estar prestando um bom serviço à nação.

Dr. Walter Mello de Vargas, Presidente da ABFIP ONU – Brasil; Comendador DeRose, Grão-Mestre da Ordem do Mérito das Índias Orientais; e o adesguiano Gustavo Cintra do Prado✝, então, Secretário da Chefia da Casa Imperial do Brasil.

Atualmente, o Brasil é um e não fragmentado em vinte e tantos países menores (como ocorreu na América Hispânica), graças à chegada do Príncipe Regente Dom João VI a esta terra em 1808, data que muitos consideram como o começo do Brasil. Nós não temos quinhentos e tantos anos. Temos, sim, duzentos e poucos, porque as instituições que caracterizam um país soberano foram todas aqui fundadas pelo único Monarca europeu que até então havia posto os pés em uma colônia nas Américas. Nenhum dos outros se dignara sequer a visitar suas colônias e Dom João VI trouxe para cá toda a corte Portuguesa, dando um "olé" em Napoleão Bonaparte. Em pouco mais de dez anos, transformamo-nos, de um simples território extrativista, em um Império

Esta é uma dívida de gratidão que temos com a Família Imperial, a qual hoje homenageamos com este capítulo.

Seria possível reimplantar a monarquia depois de já termos adotado uma república? Se o povo quiser, sim. Isso aconteceu na Espanha, que restaurou a monarquia em 1975, depois da queda de Franco.

Um dado importante para esclarecimento do leitor: o Índice de Desenvolvimento Humano (IDH) foi criado pela ONU para avaliar as condições de vida e perspectivas das populações, como acesso à saúde, estudo e padrão de vida. Nas primeiras dez posições, sete são monarquias.

A monarquia seria boa para o Brasil? A quem pensa em argumentar que monarquia é coisa do passado e que não se ajusta a países modernos e desenvolvidos, cito abaixo alguns países que atualmente utilizam sistema monárquico:

Canadá, Dinamarca, Espanha, Japão, Noruega, Holanda, Inglaterra, Escócia, Suécia, Austrália, Bélgica, Brunei, Jamaica, Jordânia, Liechtenstein, Luxemburgo, Marrocos, Mônaco, Nepal, Nova Zelândia, Tailândia, Vaticano etc.

Quando um Monarca adota uma medida, fá-lo para durar, pelo menos, toda a sua vida, a dos filhos e a dos netos. Por exemplo, os esgotos de Paris, construídos pelo Imperador Napoleão I, até hoje estão funcionando e já foram naquela época construídos muito mais largos do que os das cidades modernas (ao invés de canos, são túneis). A Via Ápia, em Roma, já tem mais de 2000 anos e continua transitável. No sistema em que vivemos, os esgotos, a eletricidade, a pavimentação das ruas, tudo é feito para durar até a próxima eleição.

Também vale a pena relembrar que o Monarca representa o estado, mas não governa o estado. Em uma Monarquia constitucional parlamentarista, como as europeias, quem o dirige é o Primeiro Ministro, o Parlamento e demais poderes democráticos.

Comparativamente, o sistema presidencialista é muito mais absolutista e o Presidente é mais todo-poderoso que o Rei com seu Primeiro-Ministro e seu Parlamento. A monarquia não interfere na democracia. A maior parte das monarquias atuais é democrática.

O DeRose Method funciona bem porque é uma monarquia. Temos nossa Primeira-Ministra, nossa Câmara dos Lordes, nossa Câmara dos Comuns, nossos Ministros e nossos Deputados. São eles que dirigem de fato os desígnios do DeRose Method nos vários países.

Sua Alteza, D. Bertrand de Orleans e Bragança,
e o Comendador DeRose
na ADESG, em 17 de setembro de 2012.

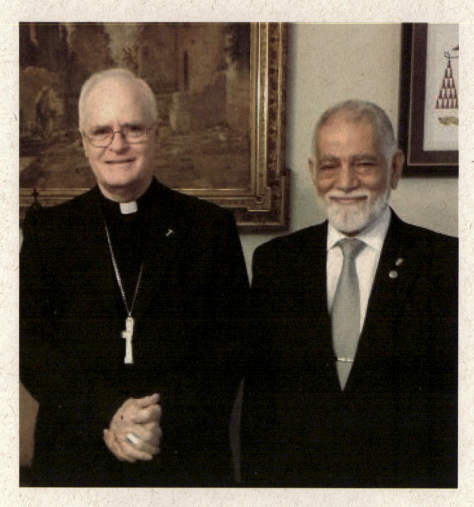

Dom Odilo Scherer, Arcebispo de São Paulo, recebendo o Comendador DeRose em sua residência.

Ingressei na ADESG
Associação dos Diplomados da Escola Superior de Guerra

Observei que em todos os ambientes por onde eu transito – Rotary, Maçonaria, OAB, ONU, Pró Monarquia, Exército Brasileiro, Comando da Polícia Militar, Círculos de Poder, entidades humanitárias, culturais, filantrópicas – em todos esses lugares, sempre havia ADESGUIANOS em posição de destaque. São pessoas que impressionam pela postura, atitude e opiniões. Em várias solenidades, quando eu era agraciado com alguma comenda, inevitavelmente encontrava *adesguianos* recebendo honrarias ao meu lado. Isso me impressionou sobremaneira.

Um belo dia, recebi convite para ingressar nessa seletíssima entidade[147] e descobri que ela é um dos núcleos onde se tecem os desígnios da Nação. Aprendi coisas sobre a nossa Pátria que eu não sabia e que a maioria dos brasileiros não sabe. Coisas que se eu conhecesse há cinquenta anos, certamente, minha trajetória teria sido bem diferente. Teria sido mais construtiva, mais cívica, mais patriótica.

No curso e nas palestras, detectamos uma quantidade de manipulações a que o povo é submetido pelos grupos de interesses e grupos econômicos internacionais. Pudemos ver, no mapa da América Latina, como o Brasil está cercado, por terra e por mar, de bases militares das superpotências como China, Rússia, Estados Unidos e Grã-Bretanha. Um verdadeiro cerco militar, bem próximo às nossas fronteiras.

---

147 Quando cheguei à sede da ADESG fui tomado de uma forte emoção. É que quase 40 anos atrás eu havia dado aulas naquele mesmo local. Ali se situou a Escola Superior de Psicanálise Sigmund Freud de São Paulo, onde eu lecionara na década de 1970 e agora retornava como aluno!

Comendador DeRose, ministrando aula na ADESG, em 2013.

O **conteúdo** do que aprendemos é muito bom, mas eu gostei mesmo foi da **forma**. Os alunos só podem assistir as aulas de terno e gravata. Celulares, desligados! Quem chegar atrasado, assiste a aula do lado de fora. Não é permitido faltar. Se faltar, deve justificar a falta preenchendo um formulário de próprio punho. Se não justificar, leva duas faltas. As faltas podem reprovar. Quando o professor entra, todos se levantam. Quando ele sai, todos se levantam. O ministrante é o último a entrar e o primeiro a sair da sala. Perguntas, só por escrito – no formulário próprio. Perguntas não comportam réplica. Temos que estudar os manuais e fazer trabalhos escritos. E mais uma quantidade de normas que exercem uma função muito clara de reeducação comportamental[148]. Mas, afinal, não é com isso que eu trabalho?

---

148 Se eu, que tenho mais de 70 anos de idade e todo o meu histórico de vida, aceito e acato todas estas normas, causa-me perplexidade e indignação quando algum aluno da nossa escola manifesta resistência ou insatisfação por exigirmos que leia os livros da nossa bibliografia recomendada e que faça os testes mensais! Tal recusa por parte de alunos é simplesmente inadmissível. É sinal de que aqueles alunos não compreenderam que se matricularam em uma escola ou sinal de que seus instrutores não estão exercendo a necessária liderança pedagógica.

Sempre imaginei que a Escola Superior de Guerra fosse uma entidade militar. Descobri que é uma instituição civil, dirigida por civis, subordinada ao Ministério da Defesa, cujo Ministro é civil. Seus alunos são civis e militares, mas a maioria é civil! No entanto, os que são convidados a integrar os seus quadros são os civis que ocupam posições estratégicas no país pelas funções ou cargos que ocupam, ou pela posição na sociedade, notoriedade, credibilidade e influência. São todos formadores de opinião. Alguns são jovens, outros são idosos, outros tantos são adultos em idade produtiva. Na minha turma, 80% eram homens e 20%, mulheres. São excelentes amigos e colegas que, tenho a certeza, constituíram o melhor pelotão de todos os ciclos de estudos[149].

Convidado pela ADESG, em 2012, tive o privilégio de desfilar, pela primeira vez, na Parada Militar de 7 de Setembro. Foi uma grande emoção! Uma experiência inesquecível.

Turma de 2012, 55º. Ciclo, após o desfile de 7 de Setembro de 2012.

Poder marchar outra vez, depois de meio século, ao som dos hinos marciais, foi revitalizante para a minha alma. Lembrei-me da tropa e pensei comigo mesmo sobre o que perderam os jovens que se recusaram a servir a Pátria.

O brilho de admiração do povo nas arquibancadas, os gritos e os aplausos de tantos milhares de pessoas pela nossa passagem foi de uma gratificação indescritível. Algo equivalente a um time fazendo

---

149 Em 2013, tive o privilégio de ministrar aula na ADESG, no 56º. ciclo

gol sob a vibração de todo o estádio. Uma tenente depois me contou que marchou com o rosto lavado por lágrimas de emoção!

Naquele momento sentimos o quanto a população admira as Forças Armadas. Era feriado. Enquanto milhares só pensavam em curtir e ir à praia, outros milhares se deslocavam de longe, com dificuldade, para chegar cedo e garantir um lugar nas arquibancadas, a fim de poder prestar sua homenagem aos nossos soldados. Nunca imaginei que fosse tanta gente assistir a essa comemoração cívica.

Talvez só sinta o orgulho que experimentei naquele momento quem tenha passado pela tropa. Todos, homens e mulheres, deveriam prestar o serviço militar. Ele ensina disciplina, hierarquia, civismo e, acima de tudo, patriotismo e respeito pelas instituições que defendem o país na guerra e na paz.

DeRose, Comendador pela *The Military and Hospitaller Order of Saint Lazarus of Jerusalem*, em trajes de cavaleiro.

O VALOR DE UMA BOA REPUTAÇÃO

Aproxima-se do Grande Arquiteto
que criou a escadaria,
o Pedreiro que pisou o primeiro degrau.
DeRose

Por ser de família católica (e minha mãe era muito religiosa), eu imaginava que houvesse alguma incompatibilidade entre a nossa religião e a Maçonaria. Quando jovem eu li muito a respeito de tudo. Estudei muitas obras a favor e contra aquela multissecular "associação de pedreiros". Descobri, então, que tudo é uma questão de época ou de percepção ou, na maioria das vezes, de opinião pessoal. Nada encontrei que pudesse constituir conflito, nem com a religião cristã, nem com a minha opção filosófica hindu. Não havia choque de egrégoras. Por isso, ela nunca foi mencionada nas referências contra misturanças que escrevi em meus livros a respeito de filosofias ou de instituições que produziriam conflitos ideológicos.

Debulhando a literatura, aprendi a admirar aquela instituição filosófica e filantrópica constituída por homens íntegros e de boas intenções.

Havia recebido vários convites ao longo da minha vida para ser iniciado nessa honrada irmandade. Mas, viajando incessantemente, eu não tinha condições de aceitar e precisei declinar todas as invitações. Até que, um dia, surgiu a oportunidade na hora certa. Eu estava em plena campanha de retribuir ao mundo pelo apoio que tantas pessoas me proporcionaram, apoio esse que me conduzira ao sucesso profissional e ao reconhecimento da sociedade. Era hora de retribuir e ingressar na Maçonaria me permitiria fazê-lo, mediante suas obras sociais e humanitárias.

Em primeiro lugar, vamos entender o que é essa confraria. Ela não tem nada a ver com religião. Quase todos os membros que eu conheci são católicos e alguns são padres. Também conheci vários protestan-

670

tes, judeus e adeptos de outras religiões, portanto, supô-la ateísta também não faz sentido, pois só são aceitos cidadãos de bem que declarem crer em Deus.

A maior demonstração de que a Maçonaria é uma coisa boa é o fato de que foi perseguida por Hitler.

O mistério que lhe é atribuído não passa de puro folclore. Os leigos acreditam ser uma sociedade secreta. Que tolice! Uma associação que está legalmente constituída, com endereço conhecido, que paga impostos, cujas reuniões são rigorosamente descritas em atas e estas registradas em cartório, jamais poderia ser considerada "secreta".

Mas, então, como surgiu essa imagem, hoje inexata? Vou lhe explicar de uma forma simples. Muitos séculos atrás, os pedreiros (de aprendizes a Mestres pedreiros) reuniam-se em guildas. Essas guildas eram as precursoras dos sindicatos. Tratava-se de associações que agrupavam, em certos países da Europa, durante a Idade Média, indivíduos com interesses comuns e visava proporcionar assistência e proteção a seus membros. Lembre-se de que não havia previdência social. Nos nossos dias, essa ajuda e proteção recíproca continua existindo entre os maçons. Se um for atacado ou prejudicado, milhares mobilizam-se para ajudar ou defender o Irmão.

Maçon, traduzido do francês, significa simplesmente *pedreiro*. Por extensão, *construtor*[150]. No passado, eles construíam castelos, fortalezas, muralhas, catedrais. Era necessário guardar seus segredos profissionais, porque se o inimigo conhecesse esses segredos poderia derrubar as muralhas que eles haviam projetado e, com isso, invadir as cidades.

Esse era o motivo do segredo[151]. Hoje, ele é apenas simbólico, uma reminiscência. Ninguém mais precisa esconder as técnicas de constru-

---

150 A Maçonaria Moderna tem uma data formal de fundação: 1717. Contudo, a partir da tradução literal da palavra francesa *maçon*, que significa *pedreiro*, podemos aceitar a interpretação segundo a qual os maçons, os *pedreiros*, construíram as Grandes Pirâmides e o Templo de Salomão. De fato, seus construtores foram *pedreiros*!

151 Os estertores do secretismo ocorreram dois séculos atrás, quando a maçonaria pugnou pela independência do Brasil. Participaram corajosamente da campanha pela nossa independência os maçons Frei Caneca, Evaristo da Veiga, Gonçalves Ledo, José Bonifácio, Diogo Feijó, Duque de Caxias e outros. Também defenderam ativamente a abolição da escravatura no nosso país os maçons Bento Gonçalves, Ruy Barbosa, José do Patrocínio, Joaquim Nabuco, Quintino Bocayuva,

ção em pedra, até mesmo porque não se erguem mais muralhas defensivas e também não se constrói mais com pedra.

Com o passar dos séculos, os nobres, senhores dos castelos, começaram a reivindicar iniciação no "sindicato", pois queriam conhecer os segredos daqueles que construíam suas fortalezas. Pouco a pouco, a Maçonaria foi saindo das mãos dos construtores e passando às dos nobres, poderosos e mais cultos. Atualmente, há muitos militares, policiais, juízes, deputados e outros cargos de poder. O poder passou a constituir uma característica dos maçons.

SER ACEITO É UM ATESTADO DE IDONEIDADE

A quantidade de documentos exigidos para acompanhar a proposta de filiação é a maior que já precisei reunir. Durante meses, a vida do candidato é escarafunchada mediante sindicâncias de uma meticulosidade neurocirúrgica. A mínima mácula de caráter, má reputação ou a mais ínfima desonestidade cometida no passado é suficiente para que sua filiação seja recusada. Por isso, ter sido aceito foi para mim um dos maiores elogios que recebi na vida. Deu-me convicção sobre mim mesmo e a certeza de estar num ambiente em que todos são cidadãos ilibados.

Por isso, o que sempre tenho escutado dos escalões superiores é que se você não tiver um passado imaculadamente limpo, nem se proponha, porque não vai entrar. Daí minha grande satisfação e orgulho sadio.

Visconde do Rio Branco, Silva Jardim, Rebouças e outros. Muitos deles viraram nomes de ruas e nomes de cidades. Depois disso, no Brasil a Maçonaria nunca mais foi uma sociedade secreta.

Contudo, é interessante assinalar que, nos Estados Unidos, "*dos 56 homens que assinaram a Declaração da Independência, 50 eram maçons, incluindo Benjamin Franklin e o próprio George Washington [...]* ", conforme nos conta Laurentino Gomes em sua obra *1822*. Também é dele a informação de que, no Brasil, a Independência foi proclamada por um maçom, D. Pedro I, e que o padre Belchior, também maçom, foi testemunha do brado de *Independência ou Morte*; e a de que dos 12 primeiros Presidentes da República no nosso país, 8 eram maçons. Na Argentina e em vários outros países também ocorreram fatos semelhantes.

Outros maçons célebres que viraram nomes de ruas, bairros e cidades foram: Marechal Deodoro, Prudente de Morais, Campos Sales, Rodrigues Alves, Marechal Floriano Peixoto, Washington Luís, Nilo Peçanha, Benjamin Constant, Carlos Gomes, Delfim Moreira, Evaristo da Veiga, Serzedelo Correa, Joaquim Nabuco, Marquês de Abrantes, Marquês de São Vicente, Marquês de Sapucaí, General Osório, Pedro de Toledo, Quintino Bocaiúva, Rangel Pestana, Senador Vergueiro, Teófilo Otoni, Jucelino Kubitschek, San Martin, Bolívar e muitos outros.

DeRose com Rubem Alves, célebre teólogo, escritor, professor, doutor em filosofia (Ph.D.) pelo Princeton Theological Seminary.

A Ordem do Mérito das Índias Orientais

Em 2011 fui agraciado com o título de Grão-Mestre da Ordem do Mérito das Índias Orientais, em Portugal. Não é um cargo administrativo. Trata-se apenas de um título honorífico, sem compromissos. Essa era a minha condição para aceitar a indicação, já que viajo o ano todo e não disponho de tempo algum para participar de reuniões, assembleias e, muito menos, assumir responsabilidades. Embora Grão-Mestre, atuo mais como embaixador entre a Ordem do Mérito das Índias Orientais e as demais ordens, confrarias, sociedades e associações que frequento, bem como junto aos órgãos governamentais e autoridades.

A finalidade da Ordem é promover o reconhecimento daqueles que prestaram serviços relevantes na área cultural a filosofias de origem indiana ou à sociedade em geral, através de emissão de honrarias do mérito cultural e medalhas comemorativas referentes a eventos e vultos do universo cultural internacional.

Em 2013, decidimos trazer a Ordem para o Brasil e inserimos no estatuto dois parágrafos que podem ser muito importantes para a credibilidade das nossas propostas:

> *Parágrafo 1º.* – Nenhuma quantia poderá ser cobrada dos agraciados sob justificativa alguma.
>
> *Parágrafo 2º.* – Caso o agraciado com alguma das condecorações desta **ORDEM** venha a cometer ato ilícito, ilegal, anti-ético ou de alguma forma censurável, terá a condecoração automaticamente cancelada, independentemente até mesmo de decisão formal da **ORDEM**.

Em Portugal, a Ordem do Mérito das Índias Orientais tem promovido almoços e jantares com empresários de relevo, artistas e pessoas de destaque na sociedade, com o escopo de elaborar medidas cívicas e sociais que valorizem a nacionalidade, a arte, a filosofia e a cultura como um todo.

No Brasil, a primeira pessoa a ser agraciada com a Medalha Cruz da Amizade, da Ordem do Mérito das Índias Orientais, foi a Sra. Dona Lu Alckmin, Primeira Dama do Estado durante a gestão do Excelentíssimo Governador Dr. Geraldo Alckmin. Desde a fundação da Ordem, tanto em Portugal quanto no Brasil, até o presente momento em que estas linhas são escritas, só foram outorgadas vinte medalhas, o que demonstra a seletividade com que são escolhidos os agraciados com essa honraria.

Esta, abaixo, é a Medalha Cruz da Amizade, conferida àqueles que prestaram serviços relevantes na área cultural a filosofias de origem indiana ou à sociedade em geral.

Solenidade de Fundação da Ordem do Mérito da Índias Orientais. Tendo por Mestre de Cerimônias o Prof J. B. Oliveira (OAB, API, Sociedade Amigos da Cidade), aa mesa de honra, da esquerda para a direita, as seguintes autoridades: Vereador Cel PM Telhada (Comandante Histórico da Tropa de Elite ROTA); Dr. Adalto Rochetto (Delegado da ADESG - Associação dos Diplomados da Escola Superior de Guerra); Prof. Luís Lopes (Presidente da Ordem do Mérito das Índias Orientais em Portugal); Comendador DeRose (Grão-Mestre da Ordem do Mérito das Índias Orientais); Prof. Nilzo de Andrade (empossado na solenidade como Presidente da Ordem para o Brasil); Prof. Adilson Cezar (Presidente do Conselho Estadual de Honrarias ao Mérito, do Governo de São Paulo); Dr. Flávio Guilherme Raimundo (Presidente do Rotary Clube São Paulo Jardim América).

Solenidade de Fundação da Ordem do Mérito da Índias Orientais. Da esquerda para a direita, Cel. Mendes (do Grande Oriente do Brasil); Prof J. B. Oliveira (OAB, API, Sociedade Amigos da Cidade); Dr. Adalto Rochetto (Delegado da ADESG - Associação dos Diplomados da Escola Superior de Guerra); Comendador DeRose (Grão-Mestre da Ordem do Mérito das Índias Orientais); Dr. Flávio Guilherme Raimundo (Presidente do Rotary Clube São Paulo Jardim América).

Aula no parque: centenas de praticantes.

Eu tenho orgulho do Rio Ipiranga

Uma das primeiras ações, no Brasil, da Ordem do Mérito das Índias Orientais (a divisão de honrarias ao mérito do DeRose Method), foi promover uma campanha de resgate do Rio Ipiranga, nosso mais sagrado ícone de Independência.

Na próxima página, reproduzimos o documento registrado em cartório, da campanha lançada em 2012. O motivo do Registro de Títulos e Documentos, sob o número 1984758, é o de poder provar que os primeiros brasileiros a mover essa campanha fomos nós, caso outra pessoa queira se apropriar da ideia como sua.

A questão nem é a da autoria do projeto e sim a valorização da Ordem do Mérito das Índias Orientais, agora trazida para o Brasil e que assim começa suas ações.

"Eu tenho orgulho do Rio Ipiranga!"

Às margens do Rio Ipiranga, D. Pedro I bradou "Independência ou Morte" e, com isso, tornou o nosso país independente, fundando o único império das Américas pós-colombianas e, territorialmente, um dos maiores que a humanidade conheceu.

Onde está o Rio Ipiranga?

Como mostrar às crianças de São Paulo, aos paulistas, aos paulistanos e aos visitantes de outras partes do Brasil onde foi que tudo aconteceu? Como mostrar ao nosso povo o lugar em que o Brasil se tornou independente, se esse local foi destruído pela irresponsabilidade de quem encaixotou e escondeu o Rio Ipiranga debaixo da terra?

É como se nos envergonhássemos, ao invés de nos orgulharmos, daquele local venerável e quiséssemos mantê-lo escondido das vistas de todos.

Enquanto em outros países os locais sagrados da nação são preservados para o louvor das gerações seguintes, nós aceitamos como um rebanho sem voz e sem voto, que nosso maior símbolo de independência seja escondido no subsolo.

Exijamos dos Governos municipal, estadual e federal que invistam em obras para o resgate desse símbolo nacional e de orgulho paulista. Afinal, a capital e sede da corte era o Rio de Janeiro, mas foi em São Paulo que o Brasil se tornou independente e deixou de ser colônia.

Resgatar nosso Rio Ipiranga pode ser um poderoso incentivo do sentimento pátrio e da consciência de que somos uma Nação Independente, o qual merece respeito e exige o justo reconhecimento.

Essa consciência começa em casa. É preciso que nós Paulistas e Brasileiros, cultivemos a autoestima e o amor-próprio, reverenciando esse local emblemático da nossa existência como Nação Independente.

Assine a petição: "Eu tenho orgulho do Rio Ipiranga."

São Paulo, 28 de junho de 2012.

Prof. DeRose, L.S.A.
RG 14.218.594 SSP/SP

QUE PENA! CHEGAMOS AO FIM.

*Pois as coisas findas,
muito mais que lindas,
essas ficarão.*
Carlos Drummond de Andrade

O que é bom, dura pouco. No entanto, quero prolongar este relacionamento e até mesmo aprofundá-lo com o incremento do contato pessoal. Para isso, costumo realizar em todo o Brasil, Argentina, Portugal, Espanha, França, Inglaterra e Itália encontros nos quais desenvolvo e aprofundo algumas das questões abordadas aqui, bem como ensino outros assuntos para os quais não houve espaço no livro. Há coisas que não devem ser escritas, mas podem ser faladas. E ainda há o **parampará**, a transmissão oral, que comporta uma outra classe de ensinamentos, tradicionalmente revelados somente "de boca a ouvido".

Acho que levei tanto tempo para concluir este livro por que não queria chegar ao fim desta nossa convivência. Estou falando sério. Enquanto escrevia, sentia-me como se estivesse recebendo uma visita sua e confabulássemos alegremente, todos os dias. No final já era um hábito, sentar-me para lhe contar alguma aventura, algum sucesso, algum dissabor... Enfim, aquelas coisas que só compartilhamos com os amigos.

Uma vez que já nos conhecemos melhor, espero que não percamos contato. Aceite um até breve deste seu amigo,

https://www.facebook.com/professorderose

Um mar de gente praticando o ashtánga sádhana ministrado pelo autor em comemoração ao Dia do Yôga, que, por Lei Estadual foi instituído no dia do aniversário do Comendador DeRose.

Aula do Preceptor DeRose na Praça da Paz, no Parque do Ibirapuera, em São Paulo, em comemoração ao Dia do Yôga, 18 de fevereiro, em 2008. Compareceu um número relevante de alunos e instrutores de várias linhas de Yôga e de Yóga. Esta foto conseguiu capturar apenas uma quarta parte do espaço ocupado pelos praticantes presentes. Alguém começou a contar e quando passou de duas mil, perdeu a conta. Há quem diga que compareceram 5000 pessoas.

Fim é o início ao contrário
Que tal reler o livro todo?

Agora que você já conhece o conteúdo, leva uma vantagem: já sabe quais foram os capítulos que agradaram mais. Faça esta experiência e descobrirá algo impressionante: o quanto deixamos de registrar durante uma leitura. O cérebro esquece 90% do que lê, 80% do que ouve, 70% do que vê.

Ao longo de décadas ensinando tive oportunidade de proceder a todo tipo de pesquisa, visando a um melhor aproveitamento do estudo. Explorei bastante o recurso de sublinhar os trechos interessantes, tomar notas nas margens e fazer um sumário do leitor baseado, não nos nomes dos capítulos, e sim nos tópicos que mais interessaram dentro de cada capítulo. Mas apesar disso tudo, ao reler um livro, a sensação que todos os leitores experimentam é a de que simplesmente não enxergaram vários trechos, às vezes, extensos. É como se os estivessem lendo pela primeira vez.

Isso é natural, já que a própria leitura faz com que a mente divague. E nos momentos de divagação ocorre uma ausência do leitor. Durante esse lapso, o que os olhos lerem, a mente não tomará conhecimento. Daí termos instituído o hábito de reler os bons livros logo que os terminarmos e, depois, fazermos uma revisão anual naquelas que julgarmos obras merecedoras.

A vantagem adicional é que, com essa prática, o livro não termina nunca e o relacionamento leitor/autor se perpetua!

Espero encontrá-lo anualmente neste mesmo espaço virtual.

Param-Paraná – Encontro de Instrutores do DeRose Method no Estado do Paraná, Brasil

INSTRUTORES CREDENCIADOS

Dispomos de centenas de Instrutores Credenciados em todo o Brasil, Argentina, Chile, Portugal, Espanha, França, Itália, Inglaterra, Escócia e Estados Unidos (incluindo o Havaí). Desejando a direção da Unidade mais próxima, visite o nosso *site* www.MetodoDeRose.org ou entre em contato com a Sede Central, tel.: (11) 3064-3949 e (11) 3082-4514.

FACILIDADE AOS NOSSOS ALUNOS: Se você estiver inscrito em qualquer uma das Unidades Credenciadas, terá o direito de frequentar gratuitamente várias outras Credenciadas quando em viagem, desde que comprove estar em dia com a sua Unidade de origem e apresente o nosso passaporte acompanhado dos documentos solicitados (conveniência esta sujeita à disponibilidade de vaga).

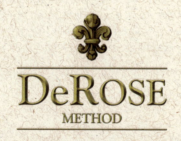

SÃO PAULO – AL. JAÚ, 2000 – TEL. (11) 3081-9821 E 3088-9491.
RIO DE JANEIRO – AV. COPACABANA, 583 CONJ. 306 – TEL. (21) 2255-4243.
Os demais endereços atualizados você encontra no nosso *website*:

www.MetodoDeRose.org

Entre no nosso *site* e assista gratuitamente mais de 80 aulas do Sistematizador DeRose sobre: sânscrito, alimentação inteligente, corpos do homem e planos do universo, o tronco Pré-Clássico, a relação Mestre/discípulo na tradição oriental, hinduismo e escrituras hindus, e outras dezenas de assuntos interessantes.

Faça *download* gratuito de vários livros do escritor DeRose, bem como CDs com aulas práticas, meditação, mensagens etc., além de acessar os endereços de centenas de instrutores de diversas linhas.

E, se gostar, recomende nosso *site* aos seus amigos!

TRATADO DE YÔGA

Um clássico. É considerada uma obra canônica, a mais completa do mundo em toda a História do Yôga, com 940 páginas e mais de 2000 fotografias.

- 32 mantras em sânscrito;
- 108 mudrás do hinduísmo (gestos reflexológicos) com suas ilustrações;
- 27 kriyás clássicos (atividades de purificação das mucosas);
- 54 exercícios de concentração e meditação;
- 58 pránáyámas tradicionais (exercícios respiratórios);
- 2100 ásanas (técnicas corporais) com as suas fotos.

Apresenta capítulos sobre karma, chakras, kundaliní e samádhi (o auto-conhecimento). Oferece ainda um capítulo sobre alimentação e outro de orientação para o dia-a-dia do praticante de Yôga (como despertar, o banho, o desjejum, a meditação matinal, o trabalho diário etc.). É o único livro que possui uma nota no final dos principais capítulos com orientações especialmente dirigidas aos instrutores de Yôga. Indica uma bibliografia confiável, mostra como identificar os bons livros e ensina a estudá-los.

Confirme nesta amostra de 100 páginas: derose.co/pequenoextrato-tratado

MEDITAÇÃO

Para ensinar meditação, é imprescindível que o ministrante tenha experiência prática e anos de adestramento, para que saiba solucionar as dificuldades dos alunos. Prof. DeRose comemora mais de 50 anos ensinando meditação nas universidades federais, estaduais e católicas de quase todos os estados do Brasil, em cursos de extensão universitária, e também em instituições de ensino superior da Europa.

Quanto à experiência pessoal, o Preceptor DeRose já vivenciou estados que se encontram um patamar acima da meditação, algumas vezes na própria Índia, para onde viajou durante 24 anos.

KARMA E DHARMA

Não acha que já está na hora de você tomar as rédeas da sua própria vida? Mudar de destino é muito fácil, se você conhecer as leis que regem o universo. O autor mudou seu destino, pela primeira vez, aos 14 anos de idade. Descobriu como era simples e, pela vida afora, exercitou a arte de alterar os desígnios da sua existência, e ensinou, aos seus alunos, como conquistar o sucesso profissional, a felicidade, a saúde, a harmonia familiar e boas relações afetivas. A vida do autor é o melhor exemplo da eficácia dos seus ensinamentos.

Anjos Peludos - método de educação de cães

Muitos humanos tratam seus cães como pessoas da família. Está certo ou errado? Outros tratam cachorro como bicho, mas sob aquela óptica de que animal tem que viver lá fora e não pode entrar em casa. Se fizer frio ou chover, o bicho que se vire, encolhido, tremendo, lá na sua casinha de cachorro alagada e sem proteção contra o vento e as intempéries. Entre os dois extremos talvez esteja você. Certamente, se este livro despertou o seu interesse a ponto de ler este texto, você está mais para o primeiro caso do que para o segundo. Então, é com você mesmo que eu quero compartilhar o que assimilei nos livros, nos diálogos com adestradores, mas, principalmente, o que eu aprendi com a própria Jaya, minha filhota tão meiga.

Método de Boas Maneiras

A maior parte das normas de conduta surgiram de razões práticas. Se você conseguir descobrir o veio da consideração humana, terá descoberto também a origem de todas as fórmulas da etiqueta. Tudo se resume a uma questão de educação.

Boas maneiras constituem a forma de agir em companhia de outras pessoas, de modo a não invadir o seu espaço, não constrangê-las e fazer com que todos se sintam bem e à vontade na sua companhia. Por isso, boas maneiras são uma questão de bom-senso.

O melhor deste livro é que sua leitura divertirá e ilustrará bastante. Então, aproveitemos!

Método de Boa Alimentação

O que seria uma "Boa Alimentação"? Sob a ótica de um nutrólogo ou nutricionista, é a que nutre bem. Sob o prisma de um terapeuta, boa alimentação é a que traz saúde, vitalidade, longevidade. No de quem quer emagrecer, é a que não engorda. De acordo com os ambientalistas, boa alimentação é aquela que agride menos o meio ambiente e preserva os animais. Na opinião de um *chef-de-cuisine*, boa alimentação é aquela elaborada com produtos de excelente procedência, preparados com arte e que resultem em um sabor refinado, bem como uma apresentação sofisticada no prato.

No nosso caso, consideramos como boa, uma alimentação que inclua todos esses fatores. Mas, ao mesmo tempo, que não seja um sistema difícil, nem estranho, nem estereotipado. Precisamos ter a liberdade de entrar em qualquer restaurante ou lanchonete e comer o que nos der mais prazer. Como conciliar isso com o conceito de Boa Alimentação? Isso é o que este livro vai lhe ensinar, de forma simples e descontraída.

Método para um Bom Relacionamento Afetivo

Finalmente, um livro que diz tudo, sem meias palavras, com seriedade e usando uma linguagem compreensível. Era assim que queríamos ler sobre esse emaranhado emocional que são as relações afetivas. Dos livros que tentam dissertar sobre o tema, a maior parte é maçante. Os outros, populares demais. Estava faltando um livro pequeno, mas profundo; culto, mas escrito em linguagem coloquial; e que não fosse elaborado por um teórico no assunto, mas por alguém com experiência prática, real e incontestável. Bom Relacionamento Afetivo é tudo isso. E mais: é o presente ideal para o namorado ou namorada, marido ou esposa e, até, para os "melhores amigos". Ofertar este livro é abrir a visão da pessoa que você ama para novos valores e colocar a felicidade em suas mãos.

Mensagens

Este é um livro que reúne as mensagens mais inspiradas, escritas pelo Prof. DeRose em momentos de enlevo, durante sua trajetória como preceptor desta filosofia iniciática. Aqui, compilamos todas elas, para que os admiradores desta modalidade de ensinamento possam deleitar-se com a força do verbo. É interessante como o coração realmente fala mais alto. Muita gente só compreendeu o ensinamento do Sistematizador DeRose quando leu suas mensagens. Elas têm o poder de catalisar a força interior de quem as lê e desencadear um processo de modificação do caráter, através da potencialização da vontade e do amor.

Chakras e Kundaliní

Para os estudiosos que já leram tudo sobre chakras e kundaliní, esta obra é uma preciosidade, pois acrescenta dados inéditos que se mostram extremamente lógicos e coerentes, mas que não se encontravam em parte alguma, antes desta publicação.

Por outro lado, a linguagem do livro é acessível e torna o assunto muito claro para quem ainda não conhece nada a respeito. Isso, aliás, é uma característica do autor. O escritor DeRose consegue transmitir profundos conhecimentos iniciáticos, com uma naturalidade e clareza que impressionam os eruditos.

De onde DeRose recebeu tantos ensinamentos? E como consegue demolir o mistério que os envolvia, tornando o tema tão simples? Se você tivesse estudado o assunto desde a adolescência, se houvesse se dedicado ao seu magistério durante mais de meio século, se tivesse viajado para os mosteiros dos Himálayas durante 25 anos, é bem provável que também manifestasse a mesma facilidade para lidar com o hermetismo hindu.

Corpos do Homem e Planos do Universo

Diversas filosofias abordam este tema, entre elas o Sámkhya, o Vêdánta, a Teosofia, a Rosacruz e muitas outras. Todas procuram esclarecer o leigo a respeito das várias dimensões, nas quais o ser humano consegue se manifestar no atual *status* evolutivo. Para atuar em cada plano do universo, precisamos utilizar um veículo ou "corpo" de substância que tenha o mesmo grau de densidade ou de sutileza da respectiva dimensão. É em um desses corpos sutis que se encontram os chakras e a kundaliní. Neste livro, o escritor DeRose utiliza sua experiência de mais de meio século de ensino para tornar a matéria facilmente compreensível, mesmo ao iniciante mais leigo. Por outro lado, – e isto é uma característica deste autor – apesar de ser compreendido pelos iniciantes, consegue acrescentar muito conhecimento profundo aos estudiosos veteranos e aos eruditos no tema. Este é um dos oito livros menores que foram combinados para formar o *Tratado de Yôga*, do Sistematizador DeRose

Eu me lembro...

Poesia, romance, filosofia. Como o autor muito bem colocou no Prefácio, este livro não tem a pretensão de relatar fatos reais ou percepções de outras existências. Ele preferiu rotular a obra como ficção, a fim de reduzir o atrito com o bom-senso, já que há coisas que não se podem explicar. No entanto, é uma possibilidade no mínimo curiosa, que o escritor DeRose assim o tenha feito pelo seu proverbial cuidado em não estimular misticismo nos seus leitores, mas que se trate de lembranças de eventos verídicos do período dravídico, guardados no mais profundo do inconsciente coletivo. Disponível em papel e em **audiobook** na voz do autor.

Yôga Sútra

O Yôga Sútra é o livro do Yôga Clássico, cuja característica é a divisão em oito partes: yama, niyama, ásana, pránáyáma, pratyáhára, dháraná, dhyána e samádhi.

Intelectuais de todos os países cultos publicaram comentários sobre o Yôga Sútra. Seminários, debates, cursos e colóquios a respeito dele realizam-se sistematicamente em universidades, sociedades filosóficas e instituições culturais da Índia e do mundo todo.

Nenhum estudioso que deseje conhecer mais profundamente o Yôga, pode progredir nos seus estudos sem passar pela pesquisa histórica e filosófica do Yôga Sútra. Ninguém pode declarar que pratica ou ensina Yôga Clássico, sem adotar este livro como texto básico, no qual devem ser pautadas todas as aulas e conceitos aplicados.

A Medalha com o ÔM

Cunhada em forma antiga, representa de um lado o ÔM em alto relevo, circundado por outras inscrições sânscritas. No reverso, o ashtánga yantra, poderoso símbolo do SwáSthya Yôga. O ÔM é o mais importante mantra do Yôga e atua diretamente no ájñá chakra, a terceira visão, entre as sobrancelhas. Para maiores informações sobre o ÔM, a medalha, o ashtánga yantra e os chakras, consulte o livro **Tratado de Yôga**.

Medalhão de Parede

Lindíssima reprodução da medalha em cartão, com cerca de 30 cm de diâmetro, para ornamentar a parede do quarto, da sala, ou da sua empresa.

Você pode adquirir estes livros nas melhores livrarias, pela Amazon, por encomenda na Livraria Cultura, na Saraiva ou pelos telefones: (11) 3081-9821, 3088-9491 ou 99312-6714.
www.egregorabooks.com
ou na Alameda Jaú, 2000, São Paulo, SP

Vários destes livros foram disponibilizados gratuitamente na Fan Page do escritor DeRose (https://www.facebook.com/professorderose).

DeRose foi o primeiro autor a conseguir isso dos seus editores, liberando seus livros, CDs e DVDs sem cobrar nada.

Você gostaria de assistir sem custo algum a mais de uma centena de webclasses? Tudo isso está disponível no site:

www.MetodoDeRose.org.